Eduard von Martens

Beschalte Weichtiere Deutsch-Ost-Afrikas

Eduard von Martens

Beschalte Weichtiere Deutsch-Ost-Afrikas

ISBN/EAN: 9783743308497

Hergestellt in Europa, USA, Kanada, Australien, Japan

Cover: Foto ©berggeist007 / pixelio.de

Manufactured and distributed by brebook publishing software
(www.brebook.com)

Eduard von Martens

Beschalte Weichtiere Deutsch-Ost-Afrikas

Beschalte Weichthiere

Deutsch-Ost-Afrikas.

Von

Prof. Dr. E. von Martens.

Mit zahlreichen Text-Abbildungen und 7 Tafeln

nach der Natur gezeichnet von

HEDWIG VON ZGLINICKA.

1897.

DIETRICH REIMER (ERNST VOHSEN)

BERLIN S.W., WILHELMSTRASSE 29.

VORWORT.

Die vorliegende Arbeit wurde zunächst durch die wissenschaftliche Untersuchung der reichen und werthvollen Sammlungen und Notizen veranlasst, welche Dr. Stuhlmann von seiner Reise mit Emin Pascha 1890—1892 mitgebracht hat, und findet daher mit Recht eine Stelle in diesem Werke; sie wurde aber, dem Plane des Herausgebers entsprechend, auf alle bis jetzt bekannten Land- und Süsswasser-Mollusken von Deutsch-Ostafrika ausgedehnt, und dazu konnte ich, neben der weiter unten aufgeführten Litteratur, noch verschiedene, an das Berliner Museum für Naturkunde eingegangene Sendungen und Schenkungen benützen, so von den Herren

Dr. Rich. Böhm und Paul Reichard 1881 von Karema am Tanganyika, vgl. über deren Reise und Tod »Von Sansibar zum Tanganyika«, Reisebriefe, herausgegeben von Schalow 1888;

Dr. G. A. Fischer 1885 und 1886 in Massai und am Victoria-Nyansa;

Dr. W. Schmidt 1887 in Sansibar, am Pangani, in Ussambara und Ussagara;

Leop. Conradt 1891 von Derema in Ussambara;

Osk. Neumann 1893—95 in Massai und an der Nordostseite des Victoria-Nyansa; eine Karte seiner Reiseroute in den Verhandlungen der Berliner Gesellschaft für Erdkunde, Mai 1895;

G. Lieder 1891 in Ussagara, 1894 zwischen Nyassa und Ostküste;

Dr. Eug. Fr. Kretschmer von der Marangu-Station am Kilima-Ndjaro; mit Dr. Lent Sept. 1894 ermordet;

Prof. G. Volkens vom Kilima-Ndjaro und Umgegend, Juni 1894; über seine Reise s. Verhandl. der Berliner Gesellschaft für Erdkunde, XXII, 1895, No. 2, S. 152;

Dr. Franz Stuhlmann wiederum 1894 in den Uluguru-Bergen (Ukami) und in Central-Ussagara;

G. Eismann, Buloa bei Tanga 1895;

Compagnieführer A. Langheld, Massai-Steppe 1896.

Die Sendungen von Neumann, Volkens und Stuhlmann sind namentlich auch durch nähere Angaben über die Fundstellen interessant.

Als geographische Begrenzung ist im Süden die politische von Deutsch-Ostafrika im Allgemeinen beibehalten, im Norden aber wesentlich darüber hinausgegangen, um das gesammte, von Stuhlmann gesammelte Material aufzunehmen, wovon gerade die interessante und vieles Neue enthaltende Ausbeute am Runssoro-Gebirge und am Ituri-Fluss ausserhalb des deutschen Gebietes gemacht wurde, und ferner wurde auch noch die Nordostseite des Victoria-Nyansa, der

Kenia, Ukamba und Mombas eingeschlossen, weil von da direkt erhaltenes Material im Berliner Museum durch Neumann, Hildebrandt und v. d. Decken vorliegt, und um den Kenia nicht vom Kilima-Ndjaro zu trennen. Auch die Insel Sansibar wurde selbstverständlich eingeschlossen, um so mehr, als bei früheren Angaben oft nicht zu erkennen ist, ob die Insel oder das gegenuberliegende Festland (Zanguebar bei Bourguignat) gemeint sei. Betreffs der Wasserschnecken und Muscheln wurden die grossen Seen Tanganyika und Nyassa, ebenso wie der Victoria-Nyansa, Albert-Edward-See und Albert-Nyansa als Einheiten aufgenommen, ohne nach den politischen Grenzen zu fragen, doch, so weit möglich, angegeben, an welcher Uferseite die betreffenden Arten bis jetzt gefunden worden sind. Für die so eigenartige Fauna des Tanganyika und für die des Nyassa ist im Berliner Museum bis jetzt nur wenig direkt von Reisenden erhaltenes Material vorhanden, und ich beschränkte mich daher darauf, die Hauptformen (Gattungen bei Bourguignat) zu kennzeichnen, ohne auf die von demselben wahrscheinlich zu zahlreich unterschiedenen Arten näher einzugehen, was ohne seine Abbildungen und ohne neues Vergleichsmaterial ebenso unfruchtbar als undankbar gewesen wäre.

Für die Behandlungsweise war maassgebend, dass sowohl auf den Fachmann in Europa als auf den Reisenden und Sammler in Afrika Rücksicht zu nehmen sei. Für den ersteren sind die Feststellung der Synonymie und die Litteraturnachweise bestimmt, aber eine nähere Beschreibung und Abbildung nur für das Neue erforderlich; für den zweiten eine gleichmässige, kurze, übersichtliche Behandlung aller Gattungen und Arten erwünscht. Dafür suchte ich durch kurze Kennzeichnung aller Gattungen und tabellarische Zusammenstellung der auffälligsten Unterschiede der in Betracht kommenden Arten zu sorgen; letztere dürfte auch dem Fachmann zur Bestimmung neuer Zusendungen willkommen sein; ich habe sie absichtlich nicht in der gewöhnlichen Form dichotomischer Schlüssel gegeben, welche meist exakter aussehen als sie sind und, wenn ein Kennzeichen missverstanden wird, irre führen, sondern so, dass jedes der aufgenommenen Kennzeichen durch die ganze Reihe der Arten durchgeführt wird, der Bestimmende also von jedem derselben ausgehen kann, welches ihm gerade das klarste und auffälligste ist. Für die Maassangaben sind in der Regel die grössten der vorliegenden Exemplare benutzt und nur, wo erwachsene Stücke sehr bedeutend unter sich in der absoluten Grösse abweichen, die Dimensionen mehrerer gegeben; man muss also gewärtig sein, auch kleinere Stücke zu finden, aber nicht leicht bedeutend grössere. Diese Angaben sind in positiven Zahlen gegeben, nicht in Verhältnisszahlen als Bruchtheile der grössten Dimension für jedes Exemplar, was allerdings den Vortheil haben würde, die Formunterschiede klarer hervortreten zu lassen, aber auch den Nachtheil, die direkt mit dem Zirkel erhaltenen Zahlen erst noch umrechnen zu müssen, wobei leicht ein Versehen vorkommen kann; und dann passen die Verhältnisszahlen meist auch nur bei annähernder Gleichheit der absoluten Grösse, ändern sich aber in der Regel bei ungewöhnlich kleinen oder ungewöhnlich grossen Exemplaren.

Auf die Jugendzustände der Schalen ist bei Beschreibung und Abbildung möglichst Rücksicht genommen, da nicht nur oft von Ungeübten, sondern auch zuweilen von Fachmannern die jungen Schalen für andere Arten oder selbst Gattungen gehalten werden. Es sei daran erinnert, dass bei den spiralgewundenen Schnecken die jungen Schalen dem oberen Theil der erwachsenen in absoluter Grösse und Verlauf der einzelnen Windungen, der Form der Spitze, soweit diese nicht bei erwachsenen verletzt oder abgerieben ist, völlig gleichen müssen, dagegen im unteren Theil und in der Form der Mündung sehr verschieden sein können; namentlich ist die Anzahl der Windungen bei den jungen eine geringere und der Mundungsrand dünn und einfach, auch wenn er bei den erwachsenen verdickt und ausgebogen ist. Bei den Muscheln ist die Form der jungen leicht durch die Wachsthumsstreifen der erwachsenen zu beurtheilen.

Gar nichts an conchyliologischen Kenntnissen bei den Lesern vorauszusetzen, war nicht möglich, ohne durch eine ausführliche Terminologie und andere Erklärungen den Umfang dieses Theils noch weit mehr über den ursprünglichen Anschlag auszudehnen; im Allgemeinen sind diejenigen conchyliologischen Kenntnisse vorausgesetzt, welche in den gangbaren zoologischen Lehrbüchern oder in populären naturgeschichtlichen Schriften zu finden sind; wer einen Ausdruck nicht versteht, wird am besten thun, denselben durch Vergleichung mit der betreffenden Abbildung sich klar zu machen. Glücklicher Weise hat es sich so gefügt, dass bei Weitem die meisten Gattungen in den Abbildungen vertreten sind, obwohl eigentlich nur die neuen oder doch bis jetzt nur unvollständig bekannten Arten abgebildet werden konnten, wenn nicht die Kosten bedeutend erhöht werden sollten; nur betreffs einiger charakteristischer Schalenformen des Tanganyika ist eine Ausnahme gemacht, um diese, wenn auch nicht neu, dem, der das Buch benutzt, zur Anschauung zu bringen (Taf. 6). Als besonderen Vorzug betrachte ich es, dass auch die äussere Erscheinung der lebenden umherkriechenden Thiere für eine grössere Anzahl von Gattungen dargestellt werden konnte, dank den sorgfältigen Zeichnungen, welche Dr. Stuhlmann an Ort und Stelle, theilweise im anstrengendsten und unruhigsten Theile der Reise, auf dem Runssoro und in Undussuma, gemacht hat.

26. Juli 1896.

E. v. Martens.

Land-Schnecken.

Cyclostomiden.

Landschnecken mit Deckel; Mündung annähernd kreisrund. 7 Zahnplatten in jeder Querreihe der Zunge (Radula). Geschlechter getrennt, aber an der Schale nicht zu unterscheiden.

Cyclostoma (Lm. Drap.) Hartm.

Deckel fest, kalkig, mit wenigen (höchstens 5) rasch zunehmenden Spiralwindungen.

Bourguignat unterscheidet betreffs der ostafrikanischen Arten drei Gattungen: Georgia Bourg. 1882, wesentlich den Otopoma von Gray und Pfeiffer entsprechend, mit lappenartiger Ausbreitung des Columellarrandes, welche den Nabel verdeckt, dickschalig, weisslich, ohne auffällige Spiralskulptur; Rochebrunia Bourg. 1881, so hoch wie breit, mehr dünnschalig, ohne oder mit nur schwacher Spiralskulptur; Cyclostoma im engeren Sinne, mit ausgeprägter Spiralskulptur.

Hiervon kommt die erste in dem hier behandelten Theil von Ostafrika nicht vor, die zwei anderen sind nicht leicht scharf voneinander zu trennen; bei beiden kommen oft dunkelbraune Spiralbänder auf hellem, weissem oder blassrothem Grunde vor.

Cyclostoma Drap.

Namen	Gestalt	Skulptur	Farbe	Nabel	Mundrand	Höhe	Breite	Mündung
						mm	mm	mm
calcareum Sow. II.	abgerundet kreiselförmig	zahlreiche erhöhte, etwas rauhe Spiralleisten über die ganze Oberfläche der Windungen	weiss	mässig weit	ausgebogen	27—30	29 -33	15 16
creplini Dkr.	kugelig-konisch	7—8 stärkere, etwas knotige Spiralrippen auf der letzten Windung, schwächere im Nabel	blassbraun, Rippen oft weisslich gefleckt. Zuweilen ein dunkel rothbraunes Spiralband	ziemlich eng	dick, umgebogen, oben etwas unterbrochen	19	20 18 -19	9 10

Namen	Gestalt	Skulptur	Farbe	Nabel	Mundrand	Höhe	Breite	Mündung
						mm	mm	mm
anceps Marts.	kugelig-kreisel-förmig	6--8 Spiral-streifen unter der Naht und stärkere im Nabel, dazwischen glatt	weiss, öfters mit braunem Band im untern Theil	ziemlich eng	gerade, zusammen-hängend	26	25	13 14
var. liederi n.	do.	do., Nabelstreifen schwächer	weiss	eng	do.	22	21$\frac{1}{2}$	12
ligatum Müll.	do.	Spiralleisten nur im Nabel stark ausgeprägt, sonst verwischt, auf den oberen Windungen deutlicher	do., mit einem oder mehreren braunen Bändern	do.	schwach aus-gebogen, zusammen-hängend	16 20 16	18 8	10
letourneuxi Bgt.	do.	Spiralrippen breit und etwas stumpf, noch auf der vorletzten Windung sehr deutlich, auf der letzten etwas schwächer	bräunlich-weiss, mit einem dunkeln Bande auf der Unterseite und zuweilen mehreren helleren weiter oben	do.	do.	12	13 12 -13	6
var. leroyi Bgt.	etwas hoch kreisel-formig	letzte Windung glatt	do.	do.	do.	14	12$\frac{1}{2}$	6 7
var. stuhl-manni n.	kugelig-kreisel-förmig	auf der vorderen Hälfte der letzten Windung sich ver-wischend	bräunlich-weiss mit einem dunkel-braunen Band	ziemlich eng	deutlich aus-gebogen	20	21	9
zanguebari-cum Petit	do.	glatt, nur im Nabel Spiral-rippen	weisslich mit bräunlichen Bändern	mässig weit	do.	12	12	7
delmaresi Bgt.	abgestuft kreisel-förmig	do.	mit mehreren blassen Bändern oder einfarbig weiss	offen, ziem-lich eng	leicht aus-gebogen	19	18	9
aequatorium Morel.	kugelig-kreisel-förmig	fast glatt, sehr schwach spiralgerippt, Nabel glatt	weiss mit sehr schwachen Bändchen	offen	einfach	10^{1}₂	11	5^{1}₂
guillaini Petit	abgerundet kreisel-formig	verwischt und unregelmässig gegittert und gefurcht	bläulich-weiss ohne Band	beinahe od. ganz ge-schlossen	dick, kurz um-geschlagen	26--27	27	12
obtusum Pfr.	kugelig-kreisel-förmig, höher als breit	obere Windungen mit Spiralleisten	röthlich-weiss mit dunkel-braunem Band	ziemlich offen	einfach, nicht zu-sammen-hängend	16	15	6$\frac{1}{2}$—8$\frac{1}{2}$

Cyclostoma calcareum Sow. II.

Sowerby, Thes. Conch. I, p. 118, pl. 26, Fig. 113. Pfr. in Küster's neuer Ausgabe von Martini und Chemnitz' Conchyliencabinet, Cyclostomaceen, S. 84, Taf. 11, Fig. 11, 12. Reeve, Conchol. Icon. XIII, pl. 3, Fig. 13. Dohrn in Proc. Zool. Soc. 1864, p. 117. C. sulcatum, Lm., Hist. an. s. vert. VI, p. 144, 1819; ed. 2 VIII, p. 354; Delessert, Recueil pl. 29, Fig. 9, non C. sulcatum Drap. 1805. Cyclostomus calcareus Sow. Pfeiffer, Monogr. Pneumonopom., p. 201. Dohrn in Proc. Zool. Soc. 1865, p. 233. Gibbons in Quart. Journ. of Conchol. II, 1879, p. 145. C. insulare var., E. Smith, Proc. Zool. Soc. 1881, p. 277, z. Theil, pl. 32, Fig. 1.

Lager Kitohaui, 26 Kilometer südwestlich von Sadi Makanjila, auf dem Plateau zwischen Ukuledi und Umbekuru, Distr. Mgao, im südöstlichen Theile des deutschen Schutzgebiets, Lieder.

Im Süden unseres Gebietes von Dr. J. Kirk und Thomson am Nyassa-See und weiter südlich bei Tette am Sambesi an felsigen Stellen gesammelt. Angeblich auch von Capt. Speke auf seiner zweiten Reise vom Nil bis Sansibar, aber ohne bestimmte Fundortsangabe[*]). Nach Gibbons subfossil auf der Insel Mossambique. Früher war das Vaterland dieser nicht leicht zu verkennenden Art unbekannt.

Das von Herrn Lieder eingesandte Exemplar zeigt an der Unterseite der letzten Windung und am Mundrand ein braunes Band, ähnlich wie C. rugosum Lm. bei Reeve a. a. O. Fig. 11; von dieser Art aber unterscheidet es sich leicht durch den Mangel einer Kante um den Nabel.

Cyclostoma creplini Dkr.

Dunker in Zeitschrift f. Malakozoologie 1848, p. 177. Pfeiffer, Cyclostom. Taf. 38, Fig. 13—15. Reeve, Conch. Ic., Fig. 45. — Cyclostomus cr., Pfr., Mon. Pneum. I, p. 202.

Insel Sansibar, Rodatz bei Dunker a. a. O. Es ist auffallend, dass diese Art durch spätere Reisende, wie es scheint, nicht wieder gesammelt wurde, während sie von früher her in den europäischen Sammlungen nicht selten ist. Unter den mir bekannten Arten scheint es am nächsten dem C. pulchrum Gray von den Seychellen zu stehen, das nur etwas niedriger ist und zahlreiche feine Spiralstreifen zwischen den starken Spiralrippen hat.

Cyclostoma anceps Marts.

Martens in Monatsberichte d. Berlin. Akad. 1878, S. 288, Taf. 1, Fig. 4; Sitzungsberichte der Gesellsch. naturf. Freunde 1891, S. 14. Bourguignat, Moll. de l'Afr. équat., p. 150. E. Smith in Ann. Mag. N. H. (6) VI, Aug. 1890, p. 148. Marts., Ann. Mus. Genov. (2) XV 1895, p. 63.

Spiralrippen unter der Naht und im Nabel, aber keine in der Mitte der letzten Windung.

Küstengegend: Mtoni (am Kingani bei Bagamoyo), Emin Pascha bei Smith. Binnenland: Mkata-Ebene, Lieder 1891. Mkata und Kirassa (in Ussagara), Matangisi (in Ugogo), Emin Pascha und Stuhlmann 1890. Teita, Hildebrandt. Kaffee-Pflanzung Derema auf dem Miassa-Berg, Handei-Gebirge (Ussambara), 1000 m Höhe, und Kulturland, 1200—1700 m, im Gebüsch, Volkens. Marangu-Station am Kilima-Ndjaro, Dr. Lent. Zwischen Bardera und Brava, V. Bottego.

---

*) Edg. Smith hatte die Güte, mir über die von Capt. Speke gesammelten, jetzt im britischen Museum befindlichen drei Stücke am 11. Juni 1894 zu schreiben, es seien alle todt gefunden, eines zeige noch schwache Spuren von drei rothen Bändern, ähnlich dem, das er Proc. Zool. Soc. 1881 Taf. 32, Fig. 1 vom Nyassa' abgebildet und das er jetzt auch eher für ein unausgewachsenes C. calcareum zu halten geneigt sei.

1*

Var. liederi n. var.

Verhältnissmässig höher, mit engerem Nabel und schwächerer Skulptur um denselben. Durchmesser 21$\frac{1}{2}$, Höhe 22, Mündung 12 hoch, 10 breit.

Rufidji-Niederung bei Marendego, Samanga, Lieder.

Eine kleinere, noch zweifelhafte Art mit ähnlicher Skulptur, nur 12 mm breit, bei Kidete von Emin Pascha und in Ussagara von Bischof Hannington, E. Smith ebenda, S. 148.

Cyclostoma letourneuxi Bgt.

Taf. II, Fig. 5.)

Cyclostoma zanguebaricum (Petit). Pfeiffer in Küster's neuer Ausgabe von Martini u. Chemnitz, Cyclostomaceen, S. 294. Taf. 39, Fig. 24, 25. — Martens in Nachrichtsblatt d. deutschen mal. Gesellsch. 1869, S. 154.

Cyclostomus z. Petit. Pfeiffer, Monogr. Pneumonopom. I, p. 219.

Cyclostoma insulare Pfr. var. E. Smith in Proc. Zool. Soc. 1881, p. 277 z. Theil, pl. 32, Fig. 1a.

Rochebrunia letourneuxi, Ancey in litt. Grandidier in Bull. Soc. Mal. France IV, 1887, p. 190 ohne Beschreibung, und Bourguignat ebenda, p. 270 (Beschreibung).

Cyclostoma cambieri und letourneuxi. Bourguignat, Moll. de l'Afr. équat. 1889, p. 150, 152.

Cyclostoma ligatum (Müll.). Martens in den Sitzungsberichten der Gesellsch. naturf. Freunde in Berlin 1891, p. 14.

Cyclostoma letourneuxi Bourg. E. Smith, Proc. Malac. Soc. I, 1894, p. 166.

Schale abgerundet kreiselförmig mit erhabenen Spiralleisten in etwas wechselnder Zahl, 7—9 auf der vorletzten Windung sichtbar, etwas schmäler als die Zwischenräume oder, wo sie gedrängter stehen, ihnen an Breite gleich, an der Unterseite der letzten Windung und namentlich in der Höhlung des Nabels etwas stärker; Windungen deutlich abgesetzt. Farbe weisslich oder blass bräunlich, meist mit einem dunkelbraunen breiten Band dicht unter dem grössten Umfang, daher an den früheren Windungen in der Regel nicht sichtbar, und öfters mit mehreren schmaleren helleren Bändern in der oberen Hälfte der letzten und vorletzten Windung, selten ganz ohne Bänder, dann mehr braunlich mit radial sich wiederholenden dunkleren Schatten (Exemplare von Umba). Nabel eng. Mündungsrand bei erwachsenen etwas ausgebogen und auch im oberen Winkel, wo sie an die vorhergehende Windung sich anlegt, zusammenhangend, aber bei nicht ganz ausgewachsenen gerade und an der genannten Stelle unterbrochen.

Zwischen Sesam-Samen, der aus Sansibar in den Handel gekommen, Brauns; Bagamoyo, Bourguignat; Uluguru am Dundumi-Bach, Waldlager auf den Vorhugeln Nov. 1894, Stuhlmann; Tanga und Magila, Neumann; Pangani, Craven und Conradt; Mombas, Hildebrandt; Kau bei Witu, Gregory.

Im Binnenlande: Lager Kitohaui auf dem Plateau zwischen Ukuledi und Umbekuru, Lieder; Umba bei Lindi, Conradt; am Mkatta-Bach zwischen Ukami und Ussagara, Stuhlmann; Kondoa in Ussagara, Leroy (Bourg.); Handei-Gebirge bei Siai, Dr. Buchwald; Marongo, Craven; Dschala-See, südöstl. vom Kilima-Ndjaro, Kretschmer.

Zwischen Nyassa-See und Ostküste, Thomson bei E. Smith; Hügel westlich vom Victoria-Nyansa (Bourg.). Ferner Unyanyembe und Nyantaga in Utongue, unweit Udjiji (Bourg.).

Dr. Stuhlmann hat an demselben Fundort zwei Exemplare gefunden, von denen das eine etwas höher als breit (13 und 12 mm), das andere etwas breiter als hoch (13$\frac{1}{2}$ und 13 mm), bei beiden die Mündung 6 mm.

Bei unausgewachsenen Stücken kann man zuweilen zweifelhaft sein, ob dieselben zu C. calcareum oder C. letourneuxi gehören, aber die absolute Grösse der obersten Windungen und die Zahl der Windungen im Verhältniss zur Grösse der ganzen Schale entscheidet zwischen beiden: bei C. calcareum hat schon die zweite Windung einen Durchmesser von 4, die dritte von $7^1{}_2$ mm, bei C. letourneuxi beziehungsweise nur 2 und $3^1{}_2$.

Var. leroyi Bgt.

Cyclostoma leroyi, Bourguignat, Moll. de l'Afr. équat., p. 152, pl. 7, Fig. 19, 20. Letzte Windung stärker herabsteigend und fast glatt, indem die Spiralrippen, die auf der vorletzten Windung noch gut ausgeprägt sind, mehr und mehr sich verlieren und nahe der Mündung ganz verschwinden. Höhe 14 mm, Breite $11—12^1/2$, Mündung $6^1{}_2—7$ hoch, $5^1/2—6$ breit.

Magila, Neumann, zusammen mit der typischen Form; Uluguru bei Mbagalala, im Wald der Vorberge, 16. Nov. 1894, Stuhlmann; Nguru-Berge, französische Missionäre.

Var. stuhlmanni n. var.

(Taf. II, Fig. 1.)

Grösser, röthlich-weiss, mit einer braunen Binde auf der letzten Windung, sonst einfarbig; 6 sehr deutliche Spiralleisten auf der vorletzten Windung, welche auf der letzten undeutlich werden. Mündung ziemlich gross, Mündungsrand weiss, etwas breit umgeschlagen. Grosser Durchmesser 21, kleiner 15, Höhe 20, Durchmesser der Mundung ohne den Rand 8, mit demselben $10^1{}_2$ mm.

Am Mkatta-Bach auf dem Wege von Usakami nach Ussagara, Emin und Stuhlmann.

Cyclostoma hanningtoni, Sow, Proc. Zool. Soc. 1889, p. 581, pl. 56, Fig. 14, ohne nähere Fundortsangabe als Aequatorial-Afrika, ist dieser Form ähnlich, aber noch grösser (24 breit, 23 hoch) mit mehreren Bändern und stärkerer Skulptur.

E. Smith hat am angeführten Ort auf eine gewisse Verwirrung hingewiesen, welche bei einigen Autoren betreffs C. insulare, kraussianum, lineatum und goudotianum herrscht; soweit ich nach dem Material im Berliner Museum und den publizirten Abbildungen und Beschreibungen urtheilen kann, möchte ich unterscheiden:

ligatum Müll., auf der Oberseite der letzten und vorletzten Windung nur sehr schwache Andeutung von Spiralskulptur, letzte Windung mehr kugelig, weiss, mit einem dunkeln Band, selten auch einigen schmäleren darüber. Tette am Sambesi, Peters.

kraussianum Pfr., nicht Reeve, mit starker vorstehenden, oft abwechselnd grösseren und kleineren Spiralleisten und starkeren Vertikalstreifen zwischen denselben, letzte Windung weniger breit, mehr kugelig, vorherrschend röthlich-grau, obere Windungen öfters lebhaft röthlich; kein dunkles Band. Port Grosvenor, Bachmann, und Pondo-Land, Conr. Beyrich. Die vorliegenden Exemplare weichen durch den engen Nabel von Pfeiffer's Beschreibung und Abbildung, Taf. 13, Fig. 17, 18, etwas ab.

lineatum Pfr. scheint mir dadurch, dass Pfeiffer gar keine Spiralskulptur erwähnt, verschieden. Vaterland unsicher.

insulare Pfr., bei Küst, Taf. 45, Fig. 5, 6; Reeve, Fig. 41, ähnlich dem kraussianum, aber etwas breiter, mit zwei bis drei Bändern. Als Vaterland früher Mauritius, später Natal angegeben.

goudotianum Sow. I., nur fein spiralig gestreift. Nach E. Smith wahrscheinlicher von Madagascar als von Natal.

Cyclostoma zanguebaricum Petit

Petit in Journ. de Conchyl. I, 1850, p. 53, pl. 3, Fig. 5. —? Reeve, Conch. Icon. XIII, pl. 14, Fig. 87. — Gibbons in Quart. Journ. of Conchology II, 1879, p. 145. Rochebrunia zanguebarica, Bourguignat, Moll. de l'Afr. équat., p. 147.

Glatt, nur im Nabel Spiralrippen, weisslich mit gelblichem oder röthlichem Anflug und mehreren bräunlichen Bändern; Nabel offen, Mündung verhältnissmässig gross, Mündungsrand zusammenhängend, deutlich ausgebogen. Nahezu ebenso hoch als breit, nach Petit's Angabe im Text 10—12 mm, nach Reeve's Figur 12[1] 2, nach Petit's Figur 18 hoch und breit, diese also ohne Zweifel vergrössert.

Insel Sansibar, Guillain bei Petit, an Baumstämmen und Gebüsch, Bourguignat: Pangani, Bourguignat. Nach Bourguignat auch noch weiter nördlich, ausserhalb unseres Gebiets, im unteren Thal des Flusses Webi.

II. Crosse hatte die Güte, mir am 11. Juni 94 über die Original-Exemplare dieser Art, welche in seinem Besitz sind, zu schreiben:

»D'après les 2 individus typiques, que j'ai sous les yeux en vous écrivant, voici ce que je puis vous dire. Le Cyclostoma zanguebaricum, Petit, est une coquille qui, vue à l'œil nu, parait luisante et entièrement lisse. du côte de la spire. C'est à peine si, en se servant d'une loupe, on peut distinguer les stries d'accroissement longitudinales, qui sont très faiblement accusées. La fond de coloration de la coquille est d'un gris jaunâtre; les bandes ou lignes spirales sont brunes et à moitié effacées, sauf une du dernier tour de spire, qui est plus large que les autres et bien marquée: toutes ces lignes sont apparentes en brun sur un fond jaune, dans l'interieur de l'ouverture. Du côté de la base du dernier tour, on compte dans la région ombilicale et dans l'ombilic lui-même 5 costulations concentriques fortement prononcées et contrastant avec le reste de la région basale, qui est lisse. La suture n'est pas profonde; elle est à peu près linéaire. Mes 2 exemplaires typiques ont 12 millimètres de diamètre et 12 millimètres également de hauteur totale: la figure 5 de la planche, 3 du Journal de Conchyliologie est donc grossie, mais les dimensions naturelles sont données sur la même planche (Fig. 5'). Sur la figure 5 du même Journal, l'épaisseur du bord externe me semble un peu exagérée: il est un peu plus mince sur mes 2 exemplaires, qui, sous tous les autres rapports, sont reproduits fidèlement. Il est possible que mes deux exemplaires typiques ne soient pas tout-à-fait adultes. En définitive et comme conclusion, le C. zanguebaricum, Petit, est une coquille lisse (sauf dans la région ombilicale du dernier tour), luisante, et non une espèce pourvue de côtes spirales obtuses.«

Nach E. Smith, Proc. Malac. Soc. I, p. 166, ist Cyclostomus parvispirus, Pfr., Mon. Pneum. Suppl. I, p. 123, Reeve, Conch. Ic. XIII. Fig. 47, unbekannten Fundorts, dieselbe Art.

Cyclostoma delmaresi (Ancey)
(Taf. II, Fig. 2.)

Rochebrunia delmaresi, Ancey in litt., Bourguignat in Bull Soc. Mal. de France IV, 1887, p. 269; Moll. de l'Afrique équatoriale, p. 146, 147. Cyclostoma delmaresi, E. Smith in Ann. Mag. N. H. (6) VI, 1890, p. 148.

Dem C. zanguebaricum in dem Mangel der Spiralrippen, abgesehen vom Nabel, ähnlich, aber mit viel tiefer eingeschnittener Naht und bedeutend grösser, 19 mm hoch und 18 breit. Mehrere, aber meist sehr blasse Bänder, zuweilen auch einfarbig weiss. Mündungsrand bei erwachsenen ausgebogen.

Am Ufer des Jipe-Sees, Volkens, Juni 1894. Hügel am westlichen Ufer des Victoria-Nyansa, Bourguignat. Hadako (?) in Ugogo, Mkatta u. Longa, Emin Pascha bei Smith. Ussagara, Hannington. Eine etwas kleinere Varietät bei Kingueni in Usaramo, Bourguignat.

Cyclostoma aequatorium (Morel)

Otopoma? aequatorium, Morelet in Journ. de Conch. XXXVIII, 1890, p. 68, pl. 1, Fig. 4.

Tabora.

Die Gruppe Otopoma Gray, Pfr. (in engerem Sinn, = Georgia Bourg.), bei welcher der Nabel durch eine Ausbreitung des Columellarrandes mehr oder weniger geschlossen wird und die Spiralskulptur mehr oder weniger verwischt ist, gehört hauptsächlich Süd-Arabien, z. B. O. clausum Sow., und Sokotora, z. B. O. naticoides Recl. und clathratulum, an; an der Küste von Ostafrika kennt man sie bis jetzt nach Süden nur bis Magadoxo oder Makdishu, $2^1{}_2{}^0$ nördl. Breite, nämlich O. guillaini Petit, Journ. de Conch. I, 1850, p. 51, pl. 4, Fig. 3; Pfeiffer, Cyclost. Taf. 34, Fig. 7, 8; Pneum J, p. 182; Reeve, Cyclost. Fig. 126, 26 mm breit, 25 hoch, nebst einigen anderen sehr ähnlichen Formen bei Bourguignat, Moll. de l'Afr. équat., p. 143, 144.

Cyclostoma obtusum (Pfr.)

Otopoma obtusum, Pfeiffer in Mal. Blätt. IX, 1862, p. 202; Novitat. Conch. II, p. 226, Taf. 59, Fig. 3, 4. Rochebrunia obtusa, Bourguignat, Moll. de l'Afrique équatoriale, p. 147.

Sansibar, Petit bei Pfeiffer. Seitdem nicht mehr von da bekannt geworden, wohl aber vom Kap Guardafui und subfossil aus dem Thal des Webi bei Meurka (Marka) nach Bourguignat, also ausserhalb unseres Gebiets.

Cyclophorus Montf.

Deckel mit vielen engen Windungen, dünn, hornartig. Färbung meist dunkelbraun.

Namen	Gestalt	Skulptur	Färbung	Spitzen-winkel	Höhe mm	Breite mm	Höhe zur Breite	Mündung mm	Nabel zum Durchmesser
elatior Marts.	abgerundet kreiselförmig	ziemlich dicht stehende An-wachsstreifen	grünlich-braun mit blassen Spiralbinden	75 -So"	18	20	9:10	10 -11	$^1/_6$—$^1{}_5$
intermedius n.	gedrückt kreiselförmig	do.	do.	95—98	17 15	$22^1{}_2$ 19	3:4	11 10	$^1{}_5$
hildebrandti Marts.	do. letzte Windung abgeflacht	dicht runzlig, gestreift	(weisslich mit röthlicher Spitze)	110	$19^1/_2$	$28^1/_2$	3:4	14 -15	$^1{}_4$
wahlbergi Krauss	gedrückt kreiselförmig	dicht fein gestreift	hell braun-gelb, einfarbig	95 100	13	18	3:4	$8^1{}_2$	$^2{}_7$
magilensis Crvn.	do.	do.	do.	110	9	12	3:4	5	$^1{}_3$
olivaceus Bgt.	kugelig	glatt	grünlich-braun	80	12	12	=	6	sehr eng
volkensi Marts.	gedrückt kreiselförmig	schwach ge-streift	braun	100	3	$4^1{}_2$	2:3	2	$^2{}_5$
papillaris Marts.	flach mit vor-ragender Spitze	zwei starke Spiralkiele	braun	$1^1{}_2$	$3^1{}_4$	1:2	$1^1{}_2$	$^4{}_{10}$	

Cyclophorus elatior Marts.

(Taf. I, Fig. 1 und Taf. II, Fig. 4.)

v. Martens in den Sitzungsberichten der naturf. Freunde in Berlin 1892, S. 180.

Eng genabelt, kugelig kreiselförmig, mit ziemlich dicht stehenden, doch noch deutlich voneinander getrennten, etwas erhabenen Anwachsstreifen, grünlich-braun, heller oder dunkler, meist mit mehreren ungleich breiten und ungleich vertheilten helleren Binden, welche an einzelnen Exemplaren deutlicher an der Innenseite innerhalb der Mündung als an der Aussenseite zu sehen sind; öfters ist die Schalenhaut längs dieser Bänder verloren, aber die Bänder entstehen nicht erst durch Verlust der Schalenhaut, sondern sind an ganz frischen Exemplaren oft sehr bestimmt vorhanden*). Gewinde konisch, spitz vorstehend, Windungen fünf, gewölbt, meist erst ein wenig unterhalb ihres grössten Umfanges von der folgenden umfasst, daher die Naht einschnürend erscheint. Die ersten $1^1/_2$ Windungen glatt, papillenförmig vortretend, röthlich, an der obersten Spitze weiss. Alle Windungen im Umfang völlig abgerundet, ohne Kante; Naht vor der Mündung nur wenig und ganz allmählich herabsteigend. Mündung ziemlich kreisrund, wenig schief gestellt, Mundungsrand gerade, kaum verdickt, nur auf eine kurze Strecke an die vorletzte Windung angelegt und auch da nicht unterbrochen, sondern zusammenhängend.

Grösster Durchmesser 19—21, Höhe 18, Mündung $9^1/_2$—10 mm.

Weichtheile blass röthlich, mit dunkler rother Netzzeichnung, wahrscheinlich anastomosirenden Furchen, Sohle 13 mm lang, Fühler 9 mm lang.

Migere in Butumbi und auch in Vitshumbi, beide am Südufer des Ngesi (Albert-Edward-See), am Boden des Urwalds und an feuchten Waldrändern, Stuhlmann. Bundeko, östlich vom Issangofluss, 750 m hoch, auf Waldboden, Stuhlmann.

Von Hrn. Conradt erhielt das Museum für Naturkunde in Berlin zwei Exemplare aus Darema oder Derema unweit Magila in Ussambara, also noch im Küstengebiet, welche annähernd verhältnissmässig so hoch wie C. elatior sind, aber mit tieferen Nähten und einfarbig braun, so dass sie im Habitus dem C. wahlbergi näher stehen; von C. magilensis unterscheiden sie sich sofort durch die höhere Gestalt.

Cyclophorus intermedius n. sp.

(Taf. II, Fig. 3.)

In den meisten Beziehungen dem vorigen ähnlich, aber merklich mehr niedergedrückt, jede Windung von der folgenden in ihrem grössten Umfang umfasst, nur an der Mündung die Naht etwas unterhalb derselben herabsteigend. Mündung verhältnissmässig gross, Nabel gleich oder ein wenig weiter. Färbung, Skulptur und Beschaffenheit der Spitze gleich. Grösster Durchmesser 19 bis $22^1/_2$, Höhe 15—17, Mündung 10—11 mm.

Uganda bei Mjongo an der Murchison-Bai, im Uferwald, Stuhlmann; ferner zwischen Ngesi und Mwutan-Nsige im Wald westlich von Issango-Itüri $0^0\ 45'$ N., im Unterholz am Boden, und noch nördlicher beim Chef Orani zu Buginda in einer Bananenpflanzung und im Mulm des Waldes. Steht in der Mitte zwischen C. elatior und hildebrandti.

Cyclophorus hildebrandti Marts.

v. Martens in den Monatsberichten der Berliner Akademie d. Wiss. 1878, S. 289, Taf. I, Fig. 1—3.

Ukamba, Hildebrandt.

* Die Schalenhaut ist an in Spiritus eingesandten Stücken noch dunkler, schwärzlich-braun, mit zahlreichen, ziemlich gedrängten, der Mündung parallelen Falten.

Unterscheidet sich von der vorigen neben der Grösse durch die verhältnissmässig niedrigere letzte Windung, den etwas weiteren Nabel und dichter gedrängte,
etwas ungleichmässige Anwachslinien. Da mir nur ganz verbleichte Exemplare,
weiss, die obern Windungen röthlich, vorliegen, kann ich nicht sagen, ob auch
in der Färbung ein Unterschied vorhanden sei.

Cyclophorus wahlbergi (Bs.)

Cyclostoma translucidum (Sow.). Krauss, Südafrikan. Moll., p. 83, nicht Sow.
Cyclostoma wahlbergi, Benson in Ann. and Mag. of Nat. Hist. (2) X, 1852,
p. 271. Pfeiffer in Chemnitz, neue Ausgabe, Cyclost., S. 386, Taf. 50, Fig. 17--19.
Cyclophorus wahlbergi, Pfr., Mon Pneum. I, p. 416. Reeve, Conch. Ic. XIII,
Fig. 81. E. Smith, Proc. Zool Soc. 1881, p. 277.

Einfarbig und mit weiterem Nabel als die vorhergehenden.

Lager Kitohaui auf dem Plateau zwischen Ukuledi und Umbekuru, 26 km
südwestlich von Sadi Makanjila, Lieder. Zwischen Nyassa-See und der Ostküste,
Thomson. Sonst nur aus südlicheren Gegenden bekannt, wie Natal (Wahlberg
und Benson), Port Grosvenor (Bachmann), Pondo-Land (Conr. Beyrich).

Cyclophorus magilensis Crvn.

Craven in Proc. Zool. Soc. 1880, p. 218, pl. 22, Fig. 1.

Dem C. wahlbergi sehr ähnlich, aber kleiner, oben etwas stumpfer, mit
noch weiterem Nabel.

Ussambara; bei Magila in Wäldern.

Cyclophorus olivaceus (Bgt.)

Maizania olivacea, Bourguignat, Moll. de l'Afr. équat. 1889, p. 148, pl. 7,
Fig. 14—18.

Glatt, kugelig, mit engem Nabel und sehr dünnem Deckel.

Nguru-Berge, französische Missionäre.

Cyclophorus volkensi Marts.

(Taf. II. Fig. 6.

v. Martens, Sitzungsberichte der Gesellsch. naturf. Freunde in Berlin, Juni 1895.
S. 121.

Flach, konisch gerundet, weit genabelt, schwach gestreift, hellbraun; Gewinde vorstehend, Spitze warzenförmig vorstehend; $3^1{}_2$ gewölbte Windungen,
mit tiefer Naht, die letzte stielrund, an der Basis allmählich in den Nabel sich ein-
biegend. Mündung mässig schief, kreisrund; Mündungsrand einfach, dünn, nur
auf eine kurze Strecke an die vorletzte Windung angelegt. Grosser Durchmesser $4^1{}_2$, kleiner $3^1{}_3$, Höhe 3 mm; Mündungsdurchmesser 2 mm.

Kilima-Ndjaro in einer Höhe von 1600 m auf einem neu angepflanzten Maisfeld nach dem Niederbrennen und Roden eines Gebusches gefunden, Volkens 1893.
Das Vorhandensein des Deckels sichert die Zugehörigkeit zu dieser Gattung.

Unterabtheilung: Ditropis Blanf.

Cyclophorus papillaris Marts.

(Taf. II, Fig. 7.

v. Martens in den Sitzungsberichten der Gesellsch. naturf. Freunde in Berlin
1892, S. 180.

Klein, sehr weit genabelt, niedergedrückt, mit 2 vorstehenden Spiralkielen
und mehreren erhabenen Spirallinien oberhalb, unterhalb und zwischen denselben;
erste Windung zitzenförmig vorstehend, letzte an der Mündung stark herab-

steigend. Mundung sehr schief, im Ganzen kreisförmig, doch etwas länger in der Richtung von innen und oben nach aussen und unten; Mundsaum dünn, etwas ausgebogen, ringsum zusammenhängend und nur auf eine kurze Strecke an die vorhergehende Windung angelegt.

Deckel dünn mit vielen Windungen.

Migere in Butumbi, am Südufer des Mwutan-Nsige, in feuchtem Mulm des Urwalds, Stuhlmann.

Eine ähnliche Art ist noch nicht aus Afrika bekannt; am nächsten steht die Gruppe Ditropis Blanf. aus Vorderindien, auch flach und mit 2 Kielen, aber dadurch, dass die Schale ausser diesen glänzend glatt ist und der Wirbel nicht vorsteht, noch mehr von dem gewöhnlichen Aussehen der Gattung verschieden.

Stylommatophoren.

Landschnecken mit den Augen an der Spitze der Fühler und ohne Deckel. Geschlechter vereinigt.

a) Agnathen.

Nur sichelförmige Zähne in der Reibplatte, meist ohne Mittelzahn, Kiefer fehlend oder sehr schwach, Fleischfresser.

Ennea Ad., Pfr.

Schale länglich, mehr oder weniger eiförmig, die obersten Windungen an Umfang rascher zunehmend als die folgenden, daher das oberste Stück der Schale stumpf abgeflacht, selten zugespitzt, die letzte Windung dagegen nur wenig oder gar nicht breiter als die vorletzte. Oberfläche glänzend glatt oder mit erhabenen, schief nach unten und vorn verlaufenden Rippenstreifen, welche öfters nur auf den oberen Windungen vollständig ausgeprägt, auf der vorletzten und letzten nur durch Fältchen dicht unter der Naht angedeutet sind; immer einfarbig, ohne Zeichnung, meist weisslich oder blassgelb, frisch oft durchscheinend. Nabel eng oder geschlossen. Mündungssaum umgeschlagen, meist breit, mit oder ohne zahnförmige Verdickungen, zuweilen mit Falten, die ins Innere der Mündung hineingehen.

Weichtheile oft lebhaft grün oder gelb oder roth gefarbt, zuweilen am Lebenden durch die Schale durchscheinend. Obere Fühler lang. Kein Kiefer, alle Zähnchen der Reibplatte (Zunge) spitzig, sichelförmig.

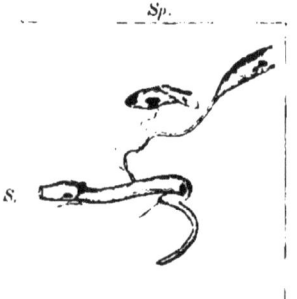

Junge Schalen zeigen oft einen ziemlich weiten Nabel und erscheinen breiter als hoch, können daher leicht für Helix gehalten werden. Die Weichtheile dieser Gattung sind von Dr. Pfeffer im Jahrbuch der mal. Gesellsch. V, 1878, S. 62-69, eingehend beschrieben, hauptsächlich nach E. martensi E. Sm. (insignis, Marts., Monatsbericht Ak. Wiss. 1876) von Westafrika, welche der gleich folgenden E. ovoidea sehr nahe steht. Zur Ergänzung möge hier noch eine Skizze gegeben werden, welche den stark ausgebildeten Schlundkopf (S.) nebst Speicheldrüse (Sp.) und Zungenscheide (Z.) von E. limbata darstellt.

A) **Edentulina** Pfr.

Edentulina und Marconia Bourg. z. Th. 1889.
Mündungsrand ohne Zähne.
Bauchseite der letzten Windung öfters etwas abgeplattet.

Namen	Gesammtform	Naht	Skulptur	Länge	Breite	Mündung
				mm	mm	mm
ovoidea Brug.	länglich eiförmig, nach oben allmählich zugespitzt	bandförmig	fast glatt	37 -48	16¹/₂ 23¹/₂	15 -20
grandidieri Bgt.	do.	do.	do.	18	11	11
obesa J. Gibb.	konisch eiförmig, nach oben stärker zugespitzt	gekerbt bandförmig	fein rippenstreifig	24	12 -13¹/₂	10
— var. bulimiformis Grandid.	länglich konisch, nach oben stärker zugespitzt	do.	do.	26	12¹/₂	11
lata E. Sm.	breit eiförmig, oben stumpf	zinnenförmig gekerbt	do.	13¹/₂—19	8 —12	6—8
gibbosa Bgt.	cylindrisch eiförmig, etwas verschoben, oben stumpf	schwach gekerbt	fast glatt	14	8	7
recta Bgt.	länglich eiförmig, oben stumpf	gefältelt	do.	15	7	6
latula Marts.	cylindrisch eiförmig, oben stumpf	mit zurückgebogener Streifung	schwach gestreift	13 —15	9	5 -6
amicta E. Sm.	cylindrisch eiförmig, oben ziemlich stumpf	einfach	do.	6¹/₂	3¹/₂	2
var. brevior n.	do.	do.	do.	4¹₂	3	2¹/₂
gibbonsi Taylor	cylindrisch, oben stumpf, etwas unsymmetrisch	gefältelt	glatt	11¹/₂	6	4
? brevicula E. Sm.	eiförmig	gekerbt	fein gerippt	14	9¹/₂	5

Ennea ovoidea (Brug.)

(Taf. II, Fig. 11—13.)

Bulimus ovoideus, Bruguière in Encycl. Meth., Vers. I, 1789—92, p. 335, Pfr., Mon. Hel. II, p. 45., non Fér. et Lm. Shuttleworth in Malakozool. Blätt. 1848, p. 79. Woodward in Proc. Zool. Soc. 1859, p. 350. Craven in Proc. Zool. Soc. 1880, p. 217.

Edentulina ovoidea, Bourguignat, Moll. de l'Afr. équat, p. 140.

Kaffee-Plantage Derema auf dem Miassa-Berg, Handei-Gebirge, Ussambara, in einer Höhe von 1000 m, zahlreich, Conradt und Volkens. Nguru-Berge, in einer Höhe von 2000 m, französ. Missionäre bei Bourguignat. Magila, ebenfalls in Ussambara, im Wäldern, Craven. Insel Quiloa, Speke. Lager Kitohaui, 26 km südwestl. von Sadi Mankanjila, auf dem Plateau zwischen Ukuledi und Umbekuru, Lieder, das grösste Stück 48 mm lang, 15 breit, Fig. 12.

Nach den von Conradt bei Derema gesammelten Exemplaren im Berliner Museum f. Naturkunde variirt die Schale in Gestalt und Grösse bedeutend, bald etwas breiter, bald mehr schlank, die vorletzte Windung, von der Rückenseite aus gesehen, immer mindestens so breit wie die letzte. Die sechs vorhandenen ausgewachsenen Exemplare zeigen folgende Maasse:

a)	Länge	42	mm,	Breite	19,	Mündung	18^{1}/$_{2}$	lang,	14	breit	
b)	»	37	»	»	17	»	15		11	»	
c)	»	38^{1}/$_{2}$		»	17		16		11		Fig. 13.
d)		37		»	18		16	»	12^{1}/$_{2}$		
e)		33	»	»	18		15		12		Fig. 11.
f)	»	37	»	»	16^{1}/$_{2}$		17		13	»	

c) ist ein ungewöhnlich schlankes Exemplar, d) und e) sind verhältnissmässig breit, alle drei im Uebrigen normal gewachsen, f) dagegen hat im letzten Drittel der vorletzten Windung und wiederum im ersten Drittel der letzten einen Bruch erlitten und ist von da an etwas unregelmässig weiter gewachsen, namentlich auffallend enger geworden, so dass die vorletzte Windung nach der ersten Bruchstelle auffällig unter die wulstartig überragende drittletzte zurücktritt, die Naht vor der Mündung stark schief herabsteigt und sich nicht mehr nach aufwärts biegt, wie sonst bei Ennea der Fall ist; auch die faltenartige Biegung des oberen Theils des Columellarrands innerhalb der Mündung ist dadurch stärker geworden. Dieses Exemplar kann also nicht an sich als Beispiel für die Variationsweite der Gestalt dienen, mahnt aber doch zur Vorsicht in der Aufstellung neuer Arten, denn es würde hinreichende Charaktere für eine solche bieten, wenn nicht eben die bleibenden Spuren der beiden Brüche und die vollständige Uebereinstimmung des weiter oben gelegenen Theiles der Schale mit den gleichzeitig gesammelten anderen normalen Exemplaren zeigten, dass hier ein gestörtes Wachsthum vorliegt.

Charakteristisch für alle Stücke ist erstens die gerandete Naht, d. h. dass ganz nahe unterhalb der Naht eine ihr parallele Furche verläuft und das dazwischen liegende Stückchen der Schale, an die vorhergehende Windung angedrückt, als ein etwas vortretendes eigenes schmales Bändchen erscheint; und zweitens eine eigenthümliche feine Runzelung der Schalenoberfläche, welche schon unter schwacher Vergrösserung deutlich, bald mehr als im Verlauf der Spirale schief aufsteigende unregelmässige Streifung, bald unter anderem Winkel gesehen, als umschriebene vertiefte Maschen eines etwas unregelmässigen Netzwerkes oder ganz unregelmässig gestellte hammerschlagartige Eindrücke erscheint. Diese Skulptur ist auch an Stellen, welche die dünne Schalenhaut verloren haben, noch kenntlich.

Pupa grandis, Pfr., Symb. Hist. Hel. III, 1846, p. 95; Philippi, Abbild. neuer Conchyl. II, S. 156, Taf. Bulimus 6, Fig. 4; Pfr., Mon. Hel. II, p. 301; Küster, neue Ausgabe v. Chemnitz, S. 120, Taf. 16, Fig. 2, 3; Bulimus grandis (Pfr.), Deshayes in der Fortsetzung von Férussac, Hist. Nat. Moll. Terr. II, p. 101, pl. 144, Fig. 1, 2. Ennea ovoidea, Morelet, Series Conchyl. II, p. 74, ist dieser Art sehr ähnlich, namentlich dem Exemplar von Kitohaui; sie wurde nach Shuttleworth's Vorgang von Pfeiffer selbst für identisch mit ovoidea erklärt, aber keiner der genannten Autoren erwähnt die eigenthümliche Skulptur, welche doch von Bruguière selbst für seine ovoidea deutlich angegeben ist: »parait à travers la loupe ridée et pointillée comme la coque d'un oeuf«. Hierin könnte ein Artunterschied liegen, zumal da auch ein anderes Vaterland angegeben wird, von Pfeiffer selbst Sokotora, was aber durch die neueren Sammlungen von R. Balfour und Riebeck daselbst nicht bestätigt wurde (Godwin-Austen in Proc. Zool. Soc. 1881 und v. Martens in Nachrichtsblatt d. malak. Gesellsch. 1881), von Morelet die kleine Insel Mayotte nordwestlich von Madagascar. An Exemplaren ohne sicheren Fundort, aus der Albers'schen und Patel'schen Sammlung, jetzt im Berliner Museum, welche den erwähnten Abbildungen in Form und beinahe auch in Grösse entsprechen, sehe ich aber doch bei genauerer Betrachtung die erwähnte Skulptur, wenn auch etwas schwächer ausgebildet, so dass dadurch der Artunterschied wieder fraglich wird.

Die Maassangaben für ovoidea bei Bruguière, 14 Linien lang und 7 breit, die Pariser Linie zu 2^1 ₄ mm angenommen, also 31^1 ₂ mm lang und beinahe 16 breit, sind noch etwas geringer als an dem kleinsten Exemplar von Ussambara und viel geringer als diejenigen der Pfeiffer'schen grandis.

E. tumida, Morelet, Series Conch. II, p. 75, pl. 5, Fig. 7, unbekannten Fundortes, ist dem grössten von unseren Exemplaren auch ziemlich ähnlich, aber doch die letzte Windung und demgemäss auch die Mündung verhältnissmässig grösser.

Ennea grandidieri (Bgt.)

Edentulina grandidieri, Bourguignat, Moll. de l'Afr. équat. 1889, p. 141, pl. 7, Fig. 8, 9.

Nguru-Berge, in einer Höhe von 2000 m, französische Missionäre bei Bourguignat.

Nachstverwandt mit der vorigen, viel kleiner und schlanker, Aussenrand der Mündung oben etwas eingebuchtet; sie wird von E. Smith zu obesa gestellt.

Ennea obesa (J. Gibb.)

Ennea minor (Morelet), v. Martens in v. d. Decken's Reise III, S. 59.

Buliminus obesa Gibbons mscr. Taylor in Quarterly Journ. of Conchol. I, (1877), p. 255, pl. 2, Fig. 3.

Bulimus obesus (Gibbons), Craven, Proc. Zool. Soc. 1880, p. 217.

Ennea obesa (Gibbons), E. Smith, Proc. Zool. Soc. 1881, p. 281. v. Martens in Sitz.-Berichte d. Gesellsch. naturf. Freunde 1891, p. 16. — E. Smith, Proc. Malac. Soc. I, 1896, p. 166.

Ennea zanguebarica, Morelet in Journ. de Conchyliologie XXXVII, 1889, p. 10, pl. 1, Fig. 7, 7a.

Edentulina obesa, Bourguignat, Moll. de l'Afr. équat., p. 141.

Bawri-Insel bei Sansibar, Gibbons (vermuthlich Insel Bawi gegenüber der Stadt Sansibar, im Kanal zwischen ihr und dem Festlande). Pangani, Craven. Tanga, Mombas und Melinde (Malindi), Bourguignat, all diese Orte an der Kuste. Im Innern Magila in Ussambara, Craven; Derema ebenda. Conradt; aus Ussambara ohne nähere Angabe auch von W. Schmidt. Berg Nguru, im Norden von Ussagara, Bourguignat. Kizemo in Ukwere, Grassteppe, Stuhlmann. Massai-Nyika (Massai-Steppe am Pangani-Fluss), Neumann. Witu und Mangea in Englisch-Ostafrika, Dr. Gregory. Nahe am Nyassa-See, sowie zwischen demselben und Dar-es-Ssalam, Thomson. Aus Ostafrika ohne nähere Fundortsangabe von der v. d. Decken'schen Reise.

Var. bulimiformis (Grandid.)

Ennea bulimiformis, Grandidier in Bull. Soc. Mal. Fr. IV, p. 188.

Edentulina bulimiformis, Bourguignat, Moll. de l'Afr. équat., p. 141.

Hugel zwischen Useguha und Ussagara, an schattigen Stellen, Leroy. Uluguru bei Tegetoro, 1100 m hoch, in den Ptomfeldern einer Rodung an der unteren Waldgrenze, und bei Mbagalala im Walde der Vorberge, Okt. und Nov. 1894, Stuhlmann. Ussambara, W. Schmidt. Magila in Ussambara, O. Neumann.

Nur durch etwas schlankere Gestalt und absolut grössere Länge von obesa zu unterscheiden. Die Stücke vom Mbagalala sind nicht länger als obesa (24 mm), aber doch schlanker, 11^1/₂ breit und verbinden demnach beide Formen.

Die Weichtheile des lebenden Thieres blassgrün nach Dr. Kirk bei Craven
a. a. O. für obesa, grasgrün nach W. Schmidt, der die eigentliche obesa und
var. bulimiformis zusammen gefunden hat.

Ennea lata E. Sm.

Ennea lata, E. Smith, Proc. Zool. Soc. 1880, p. 347, pl. 31, Fig. 4. Crosse,
Journ. de Conch. XXIX, 1881, p. 295. Marconia lata, Bourguignat, Moll. de
l'Afr. équat., p. 136.

Ujiji, am östlichen Ufer des Tanganyika, Hore. Zwischen Tanganyika und
der Sansibarküste, E. Storms. Am Ugalla-Fluss, Böhm, Exemplar im Berliner
Museum f. Naturkunde, (östlicher Zufluss des Tanganyika, unweit Tabora), 19 mm
lang, 12 breit, Mündung 8 lang und 7 breit. Dagegen ist ein Exemplar, das
ich von Hrn. E. Smith selbst erhielt, mit der Fundortsangabe Ujiji, nur 13½ mm
lang, 8 breit, Mündung 6 lang und 6 breit, also nicht grösser als die folgende,
aber doch in der auffallend breiten Gestalt der ganzen Schale und der Mündung,
sowie durch die deutlich gekerbte Naht, gut von ihr verschieden.

Ennea gibbosa (Bgt.)

Marconia gibbosa, Bourg., Moll. de l'Afr. équat., p. 137, pl. 7, Fig. 6, 7.

Ussagara, zwischen Kondoa und Mpwapwa, und Ugogo, zwischen Dyaza und
Ibohi, französische Missionäre.

Der vorigen ähnlich, aber kürzer.

Ennea recta (Bgt.)

Marconia recta, Bourg., Moll. de l'Afr. équat. 1889, p. 138, pl. 7, Fig. 4, 5.
Ussagara und Ugogo, auch Mgunda mkali in Ukimbu, französische Missionäre.

Gewissermaassen ein verkleinertes Abbild der E. lata, cylindrisch eiförmig,
mit enger Nabelritze, die vorletzte Windung, von der Mündungsseite aus gesehen,
niedriger als die ihr vorhergehenden zusammengenommen, die letzte ein klein
wenig, aber kaum merklich gegen die vorletzte verschoben.

Var. latula Marts.
(Taf. II, Fig. 8.)

Ennea latula, v. Martens, Nachrichtsbl. d. mal. Gesellsch. 1895, S. 175.

Migere in Butumbi, am Südufer des Albert-Edward-Sees, im Mulm des Urwalds, Stuhlmann, 6. Mai 1891.

Von Bourguignat's Beschreibung und Abbildung der recta nur dadurch abweichend, dass die vorletzte Windung, von der Mündungsseite gesehen, merklich
höher ist als die ihr vorhergehenden Windungen zusammengenommen. Von
E. lata unterscheidet sie sich ausser der geringeren Grösse auch noch dadurch, dass
sie verhältnissmässig schmäler, mehr cylindrisch ist und dass die Streifen unmittelbar unter der Naht zwar auch etwas stärker sind, doch nicht so sehr, und
sich nach rückwärts umbiegen, nicht zinnenförmig aufsteigen.

Ennea amicta E. Sm.

Ennea amicta, E. Smith, Ann. Mag. N. H. (6) VI, 1890, p. 165, pl. 6, Fig. 15.
Mamboya, Last.

Var. brevior.

Long. 4½, lat. 3, apert. long. 2½, lat. 2 mm.

Bundeko (östlich vom Issango-Fluss), auf Waldboden, 4. Juli 1891, Stuhlmann,
zwei Exemplare von gleichen Dimensionen, um 1½ mm kürzer als das von
E. Smith beschriebene, und doch die Mündung noch etwas grösser.

Ennea gibbonsi (Taylor)

Gonaxis gibbonsi, Taylor in Quart. Journ. of Conchol. I, p. 252, pl. 2, Fig. 1.
Bourguignat, Moll. de l'Afr. équat., p. 133.

(Insel) Sansibar unter todtem Laub, Gibbons, und an den Wurzeln von Bananenstauden, Sheppard.

Kopf und Fühler des lebenden Thieres trüb ziegelroth, Körper blass gelblich.

Taylor hat für diese Schnecke eine eigene Gattung Gonaxis errichtet, weil die vorletzte Windung einen überragenden Vorsprung nach links (für das kriechende Thier und für den Beschauer) bildet und so die oberen Windungen aus der Axe der unteren sich etwas entfernen; es dürfte das aber nichts anderes sein als eine auffällige und etwas unsymmetrische Verschmälerung der letzten Windung, ganz ähnlich, wie es auch bei E. ovoidea öfters vorkommt, namentlich bei dem oben erwähnten Exemplar S. 12. Bourguignat hat den Namen Gonaxis dann auch auf ausgesprochene Streptaxis übertragen.

Ennea ? brevicula (E. Sm.)

Gibbus (Gonidomus) breviculus, E. Smith, Ann. Mag. N. H. (6) VI, 1890, p. 161, pl. 6, Fig. 3.

Ussagara, Kirk.

Gelblich-grün, mit eng nebeneinander stehenden gebogenen Vertikalrippen.

E. Smith stellt diese Art wahrscheinlich wegen der stärkeren Skulptur in die Gattung Gibbus, welche sonst nur Arten von den Maskarenen enthält.

B) Uniplicaria Pfr.

Ein Zahn auf der Mündungswand. Aussenrand und Unterrand zahnlos. Columellarrand einfach oder etwas faltenartig gebogen.

Namen	Gestalt	Naht	Columelle	Parietalfalte	Höhe mm	Breite mm	Mündung mm	Aussenrand
lendix E. Sm.	cylindrisch, oben stumpf	einfach	mit einer Querfalte	klein, nahe am Aussenrand	8	3	2½	bogig vorgezogen
exogonia Marts.	eiförmig	mit zurückgebogenen Streifen	senkrecht aufsteigend	kurz u. niedrig	9	5½	4	eckig vorgezogen

Hierher auch die westafrikanische E. conica Marts.

Ennea lendix E. Sm.

E. Smith, Ann. Mag. N. H. (6) VI, 1890, p. 166, pl. 6, Fig. 16.
Mamboya, in einer Höhe von 6000—5000 Fuss, Last.

Ennea exogonia Marts.

(Taf. II, Fig. 10.)

v. Martens, Nachrichtsbl. d. mal. Gesellsch. 1895, S. 175.

Schale bauchig eiförmig, undurchbohrt, schwach gestreift, die Streifen unter der Naht zurückgebogen, glänzend wachsfarbig weiss; 7 Windungen, die 5 ersten regelmässig an Breite zunehmend, einen stumpfen Kegel bildend, die vorletzte nur wenig breiter als die drittletzte, schwach gewölbt, die letzte oben so breit als die vorletzte, unten mässig verengt, mit einfacher Naht, an der Mündung nicht aufsteigend. Mündung ziemlich senkrecht (d. h. der Achse parallel), schief viereckig, oben schief spitzwinklig; Mündungsrand gerade, verdickt, weiss, aussen mit einem gelbgrünen Saum, der Aussenrand in eine stumpfe Ecke vorgezogen, unterhalb zurücktretend, der Unterrand breit gerundet, der Columellarrand kurz, nahezu senkrecht, die Mündungswand mit einer kleinen, höckerförmigen Falte versehen. Länge 9, Breite $5^1\textstyle{2}$ mm; Mündung 4 mm lang, 3 breit.

Runssoro, in der Waldzone, 2600 m hoch, 9. Juni 1891, Stuhlmann.

Erinnert zunächst an E. curvilamella E. Smith, hat aber keinen wirklichen, d. h. in das Lumen der Mündung einspringenden Zahn am Aussenrand, sondern nur eine stumpf nach vorn, nicht nach innen vorstehende Ecke an der entsprechenden Stelle, die Falte auf der Mündungswand ist viel kleiner, sowohl niedriger als kürzer, eigentlich nur höckerförmig, und die Mündung hat eine andere Gestalt, sie bildet nicht ein Dreieck, dessen Spitze nach unten gerichtet und abgerundet ist, sondern ein Trapez, der Aussenrand und der Columellarrand einander parallel, aber letzterer um die Hälfte kürzer, der Basalrand weit gerundet, die Mündungswand schief von innen nach aussen ansteigend und mit dem Aussenrand einen spitzen Winkel bildend. Wegen dieser Unähnlichkeit in der Form der Mündung kann sie auch nicht als eine curvilamella, deren Zähne noch nicht vollständig ausgebildet wären, betrachtet werden.

Sehr wahrscheinlich gehört zu dieser Art auch ein junges Exemplar von erst vier Windungen, mit einzelnen grün-grauen Striemen und engem, tiefen Nabel, welches Dr. Stuhlmann auf dem höchsten Punkt, den er am Runssoro erreichte, 492 m hoch, am 12. Juni 1891 gefunden hat.

C) Paucidentina n.

Je ein Zahn auf der Mündungswand und an dem Aussenrand, aber keine am Columellarrand und Unterrand; der Zahn am Aussenrand bildet an der Aussenseite eine grubenförmige Vertiefung.

Namen	Gestalt	Naht	Mundsaum	Parietalfalte	Länge mm	Breite mm	Mündung mm
curvilamella E. Sm.	eiförmig	einfach	dünn, etwas umgeschlagen	stark, blattförmig	6 - 8	$3^1\textstyle{2}$	5 2 $2^1\textstyle{2}$
galactochila Crosse	do.	do.	dick und umgeschlagen	etwas schief	9	5	3
taylori J. Gibb.	cylindrisch	gefältelt	do.	stumpf, kurz	5	1 — 3	2

Zu dieser Gruppe dürfte auch die südafrikanische E. candidula Morelet gehören.

Ennea curvilamella E. Sm.
Taf. II. Fig. 9.)

E. Smith, Ann. Mag. N. H. (6) VI, p. 163, pl. 6, Fig. 8.

Mamboya, in einer Höhe von 4000—5000', Last. Migere in Butumbi, in Urwaldmulm, Stuhlmann. Lager III am Runssoro, in einer Höhe von 3100 m, 12. Juni 1891, Stuhlmann.

Die Exemplare von Butumbi sind merklich kleiner, nur 6 mm lang und $3^1\textstyle{2}$ breit, dasjenige vom Runssoro 7 mm lang und 5 breit.

Ennea galactochila Crosse

Crosse in Journ. de Conchyliologie XXXIII, 1885, p. 311.

Berge von Ussagara, Damon.

Ennea taylori J. Gibb.

Gibbons in Quart. Journ. of Conchol. II, 1879, p. 141.

Sansibar, Gibbons. Ussambara, Conradt.

D) Gulella Pfr.

Mündung ringsum bezahnt, die Zähne des Aussenrandes nicht sehr tief in das Innere der Mündung sich fortsetzend und an der Aussenseite Grübchen, aber nicht langgestreckte Furchen veranlassend. Die Zähne der Mündungswand stehen in der Regel sehr nahe dem äusseren Winkel, d. h. der Einfügung des Aussenrandes.

Namen	Gestalt	Skulptur	Zähne am				Länge mm	Breite mm	Mündung mm
			Aussenrand	Mundungswand	Columellarrand	Unterrand			
excavata Marts.	länglich-eiförmig	rippen-streifig	2, der untere stärker	1, stark, blattförmig	1, senk-recht ,blatt-förmig, ausgehöhlt	1, mässig	13	6	5
soror E. Sm.	bauchig-eiförmig	do.	do.	1, mässig, blattformig	2, der hintere grösser	1, klein	5	$2^2/_3$	$1^1/_2$
tudes Marts.	verkehrt-konisch	glatt	2, klein, fast gleich	do.	1, blatt-formig	do.	7	$3^1/_2$	3
peculiaris E. Sm.	eiförmig	rippen-streifig	1, weit ein-springend	do.	do., weit hinten	do.	4	2	1
newtoni E. Sm.	do.	gestreift	1, mässig	2, der eine sehr klein	1, mässig, quer	do.	11	$5^2/_3$	$3^1/_2$
aequidentata E. Sm.	do., oben stumpf	glatt, Naht fein gezähnelt	1, dick	1, blattförmig, gebogen	do.	do.	6	3	2
consociata E. Sm.	eiformig	stark ge-streift	2 3, der unterste der stärkste	1, blattformig	1, stark	do.	7	$3^1/_2$	$2^1/_2$
karongana E. Sm.	cylindr.-eiförmig, mit tiefer Naht	glatt	2, der obere zweispitzig	1, stark, blatt-formig	1, dick, quer	do.	$8^2/_4$	4	$2^1/_2$
fortidentata E. Sm.	eiformig, oben ziem-lich stumpf	fein ge-streift,Naht schwach gekerbt	2, der untere grösser, blatt-formig	do.	1, stark, quer, oben mit Höcker	1, mässig	9 $10^1/_2$	$4^1/_2$ $5^1/_2$	$2^1/_3$ $3^1/_2$
planidens Marts.	do.	sehr schwach gestreift	2, mässig, nahezu gleich	do.	1, stark, quer	1, klein	10	$4^1/_2$	$3^1/_2$
laevigata H. Dohrn	cylindr., unten kantig	glatt	2, der obere stärker	1, blattformig	2,der obere tief, quer	0	$8^1/_2$ 13	$3^?/?$ $4^1/_8$	2?
sexdentata Marts.	cylindr., unten ge-rundet	do.	3, ziemlich gleich	do.	do.	do.	$9^1/_3$ 10	4 5	$3^1/_2$ 3
var. liederi n.	do.	do.	do.	do.	2, oberer stark, mit Höcker		12	6	4
usambarica Crvn.	konisch-eiformig	rippen-streifig	3, der obere klein, der untere tiefer	do., etwas gebogen	2, quer, ziemlich klein	1, mässig	11	7	4

Namen	Gestalt	Skulptur	Aussenrand	Zähne am Mündungswand	Columellarrand	Unterrand	Länge mm	Breite mm	Mündung mm
consanguinea E. Sm.	eiförmig	ziemlich stark gestreift	2, der obere kleiner	1, stark, gegabelt	1, stark, quer, etwas gegabelt	1, stark, etwas nach hinten	7½	4	2½
aenigmatica E. Sm.	bauchig-eiförmig, unten kantig	rippenstreifig	1, klein, weit unten	1, stark, schief, zweischenklig, vorstehend	1, stark, viereckig	1, stumpf	4½	3	1⅓
triplicina Marts.	länglich-cylindr., unten mit wulstigem Kragen	schwach gestreift, Naht gekerbt	1, stark, viereckig	2, der äussere stark blattförmig, der innere klein, tief	3, einander nahe, der mittlere stärker	1, ziemlich stark	8	3½	3⅔
ringens Crosse	kugelig-eiförmig	schwach rippenstreifig	3, der mittlere grösser	3, äusserer blattformig, dritter sehr klein und zurückstehend	3, oberer u. unterer sehr klein	1, zurückstehend	5	3	1½
grossa Marts.	kugelig-eiförmig	rippenstreifig, Naht kantig gerandet	3, der mittlere stärker, blattförmig	4, der äussere zusammengefaltet, zweispitzig, die inneren klein	2—3, zwei blattf., quer, d. untere sehr klein, tiefer	1	{ 22 19	12 12	10 8
usagarica Crosse	do., oben sehr stumpf	rippenstreifig, Naht kaum gekerbt	do.	2, äusserer stark, 3 spitzig	2, unterer stärker	1	16½	10	6
linguifera Marts.	kurz, cylindr.-eiförmig	schwach gestreift	2, blattförmig, schief nach innen	1, stark zweigetheilt, schief	3, der obere klein	1, klein	14	7	5
foliifera Marts.	kurz, breit, puppenförmig	do.	do.	2, äusserer stark, lappig, gebogen	3, der untere klein	2, klein	11½	6½	4½
microstoma E. Sm.	eiförmig	schwach gestreift, unten stärker	1, sehr stark, dreieckig	1, stark abgerundet	1, mässig	0	3½	1⅔	1
conradti Marts.	cylindr.-eiförmig, unten mit wulstigem Kragen	schwach gestreift, Naht gekerbt	do.	2, gleich, ziemlich klein	0	1, ziemlich klein	3²⁄₃	1½	1
subhyalina E. Sm.	cylindr., oben stumpf	glatt, mit Nahtband	2	1, blattförmig	2	1	6	2¼	2
var. addita n.	do.	do.	do.	do.	2 + 1	do.	6	2	2⅓
subflavescens E. Sm.	do.	glatt, mit glattem Nahtband	3	1, blattförmig	3	2—3	6	2	1½

Zur leichteren Uebersicht lassen sich die Arten der Untergattung Gulella in folgende kleinere Gruppen bringen:

1. Nur ein Zahn auf der Mündungswand, und dieser einfach:
   a) Mündung unten abgerundet:
      aa) Nur ein Zahn am Aussenrand: aequidentata.
      bb) Zwei bis drei Zähne am Aussenrand: consociata, excavata, soror, fortidentata, karongana, planidens, laevigata, sexdentata, usambarica.
   b) Mündung unten eckig, daher im Ganzen dreieckig: aenigmatica mit einem, consanguinea mit zwei Zähnen am Aussenrand. Vgl. auch 4. Hierher auch viele Arten aus Westafrika, Natal und den Komoren.

2. Zwei einfache, nicht besonders grosse Zähne auf der Mündungswand: triplicina, ringens, bourguignatiana. Vgl. 4. Aus Westafrika gehört hierher eine Art aus Liberia, E. biparietalis Marts.

3. Eine sehr starke zusammengesetzte Falte auf der Mündungswand, nebst einer oder mehreren kleineren:
   a) Diese Falte mehrspitzig und an der Basis zweischenklig, daneben auf der Mündungswand noch eine oder mehrere kleine: grossa, usagarica.
   b) Diese Falte vorn einfach, breit, rückwärts in zwei auseinandergehend, kaum noch auf der Mundungswand, sondern mehr schon auf dem Aussenrand befindlich.
      aa) keine anderen auf der Mündungswand: linguifera.
      bb) eine zweite kleine auf der Mündungswand: foliifera.

4. Aussenrand mit einem sehr starken, weit einspringenden Zahn, der das Lumen der Mündung wesentlich verengt, Mündung dreieckig; ein oder zwei Falten auf der Mündungswand: peculiaris, microstoma, conradti. Hierher auch E. crassidens Pfr. aus Natal.

Ennea excavata Marts.
(Taf. II, Fig. 14.)

v. Martens in Sitz.-Berichte der Gesellsch. naturf. Freunde in Berlin 1892, S. 178.

Schale länglich eiförmig, oben kurz kegelförmig zugespitzt, mit kurzem Nabelritz, schief rippenstreifig, weiss mit blassgelber Schalenhaut; 8 Windungen, die fünf oberen ziemlich rasch zunehmend, die drittletzte und vorletzte gleich breit, die letzte schon von der Naht an nach unten sich verschmälernd, mit 2 Grübchen hinter dem Mündungsrand. Mündung ziemlich senkrecht, aber unten etwas zurückweichend, Mündungsrand etwas verdickt und kurz umgebogen; ein starker, blattförmig zusammengedrückter Zahn auf der Mündungswand, nahe dem ausseren Winkel, zwei am Aussenrand, der obere schwach und kurz, der untere stärker, horizontal zusammengedrückt. Unterrand kurz abgerundet, mit einem senkrecht zusammengedrückten, mässig grossen Zahn; diesem und dem unteren des Aussenrandes entsprechen zwei Grübchen an der Aussenseite der letzten Windung hinter dem Mündungsrand. Columellarrand mit einem starken, breit blattförmigen, annähernd senkrecht aufsteigenden, an der Vorderseite stark ausgehöhlten Zahn.

Länge der Schale 13, Breite 6 mm; Mündung 5 mm lang, 4 breit.

Butumbi, am Boden des Urwalds, Stuhlmann.

In der oben angeführten Beschreibung ist der untere Zahn noch zum Aussenrand gerechnet worden, daher die scheinbare Abweichung in der Angabe der Zähne.

2*

Zu dieser Art gehören wohl auch einige unausgewachsene Exemplare, ebenfalls von Butumbi, und auch welche vom Runssoro, bei denen der Aussenrand noch einfach und dünn, ohne Zähne ist, aber am Columellarrand schon eine starke, ins Innere sich fortsetzende Falte vorhanden ist, etwa wie bei der Gattung Streptostele.

Ennea soror E. Sm.

E. Smith in Ann. Mag. Nat. Hist. (6) VI, p. 164, pl. 6, Fig. 12.
Mamboya, in einer Höhe von 4000—5000 Fuss, Last.

Ausgezeichnet durch zwei hintereinander stehende Columellarzähne, der hintere scheint demjenigen bei E. excavata und peculiaris zu entsprechen.

Ennea tudes Marts.

(Taf. II, Fig. 15.)

Sitz.-Berichte der Gesellsch. naturf. Freunde, Juni 1895, S. 122.

Schale verkehrt konisch, dem Cylindrischen sich nähernd, mit Nabelritz glasglänzend, glatt, nur unter der Naht schwach gestreift, weisslich; 7 Windungen, die 3 ersten schnell an Breite zunehmend, ein niedrig konisches, Helix-artiges oberes Stück bildend, die vierte und fünfte nur etwas breiter, unter sich ziemlich gleich, gewölbt, die vorletzte und die letzte nach unten sich verengend. Mündung in ihrem oberen Theil senkrecht, im unteren mässig schief, mit 5 Zähnen: auf der Mündungswand einer, zusammengedrückt, faltenförmig, dem äusseren Winkel der Mündung nahe; auf dem Aussenrande in dessen Mitte zwei kleine einander nahe stehende und unter sich nahezu gleiche Zähnchen; auf dem oberes Unterrand ein kleines Zähnchen, nahe dem Columellarrand; auf diesem eine starke horizontale Falte. Länge 7, Breite der drittletzten Windung $3^1\,\text{2}$, der vorletzten und letzten etwas weniger, Mündung 3 mm lang, $2^1\,\text{2}$ breit.

Kilima-Ndjaro, in 1600 m Höhe nach dem Brennen und Roden eines Gebüsch-Terrains auf dem neu angepflanzten Maisfeld gefunden, Volkens 1893.

Bei mehreren Exemplaren fehlt der zweite Zahn des Aussenrandes und der Zahn des Unterrandes; man könnte diese für eine andere Art halten, aber da bei ihnen der Mündungsrand überhaupt dünner ist und die sonstige Gestalt ganz übereinstimmt, so scheinen es doch nur Stücke derselben Art mit noch nicht völlig ausgebildeter Mündung zu sein.

Ennea peculiaris E. Sm.

E. Smith in Ann. Mag. Nat. Hist. (6) VI, p. 167, pl. 6, Fig. 18.
Mamboya, in derselben Höhe, Last.
Var. Buddu-Kuste (an der Westseite des Victoria-Nyansa), Stuhlmann.

Das einzige von Stuhlmann gesammelte Exemplar entspricht in Grösse und den meisten Kennzeichen gut der Beschreibung und Abbildung von E. Smith, nur nähert sich der Zahn des Aussenrandes nicht so sehr demjenigen der Mündungswand und der Columellarzahn steht ziemlich senkrecht, während E. Smith ihn horizontal nennt.

Ennea newtoni E. Sm.

E. Smith in Ann. Mag. Nat. Hist. (6) VI, p. 162, pl. 6, Fig. 5.
Mamboya, in derselben Höhe, Last.

Ennea aequidentata E. Sm.

E. Smith in Ann. Mag. Nat. Hist. (6) VI, p. 163, pl. 6, Fig. 10.
Mkatta, Emin Pascha auf der Rückkehr zur Küste, zwischen Ussagara und Ukami.

Ennea consociata E. Sm.

E. Smith in Ann. Mag. Nat. Hist. (6) VI, p. 163, pl. 6, Fig. 9.
Kidete (in Ussagara, zwischen Kondoa und Mpwapwa), Emin Pascha.

Ennea karongana E. Sm.

E. Smith in Proc. Zool. Soc. 1893, p. 633, pl. 59, Fig. 2.
Karonga (an dem westlichen Ufer des nördlichsten Theils des Nyassa-Sees, noch in deutschem Gebiet), R. Crawshay.

Ennea fortidentata E. Sm.

E. Smith in Ann. Mag. Nat. Hist. (6) VI, p. 162, pl. 6, Fig. 6.
Mamboya, 4000—5000' hoch, Last. Mkatta, Emin Pascha. Bukende, westlich vom Issango-Fluss, 4 7. 1891 und Bundeko, östlich von demselben, beides zwischen Ngesi und Mwutau-Nsige, Stuhlmann. Die Stuhlmann'schen Exemplare etwas grösser als die von E. Smith beschriebenen, nämlich 10¹⁄₂ mm lang, 5¹⁄₂ breit, Mündung 3¹⁄₂ lang, 3 breit.

Der Columellarzahn und der zweite Zahn des Unterrandes stehen sich bei dieser Art gegenüber und bilden mit den Zähnen auf der Mundungswand und an der Basis ein rechtwinkliges Kreuz.

Ennea planidens Marts.

(Taf. II, Fig. 10.)

v. Martens in Sitz.-Berichte der Gesellsch. naturf. Freunde, Berlin 1892, S. 179.

Schale eiförmig, oben ziemlich stumpf, sehr schwach gestreift, mit einfacher Naht, weiss, mit blass gelblich-grüner, etwas streifiger Schalenhaut; 7¹⁄₂ schwach gewölbte Windungen, die oberen vier gleichmässig zunehmend, die drittletzte und vorletzte ziemlich gleich breit, die letzte sich nach unten nur mässig verschmälernd, mit kurzem Nabelritz; Naht vor der Mündung nicht in die Höhe steigend. Mündung ziemlich senkrecht, unten zurücktretend, Mündungsrand mässig verdickt und kurz umgeschlagen; Mündungswand mit einem starken senkrechten, blattförmigen Zahn dicht an dem äusseren Winkel, Aussenrand mit zwei nahezu gleichen, quer blattförmigen Zähnen, welchen zwei Grübchen an der Aussenseite entsprechen. Columellarrand mit zwei Zähnen, der obere ziemlich stark, quer blattförmig, der untere kleiner und mehr höckerförmig. Unterrand abgerundet, ohne Zähne, wenn man nicht den unteren des Columellarrandes und den unteren des Aussenrandes, die sich beide gegenüber stehen, dem Unterrand zusprechen will, was man ungefähr mit demselben Rechte thun könnte, doch stehen die beiden des Aussenrandes einander so nahe und unter sich so parallel, dass man sie nicht wohl voneinander trennen mag. Länge der Schale 10, Breite 4¹⁄₂ mm, Mündung 3¹⁄₂ lang, 3 breit.

Zwischen Albert-Edward-See und Albert-Nyansa: Buginda beim Chef Orani, in einer Bananenpflanzung, 18 12. 1891; Bukende 6 7. 1891, und Bugundi an einem Waldbach, in 0° 54' nördl. Breite, 7 7. 1891, Stuhlmann.

Vielleicht nicht hinreichend von der folgenden verschieden.

Ennea laevigata H. Dohrn

Dohrn in Proc. Zool. Soc. 1865, p. 232, darnach Pfr., Mon. Hel. V, p. 454.
E. Smith in Proc. Zool. Soc. 1881, p. 281, pl. 32, Fig. 6*.
Enneastrum laevigatum, Bourguignat, Moll. de l'Afr. équat. 1889, p. 127.

Lager Kitohaui, auf dem Plateau zwischen Ukuledi und Umbekuru, Lieder.
Insel Mumba im Nyassa-See, 14° südl. Breite, zwischen verwitterten Pflanzentheilen,

Kirk. Zwischen dem Nyassa und der Ostküste, Thomson. Kerasa in Ussagara, französische Missionare und Bourguignat.

Nach einem unvollständigen Exemplar der Lieder'schen Sammlung scheint sie sich durch die etwas mehr zusammengedrückte, stärker gerunzelte Basis und schwächeren Zahne des Aussenrandes von E. planidens zu unterscheiden, übrigens derselben sehr nahe zu stehen. E. Smith giebt an, dass sie in der Grösse einen ziemlichen Spielraum habe, in der obigen Tabelle ist dieselbe nach seiner Abbildung gegeben. Kirk's Fundort liegt ausserhalb des deutschen Gebietes, ist aber des Zusammenhanges wegen hier noch angeführt.

Ennea sexdentata Marts.

Ennea laevigata (Dohrn) var. sexdentata, v. Martens im Nachrichtsblatt der deutschen malakol. Gesellsch. 1869, S. 154.

E. hanningtoni E. Smith in Ann. Mag. Nat. Hist. (6) VI, p. 161, pl. 6, Fig. 4.

Sansibar, zwischen von dort bezogenem Sesam-Samen gefunden, Brauns. Uluguru, bei Mbagalala, im Wald der Vorberge, Nov. 1894, Stuhlmann. Ussagara, Hannington und Kirk. Mamboya (ebenda), Last.

Durch drei Zahne am Aussenrand und den Mangel einer Kante am unteren Theile der letzten Windung von der vorigen verschieden. E. Smith's E. hanningtoni scheint den beiderseitigen Beschreibungen nach gut übereinzustimmen.

Var. liederi n.

Grösser, 12 mm lang, 6 breit, Mündung 4 lang und 4 breit, die obere Columellarfalte sehr stark und nach hinten wie durch einen aufgesetzten Zahnhöcker verstärkt, die Parietalfalte sehr stark, zusammengedrückt, hin und her gebogen; die 3 Zähne des Aussenrandes bei 2 Exemplaren gleich gross, und zwar bei dem einen viel stärker als bei dem andern, bei einem dritten der mittlere kleiner.

Lager Kitohaui, Plateau zwischen Ukuledi und Umbekuru, Distrikt Mgao im Süden des deutschen Schutzgebietes, Lieder.

Ennea usambarica (Crvn.)

Pupa usambarica, Craven in Proc. Zool. Soc. 1880, p. 218, pl. 22, Fig. 2. Magila in Ussambara, selten, Craven.

Ennea consanguinea E. Sm.

E. Smith, Ann. Mag. Nat. Hist. (6) VI, p. 162, pl. 6, Fig. 7.

Kidete in Ussagara, Emin Pascha auf der Ruckkehr. Mamboya, Last.

Diese Art scheint mir nach der Form der Mundung naher bei aenigmatica als bei fortidentata zu stehen.

Ennea aenigmatica E. Sm.

E. Smith, Ann. Mag. Nat. Hist. (6) VI, p. 164, pl. 6, Fig. 11. Mamboya, Last.

Die zungenförmig vorstehende, an der Basis zweischenklige, starke Parietalfalte erinnert an diejenige unserer linguifera.

Ennea triplicina Marts.
(Taf. II, Fig. 22.)

v. Martens, Nachrichtsbl. d. mal. Ges. 1895, S. 177.

Schale länglich-cylindrisch mit etwas gewölbten Seiten, nach oben ziemlich rasch sich zuspitzend, unten mit einer kragenartigen Anschwellung hinter der

Mündung und zwei tiefen runden Gruben zwischen dieser Anschwellung und dem Mündungsrand, welche dem Zahn des Aussenrandes und dem des Unterrandes entsprechen, grau-weiss, mit schwacher Streifung, an der Naht gekerbt. 7 ziemlich flache Windungen, die 3 oberen einen niedrigen, stumpfen Kegel bildend, die vierte, fünfte und sechste ziemlich gleich breit, die letzte nach unten verschmälert, mit schiefem Nabelritz. Mündung vertikal, länglich; Mündungsrand verdickt und umgeschlagen; 2 blattförmige Zähne auf der Mündungswand, nämlich ein grösserer an dem äusseren Winkel und ein kleinerer, etwas tiefer stehender ungefähr in der Mitte; am Aussenrand ein starker, etwas quadratischer Zahn, am Unterrand ein ziemlich starker, am Columellarrand drei blattförmige, quer einspringende Zähne, der mittlere stärker.

Von E. ringens durch Grösse und durch die geringere Zahl der Zähne am Aussenrand und der Mündungswand verschieden.

Länge 8, Breite 3^{1}_{2} mm; Mündung $3^{2}/_{3}$ mm lang, $2^{1}/_{2}$ breit.

Bugundi in 0° 24′ nördl. Breite an einem Waldbach, und Bukende. Stuhlmann.

Ennea subringens Crosse

Ennea ringens, Crosse in Journ. de Conch. XXXIII, 1885, p. 311, nicht A. Adams 1870.

E. subringens, Crosse ebenda XXXIV, 1886, p. 184, pl. 1, Fig. 3.

E. bourguignatiana, Ancey in collect.

Ussagara, in den Bergen, durch die Conchylienhändler Damon und Fulton erhalten.

Ennea grossa Marts.

[Taf. II, Fig. 17, 18.]

v. Martens in Sitz.-Ber. d. Ges. nat. Freunde, Berlin 1892, S. 182.

Die grösste Art dieser Abtheilung in Ostafrika, mehr oder weniger bauchig-eiförmig, mit ziemlich schiefen, etwas ungleichmässigen Rippenstreifen, blass graugelblich oder in manchen Exemplaren hell roth-braun durch mehr oder weniger fest anhängende erdige Substanz; 7^{1}_{2} Windungen, die oberen einen kurzen konvexen Kegel bildend, die vorletzte und letzte mit steil abfallendem, etwas konvexem Profil, die vorletzte erheblich höher und kaum breiter als die drittletzte, die letzte nach unten allmählich verschmälert, an der Basis stumpfkantig, mit 4 nicht tief eingedrückten, länglichen Zahngruben, 3 an der Aussenseite, kurzer, und 1 an der Nabelseite, diese lang und mit dem ganz geschlossenen Nabelritz ein zungenförmiges Dreieck, höher als breit, umschreibend, dessen Basis der Columellarrand bildet, und in diesem oft noch ein fünftes rundes Grübchen für den oberen Columellarzahn. Mündung ziemlich vertikal, dreiseitig, mit dickem umgebogenen, weissen Mündungsrand; Mündungswand mit 4 Zähnen, ein sehr starker im äusseren Winkel, an der Basis zweischenklig, wie zusammengefaltet, am freien Ende hin und her gebogen, in zwei stumpfe Enden ausgehend, wovon das innere faltenartig in die Mündung hinein sich verlängert, der aussere Schenkel geht in den Aussenrand, der innere in die glänzende Auflagerung der Mündungswand über; ferner auf der Mündungswand 3 kleinere Zähne, von welchen der mittlere blattförmig, doppelt so lang und hoch als die beiden anderen sind. Aussenrand mit 3 Zähnen, auch hier der mittlere blattförmig, langer und höher als die beiden andern. An der Basis ein kleines Zähnchen, das am freien Ende etwas anschwillt. Am Columellarrand 2 ziemlich grosse, blattförmige, quer einspringende Zähne, der obere etwas kleiner, und öfters darunter noch ein drittes kleines stumpfes, weiter zurückstehendes Zähnchen.

Junge Exemplare (Fig. 18), bei welchen erst die oberen, rasch an Breite zunehmenden Windungen vorhanden sind, sowie ein scharfer Kiel an der zur Zeit letzten Windung sich zeigt und der Nabel noch ganz offen ist, haben ein ganz anderes Ansehen und können leicht für eine Helix oder Trochonanina gehalten werden; die Zugehörigkeit wird aber an der völligen Uebereinstimmung der Oberseite mit den oberen Windungen erwachsener Exemplare erkannt. Dasselbe gilt mehr oder weniger für alle Arten der Gattung Ennea und auch für Pupa.

Länge 19 mm, Breite 12, Mündung 8 lang, 7 breit
» 20 » » $11^1{}_2$, » $8^1{}_2$ » 8 »
» 22 » » 12, » 10 » 9 »

Ussambara: Buloa bei Tanga, Eismann 1895; die grössten Stücke Kaffee-Plantage Derema auf dem Miassa-Berge, Handei-Gebirge, in einer Höhe von 1000 m, Volkens; ebendaher durch Conradt und Buchwald.

Ennea usagarica Crosse

Crosse in Journ. de Conch. XXXIII, 1885, p. 310.
Berge von Ussagara, durch den Naturalienhändler Damon erhalten.

Nach einem Exemplar der Patel'schen Sammlung (falschlich als usambarica bezeichnet) der vorigen recht ähnlich, aber kleiner, oben noch mehr abgestumpft, doch mit etwas zitzenförmig vortretender Spitze; der grosse Parietalzahn stärker zusammengedrückt, seine beiden Schenkel dicht aneinander anliegend mit drei, nicht zwei, Enden, das mittlere faltenartig in das Innere der Mündung eintretend, ausserdem nur noch ein Zahn auf der Mündungswand dem mittleren (dritten) bei E. grossa entsprechend; am Columellarrand fehlt der untere dritte, welcher schon bei E. grossa nicht beständig ist.

Ennea linguifera Marts.

(Taf. II. Fig. 19.)

v. Martens, Nachrichtsbl. d. mal. Ges. 1895, S. 176.

Pupaförmig, mit querem Nabelritz, schwach gestreift, wachsfarbig-weisslich, etwas glänzend; acht Windungen mit sehr seichter Naht, die 5 oberen einen stumpfen, niedrigen Kegel bildend, die drittletzte und vorletzte die grössten und unter sich ziemlich gleich, die letzte nach unten verschmälert, vor der Mündung nicht aufsteigend. Mündung nahezu vertikal, länglich, mit verbreitertem und umgeschlagenem weissen Rand und 8—9 Zähnen: auf der Mündungswand ein grosser, nahe dem äusseren Winkel, zusammengedrückt und zungenförmig nach vorn und oben sich vorstreckend, nach hinten in 2 hohe, spiralig ins Innere eintretende Falten auslaufend. Der Aussenrand und der Columellarrand jeder mit 3 faltenartigen Zähnen, wovon der oberste der kleinste; der Unterrand mit einem faltenartigen Zahn. Länge 14 mm, Breite 7; Mündung 5 lang, 4 breit.

Bukende und Ongenya, westlich von Ssemliki, im Urwaldgebiet, im Mulm einer Bananenpflanzung, Stuhlmann.

Ennea foliifera Marts.

(Taf. II, Fig. 20.)

v. Martens, Nachrichtsbl. d. mal. Ges. 1895. S. 176.

Breit pupaförmig, mit querem Nabelritz, schwach gestreift, braun-grau, ein wenig glänzend; 8 Windungen, alle ziemlich flach mit sehr seichter Naht, die oberen fünf einen niedrigen, stumpfen Kegel bildend, die drittletzte und vorletzte an Breite unter sich gleich, aber die vorletzte höher, die letzte nach unten verschmalert, vor der Mündung ein wenig herabsteigend. Mündung ein wenig schief zurückgelehnt, länglich, mit verbreitertem und umgeschlagenem weissen Rand und 9 Zähnen: in der Ecke zwischen Mündungswand und Aussenrand ein sehr grosser, zungenförmig und nach vorn sich umwölbend, an der äusseren Seite mit lappenartigem Vorsprung, nach hinten in zwei hohe, ins Innere eintretende Falten auslaufend; auf der Mündungswand ausserdem ein ziemlich niedriger, faltenartig nach innen sich verlängernder Zahn. Am Aussenrand 2 ebenfalls faltenartig nach innen auslaufende Zähne, der obere hinter dem obengenannten gewölbten Zahn in der oberen Ecke versteckt; am Unterrand 2 kleine unter sich gleiche Zähne; am Columellarrand 2 faltenartig nach innen verlaufende, unter sich nahezu gleich, und ein dritter kürzerer weiter unten. Länge $11^1{}_2$ mm, Breite $6^1{}_2$; Mündung $4^1{}_2$ lang, 4 breit.

Buloa bei Tanga, Eismann 1895.

Nächstverwandt der vorigen, breiter und kürzer, durch die konvex gebogene und gelappte starke Platte in der äusseren oberen Mundecke, den zweiten Parietalzahn, die zwei Zähne am Unterrand und das Verhältniss der Falten am Columellarrand verschieden.

Ennea microstoma E. Sm.

E. Smith, Ann. Mag. Nat. Hist. (6) VI, 1890, p. 166, pl. 6, Fig. 17.
Mamboya, Last.

Ennea conradti Marts.

(Taf. II, Fig. 21.)

v. Martens, Nachrichtsbl. d. mal. Ges. 1895, S. 177.

Cylindrisch-eiförmig, mit geschlossenem Nabelritz, stark rippenstreifig, weisslich, etwas glänzend; 7 Windungen mit mässig tiefer Naht, die 3 oberen regelmässig an Breite zunehmend, einen niedrigen stumpfen Kegel bildend, die vierte, fünfte und sechste unter sich nahezu gleich breit, kaum etwas gewölbt, die letzte nach unten verschmälert, mit einem buckligen Kamm und einem Grübchen unten hinter der Mündung. Diese vertikal, annähernd dreieckig, mit kurz umgeschlagenem weissen Rand und 4 Zähnen: auf der Mundungswand 2, der äussere grösser und zusammengedrückt; am Aussenrand nur einer, stark, dreieckig; am Unterrand ebenfalls einer, klein; am Columellarrand kein Zahn, aber nach innen von ihm eine kleine Querfalte. Länge $3^2{}_3$ mm, Breite $1^1{}_2$; Mündung 1 mm lang und ebenso breit.

Ussambara, Conradt.

Sehr ähnlich der vorigen, aber mit 2 Zähnchen auf der Mundungswand und ohne Zähnchen auf dem Innen- oder Columellarrand selbst, dagegen eine kleine Querfalte tiefer innen an der Columelle.

Ennea subhyalina E. Sm.

E. Smith, Ann. Mag. Nat. Hist. (6) VI, 1890, p. 165, pl. 6, Fig. 13.
Mamboya, Last.

Var. addita n.

Ein weiteres (siebentes) Zähnchen, etwas zurückstehend, an der Grenze von Basal- und Columellarrand.
Ussambara, Conradt.

Ennea subflavescens E. Sm.

E. Smith, Ann. Mag. Nat. Hist. (6) VI, 1890, p. 165, pl. 6, Fig. 14.
Mamboya, Last.

E) **Ptychotrema** Mörch

Lange Falten vom Aussenrand der Mündung ins Innere sich hineinziehend und an der Aussenseite der letzten Windung lange Spiralfurchen bildend.

Namen	Gestalt	Skulptur	Aussenrand	Mündungs-rand	Columel-larrand	Basal-rand Zähn-chen	Länge mm	Breite mm	Mündung mm
limbata Marts.	verkehrt-ei-förmig, oben sehr stumpf	glatt, kurze schiefe Streifen unter der Naht	1 Zähnchen und 2 Falten	1 grosse gebogene Falte	2 und in der Tiefe 3 weitere Zähnchen	o	14	6	4¹⁄₂
geminata Marts.	cylindrisch, oben ziemlich stumpf	glatt, mit glattem schmalen Nahtband	2 Falten	1 grosse Falte	2 Zähn-chen in der Tiefe	o—1	11- 14	4—4¹⁄₂	4 5
quadrino-data Marts.	gethürmt, mässig zu-gespitzt	schwach rippenstreifig, Naht schwach gekerbt	4 Knötchen u. 3 Falten	1 grosse Falte	2 - 3 Zähnchen	o)	19	6	6
niloticus E. Sm.	gethürmt (? zu-gespitzt)	rippen-streifig, Naht gezähnelt	2 Falten und zuweilen meh-rere kleinere	1 ziemlich grosse Falte	1 vertikale Falte	1	17 (19?)	5¹⁄₂	5
runssorana Marts.	cylindrisch-gethürmt	rippenstreifig, Naht einfach	oben 2 Zähn-chen, darunter innen 2 Falten	1 starke Falte, zwei-lappig	2- 3 Zähn-chen in der Tiefe	o	9	3	3
stuhlmanni Marts.	breit eiförmig	starke Rippen mit breiten Zwischen-räumen	1 Zahn, in eine Falte fort-gesetzt	2 Falten		o	4	2	1¹⁄₃
paradoxula Marts.	konisch-gethürmt	do.	do.	1 Falte, eine zweite tiefer	zweilappi-ger Zahn in der Tiefe	o	4¹⁄₂	1¹⁄₂	1¹⁄₃

Ennea limbata Marts.

(Taf. II, Fig. 23.)

v. Martens in Sitz.-Ber. d. Ges. nat. Freunde in Berlin 1892, S. 178.

Verkehrt-eiförmig, oben stumpf abgerundet, nach unten etwas verschmälert, blass grau-gelblich, etwas glänzend, glatt, nur unter der Naht mit kurzen, schiefen, etwas breiten Streifen versehen; 7 Windungen, die 3 oberen ziemlich gleichmässig zunehmend, die vierte, fünfte und sechste mit ziemlich senkrechten, nur sehr schwach von oben nach unten konvexen Wänden, von ziemlich gleichem Umfang, doch schon die sechste (vorletzte) nach unten etwas verengt und die letzte noch mehr, diese mit geschlossenem, mässig langem Nabelritz und zwei Spiralfurchen an der Aussenseite. Mündung annähernd vertikal, nach unten etwas zurückweichend, mit dickem umgeschlagenen weissen Saum, nach innen zeigt: ein grosser faltenförmiger am äusseren Winkel der Mündungswand, S-förmig nach hinten tief in die Mündung hinein sich verlängernd; am Aussenrand oben ein sehr kleines Zähnchen und dann ein ziemlich starker, welcher nach innen rasch abfällt, aber sofort wieder zu einer langen Falte sich erhebt, welche der oberen äusseren Furche entspricht; am Columellarrand zwei Zähne, der untere klein. Basalrand ziemlich breit gerundet, ohne Zahn. Im Innern der Mündung noch eine zweite lange Falte unterhalb der schon genannten, welche aber nach vorn nicht bis zum Mundungsrand reicht und welche der unteren ausseren Furche entspricht; ferner drei Zähnchen auf der eigentlichen Columelle, das obere quer faltenförmig, dem inneren Ende der Parietalfalte entgegenkommend, und darunter zwei spitzige Zähnchen, das obere derselben in gleicher Höhe mit der oberen langen Falte des Aussenrandes.

Länge der Schale 14, Breite 6—6½ mm; Länge der Mündung 4½, Breite 4. Runssoro, im Bambuwald, 2600 m hoch, Stuhlmann, 9. Juni 1891.

Weichtheile (in Spiritus) ziegelroth durchscheinend.

Aehnlich E. elegantula Pfr. von Liberia, dem Typus der Pfeiffer'schen Unterabtheilung Enneastrum, aber grösser, durch den eigenthümlichen Skulptursaum unter der Naht und die starkere Ausbildung der Zahne in der Mündung verschieden.

Ennea geminata Marts.

(Taf. II, Fig. 26.)

v. Martens, Nachrichtsbl. d. mal. Ges. 1895, S. 177.

Gethürmt, mit schiefem Nabelritz, glatt, blassgelb oder weisslich, etwas glänzend; 7 Windungen, die beiden ersten etwas kugelig, rasch an Breite zunehmend, eine stumpf warzenförmige Spitze bildend, die folgenden regelmässig und langsam an Breite zunehmend, mit einfacher Naht, die letzte kaum breiter als die vorletzte, nach unten schwach verschmälert, hinter der Mündung zwei Spiralfurchen zeigend. Mündung wenig schief, länglich, mit verdicktem umgeschlagenen Rand und 5 Falten: auf der Mündungswand nahe dem äusseren Winkel eine starke, gebogene, über die Fläche der Mündung nach oben sich erhebend; am Aussenrand 2 schief ins Innere eintretende Falten, die obere derselben gleich hinter dem Rande tief eingebuchtet; am Columellarrand zwei faltenartige Zähnchen nahe bei einander; nahe der Grenze zwischen Columellar- und Unterrand im Innern ein kleines Zähnchen. Länge 11—14 mm, Breite 4—4½; Mündung 4—5 mm lang.

Manyonyo in Uganda am Victoria-Nyansa, ferner Butumbi am Südufer des Albert-Edward-Sees im Mulm des Urwaldes, 6. Mai 1891, und am Runssoro, 2600 m hoch, im Bambuwald, 9. Juli 1891, Stuhlmann.

Ennea quadrinodata Marts.

Taf. II, Fig. 24.

v. Martens, Nachrichtsbl. d. mal. Ges. 1895, S. 177.

Gethürmt, mit schiefem Nabelritz, schwach rippenstreifig, weisslich; 7 bis 8 Windungen, die 2 ersten etwas kugelig, rasch an Breite zunehmend, eine stumpf warzenförmige Spitze bildend, die dritte und vierte unter sich ziemlich gleich breit, die folgenden langsam an Breite zunehmend, mit tiefer, etwas gekerbter Naht, die letzte kaum breiter als die vorletzte, nach unten schwach verschmälert, hinter der Mündung mit zwei spiral verlaufenden Furchen, die den inneren Falten entsprechen. Mündung ein wenig schief, länglich, mit verdicktem umgeschlagenen weissen Rand und 7 Falten oder Knoten: auf der Mündungswand nahe dem äusseren Winkel eine starke hohe, zusammengedrückte, bogig verlaufende Falte; nach innen vom Aussenrand 4 rundliche Knötchen, die 3 unteren nach kurzer Unterbrechung einwärts in scharfe, nach hinten aufsteigende Falten sich fortsetzend; Columellarrand verbreitert, innen mit 2—3 horizontalen kurzen Falten, die unterste derselben die kleinste. Länge 19 mm, Breite 6; Mündung 6 mm lang, 4 breit.

Bukende, zwischen Albert-Edward-See und Albert-Nyansa, auf Waldboden, 4. und 6. Juli 1891, Stuhlmann.

Diese Art erinnert an die westafrikanischen Formen. E. cyathostoma Pfr. und guineensis Beck (die eigentliche Ptychotrema von Mörch).

Ein unausgewachsenes Exemplar ohne alle Falten, Fig. 24a.

Ennea ujijiensis E. Sm.

E. Smith in Proc. Zool. Soc. 1880, p. 347, pl. 31, Fig. 5. Crosse, Journ. de Conch. XXIX, 1881, p. 296.

Ujiji am östlichen Ufer des Tanganyika, E. C. Hore.

Ennea runssorana Marts.

Taf. II, Fig. 25.

v. Martens in Sitz.-Ber. d. Ges. nat. Freunde in Berlin 1892, S. 179.

Cylindrisch gethürmt, grau, nach oben mässig zugespitzt; 7 Windungen, die oberen 3 rasch an Umfang zunehmend, nur schwach gestreift, die folgenden langsam zunehmend, mit mehr vertikalen, kaum gewölbten Seitenwänden, deutlich rippenstreifig, die letzte so breit wie die vorletzte, nach unten wenig verschmälert, mit zwei Furchen an der Aussenseite und langem geschlossenen Nabelritz. Mündung schief nach unten zurücktretend, länglich vierseitig, mit nur schwach verdicktem zurückgeschlagenen weissen Saum und 8 Zähnen oder Falten: eine stark zusammengedrückte Falte auf der Mündungswand nahe der Einfügung des Aussenrandes, mit mässiger Höhe beginnend und dann rasch sich erhebend und wieder niedriger in S-förmiger Biegung sich nach innen fortsetzend, so dass man sie dreigetheilt nennen könnte; am Aussenrand, den vorderen Lappen dieser Falte gegenüber zwei Zähnchen; im Rande selbst und weiter unten in der Tiefe zwei lange Falten, welche den Rand nicht erreichen und welche den beiden Furchen der Aussenseite entsprechen. Basalrand gerundet, ohne Zähne. Columellarrand frei vorstehend, ohne Zähne, aber tiefer an der Columelle selbst 2—3 kleine Zähnchen, das mittlere etwas grösser als das obere und das untere. Länge 9, Breite 3 mm; Mündung 3 lang, 2½ breit.

Karevia, am westlichen Fusse des Runssoro-Gebirges, in einer Höhe von 1175 m, Stuhlmann, 16. Juni 1891.

Ein unausgewachsenes Exemplar von erst 5 Windungen zeigt eine mehr trapezoidische Form der Mündung und eine kleine Falte quer auf der Columelle, ähnlich manchen Leptinarien.

Ennea stuhlmanni Marts.

Taf. II, Fig. 27.

v. Martens in Sitz.-Ber. d. Ges. nat. Freunde in Berlin 1892, S. 16.

Breit eiförmig, mit geschlossenem Nabelritz und mit ziemlich starken, etwas voneinander abstehenden Vertikalrippen, wovon 30 auf der vorletzten Windung, weiss, etwas glänzend; 6½ Windungen, gewölbt, mit ziemlich tiefer Naht, die ersten drei regelmässig an Breite zunehmend, die drittletzte und vorletzte an Breite ziemlich gleich, die letzte etwas niedriger und schmaler, aussen hinter der Mündung mit einer Furche und unten plötzlich abgeplattet. Mündung etwas schief, nahezu kreisförmig, mit verdicktem umgeschlagenen weissen Rand und 3 Zähnen: auf der Mündungswand 2 faltenförmige Zähne, der äussere stärker; am Aussenrand 1 knotenförmiger Zahn, der einwärts nach kurzer Unterbrechung sich in eine lange, ziemlich horizontale Falte fortsetzt; Unterrand und Columellarrand ohne Zahn. Länge 4 mm, Breite kaum 2; Mündung 1½ mm lang, 1 breit.

Buddu-Küste am Victoria-Nyansa, Stuhlmann.

Ein unausgewachsenes Exemplar von erst 4 Windungen, 2 mm hoch und 1⅔ breit, zeigt eine ganz flache glatte Basalfläche und einen offenen Nabel, die Mündung breiter als hoch, ohne Falten.

Diese Art ist sehr ausgezeichnet durch die starken Rippen mit breiten Zwischenräumen, sowie durch die geringe Höhe und starke untere Abflachung der letzten Windung. Ich kenne keine ähnliche Art; eine gewisse Aehnlichkeit in Gesammtform und Skulptur zeigt allerdings Pupa calathiscus Lowe von Porto-santo bei Madeira, und man könnte demnach fragen, ob die vorliegende Art nicht auch lieber zu Pupa zu stellen sein möchte; aber die lange Falte im Innern der Mündung, welche sich an der Aussenseite als Furche zeigt, und der Glanz der Schale sprechen für Ennea.

Ennea paradoxula Marts.

(Taf. II, Fig. 34.)

v. Martens, Sitz.-Ber. d. Ges. nat. Freunde in Berlin, Juni 1895, S. 122.

Konisch gethürmt, mit ganz engem Nabelloch und mit deutlich vorstehenden schmalen Vertikalrippen, welche durch 2—3 mal breitere Zwischenräume von-einander getrennt sind, weiss, etwas glänzend; 7 Windungen, eine konische Spitze bildend und regelmässig an Breite zunehmend, gewölbt, mit tiefer Naht, die letzte nicht grösser als die vorletzte, im Umfang abgerundet, an der Unterseite mit einem wulstigen Kiel und hinter der Mündung mit einer Furche, welche den halben Umkreis der Windung einnimmt; Mündung etwas schief, annähernd eiförmig; Mündungsrand dick, breit umgeschlagen, weiss; auf der Mündungswand eine mässig grosse Falte, am Aussenrand ein ziemlich starker Zahn, welcher an der Innenseite nach kurzer Unterbrechung sich in eine lange, der äusseren Furche entsprechende Gaumenfalte fortsetzt; eine zweite Gaumenfalte weiter unten und nur in der Tiefe der Mündung, den Rand nicht erreichend; am Columellarrand ein stumpfer, starker zweilappiger Zahn.

Länge der Schale 4¹⁄₂, Breite 1¹/₂ mm; Mündung 1¹/₂ lang, 1 breit.

Karevia am westlichen Abhang des Runssoro-Gebirges in einer Höhe von 1175 m, Stuhlmann 15. Juni 1891.

Hat auf den ersten Anblick viel Aehnlichkeit mit E. vara Bens. von den Khasi-Hills in Ostindien, unterscheidet sich aber sofort durch die starke Gaumen-falte im Innern der Mündung, welcher an der Aussenseite eine Spiralfurche ent-spricht, die den halben Umfang der letzten Windung einnimmt. E. filicosta Morelet, Typus der Gattung Raffraya Bourg. 1883, welche das Berliner Museum von Malange im Kongogebiet erhalten hat, ist bedeutend schlanker, mehr cylindrisch und entbehrt auch der langen Gaumenfalte und Furche.

Die hier als Ptychotrema zusammengefassten Arten zerfallen der Gesammt-form und Skulptur nach auffallig in drei Gruppen:

1. Dick und oben sehr stumpf, glatt mit Ausnahme der Naht: E. limbata. Hierher auch die westafrikanische E. elegantula Pfr., Typus von Enne-astrum Pfr.
2. Cylindrisch oder thurmförmig, mehr oder weniger zugespitzt, meist rippenstreifig. E. geminata und subflavescens, diese beiden der vorigen noch näher, quadrinodata, ujijiensis und runssorana. Hierher die west-afrikanischen cyathostoma Pfr. und guineensis Beck, Ptychotrema Mörch.
3. Breit eiförmig, mit starken, etwas entfernt stehenden Rippen und nur einer Furche: E. stuhlmanni.
4. Kleine, mehr oder weniger gethürmte und zugespitzte Formen: E. para-doxula.

Streptaxis Gray

Schale und Weichtheile in Skulptur und Färbung ähnlich denen von Ennea, aber die unteren Windungen treten einseitig gegen die oberen stärker heraus, so dass die Linie, welche die Mitte der verschiedenen Windungen untereinander verbindet (Achse der Spirale) keine gerade, sondern eine gebogene oder gebrochene ist. Schale zuweilen breiter als hoch, wie bei Helix, aber nicht immer; Mündung mit oder ohne Zähne, bei den ostafrikanischen Arten, welche wir bis jetzt kennen, ohne solche.

Namen	Gestalt	Abweichung der letzten Windung	Skulptur	Aussenrand	Nabel	Höhe mm	Durchmesser mm	Mündung mm
gigas E. Sm.	kugelig-kreiself., Helix-ähnlich	sehr gering	dichte, grobe, gebogene Rippenstreifen, unten glatt	im Profil ziemlich geradlinig	weit	30	33	$17^1{}_2$
bloyeti Bgt.	etwas schief, oben flach	sehr mässig	Naht gefältelt	schief vorgezogen	eng	17	$15^1{}_2$	10
craveni E. Sm.	schief eiförmig	mässig	glatt	etwas bogig vorgezogen	sehr eng	23- -29	26—29	15 16
mamboiensis E. Sm.	kugelig	gering	schiefe, gebogene Rippenstreifen, Naht gekerbt	schief vorgezogen	eng	18	14	9
enneoides Marts.	schief eiförmig	mässig	gebogene Rippenstreifen, Naht gezähnelt, Bauchseite glatt	oben eingebuchtet	sehr eng	12—14	9	5—7
kibweziensis E. Sm.	do.	do.	do.	do.	wulstig umrandet	16	$11^1{}_2$	7
mozambicensis E. Sm.	do.	do.	glatt, Naht gezähnelt	ziemlich geradlinig	ritzförmig	$7^1{}_2$	$4^1/_2$	3
ordinarius E. Sm.	sehr schief eiförmig	stark, vorletzte Windung links buckelartig vorstehend	obere Windungen fein gestreift, letzte glatt, Naht gezähnelt	do.	do.	$6^1{}_2$—$8^1/_2$	4—$5^1{}_2$	$2^1/_2$—3
pusillus n.	schief kreiself.	mässig	fein rippenstreifig bis zum Nabel	geradlinig	zieml. eng, rund	$6^1{}_2$	6	3
kirkii H. Dohrn	gedrückt birnförmig	stark	feine Streifen	ziemlich geradlinig	sehr eng	$4^2/_3$	$7^3{}_1$	$3^1/_5$
denticulatus H. Dohrn	gedrückt, länglich	do.	schwache Streifen, Naht gezähnelt	etwas bogig	halb verdeckt	$3^1{}_2$	7	

Streptaxis gigas E. Sm.

E. Smith in Ann. Mag. Nat. Hist. (5) VI, p. 429 und Proc. Zool. Soc. 1881, p. 279, pl. 32, Fig. 4.

Gibbonsia g., Bourguignat, Moll. de l'Afr. équat. 1889, p. 38.

Zwischen dem Nyassa-See und der Ostküste, Thomson.

Die grösste und die einzige Helix-ähnliche Art, welche wir bis jetzt aus Ostafrika kennen.

Streptaxis bloyeti (Bgt.)

Gonaxis bloyeti, Bourguignat in Moll. de l'Afr. equat., p. 134, pl. 7, Fig. 1—3.
Bergkette zwischen Ussagara und Ugogo, französische Missionare bei Bourguignat.
Etwas mehr verschoben als Str. mamboiensis, etwas weniger als craveni, im Uebrigen letzterem sehr ähnlich.
Dieser sehr ähnlich, aber bedeutend kleiner ist Str. bottegoi Marts. aus dem Innern des Somalilandes (Taf. II, Fig. 28).

Streptaxis craveni E. Sm.

Taf. II, Fig. 35, 36.

E. Smith in Ann. Mag. Nat. Hist. (5) VI, 1880, p. 429 und Proc. Zool. Soc. 1881, p. 280, pl. 32, Fig. 5.
Gonaxis cr., Bourguignat, Moll. de l'Afr. équat., p. 134.
Pangani und Derema in Ussambara, Conradt. Hügel bei Vuami und Kingani in Ussagara, Bourguignat. Zwischen Mombas und der Mündung des Dana-Flusses (Tana?) auf Hügeln, Kirk.

Acht erwachsene Stücke von Derema zeigen die Gesammtgestalt an jedem einzelnen wieder etwas verschieden, mehr oder weniger verschoben, breiter oder schmäler. E. Smith giebt für die Breite eine merklich geringere Zahl, wahrscheinlich weil er die Verschiebung nicht einrechnet, seine Abbildung stimmt aber ganz gut zu unseren Stücken. Junge Exemplare bis zu 22 mm Durchmesser und 6 Windungen zeigen noch keine Spur von Verschiebung (Fig. 36).

Streptaxis mamboiensis E. Sm.

E. Smith in Ann. Mag. Nat. Hist. (6) VI, 1890, p. 160, pl. 6, Fig. 1.
Mamboya, Last. Derema in Ussambara, Conradt.

Streptaxis enneoides Marts.

Taf. II, Fig. 29.

v. Martens in Monatsberichte d. Akad. d. Wiss. in Berlin 1878, April, p. 295, Taf. 2, Fig. 5, 6.
Marconia enneoides und recta, Bourginat, Moll. de l'Afr. équat., p. 137 und 138, pl. 7, Fig. 4, 5
Taweta, nördlich vom Jipe-See, an der Grenze des deutschen und englischen Interessen-Gebiets, 1891 von E. Suess in Wien erhalten. Ukamba im englischen Gebiet, Hildebrandt 1877. Ussagara und Ugogo, sowie im Wald Mgunda mkali in Ukimbu, französische Missionare bei Bourguignat. Kilima-Ndjaro, im Gebüsch des Kulturlandes zwischen 1200 und 1700 m Höhe, und Kaffeepflanzung Derema auf dem Miassa-Berg, Handzi-Gebirge, 1000 m, Volkens.
Die eigenthümlich eingebuchtete Form des oberen Theils des Aussenrandes dieser Art und ebenso bei Str. bottegoi Marts. von Barawa erinnert auffallig an Bourguignat's Gattung Colpanostoma, welche aber keine Verschiebung der Windungen zeigt; es ist aber eigentlich nur ein stärkerer Grad der bogenförmigen Vorziehung des folgenden Theils des Randes, welche sich bei manchen anderen Arten zeigt.

Streptaxis kibweziensis E. Sm.

E. Smith, Proc. Malac. Soc. I, 1894, p. 165 und p. 166, Fig. 1.
Dem Str. enneoides sehr ähnlich, aber etwas grösser und mit einer eigenthümlichen wulstigen Umgrenzung des massig engen Nabels (»peculiar circumscription of the umbilicus by a callus«).
Kibwezi im Gebiet des Kenia, Dr. Gregory.

Streptaxis mozambicensis E. Sm.

E. Smith in Ann. Mag. Nat. Hist. (5) VI, p. 429 und Proc. Zool. Soc. 1881, p. 280, pl. 32, Fig. 6.
Gonaxis m., Bourguignat, Moll. de l'Afr. equat., p. 133.
Zwischen dem Nyassa-See und der Ostküste, Thomson.

Streptaxis ordinarius E. Sm.

E. Smith in Ann. Mag. Nat. Hist. (6) VI, p. 160, pl. 6, Fig. 2, 3.
Mamboya, Last. Lager Kitohaui auf dem Plateau zwischen Ukuledi und Umbekuru, Lieder, ein merklich grösseres Exemplar, 8½ mm hoch.

Streptaxis pusillus n.

(Taf. II, Fig. 31.)

Eng genabelt, schief kreiselförmig, mit rippenartiger Streifung, weisslich, mit bräunlicher (nur stellenweise erhaltener) Schalenhaut; 5 etwas gewölbte Windungen, mit seichter Naht, die oberen regelmässig zunehmend und ein abgerundet konisches Gewinde bildend, die letzte mässig verschoben, so dass die vorletzte rechts bauschig darüber hervortritt, abgerundet, an der Unterseite gewölbt und bis an den runden Nabel mit Rippenstreifung versehen. Mündung sehr schief, abgestutzt eiförmig, ohne Zähne, der Aussenrand kaum, der Columellarrand deutlich ausgebreitet und umgebogen. Höhe 6½, grosser Durchmesser der letzten Windung 6, kleiner 5 mm; Mündung 3 mm hoch und ebenso breit.

Bukendo am Ituri-Fluss, Stuhlmann.

Von Str. kirki und denticulatus Dohrn, welche beide von ähnlicher Grösse sind, die ich aber nur nach der Beschreibung kenne, scheint er sich schon dadurch zu unterscheiden, dass der letzte Umgang weniger verschoben und der grösste Querdurchmesser nicht mehr als die Höhe der Schale beträgt; auch scheinen beide einen engeren Nabel zu haben. Str. mozambicensis und ordinarius sind umgekehrt höher als breit und haben nur einen Nabelritz.

Von den westafrikanischen Arten ähnlicher Grösse sind prostratus A. Gould und leonensis Pfr. beide glatt und mehr niedergedrückt.

Streptaxis kirki H. Dohrn

Dohrn in Proc. Zool. Soc. 1865, p. 232.
Gonaxis k., Bourguignat, Moll. de l'Afr. équat., p. 133.
Mumba, eine kleine Felseninsel im Nyassa-See, 14° südl. Br., Kirk, also schon weit ausserhalb des deutschen Gebiets, aber doch noch zur Vergleichung mit den übrigen ostafrikanischen hier mit aufgenommen. Die Maasse hat der Autor in Bruchtheilen von englischen Zollen angegeben; dieselben sind in der obigen Tabelle in der Annahme von rund 25 mm für den engl. Zoll umgerechnet.

Streptaxis denticulatus H. Dohrn

Dohrn in Jahrbücher der deutsch. mal. Ges. V, 1878, S. 152.
Mombas.

An Streptaxis schliessen sich noch zwei Bourguignat'sche Gattungen an, von welchen es mir zweifelhaft ist, ob sie nicht etwa nur auf Jugendzuständen von Streptaxis beruhen:

Colpanostoma Bgt.

Schale ziemlich kugelig, offen genabelt, Mündungsrand etwas ausgebogen, am oberen Rand wie ein Stückchen abgeschnitten, ahnlich wie bei der Gattung Schasichila Shuttl. unter den gedeckelten Landschnecken Mittel-Amerikas.

Colpanostoma leroyi Bgt.

Bourguignat in Moll. de l'Afr. équat., 1889, p. 43 und 48, Taf. 1, Fig. 1.

Opalisirend glanzend, durchscheinend, oben mit gebogenem Rippenstreifen, unten glatt. Durchmesser 25, Höhe 20 mm. Mündung gerundet, 11 mm hoch, 13 breit. 6 Windungen. Mantel gelb mit zahlreichen schwarzen Flecken.

Waldige Stellen, 2000 m hoch, auf dem Massiv des Nguru, nördlich des Hochthals von Vuami, zwischen Ukamba und Ussagara, französische Missionäre.

Herr Lieder hat im südwestlichen Theil des deutschen Schutzgebiets eine Schnecke gesammelt, welche kleiner und flacher als Bourguignat's Art ist, aber durch die eigenthümliche Einbuchtung am oberen Ende des Aussenrandes mit ihr übereinstimmt, und in dieser kann ich nur die Jugendform eines Streptaxis, ähnlich dem Str. craveni E. Sm., vermuthen (Taf. II, Fig. 32); ein ähnliches Stuck fand Dr. Stuhlmann Sept. 1889 bei Kokotoni in Ungúu.

Tayloria Bgt.

Schale oben mässig gewölbt, mit Rippenstreifen und kastanienbrauner Schalenhaut; die Streifung unmittelbar an der Naht stärker, an der Unterseite verschwindend. Nabel weit offen. Mündung verhältnissmässig sehr schief und schmal-eiförmig, Oberrand einfach, Unterrand umgebogen.

Tayloria iterata n.

17 mm breit, 11 hoch, Mundung 7 hoch und 9 breit, $4^1\!/_2$ verhältnissmässig rasch zunehmende Windungen, die Rippenstreifung abgeschwacht auch noch auf die Unterseite übergehend. Nabel mässig weit, $^1\!/_4$ der ganzen Breite. Oberrand der Mündung gerade, Unterrand kurz umgebogen. Mehrere (4) frühere Mündungsränder hinter der definitiven, in Entfernungen von 3—6 mm. Schale verwittert, weiss, mit grau-brauner, theilweise erhaltener Schalenhaut.

Südliches Uluguru, am Dundumi-Bach, Stuhlmann, 22 Nov. 1891.

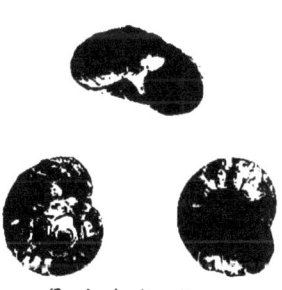

Tayloria iterata n.

Tayloria ventrosa Taylor (Zonites?)

Taylor in Quart. Journ. of Conch. I, p. 253, pl. 2, Fig. 2.

Nur 2 mm im Durchmesser und etwas uber 1 mm hoch. 4 Windungen.

Sansibar, unter todtem Laub und an den Wurzeln von Bananenstauden, Gibbons und Sheppard.

Tayloria jouberti Bgt.

Bourguignat in Moll. de l'Afr. équat. 1889, p. 38 und 47, Taf. 2, Fig. 6—9.

10 mm breit, 7 hoch, Mündung 4 hoch und $4^1\!/_4$ breit. 6 enge Windungen.

Unter Steinen bei Nyantaga in Utongue, 50—60 km vor Udjiji, am Tanganyika-See, französische Missionäre.

Streptostele II. Dohrn

Schale gethürmt, streifig und doch glänzend, Mundung mit faltenförmig nach innen sich hinziehendem Columellarrand und abgerundetem Unterrand, Oberrand etwas verdickt und nach oben zurücktretend.

Die typischen Arten in Westafrika. Aus Ostafrika sind bis jetzt nur wenige und weniger typische Arten bekannt, deren Zugehörigkeit zu dieser Gattung erst noch durch Untersuchung der Weichtheile näher festzustellen ist.

Namen	Skulptur	Naht	Win-dungen	Mündungs-wand	Aussen-rand oben	Höhe mm	Breite mm	Höhe der Mündung mm	Breite der Mündung mm
costulata Marts.	dicht rippenstreifig	ziemlich tief	9	einfach	ein-gebogen	$12\frac{1}{2}$	4	4	$2\frac{1}{2}$
- var. minor n.	do.	do.	do.	do.	do.	9	2	$1\frac{3}{4}$	$1\frac{1}{2}$
horei E. Sm.	do.	gezähnelt	$7\frac{1}{2}$	mit 2 Zähn-chen	ein-gebuchtet	$6\frac{1}{2}$	2	$1\frac{1}{2}$	$1\frac{1}{2}$
simplex E. Sm.	dicht gestreift	tief	9	einfach	nicht ein-gebuchtet	$8\frac{1}{2}$	2	2	

Streptostele costulata Marts.

(Taf. II, Fig. 33.)

v. Martens in Sitz.-Ber. d. Ges. nat. Freunde 1892, S. 178.

Schale gethürmt, mit offenem Nabelritz, dicht rippenstreifig, etwas glänzend, weisslich, oben stumpf endigend; 9 etwas gewölbte Windungen, die langsam und gleichmässig an Umfang und Höhe zunehmen, mit ziemlich tiefer einfacher Naht, die unterste vor der Mundung nicht besonders herabsteigend, unteres Ende abgerundet. Mündung beinahe senkrecht (d. h. der Achse parallel), unten etwas zurücktretend, halbeiförmig; Mündungsrand etwas verdickt und schwach ausgebogen, Aussenrand oben eingebogen, dann geradlinig, Unterrand breit abgerundet, Columellarrand nach aussen dreieckig ausgebreitet, nach innen in die mässig gedrehte Columelle übergehend, Mündungswand von einer dünnen Auflagerung bedeckt. Länge $12\frac{1}{2}$, Durchmesser 4 mm; Mündung 4 mm lang, $2\frac{1}{2}$ breit.

Butumbi, am Boden des Urwaldes, Stuhlmann.

Var. minor n.

9 mm lang, 2 breit, Mundung $1\frac{3}{4}$ lang, $1\frac{1}{2}$ breit.

Karevia, zwischen Albert-Edward-See und Albert-Nyansa, Stuhlmann. Jüngere Stücke, welche wahrscheinlich zu dieser Art gehören, auch von der Buddu-Küste, ferner von Bugundi und Bundeko, Stuhlmann.

Streptostele horei E. Sm.

E. Smith in Ann. Mag. Nat. Hist. (6) VI, 1890, p. 95.
Am Tanganyika-See, E. Hore.

Streptostele simplex E. Sm.

E. Smith in Ann. Mag. Nat. Hist. (6) VI, 1890, p. 96.
Am Tanganyika-See, E. Hore.

b) Oxygnathen.

Zahne der Reibplatte in der Mitte kurz, stumpf, an den Seiten lang und spitz, Kiefer glatt mit mittlerem Vorsprung. Theilweise Fleischfresser. Schale meist dünn, breiter als hoch, mit einfachem Rande.

Helicarion Fér.

Schale dünn, durchsichtig, niedergedrückt, mit nur 3 Windungen und weiter Oeffnung. Mantelrand mit über die Schalenmündung vorgestreckten Lappen, und zwar bei den hier vorliegenden Arten ein vorderer medianer Lappen, den Nacken bis zum Kopf nach beiden Seiten hin bedeckend, und ein rechtseitiger Schalenlappen, aus der oberen Ecke der Mündung hervorgehend und rückwärts auf die Schale umgeschlagen; dazwischen mehr oder weniger entwickelt an der rechten Seite des vorderen Fusstheils ein Zwischenlappen, der nach vorn bis zum hinteren Rande der Athemöffnung reicht und durch diese vom Nackenlappen getrennt ist, nach hinten an den Schalenlappen anstösst. Hinterende des Fusses hoch, steil abfallend, mit grosser Schleimdrüsenöffnung.

Namen	Schalenform	Skulptur	Farbe	Anzahl der Windungen	Grosser Durchm. mm	Kleiner Durchm. mm	Höhe mm	Durchm. d. Mündung mm
sowerbyanus Pfr.?	flach	ziemlich starke Radialfalten	dunkel rothlich-braun	$2^1{}_2$	20	$19^1/_2$	10	17
tanganyicae Marts.	do.	schwach radial gestreift, oben glanzlos	braun	3	$16^1{}_2$	11	8	$9^1{}_2$
baringoënsis E. Sm.	oben flach	radial gestreift	grün-hornfarbig	kaum 3	$11^7/_{10}$	9	7	8
stuhlmanni Marts.	mässig gewölbt	breitere u. dazwischen feinere Radialfalten oben	blassgelb	3	10	14	10	11
cailliaudi Morel.	oben flach, unten gewölbt	schwach gestreift	do.	3	16	$10^1{}_2$	7	10?
succulentus Marts.	flach-gewölbt, Spitze warzenförmig	mit breiten flachen Radialstreifen, sehr glänzend	etwas dunkel grün-gelb	3	16	12	8	10
lymphascens Morel.	schmäler, oben ziemlich flach, Spitze warzenf.	fast glatt, an der Naht kleine Radialfalten	bräunlich-gelb	$2^1/_2$	11	$7^1{}_2$	$4^1{}_2$	8
aureofuscus Marts.	flach, länglich	fast glatt	braun-golden	$2^1{}_2$	$11^1/_2$	8	5	$9^1{}_2$
subangulatus Marts.	im Umkreis fast kantig, Spitze vorstehend	schwach gestreift, wenig glänzend	grünlich-braun	3	13	9	7	9

Godwin-Austen hat für einige westafrikanische Arten, deren Fussrucken unterhalb der Schale eine scharfkantig umgrenzte Mulde zeigt, die Gattung Africarion gegrundet; dieses zeigt sich gut ausgeprägt bei H. lymphascens, etwas schwächer bei H. cailliaudi, gar nicht bei H. sowerbyanus, stuhlmanni und succulentus. Von westafrikanischen Arten, deren Weichtheile ich untersuchen konnte, finde ich diese Mulde nicht bei H. welwitschi und gomezianus Morel. und auch nicht bei H. plicatulus Marts.

Helicarion sowerbyanus (Pfr.)?

(Taf. I, Fig. 6.)

? Vitrina sowerbyana, Pfr., Mon. Helic. II, p. 503; in der neuen Ausgabe von Chemnitz, Vitr. S. 14, Taf. 1, Fig. 51—53. Reeve, Conch. Icon. XIII, Fig. 2.

Am Ituri, 24. Aug. 1891, Stuhlmann; ein grösseres und ein kleineres Exemplar in Spiritus, die Schale dünn, erweicht, oben flach, kastanienbraun, mit starken Faltenstreifen, 26 mm im grossen Durchmesser, $19\frac{1}{2}$ im kleinen, 10 hoch, Mündung 17 mm im grossen Durchmesser, 11 in schiefer Höhe. Aeussere Weichtheile in Spiritus grau-braun, Schalenlappen und Fussseiten mit kleinen runden hellgelben Flecken. Nackenlappen breit, einfach. Schalenlappen in der oberen Ecke der Mündung kurz. Seiten des Fusses areolirt, mit Längsfurche über dem Rande; Fusssohle deutlich dreigetheilt. Hinterer Theil des Fusses lang und schmal, mit stumpfem Mittelkiel, ohne Vertiefung, unter der Schale nur unbestimmt abgeflacht. Schleimpore in Spiritus hoch und schmal, mit einem kurzen stumpfen Hörnchen nach oben.

Nur mit einigem Zweifel kann ich die beschriebenen Stücke, deren Schale sehr erweicht ist, auf die genannte westafrikanische Art beziehen, doch ist kein bestimmter Unterschied zu nennen, welcher zur Aufstellung einer besonderen Art berechtigen würde.

Helicarion tanganyicae Marts.

(Taf. III, Fig. 5.)

v. Martens, Nachrichtsbl. d. mal. Ges. 1895, S. 178.

Schale niedergedrückt, braun, oben radial gestreift, glanzlos, unten heller und glänzend; Gewinde sehr klein, gewölbt; 3 Windungen, rasch an Breite zunehmend, die letzte im Umfang gerundet, an der Unterseite mässig gewölbt. Mündung schief stehend, breit mondförmig, ^{2}₆ des grossen Durchmessers einnehmend; ihr Aussenrand schwach gebogen, der Columellarrand stark gebogen, etwas hautartig. Grosser Durchmesser $16\frac{1}{2}$, kleiner 11, Höhe 8 mm; Durchmesser der Mündung $9\frac{1}{2}$, ihre Breite in schiefer Richtung $7\frac{1}{2}$ mm.

Aeussere Weichtheile in Spiritus gelblich-grau, ohne schwarze Flecken; Nackenlappen breit, vorn gerundet; rechtsseitiger Schalenlappen breit dreieckig, an die grösste Wölbung der Schale angelegt, Zwischenlappen weit herabreichend. Seiten des Fusses mehr chagrinartig als gefurcht, Furche über dem Fussrande und Dreitheilung der Sohle deutlich. Hinterer Theil des Fusses schmal, in seiner oberen Hälfte dunkler, unterhalb der Schale undeutlich abgeflacht, dann stumpfkantig. Schleimpore dreieckig, senkrecht oder schief überhängend mit kleinem stumpfen Hörnchen.

Am Tanganyika, P. Reichard.

Helicarion baringoënsis (E. Sm.)

Vitrina baringoënsis, E. Smith, Proc. Mal. Soc. I, 1894, p. 163 und 166, Fig. 2, 3.

Nach der Abbildung dadurch ausgezeichnet, dass der Oberrand der Mündung grossentheils horizontal verläuft und dann sehr rasch in den fast senkrecht verlaufenden Aussenrand umbiegt, was auf eine sehr flache Oberseite schliessen lässt und an keiner der mir bekannten Arten in gleicher Weise zu sehen ist.

Am Kenia bei Baringo und in der tieferen Waldzone, Dr. J. W. Gregory.

Helicarion stuhlmanni Marts.

(Taf. III, Fig. 1.)

v. Martens, Sitz.-Ber. d. Ges. nat. Freunde 1895, S. 123.

Schale mässig gewölbt, blassgelb, durchsichtig. Gewinde wenig vorstehend, Spitze erodirt, weiss. Grösstes Exemplar nur drei Windungen zeigend, 19 mm im grossen Durchmesser, 14 im kleinen, 10 hoch, Mündung 11 mm im längeren Durchmesser, $9^1/_2$ in der grössten Breite. Columellarrand mässig gebogen, hautartig weich, daher bei trockenen Exemplaren eingeschrumpft. Die Skulptur besteht aus flachen, etwas breiten, faltenartigen, sehr ungleichen Radialstreifen, welche namentlich in der Nähe der Naht stärker sind und hier deutlich in einzelne stärkere, breitere und dazwischen mehrere viel engere und schwächere sich scheiden, jedoch mit etwas geringerem Unterschiede auch auf die obere Fläche bis nahe zum grössten Umfange sich fortsetzen, dagegen auf der Unterseite viel schwächer und gleichmässig sind. Bei dem grössten Exemplar treten ausserdem an der Oberseite auch noch stellenweise ganz unregelmässige vertiefte Spirallinien auf; diese fehlen bei den kleineren Stücken. Von der abyssinischen Vitrina semirugata, Jickeli, Land- und Süssw.-Moll. Nordost-Afrikas, S. 39, Taf. 4, Fig. 8, unterscheidet sich diese Art nach Vergleichung von Original-Exemplaren durch flacheres Gewinde mit weniger Umgängen, bei semirugata schon $3^1/_2$ bei 15 mm Durchmesser.

Aeussere Weichtheile in Spiritus dunkelgrau. Nackenlappen breit, körnig, vorn gerundet, am freien Rand etwas gelblich. Rechtsseitiger Schalenlappen verhältnissmässig gross, dreieckig, nach hinten an die grösste Wölbung der Schale angelegt; Zwischenlappen eine geradlinige Verbindung zwischen ihm und dem Nackenlappen bildend. Hinterer Theil des Fusses unterhalb der Schale unbestimmt abgeflacht, dann stumpf gekielt. Seiten des Fusses körnig, mit wenigen, voneinander entfernt stehenden, schief herablaufenden Furchen. Längsfurche über dem Rande gut ausgeprägt. Sohle deutlich dreigetheilt. Schleimporenöffnung am hinteren Fussende rundlich, mit übergebogenem kurzen Hörnchen.

Runssoro, im Mulm des Bambuswaldes, 2600 m; Migere in Butumbi, im Mulm des Urwaldes, auch bei Manyonyo in Uganda, Emin und Dr. Stuhlmann.

Helicarion cailliaudi (Morel.)

(Taf. I, Fig. 4 und Taf. III, Fig. 2.)

Vitrina cailliaudi, Morelet in Ann. Mus. Civic. di Stor. Nat. di Genova III, 1872, p. 188, tab. 9, Fig. 2.

Vitrina planulata, Jickeli, Mal. Blätt. 1873, S. 101.

Vitrina isseli var. cailliaudi, Jickeli, Land- u. Süssw.-Moll. Nordost-Afrikas, S. 41, Taf. 4, Fig. 11.

Oben flach, unten etwas gewölbt, blassgelb, glänzend, schwach gestreift, sehr dünn und zerbrechlich. Grosser Durchmesser 16, kleiner $10^1/_2$, Höhe 7 mm; Mündung wegen Verletzung des Columellarrandes an dem vorliegenden Exemplar nicht genau zu messen, etwa $^2/_3$ des grossen Schalendurchmessers, 3 Windungen.

Aeussere Weichtheile nach einer Skizze von Stuhlmann blass grün-gelb mit scharf gezeichneten schwarzen Flecken; Nackenlappen (nach Spiritus-Exemplaren) gross und breit, vorn abgerundet. Ein rechtsseitiger Schalenlappen dreieckig, aus der oberen Ecke der Mündung kommend und an die peripherische Wölbung der Schale sich anlegend, ohne das Gewinde zu berühren; ein weiterer Lappen unter und vor diesem, den hinteren Rand der Athemöffnung bildend und einen Theil der rechten Fussseite bedeckend. Fuss ziemlich weit nach hinten über die Schale verlängert und hier schmal mit scharfem Mittelkiel, aber unterhalb der Schale muldenförmig ausgehöhlt, mit scharfen Seitenkanten, die sich nach hinten zum Mittelkiel vereinigen. Schleimdrüsenöffnung am hinteren Ende des Fusses steil abfallend, ziemlich schmal, mit stumpfem kurzen Hörnchen oberhalb derselben.

Runssoro, im Bambuswald, 2600 m, 9. Juni 1891; Karevia, am westlichen Fusse des Runssoro, 1300 m hoch, unter Steinen, und Issango-Fähre, unter 0" 49' nördl. Breite, 1. Juli 1891, Dr. Stuhlmann.

Sehr wahrscheinlich gehören auch noch weniger gut erhaltene Exemplare von Migere in Butumbi hierher.

Helicarion succulentus Marts.

(Taf. III. Fig. 3.)

v. Martens, Sitz.-Ber. d. Ges. nat. Freunde 1895, S. 123.

Niedergedrückt, stark glänzend, gelblich-grün, mit etwas breiten, ausstrahlenden, faltenförmigen, unter sich gleichen Streifen; Gewinde kaum vorstehend; 3 mässig zunehmende Windungen, die erste klein, warzenförmig, die zweite und dritte oben etwas gewölbt, mit deutlich gerandeter Naht, die letzte unten viel stärker gewölbt als oben. Mündung sehr schief stehend, kaum $^2/_3$ des grossen Durchmessers der Schale einnehmend, eingebuchtet kreisförmig; Aussenrand oben an der Einfugung etwas einspringend, Columellarrand mässig gebogen, mit sehr schmalem Hautsaum. Grosser Durchmesser 16, kleiner 12, Höhe 8 mm; Mündung im grossen Durchmesser 10, in schiefer Höhe 9 mm.

Aeussere Weichtheile in Spiritus dunkel grau-braun, vorderer Mantellappen dunkler, schwärzlich marmorirt, den Hals und Kopf bedeckend, vorn abgerundet, einfach, nicht quer gefaltet; ein schwarz gefleckter, länglich lanzettförmiger Schalenlappen aus der oberen Ecke der Mündung hervortretend, nach rückwärts gerichtet; an der rechten Seite ein dritter Mantellappen zwischen diesem und dem vorderen Mantellappen, unterhalb des Athemloches. Seiten des Fusses flachwarzig und areolirt, mit einer deutlichen Längsfurche oberhalb des Randes. Fusssohle deutlich dreigetheilt. Schleimpore am Fussende in Spiritus gross, rundlich, von einem stumpfen Hörnchen überragt. Hinterer Fussrücken abgerundet, ohne Vertiefung und ohne Mittelkiel.

Runssoro, im Bambuswald, 2600 m, 9. Juni 1891, Stuhlmann.

Helicarion lymphaseens Morel.

Morelet in Ann. d. Mus. Civic. di Stor. Nat. di Genova III, 1872, p. 189, tab. 9, Fig. 4.

Mehrere Exemplare, sehr gut mit Morelet's Beschreibung und Abbildung übereinstimmend, Naht schmal gerandet, Columellarrand mit ganz schmalem Hautsaum.

Weichtheile in Spiritus betreffs der Färbung, der Mantellappen, der Seiten und Sohle des Fusses und der Schleimpore ganz wie bei H. succulentus, aber das hintere Fussende ragt weniger über die Schale hinaus und zeigt auf seiner Rückenfläche eine muldenförmige Vertiefung, in welcher der hintere Theil der Schale ruht, seitlich begrenzt von je einer Kante, beide vereinigen sich kurz vor dem Fussende zu einem medianen Kiel (Charakter von Godw. Austen's Gattung Africarion).

Runssoro, im Bambuswald, 2600 m, zusammen mit dem vorigen, Stuhlmann.

Helicarion aureofuseus Marts.

v. Martens in v. d. Decken's Reisen in Ostafrika III, 1869, S. 55, Taf. 1, Fig. 1. Mombas, v. d. Decken.

Der vorigen sehr ähnlich, aber ohne die stärkeren Radialstreifen an der Naht.

Helicarion subangulatus Marts.

(Taf. I, Fig. 3 und 5; Taf. III, Fig. 6.)

v. Martens, Sitz.-Ber. d. Ges. nat. Freunde 1895, S. 124.

Niedergedruckt, nicht sehr dünn, oben glanzlos, grünlich-braun, schwach gestreift, im Umfang stumpfkantig, unten glänzend, heller, gleichmässig gestreift; Gewinde etwas vorstehend; 3 rasch zunehmende Windungen, die erste und zweite stark gewölbt, schwach glänzend, die letzte oben flacher, unten mässig gewölbt. Mündung diagonal stehend, eingebuchtet dreiseitig, Oberrand nahezu horizontal, Aussenrand kurz, unten breit gebogen, mit sehr schmalem Hautsaum, ohne bestimmte Grenze in den aufsteigenden Columellarrand übergehend. Grosser Durchmesser 13, kleiner 9 mm, Höhe 7; Mündung 9 im Durchmesser, $7^{1}/_{2}$ in schiefer Höhe.

Weichtheile nach der Zeichnung von Dr. Stuhlmann blass gelblich mit zahlreichen kleinen schwarzen Flecken. Nackenlappen gross, weit vorgestreckt, an der Seite mit einem ziemlich breiten schwarzen Längsstreifen. Hinterer Theil des Fusses gekielt, an den Seiten tief gefurcht, am Ende schief abgestutzt mit Schleimpore. Sohle 30 mm lang, Fuhler 6 mm.

Bundeko, auf Waldboden, am Ituri-Fluss 0^0 55′ n. Br., 4. Juli 1891, Stuhlmann.

Herr Dr. Volkens hat am Kilima-Ndjaro in einer Höhe von 3800 m, auf einer Bergwiese am Fusse des Mawenze, auch eine Helicarion-artige Schale von 5 mm Durchmesser gefunden. Da sie aber keine besonders charakteristischen Merkmale darbietet und es zweifelhaft bleibt, ob sie zu Vitrina oder Helicarion gehöre, dürfte weiteres Material abzuwarten sein, ehe eine neue Art daraus gemacht wird.

Vitrina Drap.

Schale ähnlich derjenigen von Helicarion. Fuss hinten zugespitzt, ohne Schleimpore.

Vitrina nigrocincta n.

(Taf. III, Fig. 7.)

Drei Exemplare verschiedener Grösse, das grösste mit einer Schale von 8 mm im grossen Durchmesser, 6 im kleinen, Höhe 5, Mündung 6 und 5 mm, $2^1/2$ Windungen; an der Schale kann ich keine bestimmten Unterschiede von der allerdings grösseren V. darnaudi, welche Pfeiffer aus Sennaar beschreibt, finden. Sie beweisen jedenfalls, dass auch die Gattung Vitrina im engeren Sinne, nicht nur Helicarion, im tropischen Ostafrika vorkommt.

Aeussere Weichtheile in Spiritus blass gelblich-grau mit scharf begrenzten schwarzen Flecken von unregelmässiger Form; vorderer Lappen des Mantels auch an den Spiritus-Exemplaren weit über die Schalenmündung vorragend und den Nacken bedeckend, einfach, vorn abgerundet, nicht quer gefaltet, mit einem langen, dem oberen Mündungsrand parallelen, schwarzen Streifen an der rechten Seite, ein zweiter dreieckiger Lappen ragt rechts aus der oberen Ecke der Mündung hervor und legt sich an die Aussenseite der Schale nach rückwarts; ausserdem ist der scharfe Rand der Mündung von einem umgeschlagenen schmalen Saume des Mantelrandes umhüllt. Fussende spitz zulaufend, mit breitem medianen schwarzen Längsband, ohne Schleimpore.

Kilima-Ndjaro im Gürtelwald in einer Höhe von 1900 bis 2700 m, in den Schluchten noch bis 3400 m, und auf einer Bergwiese am Fusse des Mawenzi, 3800 m, besonders an Cyperaceen, G. Volkens.

Vitrina oleosa Marts.

(Taf. III, Fig. 4.)

v. Martens, Sitz.-Ber. d. Ges. nat. Freunde, Juni 1895, S. 124.

Niedergedrückt, undurchbohrt, mit dicker, glänzender, schwach gestreifter, gelb-grüner Schalenhaut; Gewinde eben, klein; 2½ etwas gewölbte Windungen mit mässig eingedrückter Naht, die letzte gerundet, unten gewölbt. Mündung mässig schief stehend, länglich-eiförmig mit geradem, häutig verlängerten schwarzen Rande; Columellarrand S-förmig gebogen. Grosser Durchmesser 9, kleiner 6½, Höhe 4½ mm; Mündung 6 im Durchmesser, 4 in der schiefen Höhe. .Weichtheile schwärzlich, kein Nackenlappen, aber an der rechten Seite ein schmaler zungenförmiger Schalenlappen. Kiefer oxygnath. Zähne der Reibplatte wie bei der europäischen V. draparnaldi Cuv. nach der Darstellung von O. Goldfuss, Verhandl. d. nat.-hist. Vereins d. preuss. Rheinlande XIII, 1856, S. 42, Taf. 6, Fig. d.

Runssoro, am höchsten von Dr. Stuhlmann erreichten Punkt, 4063 m, und in der Nähe eines Baches bei dem vierten Lagerplatz (3557 m), 12. Juni 1891, Stuhlmann.

Thapsia Alb.

Unter diesem Namen fasse ich hier nach dem Vorgange von Grandidier die glasglänzenden einfarbigen Helix-ähnlichen Formen aus Ostafrika mit engem Nabel und dünnem Mündungsrand zusammen, da bei denen, deren Weichtheile ich untersuchen konnte, eine Schleimpore mit überragendem Hörnchen am Fussende und ein vorstreckbarer Mantellappen vorhanden ist. Allerdings haben die typischen grösseren Thapsien aus Westafrika, wie troglodytes Morel. und africana A. Gould, bis jetzt keine Vertretung durch sehr ähnliche Formen in Ostafrika gefunden. E. Smith rechnet die hier aufgeführten Arten zu Hyalinia, diese haben aber keine Schleimpore und Mantellappen.

Namen	Gewinde	Farbe	Skulptur	Nabel	Peripherie	Naht	Grosser Durchm. mm	Kleiner mm	Höhe mm	Windungen
lasti E. Sm.	geradlinig-konisch	bräunlich-gelb	schwache, etwas gebogene Runzeln auf der Oberseite	eng	stumpf-kantig	flach	15½	13	9	6
leroyi Grandid.	fast flach	gelb	scharfe gebogene Streifen an d. Naht	punkt-form., fast geschloss.		gerundet	etwas angedrückt (7)	8	4 (4)	5½ (5)
eminiana E. Sm.	konvex-konisch	blass gelblich	nur sehr schwach gestreift	do.		do.	mässig tief	11	10	8	5¼
curvatula n.	niedrig konvex-konisch	do.	do.	sehr eng, halb verdeckt	do.	do.	10	9	6	6
hannmgtoni E. Sm.	schwach konvex	do.	fein gestreift	zieml. eng, cylindrisch		do.	flach	6½	6	4	4½
var. stuhlmanni n.	flach, kaum vorstehend	do.	do.	do.		do.	do.	7	6	3½	4½
var. fasciata n.	ziemlich flach	mit braun-gelb. Band	do.	do.		do.	do.	6½	6	3½	4½
depressior E. Sm.	kaum gewölbt	do.	glatt	eng	rasch umbiegend	do.	6½	6	3½	—4

Thapsia lasti (E. Sm.)

Hyalinia lasti, E. Smith in Ann. Mag. Nat. Hist. (6) VI, 1890, p. 150,
pl. 5, Fig. 1.
Mamboya in Ussagara, 4000—5000 Fuss hoch, Rev. J. L. Last.

Thapsia leroyi Grandid.

Grandid. in Bull. Soc. Mal. de la France IV, 1887, p. 184.

Sehr eng und halb verdeckt durchbohrt, niedergedrückt, dünn, glänzend,
halb durchsichtig, an der Naht mit scharfen, feinen, nach rückwärts sich
biegenden Streifen versehen, lebhaft gelb; 5½ Windungen, mässig schnell zunehmend, etwas gewölbt, mit ziemlich tiefer Naht, die letzte im Umfang abgerundet, unten zunächst etwas gewölbt und dann gegen die Mitte zu konkav
eingedrückt. Mündung verhältnissmässig klein, wenig schief stehend, ungleich-
mondförmig mit dünnem geraden Rand; Unterrand leicht S-förmig, Columellarrand oben etwas verdickt und weisslich. Grosser Durchmesser 10, kleiner 8,
Höhe 4 mm; Mündung 4 breit und ebenso viel in schiefer Höhe.
Ussagara beim Kloster der Pères du St. Esprit, unter Steinen an feuchten
Orten, P. Leroy. Ussambara, Conradt.

Die Beschreibung und Abbildung nach dem von Herrn Conradt erhaltenen
Exemplar, das beträchtlich grösser ist als das von Grandidier beschriebene (7 mm
im Durchmesser, Höhe 4, 5 Windungen), aber im Uebrigen so gut übereinstimmt,
dass ich es nicht als Art trennen mag.

Thapsia eminiana (E. Sm.)

Hyalinia eminiana, E. Smith in Ann. Mag. Nat. Hist. (6) VI, 1890, p. 150,
pl. 5, Fig. 2.
Mamboya in Ussagara, 4000—5000 Fuss hoch, Last.
Eine vermuthlich als Jugendzustand dazu gehörige Form fand Dr. Stuhlmann
am Runssoro im Bambuswald, 2600 m hoch: grosser Durchmesser 7, kleiner kaum 6,
Höhe 4½, Mündungsdurchmesser 4, 3½ Windungen.

Thapsia curvatula n.
(Taf. III, Fig. 12.)

Durchbohrt, ziemlich niedergedrückt, dünn, glänzend, halb durchsichtig,
schwach gestreift, hornfarbig gelb; 6 Windungen, mässig schnell zunehmend, etwas
gewölbt, an der Naht schwach gesäumt, die letzte im Umfang abgerundet, an
der Unterseite etwas gewölbt. Mündung verhältnissmässig klein, wenig schief
stehend, ungleich mondförmig, mit dünnem Rand; Columellarrand sehr schief
(d. h. weit vom Senkrechten entfernt), S-förmig gebogen, nach vorn konvex,
schwach verdickt, weisslich, nahe seiner Einfügung bogenförmig gekrümmt,
den engen Nabel zur Hälfte bedeckend. Grosser Durchmesser 10, kleiner 9,
Höhe 6 mm; Mündung 5 breit, 4½ in schiefer Höhe.
Uluguru bei Tegetoro, 1100 m in Ptonifeldern einer Rodung an der unteren
Waldgrenze, 30. Oktober 1894, Stuhlmann. Dereina in Ussambara, Conradt.
Kitohaui im Distrikt Magao, südwestlicher Theil des deutschen Schutzgebiets,
Lieder.

Thapsia hanningtoni (E. Sm.)

Hyalinia hanningtoni, E. Smith in Ann. Mag. Nat. Hist. (6) VI, 1890, p. 151.
Durch die geringe Anzahl der Windungen, die flache Naht und den runden
tiefen Nabel mit fast senkrechter Wand ist diese Art gut unterschieden; ich habe
Original-Exemplare von E. Smith vergleichen können.

Die von demselben erwähnten Spiralstreifen sind auch an den von ihm erhaltenen Exemplaren bei mässiger Vergrösserung nur so schwer und unbestimmt
zu sehen, dass ich sie nicht in die diagnostische Uebersicht aufgenommen habe.
Lebendes Thier nach Spiritus-Exemplaren vom Runssoro wesentlich mit demjenigen von Th. depressior übereinstimmend; kein Nackenlappen, linksseitiger
Schalenlappen gut ausgebildet. Fussrücken schwärzlich, Seiten und Sohle gelb-
grau, ein überragendes Hörnchen ist über der Schleimpore.
Mamboya in Ussagara, 4000—5000 Fuss hoch, Last. Runssoro, in der
Waldzone, 2600 m hoch, 9. Juni und bei Lager III, 3100 m, 12. Juni 1891, ferner
Karevia, am westlichen Fuss des Runssoro, unter Steinen, 6. und 16. Juni 1891,
und Bundeko, 750 m, Waldboden, 4. Juli 1891, Stuhlmann.

Var. stuhlmanni n.
(Taf. I, Fig. 7.)

Flacher, das Gewinde fast eben, kaum sich erhebend. Grosser Durchmesser 7,
Höhe 3, Durchmesser der Mündung $3^1{}_2$ mm.
Aeussere Weichtheile nach Zeichnung von Stuhlmann im vorderen Theile
mehr gelblich, im hinteren blasser, etwas röthlich; eine dunkle Längslinie im
Nacken hinter dem grossen Fühler. Kein über die Schale vorragender Nacken-
lappen; ein linksseitiger Schalenlappen, ziemlich länglich, am Ende zugespitzt, an
die Unterseite der Schale angelegt. Furche über dem Fussrand deutlich. Hinterer
Theil des Fusses ziemlich hoch, mit starken schiefen Furchen; am hinteren Ende
eine Schleimporenöffnung mit hohem starken Horn.
Insel Kome am südlichen Ufer des Victoria-Nyansa, 13. März 1892, ferner
Butumbi, im Urwaldmulm, und Karevia am westlichen Fuss des Runssoro, unter
Steinen, 16. Juni 1891, Stuhlmann.

Var. fasciata n.

Etwas weniger flach, durchscheinend weisslich, mit einem breiten gelb-braunen
Spiralband auf der letzten Windung. Grosser Durchmesser $6^1{}_2$, kleiner 6, Höhe $3^1/_2$;
Mündung 3 mm breit, 2 hoch.
Manyonyo an der Murchison-Bai des Victoria-Nyansa und im Urwald bei
der Ituri-Fähre, 26. August 1891, Emin Pascha und Stuhlmann. Wahrscheinlich
gehört hierher auch eine junge Schnecke von Massibba, Westabhang des Lendu-
Plateaus, 23. September 1891, Stuhlmann.

Thapsia depressior (E. Sm.)
(Taf. III, Fig. 8.)

Hyalinia depressior, E. Smith in Ann. Mag. Nat. Hist. (6), VI, 1890, S. 151.
Sehr schwach gewölbt, im Umfang zwar gerundet, aber doch rasch von der
Oberseite zur Unterseite übergehend, weisslich oder blass gelblich, Mündung sehr
schief; eine enge Nabelöffnung. Grosser Durchmesser $6^1{}_2$, kleiner 6, Höhe
$3^1{}_2$—4, Mündung $3^1{}_2$ lang, $2^1{}_2$ breit.
Mamboya, 4000—5000 Fuss, Last; die von E. Smith erhaltenen Stücke weisslich. Migere in Butumbi, Stuhlmann.
E. Smith hat vollkommen Recht, dass sich diese Art trotz ähnlicher Dimensionen doch gut von Thapsia hanningtoni unterscheidet.

Trochonanina Mouss.

Schale niedrig konisch, meist am Umfange kantig, mit einfachem Mundungs-saum. Skulptur der Ober- und Unterseite oft verschieden.

Namen	Gestalt	Oberseite	Unterseite	Färbung	Nabel	Durchmess. mm	Höhe mm	Anzahl der Windungen
leroyi Bgt.	scharf Trochus-förmig	schwach gestreift, matt	glänzend glatt, sehr fein spiralgestreift	einfarbig, blass-braun	fast ganz ge-schlossen	14	10¹/₂	7 –8
chaperiana Bgt.	hoch Trochus-f., stumpfkantig	do.	etwas glatter	do.	eng	2	2	6
bellula Marts.	hoch Trochus-f., abgestult	gegittert	glatt	blassgelb	do., halb-verdeckt	4	4	5
mossambicen-sis Pfr.	linsenformig. scharf gekielt	scharf u. eng rippenstreifig	schwach ge-streift	bräunlich, meist mit 1 dunkleren Band, unten weissl.	eng	16— 18	10— 11¹/₂	5¹/₂
var. elatior Marts.	etwas höher und etwas gewölbt	do.	do.	do.	do.	13— 17	8— 13	6
– var. albo-picta Marts.	linsenförmig, ge-kielt oder kantig	do.	do.	bräunlich, mit weisslich. Flecken	do.	{ 18 { 21¹/₂	11 13¹/₂	6¹/₂
smithi Bgt.	linsenförmig	grober ge-streift	do.	bräunlich, unten weisslich	zieml. weit	11	6	?
bloyeti Bgt.	do.	stark gestreift, mit weissen Knötchen an der Naht	do.	blassbraun	eng	15	7	?
plicatula Marts.	do.	mit breiteren Faltenstreifen	do.	weisslich, grau schattirt	do.	10	7	5
jenynsi Pfr.	do.	schwach ge-streift, ziem-lich glatt	do.	weiss od. gelblich, mit 1 dunkeln Band	do.	15 12	10 7¹/₄	5¹/₂
– var. sub-jenynsi Ancey	do.	do.	do.	isabellgelb, mit schwarz. Punkten und 1 Band	do.	11	8	5¹/₂
obtusangula Marts.	flach kreisel-förmig, im Um-kreis abgerundet	scharf u. eng rippenstreifig	sehr schwach gestreift	weisslich, ein-farbig	do.	15	10¹/₂	6
mesogaea Marts.	linsenformig, scharf gekielt	ungleich-mässig gestreift, matt	schwach ge-streift, etwas glänzend	blassbraun. Kiel weiss	do.	21¹/₂	12	6
– var. böhmi n.	etwas höher, scharf gekielt	do.	do.	do.	do.	19	12	6
nyassana E. Sm.	flach linsenförm., mäss. gestreift, gekielt, unten mehr gewölbt	mit sehr feiner Spiralstreifung	nicht verschieden	roth-braun	do.	25	13	5¹/₂

Namen	Gestalt	Oberseite	Unterseite	Färbung	Nabel	Durchmess. mm	Höhe mm	Anzahl der Windungen
pyramidea Marts.	niedrig kreiself., stumpfkantig	schwach ge-streift, matt	glänzend, sehr schwach gestr.	blass bräunlich-gelb, einfarbig	eng	18	13	6
— var. leuco-grapta Marts.	do.	do.	do.	blass bräunlich m. weissen Flecken	do.	19	12	6
episcopalis E. Sm.	pyramidenform., mit schwacher Kante	mässig gestreift,	schwach m. sehr feiner Spiralstreifung	braun, mit 1 dunkeln Band	do.	$17^1{}_2$	12	6—7
liederi Marts.	niedrig gewölbt, abgerundet	grob ungleich-mäss. gestreift	schwächer gestreift	weisslich einfarbig	sehr eng	25	16	$6^1{}_2$
peliomphala Marts.	niedrig konoi-disch, abgerundet	mässig ge-streift, etwas glänzend	nicht verschieden	weiss, violett-grau schattirt, Mündung dunkelbraun	do.	21	15	6
simulans Marts.	konoidisch-kugelig	fein und eng gestreift, m. sehr feiner Spiralstreifung	schwach	dunkelbraun oder gelblich mit 1 dunkeln Band	do.	20—22	14—15	6
—var. kretsch-meri n.	niedriger konoidisch	gröbergestreift	schwach ge-streift	grünlich-braun, vorn blassgelb	do.	23	18	6
rufofusca Marts.	konoidisch-kugelig	runzelstreifig, etw. glänzend	nicht verschieden	dunkel roth-braun mit gelbem Mittelband	eng	17	12	6

A) Trochozonites Pfeff.

Scharf kreiselförmig, mässig hoch, einfarbig hornbraun, dünn. Oberseite mit Radialskulptur, Unterseite glänzend. Columellarrand oben verbreitert und umgeschlagen, eine kleine Nabelöffnung frei lassend. Bei den typischen Arten von Trochonanina Mss. dagegen, T. conus Phil. und T. schmeltziana Mss. aus Java und Polynesien, ist der Columellarrand schwielig verdickt und lässt keine Nabelöffnung frei.

Trochonanina leroyi Bgt.

Bourguignat, Moll. de l'Afr. équat. 1889, p. 18, pl. 2, Fig. 13, 14.
? T. mamboiensis, E. Smith, Ann. Mag. Nat. Hist. (6), VI, 1890, p. 151, pl. 5, Fig. 3.
Sehr scharf gekielt, Seiten etwas konkav. Obere Windungen gerundet, die späteren flach. Oberseite matt, mit unregelmässiger flacher Radialstreifung, Unterseite sehr glänzend, mit äusserst feiner, nur bei starker Vergrösserung sichtbarer Spiralstreifung. Grosser Durchmesser eines Conradt'schen Exemplars 14, kleiner 13 mm, Höhe $10^1{}_2$, Mündung 8 im Durchmesser, 6 breit (hoch in der Mündungsebene).
Schattige Stellen der Nguru-Berge, nördlich von Ussagara, P. Leroy. Mamboya in Ussagara, nahe diesen Bergen, 4000—5000 Fuss hoch, Rev. Last. Derema in Ussambara, Conradt.
Die Conradt'schen Exemplare passen sehr gut zur Abbildung bei Bourguignat; wenn dieser aber 11 mm für die Höhe und nur 7 für den Durchmesser angiebt,

so ist das vermuthlich Druckfehler für 17, denn beide Figuren zeigen deutlich, dass der Durchmesser grösser als die Höhe ist: an der Figur in natürlicher Grösse messe ich den Durchmesser wirklich zu 17, die Höhe zu 11¹ ₂. E. Smith scheint nur jüngere Exemplare vor sich gehabt zu haben, da er den Durchmesser nur zu 11, die Höhe zu 10 mm angiebt und seine Figur den Kiel nicht so stark vorspringend, das Seitenprofil nicht so konkav zeigt; das stimmt in der That recht gut zu einem kleineren Conradt'schen Stück von 10¹/₂ Durchmesser und 9 Höhe, welches ich unbedenklich für ein jüngeres Stück derselben Art halte und das demnach zeigt, dass in der Jugend die Höhe verhältnissmässig dem Durchmesser näher kommt, als bei den Erwachsenen, eben weil bei diesen die letzte Windung mit dem Kiel sich stärker ausbreitet.

Der eigenthümliche Umstand, dass die 2—3 obersten Windungen gerundet sind und, wie es scheint, keinen Kiel haben (bei vielen europäischen und auch exotischen Helix-Arten ist es bekanntlich umgekehrt), ist zwar bei Bourguignat nicht angegeben, aber an allen Conradt'schen Stücken deutlich.

Die westafrikanische T. ibuensis Pfr. (Reeve VII, Helix, Fig. 1398, v. Martens in Monatsberichte d. Berl. Akad. Wiss. 1876, Taf. I, Fig. 15) unterscheidet sich durch schärfere, regelmässigere Streifung der Oberseite und etwas konvexe Windungen. Die ursprüngliche Fundortsangabe dieser Art lautet Ibu, der Finder ist Frazer (Pfeiffer, Symbolae III, p. 66, 1846, Mon. Helic. I, p. 51, Reeve a. a. O.); Bourguignat führt sie aber als ostafrikanisch auf, a. a. O. S. 18, indem er Ibu mit Ibo in Mossambique identifizirt; es giebt aber auch ein Ibu in Westafrika an der Küste von Benin, und dieses halte ich um so mehr für das von Pfeiffer gemeinte, als die von Prof. Buchholtz bei Bonjongo in Kamerun gesammelten Stücke ganz gut zu Pfeiffer's Beschreibung und Reeve's Abbildung stimmen. Wenn nun Grandidier im Bull. Soc. Mal. de France IV, p. 186, und Bourguignat a. a. O. T. ibuensis auch im Thal des Kyngani (Kingani) auf dem Gebiete von Okani (Ukami) und als in den Säcken mit Sesam-Samen von der Sansibar-Küste gefunden angeben, so bleibt mir zweifelhaft, was sie unter diesem Namen verstehen, ob vielleicht eine Form von T. mossambicensis, die Bourguignat seiner ibuensis sehr ähnlich findet? Die echte ibuensis ist mir unter den zahlreichen Sendungen von der Sansibar-Küste, welche das Berliner Museum erhalten hat, nie vorgekommen.

Trochonanina chaperiana (Bgt.)

Moaria chaperiana, Bourguignat, Moll. de l'Afr. équat. 1889, p. 14.

Steil konisch, ebenso hoch als breit, Windungen flach, Kante deutlich, aber nicht scharf, 2 mm hoch und ebenso breit.

Feuchte bewaldete Gegenden in den Nguru-Bergen, nördlich von Ussagara, P. Leroy. Zwischen Mbassa und Tanga, Conradt.

Hat mit der westafrikanischen T. talcosa (A. Gould) und calabarica (Pfr.), für welche Chaper den Gattungsnamen Moaria vorgeschlagen hat, wohl die allgemeine Form, aber nicht die starke Spiralskulptur gemein.

B) Moaria Chaper

Aehnlich der vorigen, aber mit ausgesprochener Spiralskulptur.

Trochonanina bellula (Marts.)

(Taf. III, Fig. 10.)

Helix bellula, v. Martens in Sitz.-Ber. d. Ges. nat. Freunde 1892, S. 16.

Schale abgestuft konisch, mit einer Kante am Grund und halb bedecktem engen Nabel; auf der Oberseite deutliche, etwas schief laufende Radialrippchen, dem Mündungsrand parallel, mit 2—3mal breiteren Zwischenräumen, und scharfe Spiralleisten, 4 auf der letzten Windung, 3 auf der vorletzten, indem hier die vierte in die Naht fällt; die vierte steht kaum weiter von der Mittelachse ab als die zweite und dritte, bildet aber die Grenze zwischen Ober- und Unterseite. Farbe blassgelb oder weisslich. 5 Windungen, jede unmittelbar unter der Naht flach, von der ersten Spiralleiste an etwas gewölbt; Unterseite der letzten Windung abgeflacht und glatt. Mündung ein wenig schief, abgerundet rhombisch, mit dünnem geraden Rande; Columellarrand ein klein wenig verdickt und leicht gebogen, an der Einfügung nicht verbreitert.

Grosser Durchmesser 4, kleiner $3^2/_3$, Höhe 4 mm; Mündung 2 hoch, 2^1_2 breit.

Uganda: Küste von Buddu, im Strandwald am Boden, ungefähr 1150 m über dem Meere, 10. Januar 1891, Emin Pascha und Stuhlmann.

Die allgemeine Gestalt, namentlich die scharf abgegrenzte skulpturlose flache Unterseite, erinnert an Jugendzustände der Gattung Pupa, aber Spiralleisten sind bei solchen nicht bekannt, und ich wüsste auch keine Art dieser Gattung, der die vorliegenden Stücke als Jugendzustand zugerechnet werden könnten. Dagegen schliessen sie sich in Gestalt und Spiralskulptur an westafrikanische Formen, wie T. talcosa (A. Gould) an.

C) Martensia Semp.

Flach konisch, mit einer Kante in der Peripherie, oft mit einem dunkeln Band oberhalb derselben oder mit weissen Flecken. Skulpturunterschied zwischen der Ober- und Unterseite mehr oder weniger ausgeprägt.

Trochonanina mossambicensis (Pfr.)
Taf. I, Fig. 8.

Helix mozambicensis, Pfr. in Proc. Zool. Soc. 1855, p. 91, pl. 31, Fig. 9; Mon. Helic. IV, p. 32.

Nanina (Trochomorpha) mossambicensis Pfr., v. Martens, Mal. Blätt. VI, 1859, S. 211. Dohrn, Proc. Zool. Soc. 1864, p. 116. v. Martens, Nachrichtsbl. d. mal. Ges. 1869, S. 149. Pfeiffer, Novitat. Conchol. III, p. 499, Taf. 108, Fig. 1—3. Gibbons in Journ. of Conch. II, 1879, p. 142, lebendes Thier beschrieben.

Martensia mossambicensis, Semper, Reis. Archip. Philippin. II. 3 Bd., p. 42, Taf. 3, Fig. 5; Taf. 6, Fig. 15 (Anatomie); Auszug in Mal. Blätt. XVIII, 1871, S. 138. H. H. Godwin-Austen in Proc. Mal. Soc. of London I, 1895, p. 281, pl. 19, Fig. 1 1e (Anatomie).

Trochonanina mozambicensis, Mousson in Journ. de Conch. XVII, 1869, p. 330. Bourguignat, Moll. de l'Afr. équat. p. 17. E. Smith, Proc. Mal. Soc. I, 1894, p. 164.

Oberseite mit scharfer dichter Radialstreifung, meist röthlich-braun, mit einem nicht scharf abgesetzten dunkleren Band über dem scharf abgesetzten Kiel, Unterseite heller, glänzend. Die grösseren, von Stuhlmann gesammelten Stücke 16—18 mm im Durchmesser und 10—11^1_2 hoch.

Weit verbreitet in Ostafrika an der Küste und im Binnenland: Tette am Sambesi, Prof. Peters. Mossambique, Stuhlmann 1889. Sansibar, Gibbons. Zwischen Sesam-Samen aus Sansibar, Brauns. Useguha, auf Bäumen, W. Schmidt. Pangani, Marongo und Magila, Craven. Handei-Gebirge bei Sini und Station Muafa in West-Ussambara, Buchwald. Kondoa in Ussagara, Bourguignat. Mkatta und Mlali, auch in Ussagara, Emin Pascha. Mangati, an Bäumen und Sträuchern, und am Wege von Mangati nach Ufiomi, an Baumstämmen, O. Neumann (zwischen Kondoa und Manyara-See). Marungu-Station am Kilima-Ndjaro, Lent. Dschala-See, südöstlich von diesem Berg, Kretschmer. Sabaki-Thal, westlich von den

Lugard-Fällen, Kibwezi, Ufer des Sees Elmeteita und Alagaria, alles in Britisch-Ostafrika, Gebiet des Kenia, Gregory. Kitui in Ukamba, Hildebrandt. Ussambiro im Südwesten des Victoria-Nyansa, 20. Sept. 1890, Insel Kome, an dessen Südseite, Bukoba, an der Westküste, 18. Nov. 1890; Manyonyo, im Strandwald, 10. Jan. 1891, und Mengo, 28. Dez. 1890, beides in Uganda, Stuhlmann. Ussaramo und am Victoria-Nyansa, Speke. Undussuma, im Grasland, westlich vom Albert-Nyansa, in Bananen-Pflanzungen, Stuhlmann, 27. Juli und 15. Nov. 1891 (Bd. I, S. 348).

Im Leben nach einer von Stuhlmann in Undussuma gemachten Notiz die äusseren Weichtheile fahlgelb, grau-braun gefleckt. Fühler grau-braun. Fussrand nicht besonders gefärbt. Schleimdrüsenöffnung schief liegend, nach unten und hinten verschmälert, an ihrem oberen Rande ein langes dunkelbraunes, fühlerähnliches Hörnchen, das oft lebhaft pendelnde Seitenbewegungen macht.

Var. elatior (Marts.)

(Taf. III, Fig. 9.)

Trochomorpha? mossambicensis var. elatior, v. Martens, Mal. Blätt. XIII, 1866, p. 22 und XXI, 1873, S. 37.

Helix mozambicensis ? elatior, Pfeiffer, Novitat. Conchol. III, p. 499, Taf. 108, Fig. 4—6.

Etwas höher gewunden, im Profil etwas mehr gewölbt, nicht so geradlinig konisch, 13 —17 mm im Durchmesser, 8 — 13 hoch.

Nicht so häufig, aber nach den mir bekannt gewordenen Fundorten noch etwas weiter nach Norden und Süden verbreitet als die normale mossambicensis, mit welcher sie an mehreren Orten zusammen gefunden wurde. Bongo im südlichen Abyssinien, im Innern von Baumstämmen, Heuglin 1864. Djur-mai im Stromgebiet des Gazellenflusses, Schweinfurth 1869. Undussuma, zwischen den abgestorbenen Blättern und an den Stämmen der Bananen, Stuhlmann, 24. Juli 1891 (Band I, S. 574). Kataui in Kawende (Ostseite des Tanganyika), Reichard. Derema in Ussambara und Pangani an der Küste, Conradt Ikehongore an der Delagoa-Bai, A. Schenck 1886.

Var. albopicta (Marts.)

Nanina mossambicensis var. albopicta, v. Martens in v. d. Decken's Reisen in Ostafrika III, 1869, S. 56, Moll. Taf. 1, Fig. 2, und (Trochonanina) in Monats.-Ber. d. Akad. d. Wiss., Berlin, 1878, p. 289.

Trochonanina anceyi, Bourguignat, Helixarionides 1885, p. 9, und Moll. de l'Afr. équat., p. 20.

Ledoulxia albopicta (Marts.), Bourguignat, Helixarionides, p. 12, und Moll. de l'Afr. équat., p. 24.

Weissliche Flecken, auf der Oberseite meist länglich in der Richtung der Spirale, unterbrochene Bandei darstellend, seltener radial gestellt, auf der Unterseite mehr oder weniger zusammenfliessend, so dass die graue, durchsichtige Grundfärbung nur in Zwischenräumen und als Flecke, öfters radial angeordnet, übrig bleibt. Skulptur ebenso scharf wie bei der normalen mossambicensis oder bei einzelnen Stücken etwas feiner. Kiel bei kleineren Exemplaren von 6 Windungen ebenso scharf wie bei mossambicensis (T. anceyi Bgt.), bei den grösseren von 7 Windungen an der letzten stumpfer, aber an der vorhergehenden in der Naht noch sichtbar und ebenso scharf. Das grösste Exemplar, das ich bis jetzt gesehen, in der Paetel'schen Sammlung ohne sicheren Fundort, $21^{1}/_{2}$ mm im Durchmesser und 13^{1}_{2} hoch, das typische Exemplar von v. d. Decken's Reise 18 im Durchmesser und 11 hoch, jüngere Exemplare (anceyi Bgt.) 12 im Durchmesser und 7 hoch.

Zwischen Sesam-Samen aus Sansibar, Wiegmann und Bourguignat. Mgera an den Nguru-Bergen, Neumann. Kondoa, Bourguignat. Kitui in Ukamba,

Hildebrandt, zusammen mit der normalen Form. Tette in Sambesi, ebenfalls zusammen mit der normalen Form, Peters. Aus Ostafrika ohne nähere Fundortsangabe, v. d. Decken.

Trochonanina livingstoniana Ancey, von den Ufern des Nyassa, soll sich durch lamellöse Skulptur unterscheiden, ich kann aber in den von Ancey selbst erhaltenen Stücken und einem ebenso benannten in Paetel's Sammlung nur kleine, etwas hohe Stücke von mossambicensis, Durchmesser 8—9, Höhe 5—6, Windungen $4^{1}/_{2}$—5, also wohl noch junge Exemplare, erkennen; die Skulptur ist bei diesen Stücken nicht anders als bei mossambicensis; weisse Flecke sind nicht vorhanden.

Trochonanina smithi Bgt.

Helix (Trochonanina) mozambicensis var.? E. Smith, Proc. Zool. Soc. 1881, p. 279, pl. 32, Fig. 3.
Trochonanina smithi, Bourg., Moll. de l'Afr. équat., p. 17.
Nabel weiter, Skulptur schwächer und gröber als bei Tr. mossambicensis.
Zwischen dem Nyassa-See und der Ostküste, Jos. Thomson.

Trochonanina bloyeti Bgt.

Bourguignat, Moll. de l'Afr. équat., p. 21, pl. 2, Fig. 10—12.
Soll sich durch erhabene weissliche Punkte längs der Naht, ähnlich denen der Clausilia punctata (itala), auszeichnen.
Kondoa in Ussagara, Bloyet.

Trochonanina plicatula (Marts.)

Nanina plicatula, v. Martens im Nachrichtsbl. d. mal. Ges. I, 1869, p. 149, in v. d. Decken, Reisen in Ostafrika III, S. 160, und in Pfeiffer, Novitat. IV, S. 48, Taf. 118, Fig. 17, 18.
Helix plicatula, Pfeiffer, Mon. Helic. VII, p. 97.
Trochonanina plicatula, v. Martens bei Pfeiffer, Novitat. IV, S. 48. Clessin-Pfeiffer, Nomenclator Helic., p. 57. Bourguignat, Moll. de l'Afr. équat., p. 17.
Gewissermaassen zwischen T. mossambicensis und jenynsi in der Mitte, mit breiteren, weniger scharfen und zahlreichen, mehr faltenförmigen Radialstreifen als erstere, weiss mit bräunlicher Schattirung, die Kante stumpfer als bei beiden.
Zwischen Sesam-Samen aus Sansibar, Brauns; bis jetzt nur wenige Exemplare bekannt. In der Paetel'schen Sammlung eine ähnliche, aber grössere und glatte Art unter diesem Namen.

Trochonanina jenynsi (Pfr.)

Helix jenynsi, Pfeiffer, Proc. Zool. Soc. 1845, p. 131; in Philippi, Abbild. neuer Conchyl. II, p. 86, Helix Taf. 7, Fig. 8; Pfr., Mon. Helic. I, p. 81; neue Ausgabe v. Chemnitz, Helix, S. 321, Taf. 129, Fig. 23, 24. Reeve, Conch. Icon. VII, Fig. 979. v. Martens, Ostasiat. Landschnecken, S. 254.
Nanina jenynsi, Albers, Heliceen, S. 59, 1850; v. Martens in Malakozool. Blätt. VI, 1860, S. 24; Nachrichtsbl. d. mal. Ges. 1869, S. 149.
Trochonanina jenynsi, v. Martens in Monats-Berichte d. Akad. d. Wiss., Berlin 1878, S. 290; Sitz.-Ber. d. Ges. nat. Freunde 1879, S. 102 und 1891, S. 14. E. Smith, Proc. Zool. Soc. 1881, p. 279 und Ann. Mag. Nat. Hist. (6) VI, 1890, p. 147. Grandidier in Bull. Soc. Mal. de France IV, p. 186. Bourguignat, Helixarionides p. 8 und Moll. de l'Afr. équat. p. 19.
Einfach gebänderte, gekielte Helicide, Stuhlmann, Sitz.-Ber. d. Ges. nat. Freunde 1890, S. 181.

Sehr fein radial gestreift, rein weiss oder isabellgelb, mit einem dunkel-braunen Bande über dem weissen Kiel, unten glatt und glänzend. Zuweilen lebhaft isabellgelb, radial mit Weiss unterbrochen; das Band meist schmal, dem dritten von Helix nemoralis entsprechend, zuweilen aber auch breiter bis sehr breit, den verbundenen 2., 3. oder 1., 2., 3. von H. nemoralis entsprechend; sehr selten noch ein dunkles, etwas verwaschenes Band unter dem Kiele. Die grössten Stücke, welche ich gesehen, 15 mm im Durchmesser und $9^1/_2 - 10$ hoch, von Pangani und den Querimba-Inseln (E. Smith sah eins von 16 Durch-messer und $10^1/_2$ Höhe), in der Regel kleiner, 11—12 breit und 6—7 hoch.

Zwischen Sesam-Samen aus Sansibar, Brauns und Wiegmann. Kokotoni auf Sansibar, Rosako bei Bagamoyo (auf Gras) und Kikoka in Usaramo, Stuhl-mann 1888 und 1889. Kissemo in Ukwere, Stuhlmann. Useguha auf Kräutern, W. Schmidt. Pangani, Hildebrandt und Conradt. Uluguru bei Tegetoro 1100 m in den Rodungen an der unteren Waldgrenze, sowie beim Dundumi-Bach, Waldlager auf den Vorhügeln, und bei Mbagalala, Wald der Vorberge, Stuhl-mann, Okt. und Nov. 1894. Derema in Ussambara, Conradt. Ussagara, Stuhl-mann. Kondoa, Leroy. Kitohaui auf dem Plateau zwischen Ukuledi und Um-bekuru im südwestlichen Theil des deutschen Schutzgebietes, Lieder. Zwischen Nyassa-See und Ostküste, Jos. Thomson. Querimba-Inseln an der Küste von Mossambique, zwischen dem 10 und 12° südl. Breite, Peters.

Diese Art, die auch auf Java und (angeblich) auf den Neuen Hebriden vor-kommt, ist in Ostafrika mehr auf das Küstengebiet beschränkt, so dass eine Einschleppung von Osten her nicht ganz unwahrscheinlich erscheint; doch spricht ihre nahe Verwandtschaft mit der auch mehr im Binnenlande vorkommenden T. mossambicensis eher dagegen.

Var. subjenynsi Ancey (in litt.)

Schale etwas dicker, gelblich, oben und unten mit schwarzen Punkten, ähnlich denen, die bei Rhachis vorkommen; Band schmal. 11 mm breit, 8 hoch.
Nyassa-See, Ancey. Sansibar, W. Thomson.

E. Smith, Ann. Mag. Nat. Hist. (6) VI, 1890, p. 147, erwähnt noch eine Varietät mit weiterem Nabel, Spiralskulptur und schieferem Kiel von Kirassa (in Ussagara?).

Trochonanina obtusangula Marts.

(Taf. III, Fig. 11.)

v. Martens, Sitz.-Ber. d. Ges. nat. Freunde, Juni 1895, S. 125.

Sehr eng genabelt, flach Trochus-förmig mit ganz stumpfer Kante, dünn, mit schiefer, dicht gedrängter, enger Streifung, an der Unterseite nur sehr schwach gestreift, etwas glänzend, weniger gewölbt. Färbung gleichmassig weisslich (ausgebleicht?). 6 Windungen, ziemlich gewölbt, durch eine einfache Naht deutlich geschieden. Mündung diagonal, schief halbmondförmig, mit geradem, einfachem Rand, dessen oberer, äusserer und unterer Theil ziemlich gebogen, Columellarrand nahe seiner Einfügung dreieckig ausgebreitet und um-geschlagen. Grosser Durchmesser 15, kleiner $13^1/_2$, Höhe $10^1/_2$ mm; Mündung 8 mm breit, 7 in schiefer Richtung hoch.

Marungu, unteres Kulturland am Kilima-Ndjaro in einer Höhe von 1300 m, Volkens.

Gleicht im ganzen Habitus und ganz besonders in der Skulptur der T. mossambicensis, unterscheidet sich aber von derselben dadurch, dass statt des scharfen Kiels nur eine stumpfe Kante vorhanden ist; auch auf den früheren Windungen sieht man an der Naht nicht das Vorhandensein eines Kiels so deutlich wie bei T. mossambicensis.

Trochonanina mesogaea Marts.

Taf. I, Fig. 9 und Taf. III, Fig. 15.)

v. Martens, Nachrichtsbl. d. mal. Ges. 1895, S. 178.

Gedrückt kreiselförmig, durchbohrt, oben mit schiefen, sehr ungleichmassigen, mehr oder weniger verlöschten Streifen versehen, blass hornbraun; Gewinde konisch; 6 Windungen, die beiden ersten etwas gewölbt, glatt, die folgenden flach mit scharfem, weissem Kiel in der Naht, die letzte ebenso gekielt, an der Unterseite massig gewölbt, schwach gestreift und glänzend, vorn nicht herabgebogen. Mündung diagonal, breit mondförmig mit geradem, einfachem Rand, Unterrand ziemlich gebogen, Columellarrand oben kurz dreieckig umgeschlagen. Grosser Durchmesser 21¹⁄₂, kleiner 19¹/₂, Höhe 12¹/₂ mm; Mündung 11¹⁄₂ im Durchmesser, 9 in schiefer Höhe.

Waldgebiet im Westen des Albert-Nyansa: Wald westlich von Issango-Itiri, circa 0°45′ nördl. Breite, 2. Juli 1891, Bukendi, 7. Juli 1891, und Buginda beim Chef Orani in einer Bananen-Pflanzung, 18. Dez. 1891, Stuhlmann.

Das Exemplar von Issango blasser gefärbt.

Aeussere Weichtheile, nach Stuhlmann's Notizen, trübgelb mit jederseits einer dunkeln Längslinie auf dem Nacken bis zum Fühler. Sohle 44, grosser Fühler 13 mm lang; ein kurzer linker Schalenlappen. Am hinteren Ende des Fusses eine ziemlich horizontal liegende längliche Schleimporenöffnung, nach hinten enger, vorn darüber ein kurzes dunkles Hörnchen.

Var. böhmi n.

Merklich höher, im Uebrigen sehr ähnlich. Diam. maj. 19, min. 17, alt. 12 mm; apert. diam. 11, alt. obliq. 8 mm.

Am Tanganyika, R. Böhm.

Trochonanina nyassana (E. Sm.)

Helix (Nanina?) Nyassana, E. Smith, Proc. Zool. Soc. 1881, p. 278, pl. 32, Fig. 2.

Trochonanina nyassana, Bourguignat, Moll. de l'Afr. équat., p. 17.

Der vorigen ähnlich, aber oben flacher und der Kiel weniger scharf ausgeprägt.

Zwischen Nyassa-See und der Ostküste, Thomson. Auch zwischen Tanganyika und der Sansibarküste, E. Storms nach Pelseneer's Bestimmung.

D) Ledoulxia Bgt.

Mit nur stumpfer Kante in der Peripherie und geringerem Unterschied in der Skulptur zwischen Ober- und Unterseite, oft einfarbig.

Trochonanina pyramidea (Marts.)

Nanina pyramidea, v. Martens in v. d. Decken's Reisen in Ostafrika III, 1869, S. 55, Moll. Taf. 1, Fig. 3.

Trochonanina pyramidea, v. Martens in Monatsberichte d. Akad. d. Wiss. Berlin 1878, S. 290.

Ledoulxia pyramidea, Bourguignat, Helixarionides, p. 12 und Moll. de l'Afr. équat., p. 25.

Mombas, v. d. Decken. Kitui in Ukamba, in Gesellschaft von T. mossambicensis, J. M. Hildebrandt. Guelidi, 3 Tagereisen von Moguedouchou (Mukdischu, Mogadoxa), Revoil, und Schoa im Somali-Land, Revoil nach Bourguignat.

Var. leucograpta Marts.

v. Martens, Monatsberichte d. Akad. d. Wiss. Berlin 1878, S. 290, Taf. 1, Fig. 5—7.

Mit weisslichen Flecken, Striemen oder Spirallinien.

Kitui in Ukamba zusammen mit der einfarbigen Normalform, J. M. Hildebrandt.

Trochonanina episcopalis E. Sm.

E. Smith, Ann. Mag. Nat. Hist. (6) VI, 1890, p. 152, pl. 5, Fig. 4.
Ussagara, Bischof Hannington.

E) **Bloyetia** Bgt.

Hierher gehört zunächst T. peliostoma Martens, Jahrbuch d. deutsch. mal. Ges. IX, 1882, S. 250, ebenfalls auf der letzten Windung ganz abgerundet, weiss und violett-grau marmorirt, die Mündung innen dunkel roth-braun, bei Barawa von G. A. Fischer gesammelt. Bourguignat hat für solche Formen einen neuen Gattungsnamen, erst Guillainia, Helixarionides 1885, S. 16, dann Bloyetia, Moll. de l'Afr. équat. 1889, S. 28, vorgeschlagen; von den 8 Arten, welche er aus dem Thal des Uebi und der Gegend von Guélidi, landeinwärts von Mogadoxa, gesammelt hat, entspricht seine Bl. revoili am meisten meiner peliostoma, hat aber der Abbildung nach einen etwas weiteren Nabel.

Trochonanina liederi Marts.

(Taf. III, Fig. 16.)

v. Martens, Nachrichtsbl. d. mal. Ges. 1895, S. 178.

Eng durchbohrt, niedrig kreiselförmig, oben mit dicht gestellten, aber etwas ungleichmassigen und nicht scharfruckigen Streifen; Gewinde gewölbt; 6½ Windungen, jede für sich mässig gewölbt, mit eingedrückter Naht, die letzte im Umfang gerundet, an der Unterseite mit breiteren, etwas mehr voneinander abstehenden flachen Streifen; Naht vor der Mündung nicht herabsteigend. Mündung diagonal stehend, schief mondförmig, mit geradem, etwas dickem Rand; Oberrand ein wenig, Aussenrand stark, Unterrand mässig gebogen. Columellarrand oben kurz ausgebreitet. Grosser Durchmesser 25 mm, kleiner 22, Höhe 16; Mündung 14 breit, 11 in schiefer Höhe.

Ein jüngeres Exemplar von 5³/₄ Windungen und 17 mm Durchmesser zeigt im Umfang noch eine deutliche Kante.

Lager Kitohaui, Plateau zwischen Ukuledi und Umbekuru, Distrikt Mgao, 26 Kilometer südwestlich von Sadi Makanjila, Lieder 18. Marz 1894.

Am nächsten der Bloyetia leroyi, Bgt., Moll. de l'Afr. équat. pl. 1, Fig. 14. Die vorliegenden Exemplare einfach weiss, wahrscheinlich verbleicht.

Trochonanina simulans Marts.

(Taf. III, Fig. 13.)

v. Martens, Sitz.-Ber. d. Ges. nat. Freunde, Juni 1895, S. 125.

Eng durchbohrt, abgerundet-konisch, dem Kugeligen sich nähernd, schwach gestreift und unter der Lupe sehr feine Spiralstreifen zeigend, roth-braun oder blassgelb, mit einem dunkeln, scharf begrenzten Spiralband im grössten Umfang, das nach unten weiss gesäumt ist, kurz vor der Mündung meist etwas orange-gelb; 6 Windungen, die beiden ersten ziemlich gewölbt, die dritte und vierte mehr eben, in der Naht gekielt, die vorletzte wieder mehr gewölbt, die letzte

4*

aufgeblasen, gerundet, an der Unterseite blasser, mit weniger zahlreichen, ungleichmassigen Streifen, etwas glänzend; Naht vor der Mündung nicht herabgebogen. Mündung diagonal stehend, schief und breit mondförmig, verhältnissmässig klein, innen dunkelbraun; Mündungsrand gerade. Ober- und Aussenrand bogenförmig, einfach, Unterrand weniger gekrümmt, etwas nach aussen umgebogen, mit einer unbestimmten weisslichen Verdickung nach innen, Columellarrand sehr schief, nach oben kurz dreieckig umgeschlagen.

Grosser Durchmesser	Kleiner	Höhe	Mündungsbreite	Schiefe Höhe der Mundung
23	20	$15^1/_2$	12	11
22	$19^2/_3$	15	$11^1/_2$	$10^1/_2$
$21^1/_2$	$18^1/_2$	$13^1/_2$	12	10
20	18	15	11	10

Kulturland am Kilima-Ndjaro, zwischen 1200 und 1700 m Höhe, im Gebusch; ein Stück aus dem »Gürtelwald« daselbst, 2000—2700 m, G. Volkens. Marungu Station am Kilima-Ndjaro, 1300 m, Dr. Kretschmer.

Durch die Färbung und allgemeine Form auf den ersten Anblick an unsere Helix arbustorum erinnernd, aber bei näherer Betrachtung doch grundverschieden. Die Konvexität der obersten Windungen, sowie der deutliche Kiel der dritten und vierten, auch an den erwachsenen in der Naht noch deutlich erkennbar, rechtfertigen es, die Art zu Trochonanina zu stellen, obwohl an der vorletzten Windung der Kiel zu einer stumpfen Kante sich abschwächt und auf der letzten ganz verschwunden ist. Der Unterschied in der Skulptur zwischen Ober- und Unterseite ist auch nicht sehr in die Augen fallend, aber doch vorhanden; oben dicht gedrängte feine Radialstreifung, unten breitere faltenartige, aber sehr ungleichmässige und schwache Streifen; ausserdem oben und unten eine sehr feine Spiralstreifung. Der Mündungssaum gerade, aber in der unteren Hälfte nach innen zu mit einer weisslichen Verdickung. Das Innere der Mündung bei den dunkelbraunen Stücken ziemlich dunkelbraun, bei den helleren gelblichen röthlich-gelb mit durchscheinendem Band. Das Variiren der Grundfarbe zwischen dunkelbraun und gelblich, das eine Band und namentlich das Auftreten von Orangeroth nahe der Mündung bedingen in der Färbung die Aehnlichkeit mit H. arbustorum. Bei einem unausgewachsenen Stück von erst 13 mm im Durchmesser finden sich weisslich-gelbe unregelmässige Flecke auf Ober- und Unterseite, welche ebenso sehr an H. arbustorum als an die weissgefleckten Abarten von Trochonanina mossambicensis und pyramidea erinnern.

Var. kretschmeri n.
(Taf. III, Fig. 14.)

Grösser, etwas niedriger, mit ein wenig mehr ungleichen und gröberen Streifen, grünlich braun, unten nur nahe der Mündung blassgelb. Grosser Durchmesser 23, kleiner 20, Höhe 18 mm; Mündung 12 breit, 11 in schiefer Höhe.

Marungu am Kilima-Ndjaro, Kretschmer.

Der Kiel auf den oberen Windungen verhält sich ganz wie bei simulans, das Band tritt wegen der dunkleren Färbung der Schale etwas weniger hervor. Ein jüngeres Exemplar von 14 mm Durchmesser, dem noch etwas über eine Windung im Vergleich zu den erwachsenen fehlt, erscheint auffallend flacher, nur 9 mm hoch und zeigt noch einen scharfen, weissgefarbten Kiel im grösseren Theile der zeitweise letzten (vorletzten) Windung; derselbe verliert sich aber in der Nähe der Mündung. Durch die Schale scheinen an der Oberseite grosse schwarze, unregelmässig gestellte Flecke des Mantels durch, wie bei den europäischen Fruticicolen.

Die anatomische Untersuchung eines von Kretschmer gesammelten Exemplars zeigte eine ziemlich flache Schleimpore mit überhängendem Hörnchen, einen oxygnathen Kiefer und eine Radula mit einem dreispitzigen Mittelzahn (o), 13 einspitzigen Seitenzähnen und 23 sichelförmigen Randzähnen, bestätigt also die aus der Schale erschlossene Stellung zu Trochonanina.

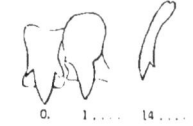

0. 1.... 14....
Zungenzähne
von Trochonanina
simulans.

Trochonanina? rufofusca Marts.

(Taf. III, Fig. 17.)

v. Martens, Sitz.-Ber. d. Ges. nat. Freunde 1895, S. 126.

Durchbohrt, konoidisch-kugelig, runzlig-gestreift, die Runzeln unter der Naht stärker und etwas zurückgebogen, unter der Lupe sehr fein spiral gestreift, dunkel roth-braun mit hellgelber Spiralbinde in der Mitte der Umgänge; Gewinde gewölbt; 6 Windungen, die erste weisslich, glatt, kaum vorragend, die zweite und dritte gelblich, alle nur mässig gewölbt, mit ziemlich tiefer, breiter Naht, die letzte gerundet und aufgeblasen, oben und unten mit gleicher Skulptur und Färbung, vorn nicht herabgebogen. Mundung wenig schief stehend, abgerundet mondförmig, innen röthlich, mit dünnem einfachen, geraden Rande, oben, aussen und unten bogenförmig, Columellarrand sehr schief, ein wenig ausgebreitet und verdickt, weiss. Grosser Durchmesser 17 mm, kleiner 14, Höhe 12, Mündung 9 mm breit und ebenso viel in schiefer Höhe.

Kulturland am Kilima-Ndjaro, zwischen 1200 und 1700 m Höhe, im Gebüsch, Volkens, nur ein Exemplar unter mehreren von Trochonanina simulans, diesen in Grösse, allgemeiner Form und Färbung ähnelnd, aber doch bei näherer Betrachtung namentlich in der Skulptur gut verschieden. Ob die zweite und dritte Windung im unausgewachsenen Zustande gekielt seien, lässt sich an dem einen Stück nicht entscheiden, jedenfalls ist in der Naht nichts von einem Kiel zu sehen, wie doch sehr deutlich bei T. simulans

Zingis Marts.

Helix-ähnliche Schale, gerundet, mit weiter Mündung und ganz dünnem einfachen Mündungsrand, nicht glasglanzend, gelblich mit weisser Zeichnung; Nabel sehr eng, halb verdeckt. Kiefer glatt, mit mittlerem Vorsprung. Zungenzähne ähnlich denen von Hyalinia und Nanina, Rand-Zähne schmal, gebogen, zweispitzig. Zwei Nackenlappen, kein Schalenlappen. Schleimpore am Ende des Fusses. Diese Gattung zeigt in der Schale das Aussehen einer unausgewachsenen Helix, während sie in den Weichtheilen mehr mit Helicarion und Hyalinia übereinstimmt. Godwin-Austen (Proc. Mal. Soc. London 1895, p. 283) glaubt, dass sie anatomisch mit Martensia zusammenstimme.

Zingis radiolata Marts.

v. Martens in Monatsber. d. Akad. d. Wiss. Berlin 1878, S. 290, Taf. 1, Fig. 8—17, Schale u. Anatomie.

Mit deutlichen, weisslichen Radialfalten, zugleich mit zahlreichen dünnen weissen Spiralbändern auf gelblichem Grunde. 13 mm breit, 9½ hoch, Mündung 7½ breit und 7 mm hoch.

Ndi (Nduru?) in Taita, J. M. Hildebrandt 1877.

Zingis gregorii E. Sm.

E. Smith, Proc. Mal. Soc. London I, 1894, p. 164 und p. 166, Fig. 4. Schwach radial gestreift, matt gelblich-grau, im grössten Umfang eine weissliche

Spiralbinde, jederseits von einer undeutlichen, dunkleren Binde eingefasst. 12 mm breit, 10 hoch, Mündung 7 hoch und breit. Nabel etwas breiter als bei der vorhergehenden. Andere Exemplare mit einer dunkelrothen Binde, noch andere einfarbig hellbraun (E. Smith).

Kenia, in der untersten Waldzone, Dr. J. W. Gregory. Von Dr. Stuhlmann im Runssoro-Gebirge, Bambuswald, 2600 m hoch, mit Helix karevia gefunden.

Der Spiralbänder wegen kann man sich fragen, ob diese Art nicht vielleicht näher zu der eben erwähnten Trochonanina simulans gehört, als zu Zingis; nur die Untersuchung der Weichtheile kann darüber entscheiden.

c) Aulacognathen.

Kiefer senkrecht gefurcht oder gestreift, an der Schneide gezähnelt. Zähnchen der Radula vorherrschend quadratisch, ziemlich stumpf, nur an den Rändern schmal und klein. Pflanzenfresser.

Helix (L.) Drap.

Unter diesem umfassenden Gattungsnamen müssen wir noch einige Arten aufführen, die sich im Habitus an die europäischen Arten anschliessen und von denen noch nicht die Zugehörigkeit zu einer anderen Gattung durch Unter-suchung festgestellt ist.

Die Folgenden schliessen sich zunächst an die Gruppe Fruticicola an.

Namen	Form	Skulptur	Farbe	Nabel	Mündungs-rand	Zahl der Windungen	Durchm. mm	Höhe mm
karevia Marts.	ziemlich kugelig	breite, flache, wellenförmige Falten	grünlich-braun	eng, offen	oben gerade, eingedrückt, dann etwas ausgebogen	5	17	14
kilimae Marts.	gedrückt kugelig	glänzend, deutlich ge-streift und punktirt	lebhaft braun oder blassgelb	sehr eng, ein wenig ver-deckt	oben gerade, etwas dick, unten ausgebogen	5½	13	9½
couradti Marts.	abgerundet konisch	matt, schwach gestreift und behaart	braungrau	punktförmig, halb verdeckt	gerade, Colu-mellarrand, ausgebogen	5	8	6
runssorina Marts.	gedrückt, abgerundet konisch	gestreift und weitläufig be-haart	kastanien-braun oder graugelb	eng, halb verdeckt	do.	5½	8⅔	6
bukobae Marts.	gedrückt	ungleich-mässig gefaltet	röthlich-braun mit blasser Mittelzone	mässig breit, offen		4½	15?	7
butumbiana Marts.	konisch-kuglig	schwach verti-kal gestreift	weisslich	eng, halb verdeckt	gerade	6½	4½	3½

Helix karevia Marts.
(Taf. III, Fig. 18.)

v. Martens, Sitz.-Ber. d. Ges. nat. Freunde 1892, S. 175.

Genabelt, ziemlich kugelig, sehr dünn, mit schiefen, etwas wellenförmigen, ziemlich dicht stehenden Anwachsstreifen, grünlich-braun, einfarbig; Gewinde kurz, stumpf; 5 Windungen, regelmässig zunehmend, die obere schwach gewölbt, mit mässig tiefer Naht, die letzte kugelig, unten stärker gewölbt als oben, vorn deutlich herabgebogen. Mündung sehr schief stehend, halbelliptisch, mit kurz zurückgeschlagenem, dünnem Rande; Oberrand bogenförmig herabsteigend, Aussenrand und Unterrand bogenförmig, Unterrand dreieckig ausgebreitet, eine dünne Auflagerung auf der Mündungswand. Grosser Durchmesser 17 mm, kleiner 13, Höhe 14; Mündung 10 mm breit, 8 in schiefer Höhe.

Karevia, am westlichen Fusse des Runssoro, in etwa 1200 m Höhe, 6. Juni, im Bambuswald, 2600 m, und Runssoro bei Lager IV, 13. Juni 1891, Stuhlmann.

Hat mit keiner der mir bekannten Arten grosse Aehnlichkeit, eigenthümlich ist ihr die Form des oberen Randes der Mündung, wie absichtlich niedergedrückt, sowie die faltenartige Skulptur bei sehr dünner Schale. Im allgemeinen Umriss hat die abyssinische H. hamacenica, Bgt., Mal. Abyss. (Ann. Sci. Nat. 6, XV, 1883, p. 40, pl. 8, Fig. 41—43), manche Aehnlichkeit, unterscheidet sich aber sofort durch die solide kreideweisse Schale und den Mangel der eben erwähnten Charaktere.

Ein Spiritus-Exemplar, von Fr. Wiegmann anatomisch untersucht, zeigte den Genitalapparat ganz nach dem Typus der H. conradti (vgl. unten) gebaut. Ein Unterschied findet nur in den relativen Längenverhältnissen statt, indem das Flagellum am Penis verhältnissmässig etwas kürzer, der Ausführgang der Samentasche länger und die letztere mehr rundlich ist. Wegen Mangel an Zeit konnte nur vorerst das eine Exemplar sezirt werden, bei welchem Ueberreste des Pfeilapparats nicht gefunden wurden. Kiefer und Zahnform stimmen ganz mit denen von H. conradti überein. Radula mit 131 Querpliedern von 36 -1—38 Zahnplatten nach der Formel $\left(\frac{M}{3} + \frac{14\ S}{2} + \frac{22-24\ R}{3\ -\Lambda} \right) \times 131$.

Unausgewachsene, blassgelb gefärbte Stücke, welche nach der Skulptur wahrscheinlich auch zu dieser Art gehören, von Butumbi; nach diesen zu urtheilen, tritt jene Niederdrückung erst bei erwachsenen Exemplaren ein.

Jüngere Stücke aus der Waldzone am westlichen Abhang des Lendu-Plateaus, bei Massibba, 23. Sept. 1891 von Stuhlmann gesammelt und wahrscheinlich zu dieser Art gehörig, zeigten sich noch nicht geschlechtsreif, jedoch liess sich an der noch sehr winzigen Anlage ein Penis ganz in der Form der H. conradti und bukobae erkennen. Der aus 20 Plättchen zusammengesetzte Kiefer entspricht ebenfalls ganz dem oben beschriebenen Typus. Die Radula des einen Thieres verhielt sich auf den ersten Blick etwas abweichend, indem wegen auffälligen Zurücktretens der kleinen basalen Nebenspitzen der Mittelzahn und die ersten 4 Seitenzähne abweichend einspitzig erschienen. Zufällig schief aufgesetzte Zähne, sowie das zweite untersuchte Thier besassen jedoch ganz die typische Form. Es fanden sich 96 Querglieder mit 32—1—32 Zahnplatten von der Formel $\left(\frac{M}{3} + \frac{10\ S}{2} + \frac{22\ R}{3\ -\Lambda} \right) \times 96$.

Helix kilimae Marts.
(Taf. III, Fig. 19.)

v. Martens, Sitz.-Ber. d. Ges. nat. Freunde, Juni 1895, S. 127.

Durchbohrt, annähernd kugelig, dünn, mit ungleichmässiger radialer Streifung und unregelmässig stehenden vertieften Punkten, etwas glänzend, hornbraun oder

blassgelb, einfarbig; Gewinde kurz, stumpf; 5½ Windungen, regelmässig zu
nehmend, etwas gewölbt, mit ein wenig eingedruckter Naht, die letzte ziemlich
kugelig, oben und unten gleichmässig gewölbt, vorn etwas herabgebogen.
Mündung ziemlich schief stehend, breit mondförmig, mit geradem, kaum verdicktem Rand; alle Theile desselben mässig gebogen, der Columellarrand an
seiner Einfügung kurz dreieckig umgeschlagen; eine dünne Auflagerung auf der
Mundungswand. Grosser Durchmesser 13, kleiner 10½, Höhe 9½ mm; Mundung 7 breit, 6 in schiefer Höhe.

Bergwiese am Fusse des Mawenze, im Gebiet des Kilima-Ndjaro, in einer
Höhe von 3800 m, Volkens.

Vielleicht in ganz frischem Zustande behaart, worauf die vertieften Punkte
deuten.

Eine ähnliche Art mit verhältnissmässig weitem Nabel auch von Dr. Stuhlmann
am Runssoro in Lager III, 3100 m hoch, 12. Juni 1891, und von Volkens am
Kilima-Ndjaro in einer Höhe von 1600 m gefunden, beide höchst wahrscheinlich
unausgewachsene Stücke.

Helix conradti Marts.

(Taf. III, Fig. 20.)

v. Martens, Nachrichtsbl. d. mal. Ges. 1895, S. 179.

Durchbohrt, konoidisch, ziemlich dünn, schwach gestreift, mit kurzen
krummen Härchen besät, grau-braun, einfarbig; Gewinde kurz, stumpf; 5 Windungen, die zwei ersten glatt, glänzend, etwas vorstehend, eine warzenförmige
Spitze bildend, die folgenden schwach gewölbt, regelmässig zunehmend, mit
mässig eingedrückter Naht, die letzte ziemlich kugelig, unten weniger gewölbt
als oben, vorn stark herabgebogen. Mündung sehr schief stehend, abgerundet
mondförmig, mit dünnem geraden Rand; alle Theile desselben gebogen, der
Columellarrand ziemlich breit umgeschlagen, den Nabel zur Hälfte bedeckend,
weisslich; eine dünne glänzende Auflagerung auf der Mündungswand. Grosser
Durchmesser 8 mm, kleiner 7, Höhe 6—6½; Mündung 5 mm breit, 4½ in
schiefer Höhe.

Derema in Ussambara, Conradt.

Dürfte zunächst mit meiner H. pilifera aus Abyssinien (cf. Jickeli, Moll.
Nordost-Afrikas, Taf. 4, Fig. 22) verwandt sein, unterscheidet sich übrigens von
derselben durch den sehr engen Nabel und die auffällig glänzende Mündungswand.

Herr Friedr. Wiegmann hat ein Spiritus-Exemplar dieser Art anatomisch
untersucht und theilte mir darüber das Folgende mit:

»Der Geschlechtsapparat zeigt einige Aehnlichkeit mit dem belozonen Appa-
rate der Fruticicolen, von dem er sich aber wesentlich durch das Fehlen des
Pfeilapparats (Pfeilsack mit Glandulae mucosae) unterscheidet; von letzterem wurde
nur an jüngeren Thieren ein Rudiment in Form eines kleinen Blindsackes gefunden. Mit Ausnahme des Flagellum am Penis fehlen auch alle anderen sekun-
dären Anhangsorgane. Die erwähnte Uebereinstimmung mit den Fruticicolen,
speziell der Gruppe der hispida, beruht in dem einfachen, des Divertikels ent-
behrenden Ausführgang der Samentasche, der ein hinterwärts verschmälertes,
etwas gebogenes Receptaculum tragt. Sodann findet sich der charakteristische
Penis dieser Gruppe, ausgezeichnet durch ein sehr kurzes Flagellum und durch
den wenigstens ebenso grossen, gewöhnlich aber längeren, zwischen der In-
sertion des Retractors und dem Vas deferens gelegenen mittleren Absatz. Ganz
in Uebereinstimmung mit hispida und anderen Fruticicolen (strigella, incarnata etc.) ist auch der stark gebogene, fast hufeisenförmige Kiefer, der gewöhnlich
als aulacognath bezeichnet wird. Hierunter versteht sich aber — wie schon der

Name sagt — ein mit Furchen versehener Kiefer, wie ihn z. B. Buliminus, Clausilia u. a. Pupaceen führen. Die für diese Furchen angesehenen feinen vertikalen Streifen des Fruticicolen-Kiefers sind jedoch in Wirklichkeit erhaben und entstehen dadurch, dass die Ränder der den Kiefer zusammensetzenden schmalen Plättchen (bei conradti 23) dachziegelartig übereinander greifen. Hieraus entwickeln sich jedenfalls die Rippen des odontognathen Kiefers. Auch die Radula, worauf weniger Gewicht bei den Heliceen zu legen ist, zeigt sich nach einem gleichen Typus gebaut. Die Anzahl der Querglieder (108), bei hispida durchschnittlich ebenso viel (107 — 113), übersteigt wenig die Zahl 100 und ebenso ist die Anzahl der Zahnplatten in einem Quergliede 29—1—29 (bei hispida bis 25—1—25) verhältnissmässig gering. Der Mittelzahn ist dreispitzig (in der Formel bezeichnet durch $\frac{M}{3}$), die zweispitzigen Seitenzähne führen nur auf der Aussenseite eine Nebenspitze $\binom{S}{2}$ und die breiten Randzähne werden durch Spaltung der Hauptspitze anfänglich dreispitzig und gegen den Rand hin mehrzackig $\left(\frac{R}{3-x}\right)$. Die Formel für conradti lautet demnach $\left(\frac{M}{3} + \frac{13 \ S}{2} + \frac{26 \ R}{3 \ -x}\right) \times 108$. H. hispida und andere Fruticicolen (z. B. incarnata) unterscheiden sich nur dadurch, dass sich die Hauptspitze seltener und nicht tief spaltet, sondern nur etwas ausrandet.«

»Auf Grund dieser Uebereinstimmung kann man zu der Annahme gelangen, dass H. conradti eine des Pfeilsacks und der Gland. mucosae verlustig gegangene Fruticicole ist. Dies hat insofern nichts Auffälliges, weil innerhalb der Fruticicolen selbst schon andere Beispiele für die Reduktion des Pfeilapparats vorliegen. So ist bekanntlich bei unserer einheimischen Hel. strigella insofern eine Rückbildung eingetreten, als zwar die Gland. mucosae noch entwickelt sind, die beiden modifizirten, schlauchartig ausgewachsenen Pfeilsäcke aber keinen Pfeil mehr enthalten. Ebenso wird das Fehlen des Pfeils von Hel. limbata Drap. in dem noch vorhandenen und von Gland. mucosae umgebenen Pfeilsack angegeben. Bei Hel. revelata Fér. var. occidentalis Recl. soll der Pfeilapparat bis auf eine rudimentäre Gland. mucosa und bei Hel. corsica Shuttl. und ciliata Venetz auch diese letztere geschwunden sein.«

Helix runssorina Marts.
(Taf. III, Fig. 21.)

Helix pilifera? v. Martens in Stuhlmann's Reisebeschreibung Bd. I, S. 302. Helix runssorina, v. Martens, Sitz.-Ber. d. Ges. nat. Freunde, Juni 1895, S. 127.

Eng genabelt, ziemlich niedergedrückt, mit ausstrahlender Streifung und wenig zahlreichen weissen kurzen Härchen, kastanienbraun oder gelblich-grau, einfarbig, etwas glänzend; Gewinde niedergedrückt, stumpf; 5 —5¹⁄₂ Windungen, regelmässig zunehmend, gewölbt, die erste glatt, nicht wesentlich vorstehend, die letzte im Umfang mit einer ganz stumpfen, kaum merklichen Kante, oben und unten ziemlich gleichmässig gewölbt, vorn ein wenig herabgebogen. Mündung mässig schief stehend, breit mondförmig, mit geradem dünnen Rand, alle Theile desselben bogenförmig, der Columellarrand an seiner Einfügung dreieckig zurückgeschlagen, weisslich, den Nabel nicht bedeckend; Auflagerung auf der Mündungswand kaum merklich. Grosser Durchmesser 8² ₃, kleiner 8, Höhe 6 mm; Mündung 4¹⁄₂ breit, 4 in schiefer Höhe.

Runssoro, in einem Hochmoor zwischen Moos, in einer Höhe von 3000 m, 10. Juni 1891, ein dunkel kastanienbraunes Stück, und im Lager III, 3100 m, 12. Juni 1891, hellere, gelblich-graue Stücke, Dr. Stuhlmann.

Unterscheidet sich von der vorhergehenden H. conradti durch mehr gedrückte Gestalt und stärkere Radialstreifung; die erste und zweite Windung

treten nicht mehr als die übrigen hervor. Sehr ähnlich ist dieser Art
H. herbini, Bgt., Malac. Abyssin. (Ann. Sci. Nat. 6 XV, 1893, p. 32, pl. 7,
Fig. 25—28), aber die Beschreibung: »hérissé d'une innombrable quantité de petits
poils microscopiques, excessivement serrés« passt nicht; bei der vorliegenden
Art sind die Haare nicht so ganz kurz und ungefähr um ihre Länge von ein-
ander entfernt, also ziemlich weitläufig gestellt. Die heller gelb-grau gefärbten
Stücke scheinen nicht verbleicht zu sein, sondern heller und dunkler gefarbte
Individuen vorzukommen, wie z. B. auch bei H. rufescens Penn.

Vielleicht gehört zu dieser Art ein Häufchen von 13 aneinander geklebten
Eiern mit fester kugelrunder, gelblich-weisser Schale, jedes 2¹/₂ mm im Durchmesser, von Stuhlmann auf dem Runssoro bei Lager III gefunden.

Helix bukobae Marts.

(Taf. III, Fig. 23.)

v. Martens, Nachrichtsbl. d. mal. Ges. 1895, S. 179.

Etwas breit genabelt, niedergedrückt, mit ungleichmässigen, ausstrahlenden
Faltenstreifen, welche nach unten sich bis in den Nabel erstrecken, kastanienbraun, mit einem helleren Bande im grössten Umfang; Gewinde niedergedrückt,
wenig vorstehend; 4¹/₂ Windungen, regelmässig zunehmend, gewölbt, die letzte
im Umfang abgerundet, oben und unten annähernd gleichmässig gewölbt, vor
der Mündung ein wenig herabgebogen. Grosser Durchmesser 15?, kleiner 12,
Höhe 7 mm.

Bukoba am Victoria-Nyansa, von Dr. Stuhlmann auf der Ruckreise im
April 1892 gefunden.

Leider ist der die Mündung bildende Theil der Schale abgebrochen und
fehlt dem einzigen vorliegenden Stücke, aber die obere und untere Einfügung
desselben an die vorhergehende Windung ist noch zu sehen, und aus dem
allmählichen Herabbiegen des oberen Theils kann man schliessen, dass das
Stück ausgewachsen war.

Bei der anatomischen Untersuchung durch Hrn. Wiegmann zeigten sich
die Genital-Organe nach demselben Typus wie bei Hel. conradti gebildet; dicht
vor der Einmündung des Blasenstiels, an der Stelle, wo sonst der Pfeilapparat zu
sitzen pflegt, befindet sich ein winziges eiförmiges Blindsäckchen von nicht ganz
0,6 mm Länge, welches wohl als das Rudiment der Gland. mucosae angesprochen
werden kann. Der aus 22 verschieden breiten, im mittleren Theile schmäleren,
länglichen Plättchen zusammengesetzte Kiefer stimmt vollständig mit conradti
überein, ebenso die Bezahnung der Radula. Es sind 125 Querglieder mit

$$33 - 1 - 32 \text{ Zahnplatten von der Formel } \left(\frac{M}{3} + \frac{14 \ S}{2} + \frac{19-18 \ R}{3 \ -x} \right) \times 125 \text{ vorhanden.}$$

Helix butumbiana Marts.

(Taf. III, Fig. 22.)

v. Martens, Nachrichtsbl. d. mal. Ges. 1895, S. 179.

Durchbohrt, kugelig-konoidisch, eng gewunden, mit gerade ausstrahlenden
Streifen, etwas glänzend, weisslich; Gewinde ziemlich hoch; 6¹/₂ Windungen,
die erste ziemlich gross, die folgenden regelmässig zunehmend, gewölbt mit
tiefer Naht, die letzte mehr unter der Naht schmal gewölbt, dann rasch abfallend, an der Unterseite ziemlich gewölbt, vorn nicht herabgebogen. Mündung
fast senkrecht stehend, schief mondförmig, mit dünnem Rand; alle Theile desselben stark gebogen, der Columellarrand schief aufsteigend, oben an der
Einfügung nach vorn sich biegend, die Nabelöffnung zur Hälfte bedeckend.

Grosser Durchmesser 4¹/₂ mm, kleiner 4, Höhe 3¹ ₂; Mündung 2¹/₂ breit, 1²/₃ in schiefer Höhe.

Mägere in Butumbi im Urwaldmulm, Stuhlmann.

Nur ein wahrscheinlich verbleichtes Stück. Man könnte es wegen der hohen Form und der fast senkrechten Mündungsebene für den Jugendzustand einer anderen Gattung, z. B. Streptaxis oder Ennea, halten, aber dagegen spricht die Rundung des letzten Umgangs.

Buliminus Ehrbg., Marts.

Länglich eiförmig, konisch oder gethürmt, mit regelmässig zunehmenden Windungen, meist mässig dünn; Mündung länger als breit, die halbe Schalenlänge oder etwas weniger einnehmend, abgerundet, ohne Ausschnitt am Columellarrand. Nabel vorhanden, eng. Kiefer vertikal gestreift; Zähne der Radula ähnlich denen von Helix.

A) Gruppe des B. trapezoideus Marts.

Mit dickem umgeschlagenen Mündungsrand, konisch-eiförmig, mit brauner Schalenhaut, von mässiger Grösse. Skulptur auf den oberen Windungen rippenstreifig, auf der letzten sich ändernd. Im Habitus ähnlich dem abyssinischen B. olivieri und der vorderindischen Gruppe Cerastus.

Namen	Skulptur	Mündungs-rand	Farbe	Win-dungen	Nabel	Länge	Breite	Mün-dungs-höhe
						mm	mm	mm
trapezoideus Marts.	schwach rippenstreifig, sehr schwach spiralgestreift	dick, blassröthlich	gelb-braun	6¹ ₂ gewölbt	eng, halb verdeckt	25	16	13
retirugis Marts.	auf der letzten Windung netzförmig gerunzelt	dick, blassröthlich	roth-braun	6¹ ₂ gewölbt	eng, fast verdeckt	27	16	14

Buliminus trapezoidens Marts.

(Taf. III, Fig. 24.)

Sitz.-Ber. d. Ges. nat. Freunde 1892, S. 176.

Breit, eiförmig-konisch, mit schwachen, etwas schiefen Rippenstreifen, welche auf der letzten Windung schwächer werden und nahe der Mündung ganz verschwinden, wodurch die feine Spiralstreifung hier deutlicher; unter einer gelb-braunen, sich leicht ablösenden Schalenhaut weiss; Gewinde konisch; 6¹/₂ Windungen, die 2 obersten glatt, kugelig, die folgenden wenig gewölbt, die letzte stärker gerundet, breit, fast kugelig, mit gegen die Mündung zu angepresster Naht, aber hier nicht stärker herabsteigend, unten gerundet, bis zu dem engen, rundlichen, aber durch den Mündungsrand halb verdeckten Nabelloch. Mündung ziemlich senkrecht, etwa die Hälfte der ganzen Länge einnehmend, schief viereckig (trapezoidisch), Mündungsrand stark verdickt, umgeschlagen, blassröthlich, Aussenrand zu oberst bogig hervortretend, dann ziemlich steil abfallend, Unterrand breit gerundet, aber stumpfwinklig sowohl in den Aussen- als in den Columellarrand übergehend, Columellarrand breit und

dick, nach innen senkrecht aufsteigend, nach aussen sich etwas nach oben verbreiternd; Mündungswand schief aufsteigend mit deutlicher Auflagerung.
Länge 25 mm, grosser Durchmesser 16, kleiner 13. Länge (Höhe) der Mündung einschliesslich des Mundsaumes 13, ohne denselben 10 mm, Durchmesser (Breite) derselben beziehungsweise 10 und 7 mm.
Runssoro-Gebirge, im Bambuswald, 2600 m, 9. Juni 1891, Stuhlmann.

Buliminus retirugis Marts.

(Taf. III, Fig. 25.)

Sitz.-Ber. d. Ges. nat. Freunde, Juni 1895, S. 128.

Durchbohrt, konisch-eiförmig, mit ziemlich flachen, etwas schiefen Rippenstreifen, welche um ungefähr das Doppelte ihrer Breite voneinander abstehen, und feiner Spiralstreifung in den Zwischenräumen, roth-braun; auf der letzten Windung werden diese Rippenstreifen erst etwas heller und unregelmässig, stellenweise sich untereinander verbindend, und gehen dann rasch in ein hellgelbes Netzwerk (Fig. 25a) mit vertieften roth-braunen, sehr ungleichförmigen Maschen über; das Netzwerk ist fein vertikal gestreift. $6\frac{1}{2}$ Windungen, die zwei obersten glatt, kugelig, die folgenden wenig gewölbt, die letzte etwas mehr bauchig, unten abgerundet; das Netzwerk bleibt dasselbe bis zum Nabel, der eng und von dem dicken Mündungsrand mehr als zur Hälfte verdeckt ist. Mündung wenig schief, ähnlich derjenigen der vorigen Art, nur bildet der Aussenrand von oben bis unten einen mehr gleichmässigen Bogen, und ist die Farbe des Mündungsrandes mehr blass röthlich-gelb, wird aber am Columellarrand nach innen zu schon bräunlich, und das Innere der Mündung ist dunkelbraun. Länge 27 mm, grosser Durchmesser 16, kleiner $13\frac{1}{2}$; Mündung einschliesslich des Randes 14 lang und 11 breit, ohne denselben $11\frac{1}{2}$ und $6\frac{1}{2}$ mm.
Runssoro-Gebirge, Bambuswald, in einer Höhe von 2600 m, 9. Juni 1891, Stuhlmann.

B) Gruppe des **B. abyssinicus** Pfr.

Mehr oder weniger eiförmig mit verhältnissmässig grosser letzter Windung; scharfe Rippenstreifung, welche sich auch auf der letzten Windung erhält. Mündungsrand nicht bedeutend verdickt, nur leicht ausgebogen oder gerade. Einfarbig blassgrau oder blassbraun.

Namen	Form	Rippenstreifen	Mündungsrand	Columellarfalte	Farbe	Windungen	Nabel	Länge mm	Breite mm	Mündung mm
boivini Morel. (ptychaxis E. Sm.)	etwas gethürmt, kegelf.	schief, bogig	ausgebogen	vorhanden	blass gelblich	9 etwas gewölbt	eng	27	$10\frac{1}{2}$	9
liederi Marts.	spindel-lanzett-förmig	eng, wenig schief, schon auf der 2. Windung	gerade	0	blass braun-grau	$7\frac{1}{2}$	halb verdeckt	28	11	11
kirki H. Dohrn	länglich kegelf.	eng, wenig schief, 3. Windung beginnend	kaum ausgebogen	0	grau hornfarbig	7?	ziemlich eng, plötzlich einfallend	24 19	$13\frac{1}{2}$ 10	10 $7\frac{1}{2}$
manihoiensis E. Sm.	etwas gethürmt, kegelf.	eng, wenig schief, 2. Wind. beg.	ausgebogen	0	hell bräunlich-gelb, glänzend	8	eng, plötzl. einfallend	22 20	$10\frac{1}{2}$ 9 $9\frac{1}{2}$ $7\frac{1}{2}$	$9\frac{1}{2}$ $7\frac{1}{2}$

Namen	Form	Rippenstreifen	Mündungs-rand	Columel-larfalte	Farbe	Win-dungen	Nabel	Länge	Breite	Mün-dung
								mm	mm	mm
emini E. Sm.	länglich kegelf.	eng, schief mit etwas Spiralskulptur	aus-gebogen	o	blassgrau	7	ziemlich weit	19	11	8
bridouxi Bgt.	do.	eng, gerade	gerade	o	hornfarbig	7	eng	19	11	9
lasti E. Sm.	do.	eng, schief	aus-gebogen	o	blassgelb	7	ziemlich weit	18	11	8
gibbonsi Taylor	bauchig kegelf.	eng, gerade?	gerade	o	hell hornfarbig	7	halb ver-deckt	18	11	8
kidetensis E. Sm.	länglich kegelf.	eng, schief	do.	o	durch-scheinend, weisslich	8	eng	15½	8	9
— var.	do.	do.	do.	o	do.	7	do.	12		
uniplicatus E. Sm.	do.	eng, wenig schief, bis zum Nabel fortge-setzt. 2. Wdg.	do.	vor-han-den	bräunlich	7	eng	14	7½	5½
stuhlmanni Marts.	kegelf. gethürmt	eng, wenig schief, schon auf d. 1. Wdg.	do.	o	blass braun-grau	6	eng, offen	11	5	4

Buliminus boivini (Morel.)

Glandina boivini, Morelet, Séries Conchyliologiques II, 1860, S. 72, pl. 5, Fig. 5.

Bulimus (Buliminus) ptychaxis, E. Smith, Proc. Zool. Soc. 1880, p. 346, pl. 31, Fig. 3.

Bulimus Boivini, Grandidier, Bull. Soc. Mal. de France IV, 1887, p. 187.

Bulimus (Cerastus) ptychaxis, E. Smith, Ann. Mag. Nat. Hist. (6) VI, 1890, p. 147 — Pelseneer in Bull. Mus. Roy. d'Hist. Nat. Belgique IV, 1886, p. 104.

Ziemlich hoch gethürmt, die Rippenstreifung in der unteren Hälfte der letzten Windung schwächer. Eine kleine Falte im unteren Drittel des Columellarrandes, welche nach E. Smith bei jüngeren Exemplaren stärker ist als bei erwachsenen.

Udjiji am Tanganyika, E. Hore. Ussagara beim Kloster der Pères du St. Esprit und bei Kondoa, Bloyet und Leroy. »Huala«, Emin Pascha bei E. Smith. Mombas in einer kleinen Oase, 2 km vom Meere, unter Moos am Fusse eines Baumes, Boivin.

Buliminus liederi Marts.

(Taf. III, Fig. 32.)

Nachrichtsbl. d. mal. Ges., 1895, S. 180.

Durchbohrt, abgerundet-konisch gethürmt, sehr schwach gestreift, blass grau-braun, mit stumpfer Spitze; 7½ Windungen, regelmässig an Breite zunehmend, gewölbt mit tiefer Naht, die letzte abgerundet und unten bauchig. Mündung mässig schief stehend, annähernd schief vierseitig, mit einfachem, dünnem, geradem Rand; Aussenrand und Unterrand regelmässig bogenförmig,

Columellarrand fast senkrecht, mässig ausgebreitet, nur den kleineren Theil des runden, engen Nabellochs bedeckend. Länge 28 mm, grosser Durchmesser 11, kleiner 9½; Mündung 11 lang.

Lager Kitohaui auf dem Plateau zwischen Ukuledi und Umbekuru, Distrikt Mgao, 18. März 1894, Lieder.

Von den übrigen Arten dieser Gruppe durch die schlanke, etwas spindelförmige Gestalt, derjenigen mancher Melanien ähnlich, unterschieden; von B. boivini namentlich auch dadurch, dass der Columellarrand konkav gebogen ist, weniger sich nach aussen verbreitert, dagegen nach innen in sehr steiler Spiralwindung aufsteigt, während bei B. boivini, wie bei den meisten Arten dieser Gruppe, die obere Grenze des Columellarrandes scharf quer gezogen ist, dagegen keine Falte in der Mitte zeigt. Die regelmässige Berippung beginnt schon auf der zweiten Hälfte der ersten Windung.

Aus dem Gebiet des Nyassa-Sees, wahrscheinlich südlich vom deutschen Schutzgebiet, habe ich von Herrn Ancey eine sehr ähnliche Schnecke unter dem Namen Limicolaria borellii erhalten, welche sich aber dadurch leicht unterscheidet, dass auf der zweiten Windung die Rippen stärker sind und weiter voneinander abstehen, ähnlich wie bei Pseudoglessula conradti.

Buliminus kirki II. Dohrn

Proc. Zool. Soc. 1865, p. 232. Craven ebenda 1880, p. 217. E. Smith ebenda, 1881, p. 282, pl. 32, Fig. 9. v. Martens, Sitz.-Ber. d. Ges. nat. Freunde, 1891, p. 16.

Kissemo in Ukwere (Küstenland), Emin Pascha und Stuhlmann. Magila, Craven. Zwischen Nyassa und Ostküste, Thompson. Cabaceira in Mossambique, Kirk.

Ein Exemplar von Kissemo, etwas kleiner als das von E. Smith abgebildete, 19 mm lang, 10 breit, Mündung 7½ lang, mit dem Columellarrand 6½, ohne denselben 4½ breit, zeichnet sich dadurch aus, dass die Rippenstreifung im grössten Umfang der letzten Windung plötzlich abbricht und die untere Hälfte dieser Windung ganz glatt ist, die Grenze ist so scharf, dass sie auf den ersten Anblick wie eine Kante erscheint; der äussere Mündungsrand ist ganz gerade, so dass das Exemplar wohl nicht völlig erwachsen sein mag, da Dohrn in der Originaldiagnose sagt »peristomium vix expansum«. Ein gleich plötzliches Abbrechen der Rippenstreifung sehe ich bei sicher jungen Exemplaren von B. forskali Beck vom Gebel Bura im südl. Arabien, durch Dr. Schweinfurth gesammelt, und von B. abyssinicus var. lejeanianus Bgt. von Ailet in Abyssinien, bei letzterem allerdings nur an verhältnissmässig viel jüngeren Stücken. Bei genauerer Betrachtung zeigt sich, dass das plötzliche Abbrechen der Rippen auch an dem Exemplar von Kissemo nur in den ersten drei Vierteln des Umfanges der letzten Windung, also hauptsächlich auf der Bauchseite stattfindet und dagegen nahe der Mündung aufhört, hier die Rippen sich weiter nach unten verlängern und allmählich verschwinden. Wenn also dieses Exemplar noch etwas weiter gewachsen sein würde, so wurde das plötzliche Abbrechen noch mehr zurückgetreten sein.

Buliminus mamboiensis E. Sm.

Buliminus (Petraeus) sp., v. Martens, Sitz.-Ber. d. Ges. nat. Freunde, 1879, S. 102.

Buliminus mamboiensis, E. Smith, Ann. Mag. Nat. Hist. (6) VI, 1890, p. 153, pl. 5, Fig. 7.

Aehnlich der vorigen, mehr glänzend, ohne Columellarfalte; oben stumpf, erste Windung ganz niedrig, niedriger als bei B. liederi, schon die zweite deutlich vertikal gestreift. 21–22 mm lang, 10—10¹/₂ breit, Mündung 8¹/₂ bis 9 lang, 5¹/₂ breit; eine etwas schlankere Form mit verhältnissmässig kleiner Mündung, 20 mm lang, 9¹/₂ breit, Mündung 7¹/₂ lang, 5 breit.

Bagamoyo, Fischer. Uluguru bei Tegetoro, 1100 m, 30. Oktober, bei Mbagalala, im Wald der Vorberge, 16. November, und am Dundumi-Bach, 22. November 1894, Stuhlmann. Auf den Ebenen innerhalb 50 engl. Meilen von Mamboya, Last. Kokotoni auf der Insel Sansibar, Stuhlmann, 31. Sept. 1889.

Buliminus emini (E. Sm.)

Bulimus (Cerastus) emini, E. Smith, Ann. Mag. Nat. Hist. (6) VI, 1890, p. 154, pl. 5, Fig. 8.

Mkata, Kidete, Mtoni Hiranza, Emin Pascha.

Buliminus bridouxi (Bgt.)

Bulimus bridouxi, Bourguignat, Moll. de l'Afr. équat. 1889, p. 53, pl. 2, Fig. 4, 5.

Zwischen Kondoa und Mpwapwa in Ussagara, unter Steinen längs der Gebusche, häufig, französische Missionare.

Buliminus lasti (E. Sm.)

Bulimus (Cerastus) lasti, E. Smith, Ann. Mag. Nat. Hist. (6) VI, p. 154, ohne Abbildung.

Ebenen innerhalb 50 engl. Meilen von Mamboya, in Ussagara, Rev. J. L. Last.

Buliminus gibbonsi Taylor

Quart. Journ. of Conch. I, p. 280, 1877, pl. 3, Fig. 1. Bourguignat, Moll. de l'Afr. équat., p. 51.

Kondoa, Bloyet. Mossambique, Gibbons.

Kurzer und mehr eiförmig als die vorhergehenden.

Buliminus kidetensis (E. Sm.)

Bulimus (Cerastus) kidetensis, E. Smith, Ann. Mag. Nat. Hist. (6) VI, 1890, p. 155, pl. 5, Fig. 9.

Kidete, Emin Pascha. Ebenen innerhalb 50 engl. Meilen von Mamboya, Last. Eine kleinere Varietät auch in Ussagara, Hannington.

Buliminus uniplicatus (E. Sm.)

Bulimus (Cerastus) uniplicatus, E. Smith, Ann. Mag. Nat. Hist. (6) VI, 1890, p. 135, pl. 5, Fig. 10.

Mamboya, in einer Höhe von 4000—5000 Fuss, Last.

Abgerundet konisch, mit einer zwar schwachen, aber doch deutlichen Falte am Columellarrand. Skulptur dieselbe wie bei dem folgenden B. stuhlmanni (briefliche Mittheilung von E. Smith).

Buliminus stuhlmanni Marts.

(Taf. III, Fig. 26 und 29.)

Sitz.-Ber. d. Ges. nat. Freunde Juni 1893, S. 128.

Schale mit offenem, engem Nabel, abgerundet konisch-gethürmt, mit eng-stehenden, wenig schiefen Rippenstreifen, hell braun-grau, einfarbig; 6 Windungen, gewölbt, mit ziemlich tiefer Naht, regelmässig an Breite zunehmend, die erste warzenförmig, schon rippenstreifig, die letzte unten sehr bauchig. Mündung ziemlich schief, abgerundet vierseitig; Mündungsrand gerade, einfach, dünn, Aussenrand und Unterrand schwach gebogen, Columellarrand senkrecht, nach aussen in der Mitte verbreitert und umgeschlagen. Länge 11, grosser Durchmesser 5, kleiner $4^2/3$ mm; Mündung 4 lang, mit dem Columellarrand 3, ohne denselben $2^1/2$ mm breit.

Manyonyo in Uganda, Karevia am westlichen Fusse des Runssoro, in einer Höhe von 1175 m, Bukende in Bugundi unter 0^0 54′ N. Br., Buginda beim Chef Orani, in Waldmulm, und Ongenya, westlich vom Ssemliki-Fluss, im Mulm einer Bananen-Pflanzung, Stuhlmann.

Von den von E. Smith und Taylor beschriebenen Arten durch regelmässiger gethürmte Gestalt mit verhältnissmässig kürzerer Mündung verschieden.

An jüngeren Exemplaren von erst 4—5 Windungen brechen die Rippen im grössten Umfang der zur Zeit letzten Windung plötzlich ab, diese Stelle erscheint etwas kantig, und der Columellarrand ist noch weniger ausgebreitet und zeigt am unteren Ende eine entschiedene Ecke (Taf. III, Fig. 26). In diesem Zustande gleichen die Schalen im allgemeinen Habitus und den Charakteren der Mündung so sehr dem B. introversus und der Stenogyra subcarinifera von E. Smith, Ann. Mag. Nat. Hist. (6) VI, 1890, p. 155 und 157, pl. 5, Fig 11 und 15, dass die Vermuthung nahe liegt, auch diese möchten Jugendzustände darstellen, freilich schon der Grösse wegen anderer Arten.

C) Gruppe **Conulinus** Marts. 1895

Abgerundet konisch, mit verhältnissmässig kleiner letzter Windung, schwacher Skulptur, meist braun, oft etwas glänzend, Mundungsrand aussen und unten gerade, Columellarrand umgeschlagen, öfters recht schief zur Längsachse, ohne Falte. Typus B. conulus Pfr.

Namen	Gestalt	Columel-larrand	Farbe	Windungen	Nabel	Länge mm	Breite mm	Mün-dung mm
ugandae Marts.	kurz, kegelförmig	sehr schief	weisslich?	6, gewölbt	mässig	14	11	$7^1/2$
sordidulus n.	länglich kegelförmig	mässig schief	braun	$6^1/4$, ziemlich flach	halb verdeckt	10	6	$4^1/4$
tumidus J. Gibb.	do.	schief	do.	7, gewölbt	ziemlich weit	13	8	5^2 3
lourdeli Bgt.	kegelförmig-gethürmt	ziemlich senkrecht	hornfarbig	7—8, stark gewölbt	mässig	18	10	7
metula Marts.	gethürmt-kegelförmig	do.	blass grau-braun	$7^1/2$, stark gewölbt	eng	9	$5^1/3$	$3^3/4$
subolivaceus E. Sm.	lanzettformig-gethürmt	senkrecht	dunkel horn-braun, glänzend	8, gewölbt	do.	20	8	$8^1/2$
hanningtoni Sow. III.	gethürmt	ziemlich senkrecht	blass röthlich-braun	10, ziemlich flach	sehr eng	16 17 15	6^1_2 7 5	$4^2/3$ 6 $4^1/2$
conulinus Marts.	schlank gethürmt	senkrecht	dunkelbraun	8, etwas gewölbt	eng	13	6	4
?costatus J. Gibb.	gethürmt	ziemlich senkrecht	hellbräunlich	6 $6^1/2$, bauchig	fast verdeckt	4	2	$1^2/3$

Buliminus ugandae Marts.

(Taf. III, Fig. 33.)

Nachrichtsbl. d. mal. Ges. 1895, S. 180.

Abgerundet konisch mit offenem Nabel und schwachen schiefen Streifen, weisslich; 6 Windungen, gewölbt, regelmässig an Breite zunehmend, mit ziemlich tiefer Naht, die letzte im Umfang abgerundet, unten kantig in den zwar engen, aber cylinderförmigen Nabel einfallend. Mundung diagonal stehend, vierseitig; Mündungsrand dünn, gerade, Aussenrand und Unterrand ziemlich gebogen, Columellarrand sehr schief, nach oben dreieckig ausgebreitet und umgeschlagen. Länge 14, grosser Durchmesser 11, kleiner 9 mm; Mündung 7¹⁄₄ lang, 5¹⁄₂ mm breit.

Monyonyo in Uganda, Stuhlmann.

Diese Art nähert sich durch die verhältnissmässig grosse letzte Windung und den mehr offenen Nabel der Gruppe des B. abyssinicus, gehört aber doch nach der schwachen Skulptur und dem schiefen Columellarrand näher zu B. conulus.

Buliminus sordidulus n.

(Taf. III, Fig. 30.)

Buliminus conulinus var., v. Martens in Sitz.-Ber. d. Akad. d. Wiss. Berlin, 1878, S. 294, nicht v. Martens in Decken's Reisen, 1869.

Buliminus (Conulinus) hildebrandti, v. Martens, Nachrichtsbl. d. mal. Ges., 1895, S. 180, nicht 1878.

Halb bedeckt durchbohrt, langgestreckt-konisch, schwach gestreift, hornbraun, mit stumpfer Spitze; 6¹⁄₂ Windungen, ziemlich flach mit eingedrückter Naht, regelmässig an Breite zunehmend, die letzte abgerundet, unten sackartig bauchig. Mundung sehr schief stehend, ziemlich eiförmig, mit einfachem dünnen, geraden Rande; Aussenrand stark gebogen, Unterrand mässig gebogen und mit einer Ecke in den Columellarrand übergehend, dieser sehr schief, nach oben umgeschlagen und dreieckig ausgebreitet. Länge 10 mm, grosser Durchmesser 6, kleiner 5; Mundung 4¹⁄₄ lang, mit dem Rande 3, ohne diesen 2 breit.

Kitui in Ukamba und Ndi im Taita-Gebiet, J. M. Hildebrandt.

Unterscheidet sich doch von meinem B. conulinus durch die rascher an Breite zunehmenden Windungen, wodurch die ganze Schale eine mehr konoidische Form erhält, und die starke Verbreiterung des Columellarrandes nach oben. Es ist nicht unmöglich, dass die vorliegenden Stücke alle nicht ausgewachsen sind; aber es ist über ein Dutzend von annähernd gleicher Grösse gesammelt worden, und ich kenne keine andere Art, zu der ich sie als Jugendzustand stellen könnte. Am ähnlichsten ist wohl noch B. lourdeli Bgt., aber der sichtbare Theil der früheren Windungen ist bei diesem verhältnissmässig viel breiter und niedriger, die letzte Windung gegen die Naht zu mehr gerundet, die Nabel-öffnung nach der Figur weiter. Die Mundung der meisten Stücke ist mit einem dünnen, durchschelnenden Schleimdeckel verschlossen; viele sind mit einer Schmutzkruste überzogen, wie unser einheimischer B. obscurus.

Eine ähnliche Schnecke, mit noch etwas flacheren Windungen, hat Volkens am Ufer des Jipe-Sees gefunden; dieselbe macht aber so entschieden den Eindruck eines unausgewachsenen Exemplars, dass mit der Beschreibung der Art besser noch gewartet wird.

Buliminus tumidus (J. Gibb.)

Buliminus conulus (Reeve), v. Martens in Nachrichtsbl. d. mal. Ges. I, 1869, S. 153.

Bulimus tumidus Gibbons bei Taylor, Quarterly Journ. of Conch. I, 1877, p. 254, pl. 2, Fig. 4.

Verwandt mit B. conulus Reeve von Port Natal, aber die letzte Windung verhältnissmässig kleiner, die ganze Schale desto mehr konisch, die Farbe dunkler, mehr braun-gelb und der Columellarrand bei den Erwachsenen entschieden schiefer, bei nicht ganz erwachsenen dagegen ähnlich wie bei conulus. Zwischen Sesam-Samen aus Sansibar, Brauns. Sansibar und auf der benachbarten Korallen-Insel Chapani, Gibbons.

Wahrscheinlich hierher gehört auch eine etwas kleinere Form, $9^1/_2$ mm lang, 5^1_2 breit, Mündung $4^1/_2$, welche Stuhlmann bei Ost-Bugando, Usenja, im Süden des Victoria-Nyansa, im Gras sitzend und mit Lehm (oder eigenem Koth?) überzogen, 6. März 1892 gefunden hat.

Buliminus lourdeli (Bgt.)

Bulimus lourdeli, Bourguignat, Moll. de l'Afr. équat., p. 51, pl. 2, Fig. 2—4.

Höher gethürmt, mit tieferen Nähten; scheint durch etwas stärkere Streifung und Andeutung von Ausbiegung des Mündungsrandes (»peristomate patulescente«, wovon übrigens in der Abbildung nichts zu sehen) sich der vorigen Gruppe zu nähern.

Kondoa in Ussagara, französische Missionäre.

Buliminus metula Marts.
(Taf. III, Fig. 27.)

Nachrichtsbl. d. mal. Ges., 1895, S. 180.

Durchbohrt, konisch-gethürmt, schwach gestreift, blass grau-braun, mit stumpfer Spitze; $7^1/_2$ Windungen, regelmässig an Breite zunehmend, gewölbt, mit tiefer Naht, die letzte gerundet, unten aufgeblasen. Mündung mässig schief stehend, annähernd schief vierseitig mit dünnem einfachen, geraden Rand; Aussenrand und Unterrand bogenförmig, Columellarrand beinahe senkrecht, mässig ausgebreitet, nur den kleineren Theil des runden, engen Nabels bedeckend. Länge 9 mm, grosser Durchmesser $5^1/_3$, kleiner 4^2_3, Mündung $3^3/_4$ lang, mit dem Rand 3, ohne denselben $2^1/_2$ breit.

Lager Kitohaui auf dem Plateau zwischen Ukuledi und Umbekuru, Distrikt Mgao, 18. März 1894, Lieder.

Gleicht in den Formverhältnissen dem B. lourdeli Bgt., hat aber nur die Grösse von B. sordidulus.

Buliminus subolivaceus E. Sm.

Buliminus olivaceus Gibbons bei Taylor, Quart. Journ. of Conch. I, 1877, p. 253, pl. 2, Fig. 5 (nicht B. olivaceus Pfr. 1846 von Creta).
Bulimus (Buliminus) subolivaceus, E. Smith in Ann. Mag. Nat. Hist. (6) VI, 1890, p. 156.

Nur auf der Korallen-Insel Bawri bei Sansibar, unter todtem Laub, alten Meer-Conchylien und Buschwerk. Verschliesst sich während der trockenen Zeit mit einem dicken, kalkigen, weissen, etwas gewölbten, ganz soliden Deckel; Gibbons.

Buliminus hanningtoni Sow.[3]

Bulimus (Buliminus?) hanningtoni, Sowerby[3], Proc. Zool. Soc. 1889, p. 580, pl. 56, Fig. 7, E. Smith, Ann. Mag. Nat. Hist. (6) VI, 1890, p. 147.
Ussagara, Sowerby. Kidete, Huala und Mkata, Emin Pascha nach E. Sm.

Durch die fein ausgezogene Spitze von der vorhergehenden unterschieden. Die von E. Smith erhaltenen zwei Exemplare zeigen die letzte Windung verhältnissmässig schmäler als die Abbildung bei Sowerby, in der obigen Tabelle

sind daher sowohl die Maassangaben von Sowerby selbst, als diejenigen eines
Smith'schen Exemplars angegeben.

Buliminus conulinus Marts.

(Taf. III, Fig. 28.)

Nachrichtsbl. d. deutsch. mal. Ges. I, 1869, S. 153, und in v. d. Decken,
Reisen in Ostafrika, III, S. 160.
Buliminus cinereus Gibbons bei Taylor, Quart. Journ. of Conch. I, 1877,
p. 282, pl. 3, Fig. 4.
Zwischen Sesam-Samen aus Sansibar, Brauns. Sansibar, Gibbons.

? Buliminus costatus J. Gibb.

Gibbons bei Taylor, Quart. Journ. of Conch. I, 1877, p. 281, Taf. 3, Fig. 2.
Sansibar, Gibbons.
Sehr klein und, wie es scheint, mit stärkerer, rippenartiger Streifung, daher
zweifelhaft, ob hierher gehörig.

D) Gruppe Mabiliella Ancey

Durch die abgestutzte Columelle kenntlich, im Uebrigen an die vorhergehende sich anschliessend.

Name	Form	Skulptur	Farbe	Win-dungen	Nabel	Columellar-rand	Länge mm	Breite mm	Mün-dung mm
notabilis E. Sm.	länglich eiförmig	rippen-streifig	braun	8, schwach gewölbt	ziemlich weit mit Kante	gebogen, unten zugespitzt und abgestutzt	43	20	$17^1{}_2$

Buliminus? notabilis E. Sm.

Ann. Mag. Nat. Hist. (5) VI, 1880, p. 426, und Proc. Zool. Soc. 1881,
p. 282, pl. 32, Fig. 8, kopirt bei Kobelt, Livinhacia etc. in der Fortsetzung von
Chemnitz, S. 88 u. 112, Taf. 22, Fig. 2, als Homorus n.
Mabiliella notabilis Ancey in Naturaliste 1886, p. 231.
Zwischen dem Nyassa-See und der Ostküste, Thomson.
Eine sehr eigenthümliche Art, über deren systematische Stellung die
Kenntniss von Kiefer und Zunge entscheiden wird; der Skulptur nach schliesst
sie sich an die Gruppe von B. abyssinicus an, aber die ausgesprochene Ab-
stutzung des Columellarrandes an seinem untersten spitzen Ende ist sehr eigen-
thümlich.

E) Untergattung Rhachis Alb.

Buntgefärbte Arten, mehr oder weniger konisch, doch der letzte Umgang
abgerundet oder nur stumpfkantig, mit Nabelritz oder enger Nabelöffnung, vom
Columellarrand halb bedeckt; Mündungsrand dünn, gerade oder etwas ausgebogen, Spitze oft dunkel gefärbt, Nabelgegend entweder blass, durchscheinend
oder dunkler braun; manche Arten mit zahlreichen schwarzen oder grau-braunen
Punkten oder Tupfen.

Bourguignat spaltet diese Unterabtheilung noch in drei selbstständige Gattungen, Rachis für die eiförmig-konischen, Pachnodus für die mit kurzerem Gewinde (vgl. unten bei B. melanacme) und Rachisellus für die schlankeren mit schmalerem letzten Umgang (B. punctatus). Doch scheint mir die nahe Verwandtschaft zwischen allen dreien zweifellos; namentlich kommen bei allen dreien die charakteristischen dunkeln Punkte vor. Pachnodus (bereift) ist von Albers für die Arten von den Seychellen mit eigenthümlich bereifter oder sammetartiger Oberfläche, B. pulverulentus, velutinus und den fein gegitterten fulvicans, ebendaher, aufgestellt; Bourguignat nimmt ganz willkürlich B. spadiceus Menke als Typus und vereinigt mit diesem nur des kurzen Gewindes wegen trotz sonstiger Unterschiede die zu B. melanacme gehörigen Formen von Rhachis.

Albers, erste Ausgabe, S. 182, schrieb Rachis, und Bourguignat folgt ihm darin, aber da das griechische Wort in unseren Wörterbüchern und Klassiker-Ausgaben mit Spiritus asper geschrieben wird, wie alle mit R anlautenden Wörter, ungeachtet der Aspirata in der nächsten Silbe, auch latinisirt rhachis und davon abgeleitet rhachitisch, so habe ich schon in der zweiten Ausgabe von Albers das h eingesetzt. Meine etymologische Erklärung »Rückgrat, Spindel« übersetzt Bourguignat »axe rétrocédant«.

Namen	Färbung im Ganzen	Spitze	Nabel-gegend	Windungen im Profil	Länge	Breite	Mün-dung
					mm	mm	mm
A) Mündungsrand etwas umgeschlagen.							
böhmi Marts.	röthlich-weisslich mit 2 schwarz-braunen Bändern	bräunlich-gelb	braun	ziemlich flach, unten abgerundet	24	13½	13
trichrous Marts.	hellgelb mit breiten schwarz-braunen Striemen; Mündungs-rand rosenroth	erst schwärzlich, dann röthlich	nicht besonders gefärbt	ziemlich flach, stumpfkantig	21	11½	10
B) Mündungsrand einfach, gerade.							
rhodotaenia Marts.	roth-gelb, oft mit breiten bläulichen Bändern	blau-schwarz, selten bräunlich	rosenroth	flach, unten abgerundet	24	14	10—11
gomezi Sow.[3]	weiss mit 2 Flecken-reihen und 2 schwarzen Bändern	schwärzlich	braun	do.	21	13	9
braunsi Marts.	blassgelb mit schwarzen Flecken und schwarzen oder braun-gelben Bändern	erst schwärzlich, dann hellbraun	blass, durch-scheinend	ziemlich gewölbt, ab-gerundet	12 17½	8 10	6 8½
— var. lunu-latus n.	blassgelb mit mond-förmigen dunkel-braunen Flecken und wenigen Bändern	do.	do.	do.	14	8½	7
— var. quadri-cingulatus E. Sm.	blassgelb mit 2—4 braun-schwarzen Bändern	do.	blass, durch-scheinend, zuweilen etwas röthlich	do.	12½	7	5½

Namen	Färbung im Ganzen	Spitze	Nabelgegend	Windungen im Profil	Länge mm	Breite mm	Mündung mm
— var. hypostictus n.	blassgelb, unten mit 2 Reihen dunkler Flecken	erst schwärzlich, dann hellbraun	blass, durchscheinend	ziemlich gewölbt, abgerundet	11 / 19½	7 / 9½	6⅔ / 9
hildebrandti Marts.	gelblich-weiss, öfters mit röthlichen Bändern	schwärzlich oder braun	violettbraun	flach, stumpfkantig	16—17	8—9	6—7½
succinctus Marts.	weisslich mit hellbraunen Striemen und dunkeln Bändern	erst schwärzlich, dann braun	blass, durchsichtig	schwach gewölbt, unten abgerundet	17	9½	8
— var. cameroni Bgt.	weiss mit Einem untern dunkeln Band	bräunlich	do.	do.	17	9	8
mossambicensis Pfr. var. spekei Bgt.	weiss mit zahlreichen braun-gelben Striemen, schwarzen Punkten und 2 untern dunkeln Bändern	blass bräunlich	blass, durchsichtig oder bräunlich	etwas gewölbt, unten abgerundet	16 / 12	9 / 8	8 / 6
melanacme Pfr.	glänzend weiss mit schwarzen Punkten, öfters 1—3 schwarze Bänder	bis zur vierten Windung schwarzviolett, selten bräunlich	blass, durchscheinend	gewölbt, abgerundet	12	8	6
— var. leroyi Bgt.	ebenso, 2 Bänder	schwärzlich		do.	12	9	7
— var. usagaricus E. Sm.	ebenso, 2 schwarze Bänder	bräunlich	do.	do.	16½	10	8½
- var. neumanni n.	oben ganz schwarzbraun, unten gelblichweiss mit schwarzen Punkten und einem schwarzen Band	braun-schwarz	braunschwarz	do.	13	9	6½
hurtoi Bgt.	weisslich, gestriemt, mit zahlreichen gruppirten bräunlichen Punkten; 1 unterbrochenes Band	erst dunkelbraun, dann blassbraun	kastanienbraun	schwach gewölbt, unten abgerundet	12½	8	7
punctatus Ant.	gelblich-weiss mit braunen Striemen und einzelnen schwarzen Punkten und einem schmalen braunen Band	erst braun-schwarz und dann hellbraun oder nur bräunlich	blassbraun	do.	16	8	7
— var. ledoulxi Bgt.	ohne Punkte, sonst gleich	do.	do.	do.	14	7	6
- var. variolosus Morel.	weisslich, gestriemt, mit zahlreichen gruppirten bräunlichen Punkten, mit oder ohne Band	kastanienbraun	hellbraun	do.	15 / 14	7 / 7	6 / 5

Buliminus (Rhachis) böhmi Marts.
(Taf. III, Fig. 39.)

v. Martens, Nachrichtsbl. d. mal. Ges. 1895, S. 181.

Durchbohrt, konoidisch-eiförmig, dünn, sehr schwach gestreift, isabellfarbig, gegen die Spitze zu röthlich, mit zwei braunen Spiralbändern, das eine an der Naht, das andere an der Unterseite; Gewinde konisch, nach oben zugespitzt; 7 Windungen, die erste niedrig, die zweite kugelig, die folgenden regelmässig an Breite zunehmend, ziemlich flach, mit mässig eingedrückter Naht, die letzte annähernd doppelt konisch, aber im Umfange abgerundet, die Nabelgegend hellbraun. Mündung die Hälfte der Schalenlänge einnehmend, diagonal stehend, eiförmig, mit dünnem, ein wenig ausgebogenem Rand; Aussenrand oben mässig gebogen, Unterrand breit gerundet, Columellarrand dreieckig umgeschlagen, isabellfarbig. Länge 24, Durchmesser 13½ mm; Mündung in schiefer Höhe 13 mm, 8 breit.

Ostufer des Tanganyika, Dr. Böhm.

Erinnert zunächst an den vorderindischen B. bengalensis Lm., welcher auch, wenn er ganz vollständig ausgebildet ist, eine schwache Umbiegung des Mundungsrandes zeigt, ähnlich dem Rand einer Glocke, und auch in der Zahl und Stellung der Bänder mit der vorliegenden Art übereinstimmt, aber B. böhmi ist grösser, verhältnissmässig breiter, etwas dunkler gefärbt, mit hellerer, röthlicher Spitze und mit einem dunkeln Nabelfleck versehen.

Buliminus (Rhachis) trichrous Marts.
(Taf. III, Fig. 31.)

v. Martens in den Sitz.-Ber. d. Ges. nat. Freunde 1891, S. 16.

Schale mit Nabelritz, abgerundet eiförmig-konisch, mit zahlreichen, aber ziemlich schwachen Wachsthumsstreifen, schwefelgelb mit breiten braun-schwarzen, etwas flammenartig gebogenen Striemen auf den zwei letzten Windungen, die vorhergehenden röthlich, ziemlich einfarbig, mit hellerer Naht, die Spitze selbst etwas dunkler braun-roth; sieben Windungen, die erste und zweite mehr gewölbt, die zweite viel breiter als die erste, die folgenden regelmässig zunehmend, ziemlich flach, Naht kaum vertieft; die letzte Windung nahezu doppelt-konisch, aber mit ganz stumpfer Kante in der ersten Hälfte, welche in der zweiten vollständig verschwindet, unterhalb der Naht bei dem einen Exemplar ein wenig eingedrücktes, blass bräunliches Nahtband, das aber an dem zweiten Exemplar desselben Fundortes nur spurweise zu erkennen ist; Nabelgegend bräunlich. Mündung nicht ganz die Hälfte der Schalenlänge einnehmend, in der Diagonale stehend, ziemlich weit, eiförmig; Mündungsrand lebhaft rosenroth, ganz oben gerade, aber im mittleren und unteren Drittel des Aussenrandes und unten deutlich ausgebogen, Aussenrand mässig bogenförmig, Unterrand breit gerundet, Columellarrand dreieckig umgeschlagen und mit einer Spiraldrehung ins Innere der Mündung sich fortsetzend.

Länge 21, Durchmesser 11½, schiefe Länge der Mündung 10, Breite einschliesslich des Columellarrandes 7½, ohne denselben 6 mm.

Kissemo in Ukwere, Emin Pascha und Stuhlmann.

Diese Art steht sehr nahe dem B. picturatus Morelet in Journ. de Conch. XXXVII, 1889, p. 3, pl. 1, Fig. 4, von »Mogadoxo dans le Zanguebar«, doch wohl Makdischu, nördlich vom Aequator an der Somali-Küste, das früher zu Sansibar gehörte; die einzigen Unterschiede scheinen zu sein: 1., dass bei picturatus die dunkeln Striemen in der Peripherie der letzten Windung regelmässig unterbrochen sind und also zwei Reihen grosser Flecken bilden und 2., dass Aussenrand und Unterrand der Mündung bei picturatus als gerade und nicht besonders gefärbt beschrieben werden. Das letztere rührt vielleicht nur davon her, dass das von Morelet beschriebene Exemplar, obwohl um 1 mm länger als das grösste von trichrous, doch nicht ganz ausgewachsen sein mag, und von einer Zweitheilung der Striemen sind an dem einen der zwei Exemplare von trichrous auch Andeutungen auf der vorletzten Windung und dem Anfang der letzten vorhanden. Es wird mich daher nicht wundern, wenn weiteres Material zur Vereinigung beider Arten führen sollte, und dann muss der Name picturatus als der ältere bleiben; es giebt allerdings einen noch älteren Bulimus picturatus, von Potiez und Michaud, Galerie d. Moll. I, 1838, p. 147 (Helix picturata Fér., Prodr. 1821, Nro. 400), aber da dieser = multifasciatus Lm. ist und zu der amerikanischen Gattung Bulimulus oder Otostomus gehört, kann picturatus Morelet innerhalb der Gattung Buliminus oder Rhachis unangefochten bleiben.

Buliminus (Rhachis) rhodotaenia Marts.

Taf. III, Fig. 38.

v. Martens in Monatsberichte d. Akad. d. Wiss. Berlin 1878, April, S. 292, Taf. 2, Fig. 7; v. d. Decken's Reisen, Bd. III, 1869, S. 59. Taf. 2, Fig. 2, und in Ann. Mus. Genov. (2) XV, 1895, p. 64. E. Smith, Proc. Mal. Soc. I, 1894, p. 164.

Schale fest und ziemlich dick, mit zahlreichen Anwachsstreifen, sonst glatt und glänzend, bunt gefärbt: ein blass rosenrothes Band unter der Naht, zuweilen zu orange oder weisslich variirend, dunkel purpurrothe oder schwarz-violette Färbung der 2—3 obersten Windungen, ein dunkles, mässig breites Spiralband etwas unterhalb der Peripherie der letzten Windung, meist gut ausgepragt, selten ziemlich verblasst, und rosenrothe Färbung des Columellarrandes sind am meisten charakteristisch. Das zuerst beschriebene Exemplar von v. d. Decken's Reisen zeigt ausserdem nur noch ziemlich blassgelbe, etwas schiefe Striemen auf weissem Grunde, wodurch es an B. mossambicensis erinnert, und auch diese fehlen an dem allerdings anscheinend verbleichten Exemplar, das Capt. Bottego von Somali-Land mitgebracht hat. Bei den reicher gefärbten Stücken von Taita und dem Victoria-Nyansa dagegen ist die Fläche jeder Windung zwischen Nahtband und Peripherie heller oder dunkler blau-grau, öfters noch mit schmalen, gelben Striemen durchsetzt, der grösste Umfang der letzten Windung oberhalb des dunkeln Bandes und die Unterseite unterhalb desselben sind entweder lebhaft orange oder blassgelb bis weisslich und die Nabelgegend rosenroth, zuweilen noch von einer helleren Binde umgeben. 8 Windungen, die obersten mehr gewölbt, die folgenden ziemlich flach, Naht wenig vertieft, letzte Windung unten bauchig gerundet. Mündung etwas weniger als die Hälfte der Schalenlänge einnehmend, ihre Ebene ziemlich schief zur Achse, Mündungsrand dünn, gerade, Columellarrand ziemlich senkrecht aufsteigend, mehr oder weniger dreieckig umgeschlagen und nur einen schmalen Nabelritz offen lassend.

Grösstes Exemplar 24 mm lang, 14 breit, Mündung in ihrer Ebene 10 bis 11 lang und 7 1/2 breit.

Am Victoria-Nyansa, G. A. Fischer. Beim Ndara-Berg im Gebiet von Taita oder Teita in Britisch-Ostafrika, östlich vom Kilima-Ndjaro, M. Hildebrandt (Zeitschr. d. Ges. f. Erdkunde in Berlin XIV, 1879, S. 278). Von v. d. Decken's Reisen, ohne nähere Ortsangabe, vielleicht aus dem Gebiet des Tana-Flusses. Dr. Gregory fand ihn an Acacia-Baumen im Gabaki-Thal, östlich und westlich von den Lugard-Fällen und auf dem Gipfel des Berges Mbololo, Gebiet des Kenia. Gouras Ganana im Somali-Land, Capt. Bottego, Aug. 1893. Wahrscheinlich gehört auch zu dieser Art ein ganz verbleichtes Stück, welches Volkens am Kilima-Ndjaro im Kulturland, 1200—1700 m hoch, gefunden hat, und ein anderes von der Marungu-Station daselbst, durch Lent erhalten.

Buliminus (Rhachis) gomezi Sow.[3]

Proc. Zool. Soc. 1889, p. 580, pl. 56, Fig. 8.

Mir nur nach Beschreibung und Abbildung bekannt. Die Form und Grösse stimmt auffallend gut zu B. rhodotaenia, aber die Färbung ist doch zu abweichend: Grundfarbe weiss (unter der Naht gelblich nach dem Text), zwei Reihen kleiner brauner Flecken über und zwei schwarze Spiralbänder unter dem grössten Umfang, ausserdem schwarze Punkte; Spitze schwarz; Nabelgegend braun, Inneres der Mündung sehr dunkelbraun. Einiges in dieser Färbung erinnert an B. braunsi und melanacme, aber dazu passt der Umriss nicht.

Ussagara, in der Sammlung von da Costa.

Buliminus (Rhachis) braunsi Marts.

v. Martens in Nachrichtsbl. d. mal. Ges. 1869, S. 150; in Pfeiffer, Novitat. Conch. IV, S. 49, Taf. 118, Fig. 11, 12; in v. d. Decken's Reisen in Ostafrika III, S. 160; in Monatsberichte d. Akad. d. Wiss. in Berlin 1878, S. 293. E. Smith, Proc. Zool. Soc. 1881, p. 281, pl. 32, Fig. 7 a—c.

Rachis bloyeti, Bourguignat, Moll. de l'Afr. équat. 1889, p. 60.

a) Typische Form

v. Martens in Pfr., Nov. IV, Taf. 118, Fig. 11.

Bänder und dazwischen scharf begrenzte, abgerundet viereckige Flecke; meist vier Bänder auf der letzten Windung, die zwei oberen heller, bräunlich-gelb oder röthlich, zuweilen undeutlich oder fehlend, dasjenige an der Peripherie und dasjenige an der Unterseite dunkelbraun. Bei einzelnen Stücken verlängern sich die Flecke stellenweise zu schiefen oder bogenförmigen Striemen, welche von einem Bande bis zum nächsten reichen.

Zwischen Sesam-Samen aus Zanzibar gefunden, W. Brauns. Bagamoyo, G. A. Fischer. Pangani, Hildebrandt und Conradt. Kinga, St. Paul. Usegua, W. Schmidt. Kondoa in Ussagara und Berg Nguru, nördl. v. Ussagara, bis 2000 m hoch, Pater Leroy bei Bourguignat. Uzanamo, Speke. Zwischen dem Nyassa-See und der Ostküste, Thomson, ungewöhnlich gross, bis 19½ mm lang.

b) Var. lunulatus n.

(Taf. III, Fig. 34.)

Bulimus braunsi, E. Smith, a. a. O., Fig. 7.

? Rachis cameroni, Bourguignat, Moll. de l'Afr. équat., p. 58 zum Theil.

Die Flecke zu grösseren bogenförmigen Figuren ausgedehnt, welche von Band zu Band reichen, die Bänder dagegen auf der Oberseite mehr oder weniger geschwunden.

Unter Sesam-Samen aus Zanzibar, Brauns. Zwischen Tanga und Mbessa, Conradt. Usegua, W. Schmidt. Zwischen Nyassa und der Ostküste, Thomson. Da die Zeichnung dieser Form sehr derjenigen der Varietät von pallens gleicht, welche Pfeiffer, Novitat. IV, Taf. 137, Fig. 11, 12 abbildet, so dürften Bourguignats Exemplare seiner R. cameroni, welche er mit dieser Abbildung identifizirt, wohl hierher gehören.

c) Var. quadricingulatus E. Sm.

Buliminus (Rh.) braunsi, v. Martens, in Pfr., Novitat. IV, Taf. 118, Fig. 12.

Bulimus (Rhachis) quadricingulatus, E. Smith, Ann. Mag. Nat. Hist. (6) VI, 1890, p. 153, pl. 5, Fig. 6.

Nur scharf gezogene, dunkle Bänder, 4, 3 oder 2, ohne Flecke.

Zwischen Sesam-Samen aus Zanzibar gefunden, Brauns. Ebenen innerhalb 50 engl. Meilen von Mamboya, in Ussagara, Last.

Das einzige Exemplar von Last zeigt die 4 Bänder in derselben Stellung wie bei der typischen Form; an den zwei von Brauns erhaltenen Stücken des Berliner Museums fehlt bei dem einen das oberste Band zunächst unter der Naht, bei dem anderen dieses und das nächstfolgende, so dass nur das peripherische und das der Unterseite übrig bleiben.

d) Var. hypostictus n.

Bulimus (Rhachis) braunsi var., E. Smith, Proc. Zool. Soc. 1881, p. 281, pl. 32, Fig. 7 b, 7 c.

Obere Hälfte der letzten Windung ohne Bänder und Flecke, untere mit zwei Fleckenreihen, welche dem peripherischen und unteren Bande der typischen Form entsprechen.

Sansibar, von Dr. Kobelt erhalten. Kinga, St. Paul. Zwischen Nyassa-See und Ostküste, Thomson, bis 19½ mm lang. Ein Stück auch unter den von Brauns erhaltenen Exemplaren.

Aehnlich dieser Art sind die westafrikanischen B. (Rh.) burnayi H. Dohrn, dünner und breiter, oben ohne Bänder, von der Prinzeninsel, und pallens Jonas, in ähnlicher Weise in der Zeichnung wechselnd, aber schlanker und geradliniger (Pfr., Novitat. IV, Taf. 137, Fig. 11—14), von der Goldküste, Togo und Bonjongo.

Buliminus (Rhachis) hildebrandti Marts.

Buliminus (Rhachis) braunsii var. hildebrandti, v. Martens in Monatsberichte d. Akad. d. Wiss. Berlin 1878, S. 294, Taf. 2, Fig. 1 2.

Rachis hildebrandti (Martens), Bourguignat, Moll. de l'Afr. équat., 1889, p. 59.

Unterscheidet sich durch mehr gestreckte Form mit flacherem Profil der Windungen, mehr weisse Grundfarbe, stärkeren Glanz und violett-braune Färbung der Nabelgegend von B. braunsi. Flecke nie vorhanden. Bänder an denselben Stellen wie bei B. braunsi, aber hell röthlich-braun und öfter ganz fehlend. Spitze ebenso dunkel.

Duruma bei Mombas, auf nassen Stellen an Malvaceen mit glatten Blättern, J. M. Hildebrandt 1877. Benadir-Kuste, im Thal des Uebi und den Umgebungen von Gelidi, 4—5 Tagereisen östlich von Moguedouchou (Makdischu), Bourguignat.

Buliminus (Rhachis) succinctus Marts.

(Taf. III, Fig. 35, 36.)

v. Martens, Sitz.-Ber. d. Ges. nat. Freunde in Berlin, Juli 1879, S. 102.

Zeichnung ähnlich B. mossambicensis, aber die Schale lang gestreckt und nicht so glänzend; ein Band unterhalb der Peripherie immer deutlich ausgeprägt; oft noch ein zweites weiter oben in der Peripherie (dem grössten Umfang der Schale), und der Raum zwischen diesen beiden immer ohne Striemen; dagegen oft gelb-braune, etwas schiefe Striemen von der Naht bis zu dem peripherischen Bande und öfters auch von dem unteren Bande bis gegen den Nabel zu; die Striemen der Oberseite kontinuirlich oder zu Bändern unterbrochen.

Bagamoyo, Fischer.

Var. cameroni Bgt.

Buliminus cameroni, Bourguignat, Descript. d. diverses esp. terr. et fluv. d. Moll. etc., 1879, p. 4, von Marangnombe (Sansibar) kommt nach Beschreibung und Maassangaben den fast einfarbigen, mit nur Einem Band versehenen

Exemplaren dieser Art so nahe, dass ich ihn nicht für verschieden halten kann, obwohl ich bis jetzt noch kein so bezeichnetes Stück gesehen habe. Nur ist die äusserste Spitze bei allen meinen Exemplaren fast schwarz, aber schon die zweite und dritte Windung bei den heller gefärbten Stücken blass bräunlich; Bourguignat sagt: »ad summum cornea, subpellucida«. Aber auch bei melanacme variirt die Färbung der Spitze in ähnlicher Weise.

In einer späteren Arbeit, Moll. de l'Afr, équat., 1889, giebt Bourguignat neben Sansibar noch die Thaler des Vouami und Kingani als Fundorte für seine Rachis cameroni an, citirt aber dazu auch die Abbildung des west-afrikanischen B. pallens bei Pfeiffer, Novitat. IV, Taf. 137, Fig. 11. 12, so dass ich vermuthe, er begreife auch meinen B. braunsi var. lunulatus mit darunter.

Aehnlich gezeichnete Exemplare von Elmina, Togo und Bonjongo im Berliner Museum lassen sich noch durch schmälere Gestalt und flachere Windungen von B. hildebrandti und braunsi unterscheiden.

Bourguignat, Moll. de l'Afr. équat., 1889, p. 61, pl. 3, Fig. 10—12 unter-scheidet noch einen Rachis jouberti vom Berg Kidete beim See Ugombo zwischen Kondoa und Mpwapwa in Ussagara, welcher sich durch sehr schief stehende Mündung auszeichnet, sonst aber dem succinctus sehr nahe steht.

Buliminus (Rhachis) mossambicensis (Pfr.)

Var. spekei Bgt.

Bulimus mozambicensis var. β, Pfeiffer, Mon. Helic. IV, p. 473.
Bulimus mozambicensis, Morelet, Series Conch. II, p. 67.
Buliminus mossambicensis (Pfr.), v. Martens in Monatsberichte d. Akad. d. Wiss. Berlin 1878, Apr., S. 293; Sitz.-Ber. d. Ges. nat. Freunde Berlin 1891, S. 16.
Buliminus mossambicensis, variety, Gibbons in Quart. Journ. of Conch. II, 1879, p. 144.
Buliminus spekei, Bourguignat, Descript. de divers. esp. terr. et fluv. d. Moll. d'Egypte etc., 1879, p. 4.

Halbbedeckt-durchbohrt, schlank eiförmig-gethürmt, ziemlich dünn und etwas glänzend, weiss mit zahlreichen blass braun-gelben Striemen, schwarzen hie und da zusammengruppirten Punkten und unten mit zwei braun-schwarzen Spiralbändern gezeichnet; 7 Windungen, regelmässig an Breite zunehmend, die drei obersten einfarbig blassbraun oder auch die erste dunkler roth-braun, alle drei etwas gewölbt, die folgenden ziemlich flach und mit der oben beschriebenen Färbung, die letzte unten abgerundet. Mündung etwas weniger als die Hälfte der Schalenlänge einnehmend, diagonal stehend, eiförmig, Mündungsrand dünn, ein klein wenig ausgebogen, Aussenrand mässig gebogen, Unterrand breit ge-rundet, Columellarrand breit gebogen, nach oben dreieckig ausgebreitet, weiss. Länge 16, Durchmesser 9 mm; Mündung 8 mm lang, 6 breit.

Sansibar, Pfeiffer. Sansibar, selten und lokal, Gibbons. In den kleinen Schluchten des Plateaus von Sansibar (Insel?) an Pflanzenstengeln und unter feuchten Steinen, Vesco bei Morelet. »Marangnombe (Zanguebar)«, Bourguignat. Bagamoyo, G. A. Fischer. Pangani, Hildebrandt. Kissemo in Ukwere, Stuhlmann.

Der ursprüngliche Bulimus mossambicensis Pfr., Symbolae Hist. Helic. III, 1846, p. 85, Monogr. Helic. II, p. 177, und Reeve, Conch. Ic. V, pl. 58, Fig. 1, ist etwas breiter, mehr dickschalig und porzellanglänzend, mit dunkleren gelb-braunen oder röthlich-braunen Striemen, welche meist etwas unterbrochen sind. in der Regel mit nur einem dunkeln Spiralband, das auch schon auf den früheren Windungen in der Naht noch sichtbar ist, mit geradem Mundsaum und kastanien-braunem oder doch röthlichem Columellarrand. Das Originalexemplar in

Cuming's Sammlung ist mit dem Fundort Mossambique bezeichnet; unter den von Prof. Peters 1842—48 dort gesammelten Conchylien findet sich gerade diese Art nicht, dagegen giebt Gibbons a. a. O. an, dass sie auf der Insel Mossambique zahlreich an niederen Büschen und Gras vorkommt.

Wenn die eben angeführten Unterschiede alle konstant sein würden, so musste B. spekei wohl als eigene Art betrachtet werden. Aber es giebt Zwischenformen: ein Exemplar in der Albers'schen Sammlung, als mozambicensis von Cuming erhalten, zeigt schon ein zweites, allerdings noch helleres Spiralband an der Basis, während es sonst ganz mit Pfeiffer's Beschreibung und Cuming's Abbildung stimmt, wie namentlich auch die dunkle Färbung des Columellarrandes zeigt; mehrere Exemplare, von Herrn Brauns zwischen Sesam-Samen gefunden, der von Sansibar aus in den Handel gekommen, zeigen auch nur ein Spiralband (dies eine auch verschwindend), aber eine ganz blass bräunliche oder weisse Färbung des Columellarrandes; endlich ist bei echten spekei auch zuweilen das eine Spiralband in der Naht der oberen Windungen sichtbar. Auf die Beschaffenheit des Mündungsrandes ist insofern nicht so viel zu geben, als auch bei spekei nur an wenigen Exemplaren, die eben völlig ausgebildet sind, die Ausbiegung zu sehen ist, an der Mehrzahl, eben den jüngeren, nicht; man müsste also eine grössere Anzahl von Exemplaren des echten mossambicensis vor sich haben, um bestimmt sagen zu können, dass der Mündungsrand bei ihm sich nicht ausbiegt. Immerhin darf man sagen, dass der echte mossambicensis mehr dem B. rhodotaenia, Var. spekei mehr dem B. böhmi sich nähert.

Eier nach Gibbons eiförmig-kugelig, weiss, mit dünner Kalkschale, etwas über 1 mm lang.

Wenn oben in der Diagnose gesagt ist, dass die Mündung weniger als die halbe Länge der Schale einnehme, und doch in den Maassangaben jene mit 8, diese mit 16 mm aufgeführt ist, so ist das kein Widerspruch, denn bei der Maassangabe der Mündung ist diese in ihrer zur Windungsachse schiefen Länge gemessen, was selbstverständlich eine grössere Zahl ergiebt, als der von der Mündung eingenommene Theil der der Achse parallelen Schalenlänge.

Buliminus (Rhachis) melanacme (Pfr.)

Bulimus melanacme, Pfeiffer, Proc. Zool. Soc. 1855, p. 96, pl. 31, Fig. 8; Monogr. Helic. IV, p. 486; v. Martens in Malak. Blätt. VI, 1859, S. 213.

Buliminus (Rhachis) melanacme, Pfr., v. Martens in Albers Heliceen, 2. Ausg., S. 231; Nachrichtsbl. d. mal. Ges. 1869, S. 152

Pachnodus sesamorum, Bourguignat, Moll. de l'Afr. équat., 1889, p. 66, pl. 3, Fig. 2, 3.

Zwischen Sesam-Samen aus Sansibar gefunden, Brauns und Bourguignat. Pangani, Hildebrandt, 1875.

Querimba-Inseln an der Küste von Mossambique, wenig südlich von dem deutschen Gebiete, Peters. — Pfeiffer giebt Tette (am Sambesi) als Fundort der von Peters gesammelten Exemplare an, aber im Berliner Museum ist auf den Etiketten von Peters' Hand nur Querimba, nicht Tette, geschrieben, während für B. punctatus beide Fundorte durch Etiketten von ihm gesichert sind.

Die Mehrzahl der Peters'schen Exemplare hat kein Band, mehrere eines in der Peripherie, zwei noch ein zweites unteres, das aber nicht ganz bis zur Mündung reicht. Die Brauns'schen und Hildebrandt'schen haben theils 1, theils 2 Bänder, und zwei Hildebrandt'sche noch auf der vorletzten Windung ein drittes.

Bei den meisten Peters'schen Exemplaren sind die 3—4 obersten Windungen dunkel, violett-schwarz oder bräunlich-schwarz, doch die obersten zwei immer die dunkelsten; bei einzelnen Peters'schen Stücken, sowie bei denen von Pangani und einem Brauns'schen sind aber auch die obersten Windungen nur massig roth-braun, die dritte blassbraun.

Var. leroyi Bgt.

Pachnodus leroyi, Bourguignat, Moll. de l'Afr. équat., p. 65, pl. 3, Fig. 4, 5. Berg Nguru in Ussagara, 2000 m hoch, Pater Leroy.

Var. usagaricus E. Sm.

Bulimus (Rhachis) usagaricus, E. Smith, Ann. Mag. Nat. Hist. (6) VI, 1890, p. 152, pl. 5, Fig. 5.

Nur durch bedeutendere Grösse von melanacme zu unterscheiden; die Anordnung der Bänder und Flecke ganz ebenso.

Ussagara, Bischof Hannington.

Var. neumanni n.

Die direkte schwarz-braune Färbung erstreckt sich von der Spitze ununterbrochen auf der Oberseite bis zur Mündung, während die nur auf der letzten Windung sichtbare Unterseite gelblich-weiss ist, mit schwarzen Punkten, einem schwarz-braunen unteren Band und schwarz-brauner Färbung der Nabelgegend.

Magila in Ussambara, O. Neumann, Mai 1893.

Buliminus (Rhachis) burtoi Bgt.

(Taf. III, Fig. 37.)

Buliminus punctatus, auffallende Form, v. Martens, Nachrichtsbl. d. mal. Ges. 1869, S. 153.

Rachisellus burtoi, Bourguignat, Moll. de l'Afr. équat., 1889, p. 69.

Durch die weit mehr bauchige Gestalt und die schärfere Kante um den Nabel von dem folgenden B. punctatus, dem er in der Färbung sehr ähnlich ist, unterschieden. An der angeführten Stelle im Nachrichtsblatt ist 22¹/₂ Druckfehler für 12¹/₂.

Unter Sesam-Samen aus Sansibar, Brauns. An Strandpflanzen längs der Küste zwischen Mombas und Barawa, Bourguignat.

Bourguignat giebt zwar weder Abbildung noch Maassangaben, doch passt seine Beschreibung so gut, dass ich nicht zweifle, seine Art sei identisch mit der Form, von welcher ich bis dahin nur Ein Stück kannte.

Buliminus (Rhachis) punctatus (Ant.)

Bulimus punctatus, Anton, Verzeichn. Conchyl. Samml. 1839, p. 42; Pfr., Mon. Helic. I, 212; Bulimus in Chemnitz, Ed. Nov., S. 229, Taf. 62, Fig. 22—24; Reeve, Conch. Ic. V, Fig. 452; Deshayes bei Férussac, Hist. Nat. Moll. terr. II, p. 186, pl. 157, Fig. 7. 8; Morelet, Series Conch. II, p. 66; v. Martens in Malakozool. Blätter VI, p. 213; Hanley u. Theobald, Conch. Indica, p. 10, pl. 20, Fig. 6; Gibbons in Quart. Journ. of Conch. II, 1879, p. 144; Craven in Proc. Zool. Soc. 1880, p. 217.

Buliminus (Rhachis) punctatus Ant., v. Martens in Albers, Heliceen, 2. Ausg., S. 231; Nachrichtsbl. d. mal. Ges. 1869, S. 153; Nevill, Handlist Moll. Indian Mus. I, p. 130.

Bulimus ferussaci, Dunker in Zeitschr. f. Mal. 1845, p. 164, und Moll. Guin., 1853, S. 6, Taf. 1, Fig. 35, 36; Pfr., Mon. Helic. II, p. 212; Reeve, Conch. Icon. V, f. 441.

Rachisellus punctatus und ledoulxi, Bourguignat, Moll. de l'Afr. équat.,
p. 69 und 70, pl. 5, Fig. 10, 11.

Sansibar, Vesco 1848—49 und v. d. Decken. Unter Sesam-Samen aus Sansibar, Brauns. Sansibar auf Sträuchern und Gras, Gibbons. Pangani und Marongo in Ussambara, Craven. Pangani (nicht Kipopotue in Ukamba) Okt. 1875, Hildebrandt. Makdischu, Bourguignat. Amelia-Bai bei Mbempa im südl. Theil des Nyassa, Lieder. Querimba-Inseln, nördl. v. Mossambique, und Tette am Sambesi, Peters.

Diese Art ist in Vorderindien ziemlich weit verbreitet, so z. B. von Calcutta, Benares, Orissa, Madras, Tritschinapali und Ceylon bekannt, also von der ganzen Ostseite und ein gutes Stück am Ganges hinauf, und daher vielleicht von dort durch den menschlichen Verkehr nach Ostafrika gekommen, wo sie hauptsächlich an der Küste oder an Orten grösseren Verkehrs, wie Tette, gefunden worden ist; dass sie unter dem in Handel kommenden Sesam-Samen gefunden wird, scheint die Art und Weise der Verbreitung anzudeuten, da die Sesampflanze auch wahrscheinlich indischen Ursprungs ist (Alph. de Candolle, Géogr. botanique II, S. 987). In Südwestafrika ist sie zuerst bei Loanda von Dr. G. Tams 1841—42 gefunden worden, dann von Dr. Buchner am Coanza (Berliner Museum); die Unterschiede in Grösse und Schlankheit, zwischen B. punctatus und ferussaci, welche nach Pfeiffer's Diagnose ziemlich bedeutend erscheinen, werden durch Vergleichung zahlreicher Exemplare völlig überbrückt.

Ueber die Uebereinstimmung der ostafrikanischen und indischen Exemplare bleibt mir bei Vergleichung zahlreicher Stücke kein Zweifel; schwieriger ist es, ob auch der südwestafrikanische B. ferussaci Dunk. zu derselben Art zu rechnen sei. In Pfeiffer's Beschreibung, Mon. Helic. II, 212, und in Reeve's Abbildung, Conch. Icon., Fig. 441, erscheint er viel grösser und schlanker, dort 19 mm lang und $7^{1}/_{2}$ breit, hier sogar 22 lang und $8^{1}/_{2}$ breit; in Dunker's Abbildung, Moll. Guin., Taf. 1, Fig. 36, 20 lang und 8 breit; aber die Exemplare von B. ferussaci in Dunker's Sammlung, jetzt im Berliner Museum, sind nur $13—13^{1}/_{2}$ mm lang und $6^{1}/_{2}—6^{3}/_{4}$ breit, und dieses stimmt besser zu Dunker's Maassangaben in der Originalbeschreibung, Zeitschr. f. Malakozool. 1845, S. 164, und Moll. Guin., p. 6: »7 Linien lang und Breite zur Länge wie 48:100«; wenn wir rheinische Linien, eine zu 2,11 mm annehmen, so ergiebt sich eine Länge von 14,77 mm, wenn Pariser Linien, eine zu 1,25 mm, von 15,75 mm. Wahrscheinlich ist die Dunker'sche Abbildung etwas vergrössert und die Reeve'sche noch mehr; zu schlank sind beide im Vergleich zu Dunker's Maassangabe. Auch die Unterschiede in der Färbung bewähren sich nicht. B. ferussaci, in den genannten Abbildungen rein weiss mit deutlichen grauen oder braunen Striemen, wird in der Originaldiagnose »albida vel subflava« genannt, und die Dunker'schen Exemplare machen ganz den Eindruck, als ob sie etwas verbleicht wären; ihre Striemen sind nicht schärfer und dunkler als bei manchen ostafrikanischen und indischen Stücken von B. punctatus. Am Coanza-Fluss hat Dr. Buchner Stücke gesammelt, welche so schön braun-gelb sind, wie irgend ein B. punctatus, 12 mm lang und 7 breit. Ueberdies sagt Dunker selbst, Moll. Guin. S. 7, dass sein B. ferussaci neuerdings (1853 geschrieben) auch in Ostafrika entdeckt worden sei, was vielleicht auf die von Vesco 1848—49 gesammelten und durch Morelet verbreiteten punctatus von Sansibar sich bezieht. Dieser B. ferussaci, zuerst bei Loanda von Dr. Tams gefunden, ist nach Welwitsch (Voy., Moll. p. 60) in Angola von der Küste bis in's höher gelegene Binnenland verbreitet, an Blättern von Aloë, Stämmen von Hyphaene u. s. w. sitzend, gesellig und oft der Sonnenhitze ausgesetzt, wie in Süd-Europa Cochlicella acuta.

Var. ledoulxi Bgt.

Rachisellus ledoulxi, Bourg., Moll. de l'Afr. équat., p. 70, pl. 5, Fig. 10, 11. Scheint sich nur durch den Mangel der Punkte von dem normalen B. punctatus zu unterscheiden.

Auf Strandpflanzen zu Sansibar und an der afrikanischen Küste bei Ssadani, Pangani, Tanga und Mombas, ...

Var. variolosus (Morel.)

Bulimus variolosus, Morelet, Series Conchyl. II, p. 66, pl. 5, Fig. 2, von Mogadoxa (Makdischu) im Somali-Land ist dieser Art auch sehr ähnlich; Morelet erwähnt kein Band an demselben, aber ein Exemplar, ebenfalls aus Makdischu, von Revoil's Expedition stammend, welches das Berliner Museum durch Hrn. Ancey erhielt, zeigt ein dunkelbraunes, etwas unterbrochenes Band an derselben Stelle wie punctatus und dazu eine lebhaft dunkelbraune Färbung der Nabelgegend, welche auch von Morelet nicht erwähnt wird und öfters auch bei punctatus vorkommt; dadurch rückt variolosus dem punctatus noch näher, der Hauptunterschied bleibt in den Flecken, welche bei variolosus viel zahlreicher, aber auch blasser und öfters zu Strichen, stern- oder baumförmigen Figuren gruppirt sind.

d) Stenogyrinen.

Kiefer meist fein gestreift, seltener gefurcht. Mittelzahn der Radula viel schmäler als die nächsten Seitenzähne; im Uebrigen das Gebiss dem der Aulacognathen ähnlich, auch Pflanzenfresser. Schale meist viel langer als breit, oft gethürmt; nicht selten der Columellarrand unten ausgerandet.

Achatina Lm.

Schale gross, länglich; Innenrand (Columellarrand) am unteren Ende deutlich ausgerandet, wie abgeschnitten. Kiefer mit mehreren starken, senkrechten Leisten. Radula mit quadratischen Zähnen, der Mittelzahn viel kleiner als seine Nachbarn. Beschreibung und Abbildung des lebenden Thieres von Ach. fulica, und seiner Anatomie von Lesson in Duperey's Voyage de la Coquille, zool. II, p. 318, Atlas pl. 9, Fig. 2 und von Quoy und Gaimard in D. Urville's Voy. de l'Astrolabe, zool. II, p. 152, pl. 11 und 49 (kopirt in Oken's Isis, 1833, S. 130, Taf. 2 und 1833, Taf. 14), sowie von Semper, Reisen im Archipel der Philippinen, Landschnecken, Heft III, S. 142 und 145, Taf. 12 und 16 (Kiefer, Radula und Niere mehrerer Arten), endlich die Geschlechtsorgane zweier Arten von Brancsik im Jahrhft. d. nat. Vereins d. Trencsiner Comitats XV, 1892, Taf. 6.

Diese Gattung ist für das tropische Afrika sehr charakteristisch, sie erstreckt sich vom Njamnjam-Land (5° n. Br., Ach. schweinfurthi) bis ins Capland (Ach. zebra, Distrikt George und Uitenhage); an der Westküste ist sie nach Norden hin nicht weiter als bis Sierra Leone (Ach. variegata, die grösste Art) sicher bekannt. Sie enthält die grössten Landschnecken; ihre Eier aber sind verhältnissmässig kleiner als die der nächstgrossen südamerikanischen Bulimus, im Längendurchmesser zur ganzen Schale wie 1:6- 9, im Querdurchmesser zur Mündungsweite der Schale wie 1:1 1/2—3, im Kubikinhalt zur Schale wie 1:100—340 (vergl. v. Martens in Sitz.-Ber. Ges. nat. Freunde 1891, S. 33).

Namen	Skulptur	Färbung der letzten Windung	Färbung d. Mündung	Columellarrand	Gesammtform	Länge mm	Breite mm	Mündung mm
reticulata Pfr.	grob gegittert, mit vertikal längl. rechteckigen Körnern und tiefen Spiralfurchen	gelblich-weiss, mit kleinen braunen Flecken	weiss	ge-bogen	spindelförmig, zieml. schlank, oben zugespitzt	195 160 125 148	85—90 70 64 64	88—92 73 60 74
lactea Rv.	körnig-netzförmig, mit oben zahlreicheren, unten fehlenden Spiralfurchen	weiss	do.	kaum ge-bogen	mässig bauchig	113 110	54 56	53 56
bloyeti Bgt.	grob (blätterig) gestreift	weisslich, mit rothbraunen Striemen	do.	kurz, gerade	langgezogen, doch bauchig	105	53	51
— var. fatalis Marts.	runzlig gestreift	weisslich, mit wenig zahlreichen braunen Striemen	do.	do.	langgezogen	143	73	69
marici Ancey	faltenstreifig, mit wenig zahlreichen Spirallinien	grau-braun, oben geflammt	rosa	wenig ge-bogen	bauchig, oben kurz	169	84	97
milne-edwardsiana Rév.	schwach gestreift, an der Naht gefältelt abgegrenzt, einzelne Spiralfurchen auf der letzten Windung	röthlich-weiss, mit breiten violetten Striemen	weiss	stark ge-bogen, kurz	konisch-eiförmig, ziemlich bauchig, oben zugespitzt, unten sackförmig	191 178 143	71 86 64	70 78 60
panthera Fér.	schwach gestreift, an der Naht gefältelt, ohne Furche	weisslich, mit dunkelbraunen, nach rückwärts abschattirten Striemen	rosenroth	schwach ge-bogen	lanzettförmig, oben zugespitzt, mässig bauchig	151 118	75 57	75 64
— var. peristomate albo	do.	do.	weiss	do.	do.	125 110	61 54	63 56
— var. neumanni n.	do.	do.	do.	sehr dick, oben eingebogen, unten gerade	do.	126	62	64
letourneuxi Bgt.	do.	gelblich, mit kastanienbraunen Striemen	Aussenrand röthlich braun, Col. weiss	stärker ge-bogen	schlanker als panthera	118	50	53
layardi Pfr.	schwach gestreift, an der Naht eine Reihe kleiner Höckerchen mit Spiralfurchen	do. und dazwischen kleine Flecke	blass rosenroth	sehr schwach ge-bogen, wulstig	gestreckt-eiförmig, mässig bauchig	139 138	70 66	78 78
rodatzi Dkr.	Frühere Windungen fein gegittert, letzte ziemlich glatt, an der Naht gefältelt, ohne Furche	fast einfarbig gelb (mit sehr schmalen weissen Striemen)	weisslich	sehr schwach ge-bogen	spindelförmig, ziemlich schlank	134	60	72

Namen	Skulptur	Färbung der letzten Windung	Färbung d. Mündung	Columellarrand	Gesammtform	Länge mm	Breite mm	Mündung mm
schweinfurthi Marts.	obere Windungen schwach körnig spiralgestreift, Nahtband undeutlich abgegrenzt	gelb, mit breiten kastanienbraunen Striemen, nach oben schmal und öfters gegabelt, nach unten sehr schief und oft zusammenfliessend	bläulich-weiss	schwach ge-bogen	sehr gestreckt, eiförmig	132 145	76 76	71 79
zanzibarica Bgt.	eng faltenstreifig, mit ziemlich von-einander ab-stehenden Spiral-furchen, an der Nahtgefältelt,ohne scharfe Grenze	gelb,mit kastanien-braunen, ziemlich breiten und un-gleichen Striemen; Spitze röthlich	do.	sehr schwach ge-bogen	spindelförmig, mässig bauchig	134 117 110	62 57 55	71 65 60
— var. lhotel-lerii Bgt.	do.	do.	do.	do.	schlanker, spindelförmig	101 97	44½ 49	50 56
hamillei (Petit?) E. Sm.	schwächer falten-streifig, letzte Win-dung meist ohne Spiralfurchen, Naht gefältelt, schmal abgegrenzt	weisslich-gelb, mit kastanienbraunen Striemen, die auf der letzten Win-dung fast die ganze Fläche ein-nehmen	Aussen-rand dunkel-braun ge-säumt, Colu-mellar-rand weissl.	mässig ge-bogen	breit eiförmig, oben zugespitzt	138 130 114 90	68 62 62 50	72 69 64 50
castanea L.m.	schwach falten-streifig, Naht ge-fältelt, ohne Furche	obere Hälfte ein-farbig kastanien-braun,untere gelb, Naht heller	Aussenr. bräunl. ge-säumt, Col. weiss	fast gerade	eiförmig, oben zugespitzt	97	50½	55
fulica Fér.	letzte Windung sehr schwach faltenstreifig, glän-zend, Naht ge-fältelt,ohne Furche	gelb, mit unregel-mässigen, meist schmalen braunen Striemen	weiss, zuweilen braun-lich gesäumt	mässig ge-bogen	länglich, ziem-lich schlank, letzte Windung bauchiger	137 115 113	67 56½ 59	68 60 57
craveni E. Sm.	obere Hälfte der Windungen mässig gekörnelt	gelb, mit zahl-reichen schmalen, etwas zackigen Striemen	weiss	fast gerade	eiförmig, ziem-lich bauchig	83 81 67—69	44 40 36	45 39 37
fulminatrix Marts.	obere Hälfte der Windungen deut-lich gekörnt	gelb, mit zahl-reichen stark zackigen, unten sehr schiefen, roth-braunen Striemen	do.	stark ge-bogen	länglich-eiförmig	59	28½	31
arctespirata Bgt.	»scharf gestreift«	do.	do.	mässig ge-bogen	spitz eiförmig, oben sehr schlank	57	32	31
stuhlmanni Marts.	runzelstreifig, Spirallinien auf der letzten Windung verschwunden; Naht schief ge-fältelt	grünlich-dunkel-braun mit einzel-nen schwärzlichen Striemen	bläu-lich weiss	fast senk-recht	lang gestreckt, etwas konisch	118	52	58

Namen	Skulptur	Färbung der letzten Windung	Färbung d. Mündung	Columellarrand	Gesammtform	Länge mm	Breite mm	Mündung mm
randabeli Bgt.	schar gegittert	grünlich-braun mit unregelmässigen Striemen	weiss	fast senkrecht	schlank eiförmig	55	28	31
allisa ? Pfr.	runzelstreifig	weiss, mit schwacher Zeichnung	do.	schwach gebogen	konisch-langgestreckt	73	32	35
thomsoni E. Sm.	sehr fein gegittert, Naht angedrückt mit Furche	gelb, mit zahlreichen, etwas zackigen schwarzbraunen Striemen, Spitze röthlich	bläulich-weiss	stark gebogen, sehr schief abgestutzt	gestreckt-eiförmig	73	32 .36	38
grandidieriana Bgt.	glänzend glatt	gelb, mit oben schmalen, dann stark verbreiterten Striemen	weisslich	ziemlich gebogen	konisch-eiförmig	30	15	13 - 10
ellioti E. Sm.	glänzend	gelb, mit breiten schwärzlichen, zusammenfliessenden Striemen	bläulich-weiss	gerade	gethürmt	38	13½	12

Achatina reticulata Pfr.

Pfeiffer in Proc. Zool. Soc. 1845, p. 74; Mon. Helic II, p. 252. Deshayes bei Férussac, Hist. Nat. d. Moll. terr. II, p. 160, pl. 129. Albers, Heliceen, erste Ausgabe, S. 192. Reeve, Conch. Ic. V, Fig. 9. Pfeiffer in der neuen Ausgabe von Chemnitz, Bulimus und Achatina S. 326, Taf. 27, Fig. 1 und Novitat. Conch. I, p. 98. Dohrn in Malakozool. Blätter XXI, S. 180. Gibbons in Journ. of Conch. II., S. 143. Ancey in Bull. de la Soc. Malacol. de France II, 1885, p. 139.

Die grösste, mindestens längste, ostafrikanische Art, bis 195 mm lang und 85 mm Durchmesser, leicht kenntlich an der dicken, gelblich-weissen Schale mit kastanienbraunen Striemen, die auf der letzten Windung weniger ausgebildet sind als auf den früheren, und an der grobkörnigen Skulptur.

Insel Sansibar, Rodatz um 1848 50 (Albers und Pfeiffer, Novitat.) und Ost. Neumann; von letzterem 1893 mit der Angabe erhalten, dass sie nur im Kalkgebiete der Ostküste der Insel, bei Jambiani vorkomme, nicht bei der Hauptstadt, dort aber Morgens und Abends zu vielen Hunderten in allen Gebüschen und auf allen Rasenflecken. Gibbons und Herr Marie haben diese Art auch südlicher an der Lindi-Bai und beim Fluss Lindi von Eingeborenen erhalten und darunter auch ein linksgewundenes Exemplar (Ancey a. a. O.).

Das grösste Exemplar im Berliner Museum ist 195 mm lang und 85 im Durchmesser, 153 g schwer; ein merklich schlankeres aus der Paetel'schen Sammlung ebenso lang und nur 80 im Durchmesser, die letzte Windung unterhalb der Naht mehr abgeflacht und eingezogen; ein Stück aus der Dunker'schen Sammlung, 190 mm lang, zeigt einen sehr dicken Mündungsrand (9 mm) mit sehr zahlreichen Anwachslinien, also wahrscheinlich sehr alt; es wiegt 243 g, ein etwas kleineres, aber mit noch dickerer Schale 240 g. Das kleinste, anscheinend ausgewachsene Exemplar von Herrn Neumann, mit dickem Mundsaum, ist nur 125 mm lang und 64 im Durchmesser, aber mit ebensoviel Windungen, 8—9, als die grösseren. Die kastanienbraunen Striemen sind auf der vorletzten und den vorhergehenden Windungen immer gut ausgebildet, öfters ziemlich breit, dagegen auf der Rückseite der letzten durch viel kleinere Flecke ersetzt, die mehr in der Spiralrichtung sich verlängern und auch ähnlich schon öfters auf den früheren Windungen zwischen den breiteren Striemen vorkommen.

Achatina lactea Rv.

Reeve in Proc. Zool. Soc. 1842, p. 55; Conch. syst. II, pl. 177, Fig. 7; Conch. Ic. V, Fig. 41. Pfr., Mon. Helic. II, p. 252.

Sansibar, nach Exemplaren in Cuming's Sammlung, eines aus Paetel's Sammlung jetzt auch im Berliner Museum für Naturkunde, seitdem meines Wissens nicht mehr nach Europa gekommen.

Verglichen mit annähernd gleich grossen, jüngeren Exemplaren von Ach. reticulata zeigt sie sich sofort als rascher an Breite zunehmend, mit stärker gewölbten Windungen, daher auch die Mündung breiter und der Columellarrand etwas mehr gebogen. Die Skulptur ist ähnlich, doch reichen die Spiralfurchen, welche die netzartige Zeichnung bedingen, an der vorletzten und letzten Windung weniger tief hinab, an der vorletzten nicht bis zur folgenden Naht, an der letzten kaum bis zur Hälfte der Höhe dieser Windung. Von braunen Flecken ist keine Spur vorhanden.

Achatina bloyeti Bgt.

Bourguignat, Moll. de l'Afr. équat. 1889, p. 82.
Kondoa in Ussagara, Capit. Bloyet.

Var. fatalis Marts.

Achatina fatalis v. Martens, Sitz-Ber. d. Ges. nat. Freunde 1895, p. 145.

Verlängert, etwas bauchig, dickschalig, eng faltenstreifig, mit seichten Spirallinien, welche auf den oberen Windungen deutlich und ziemlich zahlreich, auf der letzten verwischt sind, weisslich mit einzelnen braunen, senkrechten Striemen; $8^{1}\!/_{2}$ Windungen, gewölbt, regelmässig zunehmend, die letzte länglichelliptisch mit einer Spiralfurche dicht unter der Naht, länglich, unten etwas sackartig ausgebaucht. Mündung verhältnissmässig klein, kaum etwas schief stehend, schief vierseitig; Mündungsrand weiss; Columellarrand kurz, dick, fast senkrecht, schwach abgestutzt, Unterrand unter der Abstutzung gerundet, Auflagerung auf der Mündungswand dünn, sehr blass rosenroth. Länge 143, Durchmesser der letzten Windung 73, der vorletzten 55 mm; Mündung 69 mm lang, mit Einschluss des Columellarrandes 47, ohne ihn 39 breit.

»In allen Steppen unterhalb des Kilima-Ndjaro, 700—1100 m, ziemlich häufig, die mitgebrachten Exemplare aus der Gegend des Dschalla-Sees, Apr. 1894. Das Gehäuse spielt bei den Gottesurtheilen der Wadschagga-Bevölkerung eine Rolle, indem der Angeklagte, dessen Schuld oder Unschuld sich erweisen soll, aus ihm den Gifttrank nehmen muss«. Dr. Volkens. Steppen am südlichen Fuss des Kilima-Ndjaro, Dr. Lent (1895).

Die Dicke der Schale und die allgemeine Form erinnern an Ach. reticulata; Bourguignat's Beschreibung von Ach. bloyeti passt in vielen Beziehungen, nur deuten die Worte »grosse striato-lamellosa« eine noch stärkere Skulptur an, und die Rundung der einzelnen Windungen mit entsprechender Tiefe der Naht ist mehr hervorgehoben, als für unsere Stücke passt.

Achatina mariei Ancey

Ancey in Mém. de la Soc. Zool. de France VII, 1894, p. 220—222.

Eine der grössten Arten, ausgezeichnet durch das verhältnissmässig kurze Gewinde.

An der Mündung des Flusses Lindi im südlichen Theil des deutschen Gebiets, E. Marie.

Achatina milne-edwardsiana, Rev.

Révoil in Bull. Soc. Malac. de France II, 1885, p. 98, pl. 5. v. Martens in Ann. Mus. Genov. (2) XV, 1895, p. 64.

Charakteristisch durch die sackförmige, d. h. nach unten stärker vorgewölbte Gestalt der letzten Windung und den verhältnissmässig kurzen, sehr schiefen Columellarrand.

Ussagara, ein Stück von 190 mm Länge und 96 Durchmesser, Bloyet, s. Révoil a. a. O. Ein sehr grosses, ziemlich bauchiges Exemplar, 178 mm lang, 86 breit, Mündung 78 hoch und mit dem Columellarrand 56 breit, aus der Massai-Steppe, nordöstlich von Ussandami, durch Compagnieführer Langheld 1896 für das Berliner Museum erhalten.

Sonst nördlicher im Somaligebiet, im Thal des Uebi, aufwärts von Guelidi, 4 Tagemärsche von Moguedouchou (Mukdischu), wo sie sich so in den Sandboden eingräbt, dass nur die glänzende Spitze (Embryonalschale) sichtbar ist, Révoil. Der Autor giebt als Maasse an: Länge 143, Breite 64, Mündungslänge 60, während die Abbildung 191, 91 und 70 mm ergiebt; das erklärt sich daraus, dass nach p. 99 die Abbildung nach der von Bloyet in Ussagara gesammelten Form, die ersten Maasse nach den typischen Stücken vom Uebi-Thal genommen sind. Kleinere Stücke, nur 10 cm lang, fand V. Bottego zwischen Bardera und Brava.

Ein Exemplar, das Prof. Peters auf den Querimba-Inseln an der Küste von Mossambique, zwischen Quiloa und Mossambique, gesammelt hat, ist dieser Art nach der Abbildung sehr ähnlich, nur wenig kleiner, auf der letzten Windung mehr bräunlich, Columelle mehr schief abgestutzt. Länge 165, Breite 79, Mündung 79 mm; ich habe dasselbe in den Mal. Blättern VI 1859, S. 214, als weissmündige Ach. panthera aufgeführt.

Reeve's Abbildung von Ach. fulva, Conch. Ic. V, Fig. 10, gleicht in mancher Beziehung dieser Art.

Achatina panthera (Fer.)

Weisslich, mit bläulich-violetten, etwas breiten, nach rückwärts heller abschattirten Striemen, länglich-eiförmig, ziemlich glatt.

a) Mit mehr oder weniger rosenrothem Columellarrand.

Helix panthera, Férussac, Prodr. Nro. 349; Hist. Nat. Moll. terr. II, pl. 126.

Achatina panthera, Deshayes bei Lam., An. s. vert., ed. 2, VIII, p. 309, und bei Férussac II, p. 159; Reeve, Conch. Ic. V, Fig. 12; Dohrn in Proc. Zool. Soc. 1865, p. 232, Morelet, Series Conch. II, p. 69; Gibbons in Journ. of Conch. II, p. 143; Bourguignat, Descript. divers. esp. de Moll. de l'Egypte etc. 1879, p. 9, und Moll. de l'Afr. équat., p. 75.

? Achatina lamarckiana, Pfeiffer, Proc. Zool. 1846, p. 115; Mon. Helic. II, p. 253 (Inneres von Madagascar).

Vom Festland Ostafrikas hat das Berliner Museum für Naturkunde diese Art nur von Tette am Sambesi durch Prof. Peters erhalten (118 mm lang), und dieses Vorkommen wurde durch Kirk bestätigt; Gibbons fand sie auf der Insel Mossambique auf Bäumen und in Felsenlöchern, Stuhlmann 1889 bei Quilimane, etwas nördlich von der Mündung des Zambezi. Dagegen nennt sie Bourguignat auch von Nasimoya auf der Insel Sansibar und überhaupt von Zanguebar (Sansibarküste). Sonst findet sie sich auf Madagascar, Mauritius und Réunion, auf den beiden letzten wahrscheinlich absichtlich eingeführt, nach Vesco bei Morelet.

6*

b) Mit weissem Columellarrand.

Achatina panthera (Fér.), Pfeiffer, Mon. Helic. II, p. 252, und in der neuen Ausgabe von Chemnitz, Bulimus, S. 327, Taf. 28, Fig. 1.

Sansibar, Stuhlmann 2 Exemplare, das grösste 125 mm lang, 61 breit, Mündung 63 lang.

Aus Bagamoyo erhielt ich durch Stabsarzt Steudel zwei Exemplare, das grössere 110 mm lang, 54 breit, die Mündung 56 mm; es ist fraglich, ob dieselben ganz erwachsen seien oder vielleicht bei weiterem Wachsthum noch einen rothen Mündungsrand bekommen hätten. Ein verbleichtes, wahrscheinlich auch hierher gehöriges Stück von der Marangu-Station am Kilima-Ndjaro durch Dr. Lent. Als Typus für Ach. panthera muss die von Férussac selbst noch veröffentlichte Abbildung Taf. 126 gelten, und diese zeigt deutlich eine röthliche wenn auch blasse Färbung des Mündungsrandes. Pfeiffer unterscheidet dagegen im 2. Band seines Werkes eine weissmündige panthera unsicherer Herkunft und eine rothmündige lamarckiana von Madagascar und behält beide in den folgenden Bänden bei, sie sogar in verschiedene Paragraphen einordnend, panthera als »anfr. ult. spira breviore«, lamarckiana als »anfr. ult. spiram superantes«; auf Férussac's Abbildung ist aber schon die Mündung länger als die Hälfte der ganzen Schalenlänge, die ganze letzte Windung also noch mehr als die übrigen zusammen.

Der Artname »panthera« ist sehr wenig passend, da die Zeichnung dieser Art wohl etwa mit derjenigen des Tigers, aber nicht des Panthers verglichen werden kann.

Var. neumanni n.

Ein sehr eigenthümliches Stück, bei Jambiani auf der Insel Sansibar von O. Neumann mit Ach. reticulata gefunden, zeigt im Allgemeinen die Charaktere von Ach. panthera, aber die Mündung ist rein weiss und auffallend verdickt, der Aussenrand fast ein wenig nach aussen gebogen und nach innen mit einer lippenartigen, etwas unebenen, doch nicht scharf abgegrenzten Verdickung, der Columellarrand oben stark gebogen dann gerade und auch sehr dick, ebenso die Schwiele auf der Mündungswand. Länge 126, Breite 62, Mündung 64 mm. Wohl eine Lokalform, klein geblieben und doch schon sehr alt.

Achatina letourneuxi Bgt.

Bourguignat, Descript. divers. esp. d. Moll. de l'Égypte etc. 1879, p. 8u. Moll. de l'Afr. équat., p. 79.

Achatina panthera (Fér.), var. neumanni n.

Bourguignat unterscheidet von Ach. panthera noch seine Ach. letourneuxi, ebenfalls von Nasimoya auf der Insel Sansibar, welche nach seiner Beschreibung in der Färbung mehr der zanzibarica ähneln würde, aber von ihm zunächst mit panthera verglichen und in der zweiten Arbeit zu den dickschaligen gestreckten Arten mit verhältnissmässig kleinerer Mündung, wie Ach. reticulata und milneedwardsiana gerechnet, ja als Typus für diese Gruppe aufgestellt wird. Die hiesige Sammlung besitzt kein Exemplar, auf welches all dieses passen würde.

Achatina layardi Pfr.

Pfeiffer in Mal. Blätt. V, 1858, S. 238, Proc. Zool. Soc. 1859, p. 27, pl. 43, Fig. 5, und Novitat. Conch. II, S. 153, Taf. 40, Fig. 1, 2; Mon. Helic. VI, p. 211. Ancey in Bull. Soc. Mal. de France II, p. 140.

Aehnlich der Ach. panthera mit röthlichem Mündungsrand, aber durch mehr bräunliche Grundfarbe und zahlreiche kleine braune Flecke zwischen den Striemen zu unterscheiden.

Oiba an der Küste von Ostafrika, Layard in Cuming's Sammlung; am Fluss Lindi, im südlichen Theil des deutschen Gebiets, Herr Marie.

Die beiden oben citirten Abbildungen zeigen einen merklichen Unterschied in der Richtung des Columellarrandes, stark gebogen in der ersteren, fast geradlinig senkrecht in der zweiten; ein Exemplar in Paetel's Sammlung stimmt hierin mehr mit der zweiten. Schon H. Dohrn hat übrigens darauf aufmerksam gemacht, dass gerade hierin die grossen Achatinen stark variiren, ohne dass man dies als Artunterschied betrachten durfe (Mal. Blätt. XXI, 1873, S. 80).

Pfeiffer giebt die Mündungslänge zu 83 mm an, aber auf keiner seiner beiden Abbildungen erreicht sie dieses Maass, während die Längenangabe, 139, zu derjenigen in den Novitates stimmt.

Achatina rodatzi Dkr.

Dunker in der Zeitschr. f. Malakozoologie 1852, S. 127. Pfeiffer, Mon. Helic. III. p. 483; Novitat. Conch. I, S. 97, Taf. 27, Fig. 1, 2. Gibbons in Journ. of Conch. II, S. 143. Pfeifer, Jahrb. d. Hamburger wiss. Anstalten IV, 1889, p. 24.

Strohgelb, fast einfarbig.

Insel Sansibar mit Ach. reticulata zusammen, Alb. Rodatz. Ebenda, sparsam, mit Ach. fulica, Gibbons. Bagomoyo, Stuhlmann, 25. Juni 1888. Am Weg von Kikoha nach Rosako (in Usaramo) und bei Msere am Wamiufer, Stuhlmann, Aug. 1888.

Aus Ussambara hat das Museum für Naturkunde von Hrn. Conradt eine junge Achatina erhalten, welche in der fast einfarbig gelben Farbe und in der Skulptur mit Ach. rodatzi übereinstimmt, aber Spuren dunklerer Streifung und mehrere undurchsichtig weisse, sehr schmale vertikale Striemen zeigt, wovon übrigens in Pfeiffer's Abbildung, Fig. 2, auch eine Spur vorhanden ist. Leider kann ich die Skulptur nicht an einem Originalexemplar vergleichen, da kein solches in seiner dem Berliner Museum zugekommenen Sammlung sich befindet; an Stuhlmanns Exemplar ist die Faltelung der Naht deutlich und durch eine Furche abgegrenzt, an der Originalabbildung schwächer und ohne Furche.

Achatina schweinfurthi Marts.

v. Martens in Mal. Blätt. XXI, 1873, S. 40. Jickeli, Land- u. Sussw.-Moll. v. Nordost-Afrika, S. 150, Taf. 6, Fig. 1, und in Pfeiffer, Novit. Conch. IV, S. 141, Taf. 132, Fig. 1, 2; Pfeiffer, Mon. Helic. VIII, p. 272.

Für diese Art ist die Form der kastanienbraunen Striemen charakteristisch: oben dunn und öfters gegabelt, dann sehr schief nach vorn und unten sich wendend und nach unten oft unter sich breit verschmelzend; nahe der Mündung sind einige Striemen wieder mehr senkrecht.

Njam-Njam-Land am Berg Baginse, G. Schweinfurth. Urwald am NW.-Abhang des Runssoro, zwischen Karevia und Kiviriri, 20. Juni 1891, und im Distrikt Andetei im Urwald, westlich vom Issango-Fluss, 26. Dezember 1891, Stuhlmann. Die Exemplare vom Runssoro sind etwas grösser als das von Schweinfurth mitgebrachte (Maasse s. in der Tabelle), dasjenige von Andetei ist etwas schlanker, Breite 58 mm, Mündung 68, Länge nicht messbar, weil die Spitze abgebrochen.

Dr. Stuhlmann bemerkte grüne Milben an der Haut und in der Lungenhöhle des lebenden Thieres. Milben (Gamasus, Dermanyssus) befinden sich bekanntlich auch öfters in Europa an den Weichtheilen lebender Landschnecken.

Achatina zanzibarica Bgt.

Bourguignat, Descript. d. diverses espèces d. Moll. de l'Egypte etc., 1879, p. 5.
Achatina usambarica, Rolle im Nachrichtsbl. d. mal. Ges. 1895, S. 100.

Die ziemlich starke Skulptur, eng gedrängte Faltenstreifen und mehr oder weniger voneinander abstehende, nicht sehr zahlreiche Spiralfurchen, die röthliche Färbung der obersten Windungen und die ziemlich spindelförmige Gestalt, mit der grössten Breite in der halben Höhe der letzten Windung, nicht sackförmig nach unten erweitert, sind charakteristisch für diese Art. Die kastanienbraunen Striemen auf gelbem Grund sind durchschnittlich breit, aber unter sich sehr ungleich und öfters durch Querbrücken miteinander verbunden, selten nach oben gegabelt oder entschieden zickzackförmig. Der Columellarrand ist weisslich, das Innere der Mündung auffällig bläulich, mit dunkel durchscheinenden Striemen. Die röthliche Färbung der Spitze und die sonstige Färbung erinnern an die westafrikanische Ach. marginata Lm., welche sich aber sofort durch die viel bauchigere Gesammtform und die viel plumpere Spitze unterscheidet. Insel Sansibar, Nasimoya, Letourneux bei Bourguignat. Bagamoyo, Stuhlmann, Juni 1888, Buloa bei Tanga, Eismann 1895, zahlreiche junge Stücke. Landschaft Ussambara, Conradt 1891 u. 92, im Museum für Naturkunde zu Berlin. Ussambara, bei Nguelo, Rolle. Sansibar-Küste, ohne nähere Angabe, W. Schmidt 1887. Massai-Steppe, Langheld. Am Ufer des Jipe-Sees, Volkens, Juni 1894. Lager Kitohaui, SW. von Sadi Makangele, im südöstlichen Theil des deutschen Gebiets, Lieder, zwei jüngere Stücke.

Var. lhotellerii Bgt.

Achatina lhotellerii, Bourguignat, Descr. d. div. esp. d. Moll. de l'Egypte, p. 7.

Ein auffällig schmales, kleines Exemplar aus Ussambara, neben normalen von Conradt erhalten, ist 101 mm lang, nur 44 1/2 breit, Mündung 50, ein mehr normales 98 mm lang, 45 breit, Mündung 52; bei solchen jüngeren Exemplaren ist meist der Aussenrand innen dunkelbraun gesäumt.

Bourguignat's Beschreibung und Maassangaben entsprechen recht gut einem Conradt'schen Exemplare, das zwischen diesem ganz schlanken und den übrigen ungefähr die Mitte hält; von den 9 Unterschieden, welche Bourguignat zwischen Ach. lhotellerii und zanzibarica anführt, beruhen No. 2, 3, 5, 6 und 7, zum Theil auch 4, eben nur darauf, dass alle Windungen weniger gewölbt sind, also die Gesammtform schlanker ist; sie kommen dadurch nur auf eins hinaus.

Achatina hamillei (Petit?) E. Sm.
(Abbildung s. nebenstehend.)

Petit im Journ. de Conch. VII, 1858, p. 384, pl. 13, Fig. 3.
E. Smith in Proc. Zool. Soc. 1881, p. 282, pl. 32, Fig. 10.

Eine dickschalige, voll-eiförmige Form mit schwachen engen Faltenstreifen, auf den oberen Windungen durch feine Spiralfurchen gekreuzt, auf der letzten

Achatina hamillei E. Sm.

Tanga.   Natürl. Grösse.   O. Neumann S.

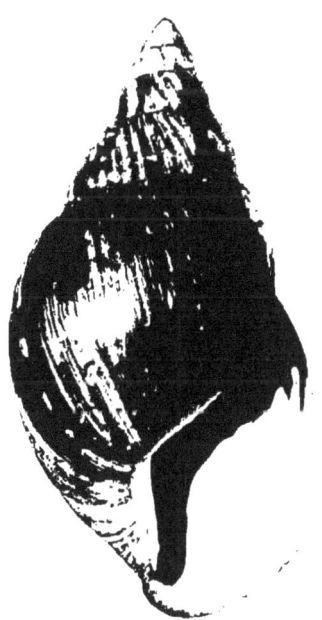
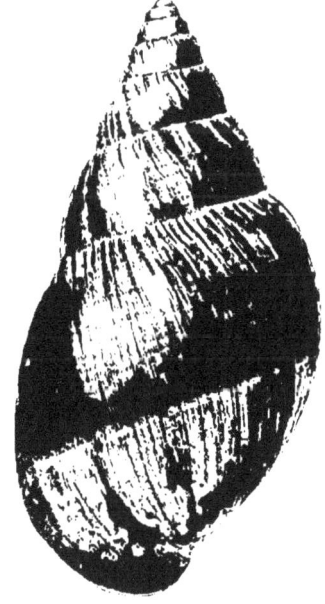

Achatina castanea Lm.

Kilima-Ndjaro.   Natürl. Grösse   G. Volkens S.

nicht mehr. Naht gefältelt, das obere Ende der Fältchen durch eine der Naht sehr nahe Furche zu einem Höckerchen abgegrenzt. Grundfarbe weisslich-gelb, auf den oberen Windungen oft durch Verbleichen weiss, mit kastanienbraunen, meist vertikalen Striemen, welche auf der letzten Windung öfters unter sich verschmelzen und weitaus den grössten Theil des Raumes einnehmen; diese Striemen an einzelnen Stücken stellenweise zickzackförmig. Columellarrand ziemlich gebogen, weiss. Aussenrand nach innen dunkelbraun gesäumt. Inneres der Mündung bläulich.

Von Ach. fulica hauptsächlich durch die breite, volle Gesammtform und dunklere Färbung der letzten Windung, von Ach. zanzibarica ausserdem noch durch schwächere Skulptur unterscheiden.

Mojoni, im Innern der Insel Sansibar nicht selten, aber nirgends in Masse auftretend, und Tanga, von da das grösste bekannte Exemplar, 136 mm lang, O. Neumann. Zwischen Simbamweni und Koo-im-Pori in Usseguha, kleinere Stücke nur bis 88 mm, Lieder 1891. Ussambara, Kirk bei E. Smith. Massai-Steppe, bei Mkurumo, im Berliner Museum ohne Angabe des Finders. Zwischen Tanganyika und der Sansibarküste, E. Storms.

E. Smith vergleicht mit Recht diese Art mit meiner Ach. petersi, mit welcher sie namentlich in der allgemeinen Form gut übereinstimmt, während sie aber bedeutend dickschaliger und bunter ist. Das schönste der von O. Neumann erhaltenen Stücke stimmt recht gut mit E. Smith's Abbildung, nur ist es noch etwas grösser und zeigt die schiefe Wulst am oberen Theile des Columellarrandes viel schwächer. Die Exemplare von Lieder stimmen näher mit Petit's Abbildung. Dieser letztere vergleicht seine Art mit Ach. marginata und vermuthet daher, dass sie aus Westafrika stamme.

Achatina castanea Lm.

Abbildung s. umstehend.

Ferussac, Hist. Nat. d. Moll. terr., pl. 125, Fig. 5.
Achatina castanea, Lamarck, Hist. Nat. d. an. s. vert., ed. 1, VII 2, p. 130; ed. 2, p. 297.
Achatina fulica var. γ, Pfeiffer, Mon. Helic. II, p. 255.

Eiförmig, nach oben zugespitzt, schwach faltenstreifig mit Spiralfurchen, welche auf den oberen Windungen ziemlich zahlreich, auf der vorletzten und letzten wenig zahlreich sind, blass-gelb mit etwas breiten, geraden, kastanienbraunen Striemen, aber auf der oberen Hälfte der letzten Windung einfarbig kastanienbraun, auf der unteren heller, gelblich, beide Farben scharf gegeneinander abgesetzt. 8 Windungen, regelmässig zunehmend, an der Naht gefaltelt, ohne abgrenzende Furche. Mündung vierseitig; Aussenrand gleichmässig gebogen, schmal braungesäumt, Inneres der Mündung violett-bläulich, Columellarrand annähernd senkrecht, weiss, mit schmaler Absetzung, Unterrand abgerundet. Länge 97, Durchmesser 50½ mm; Mündung 53 mm lang, mit dem Columellarrand 31, ohne denselben 27 breit.

Am Kilima-Ndjaro, »im Kulturland sehr gemein«, G. Volkens.

Leider liegt mir nur ein Exemplar vor, das im Allgemeinen an die bunteren Formen von Ach. hamillei erinnert, aber doch etwas schlanker ist und durch die Farbenvertheilung auf der letzten Windung sehr auffällt: obere Hälfte einfarbig kastanienbraun, untere bräunlich-gelb. Eine ähnliche Halbirung der letzten Windung betreffs der Farbe findet sich bei Ach. dimidiata, E. Smith, Quart. Journ. of Conch. I 4, 1878, p. 348, von Transvaal, welche sich aber durch andere Gestalt und namentlich viel breitere oberste Windungen unterscheidet; umgekehrt, die obere Hälfte hell und die untere dunkel, ist die letzte Windung bei meiner Ach. dimidiata von Gabun, Conch. Mittheilungen III, 1889, S. 17, Taf. 42, Fig. 1, deren Artnamen ich dieser Konkurrenz wegen nun in Ach.

infrafusca umänderc; annähernd, doch nicht so scharf abgeschnitten und gleichmässig, sondern nur grossentheils einfarbig dunkelbraun ist auch die letzte Windung bei Ach. marginata, knorri und schweinfurthi.

Eier im eingetrockneten Körper gefunden, gelblich, 8 mm lang, 4 breit. Die oben erwähnte Figur in Férussac's Werk, in der Tafelerklärung und von Pfeiffer als Varietät von Ach. fulica angenommen, stimmt, die geringere Grösse ausgenommen, ganz gut zu diesem Exemplar, demnach müsste diese Art auch noch näher der Küste vorkommen, da zur Zeit von Férussac (✝ 1838) die Gegend des Kilima-Ndjaro den Europäern noch nicht bekannt war; doch finde ich unter zahlreichen Stücken der Ach. fulica von Mauritius keine ähnlich gefärbte und keine so breite Form.

Lamarck's Ach. castanea (»la moitié supérieure de son dernier tour est d'un beau marron, tandis que l'inférieure est d'un roux plus claire«) dürfte wohl auf demselben Exemplar beruhen, das Férussac abgebildet hat, da auch seine Maassangabe damit stimmt.

Achatina fulica (Fér.)

Helix fulica, Férussac, Prodrome Nro. 347, 1821—22, Hist. Nat. Moll. terr. pl. 124A, Fig. 1. 2.

Achatina mauritiana Lamarck, An. s. vert., ed. 1, VII 2, 1822, p. 129; ed. 2, p. 297. Quoy et Gaimard, Voy. de l'Astrolabe, Zool. II, p. 152, pl. 11, Fig. 10—15 und pl. 49, Fig. 21, lebendes Thier und Anatomie.

Achatina fulica, Deshayes bei Lamarck, ed. 2 a. a. O. Pfeiffer, Mon. Helic. II, p. 254. Reeve, Conch. Icon. V, Fig. 8. v. Martens in Möbius, Beiträge zur Meeresfauna von Mauritius 1880, p. 197, mit Angabe weiterer Litteratur. Gibbons in Journ. of Conch. II, 1879, p. 143. Pfeffer, Jahrb. d. Hamburg. wiss. Anstalten VI, S. 24. Brancsik im Jahrbuch d. naturwiss. Vereins d. Trencsiner Comitats XV, 1892, S. 204, Taf. 6, Fig. 6 (Anatomie).

Insel Sansibar, sehr zahlreich und allgemein verbreitet (diffused), die einzige allgemein verbreitete Landschnecke daselbst, an Hecken, Büschen, Bäumen lebend, Gibbons a. a. O.; ebendaher durch M. Hildebrandt, November 1876, dem Berliner Museum für Naturkunde in mehreren Exemplaren zugekommen, das grösste 137 mm lang, 67 breit, Mündung 68 lang, die oberen Windungen weisslich (etwas abgerieben), die drittletzte und vorletzte mit kastanienbraunen geraden, ziemlich breiten Striemen, die letzte ziemlich glänzend, gelb, mit ziemlich vermischten Striemen; Mündung theils vollständig weiss, theils innen etwas violett, mit bräunlichem Innensaum des Aussenrandes, Columellarrand nur bei einem ganz jungen (von 54 mm Länge) violett.

Diese Art ist hauptsächlich daran zu erkennen, dass die letzte Windung zwar auch noch schwache Faltenstreifen hat, aber keine Spiralfurchen, daher glatt und glanzend erscheint. Sie ist hauptsächlich von Mauritius und den Seychellen bekannt, ferner von Bourbon und Madagascar; nach Lesson, welcher zwischen 1822 u. 25 dort war, von Madagascar nach Mauritius eingeführt und von Quoy und Gaimard auf Mauritius zwischen 1826 u. 29 schon sehr zahlreich vorgefunden. Man kann aber zweifelhaft sein, ob sie auf Madagascar ursprünglich einheimisch oder doch vielleicht aus dem afrikanischen Festlande eingeführt sei, da die sonstigen Landschnecken dieser Insel mehr von den eigentlichen afrikanischen abweichen. Jetzt ist sie auch in die Umgegend von Calcutta von Mauritius aus eingeführt. Sie wird von den Negern gern gegessen und auch zur Herstellung von Fleischbrühe für Kranke verwendet. Die Exemplare, welche das Berliner Museum aus Mauritius und den Seychellen besitzt, sind alle kleiner, nur 85—100 mm lang und dunkler braun-gelb gefärbt, aber Quoy und Gaimard sprechen auch von »enorm grossen« auf Mauritius. Reeve's Abbildung ist etwas kleiner als das grösste Sansibar'sche von Hildebrandt, aber eben so hell, Férussac's Originalabbildung bedeutend kleiner und verblasst.

Achatina fulica var. bei Philippi, Abbild. neuer Conch. III, S. 30, Taf. 2, Fig. 3, scheint mir, obwohl 105 mm lang, doch ein noch nicht ganz ausgebildetes Exemplar zu sein, da der Columellarrand nicht bestimmt abgestutzt, sondern nur sehr spitz auslaufend gezeichnet ist, wie er bei jüngeren Exemplaren erscheint. Lister's Abbildung, Hist. sive Synops. Conch., Taf. 578, Fig. 33, welche Philippi citirt, hat dagegen eine scharf abgestutzte Columelle, ist merklich schlanker und zeigt eine verhältnissmässig sehr kleine Mündung; Lister hatte seiner Zeit, 1688, schon viele Conchylien aus Mauritius (z. B. Cypraea mauritiana L.), aber bei dieser Figur nennt er das Vaterland nicht, so dass sich aus ihm nichts für die Zeit der Einführung beweisen lässt. Immerhin ist es auffällig, dass wir das Vorkommen dieser grossen Schnecke auf dem viel besuchten Mauritius in der Litteratur nicht weiter als bis Férussac, 1821, zurückverfolgen können, dagegen kleinere Land- und Süsswasser-Schnecken, wie Pachystyla inversicolor, Neritina longispina und Septaria borbonica, bis 1773, Bernardin St. Pierre.

Ob Achatina fulica auf der Insel Sansibar etwa auch durch Menschen eingeführt oder ursprünglich daselbst einheimisch sei, lässt sich nach den bis jetzt bekannten Angaben nicht wohl entscheiden.

Achatina fulva Brug. ist immer noch etwas zweifelhaft; die Abbildung bei Férussac, pl. 124, Fig. 1. 2. unbekannten Vaterlandes, ähnelt in Habitus und Färbung, namentlich in der bauchigen Form der letzten Windung, ziemlich dem grössten Hildebrandt'schen Stück der Achatina fulica von Sansibar, nur ist es ein klein wenig dunkler; das Verhältniss der Mündung zur Länge der ganzen Schale ist ähnlich, denn das oben angegebene Maass von 68 mm für die Mündung ist in der Ebene derselben, etwas schief zur Achse, gemessen und muss sich also auf der Abbildung, welche in der Ebene der Achse gezeichnet, noch etwas verkleinern. Reeve's Abbildung von Ach. fulva, Fig. 10, aus Ostafrika angegeben, stimmt im Ganzen auch, hat aber eine noch etwas kleinere Mündung und wird dadurch der Ach. milne-edwardsiana (s. oben S. 83) ähnlich; diese Figur wird aber von Pfeiffer im dritten und den folgenden Bänden seiner Monographie für Achatina acuta erklärt und zu fulva dagegen Reeve's Figur 11, acuta, citirt, bei der die letzte Windung wesentlich schlanker ist und mit welcher ein Albers'sches Exemplar, auch unter dem Namen acuta, angeblich von Sierra Leone, gut übereinstimmt.

Wir hatten demnach

1. fulva (Brug.?) Férussac, (Lister a. a. O., Taf. 582, Fig. 35 a.) Reeve 10 = acuta Pfr. (aber nicht Férussac) von Ostafrika, mit milne-edwardsiana zu vergleichen.

2. fulva Pfr. = acuta Rv. 11, blassgelb mit wenig Striemen auf der letzten Windung, von Westafrika, nach Reeve von Mauritius.

3. acuta (Lm.) Férussac, pl. 124.A, Fig. 2, auch von Westafrika, lebhaft gefärbt, mit röthlich-kastanienbraunen, unten zusammenfliessenden Striemen, scheint wieder etwas verschieden.

Ohne Ansicht der Original-Exemplare von Bruguière's Ach. fulva und Lamarck's Ach. acuta dürfte es schwer sein, zu einer befriedigenden Entscheidung über dieselben zu kommen.

E. Smith, Proc. Mal. Soc. I 1894, p. 163, führt neuerdings Achatina fulva von Mkonumbi bei Witu, Englisch-Ostafrika, an und beruft sich auf Reeve, Fig. 10, beschreibt aber die Färbung ähnlich unserer hamillei.

Achatina craveni E. Sm.

Achatina kirkii E. Smith in Ann. Mag. Nat. Hist. (5) VI, 1880, p. 428, Dezember 1880, nicht Achatina kirki Craven 1880.
Achatina craveni E. Smith in Proc. Zool. Soc. 1881, p. 283, pl. 33, Fig. 11.
Crosse, Journ. de Conch. XXIX, 1881, p. 298. v. Martens, Sitz.-Ber. d. Ges. nat.
Freunde 1891, S. 14.

»Eine grosse, grau-braun getigerte Achatina« Stuhlmann in einem Brief an Professor Möbius, Sitz.-Ber. d. Ges. nat. Freunde 1890, S. 181.

Ziemlich klein aber bauchig, mit zahlreichen schmalen, roth-braunen, mehr oder weniger zackigen Striemen.

Zwischen Sansibar und Tanganyika, Jos. Thomson, zwischen Nyassa und der Ostküste, derselbe nach E. Smith 1881. Am Tanganyika-See, R. Böhm und Reichard. Matangisi in Ugogo, verbleichte Stücke am Wege, Emin Pascha und Stuhlmann, 2. Juli 1890. Massai-Steppe, nordöstlich von Ussandami, Compagnie-führer Langheld. Tumbatu, kleine Insel bei Sansibar, Stuhlmann, Aug. 1889.

Smith's Original-Exemplar 81 mm lang, 40 breit. Mündung 39; die zwei grössten von Matangisi beziehungsweise 67, 36, 37 und 69, 36, 37, also etwas im Verhältniss der Breite zur Länge wechselnd. Die meisten Exemplare verbleicht, eines von Matangisi und ein von Dr. Böhm gesammeltes zeigen, dass die frischen Schalen eine mehr oder weniger lebhaft gelbe Grundfarbe haben, das letztere zeigt die Mündung innen etwas violett. Vielleicht gehört hierher auch eine junge Achatina, welche M. Hildebrandt bei Kitui in Ukamba, April 1877, gefunden hat und welche ich, Sitz.-Ber. d. Akad. d. Wiss. Berlin 1878, p. 292, zu Achatani petersi gezählt habe. Vermuthlich ist es auch diese Art, welche Woodward, Proc. Zool. Soc. 1859, p. 3, als Achatina, der glutinosa verwandt, gemein zwischen Tanganyika und Ostküste, nennt.

Achatina fulminatrix Marts.

(Taf. V, Fig. 32 und 38.)

v. Martens, Sitz.-Ber. d. Ges. nat. Freunde Berlin 1895, S. 146.

Der vorigen ähnlich, aber entschieden schlanker, die Striemen auch schmal, zahlreich und auf den oberen Windungen ziemlich senkrecht, aber auf den unteren die Mehrzahl eine sehr schiefe Richtung von oben und rechts (für den Beschauer) nach unten und links nehmend, ähnlich wie bei Achatina schweinfurthi. Lange 59, Durchmesser nur 28½, Mündungslänge 31 mm. Schalenhaut blassgelb, leicht sich ablösend.

Am Tanganyika, mit der vorigen, Dr. Rich. Böhm und Reichard.

Da in einem Exemplar Eier gefunden wurden, darf man wohl annehmen, dass es annähernd ausgewachsen ist. Diese Eier sind 6 mm lang und beinahe 5 breit, von der bei Achatinen-Eiern gewöhnlichen matt blassgelben Farbe

Vielleicht gehört hierher auch die mehr gestreckte Varietät, welche E. Smith, Ann. Mag. (6) VI, 1890, p. 147, als von Emin Pascha bei Huini (?) in Ussagara gesammelt erwähnt.

Aus der Umgebung des Jipe-Sees einige jüngere Stücke durch Dr. Volkens, welche nur schwächere Skulptur zeigen, sonst gut übereinstimmen.

Achatina arctespirata Bgt.

Bourguignat, Moll. de l'Afr. équat., p. 83, pl. 5, Fig. 7.

Zeichnet sich durch die verhältnissmässig schlanken oberen Windungen gegenüber der mehr bauchigen letzten aus, im Uebrigen aber meiner fulminatrix ähnlich, namentlich in der Zeichnung, doch nennt Bourguignat die Skulptur nur

-argute striata-, während fulminatrix noch auf der letzten Windung deutlich runzlig-gegittert ist.

Häufig im südlichen Theile der Umgebung des Tanganyika, Bourguignat.

Achatina stuhlmanni Marts.

(Taf. IV, Fig. 9.)

v. Martens in Sitz.-Ber. d. Ges. nat. Freunde, November 1892, S. 176.

Länglich-spindelförmig, dünn, mit ungleichmässigen Runzelstreifen und auf den oberen Windungen mit Spiralstreifen, welche auf der letzten ganz verschwunden sind, grünlich-braun, mit einzelnen schwärzlichen Striemen; Naht in schiefer Richtung gekerbt, ohne abgrenzende Furche; 8 Windungen, kaum ein wenig gewölbt, die letzte vor der Mündung stark herabsteigend. Mündung nahezu senkrecht, abgerundet-vierseitig, etwas kürzer als die halbe Schalenlänge, innen blass bläulich; Columellarrand ziemlich senkrecht, schwach verdickt, bläulich-weiss, unten breit abgestutzt. Länge 118, Breite 52 mm; Mündung 58 lang, 32 breit.

Im Urwald, westlich vom oberen Ituri-Fluss, 10. Sept. 1891, Stuhlmann. Dieselbe Art in der Reisebeschreibung S. 422 unter dem 8. Sept. im Gebüsch am Ituri bei Kibilibissi erwähnt. Ein jüngeres Exemplar, das verhältnissmässig breiter ist, 73 mm lang, 37 breit, Mündung 43, im Wald an der Ituri-Fähre, 25. Aug. 1891, Stuhlmann; also schon im Kongo-Gebiet. Auch an diesem beobachtete er viele blaue Milben, welche auf dem lebenden Thier schnell umherliefen.

Achatina randabeli Bgt.

Bourguignat, Moll. de l'Afr. équat., p. 84, pl. 5, Fig. 6.

Gleicht ziemlich einer unausgewachsenen Achatina zanzibarica, hat aber im Vergleich mit solcher schon zu viel und enger ineinander gedrängte Windungen, 8 bei einer Länge von 55 mm.

Tabora, Bourguignat, zu Ehren des Pater-Missionars Randabel benannt.

Vielleicht gehört hierher auch eine noch etwas kleinere Achatine, welche O. Neumann in einem Stück von Magila mitgebracht hat, 42 mm lang, 28 breit, Mündung 29 mm und sehr dickschalig, also wohl erwachsen.

Achatina allisa β Pfr.

Achatina allisa β, Pfr., Mon. Hel. III, p. 489; Neue Ausgabe v. Chemnitz, Bulim. S. 368, Taf. 44, Fig. 7, 8. Gibbons, Journ. of Conch. II, 1879, p. 143.

Sansibar, Rodatz, ein Exemplar aus der Albers'schen Sammlung im Berliner Museum. Ein todtes Exemplar in einer Höhle auf einer kleinen Insel zwischen Bawri und Chapani bei Sansibar, Gibbons. Pfeiffer zieht sie als Varietät zu der westafrikanischen Ach. allisa, Reeve, Conch. Ic. V, Fig. 16, von Cap Palmas, mit der sie auch in Grösse und Form Aehnlichkeit hat, aber doch ausser der Färbung durch starker abgesetzte Windungen und mehr gebogenen Columellarrand sich unterscheidet. Seitdem nicht mehr aus Ostafrika erhalten, daher ihre Herkunft zweifelhaft. Für Ach. fulica ist sie verhältnissmässig zu schmal und die Mündung zu klein. In der allgemeinen Form kommt sie der Ach. stuhlmanni nahe, ist aber bedeutend kleiner und hat einen stärker gebogenen Columellarrand; ein jüngeres, gleich langes Stück von stuhlmanni ist bedeutend breiter, mit grösserer Mündung.

Achatina thomsoni E. Sm.

Ann. Mag. Nat. Hist. (5) VI, 1880, p. 428; Proc. Zool. Soc. 1881, p. 283, pl. 33, Fig. 12.

Zwischen Nyassa und der Ostküste, Dr. Jos. Thomson. Berg Lukwangulo, in Waldparzellen, 2500 m hoch, Central-Uluguru (Nguru), Dr. Stuhlmann, 6. Nov. 1894.

Bourguignat hat diese Art, weil der Columellarrand unten sehr schief abgestutzt ist, mit den südwestafrikanischen Ach. dohrniana und welwitschi in einer besonderen Gruppe, Parachatina, zusammengestellt, doch unterscheiden sich die beiden letzteren in Form, Skulptur und Grösse wesentlich von derselben.

Achatina grandidieriana (Bgt.)

Stenogyra grandidieriana, Bourguignat, Moll. de l'Afr. équat. 1889, p. 111, pl. 6, Fig. 9, 10.

Achatina nitida, v. Martens, Conch. Mitth. III, 2, 1896, S. 7, Taf. 45, Fig. 1, 2.

Vollkommen glatt und glänzend, mit charakteristischer Zeichnung, die kastanienbraunen Striemen im oberen Theil aller Windungen schmal und senkrecht, im mittleren der letzten Windung und ebenso im unteren des sichtbaren Theils der früheren zu breiten, annähernd quadratischen, aber oft auch zackigen Flecken anschwellend; im unteren Theil der letzten Windung hören sie scharf abgeschnitten in der Verlängerung der Nahtlinie auf, dafür ist die Färbung daselbst etwas wärmer röthlich-gelb als weiter oben, wo die Zwischenräume zwischen den Striemen weisslich oder blassgelb sind. Oberes Ende des Gewindes auch ganz glatt und stumpf. 36 mm lang, 15—15^{1}₂ breit, Mündung 13—16 lang und 7^{1}₂ breit.

Nguru-Berge, in einer Höhe von 1800—2000 m, P. Missionär Alex. Leroy. Ussambara, an morschen Baumen, Conradt u. W. Schmidt.

Diese Art gleicht durch den völligen Mangel der Körnelung, welche sonst bei den Achatinen vorkommt, und den starken Glanz der Ach. pulchella, Marts. von Kamerun (Gruppe Petitia von Jousseaume 1884, non Chitty 1857 = Leptocala Ancey 1888)). Von Stenogyra unterscheidet sie sich leicht durch die allgemeine Schalenform.

Achatina ellioti E. Sm.

E. Smith, Proc. Mal. Soc. of London 1895, p. 323, Fig. p. 323.

Der vorigen ähnlich, klein und glänzend, aber mehr gethürmt, gelb mit breiten schwärzlichen, vielfach zusammenfliessenden Striemen.

Am Albert-Edward-See, 3000—4000 Fuss hoch, G. J. Scott-Elliot 1894.

Limicolaria Schum.

Der Columellarrand nach unten verschmälert und in stumpfem oder beinahe rechtem Winkel vom Unterrand sich absetzend, aber nicht ausgeschnitten, sonst im Wesentlichen mit Achatina übereinstimmend. Ebenfalls ausschliesslich afrikanisch, weiter nach Norden, aber weniger weit nach Süden reichend als Achatina.

A) Livinhacia Crosse 1889

Burtoa und Burtopsis, Bourguignat 1889.

Gross, länglich-eiförmig, mit der körnigen Skulptur der meisten Achatinen. Crosse und Bourguignat haben beinahe gleichzeitig für die achatinenähnlichen Bulimus niloticus Pfr. und kraussi Pfr. eine neue Gattung aufgestellt, jener zu Ehren des apostolischen Vikars Livinhac am Nyansa, dieser zu Ehren eines französischen Afrika-Reisenden; die Publikation von Bourguignat ist vom März 1889 datirt, diejenige von Crosse vom 1. April desselben Jahres. Beide führen L. nilotica und Bulimus kraussi als Arten ihrer neuen Gattung an, aber Crosse bezeichnet ausdrücklich L. nilotica als Typus und hebt die an Bul. oblongus erinnernde

Gestalt als charakteristisch für die Gattung hervor. Deshalb und weil der Name Livinhacia schon von Kobelt in der Fortsetzung von Chemnitz 1893 angenommen ist, Burtoa gar zu nahe dem Namen Burtonia ebendesselben Bourguignat für eine afrikanische Süsswassermuschel kommt, ziehe ich Livinhacia vor. Doch scheint mir Bulimus kraussi Pfr. (meine Achatina fuscolabris in der zweiten Ausgabe von Albers) nicht so nahe verwandt, um sie in dieselbe kleinere Abtheilung mit L. nilotica zu bringen; allerdings hat sie den Columellarrand ähnlich gebildet, aber ihr Habitus weicht zu sehr ab, sie dürfte vielmehr eine analoge Abschwächung des Achatinen-Charakters, aber von einer anderen Artengruppe ausgehend, darstellen; dieser könnte eventuell der Name Burtoa bleiben. Der Unterschied, nach welchem Bourguignat seine Burtopsis von Burtoa trennt, ist sehr unbedeutend, er beruht nur darauf, dass bei Burtopsis der Columellarrand schon etwas weiter oben sehr dünn wird und sich nach dem Unterrand hinneigt, als bei Burtoa; es scheint mir, dass hiernach alle unausgewachsenen Stücke zu Burtopsis gehören müssten, doch mag es auch ausgewachsene geben, bei denen der Columellarrand sich ebenso verhält. Bourguignat unterscheidet, abgesehen von nilotica und kraussi, vier Arten von Burtoa und zwei von Burtopsis, welche alle in das hier behandelte Gebiet von Ostafrika fallen; mir liegen gegenwärtig 16 Stück aus diesem Gebiete vor, welche alle fast ebenso gut als lokale Variationen einer Art wie als nahezu ebenso viele eigene Arten betrachtet werden können und von denen nur die wenigsten sich einigermaassen mit Bourguignats Formen identifiziren lassen.

Limicolaria nilotica (Pfr.)

Bulimus niloticus, Pfr., Proc. Zool. Soc. 1861, p. 24; Mal. Blatt. VIII, 1862, p. 14; Monogr. Helic. VI, p. 86.

Limicolaria nilotica, Pfr., Novitat. Conch. IV, S. 5 u. 6 z. Theil, Taf. 110, Fig. 2.

Gemeinsam allen Formen ist eine gedrängte, geradlinige Runzelstreifung, welche unmittelbar unter der Naht meist breiter, zinnenartig erscheint, mit schwachen, mehr voneinander entfernten, vertieften Spirallinien, welche aber bei stark abgeriebener oder verwitterter Oberfläche öfters kaum noch zu sehen sind; eine in frischem Zustand glänzend gelb-braune Schalenhaut mit einigen wenigen dunkelbraunen schmalen, geradlinigen Striemen und eine mehr oder weniger intensive Rosenfarbe der Mündungsränder, vom Aussenrand sich öfters eine Strecke weit ins Innere der Mündung ziehend und bei den dickschaligen Formen öfters so intensiv wie bei dem amerikanischen Bulimus oblongus. Variabel sind der allgemeine Umriss, namentlich der Grad der Verschmälerung und Zuspitzung des Gewindes nach oben, das Verhältniss der Mündung zur ganzen Schalenlänge und der Grad des Herabsteigens der letzten Windung kurz vor der Mündung, ferner die senkrechte oder mehr schiefe Richtung des Columellarrandes und ob er den Nabelritz mehr oder weniger bedeckt, letzteres auch sonst bei gleicher Schalenform. Dem allgemeinen Umriss nach lassen sich die folgenden Formen unterscheiden, sind aber doch durch einzelne zwischenstehende Stücke verbunden. Der Pfeiffer'sche Typus, von Petherick mitgebracht und also wohl aus den Gegenden nördlich vom Victoria-Nyansa stammend (ad fontes Nili albi), ist nicht abgebildet, nur ein ihm ähnliches, von Speke gesammeltes Stück von der Ruckenseite, in Pfeiffer's Novitat., Taf. 110, Fig. 2; hiernach und nach der Bemerkung, dass er im Habitus dem amerikanischen B. proximus Sow.[2] ähnlich sei, dürfte er Bourguignat's jouberti und meiner var. obliqua am nächsten kommen.

Var. emini Marts.

(Abbildung s. Seite 96.)

v. Martens in Sitz.-Ber. d. Ges. nat. Freunde 1891, S. 14.

Schale dünn, eiförmig, nach oben mässig verschmalert, Mündung etwa $^4/_7$ der ganzen Länge einnehmend, Aussenrand oben und unten annähernd gleichmässig gebogen, Columellarrand kaum gebogen, nahezu senkrecht. Länge 97, grosser Durchmesser 61¹/₂, Mundungslänge 56 mm.

Bukoba, am westlichen Ufer des Victoria-Nyansa, Mai 1892, und Ipala in Ugogo, 29. Juni 1890; häufig in Ugogo, aber nur todte Exemplare gefunden, mehr im Busch als in der Ebene, Stuhlmann.

Diese Form kommt unter allen mir vorliegenden der von Schweinfurth gesammelten am nächsten. Unter den Bourguignat'schen Arten kommt ihr Burtoa reymondi, Moll. équat. p. 92, pl. 4, Fig. 1 (Bulimus reymondi Bgt., note prodr. moll. rec. par Giraud 1885, p. 13), sehr nahe, nur ist sie nach oben etwas weniger verschmälert und stumpfer, und, was mich von einer Identifikation ab-hält, wird sie vom Autor als die einzige Art bezeichnet, welche mit Bul. kraussi Aehnlichkeit habe; das lässt sich von der Stuhlmann'schen gar nicht sagen; häufig zwischen Tanganyika, Nyassa und Bangweolo.

Aehnlich ist ferner noch Limicolaria bourguignati Grandidier in Bull. Soc. Mal. de France II 1885, p. 157, pl. 7, Fig. 1, von der Gegend südöstlich vom Victoria-Nyansa, gegen den Kilima-Ndjaro zu; dieselbe ist auch dunnschalig und in der Mündung unserer ähnlich, zeigt aber ein bedeutend kürzeres Gewinde, und die letzte Windung ist stärker bauchig.

Hierher vermuthlich auch die von II. Dohrn aus Uganda und Karagwe erwähnte Limicolaria nilotica, Proc. Zool. Soc. 1864, p. 116, von Speke auf seiner zweiten Reise gesammelt, und E. Smith's Burtoa nilotica von Buddu, Proc. Mal. Soc. of London I, p. 323.

Var. schweinfurthi n.

Achatina nilotica, v. Martens in Mal. Blätt. 1870, p. 32.
Limicolaria nilotica, Pfeiffer, Novitat. Conch. IV, S. 5, z. Theil, Taf. 110, Fig. 1 und 3, nicht 2.
Burtoa nilotica, Bourguignat, Moll. de l'Afr. équat. 1889, p. 80.
Burtoa pethericki, Bourguignat ebenda, S. 91 und 95.

Im Gebiet des Rek und Djur, Zuflüsse des Bahr-el-Gasal, im Walde, G. Schweinfurth, März 1869.

Schale dünn, Mündung verhältnissmässig gross, beinahe ²/₃ der Schalenlänge einnehmend, Aussenrand dünn, nur mässig gebogen, Columellarrand fast senkrecht, d. h. der Achse parallel herabsteigend.

Bourguignat hat darin Recht, dass diese Form von denjenigen aus dem ostafrikanischen Seengebiet sich einigermaassen trennen lässt, aber dann darf sie nicht den Artnamen nilotica behalten, da der ursprüngliche Bul. niloticus Pfeiffer's nach dessen ausdrücklicher Angabe mehr der Figur 2 in den »Novitates entspricht, was auch aus seinen eigenen Maassangaben hervorgeht: Mündungs-länge nur 67 mm bei 118 Totallänge, also näher ³/₆ als ²/₃. Die beiden Pfeiffer'schen Figuren 1 und 3 sind nach Schweinfurth'schen Exemplaren ge-zeichnet, welche sich im Berliner Museum befinden, und es lässt sich daran sehen, dass das Original der Figur 3 beinahe eine ganze Windung weniger zeigt, als das Original von Fig. 1; ich halte es ohne Zweifel für den Jugendzustand. Bourguignat glaubte aber nach der Abbildung, es habe ebenso viele Windungen als Fig. 1, könne also nicht der Jugendzustand sein und beschrieb es daher als eigene Art, B. pethericki, übrigens nur nach der Abbildung, ohne das Original gesehen zu haben, wie er es z. B. auch mit den Nordenskjöldischen Formen von Limnaea stagnalis gemacht hat, und noch dazu in der irrigen Annahme, die Figur stelle ein von Petherick gefundenes Stück dar, daher auch seine Vaterlands-angabe unrichtig.

Limicolaria nilotica Pfr., var. emini Marts.
Bukoba.   Natürl. Grösse   Stuhlmann S.

Limicol. nilotica ,Pfr., var. crassa Marts.
Victoria-Nyansa.   Natürl. Grösse.   G. A. Fischer S.
Die Spitze ist beim Beschneiden des Cliché's entstellt.

Limicolaria nilotica Pfr.
var. oblonga Marts.
Bukense.   Natürl. Grösse.   Stuhlmann S

Limicolaria nilotica (Pfr.) var. obliqua Marts.
Kidete.   Lieder S.
Der Strich giebt die natürl. Grösse.

Var. crassa Marts.
(Abbildung s. nebenstehend.)

v. Martens, Nachrichtsbl. d. mal. Ges. 1895, S. 181.

Dickschalig, kugelig-eiförmig, das Gewinde breit und stumpf, Mündung etwa $^2/_5$ der ganzen Länge, dickrandig. Aussenrand oben schief nach aussen absteigend, unten stark gebogen. Columellarrand fast senkrecht. Länge 86 mm, Breite 60, Mündung 52, ein ungewöhnlich grosses Stück von der Massai-Steppe 102 mm lang, 67 breit, Mündung 58 lang und einschliesslich des Columellarrandes 42 breit.

Kawirondo, an der Nordostküste des Victoria-Nyansa, O. Neumann 1894. Am Victoria-Nyansa, G. A. Fischer. Massai-Steppe, nordöstlich von Ussandane, Compagnieführer Langheld 1896.

Var. oblonga Marts.
(Abbildung s. nebenstehend.)

v. Martens, Nachrichtsbl. d. mal. Ges. 1895, S. 181.

Dickschalig, nach oben gestreckt, gleichmässig sich verschmälernd, Mündung sehr wenig über $^1/_2$ der ganzen Länge einnehmend, dickrandig; Aussenrand oben und unten annähernd gleichmässig gebogen, Columellarrand verhältnissmässig kurz, nur wenig schief oder beinahe senkrecht. Länge 96—102, Breite 56—60, Mündung 50—53.

Am südlichen Ufer des Victoria-Nyansa zwischen Bukense und Ngome, 21. Okt. 1890, Stuhlmann. Insel Kome, ebenda, O. Neumann, Juli 1894.

Hierher gehört vielleicht auch die Form, welche Hore bei Ujiji am Tanganyika gefunden hat, da E. Smith, Proc. Zool. Soc. 1880, p. 345 ausdrücklich ihre längliche Form hervorhebt, 111 mm lang, nur 50 breit, Mündung ein wenig über die Hälfte der ganzen Länge. Die beiden letzten Formen erinnern im Habitus einigermaassen an den südamerikanischen Bulimus oblongus, und zwar unsere var. oblonga an die schlankeren Formen, unsere crassa an var. crassa Pfr. Alb. von Bul. oblongus.

Var. obliqua Marts.
(Abbildung s. nebenstehend.)

v. Martens, Nachrichtsbl. d. mal. Ges. 1895, S. 181.

Dickschalig, die letzte Windung sehr bauchig und vor der Mündung stark schief herabsteigend, die vorletzte Windung daher hier auffallend bauchig vorstehend, das Gewinde nach oben sich rasch verschmälernd und ziemlich spitz endigend. Mündung etwa $^3/_5$ der ganzen Länge; Aussenrand ziemlich dick, in seinem oberen Theil sehr schief und wenig gebogen nach aussen herabsteigend, im unteren Theil mässig gebogen, Columellarrand schief. Länge 109—114, grosser Durchmesser 72—77, Mündungslänge 65—69 mm.

Ussagara, zwischen Kidete-Bach und Ngombo-Sumpf am linken Ufer des Mkondogwa-Flusses, G. Lieder 1891. Mpwapwa, von Gerrard erhalten. An der Ostseite des Tanganyika, Böhm. Ostufer des Tanganyika zwischen Karema und Kiandu, Reichard. Kala am Tanganyika, von Rolle erhalten (nur 95 mm lang). Eine Mittelform zwischen var. obliqua und emini, mässig dickschalig, im Gewinde mehr der emini, in der Mündung mehr der obliqua sich nähernd, 96 mm lang, 62 breit, Mündung 57, von Dr. Stuhlmann in Ugogo zusammen mit var. emini gefunden.

Unter den Bourguignat'schen Arten finde ich keine, welche dieser sehr ähnlich wäre. Der Nabelritz ist bei sonst gut übereinstimmenden Stücken bald ziemlich offen, bald beinahe ganz verdeckt.

Die weiteren von Bourguignat 1889 unterschiedenen Arten sind:

L. jouberti, Bgt. (Burtopsis), Moll. de l'Afr. équat., p. 99, pl. 2, Fig. 1.

Mässig dünnschalig, ziemlich langgezogen, Mündung etwa $^6/_{11}$ der Länge. Aussenrand ziemlich schief herabsteigend, Columellarrand mässig schief und etwas gebogen. 95 mm lang, 60 breit, Mündung 48. Steht gewissermaassen zwischen schweinfurthi, obliqua und oblonga.

Bei Tabora. Ein ähnliches Stück ohne bestimmten Fundort im Berliner Museum und eines von Kala am Tanganyika durch Hrn. Rolle erhalten.

L. sebasmia, Bgt. (Burtoa), ebenda p. 93, pl. 3, Fig. 1.

Gross, ziemlich bauchig, dünnrandig, mit nach unten noch auffällig breitem Columellarrand; 118 mm lang, 73 breit, Mündung 70.

Thal des Malagarazi zwischen Tabora und Ujiji.

L. giraudi, Bgt. (Burtopsis), ebenda p. 98, pl. 5, Fig. 1. Bulimus giraudi, Bgt., Not. Moll. Giraud, 1885, p. 12.

Aehnlich meiner var. emini, aber dickschalig, nach oben mehr zugespitzt und die Mündung verhältnissmässig länger. Ganze Länge 107, Breite 54, Mündung 51 mm.

Südlich von Tanganyika zwischen Jendne (Lendue?) und Pambete.

L. bridouxiana, Bgt. (Burtoa), ebenda p. 92, pl. 4, Fig. 3.

Dünnschalig, nach oben gestreckt und sehr zugespitzt, Columellarrand ganz senkrecht und gerade. 79 mm lang, 44 breit, Mündung 44. Vielleicht noch nicht ganz ausgewachsen.

Berg Kidete zwischen Kondoa und Mpwapwa in Ussagara.

L. lavigeriana, Bgt (Burtoa), ebenda p. 96, pl. 4, Fig. 2.

Aehnlich meiner var. crassa, aber noch bedeutend kleiner, nur 48 mm lang, 33 breit, Mündung 33; wahrscheinlich als junges Exemplar dazu gehörend.

Thal des Makata (Mkatta) in Ussagara und Mikese in Mouere, südlich vom Victoria-Nyansa.

Der südlichste Fundort für Livinhacia, der bis jetzt angegeben, scheint Angoniland, sudwestlich vom See Nyassa, zu sein, A. Whyte nach E. Smith, Proc. Zool. Soc. 1893, p. 634, aber welche Form dort vorkommt, ist nicht naher angegeben.

B) **Limicolaria** Schum. (im engeren Sinn).

Langgestreckt, mehr oder weniger gethürmt; Columellarrand ziemlich senkrecht, nach unten verschmälert und entweder spitz endend oder mit leichter Umbiegung in den Unterrand übergehend, nicht schief oder quer abgeschnitten. Aussenrand einfach und dünn; Nabelritz immer vorhanden, meist eng. Zeichnung dunkle senkrechte oder zackige Striemen. Skulptur meist leichte Körnelung, namentlich auf den früheren Windungen, selten nur Streifung. Kiefer fein gestreift. Reibplatte mit kleinem schmalen Mittelzahn, beides wie bei Achatina. (Lehmann, Malakozool. Blätter 1864, Taf. I, Fig. 3; Jickeli, Land- und Süssw.-Mollusken Nordostafrikas, Taf. 2, Fig. 8, und Semper, Reis. Phil., Landmoll., S. 142, Taf. 12.)

Diese Untergattung Limicolaria ist ganz ebenso charakteristisch für das mittlere Afrika, wie Achatina, nur reicht sie etwas weiter nach Norden und weniger weit nach Süden, im Osten von Sennaar und Bogos bis etwa zum Sudende des Tanganyika, aber nicht mehr in Natal, im Westen vom Senegal bis Angola, aber nicht mehr im Luderitzland und am Cap. Sie lebt hauptsächlich in Grassteppen, und dem entspricht auch die striemige Färbung der Schale auf hellem Grunde; doch fand Dr. Stuhlmann auch eine Art im Gallerie-Wald und diese, L. acuminata, ist allerdings auch recht dunkel und zackig-marmorirt.

Die einzelnen Arten sind schwer gegeneinander abzugrenzen und noch schwerer scharf zu kennzeichnen, da sowohl die Allgemein-Gestalt, als Skulptur und Färbung innerhalb einer Reihe zusammengefundener Exemplare erheblich variiren. Die Form ist bald mehr, bald weniger bauchig oder schlank, und nicht

ganz selten kommen abnorm ausgezogene (evolute) Stücke vor, welche auffällig
kleinmündig sind, vgl. unten S. 100, seltener auffällig verkürzte, ineinander ge-
schobene, welch' letzteres auch bei Achatina sich zuweilen zeigt; das numerische
Verhältniss der Länge der Schale zur Breite (dem grössten Durchmesser) kann
daher innerhalb einer Art merklich variiren und ebenso das Verhältniss des von
der Mündung eingenommenen Theils (Mündungslänge) zur Länge der ganzen Schale.

Als Beitrag zur Beurtheilung der allgemeinen Gestalt ist im Folgenden
öfters auch der Durchmesser der vorletzten Windung angegeben und zwar von
der Mundungsseite aus gemessen in der Naht, welche die letzte Windung (nicht
die Mündung) von der vorletzten trennt; von der Rückenseite aus betrachtet,
würde man in Folge der absteigenden Drehung eine höhere Zahl erhalten. Je
mehr dieser Durchmesser der vorletzten Windung von dem grossen (grössten)
der letzten sich unterscheidet, desto mehr konisch ist die Schale, je weniger,
desto mehr nähert sie sich einem Cylinder. Ich gebe auch hier, wie sonst, nicht
Verhältnisszahlen, sondern die direkten Zirkelmessungen, weil die Verhältnisszahlen bei kleineren Exemplaren, seien es unausgewachsene oder kleiner bleibende,
öfters andere sind und daher die Verhältnisszahlen doch nur innerhalb einer
gewissen absoluten Grösse des Individuums Art- oder Varietäten-Unterschiede
begründen. Beachtenswerth ist ferner das Seitenprofil im oberen Drittel der
Schale, ebensowohl im Ganzen, wo bei regelmässiger Verschmälerung die Tangente
mehr geradlinig, bei nach oben rasch zunehmender die Profillinien gewölbt (nach
einwärts gebogen), als auch das Profil jeder einzelnen Windung für sich mehr
oder weniger gewölbt, nur bei L. acuminata geradlinig erscheint. Diese zwei
Kennzeichen bleiben zwischen jüngeren und erwachsenen Stücken derselben Art
gleich, eben weil sie sich nur auf die oberen Windungen beziehen, und dienen
daher zum Zusammenfinden derselben, auch wenn die Verhältnisszahlen der Breite
und der Mündungslänge zur Gesammtlänge verschieden sind, wie sie es bei verschiedenem Alter gewöhnlich sind.

Die Skulptur besteht immer aus verhältnissmässig schwachen, senkrecht
herablaufenden Rippenstreifen und vertieften Spirallinien, welche dieselben durch-
kreuzen; wenn letztere so dicht nebeneinander sind wie die Rippenstreifen und
zugleich ziemlich tief, erscheint die Skulptur als gekörnt; wenn sie weitläufiger
oder seicht sind, nur als gegittert. Diese Skulptur ist stets auf den oberen
Windungen stärker als auf den unteren, die Spirallinien fehlen meist ganz im
mittleren und unteren Theil der letzten Windung, bei manchen Formen überhaupt auf der ganzen letzten und vorletzten Windung; sie sind aber, wenn sie
schwach sind, nur bei gut erhaltenen Exemplaren zu sehen, nicht mehr bei
solchen, die ihre Schalenhaut und gelbliche Farbe verloren haben, so dass unter
Umständen ein scheinbarer Skulptur-Unterschied nur ein Unterschied im Erhaltungszustand ist. Unmittelbar unter der Naht schwellen die Rippenstreifen
meist zu etwas gebogenen Fältchen an, bei einzelnen Stücken so auffällig, dass
es in der Beschreibung erwähnt werden muss (Stuhlmann'sches Exemplar von
L. cailliaudi var. gracilis), aber es ist immer doch nur ein gradweiser Unterschied.

Die Zeichnung ist meist erst auf den letzten 2—3 Windungen charakteristisch ausgebildet, auf den obersten fehlend, auf den nachstfolgenden mehr
unbestimmt. Man kann oft 3 Zonen unterscheiden: eine obere unterhalb der
Naht, die halbe Höhe des sichtbaren Theils der vorletzten Windung, das obere
Drittel oder Viertel der letzten Windung einnehmend, eine mittlere, der unteren
Hälfte des sichtbaren Theils der vorletzten und der Verlängerung der Naht in
grösserer oder geringerer Breite auf der letzten entsprechend, und eine untere,
nur auf der zeitweise letzten Windung sichtbar. In der oberen sind die Striemen
meist spärlicher, bald nach oben sich gabelnd und verlierend, bald eine besondere
Reihe ganz schmaler, hell gefärbter bildend, bald ganz fehlend; in der mittleren
sind sie meist am breitesten, oft mit zackigen Ausläufern oder zu Flecken an-

schwellend; in den unteren sind sie öfters recht schief und nicht ganz selten unter sich zu einer gleichmässigen dunkelbraunen Färbung verschmelzend. Je breiter die Striemen, desto mehr sind sie zur Zackenbildung und schiefem Verlauf geneigt, je schmaler, desto mehr geradlinig senkrecht und meist auch um so zahlreicher. Dieses ändert sich aber auch nicht ganz selten nach den einzelnen Windungen, mehr breit und zackig auf den früheren, mehr schmal und geradlinig nahe der Mündung; ja das Berliner Museum hat ein Exemplar von L. rectistrigata aus der Nähe des Tanganyika, bei welchem von der vierten bis zur letzten (achten) die Striemen ziemlich breit und konstant gebogen und gezackt, aber kurz vor der Mündung nach einem Wachsthumsabsatz plötzlich nur schmal und geradlinig erscheinen. So sehr dieses gegen zu grosse Berücksichtigung der Striemenzeichnung spricht, so finden sich oft bei Exemplaren desselben Fundortes so auffällige und charakteristische Zeichnungskombinationen, dass solche zur Kennzeichnung bestimmter Varietäten oder Arten verwendbar werden. Im Folgenden sind daher neben der allgemeinen Form und derjenigen der oberen Windungen mehrfach auch besondere Zeichnungstypen zur Unterscheidung verwandt werden.

Den dünnen weissen Sommerdeckel von L. martensiana beschreibt Pelsencer in Bull. Mus. Roy. d'Hist. Nat. de Belgique IV, 1886, p. 104; er habe an der hinteren Seite eine vorspringende Längsleiste und daran oben eine Spalte, wodurch Luft eindringe.

Als individuelle Abweichungen, welche leicht für besondere Arten gehalten werden können, sind zu erwähnen:

1) Lang ausgezogene Stücke, bei denen ein grösserer Theil jeder früheren Windung sichtbar bleibt, die Naht also tiefer verläuft, wodurch die ganze Schale zugleich positiv schmäler und länger wird, ebenso die Mündung schmäler; indem jede Windung einen kleineren Theil der vorhergehenden umfasst, erreicht sie bei geringerem Querdurchmesser denselben Rauminhalt. Ein solches Stück von L. fuscescens (Taf. IV, Fig. 2) hat Stuhlmann bei Bukoba neben normalen gesammelt, der Unterschied ergiebt sich in folgenden Maassen:

normales Exemplar　　　55 mm lang, 21 breit, Mündung 21 lang, 12 breit.
ausgezogenes Exemplar 66 mm　,,　20　,,　　,,　　22　,,　11　,,

Beide haben ungefähr gleichen Rauminhalt. Es ist gewissermaassen eine Annäherung zur Skalaridenbildung.

Aehnlich ausgezogene Exemplare kommen auch bei L. cailliaudi in den nördlicheren Theilen von Afrika vor und unter den von Bourguignat, Moll. de l'Afr. équat., beschriebenen Arten dürften vielleicht

L. coulboisi, p. 103 und 106, pl. 6, Fig. 1. Kerasa in Usagara, 61 mm lang, 15½ breit, Mündung 19 lang, 7 breit;
L. dromauxi, p. 103 und 107, pl. 6, Fig. 3. Kibanga an der Westküste des Tanganyika;
L. megaloca, p. 103 und 105, pl. 6, Fig. 4. Ebene Knicomba an der südwestlichen Küste des Tanganyika

auf derartige Abweichungen begründet sein, nach den Abbildungen zu urtheilen; bestimmt lässt es sich natürlich nur sagen, wenn man in allem Uebrigen übereinstimmende kürzere Formen von demselben Fundort vor sich hat, aber so sehr schlank ausgezogene Arten von Limicolarien sind mir sonst nicht vorgekommen.

2) Verkürzte Stücke, bei welchen die Windungen mehr als gewöhnlich in einander eingeschachtelt sind; hierher namentlich ein Stück von L. colorata

var. saturata E. Sm. aus der Grassteppe südlich vom Albert-Edward-See (Taf. IV, Fig. 12), bei dem die früheren Windungen normal sind, aber kurz vor dem Uebergang der vorletzten in die letzte liegt die Vernarbung eines Bruches, und von da an wird die Windung, also wesentlich die letzte, auffallend wulstig, oben nahe der Naht stumpfkantig und dann abgeflacht; Länge 46½ mm, Breite 22½, Mündung 18½ lang und 13 breit. Ein normales gleicher Grösse liegt nicht vor, aber bei einem normalen Stück von nur wenig grösserem Rauminhalt und Windungszahl sind die betreffenden Zahlen: 53, 21½, 20 und 12, also die Länge grösser, die Breite geringer. Aehnlich deformirte Stücke kenne ich von Achatina fulica, ferner Bulimus, Clausilia und von Litorina litorea. Eine solche verkürzte Form scheint mir auch L. ventricosa, E. Sm., Proc. Mal. Soc. London I, 1895, p. 323, 324, zu sein (vgl. unten S. 106).

Namen	Allgem. Gestalt	Im oberen Drittel	Die einzelnen Windungen	Skulptur der letzten Windung	Striemen	Länge mm	Breite mm	Länge d. Mündung mm
turriformis Marts.	gethürmt	regelmässig zugespitzt	schwach gewölbt	oben gekörnt	orangebraun, wenig gebogen	89 –93	35 41	37 –39
- var. neumanni Marts.	schlankgethürmt	do.	do.	oben schwach gegittert	o	89	34½	37
var. solida Marts.	gethürmt	do.	do.	kaum gekörnt	o	61 –60	25— 29½	27·— 28½
cailliaudi Pfr. var. stuhlmanni Marts.	cylindr.-gethürmt	konvex	schwach gewölbt	schwach streifig	mittelbraun, mässig bogig und zackig	50 –56 18	-21	17 19
var. spekeana Grandid.	schlankcylindrisch	do.	do.	do.	do.	71	20	21
var. gracilis Marts.	etwas konischgethürmt	schwach konvex	do.	Naht gefältelt	mittelbraun, mässig breit	37	14½	15
colorata E. Sm.	cylindr.-gethürmt	konvex	gewölbt	faltenstreifig, schwach gegittert	breite dunkle Striemen bis zur Naht	67	25	23
— var. fuscescens n.	do.	do.	do.	do.	o oder spärlich	50 50 21 –24	19- 21	
var. saturata E. Sm.	do.	do.	do.	do.	dunkelbraun, in der Mitte breit, zackig	60	25	24
var. infrafusca n.	do.	do.	do.	do.	dunkelbraun, oben verschwindend, mitten und unten zusammenfliessend	61	25	24
dimidiata Marts.	zieml. breit konischgethürmt	regelmässig zugespitzt	mässig gewölbt	do.	oben o, in der Mitte und unten mittelbraun, zackig	49½	20	19
var. volkensi n.	do.	do.	do.	do.	o	35—39 14—18	14½—17½	

Namen	Allgem. Gestalt	Im oberen Drittel	Die einzelnen Windungen	Skulptur der letzten Windung	Striemen.	Länge	Breite	Länge d. Mündung
						mm	mm	mm
rohlfsi Marts.	cylindr.-gethürmt	etwas gewölbt	mässig gewölbt	schwach rippen-streifig	Flecken unter der Naht und dunkle Binde um d. Nabelritz	60 65 25	26	25
mediomaculata Marts.	do.	do.	schwach gewölbt	schwach streifig	schwach, zahlr., gerade in der Mitte zu Flecken erweitert	39—45 16 -18	16	-19
martensiana E. Sm.	konisch-eiförmig	gewölbt	do.	do.	breit, dunkelbraun, gebogen und zackig	36	17	$14\frac{1}{2}$
— var. pallidistriga Marts.	do.	do.	do.	do.	blassbraun	43	19	19
— var. multifida Marts.	länglich-eiförmig	schwach gewölbt	mässig gewölbt	do.	oben zahlreich, schmal, blass, mitten und unten breit, dunkel, zackig	$37\frac{1}{2}$ $-16\frac{1}{2}-$ $41\frac{1}{2}$ 17		17
— var. eximia Marts.	do.	mässig gewölbt	do.	do.	do.	59	25	25
rectistrigata E. Sm.	cylindr.-gethürmt	schwach gewölbt	schwach gewölbt	do.	gerade, zahlreich, schmal, mittelbraun	$33\frac{1}{2}$ 44	13—17	$12\frac{1}{2}$ 10
connectens Marts.	lang-konisch	regel-mässig zugespitzt	sehr schwach gewölbt	do.	gerade, schmal, ungleich, in der Mitte zuweilen eine Zacke	42—51 $19\frac{1}{2}$	16	$17\frac{1}{2}$ 21
charbonnieri Bgt.	gestreckt cylindrisch	mässig gewölbt	mässig gewölbt	schwach streifig, oben gefältelt	oben sehr zahlreich, schmal, mitten und unten breit, dunkel, gebogen,	67 $(47\frac{1}{2})$	21 (18)	26 (17)
— var. sepulcralis Bgt.	do.	do.	do.	do.	spärlich gegabelt	46	17	20
acuminata Marts.	lang-konisch	regel-mässig zugespitzt	eben	streifig und sehr schwach gekörnt	oben zahlreich, schmal, mitten breit, zackig, unten zusammenfliessend	30?	15?	14?

Limicolaria turriformis Marts.

(Taf. IV, Fig. 11.)

v. Martens, Nachrichtsbl. d. mal. Ges. 1895, S. 181.

Gethürmt, ziemlich dünn, dicht und etwas körnig gestreift mit einzelnen, wenig deutlichen, vertieften Spirallinien, blass strohgelb, mit blass röthlichen senkrechten oder schwach zackigen Striemen; Spitze ziemlich stumpf; Windungen 10, schwach gewölbt, an der Naht etwas gefältelt, die letzte unten allmählich verschmälert. Mündung schief vierseitig, länglich, $^2/_6$ der Schalenlänge einnehmend; Aussenrand dünn, Columellarrand kurz, senkrecht oder ein wenig schief, unten sehr dünn, in eine Ecke auslaufend, blass violett, Inneres der Mündung blass bläulich.

Lange 93, gross. Durchm. 41, klein. 34; Mündung 39 lang, 22 breit
89,   35, » 31; » 37 » 20 »

In die Maassangabe der Breite ist der Columellarrand selbst mit eingeschlossen.

Im Nordosten und Norden des Victoria-Nyansa, Nord-Kawirondo und Ussoga, namentlich bei Lubwas, nahe dem Ausflusse des Nils. O. Neumann 1894.

Auf den ersten Anblick der Limic. turris Pfr. aus dem Gebiete des Gazellenflusses ähnlich, aber schlanker, mit kürzerer Mündung und viel schwächerer Spiralskulptur, die senkrechten erhabenen Streifen nur etwas uneben anschwellend, nicht eigentlich gekörnt; die Fältelung unter der Naht stärker.

Var. neumanni Marts.

(Taf. IV, Fig. 15.)

v. Martens, Nachrichtsbl. d. mal. Ges. 1895, S. 182.

Schlanker, blass strohgelb, einfarbig oder mit einzelnen bräunlichen Wachsthumsabsätzen, die untere Hälfte der letzten Windung mehr glänzend, der Columellarrand unten mehr oder weniger stark nach links zurückgebogen. Länge 89 mm, grosser Durchmesser 34^1 2, kleiner 31; Mündung 37 lang, 18 breit. Ntebbi in Uganda, 30. Mai 1894, O. Neumann.

Der letzte Umgang ist auch noch bei der erwachsenen Schale durch eine Art bestimmter, doch nicht erhabener Linie in der Verlängerung der Naht zweigetheilt und unterhalb derselben mehr glänzend. Der Columellarrand biegt sich unten deutlich nach links, der Aussenseite des letzten Umgangs, um. Da aber nur ein zweifellos erwachsenes Stück vorliegt und bei diesem die Rückbiegung des Columellarrandes durch eine kleine Verletzung nahe der Basis der Schale veranlasst sein kann, kann ich darauf keinen Artunterschied begründen. Die vier anderen Stücke sind etwas jünger und zeigen die stärkere Biegung der Columelle in sehr verschiedenem Grade, nicht genau im Verhältniss der Grösse. Die Farbung ist bei allen ganz oder nahezu gleichmässig, ohne rothe Striemen.

Var. solida Marts.

(Taf. IV, Fig. 13.)

v. Martens, Nachrichtsbl. d. mal. Ges. 1895, S. 182.

Kleiner, spindelförmig gethürmt, dickschalig, etwas deutlicher gekörnt, einfarbig blassgelb, Columellarrand ziemlich senkrecht. Länge 61—66 mm, grosser Durchmesser 25—29^1.2, kleiner 23^1 2—26; Mündung 27—28^1 2 lang, 15—18 breit.

Südwestufer des Victoria-Nyansa, von Emin Pascha 1877 (damals noch Emin Effendi) gesammelt und durch Dr. Juncker 1879 dem Berliner Museum zugekommen. Ntebbi in Uganda, zusammen mit der vorigen, O. Neumann.

Gar keine Striemen. Die Naht erscheint bei dem Neumann'schen Stück auf den ersten Anblick dunkel gefärbt, es scheint aber bei näherer Betrachtung nur durch Einlagerung von roth-braunem Lehm entstanden, da diese Färbung sich nur in der Rinne der Naht und zwischen den Fältchen zeigt.

Limicolaria cailliaudi (Pfr.)

Cochlogena flammata var., Cailliaud, Voy. Meroë IV, p. 265, Atlas pl. 60, Fig. 4;
Bulimus cailliaudi, Pfr., Zeitschr. Mal. 1850, p. 386; Mon. III, 1853, p. 386.
Bulimus sennaariensis Parreys ohne Beschreibung bei Pfr., Mon. Hel. II, 1848, p. 180.
Limicolaria sennaariensis, Shuttleworth, Notitiae Malacol., 1856, p. 48, Taf. 7, Fig. 6. 7. Kobelt in der neuen Ausgabe von Chemnitz, Achatiniden, S. 51, Taf. 17, Fig. 2; S. 71, Taf. 23, Fig. 3 und 4*).

---

* Anmerkung: Fig. 4 ist etwas zu breit ausgefallen und ist nicht von Sendtner, sondern von Steudner in Sennaar gesammelt.

Limicolaria flammea (Mull.), Jickeli, Land- u. Süssw.-Moll. Nordost-Afrikas, S. 157 z. Th. Taf. 6, Fig. 5. E. Smith, Proc. Mal. Soc. 1, 1894, p. 165.

Eine langgestreckte, schlanke Form mit mässig breiten, etwas zackigen, roth-braunen Striemen, die typische Form aus Sennaar 64—77 mm lang, 26—28 breit, Mundung 24 lang, 31 breit.

Var. stuhlmanni Marts.

(Taf. IV, Fig. 1.)

v. Martens in Sitz.-Ber. d. Ges. nat. Freunde 1891, S. 15.

Etwas kürzer, mehr cylindrisch und gegen die Spitze zu mehr gewölbt, weniger allmählich zugespitzt. Länge 50—56 mm, grosser Durchmesser 18—21, kleiner 17½—19, Durchmesser der vorletzten Windung an der Mündungsseite 15—17, Mündung 17—19 lang, 11—12 breit. Die Striemen ziemlich breit und zackig, oft nicht bis ganz an die Naht hinaufreichend oder dort in mehrere feine getheilt.

Matangisi in Ugogo, trockene Schalen am Weg, Stuhlmann, 2. Juli 1890. Vielleicht gehören hierher auch die von Speke auf seiner zweiten Reise in Uganda und Karagwe gesammelten Limicolarien, welche Dohrn, Proc. Zool. Soc. 1864, p. 118, als L. flammea aufführt.

Von Ukamba, jenseits des Dungu-Gebirges, hat J. M. Hildebrandt eine Form mitgebracht, welche auch noch zu dieser Varietät gerechnet werden kann, doch ist sie etwas breiter und nach oben etwas mehr gleichmässig zugespitzt; Länge 56 mm, Durchmesser der letzten Windung 32, der vorletzten 16, Mündung 21 lang, 13 breit; ich habe dieselbe in den Sitz-Ber. d. Berl. Akad. 1878, S. 291, mit dem allgemeinen Namen flammea Müll. bezeichnet, worunter Jickeli eine Reihe von nordostafrikanischen Formen zusammenfasste. Die ursprüngliche flammea Müll., Hist. Verm., 1774, p. 87, ist nach Chemnitz, der doch wohl Müllers Originalexemplare kannte, Conch. Cab. IX, S. 33, Taf. 119, Fig. 1024, 1025, eine andere Art von der Goldküste, siehe Kobelt, S. 50, Taf. 16, Fig. 1. Vermuthlich gehört hierher auch noch Smith's L. flammea, von Dr. Gregory im Kenia-Gebiet bei Guaso Narok, Alngaria und Leikipia gesammelt.

Var. spekeana Grandid.

Achatina (Limicolaria) cailliaudi (Pfr.), E. Smith, Proc. Zool. Soc. 1881, p. 284, pl. 33, Fig. 13, kopirt bei Kobelt, Taf. 18, Fig. 1.

Limicolaria spekiana, Grandidier, in Bull. Soc. Mal. de France II, 1885, p. 160; Bourguignat, Moll. de l'Afr. équat., p. 102.

Noch länger und schlanker, 71 mm lang, letzte Windung 20 breit, vorletzte 17, Mündung 21 lang und 12 breit; gegen die Spitze zu auch so stark gewölbt wie var. stuhlmanni.

Nahe dem Tanganyika, Thomson. Vermuthlich gehört hierher die von E. Sternes zwischen Tanganyika und Sansibarküste gesammelte »Achatina cailliaudi Pfr.«.

Var. gracilis Marts.

Achatina (Limicolaria) sennaariensis var. gracilis, v. Martens, Malak. Blatt. XVII, 1870; Pfr., Novitat. Conchol. IV, Taf. 110, Fig. 4, 5, kopirt bei Kobelt, Taf. 17, Fig. 4, 5.

Limicolaria heuglini var. gracilis Marts., Jickeli, Land- u. Süssw.-Moll. Nordost-Afrikas, S. 164.

Zu dieser kleinen und schlanken Form, welche im Gebiet des Gazellenflusses gefunden worden, möchte ich ein Stück zählen, welches Stuhlmann, 13. Sept. 1890, aus der Ebene südlich vom Bach Manyonga, der in die Wembere-

Steppe ausläuft, in etwas mehr als 4" Südbreite gefunden hat; es ist 37 mm lang, 14 1/2 breit, Mündung 15 lang und 8 1/2 breit, hat etwas breitere Striemen als die Schweinfurth'schen Exemplare und ist unter der Naht auffällig gefältelt. Hierher vermuthlich auch die Limicolarie, welche Baumann am Manyara-See gesammelt und von Sturany in dessen Reisewerk, S. 17, als an L. heuglini erinnernd bezeichnet wird.

Limicolaria colorata E. Sm.

E. Smith in Proc. Mal. Soc. of London I, 1895, p. 323, 324.
Langgezogen, mit breiten, bis zur Naht reichenden Striemen.
Kilima-Ndjaro, Kulturland, 1200—1700 m, im Gebüsch, sehr gemein, Volkens.
Am Albert-Edward-See, 3—4000 Fuss hoch, G. F. Scott-Elliot.

Var. fuscescens n.
(Taf. IV, Fig. 2 und 6.)

Cylindrisch-gethurmt, ziemlich breit, dickschalig und glanzlos, mit dicht stehenden vertikalen Rippenstreifen, welche auf den oberen Windungen körnig sind, trüb bräunlich-gelb, mit zahlreichen schmalen roth-braunen Striemen, welche nach oben öfters etwas breiter werden und in der Mitte der Windungen öfters eine nach vorn gerichtete Spitze zeigen; Gewinde ziemlich gewölbt, oben stumpf; Windungen 8—9, jede für sich schwach gewölbt, an der Naht kurz gekerbt, die letzte mässig gewölbt, unten etwas sackförmig gerundet. Mündung ungefähr 3/4 der Schalenlänge einnehmend; Columellarrand verhältnissmässig kurz, etwas gebogen, blass rosafarbig; Inneres der Mündung weisslich. Länge 50—56 mm, grosser Durchmesser 21—24, kleiner 19—19 1/2, Durchmesser der vorletzten Windung auf der Mündungsseite 16 mm; Mündung 19—21 lang. 13—15 breit.

Westküste des Victoria-Nyansa bei Bukoba, Mai 1892. Kafuro in Karagwe, etwa 1350 m hoch, am Boden, an Gras und Gesträuchen, Stuhlmann, März 1891. Migere und Iwinsa in Butumbi, am südlichen Ufer des Albert-Edward-Sees, Stuhlmann, 6. und 8. Mai 1891, ein verbleichtes Stück.

Unterscheidet sich im Ganzen durch die kräftigere Skulptur, die mehr bauchige Gestalt und die trübe Färbung mit zahlreichen schmalen und oft auch einzelnen breiten Striemen recht gut von den Formen der L. cailliaudi, doch finden sich unter den Exemplaren von Bukoba einige, welche in dem allgemeinen Umriss der cailliaudi sehr nahe kommen, eines sogar ist ganz besonders ausgezogen: 66 lang, 20 breit, vorletzte Windung 17, Mündung 22 lang, 10 1/3 breit (Fig. 2); dieses verhält sich zur Normalform wie innerhalb L. cailliaudi var. spekeana zu var. stuhlmanni, ist aber anscheinend an derselben Stelle mit der typischen fuscescens gefunden und daher wohl nur individuelle Variation, vgl. oben S. 100.

Var. saturata E. Sm.
(Taf. IV, Fig. 8, 12, 14.)

Limicolaria saturata, E. Smith, Proc. Mal. Soc. I, 1895, p. 323, Fig. 1.
Mit breiteren, unregelmässigen, etwas zackigen, schwarz-braunen Striemen, welche meist nach oben die Naht nicht erreichen und in der Mitte der letzten Windung zu einem Spiralbande zusammenfliessen. Länge 60, Breite 25 1/2 mm; Mündung 24 lang, 13 breit.

Sehr dunkle, breite, unter sich ungleiche und öfters zackige Striemen, die meisten nach oben gegabelt oder in feine Linien aufgelöst, auf der letzten Windung in der Verlängerung der Naht verbreitert, so dass sie hier ein mehr oder weniger unterbrochenes Spiralband darstellen, eigentlich nur eine weitere Ausbildung der

Auszackung, welche bei fuscescens hier öfters auftritt; Form und Skulptur ganz übereinstimmend.

Runssoro am westlichen Fuss in einer Höhe von ungefähr 1200 mm, 15. Juni 1891, und Grassteppe südlich des Albert-Edward-Sees bei Mutambuka in Vitshumbi, 9. Mai 1891, Stuhlmann, etwas kleiner, nur 53 mm lang, sonst ganz übereinstimmend. Am Albert-Edward-See in einer Höhe von 3000—4000 Fuss, Elliot 1894. Hierher gehören auch einige nicht ausgewachsene Stücke von der Insel Ssesse im Victoria-Nyansa, 12. Dez. 1890 von Stuhlmann gesammelt, und eines von Bukoba ebenda, Mai 1892.

Var. infrafusca n.

(Taf. IV, Fig. 10.)

Mit breiten dunkel kastanienbraunen Striemen, welche meist nach oben die Naht nicht erreichen, in der Mitte und dem unteren Theil der vorletzten und letzten Windung unter sich zusammenfliessen, ganz unten gleichmässig dunkelbraun. Länge 61, grosser Durchmesser 25, kleiner $23\frac{1}{2}$, Durchmesser der vorletzten Windung $18\frac{1}{2}$ mm; Mündung 24 lang, 14 breit.

Kawirondo, O. Neumann 1894 (Ostseite des Victoria-Nyansa).

Zwei unter sich in Grösse, Form und Färbung gut übereinstimmende Stücke, welche sich am besten hier anschliessen; die Färbung erinnert einigermaassen an diejenige von Pseudachatina wrighti Sow. In Form und Färbung hat sie viel Aehnlichkeit mit der von Férussac, Taf. 141, Fig. 4, abgebildeten Form, welche Shuttleworth zu L. strigata aus Westafrika stellt.

E. Smith, Proc. Mal. Soc. London 1895, p. 324, Fig. 2, beschreibt noch eine L. ventricosa, von Elliot am Albert-Edward-See mit seiner saturata gefunden; nach der Abbildung kann ich nicht umhin, zu vermuthen, dass es ein etwas missbildetes Stück sei, bei welchem die letzte Windung abnorm kurz und bauchig geworden; ein ähnliches Stück von L. saturata ist unter den von Stuhlmann am Mutambuka gefundenen, nur sind bei diesem die beiden letzten Windungen ungewöhnlich kurz und bauchig, die Naht an ihnen abnorm tief und treppenförmig und die Stelle einer früheren Verletzung am Anfang der abnormen Bildung noch zu erkennen, Taf. IV, Fig. 12. Vgl. oben S. 100.

Limicolaria dimidiata Marts.

Limicolaria flammea var. dimidiata, v. Martens, Sitz.-Ber. d. Ges. nat. Freunde 1890, S. 132; Conch. Mitth. III, Taf. 45, Fig. 6, 7. E. Smith, Proc. Mal. Soc. I, 1894, p. 165.

Abgerundet-konisch gethürmt, mit schwachen Rippenstreifen und ziemlich zahlreichen eingedrückten Spirallinien auf den oberen Windungen und auf dem oberen Theil der letzten, strohgelb mit schiefen, etwas zackigen roth-braunen Striemen, die nur die untere Hälfte des sichtbaren Theils jeder Windung einnehmen; das Gewinde nach der Spitze zu mässig verdünnt, etwas stumpf; 7—8 etwas gewölbte Windungen mit mässig tiefer, weisslicher, ein wenig gekerbter Naht. Mündung schief vierseitig, Columellarrand fast senkrecht, sehr blass röthlich-violett, Inneres der Mündung weisslich mit durchscheinenden Striemen. Länge $49\frac{1}{2}$ mm, grosser Durchmesser 20, kleiner 19, Durchmesser der vorletzten Windung auf der Mündungsseite 14 mm; Mündung 19 lang, 12 breit.

Am Kilima-Ndjaro, Hans Meyer 1890; ebenda im Kulturland zwischen 1000 und 1700 m, im Gebüsch, meist verbleicht, Volkens; Marangu-Station am Kilima-Ndjaro, Dr. Lent; am Kenia bei Njenips-Indogo, nahe dem See Baringo, Dr. Gregory.

Von den genannten drei Reisenden zusammen 14 Stück in übereinstimmender Grösse und Zeichnung gefunden, nebst einigen ganz jungen.

Var. volkensi n.

Neben Exemplaren mit der typischen Zeichnung hat Volkens auch mehrere mitgebracht, welche gleichmässig und ziemlich intensiv strohgelb gefärbt sind, ohne alle Striemen. In der allgemeinen Form variiren sie insofern, als neben 4 ziemlich breit konischen Formen auch ein länger ausgezogenes, daher mehr cylindrisches, sich vorfindet, das schon durch die ungewöhnliche Höhe des sichtbaren Theiles der drittletzten Windung (7 mm, bei entsprechenden normalen nur 5) sich als abnorm erweist. Die betreffenden Maasse sind:

Breitestes u. grösstes Stück 39 mm lang, 18 breit, vorletzte Windung 12$^1/_2$, Mündung 17$^1/_2$ lang, 10 breit
Kleineres schlankes 35 » 14 » 11$^1/_2$, 14$^1/_2$ » 8
Abnorm ausgezogenes » 42 » 16 » 13, 16 9$^1/_2$

Am Kilima-Ndjaro im Kulturland, zwischen 1200 und 1700 m, häufig, Volkens.

Limicolaria rohlfsi Marts.
(Taf. V, Fig. 36.)

v. Martens bei Kobelt, Fortsetzung von Chemnitz, Achatiniden, 1894, S. 72, Taf. 23, Fig. 5, 6.

In Form und Skulptur der vorigen nahe, doch die Vertikalstreifen schwächer und ganz ohne Spirallinien auf den unteren Windungen. Farbung eigenthümlich: gelb-braun mit einer Reihe dunkelbrauner Flecke dicht unter der Naht und einem vollen, dunkelbraunen Bande um den Nabelritz, dazwischen einfarbig, ohne Striemen; obere Windungen öfters röthlich. Die zwei grössten Stucke zeigen:

Länge 65, gross. Durchm. 25, kleiner 22$^1/_2$, vorletzte Windung 19, Mündungslänge 25, Mündungsbreite 16
» 60, 26, 23, 18, 23, 15

das zweite also etwas kürzer, aber dafür breiter, die Mündungslänge gleich.

Mhugu, an der nordöstlichen Seite des Victoria-Nyansa, südlich von der Ugowe-Bai, und sonst in Kawirondo, O. Neumann, Febr. 1894. Grassteppe in Vitschumbi, am südwestlichen Ende des Albert-Edward-Sees, etwa 900 m, Stuhlmann, Mai 1891, und Buginda bei Chef Oransi in einer Bananenpflanzung, Gebiet Andetei, im Westen des Ssemliki-Issango, Stuhlmann, 18. Dez. 1891, an beiden Orten nur junge Exemplare, aber von der fünften Windung an schon die charakteristische Zeichnung.

Das erste Exemplar dieser Art ist von G. Rohlfs seiner Zeit am Ngadda-Fluss (nordwestlich vom Einfluss des Benue in den Niger) gefunden worden und seit 1869 im Berliner Museum; es ist kleiner und etwas schlanker als diejenigen von Neumann, auch etwas verbleicht, stimmt aber in Skulptur und Zeichnung ganz gut mit den Neumann'schen überein.

Limicolaria mediomaculata Marts.
(Taf. IV, Fig. 3, 5 und 7.)

v. Martens, Nachrichtsbl. d. mal. Ges. 1895, S. 182.

Spindelförmig-länglich, schwach gestreift, Spiralstreifung auf der vorletzten Windung sehr schwach, auf der letzten verschwunden; blassbraun, mit schmalen, zahlreichen, ziemlich blassen Striemen, einige davon etwas breiter und dunkler; in der Mitte jeder Windung schwarz-braune, annähernd quadratische Flecken. Das Gewinde nach oben ziemlich verschmälert, 7-8 kaum ein wenig gewölbte Windungen mit seichter Naht, die letzte ziemlich schmal, unten allmählich verschmälert. Mündung annähernd lanzettförmig; Columellarrand kurz, etwas gedreht, oben ziemlich breit umgeschlagen, röthlich-violett, Inneres der Mündung bläulich, die Striemen und Flecken durchscheinend.

Länge 45 mm, Breite 18, vorletzte Windung 14; Mündung 19 mm lang, 11 breit
» 39 » 16, » 13; 16 » 10 »

Kawirondo-Gebiet an der Nordostseite des Victoria-Nyansa, O. Neumann, zwei Stück, das grössere verhältnismässig schlanker.

Diese Form hat in der Zeichnung Verwandtschaft mit L. fuscescens und dimidiata, mit letzterer insofern, als die Flecken auf den oberen Windungen dicht oberhalb der Naht erscheinen, wie die Striemen bei dimidiata, aber sie unterscheidet sich von beiden durch schwächere Skulptur und schlankere Form, namentlich in der letzten Windung.

Möglicherweise gehören hierher noch ganz junge Stücke aus Undussuma am Bach Tararo, 27. Juli 1891 von Stuhlmann, das grösste nur $7^1{}_2$ mm lang, 6 breit, Mündung $4^1{}_2$, mit 4 Windungen, auf der vierten schon die Flecken auf der Peripherie, weiter oben einfarbig; zu L. acuminata, welche Stuhlmann in diesen Gegenden gefunden, gehören sie bestimmt nicht.

Limicolaria martensiana E. Sm.

(Taf. I, Fig. 10.)

? Limicolaria tenebrica Rv., Dohrn, Proc. Zool. Soc. 1864, p. 116 und II. Adams, Proc. Zool. Soc. 1866, p. 375.

Achatina (Limicolaria) martensiana, E. Smith, Proc. Zool. Soc. 1880, p. 345, pl. 31, Fig. 1, kopirt bei Kobelt, Taf. 18, Fig. 2. — Pelseneer in Bull. Mus. Hist. Nat. Belg. IV 1886, p. 104.

Limicolaria martensiana, Crosse, Journ. de Conch. XXIX, 1881, p. 297; Grandidier, Bull. Soc. Mal. de France II, 1885, p. 162; Bourguignat, Moll. de l'Afr. équat. p. 104.

Limicolaria giraudi, Bourguignat (1885), Moll. de l'Afr. équat., p. 104, pl. 6, Fig. 7, 8; Kobelt, neue Ausg. v. Chemn., Ach., S. 57, Taf. 18, Fig. 2—7; Sturany in Baumann, »Durch Massai-Land zur Nilquelle«, 1894, S. 15; Sowerby, Shells of Tanganyika, Fig. 18.

Eine ziemlich kleine und gedrungene Form mit breiten dunkeln Striemen, welche mehr oder weniger zackig sind und nach oben gegen die Naht zu sich öfters gabeln. Die obersten 3—4 Windungen meist mit lebhafterer Färbung, gelblich oder röthlich, was aber bei verbleichenden Stücken nicht mehr zu sehen, nur mit schwachen Striemen.

Smith's Originalstücke 36 mm lang, 17 im grossen Durchmesser, 13 im Durchmesser der vorletzten Windung an der Mündungsseite, Mündung $14^1{}_2$ lang und 8 breit.

Ujiji am Tanganyika, Hore. Ugalla an der Ostseite des Tanganyika, R. Böhm. Zwischen Tanganyika und Sansibarküste sehr zahlreich, E. Sternes. Sumbu in Itawa, Südende des Tanganyika, Crawshay. Mpala an der Westseite des Tanganyika, ziemlich südlich, Bourguignat (giraudi). Am Nordende des Tanganyika, Baumann. Kafuro in Karagwe, 1360 m, Stuhlmann 10. März 1891, Insel Ssesse 12. Dezember 1890, Insel Ssowe 22. Dezember 1890, beide an der Westküste des Victoria-Nyansa und im Uferwald der Murchison-Bai bei Manyonyo, 10. Januar 1891, Stuhlmann. Mhugu an der Nordostseite des Sees, O. Neumann, 21. Februar 1894. Uganda, Speke. Ufer des Jipe-Sees, G. Volkens. Dschala-See, südöstlich von Kilima-Ndjaro, 675—780 m hoch, Kretschmer (zwischen Jipe und Kilima-Ndjaro). Landschaft Umbugwe, südlich vom Manyara-See, eine Form mit verhältnismässig schmalen Striemen, O. Neumann, November 1893.

Die meisten sind nahezu von gleicher Grösse, Form und Färbung wie Smith's Originale, einzelne etwas schlanker und kleiner; z. B. $32^1{}_2$ mm lang und nur $14^1{}_2$ im Durchmesser, vorletzte Windung 11, Mündung 12 lang und 7 breit, ein Stück von der Insel Ssowe, während ein zweites von da etwas breiter ist. Die Exemplare von der Insel Ssesse zeichnen sich durch dünne Schale, bräunliche Grundfarbe und durchschnittlich schmalere und mehr gerade

Striemen aus, bleiben aber doch in der Form noch merklich verschieden von L. rectistrigata. Neumann's Exemplar von Mughu stimmt recht gut zu Smith's Fig. 1.
Auffallend schlank, 36 mm lang, $13^1/_2$ breit, vorletzte Windung $11^1/_2$ breit, Mündung 13 lang und 6 breit, sind 2 Stücke, welche Herr Rolle von Kala am Tanganyika erhielt; doch schliessen sich dieselben im allgemeinen Ansehen, namentlich auch durch die breiten dunkeln Striemen, eng an die typische Form an. Auch die von Baumann am Victoria-See gesammelten Limicolarien, welche Sturany in dessen Reisewerk »Durch Massai-Land zur Nilquelle«, 1894, S. 16, L. rectistrigata var. minor. nennt und Taf. 25, Fig. 36, 37 abbildet, möchte ich ihrer Gesammtform und breiten Striemen wegen noch zu martensiana stellen.

Var. pallidistriga Marts.

(Taf. V. Fig. 1.)

v. Martens, Nachrichtsbl. d. mal. Ges. 1895, S. 182.

In Skulptur, allgemeiner Form und auch in den Umrissen der Zeichnung mit der typischen martensiana von E. Smith übereinstimmend, aber dadurch ausgezeichnet, dass bei offenbar in frischem Zustand, wahrscheinlich lebend gesammelten Stücken die Striemen blass bräunlich sind, nur wenig dunkler als die strohgelbe Grundfarbe. Columellarrand intensiv violett, Nabelritz dunkelbraun, aber nicht in so weiter Ausdehnung wie bei L. rohlfsi: die oberen Windungen bei 2 Exemplaren dunkler aschgrau gefärbt, bei dem dritten heller gelb-grau. Das einzige Stück, das anscheinend ausgewachsen ist, 43 mm lang, 19 breit, vorletzte Windung 15, Mündung 19 mm lang, $11^1 _2$ breit, also ziemlich gross für diese Art.

Grassteppe südlich vom Albert-Edward-See, beim Häuptling Mutambuka, etwa 900 m hoch (vgl. dieses Werk, Bd. I, S. 266), Stuhlmann, 9. Mai 1891. Ein Stück auch vom Ufer des Victoria-Nyansa durch Dr. G. A. Fischer.

Var. multifida Marts.

(Taf. I, Fig. 13.)

Ach. (Limic.) martensiana var., E. Smith, Proc. Zool. Soc. 1880, p. 345, pl. 31, Fig. 1a.
Limicolaria martensiana var. multifida, v. Martens, Nachrichtsbl. d. mal. Ges. 1895, S. 182.

Auf der vorletzten und letzten Windung lösen sich die breiten dunkeln Striemen nach oben in gleicher Höhe je in 5—6 schmalere und hellere auf, theils in unmittelbarem Zusammenhang, theils etwas abgesetzt. Diese Auflösung findet auf der vorletzten Windung schon im unteren Drittel des sichtbar bleibenden Theils, auf der letzten in $^2_5$ der ganzen Höhe statt. Auf der drittletzten Windung gehen einzelne Striemen breit bis nach oben und beginnt schon die dunklere Spitzenfärbung, hier meist deutlich röthlich, mit Zurücktreten der Striemen. Columellarrand deutlich violett.

Länge $41^1 _2$ mm, grosser Durchm. 17, vorletzte Windung 15, Mündung 17 lang, 10 breit
» $37^1 _2$ » » » $16^1/_2$, » » $12^1/_2$, » 17 10 »

In einem ausgetrockneten Sumpf, südwestlich von Ufiomi (südlich vom Manyara-See), O. Neumann 29. Okt. 1893. Am Victoria-Nyansa, G. A. Fischer. Lubwas am Nordende desselben, O. Neumann. Buginda bei Chef Oransi, Distrikt Andetei, an der Westseite des Ssemliki-Issango in einer Bananenpflanzung, Stuhlmann 18. Dez. 1891. Karevia, am westlichen Fusse des Runssoro, Stuhlmann 16. Juni 1891. Ugalla, am östlichen Ufer des Tanganyika, und Bundeko, im Wald, 750 m hoch, 0,55 nördl. Br., Stuhlmann 4. Juli 1891.

Es ist das vielleicht nur eine individuelle Zeichnungsvariation von martensiana, aber immerhin so auffallig, dass ihr ein eigener Name gegeben werden kann.

Eine Zerspaltung der Striemen nach oben kommt zwar bei vielen, ja den meisten Limicolarien vor, aber so stark und gleichmässig auf den beiden letzten Windungen kenne ich sie nur noch bei meiner Limic. praetexta aus Kamerun, Sitz.-Ber. d. Ges. nat. Freunde 1888, S. 148, bei welcher die Spaltung aber ebensowohl nach unten als nach oben eintritt, während bei multifida die Striemen nach unten breit bleiben; auch ist die Gesammtgestalt der praetexta eine andere, mehr spindelförmig.

Limicolaria martensiana var. elongata, Martens, Sitz.-Ber. d. Ges. nat. Freunde 1883, S. 72, Conch. Mitth. S. 189, Taf. 34, Fig. 1, 2, kopirt bei Kobelt, Fortsetzung von Chemnitz, Achatiniden, Taf. 21, Fig. 2, 3, von Nyangwe am Lualaba oder oberen Kongo ist schlanker und grösser und bildet einen Uebergang zu rectistrigata E. Smith; eine ähnliche, doch etwas kürzere Form hat Herr Rolle von Kala am Tanganyika erhalten.

Var. eximia Marts.

(Taf. V, Fig. 34 und 34 a.)

v. Martens, Nachrichtsbl. d. mal. Ges. 1895, S. 183.

Eiförmig-länglich, stark gestreift, auf den oberen Windungen fein gegittert, blass strohgelb mit dunkelbraunen breiten meist zackigen und öfters sehr schiefen Striemen, welche im oberen Drittel der Windungen durch zahlreichere hellere und schmälere ersetzt werden. Gewinde ziemlich voll und breit, $8^{1}/_{2}$ regelmässig an Breite zunehmende nur schwach gewölbte Windungen, die letzte starker gewölbt, unten allmählich verschmälert, Columellarrand sehr wenig gebogen, nach aussen violett, nach innen bläulich-weiss. Länge 59 mm, grosser Durchmesser 25, kleiner 24, vorletzte Windung 19 mm; Mündung 25 lang, 16 breit.

Kawirondo an der nordöstlichen Seite des Victoria-Nyansa, O. Neumann. Ukamba in Britisch-Ostafrika, Hildebrandt.

Das grösste Neumann'sche Exemplar zeichnet sich durch seine Grösse und die Wölbung seiner Windungen aus, stimmt aber im Uebrigen wesentlich mit L. martensiana überein; die Grundfarbe der oberen Windungen ist kaum etwas dunkler, als die der vorletzten und letzten, die kleinen und feinen Striemchen nehmen eine verhältnissmässig viel schmalere Zone unter der Naht ein, als bei der vorhin beschriebenen var. multifida. Wahrscheinlich zusammen mit diesem Stück gesammelt sind zwei andere noch nicht erwachsene, welche aber der Breite der oberen Windungen nach eine ähnliche Grösse hätten erreichen können; die Grundfarbe der vier oberen Windungen ist bei dem einen violett-schwarz, bei dem andern ziegelroth, die kleinen Striemchen unterhalb der Naht sind bei ihnen noch weniger ausgebildet als bei dem ersten Stück. Aus derselben Landschaft, und zwar speziell von Mhugu liegen noch ein paar Stücke vor, welche in der Grösse ein Mittelglied zwischen der eben beschriebenen und einer normalen martensiana bilden, z. B. eines von 48 mm Länge und $18^{1}/_{2}$ Durchmesser, Mündung 19 lang und 10 breit; dieses ist aber verhältnissmässig schmaler als eximia; ein ähnliches Stück vom Ufer des Jipe-Sees durch G. Volkens; ein Stück ähnlicher Grösse wie das von Mhugu und noch etwas breiter (20 mm) aus der Umgegend des Tanganyika hat das Berliner Museum von Hrn. Gerrard erhalten. Hildebrandt's Stück aus Ukamba erinnert durch seine bedeutende Breite (42 mm lang, 22 breit, Mündung 18 1/2) an L. beccarii Iss. aus dem Bogos-Land im nördlichen Abyssinien, scheint aber nicht ganz erwachsen zu sein und schliesst sich in der Zeichnung und in der Gestalt der oberen Windungen eng an das grosse Stück von Kawirondo an. In der Grösse und allgemeinen Form kommt das hier als eximia bezeichnete Exemplar aus Kawirondo manchen bauchigen Formen von L. cailliaudi (sennaariensis) nahe, am nächsten dem von Jickeli, Land- u. Süssw.-Moll. Nordost-Afrikas, Taf. 6, Fig. 5, abgebildeten Stück, das derselbe neben anderen starker abweichenden als L. flammea var. sennaariensis bezeichnet, ohne den Fundort dieses Exemplars anzugeben; der Abbildung nach hat es auch noch auf der vorletzten Windung die breiten zackigen Striemen von martensiana, aber nicht mehr auf der letzten, und die eigenthümlichen feinen Striemen unter der Naht fehlen ganz. Shuttleworth's Abbildung von sennariensis, Not. Mal. Taf. 7, Fig. 6, 7, ist sogar nach oben noch breiter als eximia, die Striemen sind aber diejenigen von sennaariensis. Im Allgemeinen darf man aber sagen, dass die aus Sennaar und aus dem Gebiet des Gazellenflusses stammenden Stücke durch schlankere Zuspitzung der oberen Windungen und weniger breite, weiter auseinander stehende, nach oben nicht regelmässig durch feinere ersetzte Striemen als besondere Art (caillaudi oder sennaariensis) sich von dieser eximia unterscheiden lassen. Allerdings ist es möglich, dass spätere Funde diese Grenze noch mehr verwischen.

Das Ei dieser Schnecke ist abgebildet auf Taf. V, Fig. 34a.

Limicolaria rectistrigata E. Sm.

Achatina (Limicolaria) rectistrigata, E. Smith, Proc. Zool. Soc. 1880, p. 346, pl. 31, Fig. 2, (kopirt bei Kobelt, Taf. 18, Fig. 8) und 1881, p. 284 z. Th., pl. 33, Fig. 14a (nicht 14), (kopirt bei Kobelt. Taf. 18, Fig. 10).

Limicolaria rectistrigata Smith, Crosse, Journ. de Conch. XXIX, 1881, p. 297. Sturany in Baumann, »Durch Massai-Land zur Nilquelle«, 1894, S. 16. Sowerby, Shells of Tanganyika, Fig. 17.

Limicolaria rectistrigata und bridouxi, Grandidier, Bull. Soc. Mal. de France II, p. 162; Bourguignat, Moll. de l'Afr. équat. p. 103.

Die einfachen, nicht zackigen und nicht verzweigten Striemen, schmal und zahlreich, einzelne auch etwas breit, bilden nach dem Verfasser den Haupt-charakter dieser Art; zugleich ist sie ziemlich schlank und langgezogen; in der Gestalt und Grösse soll sie aber sehr bedeutend variiren, E. Smith führt folgende Maassangaben an:

a) Länge 44 mm, Durchmesser 17, Mündung 16 lang, 8 breit (Typus)
b) » 41 » » 14 » 14 8 » (Fig. 14a)
   39 » » 17 » 14 »
   39 » 16^{1}₂ » 15 »

Davon möchte ich aber die zwei letzten, der Fig. 14 entsprechend, aus-schliessen, soweit ich, ohne sein Material gesehen zu haben, urtheilen darf, da sie sowohl in der mehr bauchig-konischen Form als in den breiten Striemen der vorletzten Windung und den spärlichen verschwindenden der letzten auffallig vom Typus abweichen; Grandidier hat für diese schon einen eigenen Artnamen, L. burtoniana, geschaffen. Dagegen kann ich nach Exemplaren der Paetel'schen Sammlung und einem von Gerrard erhaltenen folgende Maassangaben hinzufügen:

c) Länge 39^{1}₂ mm, Durchmesser 14, vorletzt. 12, Mündung 15 lang, 8 breit
d) 43 » 14 » 11 » 13^2 ₃ » 7^{1}₂ »
e) 33^1/2 » » 13 » 10 » 12^{1}₂ » 8 »

Alle drei machen den Eindruck ausgewachsener Stücke, Nro. d ist auf-fallend schlank, so dass man eine eigene Art daraus machen könnte, Nro. c gleicht im allgemeinen Ansehen sehr Smith's Fig. 14a, worauf Grandidier seine bridouxi gründet, Nro. e hat auch 8^{1}₂ Windungen und ist verhältnissmässig noch schlanker und kleinmündiger als Fig. 14a.

Umgegend des Tanganyika, Thomson u. A., speziell in Ujiji, Hore. Am Nordende des Tanganyika, O. Baumann.

E. Smith macht mit Recht auf die Aehnlichkeit mit cailliaudi oder senna-ariensis aufmerksam; namentlich erinnert sie an die kleinen schlanken Formen, welche Schweinfurth aus dem Gebiet des Gazellenflusses mitgebracht hat, var. gracilis, Martens, Mal. Blätt. 1870, S. 34 und Pfeiffer's Novitat. IV, Taf. 110, Fig. 4, 5, aber bei direkter Vergleichung der Exemplare ist der Unterschied doch recht merklich, wenn auch schwer in Worten scharf auszudrücken; bei dieser gracilis ist immer noch die Mündung verhältnissmässig länger, die Gestalt etwas voller in der Breite, die Striemen weniger in der Breite unteremander verschieden und doch ein wenig hin und her gebogen oder zackig, auch durchschnittlich weniger zahlreich (bei gracilis selten 20 oder mehr, bei rectistrigata in der Regel soviel oder doch mit einzelnen grösseren Zwischenraumen, die, wenn gleichmässig mit Striemen versehen, die Zahl so hoch bringen würden).

Limicolaria connectens Marts.

(Taf. V, Fig. 5, 6.)

v. Martens, Nachrichtsbl. d. mal. Ges. 1895, S. 183.

Lang-konisch, stark gestreift und auf den oberen Windungen deutlich gekörnt, bräunlich-gelb gegen die Spitze zu röthlich, mit geraden, einfachen zahlreichen Striemen, die meisten sehr schmal, einzelne breiter. Gewinde ziemlich schlank; 8^{1}_{2} regelmässig an Breite zunehmende, kaum ein wenig gewölbte Windungen, die letzte auch nur sehr schwach gewölbt, unten ziemlich verschmälert, Mündung lanzettförmig, oben sehr spitzwinklig, unten schmal abgerundet; Columellarrand beinahe senkrecht, blass violett. Länge 51 mm, grosser Durchmesser 19^{1}_{2}, vorletzte Windung 15; Mündung 21 mm lang, 10 breit.

Mhugu an der Nordostküste des Victoria-Nyansa, O. Neumann Febr. 1894. Karevia am westlichen Fuss des Runssoro, Stuhlmann 16. Juni 1891, und Bundeko, im Wald, 750 m, 0^{0} 55 n. Br., Stuhlmann 4. Juli 1891.

Das typische Neumann'sche Exemplar im Charakter der Zeichnung gut zu rectistrigata stimmend, aber von mehr bräunlicher Grundfarbe und mit stärkerer Skulptur; die Körnelung auf der oberen Hälfte des sichtbaren Theils der drittletzten Windung noch deutlich. Die Gestalt nach unten doch etwas breiter und die Mündung etwas länger als bei der typischen rectistrigata; von L. fuscescens unterscheidet sie sich leicht durch die bedeutend schlankere Spitze und die geringere Wölbung der einzelnen Umgänge. Die Striemen zeigen auf dem letzten Umgang in der Verlängerung der Naht zuweilen einen nach vorn gerichteten Zacken, bei dem Neumann'schen Stück nur ganz vereinzelt, bei dem Stuhlmann'schen schon häufiger.

Vielleicht gehört hierher auch die Limicolaria vom See Katuë, nahe dem Albert-Edward-See, welche E. Smith, Ann. Mag. Nat. Hist. (6) VI, 1890, S. 147, als vielleicht zu rectistrigata gehörig aufführt.

Limicolaria charbonnieri Bgt.

(Taf. V, Fig. 2.)

Bourguignat, Moll. de l'Afr. équat. 1889, p. 102 u. 104, pl. 6, Fig. 7, 8.

Eine sehr langgestreckte, aber nach oben nicht gerade schlank zugespitzte Form mit breiten dunkeln Striemen, welche auf der letzten und vorletzten Windung nach oben sich in zahlreiche feinere auflösen, ähnlich wie bei martensiana var. multifida, doch noch in höherem Grade und grösserer Ausdehnung. Nach Bourguignat kommt als weiterer Charakter noch eine eigenthümliche Einbiegung des Aussenrandes der Mündung hinzu; an dem Stuhlmann'schen Stück ist der Aussenrand so stark verletzt, dass nicht zu bestimmen ist, ob eine solche Einbiegung vorhanden war oder vielleicht bei weiterem Wachsthum noch eingetreten wäre. Bourguignat's Exemplar 67 mm lang, 21 breit, vorletzte Windung 18, Mündung 26 lang, 10 breit. Das Stuhlmann'sche Stück 47^{1}_{2} lang, etwa 18 breit, vorletzte Windung 15, Mündung 17 lang, etwa 9^{1}_{2} breit.

Kibanga im Süden der Halbinsel Ubuari am Tanganyika, sowie Itura und Bizauda in Ukimbo an der Karawanenstrasse, Bourguignat. Strand von Kiruwe an der Südwestküste des Albert-Edward-Sees, Stuhlmann, 15. Mai 1892. Jene Halbinsel liegt an der Westseite des Tanganyika, ungefahr in gleicher geographischer Länge mit Kiruwe, aber fast 4 Breitengrade südlicher.

Var. sepulcralis Bgt.

Limicolaria sepulcralis Bourguignat, Moll. de l'Afr. équat. 1889, p. 103 und 108, pl. 6, Fig. 2.

Thal Magarazi zwischen Tabora und Udjiji, Französ. Missionäre.

Diese Form ist nur etwas kleiner, wie die vorige, (46 mm lang, 17 breit, Mündung 20), und die Striemen gabeln sich nach oben nur sehr spärlich; die Form der Mündung mit dem eingedrückten Aussenrand ist sehr ähnlich.

Limicolaria acuminata Marts.

(Taf. V, Fig. 4.)

v. Martens, Nachrichtsbl. d. mal. Ges. 1895, S. 183.

Gestreckt-konisch, ziemlich stark gestreift, sehr feinkörnig und an der Naht gefaltet, ziemlich glänzend, strohgelb mit rothbraunen Striemen, welche in der Mitte breit zackig werden, dagegen unter der Naht schmal und zahlreicher. Gewinde nach oben stark verschmälert, die Spitze selbst stumpf. 7 (?) fast ebene, regelmässig an Breite zunehmende Windungen, die letzte (?) stumpfkantig, die Striemen an ihrer Unterseite sehr schief und mehr oder weniger sich zu einer gleichmässig braunen Färbung verbindend. Mündung eiförmig; Columellarrand senkrecht, ziemlich breit umgeschlagen, röthlich-violett. Länge 30, grosser Durchmesser 15, kleiner $13^1{}_{,2}$, vorletzte Windung 10 mm; Mündung 14 mm lang, $8^1/_2$ breit.

Gallerie-Wald am Boa-Flüsschen, NW. Lendu (westlich vom Albert-Nyansa) Stuhlmann, 20. November 1891, nahe dem äussersten nordwestlichen Punkte der Reise.

Obwohl nur ein wahrscheinlich nicht ganz erwachsenes Stück vorliegt, so kann es doch wohl als besondere Art bezeichnet werden. Die Zeichnung ähnelt der von L. martensiana var. multifida, aber die oberen Windungen sind im Seitenprofil fast ganz eben und machen das obere Stück der Schale schlanker, regelmässiger konisch, als bei irgend einer anderen der hier behandelten Arten. Die drei obersten Windungen entbehren der Striemenzeichnung, sind bräunlich, etwas dunkler als die Grundfarbe der folgenden und sehr fein gegittert, die erste kaum über die zweite vorstehend.

Limicolaria lamellosa, Bourguignat, Moll. de l'Afr. équat., p. 104 und 109, pl. 6, Fig. 6, von Mpala am Ostufer des Tanganyika, einfarbig gelb, 32 mm lang, $11^1/_2$ breit, Mündung $11^1{}_4$, tritt durch die weniger zahlreichen und scharf vortretenden Vertikalrippen schon ziemlich aus dem Typus der Limicolarien heraus, und noch mehr scheint das mit der noch kleineren Limicolaria sculpturata, Ancey, Bull. Soc. Mal. de France VII 1890, S. 346 aus dem Norden von Mossambique, 18 mm lang, der Fall zu sein.)

Glessula Marts.

Schale länglich oder länglich-eiförmig, glänzend, glatt, bräunlich, mit 6—9 Windungen, ungenabelt. Columellarrand stark gebogen, schwielig, meist weiss, nach unten breit und schief abgestutzt. Aussenrand dunn, gerade. Die meisten Arten vorderindisch.

Glessula runssorina Marts.
(Taf. V, Fig. 11, 12.)

v. Martens, Nachrichtsbl. d. mal. Ges. 1895, S. 184.

Länglich-eiförmig, schwach gestreift, glanzend gelb-braun; $5^1/_2$—6 Windungen, die erste nahezu kugelig, glatt, die zweite schon deutlich gestreift, die folgenden regelmässig an Breite zunehmend, etwas gewölbt mit ziemlich eingedrückter und schwach gekerbter Naht, die vorletzte verhältnissmässig hoch, die letzte niedriger, elliptisch, vor der Mündung stark herabsteigend, mit einigen dunkleren Wachsthumsabsätzen, unten abgerundet. Mündung mässig schief stehend, lanzettförmig, Aussenrand nach aussen schwach gesäumt, oben und unten mässig gebogen, in der Mitte mehr geradlinig, Unterrand gerundet, Columellarrand stark gebogen, angedrückt, weiss, unten schief abgestutzt, oben in einer deutlichen Auflagerung auf die Mündungswand übergehend.

Länge $23^1/_2$ mm, gross. Durchm. 9, klein. 8; Mündung 10 lang, 5 breit,
```
     »   14   »   »      »   6,  »  6   »    7  »  3  »
```
Runssoro, in einer Höhe von 3100 m, Lager III, 12. Juni 1891, Stuhlmann.

Aeussere Weichtheile schwarz, Fuss nach hinten lang und schmal, oben abgeflacht, blasser, mit zwei Längsfurchen und von da nach aussen und hinten gehenden schiefen Furchen; Fusssohle in der Mitte weisslich, am Rand schwärzlich, doch ohne scharfe Abgrenzung.

Pseudoglessula Bttg.

Schale mässig langgezogen, mit Vertikalskulptur; mehr oder weniger dunkle Schalenhaut; eigenthümliche rippen- oder netzartige Skulptur der Embryonalschale; letzte Windung ziemlich bauchig, meist mit schwacher, etwas wulstiger Spiralkante in der Verlängerung der Naht. Mündung dünnrandig mit Achatinenartigem Ausschnitt am unteren Ende des Columellarrandes. Weichtheile noch nicht bekannt. Radula mit schmalem Mittelzahn, der erste Seitenzahn gross, mit nur einem Nebenzacken aussen.

Im Allgemeinen zwischen Achatina und Subulina stehend, durch die eigenthumliche Skulptur des Wirbels von beiden zu unterscheiden. Typus der Gattung (Untergattung von Stenogyra bei Böttger, Nachrichtsbl. 1892, S. 202) sind die mehr gestreckten Stenogyren-ähnlichen Ps. calabarica Pfr. und retifera Marts., zu welch letzterer heteraxera Bttg. als grössere Varietät gehören dürfte. Die ostafrikanischen Arten sind verhältnissmässig kürzer und breiter, zeigen aber ähnliche Skulptur. Bei Ps. calabarica, kirki, subvaricifera und conradti steht die Achse der ersten Windung etwas schief zu derjenigen der zweiten, stark gerippten, und der folgenden, und dasselbe dürfte nach E. Smith's Ausdruck »apex inverted« auch bei introversa der Fall sein; dagegen nicht so bei Ps. retifera Marts. Vergleiche über diese Arten v. Martens Monats-Berichte d. Akad. d. Wiss. Berlin 1876.

Namen	Skulptur	Färbung	Nabelritz	Abstutzung der Columelle	Länge mm	Breite mm	Mündung mm
leroyi Bgt.	gedrängte, scharfe Vertikalrippchen	braun-roth	o	ziemlich schief	40	16	16
kirki Crvn.	gedrängte, feine, etwas schiefe Vertikalrippchen	gelb-braun, mit oder ohne braune Bänder	o	schief, stark	26 35	12 17	10 $15^1/_2$
subcarinifera E. Sm.	do.	einfarbig kastanienbraun	o	stark, beinahe horizontal	19	$7^1/_2$	$6^1/_2$
introversa E. Sm.	schiefe Streifen	glanzlos, grün-hornfarbig	eng	schief, schwach	16	7	6
conradti Marts.	gedrängte, etwas schiefe Vertikalstreifen	glanzlos erdbraun	offen	sehr schwach und schief, nur am Innenrand	14	6	$5^1/_3$

Pseudoglessula leroyi (Bgt.)

(Taf. V, Fig. 3.)

Stenogyra leroyi, Bourguignat, Moll. de l'Afr. équat. 1889, p. 110, pl. 6, Fig. 2. Diese Art ist, wie schon Bourguignat bemerkt, sehr nahe verwandt mit Ps. calabarica Pfr. aus Kamerun, nur etwas weniger schlank nach oben und die letzte Windung verhältnissmässig höher, die ganze Schale also weniger konisch-gethürmt; nur 9 Windungen, bei calabarica gleicher Grösse mindestens 10; Columellarrand weniger gebogen, fast senkrecht absteigend, Färbung röthlich kastanienfarbig oder weinfarbig, zuweilen blass grünlich-gelb, bei calabarica schwärz-lich. Das von Eismann erhaltene Stück ist ein wenig kleiner als das von Bour-guignat, nämlich $37^{1}/_{2}$ mm lang, 11^{1} 2 breit, Mündung $15^{1}/_{2}$ lang, zeigt sehr deutlich die starken senkrechten Rippen der stumpfen Embryonalschale und auf der letzten Windung eine deutliche linienförmige, etwas erhabene Kante, über welcher ein undeutlich begrenztes, heller grünliches Band verläuft und unter welcher die Schale mehr glänzend ist, doch immer noch rippenstreifig.

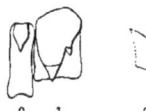

Buloa bei Tanga, Eismann 1895. Nguru-Berge, in einer Höhe von 1800 bis 2000 m, Missionar Alex. Leroy.

An dieser Art wurde die Radula von Dr. Meissner untersucht, sie zeigte sich übereinstimmend mit denen der westafrikanischen Ps. calabarica Pfr. und reticulata Marts. und bestätigt die Stellung der Gattung unter den Stenogyrinen.

Radula von Pseudo-glessula leroyi (Bgt.)

0 Mittelzahn, 1 erster Seiten-zahn, 23 Randzahn.

Pseudoglessula kirki (Crvn.)

Achatina kirki, Craven, Proc. Zool. Soc. 1880, p. 218, pl. 22, Fig. 9.

Kommt mit und ohne roth-braune Spiralbänder vor; unter den von Conradt erhaltenen Stücken sind drei mit und vier ohne Bänder, die Bänder immer vier an der Zahl, zwei über der Naht, daher auch an den früheren Windungen sicht-bar, eins unmittelbar unter derselben und das vierte viel tiefer unten, beide auch schon bei jungen Stücken vorhanden, aber später durch die folgenden Windungen verdeckt; ebenso bei Craven's Exemplar nach dessen Abbildung. Das Verhältniss der Breite der einzelnen Bänder zu einander wechselt, in der Regel sind die oberen breiter.

Eine stumpfe Spiralkante als Fortsetzung der Naht ist an den meisten Stücken noch an einem Theil der letzten Windung zu erkennen, verliert sich aber gegen die Mündung zu mehr oder weniger; unterhalb derselben sind die Vertikal-streifen schwächer, aber doch vorhanden; je deutlicher die Spiralkante, desto mehr auch die Unterseite durch schwächere Skulptur und stärkeren Glanz von der Ober-seite verschieden, dieser Unterschied immer gegen die Mündung zu abnehmend, aber in verschiedenem Grade. Zwei hierin sich extrem verhaltende Stücke könnten daher leicht als zwei verschiedene Arten angesehen werden, wenn nicht auch andere vermittelnde vorliegen. Unser grösstes Stück ist 35 mm lang, 17 breit, Mündung $15^{1}/_{2}$, mit Bändern.

Magila, mit Helix usambarica zusammen, in Wäldern, nahe einem Wasser-fall, selten, Craven. Ebenfalls aus Ussambara von Conradt für das Berliner Museum erhalten.

Pseudoglessula subcarinifera (E. Sm.)

Stenogyra (Subulina) subcarinifera, E. Smith in Ann. Mag. Nat. Hist. (6) VI, 1890, p. 157, pl. 5, Fig. 15.

Homorus (Pseudoglessula) carinifera, Kobelt, Livinhacia etc. in der neuen Ausgabe von Chemnitz, S. 113.

8*

Durch die Güte von E. Smith liegt mir ein Exemplar zur Vergleichung vor, dieses zeigt alle die oben für Pseudoglessula angegebenen Charaktere, die starken Vertikalfalten an den obersten Umgängen, die stumpfe, etwas breite Spiralkante am letzten, die Vertikalskulptur mit seidenartigem Glanz, unterhalb der Kante ebenfalls schwächere Skulptur und etwas mehr Glanz; die Farbe gleichmässig kastanienbraun.

In den Ebenen innerhalb 50 engl. Meilen von Mamboya, 4000—5000 Fuss hoch, Last.

Pseudoglessula introversa (E. Sm.)

Buliminus introversus E. Smith in Ann. Mag. Nat. Hist. (6) VI, 1890, p. 155, pl. 5, Fig. 11.

Schon E. Smith hebt die Aehnlichkeit mit seiner subcarinifera hervor, namentlich auch betreffs des Wirbels und der Kante, doch zeigt introversa einen Nabelritz, feinere Skulptur und eine schwächere, mehr schiefe Abstutzung des Columellarrandes.

Mamboya, 4000—5000 Fuss hoch, Last.

Pseudoglessula conradti Marts.

(Taf. V, Fig. 13.)

v. Martens, Nachrichtsbl. d. mal. Ges. 1895, S. 184.

Mit Nabelritz, etwas gethürmt, mit dichtstehenden schwachen Rippenstreifen; hornbraun; 7 Windungen, auf der zweiten die Rippenstreifen stärker und mehr voneinander entfernt, die folgenden Windungen regelmässig an Breite zunehmend, schwach gewölbt, die letzte elliptisch, in der Mitte mit einer kaum bemerkbaren Kante, unten abgerundet. Mündung wenig schief stehend, schief vierseitig, mit geradem, etwas dickem Rand. Aussenrand schwach gebogen, Unterrand fast horizontal, Columellarrand beinahe senkrecht, mässig ausgebreitet und umgeschlagen, den Nabelritz nicht bedeckend, unten auch innen sehr schwach und schief abgestutzt. Länge 14 mm, grosser Durchmesser 6, kleiner 5; Mündung 5½ mm lang, mit dem Mündungsrand 4, ohne denselben 3 mm breit.

Ussambara, Conradt.

Diese eigenthümliche Art steht in der Mitte zwischen Pseudoglessula und Buliminus; die fast glanzlose, erdbraune Färbung, der offene Nabelritz mit breit umgeschlagenem, plattenartigem Columellarrand, welcher fast ununterbrochen in den gerundeten Basalrand übergeht, sprechen auf den ersten Anblick für Buliminus, aber die starken, wenig zahlreichen Rippen an der Spitze, mit etwas schief gestellter erster Windung, sind ganz wie bei Pseudoglessula; auch eine Spur von Spiralkante auf der letzten Windung und eine schiefe Abstutzung am inneren Rande der Columellarplatte mahnen an Pseudoglessula. Wir dürfen sie daher wohl noch zu dieser Gattung stellen, obgleich einige ihrer Charaktere sehr abgeschwächt sind.

Vielleicht dürfte auch Buliminus stuhlmanni (s. oben S. 63) wegen der Skulptur der obersten Windungen noch in diese Gattung zu stellen sein.

Meine Achatina pyramidella aus Westafrika, welche Dr. Kobelt (Forts. v. Martini Chemnitz: Livinhacia, p. 114) auch zu Pseudoglessula stellt, ist in Gestalt, Oberflächenbeschaffenheit, Färbung und Beschaffenheit der Embryonalschale ganz davon verschieden.

Subulina Schum.

Schale gethürmt mit zahlreichen (8—18), langsam zunehmenden Windungen; Mündung daher verhältnissmässig klein, nie die Hälfte der Schalenlänge, meist viel weniger einnehmend, Aussenrand einfach, dünn, Columellarrand unten abgeschnitten wie bei Achatina. Mittelzahn der Radula klein wie bei Achatina. Die meisten Arten klein, einfarbig und blass, mit Ausnahme der ersten Gruppe (Subulona). Circumtropisch, einzelne Arten weit verbreitet und wohl durch menschlichen Verkehr verschleppt. Anatomie s. P. Fischer, Exp. sci. Mexique, Moll. terr. I, p. 628, und Strebel, Mexik. Landconch. V, p. 115.

Namen	Skulptur	Farbe	Die einzelnen Windungen	Länge mm	Durch-messer mm	Mün-dung mm	Anzahl der Windungen
castanea Marts.	fein vertikal gestreift	kastanienbraun, striemig	kaum etwas gewölbt	54 / 37	15 / 13	14 / 11½	10 / 8
mamboiensis E. Sm.	fast glatt, sehr fein spiralgestreift	gelblich, etwas gestriemt	do.	46 / 65	13½ / 20	11½ / 11½	10 / 10
— var. nitida n.	mit Furche unter der Naht, glänzend	blassgelb, mit dunkeln Striemen	do.	29	9	8	7 8
—var. circumstriata n.	scharf spiralgestreift	dunkelbraun, mit helleren Striemen	do.	32	11	10	10
silvicola Marts.	ziemlich glatt, etwas glänzend	horngelb	flach	52 / 28½	12 / 7	11½ / 7	11 / 10
usagarica E. Sm.	mit an der Naht gebogenen Anwachsstreifen, glänzend	grünlichbraun	do.	37	7	7	15
solidiuscula E. Sm.	vertikal- und spiralgestreift	blass grünlich	do.	52	11	9	9
lenta E. Sm.	mit etwas gebogenen Vertikalstreifen	do. gestriemt	schwach gewölbt	51	9	11	17—18
sowerbyana Morel.	vertikal gestreift mit sehr feinen vertieften Spirallinien	glänzend gelbbraun, mit einzelnen Striemen	gewölbt	29½ — 0¹/₃ — 7 6½—7 / 31			11
lasti E. Sm.	schwach gestreift	grünl.-braun, etwas striemig	etwas gewölbt	15	3⅔	3	11
elegans Marts.	mit weitläufigen Vertikalrippchen, glänzend	kastanienbraun	do.	10	3	2⅓	9
pinguis Marts.	fast glatt, glänzend	blassgelb	kaum etwas gewölbt	26¼	8	8	9½
emini E. Sm.	schwach gestreift	blass grünlich	etwas gewölbt	16	3½	3½	9
perstriata Marts.	mit dicht stehenden, scharfen Vertikalstreifen	weisslich	do.	24½	6	5²/₃	8½
bicolumellaris Marts.	mit dicht stehenden, scharfen Vertikalstreifen	bräunlich	mässig gewölbt	15	5	4	7½

Namen	Skulptur	Farbe	Die einzelnen Windungen	Länge mm	Durch-messer mm	Mün-dung mm	Anzahl der Windungen
subcrenata Marts.	schwach gestreift, Naht gekerbt	gelblich	kaum etwas gewölbt	13	$3\frac{1}{2}$	4	9
octona Chemn.	kaum gestreift, glänzend	do.	gewölbt	19	5	4	9
pergracilis n.	kaum gestreift	do.	flach	13	3	$2\frac{1}{2}$	10
intermedia Taylor	sehr schwach gestreift	blass gelblich	etwas gewölbt	10	$2\frac{1}{2}$	2	8—9
conradti n.	schwach gestreift, glänzend	do.	wenig gewölbt	12	$2\frac{1}{2}$	$3\frac{1}{2}$	8
cylindracea Bgt.	schwach gestreift, an der Naht gefältelt	gelblich, wenig glänzend	gewölbt	37.	5	5	17
jouberti Bgt.	do.	blass gelblich, durch-scheinend	schwach gewölbt	20	$3\frac{1}{2}$	$3\frac{1}{2}$	12
paucispira Marts.	mit deutlichen, an der Naht zurück-gebogenen Streifen, glänzend	blass gelblich	mässig gewölbt	25 23	$7\frac{1}{2}$ $6\frac{1}{2}$	8 7	8

A) Subulona Marts.

Grosse Arten mit glanzend brauner Schalenhaut (Nachrichtsbl. d. mal. Ges. 1895, S. 185). Aehnlich Homorus Alb., aber letzte Windung kleiner.

Subulina castanea Marts.

(Taf. V, Fig. 7—9.)

v. Martens, Sitz.-Ber. d. Ges. nat. Freunde 1895, S. 129.

Keulenförmig gethürmt, mit schwachen Vertikalstreifen und kastanienbrauner, etwas striemiger, glänzender Schalenhaut, darunter blass gelblich: 8—9 Windungen, kaum etwas gewölbt, die erste klein, ziemlich kugelig, eine stumpfe, warzen-förmige Spitze bildend, die folgenden regelmässig zunehmend, mit eingedrückter Naht, die letztere unten abgerundet. Mündung annähernd eiförmig, nur wenig schief stehend, innen weisslich; Aussenrand dünn, schwärzlich gesäumt, kaum ge-bogen, Unterrand breit gerundet, Columellarrand gebogen, unten deutlich abgestutzt.

Schale im Verhältniss von Länge zu Breite ziemlich variirend, von einer meist stark glänzenden, kastanienbraunen, mit mehr oder weniger dunkleren Striemen (zuweilen auch einigen helleren, gelblichen) bedeckt, darunter blass strohgelb. Von Spiralstreifen ist nur auf den obersten Windungen etwas zu sehen. 8—9 Windungen, bei dem grössten Exemplar bis 10, die erste eine stumpfe, zitzenförmige Spitze bildend, die nächsten rasch grösser werdend und dann gleichmässig zunehmend, mit ziemlich tiefer Naht, die an den untersten Windungen durch die Streifung etwas gekerbt erscheint.

Bei genauer Betrachtung ist fast jedes Exemplar im Verhältniss der Länge zur Breite sowohl der ganzen Schale, als des sichtbaren Theils der einzelnen Windungen und im Verhältniss der Grössenzunahme der aufeinander folgenden

Windungen verschieden, doch lassen sich als Hauptverschiedenheiten eine mehr keulenförmige (clavata), von Anfang an rascher in der Breite zunehmende (Fig. 9) und eine mehr verlängerte (typische), minder zunehmende (Fig. 7) unterscheiden; die Ausmessung der hierin unter sich verschiedensten Exemplare ist nachfolgend gegeben; bei der mehr keulenförmigen beträgt die Höhe der letzten Windung, auf der Rückenseite gemessen, mehr als $^1/_3$ der ganzen Schalenlänge, bei der verlängerten etwas weniger als $^1/_3$.

Figur 8 stellt eine junge Schale dar.

a) typ. Form: Länge 47, Durchm. $13^1/_2$, Mündng. lang 12, breit $8^1/_2$ mm; 9 Windngn.

— » 54, » 15, » » 14, » 8 » 10 »

b) clavata: » 37, » 13, » » $11^1/_2$, » 7 » 8 »

Runssoro, in ungefähr 2500—3800 m, im Moos eines Ericinen-Waldes, 12. Juni 1891, und ebenda im Bambus-Wald, etwa 2600 m, 9. Juni, Stuhlmann. Wembere-Steppe, 5. Juni 1892, derselbe.

Subulina mamboiensis E. Sm.

E. Smith, Ann. Mag. Nat. Hist. (6) VI, 1890, p. 158, pl. 5, Fig. 16, kopirt bei Kobelt, Livinhacia etc., S. 104, Taf. 29, Fig. 8, als Homorus m.

Von der vorhergehenden hauptsächlich dadurch verschieden, dass die dritte und vierte Windung kaum an Umfang zunehmen und dadurch das Gewinde oben eine schlank-cylindrische Gestalt erhält, wie es in der Regel bei der Gattung Clausilia gebildet ist. Schalenhaut blass gelblich, nicht besonders glänzend, mit etwas dunkleren Striemen. Feine mikroskopische Spiralstreifung nach E. Smith, welche aber an einem von ihm erhaltenen Stück kaum zu erkennen ist.

Ebene innerhalb 50 (engl.) Meilen von Mamboya, Rev. Last. Berg Lukwangule, in Wald-Parcellen, 2500 m hoch, Central-Uluguru (Nguru), Dr. Stuhlmann, 6. November 1894, grosse Stücke, bis 65 mm lang, 20 breit, Mündung $21^1/_2$ und 11 mm breit.

An diese schliessen sich in der Gestalt des Gewindes zwei nur in wenigen Stücken von Dr. Stuhlmann mitgebrachte Formen an, welche gewissermaassen den Uebergang zu S. castanea bilden.

Var. nitida n.

Schalenhaut stark glänzend, blassgelb mit zahlreicheren dunkelbraunen Striemen. Naht auf den unteren Windungen, von der 5. bis 7. an, deutlich von einer Furche begleitet, wodurch ein gekerbtes Nahtband entsteht. Nur zwei vermuthlich nicht ganz erwachsene Exemplare übereinstimmender Grösse, 29 mm lang, 9 breit, Mündung 8 lang, 4 breit, 7—8 Windungen, sowie ein etwas grösseres, aber schlecht erhaltenes.

Migere in Butumbi, im Urwald-Mulm, Dr. Stuhlmann.

Var. circumstriata n.
(Taf. V, Fig. 10.)

Schalenhaut dunkelbraun, mit helleren, gelblichen Striemen, nicht glänzend, sehr deutlich und scharf spiralgestreift. Länge 32, Breite 11 mm; Mündung 10 lang, 5 breit, 10 Windungen.

Runssoro, im Bambus-Wald, etwa 2600 m, 9. Juni 1891, Stuhlmann.

Subulina silvicola Marts.
(Taf. V, Fig. 20.)

v. Martens, Nachrichtsbl. d. mal. Ges. 1895, S. 184.

Gethürmt, ziemlich schlank, glänzend, horngelb, mit stumpfer Spitze; 11 Windungen, die zweite, dritte und vierte nur schwach gewölbt, kaum an

Breite zunehmend, glatt, die folgenden langsam und regelmässig zunehmend, nahezu flach, sehr schwach gestreift, die Streifen unter der Naht faltenförmig und rückwärts sich biegend, mit einzelnen bräunlichen Wachsthumsabsätzen; die letzte Windung beinahe kantig, nach unten sich rasch verschmälernd. Mündung eiförmig, ziemlich schief stehend, $^2/_9$ der Schalenlänge einnehmend, Aussenrand dünn, fast gerade, Unterrand gerundet, Columellarrand stark gebogen, ausgebreitet, unten deutlich abgestutzt. Länge 52 mm, Breite 12; Mündung 11$^1/_2$ lang, 7 breit.

Urwaldregion zwischen dem Ngesi und Mwutan; im Urwald an der Issango-Fähre, 0°49' n. Br., 1. Juli 1891; Wald westlich von Issango-Itiri, 0°45' n. Br., 2. Juli, Bundeko 4. Juli und Bukende 6. Juli, Stuhlmann.

Steht gewissermaassen zwischen S. mamboiensis und usagarica in der Mitte, indem sie in Grösse und Färbung der ersteren gleicht, dagegen in der schlankeren, weniger gerundeten Gestalt und der Skulptur der letzteren; E. Smith, dem ich ein Exemplar zur Beurtheilung geschickt, hat sie ausdrucklich als verschieden von S. usagarica bezeichnet.

Eine ähnliche, aber kleinere Form, nur in Fragmenten erhalten, von Migere in Butumbi, am Südufer des Ngesi.

Eine noch kleinere, Fig. 19, 28$^1/_2$ mm lang, 7 breit, Mündung 7 und 4, Windungen 10, in den Verhältnissen im Allgemeinen übereinstimmend, in einem Exemplar vom Uferwald bei Manyonyo, am nordwestlichen Ufer des Victoria-Nyansa.

Subulina usagarica E. Sm.

E. Smith in Ann. Mag. Nat. Hist. (6) VI, 1890, p. 158, pl. 5, Fig. 17.

Schon durch die grössere Zahl der Umgänge, 15, und dementsprechend verhältnissmässig geringere Höhe der einzelnen, von der vorigen zu unterscheiden. Ussagara, Bischof Hannington. Kidete, ebenfalls in Ussagara, Emin Pascha.

Subulina solidiuscula E. Sm.

E. Smith in Ann. Mag. Nat. Hist. (5) VI, 1880, p. 428; Proc. Zool. Soc. 1881, p. 285, pl. 33, Fig. 16, kopirt bei Kobelt, Livinhacia etc., S. 112, Taf. 32, Fig. 8, als Homorus s. Crosse, Journ. de Conch. XXIX, 1881, p. 299.

Nahe dem Tanganyika, Thomson.

Subulina lenta E. Sm.

E. Smith in Ann. Mag. Nat. Hist. (5) VI, 1880, p. 428; Proc. Zool. Soc. 1881, p. 284, pl. 33, Fig. 15, kopirt bei Kobelt, Livinhacia etc., S. 111, Taf. 32, Fig. 7, als Homorus l. Crosse, Journ. de Conch. XXIX, 1881, p. 300. Bourguignat, Moll. de l'Afr. équat., p. 114, pl. 7, Fig. 5.

Ebendaher. Halbinsel Ubuari an der Westseite des Tanganyika, Bourguignat. Vielleicht gehört hierher auch eine Subulina, welche Lieder bei Kitohaui im südöstlichen Theil von Deutsch-Ostafrika gefunden hat.

Subulina sowerbyana Morel.

Morelet in Journ. de Conch. 1890, p. 67, pl. 1, Fig. 3. Sowerby[3], List of Tanganyika shells, 1890, Fig. 16.

Vertikal gestreift mit höchst feinen vertieften unregelmässigen Spirallinien, glänzend gelb-braun mit einzelnen dunkleren Striemen. Elf Windungen, die erste klein, weisslich, papillenförmig vorstehend, die zweite, dritte und vierte einander ziemlich gleich, die folgenden gleichmässig zunehmend, gewölbt; Naht mässig tief, einfach. Mündung zwischen $^1/_4$ und $^1/_5$ der ganzen Länge einnehmend; Columellarrand stark gebogen, weisslich, unten schief abgestutzt. Länge 29$^1/_2$—31 mm, Durchmesser 6$^1/_3$—7; Mündung 6$^1/_2$—7 mm lang, 4 breit.

Am Tanganyika, Sowerby.

B) **Subulina** im engern Sinn.

Kleinere, heller gefarbte Arten, ohne auffallige Schalenhaut.

Subulina lasti E. Sm.

E. Smith in Ann. Mag. Nat. Hist. VI, 1890, p. 158, pl. 5, Fig. 18.
Mamboya, Last. Ituri, im Wald und bei der Fahre, 24. u. 26. Aug. 1891,
Dr. Stuhlmann.
Die von letzterem gesammelten Stücke sind ein wenig grösser als die von
E. Smith beschriebenen, welche nach seiner Angabe wahrscheinlich nicht ganz
erwachsen waren; im Uebrigen stimmen sie recht gut. Die dunkelbraune, etwas
striemige Färbung ist unter den kleineren Arten für diese und elegans charakteristisch.

Subulina elegans Marts.
(Taf. I, Fig. 16. Taf. V, Fig. 17.)

v. Martens, Nachrichtsbl. d. mal. Ges. 1895, S. 185.

Konisch-gethurmt, mit etwas weitläufig stehenden Vertikal-Rippchen, glänzend,
kastanienbraun, mit stumpfer Spitze; 9 Windungen, die erste klein, kugelig, glatt,
die zweite aufgeblasen, ziemlich niedrig, schon mit deutlichen Rippchen, die
dritte nicht breiter als die zweite, die folgenden regelmässig an Breite zunehmend,
schwach gewölbt, mit ziemlich tiefer Naht, die letzte im grössten Umfang kantig,
unten ziemlich abgeflacht und nur schwach gestreift. Mündung kaum schief
stehend, abgerundet viereckig, ungefähr $1/4$ der Schalenlänge einnehmend; Aussenrand dünn, wenig gebogen, Unterrand breit gerundet, Columellarrand stark gebogen, etwas verdickt, weiss, unten deutlich abgestutzt, Länge 10, Breite 3 mm;
Mündung $2\,1/3$ lang, $1\,1/2$ breit.

Zwischen den Seen Ngesi und Mwutan und an der Südwestseite des letzteren.
Ongenya, westl. v. Semliki-Fluss, im Mulm einer Bananenpflanzung, 30. Dez. 1891.
Bundeko, östlich, und Bukende, westlich vom Issango, letzteres in 0^{0} 54' n. Br.
Bugundi, an einem Waldbach in derselben Breite, im Mulm des Urwaldes, 7. Juli
1891. Ein Stück von Migere in Butumbi, an der Südseite des Ngesi. Zwei
Stücke auch von Monyonyo in Uganda, Dr. Stuhlmann.

Wegen der Kante des letzten Umgangs und des ziemlich raschen Breiter-
werdens der Windungen kann man daran denken, es seien nur noch nicht erwachsene Exemplare einer anderen Art, aber ich wüsste keine grössere unter
den hier gesammelten, zu welcher sie passen würde. Die Form des zweiten
Umganges erinnert an die westafrikanische Pseudoglessula calabarica (Pfr.) Die
Zwischenräume zwischen den Rippen sind doppelt so breit als die Rippen selbst.
»Aeussere Weichtheile« nach einer in Onjonja von Dr. Stuhlmann gemachten Notiz
»ganz blassgrau, Vorderrücken (Nacken) dunkler, Fühler noch dunkler. Keine
Schleimdrüse am Fussende. Fusssohle 6, grosse Fühler $1\,1/2$ mm lang. Während
des Kriechens pendelt die Schale hin und her.«

Subulina pinguis Marts.
(Taf. V, Fig. 18.)

v. Martens, Nachrichtsbl. d. mal. Ges. 1895, S. 185.

Keulenförmig-gethürmt, sehr schwach gestreift, glänzend, blass-gelblich;
$9\,1/2$ etwas gewölbte Windungen, die erste verhältnissmässig klein, ziemlich
kugelig, die zweite und dritte nahezu gleich gross, die folgenden langsam an
Breite zunehmend, mit mässig tiefer, etwas gekerbter Naht, die letzte oben kaum
gewölbt, unten gerundet. Mündung spitz-eiförmig, ziemlich schief stehend; Aussen-

rand dünn, gerade, Unterrand kurz gerundet, Columellarrand schwach gebogen, gewunden, etwas verdickt, weisslich. Länge 26$^1/_2$, Breite 8 mm; Mündung 8 lang, 4 breit.

Migere in Butumbi, im Mulm des Urwaldes, 6. Mai 1891, Dr. Stuhlmann. An der verhaltnissmässig breiten Gestalt und glänzend-glatten Oberfläche zu erkennen, in der Gestalt ähnlich der S. mamboiensis, aber bedeutend kleiner.

Subulina emini E. Sm.

Ann. Mag. Nat. Hist. (6) VI, p. 159, pl. 5, Fig. 19.
Mamboya, in einer Höhe von 4000—5000 Fuss, Last.

Subulina perstriata Marts.

(Taf. V, Fig. 24.)

v. Martens, Nachrichtsbl. d. mal. Ges. 1895, S. 184.

Schale gethürmt, dicht mit rippenartigen Vertikalstreifen besetzt, weisslich, glanzlos, mit stumpfer Spitze; 8$^1/_2$ Windungen, die erste klein, ziemlich kugelig, kaum vorragend, aber schon deutlich gestreift, die zweite und dritte unter sich annähernd gleich breit, die folgenden regelmässig langsam an Breite zunehmend, etwas gewölbt, mit mässig tiefer Naht, die letzte unten abgerundet-verschmälert. Mündung ziemlich schief, $^1/_4$ der ganzen Länge einnehmend, rundlich-oval, der Aussenrand dünn, gebogen, der Columellarrand ziemlich dünn, schwach gebogen, deutlich gedreht, unten sehr schief und schwach abgestutzt, oben in eine deutliche schwielenartige Auflagerung der Mündungswand übergehend. Länge 24$^1/_2$, Breite 6 mm; Mündung 5$^2/_3$ lang, 3$^1/_2$ breit.

Migere in Butumbi, im Mulm des Urwaldes, 6. Mai 1891, Stuhlmann.

Auf den ersten Anblick der westafrikanischen S. striatella Rang ähnlich, aber durch die Skulptur der Spitze gut unterschieden, überdies grösser, bei einer geringeren Anzahl von Windungen, und verhältnissmässig weniger schlank. Dürfte nächstverwandt mit S. solidiuscula und lenta sein, die aber beide bedeutend grösser sind.

Subulina bicolumellaris Marts.

(Taf. V, Fig. 25.)

v. Martens, Nachrichtsbl. d. mal. Ges. 1895, S. 186.

Gethürmt, dicht rippenstreifig, schmutzig-bräunlich, glanzlos, mit stumpfer Spitze; 7$^1/_2$ Windungen, die erste ziemlich kugelig, etwas vorstehend, die zweite kugelig, noch glatt, die dritte noch ebenso breit, aber schon rippenstreifig, die folgenden regelmässig langsam an Breite zunehmend, etwas gewölbt, mit mässig tiefer Naht, die letzte unten verschmälert und gerundet, Mündung mässig schief, $^3/_{10}$ der Schalenlänge einnehmend, länglich eiförmig; Aussenrand dünn, ein wenig gebogen, Columellarrand ziemlich senkrecht, aus zwei durch eine breite Furche getrennten, neben- und übereinander spiral aufsteigenden Strängen gebildet, unten schief abgestutzt, Länge 15 mm, Breite 5; Mündung 4$^1/_2$ lang, 2 breit.

Karevia, am westlichen Fuss des Runssoro, in einer Höhe von etwa 1175 m, Dr. Stuhlmann, 16. Juni 1891.

Eigenthümlich durch die Bildung des Columellarrandes, welcher gleichsam aus zwei nebeneinander herlaufenden Strängen gebildet ist: an dem einen Exemplar, das zur Abbildung gedient hat, sind diese Stränge parallel nebeneinander und nur durch eine Furche getrennt, an zwei anderen etwas weiter auseinander, etwas divergirend und durch eine kleine Fläche getrennt. Endlich sind von demselben Fundort noch zwei etwas grössere Exemplare vorhanden, 17$^1/_2$ mm lang, bei deren einem der obere äussere Strang schwach ausgebildet,

dem anderen aber kaum noch angedeutet ist; es scheint daher eine gewisse
Variabilität hierin zu bestehen und vielleicht bei alten Exemplaren eine Reduktion
(Resorption?) stattzufinden.

Subulina subcrenata Marts.
(Taf. V, Fig. 26.)

v. Martens, Nachrichtsbl. d. mal. Ges. 1895, S. 186.

Gethürmt, sehr schwach gestreift, gelblich, mit ziemlich stumpfer Spitze;
9 Windungen, die erste klein, warzenförmig, die zweite und dritte aufgeblasen,
fast kugelig, unter sich gleich, glatt (Fig. 26a), die folgenden regelmässig langsam
an Breite zunehmend, kaum etwas gewölbt, mit unregelmässig gekerbter
Naht, die letzte unten verschmälert und gerundet. Mündung schief, $^3/_{10}$ der
Schalenlänge einnehmend, spitz eiförmig. Aussenrand dünn, ein wenig gebogen,
Unterrand gerundet, Columellarrand stark gebogen, unten deutlich abgestutzt,
oben in eine dünne Auflagerung auf der Mündungswand sich fortsetzend.
Länge 13, Breite $3^1/_2$ mm; Mündung 6 lang, $2^1·_2$ breit.

Migere in Butumbi, im Mulm des Urwaldes, 6. Mai 1894, Dr. Stuhlmann.

Subulina octona (Chemn.)

Helix octona (Indiae occidentalis), Chemnitz, Conchylien-Cabinet IX 2, 1786,
S. 190, Taf. 136, Fig. 1264.
Bulimus octonus, Bruguière, Encycl. I, p. 325, Nro. 47. Lam., Hist. Nat.
d. an. s. vert., ed 2, VIII, p. 233.
Achatina octona, Pfr., Mon. Hel. II, p. 266. Orbigny, in Ramon de la
Sagra, Hist. Nat. de Cuba, Moll., p. 168, pl. 11, Fig. 4—6. Reeve, Conch. Icon. V,
Fig. 84. Pfeiffer in der neuen Ausgabe von Chemnitz, Bulimus u. Achatina,
S. 342, Taf. 37, Fig. 19, 20. Morelet, Series Conch. I, p. 72, und im Journ. de
Conch. XXXVII, 1889, p. 363.
Subulina octona, Beck, Ind. Moll. 1837, p. 77 etc.
Stenogyra octona Shuttleworth, v. Martens in Albers, Heliceen, 2. Ausg.,
S. 267 und in M. Weber, Zool. Ergebnisse einer Reise in Niederländisch-
Ostindien II, p. 244.
Sansibar, unter faulem Holz, nicht weit vom Strand, E. Vesco, 1848—49.

Diese Art ist eigentlich auf den westindischen Inseln und im nördlichen
Theil von Südamerika einheimisch, aber in neuerer Zeit mehrfach auch in
den Tropengegenden der östlichen Erdhälfte gefunden worden, so 1886 auf
Madagascar, 1889 in Neu-Caledonien, 1890 auf Sumatra und Java. Es ist wahrscheinlich, dass sie unabsichtlich durch den Menschen mit lebenden Pflanzen
oder dergl. verschleppt wird. Wenn übrigens, wie Mörch im Journ. de Conch. XX,
1872, p. 338, nahe legt, Subulina crotalaria Schumacher aus Trankebar in Vorderindien, in der Sammlung L. Spengler's († 1804) in Kopenhagen, dieselbe Art ist,
so würde die Zeit der Verschleppung bis an das Ende des vorigen Jahrhunderts
zurückreichen; immerhin bleibt auch dann Amerika als ihr eigentliches Vaterland wahrscheinlich, da sie dort viel zahlreicher und allgemeiner verbreitet, auch
seit ebenso lange von da bekannt ist.

Subulina pergracilis n.
(Taf. V, Fig. 27.)

Sehr schlank gethürmt, ganz schwach gestreift, gelblich, mit ziemlich
stumpfer Spitze; 10 Windungen, die erste klein, warzenförmig, die zweite und
dritte unter sich gleich, gewölbt, glatt, die folgenden regelmässig, aber sehr
langsam zunehmend, ziemlich flach, mit einfacher, seichter Naht, die letzte unten

verschmälert und abgerundet. Mündung schief, kaum ¹/₄ der Schalenlänge ein-
nehmend, eiförmig. Aussenrand dünn, ziemlich gebogen, Unterrand gerundet,
Columellarrand stark gebogen, unten quer abgestutzt. Länge 13 mm, Breite 3;
Mündung 2¹/₂ lang, 1¹/₄ breit.
Bukende am Issango, 6. Juli 1891, Dr. Stuhlmann, ein Stück.
Von S. subcrenata durch schlankere Gestalt und den Mangel an Kerbung
der Naht verschieden. Im Allgemeinen ähnlich der bekannten S. octona Chemn.,
aber merklich schlanker.

Subulina intermedia Taylor

Taylor in Quart. Journ. of Conch. I, p. 282, pl. 3, Fig. 5 (nicht 4). E. Smith
in Ann. Mag. Nat. Hist. (6) VI, 1890, p. 159. Bourguignat, Moll. de l'Afr. équat., p. 114.
Sansibar, Gibbons. Mamboya, Last. Kingani in Ukami und Thal Vuami
in Ussagara, Bourguignat.
Dieses ist die schlankste, am meisten evolute unter allen ostafrikanischen
Arten, daher der Name intermedia nicht sehr passend.

Subulina conradti n.

(Taf. V, Fig. 28.)

Sehr schlank gethürmt, dicht schwach gestreift, glänzend, durchscheinend,
blass gelb, mit ziemlich stumpfer Spitze; 8 Windungen, die erste kugelig, die
zweite und dritte gewölbt, verhältnissmässig gross, unter sich gleich breit, die
folgenden regelmässig an Breite zunehmend, nur schwach gewölbt, mit mässig
tiefer Naht. Mündung etwas schief, ³/₁₀ der Schalenlänge einnehmend, zwischen
birn- und ei-förmig. Aussenrand dünn, fast geradlinig, Unterrand gerundet,
Columellarrand ein wenig gebogen, etwas verdickt, unten schwach und schief abgestutzt. Länge 12 mm, Breite 2¹/₂, Mündung 3¹/₂ lang, 2 breit.
Derema in Ussambara, Conradt.
Steht zwischen S. pergracilis und intermedia gewissermaassen in der Mitte,
aber während die obersten Umgänge mehr gleich breit sind, nehmen die unteren
entschieden mehr im Durchmesser zu als bei diesen beiden Arten; dadurch und
durch den starken Glanz nähert sie sich etwas der S. paucispira.
Ferner beschreibt Bourguignat noch zwei sehr schlanke Arten von der
Westseite des Tanganyika, Subulina cylindracea, Moll. de l'Afr. équat. 1889,
p. 115, pl. 5, Fig. 2, 3, von der Halbinsel Ubuari, und Sub. jouberti, ebenda,
Fig. 4; diese fallen nach ihrem Fundort schon ausserhalb des hier behandelten
Gebiets, sind aber in der obigen Tabelle doch aufgenommen, da es sehr wohl
möglich ist, dass sie sich auch noch in Deutsch-Ostafrika finden werden.

C) **Nothapalus** n.

Hapalus-förmig, mit verhältnissmässig grösserer letzter Windung.
Name aus nothus, griech. u. lat. unächt, und Hapalus.

Subulina paucispira Marts.

(Taf. V, Fig. 23. Taf. I, Fig. 14.)

v. Martens in Sitz. Ber. d. Ges. nat. Freunde 1892, S. 177. — E. Smith,
Proc. Mal. Soc. I, 1894, p. 165.
Schale verlängert, nahezu gethürmt, ohne Nabelritz, fein gestreift, die Anwachsstreifen unmittelbar unter der Naht etwas stärker und etwas zurückgebogen,
stark glänzend, blass gelblich, durchscheinend; acht Windungen, die erste kugelig, eine
stumpfe Spitze bildend, die zweite kaum breiter als die erste, von der dritten an regelmässig an Umfang zunehmend, mit sehr wenig vertiefter Naht, die letzte gerundet,
unten allmählich verschmälert. Mündung ziemlich schief, ungefähr ein Drittel der
ganzen Länge einnehmend, spitz eiförmig, Aussenrand dünn, mässig gebogen. Unter-

rand schmal gerundet, Columellarrand stark gebogen, schief, aber sehr entschieden abgestutzt. Länge bis 25 mm, Breite 7½, Länge der Mündung 8, ihre Breite 4 mm, ein schlankeres Exemplar 23 lang, 6½ breit, Mündung 7 lang, nicht ganz 4 breit.

Waldgebiet zwischen Albert-Edward-See und Albert-Nyansa: Karevia in Höhen von 1175 und 1200 m, am Westabhang des Runssoro, 6. Juni 1891; Bundeko, östlich vom Issango-Fluss, 0° 55′ nördl. Br., auf Waldboden, 3. Juli 1891; Bukendo in Bugundi, 0° 55′ nördl. Br., 6. Juli 1891; Ituri, bei der Fähre, im Wald, 24., 25., 26. Aug. 1891, Stuhlmann. — Schlucht Eldoma, südlich vom Baringo-See (zwischen Kenia und Nordende des Victoria-Nyansa), Bischof Tucker bei E. Smith.

Diese Art hat auf den ersten Anblick das Aussehen eines Hapalus durch die dünne, stark glänzende Schale, die verhältnissmässig grosse letzte Windung und die Zurückbiegung der Anwachsstreifen unter der Naht; doch ist die Bildung des Columellarrandes ganz diejenige von Subulina, auch die Anwachsstreifen sind im weiteren Verlaufe nicht nach vorn gebogen, und die stumpfknotige Spitze passt auch etwas besser zu Subulina; immerhin bildet sie ein Verbindungsglied zwischen beiden Gattungen.

Ein junges Exemplar in natürlicher Grösse Fig. 23 a.

Opeas Alb.

Ohne Ausschnitt oder Abstutzung am Columellarrand, im Uebrigen wie Subulina, auch betreffs der Verbreitung; daher zu Subulina sich verhaltend wie Limicolaria zu Achatina. Shuttleworth hat seiner Zeit (1854) beide nicht unpassend in eine gemeinsame Gattung Stenogyra zusammengefasst, welche man aber jetzt eher als Unterfamilie betrachtet. Anatomie Semper Reis, Philippin. Landschneck. III. S. 134, 135, und Strebel, Mexic. Landschn. V, S. 101, Taf. 18.

Die ostafrikanischen Arten weichen unter sich ziemlich ab und nähern sich theilweise im Habitus der Schale anderen Gattungen.

Griech. ὄπεας, Schuster-Ahle, gen. neutrius.

Namen	Allgemeine Gestalt	Skulptur vertikal	Farbe	Mündung	Windungen	Länge	Breite	Mündung
						mm	mm	mm
magilense Crvn.	gethurmt	schwach gestreift	blassgelb, glänzend	dickrandig, unten breit	0½, flach	30	8	7¼
subvaricosum n.	lanzettförmig-gethürmt	senkrecht, scharf gestreift	gelblich-weiss, mit grünlichen Striemen, sehr glänzend	lanzettförmig, unten schmal	10, etwas gewölbt	17	5	5
stenostomum E. Sm.	do.	bogig gestreift	durchscheinend, grünlich, glänzend	schmal, langgezogen	8, schwach gewölbt	10½	3	3
lucidum J. Gibb.	sehr schlank gethürmt	fast glatt	glänzend	eiförmig, ziemlich breit	7, ziemlich flach	5½	2	1¼
limpidum n.	konisch-gethürmt	dicht fein gestreift	durchscheinend, glänzend	abgerundet schief viereckig, unten schmal	9—9½, gewölbt	11	3	2½
strepto-steloides n.	do.	dicht rippenstreifig	braungelb, matt	abgerundet rechteckig, unten breit	6½, kaum gewölbt	9	3	2¼

Opeas magilense (Crvn.)

Bulimus magilensis, Craven, Proc. Zool. Soc. 1880, p. 217, pl. 22, Fig. 5.

Undurchbohrt, gethürmt, sehr schwach gestreift, glänzend, blassgelb, oben stumpf; $9\frac{1}{2}$ Windungen, regelmässig zunehmend, die drei obersten etwas gewölbt, die folgenden flach mit eingedrückter, etwas kantiger Naht, die letzte gerundet, unten allmählich verschmälert. Mündung sehr schief stehend, $\frac{4}{15}$ der Schalenlänge einnehmend, birnförmig; Aussenrand etwas dick, oben ein wenig zurücktretend, Unterrand breit gerundet, Columellarrand verdickt, gebogen, weiss, oben nach einwarts sich drehend, ohne Auflagerung auf der Mündungswand. 50 mm lang, 8 breit; Mündung in schiefer Ebene $7\frac{1}{2}$ mm lang, $5\frac{1}{2}$ breit.

Sansibar-Küste, in Wäldern unter Steinen, Dr. W. Schmidt 1887. Magila in Ussambara, unter Moos an Felsen, Craven.

Durch den starken Glanz und die unten breit gerundete, etwas dickrandige Mündung eigenthümlich; ich wüsste keine Art zu nennen, welche ihr sehr nahe kommen würde. Steht im Allgemeinen durch die Grösse und den Mangel eines Nabelritzes den kleineren Arten der Gruppe Obeliscus näher als den eigentlichen Opeas Alb.

Opeas subvaricosum n.

(Taf. V, Fig. 20 u. 21.)

Undurchbohrt, lanzettförmig-gethürmt, mit scharfen, schmalen, senkrechten Streifen, sehr glanzend, gelblich-weiss mit einigen blass grün-gelblichen Wachsthums-absätzen auf allen Windungen, oben ziemlich spitz; 10 Windungen, die erste klein, annähernd kugelig, die zweite und dritte ziemlich gleich gross, angeschwollen, noch ohne Streifen, die folgenden regelmässig zunehmend, etwas gewölbt, die letzte unten nur wenig verschmälert. Mündung wenig schief stehend, $\frac{1}{3}-\frac{2}{5}$ der Schalenlänge einnehmend, lanzettlich-eiförmig, Aussenrand dünn, wenig gebogen, Unterrand eng gerundet, Columellarrand senkrecht, dick, weiss, in eine sehr dünne Auflagerung auf die Mündungswand sich fortsetzend. Länge 17, Breite 5 mm; Mündung kaum 5 mm lang, $2\frac{1}{2}$ breit.

Runssoro, im Bambus-Wald, 9. Juni 1891, in 2600 m Höhe; Lager III, in 3100 m Höhe, 12. u. 13. Juni 1891, Dr. Stuhlmann.

Eine kürzere, etwas mehr bauchige Form, Fig. 21, 14 mm lang und doch schon 5 breit, Mündung 5 mm, mit 9 Windungen, also vielleicht noch nicht ganz ausgewachsen, von demselben Fundort, Lager III auf dem Runssoro.

Auch »Limicolaria« rochebruni, Bourguignat in Revoil, Faune et Flore des Pays Comalis, 1882, Moll., p. 45, pl. 2, Fig. 33, 34, scheint dieser Art sehr ähnlich zu sein, aber durch deutlichen Nabelritz, bedeutendere Grösse (20 mm lang, 9 breit, Mündung 7 lang), Anschwellung des mittleren Theils des Columellar-randes und dunkle Färbung des Innern der Mündung verschieden.

Die Stellung dieser zwei Arten in der Gattung Opeas ist etwas zweifelhaft, sie erinnern auch einigermaassen an Hapalus.

Opeas stenostomum E. Sm.

Stenogyra (Opeas) stenostoma E. Smith, Ann. Mag. Nat. Hist. (6) VI, p. 160, pl. 5, Fig. 20.

Mamboya, in einer Höhe von 4000—5000 Fuss, Last.

Opeas lucidum (J. Gibb.)

Stenogyra Gibbons in Journ. of Conch. II, 1879, p. 144, pl. 1, Fig. 4.

Bawri-Island, kleine Insel bei Sansibar, Gibbons.

Opeas limpidum n.

(Taf. V, Fig. 31.)

Undurchbohrt, konisch-gethürmt, schwach und dicht gestreift, durchscheinend, glänzend, glashell; 9—9½ Windungen, die erste kugelig, glatt, die zweite und dritte ziemlich gleich gross, stark gewölbt, die folgenden regelmässig und langsam zunehmend, gewölbt, mit ziemlich eingedrückter weisslicher Naht, die letzte unten abgerundet. Mündung ziemlich schief stehend, abgerundet-vierseitig, ein wenig mehr als ¼ der Schalenlänge einnehmend; Aussenrand dünn, kaum gebogen, Unterrand etwas eng gerundet, Columellarrand senkrecht, etwas dick, weiss, unten verschmälert und einen deutlichen Winkel mit dem Unterrand bildend. Länge 11, Breite 3 mm; Mündung $2\,^2/_3$ lang, $1\,^3/_4$ breit.

Bukende am Issango, 6. Juli 1891; ein wahrscheinlich dazu gehörendes jüngeres Exemplar von Migere in Butumbi, im Mulm des Urwaldes, 6. Mai 1891, Dr. Stuhlmann.

Erinnert durch Form und Glanz der Schale an Streptostele, aber der Columellarrand ist nicht so deutlich gedreht und der Aussenrand nicht verdickt.

Opeas streptosteloides n.

(Taf. V, Fig. 30.)

Langgezogen-konisch, mit Nabelritz, dicht rippenstreifig, mit braun-gelblicher, sich theilweise ablösender Schalenhaut, oben sehr stumpf; 6½ Windungen, kaum gewölbt, mit ziemlich tiefer Naht, regelmässig zunehmend, die letzte abgerundet, unten gewölbt. Mündung $1/_4$ der Schalenlänge einnehmend, abgerundet schief viereckig, Mündungsrand gerade, Aussenrand nahezu senkrecht, oben zurucktretend, Unterrand gerundet, Columellarrand senkrecht, oben verdickt und schief in das Innere der Mündung sich hineinziehend, nach aussen aber in eine breite und deutlich begrenzte Auflagerung sich ausdehnend. Länge 9 mm, grosser Durchmesser (Breite) 3, kleiner $2^1/_2$; Mündung $2^1/_4$ mm lang, $1^3/_4$ breit.

Uganda: Küste von Buddu, im Strandwald am Boden, Emin Pascha und Stuhlmann.

Die Form der Mündung erinnert an Streptostele, aber der Columellarrand ist weniger spiral gedreht, der Aussenrand nicht verdickt und die Schalenoberfläche nicht glatt und glänzend. Die oben beschriebene Streptostele costulata ist auch unausgewachsen bedeutend schlanker als diese Schnecke.

Hapalus Alb.

Schale länglich, mit verhältnissmässig grosser letzter Windung, dünn, weisslich; Mündung mit dünnem, einfachem Rand, Columellarrand nach innen zurücktretend, wie bei Streptostele, Aussenrand nach vorn konvex und dementsprechend nach vorn konvexe, vertiefte Anwachsstreifen auf der ganzen Schale.

Der Schale nach könnte man versucht sein, diese Gattung zu den Agnathen in die Nähe von Glandina, Streptostyla und Streptostele zu stellen, aber die Untersuchung der Mundtheile an einer der typischen Arten, dem westafrikanischen H. guineensis, zeigt, dass sie doch neben Stenogyra gehört.

Namen	Gestalt	Farbe	Skulptur	Mündung zur halben Länge	Columellarrand	Nabelöffnung	Länge	Breite	Mündung hoch breit
							mm	mm	mm mm
subvirescens E. Sm.	länglich-elliptisch	gelblich-grünlich	schwach	kurzer	ziemlich gerade	o	14	$5\frac{1}{2}$	5 $2\frac{1}{2}$
disparilis E. Sm.	spitz-eiförmig	weisslich	verhältnissm. scharf u. tief	ungefähr gleich	deutlich gedreht	punkt-förmig	13	$6\frac{1}{2}$	$6\frac{2}{3}$ 3
conoidens Marts.	konisch-eiförmig	gelblich-weiss	schwach	wenig kürzer	ziemlich gerade	eng, rund	10	$5\frac{1}{2}$	$4\frac{1}{2}$ $2\frac{1}{2}$
associatus E. Sm.	länglich-elliptisch	weisslich	scharf u. tief	do.	schwach gedreht	kaum vorhanden	$7\frac{1}{2}$	$3\frac{1}{2}$	3 $1\frac{1}{2}$
kretschmeri n.	länglich-lanzettf.	do.	schwach	viel kürzer	gerade, umgeschlagen	ziemlich weit	12	5	5 3
suturalis n.	lanzett-förmig	do.	mässig; ein erhöhtes Band unter der Naht	wenig kürzer	stark gedreht	rundlich, halbverdeckt	14	$5\frac{1}{2}$	$6\frac{2}{3}$ 3
delicatus J. Gibb.	ziemlich schlank, verlängert	do. od. gelbl.	schwach	kürzer	schwach gedreht	kaum vorhanden $9\frac{1}{2}$ $3\frac{1}{2}$	$9-3-$	$3\frac{1}{2}$	2
sinulabris Marts.	verlängert	gelblich, durchsichtig	do.	do.	ziemlich senkrecht	rundlich, halbverdeckt	18	6	$6\frac{1}{2}$ 3 -7

Hapalus subvirescens E. Sm.

Bulimus (Hapalus) subvirescens, E. Smith, Ann. Mag. Nat. Hist. (6) VI,
p. 156, pl. 5. Fig. 12.
Mamboya, Rev. Last.

Hapalus disparilis E. Sm.
(Taf. I, Fig. 12.)

Bulimus (Hapalus) disparilis, E. Smith, Ann. Mag. Nat. Hist. (6) VI, p. 156,
pl. 5, Fig. 13.

Mamboya, Rev. Last. Migere in Butumbi, im Mulm des Urwalds; Karevia,
an der westlichen Seite des Runssoro, etwa 1175 m, 6. Juni 1891; Bundeko,
westlich vom Itiri-Fluss, etwa 750 m, 4. Juli 1891; Ostufer des Itiri unter faulem
Holz, 11. Sept. 1891; Ongenya, westlich von Semliki, im Mulm einer Bananenpflanzung, 30. Dez. 1891, Stuhlmann.

Die Columelle ist an den von Stuhlmann gesammelten Stücken bald etwas
mehr, bald etwas weniger, immer aber deutlich gedreht; E. Smith a. a. O. sagt:
»vix contortae; auch sind die Exemplare etwas schlanker, als Smith's Typus.
Im Uebrigen stimmen Beschreibung und Abbildung so gut, dass ich die Stuhlmann'schen nicht für eine eigene Art halten kann; die vertieften
Bogenstreifen sind bei dieser Art besonders stark ausgebildet.

Nach Stuhlmann's Notizen sind die Weichtheile blass citronen-
gelb, die Fühler leicht röthlich. Länge der Fusssohle 10 mm.
Innerhalb der letzten Windung fand er stets einige Eier, wie auch
öfters bei Arten von Subulina der Fall ist.

Geschlechts-
apparat
von Hapalus
disparilis E. Sm.

Ein Exemplar vom Runssoro erlaubte noch die Untersuchung
der Weichtheile; der Geschlechtsapparat ist auf der nebenstehenden
Skizze nach einem Präparat des Hrn. A. Protz dargestellt.

Hapalus conoideus Marts.
(Taf. V, Fig. 14.)

Sitz.-Ber. d. Ges. nat. Freunde 1892, p. 177.

Schale konisch-eiförmig, mit runder Nabelöffnung und vertieften Bogenlinien, die sich an der Naht deutlich rückwärts biegen, etwas glänzend, gelblich-weiss; 6 regelmässig zunehmende Windungen mit mässig vertiefter Naht, die letzte unten abgerundet, vorn nicht auffällig herabsteigend. Mündung senkrecht stehend, birnförmig, Mundsaum einfach, Aussenrand nach vorn konvex, Unterrand abgerundet, Columellarrand etwas verbreitert und nach aussen umgebogen.

Länge 10, Durchmesser 5^1 $_2$ mm; Mündung $4^1/_2$, Durchmesser $2^1_{/2}$ mm. Migere in Butumbi am Südufer des Ngesi, im Mulm des Urwaldes, Stuhlmann.

Weicht durch den offenen Nabel und den etwas ausgebreiteten Columellarrand von den übrigen Hapalus-Arten ab, zeigt aber doch die charakteristischen Bogenstreifen der Gattung.

Hapalus associatus E. Sm.

Bulimus (Hapalus) associatus, E. Smith, Ann. Mag. Nat. Hist. (6) VI, p. 157, pl. 5, Fig. 14.

Mamboya, Rev. Last. Hierher gehört sehr wahrscheinlich ein Stück von Mbagalala in Uluguru, im Walde der Vorberge, Stuhlmann, November 1894.

Hapalus kretschmeri n.
(Taf. V, Fig. 22.)

Länglich-lanzettförmig, mit nicht ganz engem Nabel, mit schwachen, unter der Naht etwas zurückgebogenen Streifen, weisslich; 7 Windungen, regelmässig zunehmend, ziemlich flach, nur unter der Naht etwas gewölbt, die letzte unten gerundet, vor der Mündung etwas herabsteigend. Mündung kaum schief, viel kürzer als die halbe Länge der ganzen Schale, birnförmig, mit geradem, einfachem Rande; Aussenrand oben schwach, nach unten mehr gebogen, Unterrand eng gerundet, Columellarrand verdickt, dreieckig ausgebreitet und umgeschlagen, den Nabel nicht verdeckend. Länge 12, Breite 5 mm, Mündung 5 lang, 3 breit.

Am Dschala-See (südöstlich vom Kilima-Ndjaro, auf englischem Gebiet) in einer Höhe von 750—675 m, Dr. Kretschmer, 6. September 1894.

Zwischen H. disparilis und delicatus in der Mitte, schlanker als jener, voller und breiter als dieser.

Hapalus suturalis n.
(Taf. V, Fig. 15.)

Lanzettförmig, mit sehr engem, aber doch rundem Nabel und mässig starken, unter der Naht zurückgebogenen Streifen, weisslich; 7 Windungen, regelmässig zunehmend, die Naht nach unten von einem etwas erhöhten Gürtel begleitet, der durch eine Furche abgegrenzt ist: die letzte Windung nach unten allmählich verschmälert, vor der Mündung schief herabsteigend. Mündung kaum schief, weniger als die halbe Länge der ganzen Schale einnehmend, spitzwinklig-elliptisch, mit geradem, einfachem Rand; Aussenrand oben gebogen, Unterrand eng gerundet, Columellarrand verdickt und stark gedreht, oben umgeschlagen und angedrückt, den Nabel halb verdeckend, in einer deutlichen Auflagerung auf der Mündungswand sich fortsetzend. Länge 14 mm, Breite $5^1/_2$; Mündung $6^1/_2$ mm lang, 3 breit.

Lager Kitohaui, auf dem Plateau zwischen Ukuledi und Umbekuru im Distrikt Mgao, im südwestlichen Theil des deutschen Schutzgebietes, Lieder.

Hapalus delicatus (J. Gibb.)
(Taf. V, Fig. 16.)

Stenogyra achatinacea (Pfr.), v. Martens in Nachrichtsbl. d. Deutschen mal. Ges. I, 1869, p. 153.
Opeas delicata, Gibbons. Taylor, Quart. Journ. of Conch. I, p. 281 (pl. 3, Fig. 3) 1878.

Durchbohrt, langgezogen, dicht gestreift, die Streifen unter der Naht zuruckgebogen, etwas glanzend, gelblich oder weisslich; 6 regelmässig zunehmende Windungen, Naht mässig tief, die letzte unten abgerundet, vorn nicht herabsteigend. Mündung kaum schief stehend, etwa ² ₆ der ganzen Länge einnehmend, spitz eiförmig, Mündungsrand gerade, einfach, Aussenrand gebogen, Unterrand eng gerundet, Columellarrand senkrecht, kurz umgeschlagen, oben in einer dünnen Auflagerung auf die Mündungswand übergehend. 9—9¹/₂ mm lang, 3—3¹'₂ breit; Mündung 3¹/₂ lang, 2 breit.

Kokotoni, Insel Sansibar, unter Steinen, Dr. W. Schmidt. Sansibar, Gibbons. Zwischen Sesamsamen, der aus Sansibar in den Handel kam, W. Brauns. Derema in Ussambara, Conradt, 11, 3¹ ₂, 4, 2 mm. Monyonyo in Uganda, Emin Pascha.

Var. gracilior n.

Länge 7, Durchm. 2¹/₂; Mündung lang 2¹/₂, breit 1¹'₃ mm.

Ongenya, westlich vom Semliki-Fluss, Urwaldregion, im Mulm einer Bananenpflanzung, 30. Dezember 1891. Stuhlmann.

Eine Mittelform, grösser und etwas weniger schlank, aber beschädigt, so dass keine vergleichenden Maassangaben möglich sind, von der Buddu-Küste.

Die erwähnte Abbildung der Gibbons'schen Art erscheint etwas schlanker, namentlich am unteren Ende, als unsere Exemplare; da aber im Uebrigen die Beschreibung sehr gut passt und auch unsere Exemplare gewisse Variationen in den Ausmessungen zeigen, so dürften doch wohl alle zu derselben Art gehören.

Hapalus sinulabris (Marts.)

Stenogyra sinulabris, von Martens in Monatsberichte d. Akad. d. Wiss. in Berlin, 1878, S. 295, Taf. 2, Fig. 3, 4.
Kipopotue in Ukamba, Juni 1877, J. M. Hildebrandt.

Die bogenförmig vorgezogenen Anwachsstreifen, der umgeschlagene Columellarrand, die zarte durchsichtige Beschaffenheit der Schale und die für Stenogyra geringe Anzahl der Windungen weisen dieser Art ihre natürliche Stellung in der Gattung Hapalus an, wo sie sich zunächst an subvirescens und elongatus anschliesst. Die Beschaffenheit der Radula, namentlich die Kleinheit des Mittelzahns, die mich damals veranlasste, sie zu Stenogyra zu stellen, passt auch zu Hapalus nach den neueren Untersuchungen.

Stenogyra javanica Reeve, v. Martens, Ostas. Exp., S. 377, Taf. 22, Fig. 11, von Java, Flores und den Molukken, Opeas semperi Hidalgo von Mindanao und Op. ternatana Bttg. von Ternate sind dieser Art nahe verwandt und dürften wohl auch zu Hapalus gehören.

Geostilbia Crosse

Schale klein, länglich, dünn, glashell, undurchbohrt, mit stumpfem oberen Ende; Windungen ziemlich rasch zunehmend, flach; Mündung verhältnissmässig gross, birnförmig, unten breit abgerundet, Aussenrand einfach, dünn, Columellarrand verdickt, unten schief abgestutzt.

Geostilbia stuhlmanni n.
(Taf. V, Fig. 33.)

Undurchbohrt, langgezogen, fein und regelmässig gestreift, durchscheinend, gelblich-glasartig; 5 Windungen, die erste kugelig, glatt, die folgenden rasch zunehmend, ziemlich flach, mit tiefer, etwas stufenförmiger Naht, diese zwischen vorletzter und letzter Windung mehr schief. Mündung ziemlich schief stehend, Aussenrand annähernd geradlinig, dünn, einfach, Unterrand breit abgerundet, Columellarrand dick, weiss, unten schief abgestutzt, oben in einer Auflagerung auf die Mündungswand sich fortsetzend, 9 mm lang, $3\,^2/_3$ im Durchmesser, Mündung 4 lang, 2 breit.

Runssoro im Bambuswald, in einer Höhe von 2600 m, Stuhlmann, 9. Juni 1891.

Nur mit einigen Zweifeln setze ich diese Art in die Gattung Geostilbia, da sie doch nicht so schlank und nadelförmig erscheint, wie die typische Art G. caledonica.

Clausilia.

Diese Gattung, äusserlich durch die gethürmte, nach oben cylindrisch werdende Form, die linksseitige Spiraldrehung, entgegengesetzt derjenigen der meisten anderen Schnecken, und die tief in die Mündung sich hineinziehenden Falten am Columellarrand leicht kenntlich, war bis jetzt aus dem tropischen Afrika noch nicht bekannt; ihre nächsten Fundorte in Abyssinien: Enjelal auf der Hochebene Kora Asgedès im Habab-Land für Cl. dystherata nach Jickeli, und Lat südl. von Ashangi für Cl. sennaariensis nach Blanford. Nun giebt aber Bourguignat schon 1885 an, dass V. Giraud eine Clausilie in den Vertiefungen der Felsen bei Pambete, am südlichen Ende des Tanganyika, gefunden habe, und bildet dieselbe in den Moll. de l'Afr. équat. 1889, p. 117, pl. 5, Fig. 8, 9, als Cl. giraudi ab; dieselbe ist 19 mm lang, 5 breit, Mündung 5 mm, und zeigt ausser den 2 für die Gattung charakteristischen Columellarfalten oder Lamellen noch sehr ausgesprochen eine hinter der unteren hervortretende Subcolumellarfalte; die Oberfläche ist glatt. Die-

Clausilia giraudi Bgt. (nach Bourguignat).

selbe zeigt keine nähere Verwandtschaft mit den 2 genannten abyssinischen Arten, nach der Abbildung lässt sich aber auch nicht wohl die Zugehörigkeit zu Clausilia bezweifeln. Immerhin wäre es wünschenswerth, durch Nachweis des eigenthümlichen Schliessplättchens im Innern der Mündung dieselbe noch sicherer zu begründen und ihre nähere Verwandtschaft innerhalb der Gattung festzustellen. Es dürften demnach auch noch am Runssoro und Kilima-Ndjaro Clausilien zu erwarten sein, aber jedenfalls spielen sie im tropischen Afrika noch eine geringere Rolle als im tropischen Asien.

e) Elasmognathen.

Kiefer nach hinten und oben in eine quadratische Anhangsplatte fortgesetzt. Radula wie bei den Aulacognathen. Fühler etwas abgeplattet. Eier mit weicher, bernsteingelber Hülle. Meist nahe am Wasser lebend.

Succinea Drap.

Schale länglich, mit wenigen (3—4), rasch zunehmenden Windungen und grosser, über die Hälfte der ganzen Länge einnehmender, dünnrandiger Mündung, einfarbig; Columellarrand dünn und scharf ins Innere der Mündung sich hinein-

E. VON MARTENS.

zichend, ohne Nabelritz. Fühler etwas abgeplattet, Zungenzähne ähnlich denen von Helix, Kiefer glatt mit mittlerem Vorsprung und plattenförmiger Ausbreitung nach hinten. Leben gern an feuchten Orten und können auf den ersten An-blick leicht mit der Süsswassergattung Limnaea verwechselt werden, bei welcher aber der Columellarrand sich mehr faltenartig ausbreitet und meist einen Nabel-ritz zeigt. Kosmopolitisch.

Succinea baumanni Sturany
(Taf. V, Fig. 35.

Sturany in O. Baumann, Durch Massai-Land z. Nilquelle, 1894, S. 17, Taf. 24, Fig. 1, 6, 11, 15, 20, 21, 26.

Schale ziemlich fest, nach oben spitzig, der Mündung parallel ungleichmässig gestreift, Windungen sehr mässig gewölbt; Mündung etwa $^2/_3$ der Schalenlänge. Länge 14—19 (21), Breite 5—6 (11), Mündung 9—12 (12$^1/_2$) lang und 5—6 (7$^1/_2$) breit. (Die eingeklammerten Zahlen bei den Maassangaben nach Sturany.)

Am Ufiomi-See, südl. vom Manyara-See, O. Neumann, 1. Nov. 1893. Nyarasa-Steppe, Quellgebiet des Kagera, Baumann.

Succinea corticalis Marts.
(Taf. V, Fig. 37.)

v. Martens, Nachrichtsbl. d. mal. Ges. 1895, S. 186.

Schale länglich-eiförmig, schwach gestreift, glänzend, blassgelb; Gewinde kurz, ziemlich stumpf; 3 bauchige Windungen. Mündung eiförmig, schief nach aussen gestreckt, oben stumpfwinklig, mit ziemlich dickem weissen Rande; Aussenrand ziemlich geradlinig, nur unten gebogen, Unterrand breit abgerundet, Columellarrand fast senkrecht, eine deutliche Auflagerung auf der Mundungswand. 6 mm lang, 3$^1/_2$ im grossen, 2$^1/_2$ im kleinen Durchmesser, Mündung 4 mm lang, 2$^1/_4$ breit.

Wembere-Steppe, unter Baumrinde, Stuhlmann, 4. Juni 1892.

Ganz kleine Stücke dieser Gattung, vielleicht zu derselben Art gehörig, auch von Dr. Stuhlmann in einem Sumpf der Insel Sansibar, Nov. 1888, gefunden.

Süsswasser-Schnecken.

Limnaeiden.

Luftathmende Süsswasser-Schnecken ohne Deckel. Mündung immer dünn randig. Nur zwei Fühler, Augen an deren Wurzel nach innen. Geschlechter vereinigt.

Limnaea Lm.

Schale länglich oder eiförmig mit wenigen, rasch zunehmenden Windungen, rechtsgewunden, und mit verhältnissmässig weiter Mündung. Fühler platt dreieckig. Ueber die Artabgrenzung der ostafrikanischen Formen ist es bis jetzt kaum möglich, sich bestimmt auszusprechen, es konnten daher hier nur die verschiedenen von Dr. Stuhlmann u. A. gesammelten Formen mit eigenen Namen hervorgehoben werden, ohne darüber zu entscheiden, welche wohl als Lokalvarietäten zu anderen, schon aus anderen Gegenden Afrikas beschriebenen gestellt werden können. Dieselben schliessen sich theils an europäische Formen der Unterabtheilung Gulnaria, theils an ostindische und westafrikanische Arten an. Verwandte der circumpolaren L. stagnalis, der grössten europäischen Art, finden sich nicht darunter; auch die von Bourguignat in die Abtheilung von L. stagnalis gestellte L. jouberti aus dem Tanganyika kann ich nicht als solche anerkennen. Ebensowenig finden sich Arten mit breit erweitertem Aussenrand wie unsere L. auricularia.

Namen	Gesammtform	Columellar-rand	Nabel	Frühere Win-dungen	Mündung zur Gesammtlänge	Länge mm	Breite mm	Mündung lang mm	breit mm
nyansae Marts.	eiförmig, oben ab-gerundet	dick, fast senkrecht	ritzförmig oder ge-schlossen	kaum vor-stehend	>⁶/₇	15	11	13 . 14	7
humerosa n.	spitz-eiförmig, oben angeschwollen	dünn, mit schwacher Falte	do.	spitz vor-stehend	³/₄	19 – 23½	11¹ 15¹₂	14 – 18	8½ –9
elmeteitensis E. Sm.	spitz-eiförmig, oben schief abfallend	schief gefaltet, etwas verdickt	ritzförmig	do.	³	23	13	16	9

Namen	Gesammtform	Columellar-rand	Nabel	Frühere Windungen	Mündung zur Gesammtlänge	Länge mm	Breite mm	Mündung lang mm	breit mm
undussumae n.	spitz-eiförmig, oben schief abfallend	mit starker schiefer Falte	geschlossen	spitz vorstehend	$3/4$	20	13	13	$7^{1}/_{2}$
cameroni Bgt.	eiförmig, oben schwach konkav (?)	?	do.?	do.	$4/7$	20	9?	10?	7?
kynganica Bgt.	gerundet-eiförmig	mit starker schiefer Falte	do.?	do.	?	10?	?	?	
exserta Marts.	spindelförmig	mit schwacher Falte	ritzförmig	do.	$7/_{10}$	13	7	10	5
debaizei Bgt.	schlank-eiförmig, unten etwas breit	dünn, etwas gefaltet	geschlossen	spitz, kurz	$3/_{4}$	15	8	11	5
jouberti Bgt.	konoidisch, schief abfallend, unten breit gerundet	mit starker Falte	do.	spitz vorstehend	$5/_{8}$	21	11	13	9—10
laurenti Bgt.	länglich-eiförmig	dick, senkrecht	ritzförmig	do.	$5/_{8}$	25	13	16	$8^{1}/_{2}$
alexandrina Bgt.	eiförmig, oben schief abfallend	fast senkrecht	do.	spitz, kurz	$3/_{7}$	25	14	18	10
lavigeriana Bgt.	länglich-eiförmig, Aussenrand eingebuchtet	dick, senkrecht	eng, halb bedeckt	spitz vorstehend	$2/_{3}$	24	13	16	8
africana Bgt.	spitz-eiförmig	schwach gefaltet	eng, fast ganz bedeckt	do.	$3/_{7}$	21	11	15	
natalensis Krauss	eiförmig, oben gewölbt abfallend	schwach, fast senkrecht	geschlossen	spitz, kurz	$3/_{4} - 2/_{3}$	17	10	$12^{1}/_{7}$	7
truncatula Müll.	doppelt-konisch	breit, senkrecht	offen, halb bedeckt	stufenförmig abgesetzt	$1/_{2} - 3/_{4}$	14—10	2—5	3	4 2—3

Limnaea nyansae Marts.

(Taf. VI, Fig. 3, 4 und 6.)

v. Martens, Sitz.-Ber. d. Ges. nat. Freunde 1892, S. 17

Schale eiförmig, mit sehr kurz, aber doch spitz vorstehendem Gewinde, ziemlich fest, regelmässig gestreift, stellenweise rippenstreifig, blass braun-gelb, Naht mässig eingedrückt, Aussenfläche der letzten Windung und ebenso der Aussenrand der Mündung nur zunächst der Naht etwas gewölbt und dann rasch in einem sanften Bogen abfallend. Columellarrand annähernd senkrecht, nach unten etwas nach auswärts gerichtet und sich allmählich verdünnend, ohne bestimmte Grenze in den Unterrand umbiegend, nach oben faltenförmig sich ins Innere der Mündung hineinziehend, nach aussen und oben in eine breite und dünne Auflagerung auf der Mündungswand sich ausbreitend. Inneres der Mündung ockergelb.

Victoria-Nyansa: Bukoba-Bucht, 8—10 m tief, an Chara und Elodea, 28. November 1890 (Band I, S. 16), und ferner bei Bukoba, 8. April 1892, kleinere, mehr durchsichtige Stücke. Tavalyo (Towalio), 3. Dezember 1890, bei

Ndukali auf der Insel Bumbide, Oktober 1890, und bei Manyonyo, der Hafenstadt von Uganda, Januar 1891, alles an der Westküste des Sees, Stuhlmann. Manche Stücke äusserlich verbleicht, weisslich, an der Innenseite noch ockergelb. Kennzeichnet sich durch das sehr kurze Gewinde und die verhältnissmässig feste Schale als sog. Seeform und hat eine gewisse Aehnlichkeit mit L. hartmanni Chrp. (Kobelt in der Fortsetzung von Rossmässler V, No. 1515, zweite Figur.)

Limnaea humerosa n.
(Taf. VI, Fig. 1.)

Schale sehr dünn, schwach und flach gestreift, gelb-bräunlich, Gewinde spitz vorstehend, vorletzte Windung stark gewölbt, letzte Windung von der Naht an stark gebogen und dann in den folgenden zwei Dritteln ihrer Höhe mehr geradlinig abfallend, dem entsprechend auch der Aussenrand oben stark gebogen, dann annähernd senkrecht; Columellarrand dünn, fast fadenförmig, etwas konkav, nach unten im Bogen unmerklich in den Unterrand übergehend, nach oben sich etwas stärker spiral biegend und nach aussen in eine sehr dünne Auflagerung auf der Mündungswand übergehend. Mündung etwa $^5/_7$ der Gesammtlänge einnehmend. Höhe 19—23$^1/_2$ mm, grosser Durchmesser 11$^1/_2$—15^1,$_2$, kleiner 9—10, Mündung 14—18 lang, 8$^1/_2$—9 breit.

Mengo in Uganda, in einem künstlichen Teich, 5. Januar 1891, und bei Itole am Emin Pascha-Golf des Victoria-Nyansa, in Bewässerungsgräben der Batatenfelder, 2. November 1890, Stuhlmann. Umbugwe, in fliessendem Wasser, November 1893, Irangi und in einer sumpfartigen Erweiterung des Bubu-Flusses bei Irangi, beides südlich vom Manyara-See, September 1893, O. Neumann.

Vermuthlich dürfte die von Bourguignat aus dem Thal des Kingani angegebene L. africana, Moll. de l'Afr. équat., p 157, sich hier anschliessen; der Typus der genannten Art ist vom Dembea-See in Abyssinien.

Diese Art schliesst sich einerseits an südwestafrikanische an, wie L. benguelensis und bocageana Morel., andererseits an L. javanica Mss. aus dem malayischen Archipel.

Var. Ein Stück, sehr blass gelblich-weiss, mit etwas mehr gleichförmig abfallenden Windungen, ähnlich der L. raffrayi, Bgt., Ann. Sci. Nat. (6) XV, Taf. 10, Fig. 97, 98, (von Aegypten und Abyssinien), aber doch etwas breiter im Verhältniss zur Höhe; 25 mm lang, 14 breit, Mündung 18 mm lang, 11 breit, Columellarrand etwas stärker nach links gebogen.

Mengwe-Teich, Usarame, 1. Oktober 1894, Stuhlmann.

Sehr ähnlich dieser Varietät, nur etwas kleiner und mehr gelblich gefärbt, das Gewinde verhältnissmässig ein wenig länger, ist L. elmeteitensis, E. Sm., Proc. Mal. Soc. I, 1894, p. 167 und 166, Fig. 5, aus dem Elmeteita-See und Baringo-See, landeinwärts vom Kenia, 23 mm hoch, 13 breit, Mündung 16 und 9 mm.

Limnaea undussumae n.
(Taf. I, Fig. 18. Taf. VI., Fig. 2 und 5.)

Gewinde spitzig vorstehend, $^2/_7$ der Schalenlänge einnehmend, letzte Windung von der Naht an ziemlich gleichmässig und schwach gewölbt abfallend, ohne Schulterkante; Mündung oben spitzwinklig, unten breit gerundet; Columellarrand deutlich faltenförmig und ziemlich dick aus dem Innern der Mündung nach unten und links (aussen) bogenförmig herabtretend und ganz allmählich in den Unterrand übergehend, mit deutlich abgegrenzter Auflagerung auf der Mündungswand, welche zunächst dem Columellarrand durch dessen Hervortreten vertieft erscheint. Länge des grössten Exemplars 20 mm, grosser Durchmesser 13, kleiner 8$^1/_3$; Mündung 15 lang, 7$^1/_2$ breit. Junge Stücke (Fig. 2) verhältnissmässig schlanker.

Unduasuma, in einem Teich jenseits des Tararo-Baches, 30. Juni und
1. Aug. 1891. Stuhlmann, die vorliegenden Exemplare aussen schwarz-braun,
Columellarrand matt weiss, Inneres der Mundung trüb bläulich-grün, also ver-
muthlich aus einem sumpfig-moorigen Gewässer. Etwas kleinere Stücke von
Rumande, am westl. Ufer des Albert-Edward-Sees, 0° 30' südl. Br., 18. Mai 1891,
Stuhlmann, auch mit schwarzem Ueberzug.

Steht gewissermaassen zwischen den europäischen L. ovata und peregra
Drap. mitten inne und ähnelt im Umriss am meisten der L. piniana Haz. aus
Ungarn, wie Kobelt dieselbe in der Fortsetzung von Rossmässler, Bd. VII, Taf. 204,
Fig. 2090 d, e, abbildet. Unter den von Bourguignat für abyssinische und ost-
afrikanische Limnaeen gegebenen Abbildungen in Ann. Sci. Nat. (6) XV, Taf. 10,
und (7) X, Taf. 1, passt keine auch nur einigermaassen auf diese Form.

Einige Stücke von Kigogo im Gebiet des Häuptlings Karungo, östlich vom
Issango-Fluss 0° 20' nördl. Br., 4. Juni 1891, von Stuhlmann mitgebracht, zeigen
zwar die letzte Windung noch schwächer gewölbt, aber immer noch mehr als
die Bourguignat'schen Arten L. alexandrina, raffrayi und caillaudi. Grösstes, gut
erhaltenes Stück 20 mm lang, 13 breit, Mündung 15 lang und 7 breit.

Hier dürften wohl auch L. cameroni und kynganica, Bgt., Moll. de l'Afr.
équat., p. 157, 158, aus dem Thal des Kingani sich anschliessen; der Autor giebt
weder Abbildungen noch Maasse für dieselben, und das Berliner Museum besitzt
noch keine Exemplare aus diesen Gegenden, daher kann ich nicht näher darüber
urtheilen.

Limnaea exserta Marts.

(Taf. VI, Fig. 7.)

Limnaeus natalensis var. exsertus, v. Martens in Mal. Blätt. XIII, 1866,
S. 101, Taf. 3, Fig. 8, 9, aus dem Hochland Abyssiniens. Jickeli, Land- u. Süssw.-
Moll. Nordostafrikas, S. 191.

Limnaea exserta, Bourguignat, Ann. Sci. Nat. (6) XV, p. 90 u. 125.

Fast nur halb so breit wie lang, Gewinde konisch, vorstehend, nicht sehr
spitzig, Naht mässig vertieft, Oberfläche der letzten Windung mit breiten, flachen,
senkrechten Streifen; Mündung schmal eiförmig, Columellarrand mässig dick,
deutlich gedreht, weiss; 13 mm lang, 7 breit, Mündung 10 mm lang, 5 breit.

Kassya in Karagwe, in einem Tümpel bei einem Bananenhain, Stuhlmann,
5. April 1891, die Exemplare aussen mit matt roth-braunem Ueberzug.

Vielleicht gehört hierher auch L. zanzibarica, Bgt., Moll. de l'Afr. équat.,
p. 158, aus dem Thal des Kingani, 11 mm lang und 5 breit.

Limnaea debaizei Bgt.

Bourguignat, Ann. Sci. Nat. (6) XV, p. 89, ohne Beschreibung; Bull. Soc.
Mal. de France IV, Juli 1887, p. 268; Ann. Sci. Nat. (7) X, p. 11, pl. 1, Fig. 20.
Eine kleine, dünnschalige Form mit spitz vorstehendem kurzen Gewinde.

Bourguignat giebt den Kingani-Fluss bei Bagamoyo, den Victoria-Nyansa
und den Tanganyika, diesen letzteren an mehreren Stellen seines Ufers, als Fundorte für diese Art an; Stuhlmann hat zwei Exemplare von Bukome am Südwest-
Creek des Victoria-Nyansa auf Nymphaeenblättern, 31. Okt. 1890, gefunden, das
grössere 7 1/2 mm lang, 4 breit, Mündung 5 lang und 4 1/2 breit, und zwei noch
jüngere bei Bussisi am Smith-Sund; Neumann ein 7 mm langes Stück am Irangi.
Junge Exemplare von L. nyansae sind bei gleicher Länge schon merklich breiter
und oben stumpfer. Ich kann aber kaum umhin, diese Stücke für unausgewachsen
zu halten, und halte es auch für möglich, dass die Bourguignat'schen, 15 mm
lang und 8 breit, Mündung 11 und 5, nicht erwachsene Schalen sind, sondern
junge irgend einer anderen Art. Abbé Debaize reiste 1878 in Deutsch-Ostafrika.

Für den Tanganyika nimmt Bourguignat folgende Arten an: L. jouberti, laurenti, alexandrina, lavigeriana, africana und debaizei, Ann. Sci. Nat. (7) X, p. 7—11, 1890; hierunter dürfte auch die von E. Smith, Proc. Zool. Soc. 1881, p. 295 als L. natalensis Krauss bestimmte Form enthalten sein.

Aus dem Nyassa-See ist L. natalensis Krauss schon von Dohrn, Proc. Zool. Soc. 1865, p. 233, nach von Kirk gesammelten Stücken angegeben.

Endlich ist noch als fraglich zu erwähnen:

? Limnaea truncatula Müll.

Rossmässler, Iconographie I, Fig. 57 (Limneus minutus), Clessin in der neuen Ausgabe von Chemnitz, Limnaeus, S. 17, Taf. 3, Fig. 24—27.

Die kleinste europäische Art, bräunlich, mit tiefer Naht und daselbst stufenförmig abgesetzten Windungen, 4—10 mm lang, 2—5 breit, Mündung etwa die Hälfte der Länge.

Weit verbreitet in Europa von Lappland und Finland bis Sicilien und Griechenland; soll nach Bourguignat auch in Ostafrika vorkommen, und zwar von Aegypten bis zum Cap (Ann. Sci. Nat. (6) XV, p. 69), in unserem Gebiet im Lauf des »Vouami« (Moll. de l'Afr. équat., p. 157), d. h. des Wami, der aus Ussagara kommt und bei Saadani gegenüber Sansibar mündet: es ist aber wohl möglich, dass es sich hier nur um ähnliche kleine Arten handelt, da gerade die abyssinischen, von Jickeli gefundenen Formen und die südafrikanische L. umlaasiana Küst., welche Bourguignat a. a. O. mit truncatula identifizirt, die stufenförmige Absetzung der Windungen nicht so charakteristisch zeigen.

Isidora Ehrbg.

Schale linksgewunden, länglich oder annähernd kugelig, glatt oder langsgestreift, ohne besonderen Glasglanz; Mündung eiförmig oder länglich in der Richtung der Windungsachse, ohne zahnförmigen Vorsprung am Columellarrand. Fühler lang und dünn. Keine über die Schale vorragende Mantelfortsätze. Kiefer seitlich in lange Spitzen ausgezogen; Zähnchen der Reibplatte annähernd quadratisch, Mittelzahn zweispitzig, Seitenzähne dreispitzig (Jickeli, Land- u. Süssw.-Moll. Nordostafrikas, Taf. 3, Fig. 2—4).

Unterscheidet sich von der bekannten, in Europa verbreiteten Gattung Physa wesentlich durch den Mangel der vorstreckbaren Mantellappen, sowie durch die Form des Kiefers und der Zähnchen, die Schale durch den Mangel des Glasglanzes.

Namen	Gesammtform	Frühere Windungen	Skulptur	Mündung	Nabelöffnung	Länge	Breite	Mündung
						mm	mm	mm
trigona Marts.	verkehrt konisch, fast so breit wie lang	nicht über die letzte sich erhebend	schwach gestreift	eiförmig, oben eckig	fast oder ganz verschlossen	11	10½	11
coulboisi Bgt.	verkehrt konisch, oben stumpf kantig	vorstehend	fein gestreift	do.	eng, ritzenförmig	7½	5	5
nyassana E. Sm.	länglich-viereckig	wenig vorstehend, fast flach	do.	länglich, oben schief ausgebuchtet	offen	10	8½	9
strigosa n.	abgerundet, verkehrt konisch	etwas vorstehend	mit starken, glatten Streifen	do.	geschlossen	10	6	8½

Namen	Gesammtform	Windungen	Skulptur	Mündung	Nabelöffnung	Länge mm	Breite mm	Mündung mm
transversalis n.	abgerundet, breiter als lang	ganz stumpf, etwas vorstehend	schwach gestreift	breit eiförmig	linienförmig, nicht bedeckt	6½	7½	5½
randabeli Bgt.	eiförmig, oben stumpfkantig	etwas vorstehend	do.	eiförmig, schief ausgebuchtet	ritzförmig	12	9	9
succineoides E. Sm.	eiförmig, oben verschmälert	wenig vorstehend	deutlich gestreift	do.	geschlossen	5½	4	3¹/₅
zanzibarica Cless.	eiförmig	stumpf gewölbt	mässig gestreift, mit Wachsthumsabsätzen	do.	eng, halbverdeckt	13	8	9
tropica Krauss	bauchig eiförmig	½ der Länge einnehmend, zugespitzt	mässig gestreift	do.	do.	9-10	6-6½	6-7
forskali Ehrbg.	schlank gethürmt	treppenförmig abgesetzt, oft über ½ der Schalenlänge	stark gestreift, oben gerippt	eiförmig	ziemlich eng	6-9	3	2½-3½

Isidora trigona (Marts.)
(Taf. VI, Fig. 8.)

Physa trigona, v. Martens, Sitz.-Ber. d. Ges. nat. Freunde 1892, S. 17.

Schale umgekehrt konisch, fast so breit wie lang, oben flach, schwach gestreift, blass grünlich-gelb, etwas glänzend; 3½ Windungen, rasch zunehmend, die vorhergehenden nicht oder kaum sich über die letzte erhebend, mit mässig tiefer Naht, oben ein wenig gewölbt, dann plötzlich mit einer starken Biegung abfallend und nach unten sich stark verengend. Mündung etwas schief, im Ganzen eiförmig, oben abgerundet, aber durch das Vorspringen der konvexen Mündungswand verengt, unten stark verschmälert; Columellarrand ziemlich senkrecht, dünn, schmal umgebogen und den Nabelritz meist völlig, selten nicht ganz verschliessend. Länge bis 11 mm, grosser Durchmesser 10½, kleiner Durchmesser 8 mm; Mündung 11 mm lang, 6 –7 breit.

Victoria-Nyansa: Bussisi, 29. Sept., Bukome im Papyrus-Dickicht, 31. Okt., Ndukali auf der Insel Bumbide und Insel Ikuru, 23. Okt. 1890, Stuhlmann, also an der Süd-Südwest- und Westseite des Sees. Junge Exemplare auch in einem Bächlein bei Bukoba, 28. Nov. 1890, Stuhlmann.

Zungenzähne
von
Isidora trigona.

Die Zungenzähne, von Herrn Dr. Meissner untersucht und gezeichnet, ergeben vollständige Uebereinstimmung mit der von Jickeli für drei Isidora-Arten festgestellten Gestalt; es kann daher kein Zweifel sein, dass diese Art zu Isidora, trotz ihrer abweichenden äusseren Form, die übrigens doch nicht so sehr von derjenigen der I. contorta sich entfernt, gehört, und demgemäss müssen auch die nächstfolgenden, ihr recht nahe stehenden Arten in diese Gattung kommen. Die Schalenform dieser Art und der folgenden I. transversalis erinnert allerdings auch einigermaassen an diejenige von ganz jungen Planorbis, vgl. meine Bemerkungen über Pl. scalaris, corneus und indicus in den Sitzungsberichten der

Gesellschaft naturforschender Freunde in Berlin, Januar 1895, S. 16, und auch
die Zungenzähne lassen sich mit denen von Planorbis vergleichen, aber keine der
uns bekannten ostafrikanischen Arten von Planorbis ist so gross, dass diese die
Jungen davon sein könnten.

Isidora coulboisi (Bgt.)

Physa coulboisi, Bourguignat in Ann. Sci. Nat. (7) X, 1890, p. 14, pl. 1, Fig. 24.
Kleine Tümpel (flaques d'eau) an der Westküste des Tanganyika, Bourguignat.

Ebenso kantig und ebenso stark nach unten verengt wie die vorige Art,
aber das Gewinde schon merklich vorstehend.

Isidora nyassana (E. Sm.)

Physa nyassana, E. Smith, Proc. Zool. 1877, p. 717, pl. 75, Fig. 16, 17 und
1893, p. 640.

Gewinde stumpf vorstehend, jede Windung oben mit einer schmalen horizontalen Zone und dann ohne bestimmte Kante im Bogen abfallend, nach unten
mässig verengt. Nabel ziemlich weit.

Nyassa, F. A. Simons. Karonga an der Nordwestseite desselben, Crawshay.

Isidora strigosa n.
(Taf. VI, Fig. 11.)

Physa vielleicht nyassana E. Sm., v. Martens, Sitz-Ber. d. Ges. nat. Freunde
1879, S. 103; E. Smith, Ann. Mag. Nat. Hist. (6) X, p. 123.

Schale aufgeblasen, wenig länger als hoch, abgerundet, mit etwas vorstehendem
Gewinde; Oberfläche mit dicht streifiger Schalenhaut, unterhalb derselben scharf
begrenzte, flach erhöhte Vertikalstreifen, etwas weiter als ihre eigene Breite voneinander abstehend, blass strohgelblich. Kaum 3 Windungen, mit tiefer Naht,
die erste kaum, die zweite merklich über die folgende vorstehend, die dritte
oben und unten stark gewölbt, Mündung wenig schief, breit eiförmig, oben durch
die einspringende Mündungswand nur etwas weniger breit als unten; Aussenrand
stark gebogen, Columellarrand ziemlich senkrecht, verdickt und breit umgeschlagen,
den Nabelritz verschliessend.

Länge 10, grosser Durchmesser 9, kleiner 6 mm, Mündung $8^1/_2$ lang, 5 breit.

Victoria-Nyansa, bei Bukoba, 8—10 m tief, an Chara und Elodea,
Stuhlmann; auch schon 1877 aus diesem See durch Emin Pascha und Dr. Junker
für das Berliner Museum erhalten.

Teich in der Massaï-Nyika, Ende Juni, und in den Sümpfen östlich von
Irangi, Juli 1893, Neumann.

Die Skulptur gleicht einigermaassen derjenigen von I. contorta Mich. aus
dem Mittelmeergebiet, ist aber schärfer ausgeprägt, bei einem jungen Exemplar
aus der Massaï-Steppe sogar sehr stark, rippenartig. Eine einzelne junge Schale,
nur $4^1{}_2$ mm lang, von v. d. Decken vom Jipe-See eingesandt und in dessen
Reisewerk III, S. 60, von mir als Ph. natalensis Krauss aufgeführt, dürfte wohl
auch noch zu dieser Art gehören.

Isidora transversalis n.
(Taf. VI, Fig. 9.)

Breiter als lang, oben fast flach, seitlich und unten abgerundet, mit
dichten aber schwachen, ungleichmässigen Vertikalstreifen, mit blass gelblicher
Schalenhaut, die an dem vorliegenden Stück sich stellenweise fetzenartig ablöst; kaum

drei Windungen, die erste und zweite ganz wenig vorstehend, oben etwas konvex, mit ziemlich tiefer Naht, die letzte aufgeblasen, oben und unten ziemlich gleich gewölbt, vor der Mündung etwas aufsteigend, unten mit quer linienförmigem Nabelritz, Mündung schief, breit eiförmig, oben etwas winklig, Aussenrand stark gebogen, Columellarrand recht schief, nur schwach ausgebogen und den Nabelritz ganz frei lassend.

Länge $6^1/_2$ mm, grosser Durchmesser $7^1/_2$, kleiner $4^2/_3$; Mündung $5^1/_2$ lang, 4 breit.

Victoria-Nyansa: Ndukali auf der Insel Bumbide, Stuhlmann.

Isidora randabeli (Bgt.)

Physa randabeli, Bourguignat, Ann. Sci. Nat. (7) X, p. 12, pl. 1, Fig. 26, 27.

Tanganyika bei der Halbinsel Ubuari an der Westküste.

Bgt. giebt a. a. O. die Verhältnisszahlen als alt. 12, diam. 12 an, seine Abbildung hat jedoch die oben in der Tabelle angeführten Maasse.

Isidora succineoides (E. Sm.)

Physa succineoides, E. Smith, Proc. Zool. Soc. 1877, p. 718, pl. 75, Fig. 19, 20.

Nyassa-See, F. A. Simons.

Isidora zanzibarica (Cless.)

Physa zanzibarica, Clessin in Küster's neuer Ausg. v. Martini u. Chemnitz, Fam. Limnaeiden, S. 362, Taf. 51, Fig. 5, 1886.

Physa cornea, Morelet, Journ. de Conch. XXXVII, 1889, p. 12, pl. 1, Fig. 8.

Durch ihre Grösse und allgemeine Form mit stumpf gewölbtem Gewinde und durch die braune Farbe mit helleren, gelblichen Wachsthumsabsätzen an Physopsis erinnernd, aber der Columellarrand breit umgeschlagen, ohne Spur einer zahnförmigen Verdickung.

Sansibar, Morelet handschriftlich. Port Elizabeth in Sudafrika, Crawford bei Morelet a. a. O.

Im Jahre 1880 erhielt ich direkt von Morelet eine unbestimmte Physa, mit der Angabe, dass sie aus Sansibar sei, finde dieselbe aber jetzt vollständig übereinstimmend mit der von ihm 1889 beschriebenen Ph. cornea aus Südafrika. Da bis jetzt keine ähnliche Form aus dem mittleren Theil von Ostafrika wieder gefunden ist, weder von den deutschen Reisenden, noch von den englischen und französischen Sammlern, denen E. Smith und Bourguignat ihr Material verdanken, so muss ich es vorerst dahingestellt sein lassen, ob die erstgenannte Fundortsangabe richtig ist. Von abyssinischen Arten steht ihr I. schackoi Jick. am nächsten.

Isidora tropica (Krauss)

Physa tropica, Krauss, südafr. Moll. 1848, S. 84, Taf. 5, Fig. 12.

Das Gewinde, ziemlich zugespitzt, nimmt ungefähr $^1/_3$ der ganzen Schalenlänge ein, doch mit individuellen Variationen; Naht tief; Skulptur deutlich streifig, ähnlich wie bei I. contorta und strigosa, doch nicht so scharf wie bei letzterer, Nabelöffnung schmal, halbverdeckt, Schale ziemlich stark, ausgebleicht weiss, an einem Exemplar der Aussenrand innen lippenartig verdickt. Ein Exemplar 10 mm lang, 6 breit, Mündung 7 und 4, zwei andere etwas kürzer und verhaltnissmässig breiter, 9 mm lang, $6^1/_2$ breit, Mündung 6 und 4 mm.

Am Berge Gurui, $4^1/_2^0$ S. Br., 2000 m hoch (zwischen Kondoa und Manyara-See), todte Schalen im hohen Grase gefunden, O. Neumann, 15. September 1893. Lependula-Fluss in Südafrika, Wahlberg.

Isidora forskali Ehrbg.

(Taf. I, Fig. 15.)

Ehrenberg, symbolae physicae 1830, No. 3, v. Martens, Mal. Blätt. 1869,
S. 213. Jickeli, Land- und Süssw. Moll. Nordost-Afr., 1874, p. 198, Taf. 3,
Fig. 3, Kiefer und Zähne, und Taf. 7, Fig. 13, a—h, Schalenformen. Pfeffer, Jahrb.
Hamb. wiss. Anst. VI, S. 25. v. Martens, Sitz.-Ber. d. Ges. nat. Freunde 1891, S. 17.
Jung: Isidora lamellosa, Roth, Mal. Blätt. II, 1855, S. 49, Taf. 2, Fig. 14, 15.
Insel Sansibar, am Weg nach Mesingin und in einem Wasserloch, dicht am
Wasserleitungsbach, Dr. Stuhlmann, Mai 1888. In einem Sumpf bei Bagamoyo,
derselbe, Juni 1888.

Wembere-Sumpf, nordöstl. von Tabora, Juni 1892 (ein junges Stück), und
Bibisande in Unyansi zwischen Ugogo und Unyamwesi, 1300—1360 m hoch,
16. Juli 1890, Stuhlmann. — Auch zwischen käuflichem Sesam-Samen aus
Sansibar von W. Brauns gefunden.

Victoria-Nyansa bei Bussisi, im Papyrus-Sumpf, Stuhlmann, 1. Oktbr. 1890.
Karungo, östlich vom Issango, 0° 20′ nördl. Breite, Stuhlmann, 4. Juli 1891.

Durch ihre Schlankheit und verhältnissmässig kleine Mündung, sowie die
weiss-graue Färbung und die starke Skulptur, welche auf den obersten Windungen
blattartige Vertikalrippen bildet, ausgezeichnet, übrigens sehr variirend in dem
Grade, wie weit die einzelnen Windungen auseinander gezogen sind, wodurch
das Verhältniss der Länge zur Breite sehr beeinflusst wird, vgl. die Figuren bei
Jickeli. Die mir vorliegenden ostafrikanischen Exemplare zeigen:

	Länge	Breite	Mündungslänge	Zahl der Windungen
	mm	mm	mm	
Aus Sesam-Samen:	9	3	$3^1/_2$	$5^1/_2$
Von Bussisi:	8	3	3	$5^1/_2$
Von Karungo:	6	3	$2^1/_2$	5
Von Wembere (jung):	3	$1^1/_2$	$1^3/_4$	$3^1/_2$

Kopf des lebenden Thieres grau-grün mit schwarzem Mittelstreif; Länge
von Kopf und Fuss 4 mm bei einer Schalenlänge von 8 mm (Stuhlmann).

Diese Art ist in Nordostafrika von Unter-Aegypten bis zu den Vorländern
Abyssiniens verbreitet, auch auf Aden gefunden und auf den Capverdischen
Inseln, in Angola und Benguela, sowie in Natal mindestens sehr ähnliche,
deren Artunterschied Dohrn (Mal. Blätt. 1869, S. 15) und Jickeli, denen beiden
eine grössere Anzahl von Exemplaren vorlag, nicht anerkennen.

Physopsis Krauss

Schale linksgewunden, eiförmig, oben stumpf, meist dunkelbraun; Mündung
mit einem faltenartigen Vorsprung am Columellarrand.

Ueber die Weichtheile war meines Wissens bis jetzt nichts bekannt. Nach der Untersuchung von Dr. Meissner an einem Neumann'schen Exemplar von Ph. ovoidea ist der Mittelzahn der Radula
zweispitzig, wie bei Isidora, aber auch die Seitenzähne zweispitzig,
nicht dreispitzig, immerhin aber denjenigen der Gattung Isidora
noch näher als der Gattung Physa im engeren Sinne (Ph. fontinalis),
welche vielspitzige Seitenzähne von ganz anderer Form zeigt.

0   1

Zungenzähne
von
Physopsis
ovoidea Bgt.

Namen	Allgemeine Gestalt	Columellarfalte	Gewinde	Farbe	Länge mm	Breite mm	Mündung mm
africana Krauss	eiförmig, oben stumpf	stark, tief unten, mehr quer	kuppelformig	kastanien-braun	13 / 22	10 / 13	9 / 14
ovoidea Bgt.	do.	schwächer, steil herabsteigend	kuppelförmig, zuweilen stumpfkantig	kastanienbraun oder braun-gelb	12 / 20	8 / 13	9 / 15
stanleyana Bgt.	eiförmig	stark, blattförmig	mässig stumpf		12	8	7
praeclara Bgt.	länger gestreckt	stark, blattförmig, in der Mitte	ziemlich schlank	grünlich-gelb	20	11	11
nasuta Marts.	länglich-eiformig, unten schnauzenförmig verlängert	schwach, sehr steil herabsteigend	konisch, ziemlich spitz	braun-grau	13½ / 15½	8 / 9	10½ / 11
tanganyicae n.	abgerundet, verkehrt konisch	dünn, steil absteigend	konisch, mit tiefer Naht	grau-gelb	14½	11	11½

Physopsis africana Krauss

Krauss, Südafrik. Mollusken, 1848, S. 85, Taf. 5, Fig. 14. Clessin, Forts. v. Martini u. Chemnitz, Limnaeus, 1862, S. 72, Taf. 12, Fig. 29, 30. Dohrn, Proc. Zool. Soc. 1865, p. 233. v. Martens in Malak. Blätter VI, 1859, S. 215 und XXI, 1873, S. 42. Sitz.-Ber. d. Ges. nat. Freunde 1891, S. 17. Bourguignat, Descript. d. diverses espèces terr. et fluv. de Mollusq. d'Egypte etc., 1879, p. 12.

Durch die starke, blattförmig vorspringende, fast mehr quer als schief verlaufende Falte am unteren Ende des Columellarrandes ausgezeichnet.

Port Natal, Wahlberg bei Krauss. Im Sambesi-Fluss bei Tette, W. Peters, bis 15 mm lang und 10½ breit. See Nyassa, Kirk. Sansibar, im Magen eines Sumpfvogels, Limnocorax mossambicus, v. d. Decken. Insel Sansibar, Fluss bei Matthews, Dr. Stuhlmann, Nov. 1888. Undussuma, 23. Juli 1891, Stuhlmann. Nabumbisso-Bach im Njam-Njamland, 50° Nordbreite, und überhaupt in Bächen des Njam-Njamlandes, G. Schweinfurth, bis 22 mm lang und 13 breit.

Schweinfurth hat vom Njam-Njamland auch junge Exemplare mitgebracht, das kleinste nur 5½ mm lang, 3½ breit, nach unten viel stärker verschmälert und die Falte noch schwach, mehr länglich und nicht so bestimmt abgesetzt. Das nimmt allerdings dem Unterschied der folgenden Art von dieser, der ohnedies schon etwas fliessend ist, von seiner Bedeutung.

Dohrn, Proc. Zool. Soc. 1864, S. 117, führt Ph. africana auch unter den von Speke wahrscheinlich im Kingani-Fluss gesammelten Arten an; da aber Bourguignat aus diesem Fluss keine africana, dagegen drei andere Arten, darunter die so nahestehende ovoidea anführt, so könnte es wohl diese gewesen sein.

Physopsis ovoidea Bgt.

(Taf. VI, Fig. 13.)

Physopsis africana, abweichende Form, v. Martens in Nachrichtsbl d. mal. Ges. 1869, S. 154.

Physopsis ovoidea, Bourguignat, Descript. d. diverses esp. terr. et fluv. de Mollusques d'Egypte etc., 1879, p. 16.

Physopsis leroyi, Grandidier in Bull. Soc. Mal. de France IV, 1887, p. 189.
Physa africana Krauss, Clessin, Forts. v. Martini, Limnaeiden, 1886, S. 409,
Taf. 41, Fig. 12.

Unterscheidet sich von der vorigen nur dadurch, dass die zahnartige Falte
des Columellarrandes schwächer ist und dieser schon weiter oben sich zu ver-
schmälern beginnt, daher nicht unten abgestutzt, sondern nur gleichsam schief
angeschnitten und verschmälert erscheint. Das Gewinde ist sehr stumpf, und zuweilen erscheint die vorletzte Windung etwas stumpfkantig, während die letzte
keine merkliche Kante oder Abflachung in ihrem obersten Theile zeigt. Die
verhältnissmässige Breite der Schale variirt einigermaassen, wie folgende Ausmessungen zeigen:

	Länge	Breite	Mündungslänge	Mündungsbreite
Grösstes Stück von Bukome (Fig. 13)	20	13	15	$6^1{}_2$
Ungewöhnlich breites von ebenda	15	11	$11^1{}_2$	6
Angabe von Bourguignat	15	9	11	4
Exemplar vom Bubu	17	10	13	$5^3/_3$
» v. Finboni	14	10	11	$4^3/_4$
» v. Manyonyo	$11^1/_2$	7	$7^1{}_4$	$3^1{}_2$
» v. Massai-Nyika	11	7	8	$3^1/_2$
» » »	12	8	9	3
Unausgewachsen von Muleschi	10	6	8	$3^1{}_2$
Angabe von Grandidier	10	6	7	3

Demnach scheint mir Grandidier's Ph. leroyi eine noch nicht ausgewachsene
ovoidea zu sein.

Die Farbe ist dunkel kastanienbraun bei dem Exemplar von Bukome, etwas
heller, mehr gelblich und mit einem noch mehr gelben Wachsthumsabsatz nahe
der Mündung bei demjenigen von Manyonyo, einfarbig strohgelb, vielleicht schon
etwas verbleicht, bei denen von Massai-Nyika und Finboni.

Sansibar, in käuflichem Sesam-Samen gefunden von W. Brauns. Kingani-
Fluss bei Bagamoyo, Bourguignat. Ussagara, P. Leroy bei Grandidier. Massai-
Nyika, namentlich sumpfartige Erweiterung des Bubu-Flusses, östlich von Irangi,
Juli 1893, O. Neumann. Finboni in Britisch-Ostafrika, Hildebrandt. Victoria-
Nyansa, bei Kwa Muleschi und bei Bukome am Emin Pascha-Golf, an der Unter-
seite von Nymphaea-Blättern, 24. Sept. u. 10. Okt. 1890, sowie bei Manyonyo,
dem Hafenort von Uganda, Stuhlmann.

Radula s. oben bei der Gattungsdiagnose, S. 141.

Physopsis globosa, Morelet aus Angola, Voy. de Welwitsch, Moll., p. 93,
pl. 9, Fig. 4, ist dieser Art so ähnlich, dass es schwer ist, ein bestimmtes Unter-
scheidungskennzeichen anzugeben; ebenso Physa karongensis, E. Smith, Proc.
Zool. Soc. 1893, p. 640, pl. 59, Fig. 15 ($7^3{}_4$ mm lang, $5^1{}_2$ breit, Mündung $5^1{}_2$
und $2^2{}_3$), von Karonga am Nyassa-See.

Physopsis stanleyana Bgt.

Bourguignat, Descript. d. diverses esp. etc., p. 14.
Kingani-Fluss bei Bagamoyo.

Physopsis praeclara Bgt.

Bourguignat, Descr. d. diverses esp. etc., p. 14.
Kingani-Fluss bei Bagamoyo.
Scheint sich durch schlankere Gestalt und verhältnissmässig kurze Mündung
auch von unserem grössten Exemplar der Ph. ovoidea zu unterscheiden.

Physospis nasuta Marts.
(Taf. VI, Fig. 10.)

v. Martens, Sitz.-Ber. d. Ges. nat. Freunde 1879, S. 102.
Physa nasuta, Pfeffer, Jahrb. Hamburg. wiss. Anst. VI, 1889, S. 24.
Physopsis bloyeti, Bourguignat, Moll. d. l'Afr. équat. 1889, S. 160.

Schale länglich-oval, weniger bauchig als Ph. africana und ovoidea, nur schwach gestreift, ziemlich glänzend, braun-grau, mit einzelnen gelben Wachsthumsabsätzen; Gewinde vorstehend, spitz, aber mit flachen Nähten; $4^1{}_2$ Windungen, ein wenig gewölbt, die letzte nach unten allmählich verschmälert, ganz unten etwas schnauzenförmig vorgezogen, mit einer fast senkrecht herabsteigenden Kante nach aussen vom Columellarrand, welche zuletzt zu einer nach aussen gewölbten Rinne anschwillt. Mündung $^2{}_3$ oder etwas weniger der ganzen Schalenlänge, oben schmal und sehr spitzwinklig, nach unten etwas breiter; Columellarrand fast senkrecht, umgeschlagen und oben dicht angelegt, aber unten eine ritzförmige, fast senkrechte Nabelöffnung zwischen sich und der erwähnten Basalkante lassend; in diesem unteren Theil tritt aus dem Innern der Mündung eine weisse, sehr steil absteigende Spiralfalte auf den Columellarrand heraus und endigt an ihm, ehe er sich zum Basalrand umbiegt.

Länge $13^1{}_2$—$15^1{}_2$ mm, Breite 8—9, Mündung $10^1{}_2$—11 lang, 4 breit.

Insel Sansibar, Sumpf bei Matthews und Sumpf hinter der deutschen Kolonie, Dr. Stuhlmann, Mai und Nov. 1888. Bagamoyo, G. A. Fischer, 1879, und Stuhlmann, Juni 1888. Wasserläufe bei Kondoa in Ussagara, französische Missionäre bei Bourguignat.

Physopsis tanganyicae n.
(Taf. VI, Fig. 12.)

Schale abgerundet verkehrt konisch, ziemlich dünn, mit schwachen, etwas flachen Vertikalstreifen, grau-gelb, einfarbig; Gewinde etwas vorstehend, stumpf konisch, mit tief eingeschnittenen Nähten; kaum mehr als 4 Windungen, diese etwas gewölbt, die vorletzte und letzte zunächst unter der Naht annähernd horizontal und dann mit raschem Umbiegen abfallend, so dass zwar nicht eine eigentliche Kante, aber doch eine Schulterhöhe entsteht; die letzte Windung nach unten sich mehr und mehr verschmälernd. Mündung mässig schief, abgerundet länglich-viereckig, oben ziemlich rechtwinklig, Aussenrand erst horizontal und dann rasch umbiegend, von da in flachem Bogen herabsteigend, Unterrand mässig breit gerundet. Columellarrand nahezu senkrecht, umgeschlagen und einen Nabelritz offen lassend, mit einer schmalen, fadenförmigen, weissen, steil herabsteigenden Spiralfalte, welche am freien Rande ziemlich oberhalb seines unteren Endes ausläuft.

Länge $14^1{}_2$, grosser Durchmesser 11, kleiner $7^1{}_2$ mm; Mündung $11^1{}_2$ lang, 5 mm breit.

Tanganyika, Reichard.

Diese Art hat den Habitus einer Isidora durch ihre allgemeine Gestalt, tieferen Nähte und hellere Farbe; namentlich gleicht sie der Abbildung von Isidora randabeli Bgt. im Umrisse, aber die Falte des Columellarrandes unterscheidet sie sofort und bringt sie zu Physopsis.

Planorbis Guettard

Schale wesentlich in einer Ebene gewunden, scheibenförmig oder wie ein Damenbrettstein gestaltet. Mündungsebene schief zur Windungsachse, an der (sogenannten) oberen Seite der Mündungsrand, der nach rechts und oben für das kriechende Thier gewandten weiter vortretend als an der entgegengesetzten. Fühler dünn, borstenförmig. (Vgl. Taf. I, Fig. 17.)

Bei den folgenden Beschreibungen ist die noch ziemlich allgemein übliche Anschauung beibehalten, dass diejenige Seite der Scheibe, an welcher der Mündungsrand weiter vortritt, als obere zu betrachten sei, die Schale also flach rechtsgewunden, obwohl die Thatsache, dass Athem-, Darm- und Geschlechts-öffnung an der linken Seite des lebenden Thieres sich befinden, und die Vergleichung mit der Schale von Ampullaria cornu-arietis und effusa die entgegengesetzte Annahme nahe legen, dass morphologisch, d. h. im Vergleich zu anderen Schneckenformen, die Schale linksgewunden, der weiter vorspringende Mündungsrand theoretisch der untere sei, aber die Schale übergekippt, wenn nicht gerade senkrecht getragen werde.

Namen	Oberseite	Unterseite	Peripherie	Mündung	Win-dungen	Durch-messer	Höhe	Mündungs-durchm.
						mm	mm	mm
sudanicus Marts.	schwach konkav, flach einfallend	weniger vertieft, mit gerundeten Windungen	gerundet	in gleicher Höhe od. nach aussen auf-steigend, Un-terrand schief	$5-6$ langsam zunehmend	$11^1/_2$ -21	$3^1/_2$ -7	$4^1/_2$ -10
tanganicanus Bgt.	mässig konkav, flach einfallend	kaum vertieft, mit gerundet. Windg.	do.	etwas aufsteigend	5	18	5	6
adowensis Bgt.	stark vertieft, mit eckigen Windungen	trichterförmig ver-tieft, stumpfkantig	stumpf-eckig oder gerundet	aufsteigend	4, rascher zun.	10 14	$4^1/_2$ 5	$4 4^2/_3$
monceti Bgt.	stark vertieft	ebenso tief-stumpfeckig	stumpf-eckig	herabgebeugt rasch. zun.	$4/^1_2$	5	10	4
lavigerianus Bgt.	mässig vertieft, flach einfallend	trichterförmig ver-tieft, mit starker Kante	do.	etwas aufsteigend langs. zun.	$4-5$	9	5	3
choanompha-lus Marts.	mässig vertieft, mit gerund. Wind., Kante u. Spiral-furche	trichterförmig mit Kante	do.	horizontal od. etwas herabgebeugt	$3^1/_2$ rasch zun.	4	8	$3^1/_2$ 4
— var. vic-toriae E. Sm.	mässig vertieft, ohne Kante und Furche	do.	gerundet	do.	do.	$6-8$ -4	$3^1/_3$	$3-4$
— var. basi-sulcatus n.	do.	trichterförmig, mit Spiralfurche	stumpf-eckig oder gerundet	etwas herabgebeugt, sehr schief	do.	$9-$ 11	$3^1/_2$ -4	$1-5$
bridouxianus Bgt.	stark vertieft, mit stumpfer Kante	trichterförmig mit stumpfer Kante	stumpf-eckig	aufsteigend	do.	7	4	$3^1/_2$
apertus n.	kaum vertieft, gerundet	weit trichter-förmig, stumpf-eckig	gerundet	herabgebeugt	do.	4	2	$2^1/_2$
gibbonsi Nels.	kaum vertieft	kaum vertieft	stumpf-eckig?	in gleicher Höhe mässig zun.	$3^1/_2$	5	2	2
alexandrinus Ehrbg., var. tanganicensis E. Sm.	mässig vertieft, mit deutl. Kante	mässig vertieft, stumpfkantig	gerundet	in gleicher Höhe, mit dick. Lippe massig zun.	5 12	$10-$ 4	$3^1/_2$	$3^1/_2$

In der vorstehenden Tabelle ist bei der Mündung unter dem Ausdruck »aufsteigend« verstanden, dass sowohl der Oberrand als die untere Hälfte des Aussenrandes von ihrer Einfugung an die vorletzte Windung an nach aussen, der Peripherie zu, merklich ansteigen, der Oberrand mehr bogenförmig, der Aussenrand mehr geradlinig und steiler, wie z. B. bei Pl. trivolvis und verwandten aus Nordamerika; »herabgebeugt« ist dagegen die Mündung, wenn die Naht unmittelbar vor ihr sich herabbiegt, wie bei so vielen Helix, und der Oberrand nach aussen sich senkt; »in gleicher Höhe« ist das mittlere Verhältniss zwischen diesen beiden.

Die folgenden Arten gehören zu verschiedenen Unterabtheilungen der Gattung, aber die Mehrzahl findet ihre nächsten Verwandten in Mittel- und Süd-Amerika, was bei anderen Süsswasserschnecken unseres Gebietes nicht der Fall; so gehört Pl. sudanicus und tanganicanus in die Gruppe Menetus Ad., typ. Pl. guadelupensis J. Sow. und olivaceus Spix; Pl. choanomphalus zu Taphius Ad., typ. andecola Orb.; Pl. alexandrinus zu Planorbula Haldem., typ. albicans Pfr. aus Cuba und armiger Say aus Nordamerika.

Planorbis sudanicus Marts.

(Taf. I, Fig. 17.)

v. Martens in Mal. Blätt. XVII, 1870, S. 35 und in Pfeiffer's Nov. Conch. IV, S. 23, Taf. 114, Fig. 6—9. E. Smith, Proc. Zool. Soc. 1880, p. 349, 1881, p. 294 und 1888 p. 55. Crosse, Journ. de Conch. 1881, p. 109. Clessin, Forts. v. Martini, Limnaeiden, S. 135, Taf. 22, Fig. 5. Bourguignat, Ann. Sci. Nat. (7) X, 1890, p. 15.

a) minor

Durchmesser 11—12 mm. Die oben citirte Abbildung in den Nov. Conch. Victoria-Nyansa, bei Muleschi und bei Bukoba, hier in 8—10 m Tiefe, 28. Nov. 1890, sowie bei Bussisi am Smyth-Sound, 1. Okt. 1890, Stuhlmann. Im Gebiet des Gazellenflusses, Schweinfurth. Weisser Nil, Petherik.

b) major

Durchmesser 15—18 mm. E. Smith a. a. O. 1880. Bourguignat a. a. O. Taf. 1, Fig. 13—15. Sturany in Baumann, Massail., S. 2. Sudlicher Zufluss des Manyara-Sees in Umbugwe, O. Neumann, Ende Nov. 1893. See Ruanyana bei Weranyanye in Karagwe, Stuhlmann, 5. März 1891. Albert-Edward-See, subfossil, bei Katarenge an der sudwestlichen Ausbuchtung des Sees, auf ausgetrocknetem Salzthonboden, 1 m uber der Oberfläche des Sees, Stuhlmann (vgl. Band 1, S. 269). Ein ungewöhnlich hohes Stück (Durchmesser 14 mm, Höhe 4½) am Strand bei Kiruwe, 15. Mai 1891, junge Stücke auch von Vitschumbi, Stuhlmann. Albert-Nyansa, Baker und Emin nach Smith. Tanganyika bei Ujiji an der Ostseite, Hore und E. Storms, und bei Kibanga, Kokongo und Mpala an der Westseite, Bourguignat; Nordende, östlich von der Mündung des Russisi, Baumann.

c) magnus

Durchmesser 21 mm. Sturany in Baumann, »Durch Massai-Land zur Nilquelle«, S. 14, Taf. 1, Fig. 10, 14 u. 29. Manyara-See, Baumann.

Die Unterscheidung nach der Grösse hat nicht viel Bedeutung, da, wo nur kleinere Exemplare gefunden sind, man nicht wissen kann, ob dieselben vollständig erwachsen sind; dennoch ist es wohl möglich, dass die durchschnittliche Grösse oder auch das Maximum derselben nach verschiedenen Gewässern verschieden ist, und habe ich daher die Fundorte nach den grössten der Exemplare, die mir vorliegen, oder der Angabe der Autoren vertheilt.

Diese Art zeigt in ihrer gesammten Form, den mässig zunehmenden, an der Peripherie abgerundeten, im Ganzen ziemlich flachen Windungen viele Aehnlichkeit mit der tropisch-amerikanischen Gruppe des Pl. guadelupensis Sow.[1], Untergattung Menetus Ad. Die vorletzte Windung erscheint der letzten gegenüber recht schmal; ihre grösste Höhe liegt zwischen der äusseren und inneren Naht, näher der ersteren, doch nicht ganz nahe derselben wie bei dem ägyptischen Pl. boissyi. Die Oberseite ist in der Mitte tief trichterförmig, die Unterseite schon einschliesslich der vorletzten Windung mehr gleichmässig vertieft, und gerade in der Mitte nicht so tief wie oben. Eine stumpfe Kante ist an der Unterseite der jedesmaligen letzten Windung sichtbar, etwas innerhalb der Verlängerung der unteren Naht, bei jungen Exemplaren meist sehr deutlich, bei alten aber auch in der Regel noch zu erkennen. Junge Exemplare sind, wie bei allen Planorbis, verhältnissmässig höher als ältere, so beträgt bei solchen von demselben Fundort die Höhe (Dicke der Scheibe) 3 mm bei einem Durchmesser von $6^{1}/_{2}$, also fast die Hälfte, 4 bei einem Durchmesser von $11^{1}/_{2}$, also wenig über ein Drittel, und $4^{2}/_{3}$ bei einem Durchmesser von 15, also weniger als ein Drittel. Es ergiebt sich daraus, dass das Verhältniss der Höhe zum Durchmesser bei den Planorbis immer nur bei gleicher absoluter Grösse als Artunterschied benutzt werden kann.

Aus Jaunde in Kamerun befindet sich im Berliner Museum ein Planorbis, von Zenker gesammelt, der diesem sehr ähnlich ist, aber doch eine verhältnissmässig grössere vorletzte Windung und eine stärkere Vertiefung der Unterseite zeigt. Er beweist zusammen mit Pl. salinarum Morel. aus Angola, dass solche den amerikanischen verwandte Formen auch in Westafrika vorkommen.

Planorbis tanganicanus Bgt.

Bourguignat in Ann. Sci. Nat. (7) X, 1890, S. 16, Taf. 16, Fig. 17.
Dem vorigen sehr ähnlich, aber oben mehr gleichmässig vertieft, unten fast gar nicht, Oberrand der Mündung mehr schief nach aussen aufsteigend.

Tanganyika, bei Lukuga und in den schlammigen Buchten an den Einmündungen kleiner Flüsse der Westseite, wie des Mkalangala, Luandazi und Mahongolo, Bourguignat. Auch von E. Smith aus dem Tanganyika erhalten und in der Paetel'schen Sammlung als Pl. sudanicus aus dem Tanganyika.

Planorbis adowensis Bgt.

Bourguignat, Descript. div. esp. Moll. de l'Egypte etc., 1879, p. 11 und in Ann. Sci. Nat. (7) X, 1890, p. 17, pl. 1, Fig. 1—4.
? Planorbis stanleyi, E. Smith, Proc. Zool. Soc. 1888, p. 55.
Verhältnissmässig höher als Pl. sudanicus bei gleichem Durchmesser, die Windungen rascher zunehmend, die Gesammtform mehr die des Pl. corneus, nur kleiner. Untere Kante deutlich.

Grosser Durchmesser des grössten Stücks 14 mm, kleiner $10^{2}/_{3}$, senkrechte Höhe (an der Mündung) 5; Durchmesser der Mündung $4^{2}/_{3}$, schiefe Höhe der Mündung $5^{1}/_{2}$—6 mm. Ein junges Exemplar, verhältnissmässig stark aufgeblasen, 9 mm im Durchmesser, $4^{1}/_{2}$ hoch, Mündung $3^{1}/_{2}$ im Durchmesser und $4^{2}/_{3}$ in schiefer Höhe.

Undussuma, 28. Juli, 30. Juli und 5. Aug. 1891, Stuhlmann, schwarz überzogen, vermuthlich aus sumpfigem Wasser. Tanganyika, auf Wasserpflanzen in schlammigen Buchten der Westküste, von der Halbinsel Ubuari bis zum Lukuga, Bourguignat.

Nahe verwandt mit dem abyssinischen Pl. rüppelli Dkr. und dem südafrikanischen Pl. pfeifferi Krauss, grösser als beide. Bourguignat erhielt ihn zuerst
aus Adowa in Abyssinien und später vom Tanganyika. Inwieweit sein Pl. monceti,
Ann. Sci. Nat. (7) X, p. 16, von ebendaher (s. die Tabelle) davon sich unterscheidet, ist in Ermangelung einer Abbildung schwer zu erkennen. E. Smith's
Beschreibung seines Pl. stanleyi aus dem Albert-Nyansa stimmt in den Maassangaben mit jüngeren Exemplaren dieser Art gut überein.

Planorbis lavigerianus Bgt.

Bourguignat, Ann. Sci. Nat. (7) X, 1890, p. 19, pl. 1, Fig. 5—8.

Aehnlich dem vorigen, aber mit langsamer zunehmenden Windungen und
schärferem Kiel an der Unterseite.

Tanganyika, an der Südseite der Halbinsel Ubuari bei Kibanga (Westseite).

Planorbis choanomphalus Marts.

(Taf. VI, Fig. 14, 15.)

v. Martens, Sitz.-Ber. d. Ges. nat. Freunde 1879, S. 103.

Bei der angeführten Beschreibung hatte ich nur erst Ein Exemplar gesehen;
weitere durch Dr. Stuhlmann gesammelte Stücke ergeben eine gewisse Variationsbreite für diese interessante Art. Die Schale ist verhältnissmässig hoch (bauchig),
oben und unten trichterförmig vertieft, doch oben etwas weniger tief und so,
dass die vorletzte Windung an der Wand des Trichters wulstförmig vorsteht,
während unten alle Windungen in der Fläche der Trichterwand liegen und nur
durch die Naht zu erkennen sind. Die Oberseite zeigt ferner in der zweiten
Hälfte der vorletzten und in der ersten Hälfte der letzten Windung eine starke
aber stumpfe Kante, auf der vorletzten nahe der äusseren Naht, aber doch
noch auch gegen diese abfallend; auf der letzten verliert sich diese Kante nach
vorn mehr oder weniger, dagegen tritt innerhalb derselben, d. h. zwischen ihr
und Naht, doch der Kante näher, eine Spiralfurche auf, welche in den Oberrand der Mündung ausläuft. Kante und Furche sind bei verschiedenen Exemplaren
verschieden stark ausgeprägt, bei einem so stark, dass es, von oben gesehen, dem
Pl. multiformis var. discoideus Hilgd. von Steinheim gleicht. Im Umfang ist die letzte
Windung nicht gleichmässig gerundet, sondern etwas kantig, doch sehr stumpf,
die Kante der Unterseite, den trichterförmigen Nabel umfassend, ist immer recht
deutlich, doch auch im Grade der Schärfe oder Stumpfheit verschieden. Die
Skulptur der Schale besteht aus scharfen, zahlreichen, dem Mündungsrand
parallelen Streifen; die Farbe ist blassgelb. Die letzte Windung biegt sich unmittelbar vor der Mündung mehr oder weniger herab, und dadurch kommt die
Mündung sehr schief zu stehen; dieselbe ist im Ganzen ungleichmässig fünfseitig,
der Oberrand bis zur oberen Kante verläuft ziemlich horizontal und geradlinig,
nur mit einem kleinen Einknick, der Spiralfurche entsprechend, und setzt sich
an die obere Kante der vorletzten Windung an; der Unterrand steigt schief auf
und setzt sich an die untere Wand der vorletzten Windung an, er ist durch
eine bestimmte Ecke von dem Aussenrand getrennt; dieser bildet einen weiten
und sehr schiefen Bogen und besteht aus einem oberen, weniger sich herab-
senkenden, und einem unteren, stärker aufsteigenden Stücke; die fünfte Seite der
Mündung bildet die Wand der vorletzten Windung (Mündungswand).

Das grösste Exemplar misst im grossen Durchmesser 8, im kleinen 5, in
der grössten senkrechten Höhe $3^1{}_2$ mm; Mündung im (radialen) Durchmesser 4,
in der schiefen Höhe der Mündungsebene $4^1{}_2$ mm.

VictoriaNyansa, am südwestlichen Ufer, Emin Pascha und Dr. Juncker 1877.
Insel Bumbide, am westlichen Ufer, Oktober 1890, und Insel Ssowe, im Nordwesten, 22. Dezember 1890, Stuhlmann. — Albert-Edward-See bei Vitschumbi,
subfossil, 10. Mai 1891, Stuhlmann.

Var. victoriae E. Sm.

Planorbis victoriae, E. Smith, Ann. Mag. Nat. Hist. (6) X, 1892, S. 383.
Obere Kante auf der vorletzten Windung sehr stumpf, auf der letzten
Furche ganz verschwindend; keine Spiralfurche. Peripherische Kante kaum angedeutet oder ganz fehlend. Untere Kante auch schwächer. Blassgelb bis
ziemlich dunkel grünlich-braun. Grosser Durchmesser 6—8, Höhe 3^1 3 - 4.
Victoria-Nyansa bei Manyonyo in Uganda, Stuhlmann; am Nordende
des Sees, Rev. E. Cyril Gordon bei Smith.

Var. basisulcatus n.
(Taf. VI, Fig. 16.)

Etwas grösser, ziemlich dunkel grünlich-braun, eine Spiralfurche im Nabel-
trichter, innerhalb der unteren Kante, auf den ersten Anblick einer unteren Naht
gleichend, aber leicht daran zu unterscheiden, dass sie in den freien Unterrand
der Mündung ein wenig über der unteren Ecke ausläuft und daselbst einen
kleinen Vorsprung nach dem Lumen der Mündung bildet. Keine obere Spiralfurche. Obere Kante an einem Exemplar auf der vorletzten Windung noch
recht deutlich, an anderen auch hier schon sehr undeutlich, auf der letzten bei
allen fehlend. Peripherische Kante bei einzelnen Exemplaren noch deutlich,
wenn auch recht stumpf, bei anderen ganz verschwunden. Grosser Durchmesser
9—11, kleiner 7—8, Höhe $3^1/2$—4 mm: Mündung im Durchmesser 4—5, in
schiefer Höhe 5—6 mm.
Victoria-Nyansa, Insel Kassarasi im südwestlichen Theil des Sees, 28. Okt.,
und in der Bucht von Bukoba, 8—10 m tief, 28. November 1890, Stuhlmann. — Albert-Edward-See bei Vitschumbi, subfossil, 10. Mai 1891, Stuhlmann.
Das Vorhandensein oder Fehlen der oberen oder mittleren (peripherischen)
Kante ist kein so grosser Unterschied als es nach der Beschreibung scheint, da
es sich dabei immer nur um eine etwas mehr oder weniger plötzliche Umbiegung
in der gewölbten Fläche handelt, nicht um eine scharf begrenzte Linie. Auch
die obere Spiralfurche ist bei einzelnen Stücken scharf, bei anderen mehr oder
weniger verwischt. Nur die untere Spiralfurche ist bei allen Exemplaren der
genannten zwei Fundorte ganz deutlich, auch bei jüngeren, und bei allen anderen
auch nicht einmal spurweise vorhanden.
Diese Art ist dadurch interessant, dass sie wiederum ihre nächsten Verwandten in Südamerika findet, nämlich an Pl. pronus Marts. aus dem See von
Valencia in Venezuela und an Pl. andecolus Orb. aus dem Titicaca-See; aber auch
Pl. sumatranus Marts. in einem hochgelegenen See auf Sumatra hat Verwandtschaft.

Planorbis bridouxianus Bgt.

Bourguignat in Ann. Sci. Nat. (7) X, 1890, p. 20, pl. 1, Fig. 9—12.
Dem vorigen sehr ähnlich, aber nach der Abbildung dadurch zu unterscheiden, dass der Oberrand der Mündung in der Profilansicht, Fig. 11, deutlich
nach aussen aufsteigt, wie bei Pl. trivolvis und anderen nordamerikanischen
grösseren Arten, während er bei allen Stücken von choanomphalus bei gleicher
Stellung nach aussen abfällt oder höchstens horizontal verläuft.
Tanganyika, auf Wasserpflanzen an der Mündung des Flusschens Mahongolo
bei Kibanga, im Süden der Halbinsel Ubuari, Westseite.

Planorbis apertus n.
(Taf. VI, Fig. 17.

Schale oben kaum vertieft, unten sehr weit genabelt, die einzelnen Windungen, $3^1/2$ an der Zahl, oben gewölbt und gerundet, ohne Kante, die vorletzte

etwas über die letzte sich erhebend, die früheren gegen diese etwas eingesenkt, die letzte im Umfang gerundet, aber an der Unterseite mit einer raschen Biegung aus der Rundung in die sehr schief einfallende aber nicht gewölbte Fläche des Nabels übergehend, welche reichlich ²/₃ der Unterseite einnimmt. Skulptur; feine Striche der Mündung parallel. Färbung dunkel gelb-braun, auf der Oberseite mehr röthlich-gelb, auf der Unterseite heller und mehr grünlich. Naht mässig tief, vor der Mündung sich etwas herabbiegend. Mündung sehr schief, annähernd schmal eiförmig, mit durch die Mündungswand quer abgeschnittenem spitzen Ende. Oberrand leicht, Aussenrand stärker gebogen, Columellarrand geradlinig und schief nach innen aufsteigend. Grosser Durchmesser 4, kleiner 3¹/₃, Höhe 2 mm; Mündung im radialen Durchmesser 2¹/₂, in schiefer Höhe kaum 2 mm.

Albert-Edward-See bei Kirima, Nordwestseite, 25. Mai 1891, Stuhlmann.

Nahe verwandt mit Pl. choanomphalus, aber durch die viel weniger eingesenkte Oberseite und die viel breiter ausgedehnte Trichterform des Nabels verschieden.

Planorbis gibbonsi Nels.

Nelson in Quart. Journ. of Conch. I, 1878, p. 379, pl. 4, Fig. 3.
Sansibar, Gibbons.

Beschreibung und Abbildung stehen in auffallendem Widerspruch, indem erstere die Peripherie gerundet angiebt, letztere eine scharfe Kante zeigt, sodass die gewölbte Seite sich stark von der ganzen flachen Unterseite abhebt, wie bei P. discus Parr., Rossmässler, Ikonographie III, Fig. 965. In der Voraussetzung, dass die Wahrheit in der Mitte liege, die Peripherie abgerundet stumpfeckig sei, kann ich auf diese Art mehrere Stücke beziehen, welche Dr. Stuhlmannn im Juli 1888 auf der Insel Sansibar in einem Sumpf südlich der Stadt, ferner andere, welche er bei Bibisande zwischen Ugogo und Tabora, 16. Juli, bei Kwa Muleschi und Bukome, an der südwestlichen Seite des Victoria · Nyansa, im Papyrus-Dickicht, 24. Sept. und 31. Okt. 1890, sowie bei Kassenye am Albert·Nyansa, 26. Nov. 1891 gesammelt hat.

Planorbis alexandrinus Ehrbg.

Ehrenberg, Symbolae Physicae, 1830, No. 1. Jickeli, Land- und Süssw.-Moll. Nordostafrikas, S. 221, Taf. 7, Fig. 25.

Var. tanganyicensis E. Sm.

Segmentina (Planorbula) alexandrina, var. tanganyicensis, E. Smith, Proc. Zool. Soc. 1881, p. 294, pl. 34, Fig. 30. Crosse, Journ. de Conch. XXIX, 1881, p. 279.
Planorbula tanganikana, Bgt., Ann. Sc. Nat. (7) X, p. 23.
Planorbis (Planorbula) alexandrina, E. Smith, Proc. Zool. Soc. 1893, p. 340.
Tanganyika, Joseph Thomson.
Nyassa bei Koronga, an dessen Nordwestseite, Crawshay.
Die Art ist, wie der Name sagt, schon lange aus Aegypten bekannt.
Durch die deutliche, weisse lippenartige Verdickung in der Mündung etwas hinter dem Rande ausgezeichnet; innere zahnartige Verdickungen an früheren Wachsthumsabsätzen, ähnlich denen des europäischen Pl. nitidus, hat E. Smith an den Exemplaren aus dem Tanganyika nicht gesehen, obwohl sie an den ägyptischen nicht selten sind.

Ancylus Geoffr.

Schale mützenförmig, nicht spiral gewunden, Spitze nach hinten gerichtet (bei Patella nach vorn). Fühler kurz und stumpf.
Ueber alle Erdtheile verbreitet.

Ancylus caffer Krauss

(Tafel 1, Fig. 19a, 19c und 19d.)

Krauss, sudafr. Moll., 1848, S. 70, Taf. 4, Fig. 13. — Clessin, Ancylina, S. 36, Taf. 1, Fig. 18—20 und Taf. 4, Fig. 11.

Stark konvex, schwach radial gestreift, schwärzlch. Umriss eirund, Spitze stark nach rechts gebogen. Länge zur Breite wie 3 : 2, Höhe zur Länge wie 1 : 2, übereinstimmend nach Stuhlmann's Zeichnung und nach der Figur bei Krauss. Absolute Länge der Schale nach Stuhlmann 4²/₃ mm, nach Krauss 6 mm.

Undussuma im Bach Tararo, 27. Juli 1891, Stuhlmann. Natalland bei Pieter Mauritzburg, Krauss.

A. isseli, Bgt., Moll. nouv. litig., p. 214, pl. 33, Fig. 13—18, aus Unter-Aegypten, ist ähnlich, aber verhältnissmässig viel schmaler.

Ancylus stuhlmanni n.

(Tafel 1, Fig. 19 und 19b.)

Schale grossentheils flach, aber mit steil sich erhebendem, stumpfem Wirbel, konzentrisch gestreift, dunkel hornbraun. Länge 2,3 mm, Breite reichlich ²/₃ der Länge, Höhe ²/₆ derselben.

Victoria-Nyansa bei Bussisi, 29. Oktober 1890, Stuhlmann.

Aehnlich dem A. brondeli Bgt., Clessin, Taf. 4, Fig. 6, aus Algerien.

Taenioglossen.

Wasserathmend. Ein Deckel. Zahnplatten mit nach rückwärts umgebogenem Oberrand, sieben in jeder Querreihe der Radula. Geschlechter getrennt.

Ampullaria Lm.

Schale bauchig, kugelig oder längs-eiförmig, rechtsgewunden, mit dunkler, brauner oder grünlicher Schalenhaut, oft mit dunkleren Spiralbändern, die in der Regel im Innern der Mündung noch deutlicher zu sehen sind als an der Aussenseite der Schale. Schwache Vertikalskulptur und öfters kaum erkennbare Spiralstreifung. Nabel bei den hier behandelten Arten immer vorhanden, aber oft eng, ritzförmig. Mündung ziemlich parallel der Windungsachse, viel über die Hälfte der ganzen Schalenlänge einnehmend, im Ganzen eiförmig, oben durch die Wand des vorletzten Umgangs etwas konkav eingeengt, nahe dem unteren Drittel am breitesten, Mündungsrand einfach, Columellarrand frei aufsteigend. Deckel der afrikanischen Arten fest, kalkig, konzentrisch gebaut, der ursprüngliche Kern und der Muskelansatz nahe dem Innenrande.

Zwei lange spitzige Fühler mit den Augen auf einem kurzen Vorsprung an der äusseren Basis derselben; ein zweites Fühlerpaar, kurzer, am Munde. Mantelrand am unteren (vorderen) Ende der Mündung in eine vorstreckbare bewegliche Halbröhre vorspringend, zur Zuleitung von Wasser in die Kiemenhöhle; in dieser ausser der Kieme noch eine besondere Neben-Nische mit gefäss-reicher Wandung, vermuthlich zum Luftathmen. Abbildungen lebender Thiere namentlich bei Orbigny, Voyage Am. Mer., Moll. pl. 48—52 (vergl. auch Fig. 22 der Taf. I).

Die Ampullarien leben im Wasser, aber können zeitweises Austrocknen ihres Wohnorts wohl ertragen; mit dicht geschlossenem Deckel können sie über ein Jahr im Trockenen am Leben bleiben. Experimentelle Beobachtungen über ihr Athmen sind erwünscht, namentlich ob sie wirklich während des Lebens Luft in die Nebenhöhle aufnehmen.

Eier mit spröder Kalkschale, haufenweise an Wasserpflanzen befestigt, bei den amerikanischen Arten öfters frisch schön meergrün oder selbst korallenroth.

Die Gattung ist circumtropisch; die altweltlichen Arten haben einen kalkigen, die amerikanischen einen dünnen hornigen Deckel.

Ueber die Anatomie vergleiche Quoy und Gaimard in Voyage de l'Astrolabe, Zool. III, 1834, p. 163, pl. 57, bei Keferstein in Bronn's Klassen und Ordnungen des Thierreichs, S. 983, Taf. 92, Fig. 3 (indische Art) und Troschel im Archiv für Naturgeschichte, XI, 1845, S. 200 ff., Taf. 8, sowie P. Fischer, Mission scientif. au Mexique, VII, Moll. terr. et fluv., Band II, S. 225 (südamerikanische Art); über die Entwicklung im Ei: Prof. Semper, Entwicklungsgeschichte von Ampullaria polita, Utrecht 1862 4, ebenfalls von Keferstein benutzt.

Die einzelnen Arten sind schwer gegeneinander abzugrenzen, da Form und Grösse wie bei andern Süsswasserschnecken eine ziemliche Variationsbreite auch nach den einzelnen Gewässern zeigen. Skulptur und Färbung bei den meisten Arten sehr ähnlich oder ganz übereinstimmend, so dass man nur nach sehr fliessenden Unterschieden in der Wölbung der einzelnen Windungen und den gegenseitigen Verhältnissen von Länge und Breite der ganzen Schale und der Mündung die Arten sondern kann. Ueberdies ist es oft nicht leicht, zu wissen, ob ein einzelnes Stück erwachsen oder jung ist; die Windungen lassen sich nicht sicher zählen, da die oberen oft zerstört sind. Im Allgemeinen kann man dünn-schalige mit verhältnissmässig weiter Oeffnung, lebhafter Färbung, gut erhaltener Spitze und sehr dünnem Aussenrand als unausgewachsen betrachten, solche mit entgegengesetzten Eigenschaften als erwachsen, aber auch das kann täuschen.

Namen	Gesammt-form	Gewinde	Letzte und vorletzte Windung an der Naht	Aeussere Färbung	Mündung	Höhe	Breite	Mün-dung
						mm	mm	mm
speciosa Phil.	kugelig, oben flach	sehr niedrig	gewölbt, Naht tief	zahlreiche schmale Bänder	mit starker gelber Lippe	66—91	60—82	52—69
erythrostoma Rv.	kugelig, oben zu-gespitzt	stark ab-gestuft, vorstehend	stark gewölbt	dunkelbraun	lebhaft roth	90	43	62
— var. stuhl-manni n.	do.	do.	do.	dunkel kastanienbraun	gelblich	84	77	65
— var. ny-anzae E. Sm.	do.	do.	do.	dunkel gelb-braun mit Bändern	röthlich-weiss mit Bändern	115	97—108	80—85
bridouxi Bgt.	breit kugelig, oben zugespitzt	abgestuft vorstehend	mässig gewölbt	hellfarbig, mit schmalen Bändern	gelblich-röthlich	106	86	69

Namen	Gesammt-form	Gewinde	Letzte und vorletzte Windung an der Naht	Aessere Färbung	Mündung	Höhe mm	Breite mm	Mündung mm
gordoni E. Sm.	kugelig	mässig vorstehend	gewölbt	gelblich-grun mit vielen Bändern	dunkelrothlich mit Bändern, Rand schwärzlich	54	52	44
—var. bukobae n.	do.	niedrig	gewölbt, Naht tief	trüb gelblich-braun	dunkelbraun mit Bändern, Innenrand bräunlich oder schwärzlich	42	48	40—46 34 -38
var. volkensi n.	do.	ziemlich vorstehend	do.	braungelb	innen dunkelbraun	52	47	38
gradata E. Sm.	breit-eiformig	mässig vorstehend	flach gewölbt	bräunlich-grün mit schmalen Bändern	röthlich-weiss mit Bändern	78—82	67—72	58—60
letourneuxi Bgt.	do.	do.	mässig gewölbt	dunkelbraun mit oder ohne Bänder	bräunlich, meist mit Bändern	42—60	36—51	30—40
ovata Ol.	eiformig	stärker vorstehend	gewölbt	grün-braun	bräunlich	50—60	40—50	36—43
—var. deckeni n.	do.	do.	horizontal, mit stumpfer Kante	dunkelbraun	gelblich mit Bändern	65	60	46
— var. emini n.	do.	do.	mässig gewölbt	do.	weisslich-grau, in der Tiefe dunkler	85—94	68—72	58

Ampullaria speciosa Phil.

Ampullaria speciosa, Philippi in Zeitschr. f. Malakozool. 1849, S. 18, und in d. Fortsetzung von Martini, Conch. Cab., Ampullaria, S. 40, Taf. 11, Fig. 2. — Reeve, Conch. Icon. X, Fig. 33. — Morelet, Series Conch. II, p. 107. — Dohrn, Proc. Zool. Soc. 1864, p. 117. — E. Smith, Proc. Mal. Soc. I, 1894, p. 167. — v. Martens in Ann. Mus. Genov. (2) XV, 1895. p. 65.

Gewinde sehr niedrig, aber durch tiefe Naht gut abgestuft, Mündung daher ³/₄ bis ⁷/₉ der ganzen Höhe (Länge der Schale) einnehmend; meist auch die Aussenseite mit zahlreichen schmalen Spiralbandern versehen; Mündungsrand mit einer starken, dicken, lebhaft pomeranzengelben oder gelblich-rothen inneren Lippe versehen. Die Farbe der Aussenseite ist bei frischen Exemplaren meist gelb-grün, die der Bänder grün-grau; abgeriebene, der Schalenhaut beraubte Stücke sind, wie überhaupt in dieser Gattung die Regel ist, blassviolett mit dunkler violetten Bändern. Der hintere, nach dem Innern der Mündung deutlich abfallende Rand der Mündungslippe fällt oft durch seine weissliche Farbe gegenüber dem Gelbroth des Mündungsrandes und dem Dunkelbraun des tieferen Theils der Mündung auf.

Das Gewinde ist, wenn wohl erhalten, ziemlich spitz.

	Höhe	Gross. Durchm.	Klein. Durchm.	Mundung hoch	breit
Grösstes Stück im Berliner Museum					
aus Sansibar	91	82	62	69	43
Originalfigur bei Philippi . . .	76	73	?	64	40
Abbildung bei Reeve	91	82	?	71	49
Kleines, doch vermuthlich erwachsenes					
Stück von Guardafui	76	60	46	52	31

Sansibar, in Cuming's und Dunker's Sammlung, in letzterer von H. Schilling erhalten. Kingani-Fluss, Speke, zweite Reise. See Dumi am Tana und Ngalana bei Witu, Engl.-Ostafrika, Dr. Gregory. Juba-Fluss, E. Vesco bei Morelet. Ganana, sowie zwischen Barawa und Bardera im Somali-Land, V. Bottego. Rudolf-See, am östlichen Ufer, durch E. Süss in Wien erhalten. Festland nahe Cap Guardafui, von dem nordamerikanischen Konsul in Sansibar an Prof. W. Peters 1843 gegeben.

Die Ausbildung der lebhaft gefärbten Lippe ist kein sicherer Beweis, dass die Schale völlig erwachsen ist, denn an einzelnen Stücken sieht man Spuren einer solchen tiefer innen in der Mündung.

Amp. ruchetiana, René Billotte in Bull. Soc. Mal. de France II, 1885, p. 105, pl. 6, Fig. 1, von Uebi-Fluss bei Gelidi im Somali-Land könnte wohl ein jüngeres Exemplar dieser Art sein, das schon eine Mundungslippe zeigt, aber weiss.

Ampullaria wernei, Phil., Ampull. S. 19, Taf. 17, Fig. 2 und Taf. 5, Fig. 4, nach dem deutschen Reisenden Werne benannt, der 1840—41 in den oberen Nil-Ländern reiste, aus dem Weissen Nil, ist dieser Art sehr ähnlich, aber nach unten etwas mehr verschmälert, dadurch um einen Schritt der A. ovata näher, die Naht weniger tief, die einzelnen Windungen etwas langsamer an Grösse zunehmend, so dass die drittletzte Windung schon einen merklich grösseren Raum einnimmt als bei speciosa; die Aussenseite ziemlich einfarbig grau-grün oder braun-grün, mit schwachen Spuren von Bändern, der Mundungsrand meist heller gelb, selten pomeranzenfarbig (Phil. 5, 4), keine wirklich verdickte Innenlippe. Philippi's grösstes Stück (17,2), ist 83 mm hoch und 77 breit, Mündung 63 und 42; noch grössere, von G. Schweinfurth im Njam-Njam-Land gesammelt, im Berliner Museum, Pfeiffer, Nov. Conch. IV, Taf. 114, Fig. 1 abgebildet, das grösste 113 hoch und 103 breit, Mündung 80 und 52 mm, Mündung also ³/₄ oder weniger der Gesammthöhe; dieses grösste Stück aber mit verhältnissmassig hohem Gewinde, dadurch der folgenden Art sich nähernd.

Bourguignat, Descript. div. esp. etc., 1879, p. 32, kennt diese Art auch aus dem Victoria-Nyansa; vielleicht hatte er Exemplare vor sich, die zu A. nyanzae E. Smith 1892, gehören. E. Smith, Proc. Zool. Soc. 1888, p. 53, glaubt, in jungen Stücken aus dem Albert-Nyansa diese Art zu erkennen.

Ampullaria crythrostoma Rv.

Reeve, Conch. Ic. X, 1856, Fig. 59.

Gewinde stark abgestuft, spitz, mit ziemlich tiefer Naht, höher als bei A. speciosa, aber die einzelnen Windungen etwa in demselben Verhältniss zunehmend, von der Naht an stark gewölbt. Letzte Windung kugelförmig, Nabel ziemlich weit. Dunkel kastanienbraun, Mündung lebhaft blutroth, ohne deutliche Verdickung. 90 mm hoch und breit, Mündung 62 hoch, 43 breit.

Sansibar, T. Thorn.

Ganz damit zusammenstimmende Exemplare sind mir bis jetzt noch nicht aus unserem Gebiet zugekommen; die ähnlichsten sind die folgenden:

Var. stuhlmanni n.

Sehr dickschalig, Gewinde wie bei der vorigen; Nabel ziemlich weit, doch in dem Grad der Weite etwas variirend. Mündung dickrandig, aber ohne abgesetzte Lippe wie bei speciosa, Columellarrand etwas stärker eingebogen als in Reeve's Abbildung; Inneres der Mündung an todt gefundenen Stücken isabellfarbig-weisslich, Schalenhaut dunkel kastanienbraun; ein abgeriebenes Fragment, das die Schalenhaut verloren hat, zeigt zahlreiche violette Spiralbänder verschiedener Breite.

	Höhe	Grosser Durchm.	Kleiner Durchm.	Mündung hoch	Mündung breit
Erstes Stück	84	77	62	63	41
Zweites Stück	83	72	58	61	38

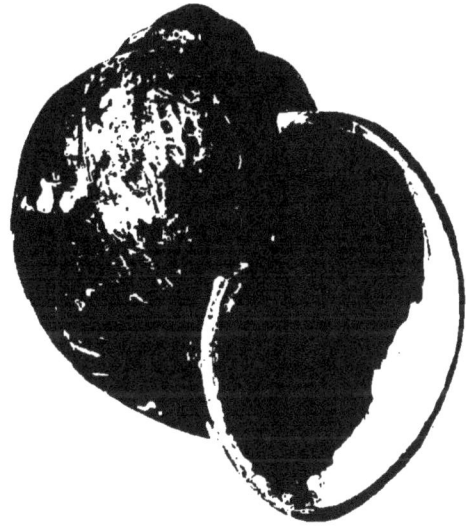

Ampullaria erythrostoma var. stuhlmanni n.
Kassenye.   Stuhlmann S.

Erinnert in Form und Färbung sehr an die südamerikanische A. urceus Mull. (ragosa Lam.).

Albert-Nyansa, an der Südwestseite bei Kassenye, 28. November 1891, Stuhlmann.

Ein ganz junges Stück von erst 4 Windungen zeigt in den Verhältnissen des Gewindes und der letzten Windung keine augenfällige Abweichung von den erwachsenen; Höhe 15, grosser Durchm. 13 1/2, kleiner Durchm. 11, Mündung 12 hoch, 8 mm breit; Schalenhaut wohl erhalten, grünlich-gelblich, mit zahlreichen hellbraunen, ziemlich gleich breiten Bändern; Inneres der Mündung durch die durchscheinenden Bänder grösstentheils braun.

Hierher gehört ohne Zweifel auch ein etwas jüngeres Stück von Kassesse in Karagwe, in einem kleinen Wasserlauf 21. Juli 1891 von Stuhlmann gefunden, mit besser erhaltenen oberen Windungen. 70 mm hoch und 62 breit, Mündung 51 und 33, im Umriss und der äusseren einfarbig dunkelbraunen Färbung der

Reeve'schen Figur gut entsprechend, aber das Innere der Schale nur gelblich mit Andeutungen von Spiralbändern.

Aus dem Albert-Edward-See liegt in Stuhlmann's Sammlung nur ein ganz junges Exemplar vor, auf ausgetrocknetem Salzthonboden bei Katarenga an der Südwestseite, 23. Januar 1891, gesammelt, das wenigstens das Vorhandensein der Gattung auch in diesem See anzeigt und nach der grossen Aehnlichkeit mit dem erwähnten ebenso jungen Stück von Kassenye wohl zu derselben Art gehören dürfte.

Var. nyanzae E. Sm.

Ampullaria nyanzae E. Smith in Ann. Mag. Nat. Hist. (6) X, 1892, p. 382.

Dickschalig, Gewinde wie bei erythrostoma, aber die obersten Windungen zerstört; Nabel mässig weit; Columellarrand stark eingebogen, Schalenhaut gelblich kastanienbraun, glanzlos, mit schwach markirten, schmalen und mässig zahlreichen dunkelgrauen Spiralbändern. Inneres der Mündung blass röthlich-weiss mit deutlich sichtbaren Bändern.

	Höhe	Grosser Durchm.	Kleiner Durchm.	Mündung hoch	breit
Nach E. Smith	115	108	85	80	52 mm
Exempl. v. Stuhlmann	114	97	79	85	52 »

Ein von Stuhlmann mitgebrachtes Fragment, bei welchem die Mundungshöhe reichlich 90 mm beträgt, zeigt, dass noch etwas grössere Exemplare vorkommen. Victoria-Nyansa, Creek »Jordan's Nullah« am Südende des Sees, E. C. Gordon. Bukense-Ngoma, am Smyth-Sund, einem südlichen Ausläufer des Sees, in der bei Regen überschwemmten Ebene, todte Schalen, 21. Okt. 1890, Stuhlmann.

Mit der oben erwähnten A. wernei vom Njam-Njam-Land und der dieser mindestens sehr ähnlichen A. charmesiana, Revoil, Bull. Soc. Mal. de France II, S. 106, 107 mm hoch und 104 breit, vom oberen Nil oberhalb Gondokoro, die grösste bis jetzt bekannte Ampullarie aus Afrika; in Süd-Amerika kommen noch etwas grössere vor, A. canaliculata Lam. (gigas Spix) nach der Abbildung bei Spix 131 mm hoch und 113 breit, nach Reeve, Fig. 3, sogar 157 hoch und 127 breit.

Die ostasiatischen bleiben dahinter wesentlich zurück.

Ampullaria bridouxi, Bourguignat in Ann. Sci. Nat. (7) X, 1890, S. 72, Taf. 5, Fig. 22, aus dem Tanganyika, scheint dieser Art auch sehr ähnlich, doch vielleicht mit etwas weniger abgesetzten Windungen und heller gefärbt; ich habe noch kein Exemplar gesehen.

Ampullaria gordoni E. Sm.

E. Smith in Ann. Mag. Nat. Hist. (6) X, 1892, p. 382.

Kugelförmig, die Breite kaum (um $^1/_{27}$) kleiner als die Höhe, Nabel eng, Mündung gross, $^4/_5$ der Höhe einnehmend, innen dunkel röthlich mit Bändern, Aussenrand und Verbindungsschwiele der Mündungswand schwärzlich-roth. Höhe 54, grosser Durchmesser 52, kleiner 37 mm; Mündung 44 lang, 27 breit.

Victoria-Nyansa, wahrscheinlich vom Südende, E. Cyril Gordon.

Var. bukobae n.
(Taf. I, Fig. 22.)

Kugelförmig, Breite um $^1/_{19}$—$^1/_{21}$ geringer als die Höhe, Gewinde wenig vorstehend, meist bis an den vorletzten oder selbst letzten Umgang cariös, Naht tief, die vorletzte und letzte Windung mit einer plötzlichen Umbiegung nach aussen abfallend, doch ohne eigentliche Schulterkante, der Schein einer solchen entsteht aber, wenn die Zerstörung der Oberfläche gerade bis an diese Stelle herangerückt ist. Letzte Windung schon von $^3/_6$ ihrer Höhe an sich erst langsam, bald rasch verschmälernd, Nabel eng, oft nur ritzförmig, selten ein wenig weiter. Oberfläche trüb gelblich-braun, mit Andeutung von zahlreichen, schmalen Bändern, meist glanzlos und öfters auch auf der letzten Windung mehr oder weniger angegriffen. Mündung verhältnissmässig gross, im Innern immer dunkel röthlich-braun mit mehr oder weniger deutlichen zahlreichen dunkleren Bändern, Columellarrand mässig eingebogen, Verbindungswulst auf der Mündungswand zwischen ihm und der oberen Einfügung des Aussenrandes deutlich ausgebildet, beide, Columellarrand und Verbindungswulst, in der Farbe von röthlich-gelb zu dunkelbraun und schwärzlich wechselnd.

Höhe 48¹/₂, gross. Durchm. 46, klein. Durchm. 33, Mündung 38 hoch, 25 breit
» 42 » 40 » 29 » 34 » 21 »

Victoria-Nyansa, Bukoba, am Ufer des Sees, 18. Febr. 1892, sowie in einem Tümpel dicht am See, 2. April 1892, und etwas kleiner (42 mm) und dünnschaliger in einem kleinen Bach ebenda, 17. Nov. 1890, Stuhlmann.

Die verhaltnissmässige Dicke der Schale, die starke Abnutzung des Gewindes, die Ausbildung einer inneren lippenartigen Verdickung am Aussenrand bei einigen Exemplaren und die starke Verbindungswulst bei den meisten macht es wahrscheinlich, dass es eine ausgewachsene selbstständige Form, nicht Jugendzustand einer anderen ist.

Dr. Stuhlmann hat eine Skizze des lebenden Thieres gezeichnet, Taf. 1, Fig. 22, und dazu bemerkt: Fusssohle so breit als lang, unten fast orange mit grauem Rand, oben lebhaft orange mit purpurschwarzer Marmorirung. Lippe dick, in der Mitte nicht ausgekerbt, an den Seiten in eine freie Spitze ausgezogen (Lippenfühler). Fühler cylindrisch, dunkelgrün; Augen an ihrer hinteren Basis auf kurzem Stiel. Athemloch links. Schale meist mit grünen Algen bewachsen.

Sturany's A. gordoni in Baumann, »Durch Massai-Land zur Nilquelle«, S. 10, Taf. 24, Fig. 33, vom Victoria-Nyansa dürfte eher hierher gehören.

Var. volkensi n.

Noch ziemlich kugelig, die Breite um $^2/_{21}$ geringer als die Höhe; Gewinde ziemlich vorstehend, Naht tief, die einzelnen Windungen stark konvex, die letzte regelmässig gerundet. Nabel eng, aber doch nicht ritzenförmig. Bräunlich-gelb mit undeutlichen, weniger dunkleren grauen Bändern verschiedener Breite, abgerieben blassviolett. Mündung weit, $^3/_4$ der ganzen Höhe einnehmend, Aussenrand nach innen lippenartig verdeckt mit Spuren von Bändern, Columellarrand eingebogen, gelblich-weiss, Verbindungswulst schwach, doch vorhanden, ohne abweichende Farbung; Inneres der Mündung dunkelbraun. Höhe 52, grosser Durchmesser 47, kleiner 38 mm; Mündung 38 lang, 26 breit.

Jipe-See, südöstl. vom Kilima-Ndjaro, an der Grenze des deutschen und britischen Gebiets, Dr. Volkens, Juni 1894.

Ein jüngeres Exemplar mit noch einfachem Aussenrand 36 mm hoch, 31 breit. Mündung 27 hoch, 16 breit.

Ampullaria letourneuxi Bgt.

Ampullaria letourneuxi, Bourguignat, Descript. d. div. esp. Moll. de l'Egypte etc., 1879, p. 29.
Ampullaria adusta (Rv.), v. Martens, Sitz.-Ber. d. Ges. nat. Freunde 1879, S. 103 und 1891, S. 16.

Unter diesem Namen dürften die kleineren Formen mit verhältnissmässig kurzem Gewinde, breiter als ovata, meist mit engem Nabel und dunkelbrauner Schalenhaut, zusammengefasst werden, welche im Küstenland und im Binnenland bis gegen die grossen Seen hin vorkommen.

	Höhe	Gr. Durchm.	Kl. Durchm.	Mündung hoch	Mündung breit
Nach Bourguignat	42	36	—	—	—
Exemplar von Bagamoyo	46	40	30½	38	21
» » »	44½	37	28	31½	23
» vom Pangani	43	39	29	33½	23
» » Rufidji	40	34	26	29½	19
» » »	41	34	26	31	20
» » Oalle-Bach	60	51	41	42	28½
» » Umbugwe	52	46½	38	33½	25
» » »	51	43	35	36½	24
» » ꞁ	53	46	38	39	28

Küstengebiet: Insel Sansibar im Fluss Mucra, zusammen mit A. emini, Juli 1888, und bei Tschueni-bani, Dezbr. 1888, Stuhlmann. Im Fluss Kingani bei Bagamoyo, Bourguignat. Bei Bagamoyo, Dr. G. A. Fischer, 1879. Pangani, Conradt, 16. Dez. 1891. Rufidji-Niederung bei Mohorro, oberhalb der Theilung des Flusses in seine Mündungsarme, G. Lieder, Nov. 1893.

Weiter landeinwärts: Mkatta-Bach in der Thonebene zwischen Ukami und Ussagara, Emin Pascha und Stuhlmann, 22. Mai 1890. Bachbett zwischen Unyangwira und Mbiwe in Ugogo, Stuhlmann, 9. Juli 1890. Umbugwe, Sumpf am grossen Fluss und in Gruben beim Lager, O. Neumann, Ende Nov. 1893. Ebene südlich des Baches Manyonga in der Wembere-Steppe, 13. Sept. 1890, Grasebene zwischen Nindo und Ssalaue, 1250 m hoch, die bei Regen überschwemmt wird, in Ussukuma, 19. Sept. 1890, und in einem trockenen Sumpfe am Oalle-Bach in Unyanyembe, vor Tabora, 27. Juli 1890, Stuhlmann. Kitoto an der Ugowe-Bai des Victoria-Nyansa, O. Neumann, März 1894.

Es ergiebt sich aus den obigen Maassangaben, dass etwas verschieden gestaltete Formen hier zusammengefasst sind, einzelne, wie z. B. die an vorletzter Stelle aufgeführte vom Umbugwe, schon sehr ähnlich der folgenden ovata, andere, wie die zuletzt aufgeführte, mehr einer jungen erythrostoma gleichend; aber es ist mir nicht möglich, da, wo eine Anzahl Exemplare von demselben Fundort vorliegt, dieselben nach diesen Extremen scharf voneinander zu sondern.

Ampullaria gradata E. Sm.,

Proc. Zool. Soc. 1881, p. 289, pl. 33, Fig. 22, scheint dieser Art sehr ähnlich, aber bedeutend grösser und etwas anders gefarbt zu sein; sie ist zuerst im Nyassa gefunden; die Exemplare, welche Emin Pascha mitbrachte, E. Smith, Ann. Mag. Nat. Hist. (6) VI, 1890, S. 147, durften vermuthlich des Vorkommens wegen zu A. letourneuxi in obiger Auffassung gehören. Von Tabora hat das Berliner Museum einige Stücke durch P. Reichard erhalten, die vermuthlich auch hierher gehören, aber durch ihre helle, braun-gelbe Farbe und starken Glanz an A. lucida Parr. aus Aegypten erinnern; vermuthlich sind dieselben nicht ganz erwachsen.

Ampullaria ovata Ol.

Olivier, Voyage dans l'empire Ottoman, III, p. 39, pl. 31, Fig. 1, 1804. Philippi bei Küster, Ampull., S. 49, Taf. 14, Fig. 5 (Copie nach Olivier). v. Martens, Mal. Blätt. IV, 1857, S. 187 und XIII, 1866, S. 1. Bourguignat,

Moll. nouv. litigieux ou peu connus III, 1863, pl. 79, pl. 10, Fig. 11, und in Ann. Sci. Nat. (7) X, p. 74, pl. 6, fig. 1 (vom Tanganyika), 1890. Jickeli, Land- u. Süssw.-Moll. Nordostafrikas, S. 230.

Eine ziemlich schlank-eiförmige Form, nach unten allmählich verschmälert; Naht tief, die Windungen an der Naht gewölbt, aber nicht abgeflacht. Ziemlich klein, die Mündung etwa $^2/_3$, auch $^5/_7$ oder $^5/_8$ der ganzen Lange. Als Beispiele für die Maassangabe mögen folgende dienen:

	Höhe	Gr. Durchm.	Kl. Durchm.	Mündung hoch	breit
1. Aus Aegypten von Ehrenberg	58	44	36	38	25½
2. Küste des Rothen Meeres von Ehrenberg	59	49	39	43	28
3. Fig. bei Philippi (Olivier)	62	43?	—	42	24?
4. » » Bourguignat 1863	60	46	—	41	27
5. » » » 1890	59	43	—	40	26
6. Exemplar von Mwansa	49	40	32½	36	22½
7. » » Bussisi	63	49	42	46	28
8. » » Karagwe	58	45	37	42	27

Bei No. 3 ist die Figur nicht genau von der Mündungsseite, sondern etwas zu weit nach links gedreht gezeichnet, so dass die Breite der ganzen Schale sowohl als der Mündung beim Messen an der Abbildung etwas zu klein ausfallen mussten. Bei 2, 3, 5 und 8 fällt die Windung und damit auch die Aussenwand gleich von der Naht an in schiefer Wölbung nach aussen und unten, bei 1, 4, 6 und 7 wölbt sie sich erst ein wenig empor, ehe sie abfällt, der Unterschied ist aber sehr fliessend und findet sich an Exemplaren aus derselben Gegend.

Aegypten, abwärts bis zum Mareotis-See, Olivier, Ehrenberg u. A.

Victoria-Nyansa, bei Bussisi, im Papyrus-Sumpf, Stuhlmann, 10. Okt. 1890; bei Mwansa am südlichen Ende und bei Mhagu an der Nordostseite, O. Neumann. Tanganyika, bei Kibanga und Lukuga an der Westseite, Bourg.; Ostseite, E. Storms. Landschaft Karagwe bei Kagenyi, 1250 m, Stuhlmann, 4. Apr. 1891.

An diese Art reihe ich einige Formen als Varietäten an, die sich schwer davon scharf trennen lassen und doch ein etwas anderes Aussehen haben.

Var. deckeni n.

Ampullaria adusta (? Reeve, Conch. Icon. X, Fig. 11), v. Martens in v. d. Decken's Reise III, S. 60, l. Pfeffer, Jahrb. Hamburg wiss. Anst. VI, 1889, S. 26.

Grösser und dickschalig, die vorletzte und letzte Windung an der Naht horizontal abgeflacht und dann plötzlich sich abwärts biegend, eine Art Schulterkante bildend. Die stärkste Wölbung der letzten Windung ungefähr in ihrer halben Höhe, wie bei ovata. Aussen dunkelbraun, ohne oder mit undeutlichen Bandern, Mündung innen trüb orangegelb oder gelblich-weiss, mit zahlreichen braun-violetten Bändern. Nabel mässig offen. Höhe 64—65 mm, grosser Durchmesser 59—60, kleiner 42—43, Mündung 45—46 hoch, 30—33 breit.

Von v. d. Decken's Reise ohne nähere Fundortsangabe im Berliner Museum, doch vermuthlich von der Sansibar-Küste. Insel Sansibar, an der Muera-Brücke, und bei Bagamoyo in den Sümpfen nördlich und südlich von der Stadt, Stuhlmann, Juni und Juli 1888. Pangani, im Fluss und in Sümpfen, Dr. W. Schmidt, 1887, kleinere Stücke, nur bis 50 mm hoch, aber vielleicht nicht erwachsen. Mengwe-Teich in Usaramo, 1. Okt. 1894, Stuhlmann, ein junges Stück, das die Abflachung der Naht sehr deutlich zeigt.

Reeve's A. adusta kommt dieser Form sehr nahe, da aber der Autor vermuthet, sie stamme von Borneo, so ist es räthlicher, der Ostafrikanerin einen anderen Namen zu geben, wenn es nicht etwa dieselbe Verwechslung sein sollte, wie bei Unio africanus Lea, welchen Reeve auch aus Borneo angiebt.

Var. emini n.

Noch grösser, vorletzte Windung stark gewölbt, verhältnissmässig gross, indem die untere Naht sich ziemlich tief an ihr ansetzt, an oder bei grossen Exemplaren selbst unterhalb ihrer stärksten Wölbung; letzte Windung oben mässig gewölbt, nach unten sich allmählich verschmälernd. Erwachsen dunkelbraun, ohne Bänder, wenig glänzend, zuweilen mit hammerschlagartigen Eindrücken. Nabel eng, etwas ritzförmig. Mündung verhältnissmässig klein, innen weisslich-grau, in der Tiefe dunkler, bräunlich, Bänder nur bei unausgewachsenen Stücken.

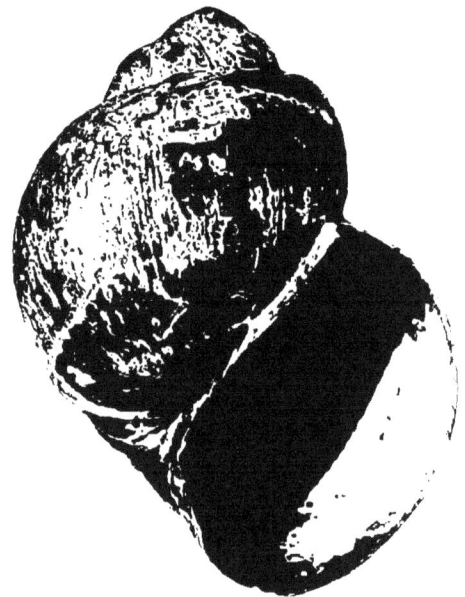

Ampullaria ovata var. emini n.
Nyemirembe.   Stuhlmann S.

Grösstes Exemplar von Nyemirembe 94 mm hoch, $72^1\!/_2$ im grossen, 58 mm kleinen Durchmesser, Mündung 58 hoch, 42 breit. Ein vermuthlich auch ausgewachsenes Exemplar vom Kagera beziehungsweise 85, 68, 54, Mündung 58 und 38 mm. Die Mündung bei dem ganz grossen demnach verhältnissmässig kleiner.

Victoria-Nyansa bei Nyemirembe im Südwesten, 3. Nov. 1890, Stuhlmann, in verschiedenem Alter. Mbugu im Nordwesten des Sees, O. Neumann, 21. Febr. 1894. Landschaft Karagwe am Kagera-Fluss bei Kanyonsa, 1250 m, am mit Papyrus bestandenen Rande des Flusses, Stuhlmann, 6. Febr. 1892. Albert-Edward-See bei Rumande am südwestlichen Ufer, Stuhlmann, 18. Mai 1891, das grösste Stück nur 60 mm hoch und 49 breit, Mündung 43 hoch und 29 breit, mit Bändern im Innern.

A. bourguignati, René Billotte in Bull. Soc. Mal. de France II, 1885, p. 107, pl. 6, Fig. 3, vom Ballat-See am Suez-Kanal gleicht dieser Form in der Grösse, ist aber viel schlanker; sie dürfte auch in den Kreis der ovata gehören.

Aus dem Tanganyika ist mir noch kein zureichendes Material in Handen: nach Bourguignat lebt daselbst an der Westseite des Sees A. bridouxi, vgl. oben, und die echte ovata, nach E. Smith, Proc. Zool. Soc. 1880, p. 348, eine mehr kugelige Varietät von ovata mit dunkel olivengrüner Färbung; E. Storms nach Pelseneer's Bestimmung ebenfalls ovata; Baumann fand am Nordende des Sees nach Sturany's Bestimmung auch die echte ovata und dieselbe mehr kugelige Abart. Wie sich diese letztere zu A. letourneuxi verhalte, kann ich nicht bestimmen. Südlich vom Tanganyika, von Sumbu (Sombe?) in Itawa nennt E. Smith A. ovata als von Crawshay gefunden, Proc. Zool. Soc. 1893, p. 635.

Aus dem Nyassa-See liegen mir nur wenige kleine kugelige Stücke, von Lieder gesammelt, vor, während E. Smith die grosse A. gradata von dort beschreibt. Die Lieder'schen sind nur bis $32^1{}_2$ mm hoch, $29^1/2$ breit, Mündung 25 hoch und 16 breit, machen aber nicht den Eindruck junger Thiere.

Lanistes Montf.

Schale linksgewunden, von länglich-eiförmiger bis zu niedergedrückt sphaeroidischer Gestalt wechselnd. Mündungsrand immer einfach. Deckel dünn, hornig; Kern dicht an der Innenseite. Im Uebrigen Schale, Weichtheile und Radula ähnlich wie bei Ampullaria; nur ist der Eingang in die Lungenhöhle auch links, obgleich bei entgegengesetzter Richtung der Windungen auch eine entgegengesetzte Lage derselben zu erwarten wäre. Ob weitere anatomische Unterschiede von Lanistes carinatus gegen Ampullaria urceus, Mangel des verbindenden Mittelstücks zwischen den seitlichen Kieferplatten und Längsrichtung der Kiemenreihe in der Athemhöhle, welche Troschel, Archiv f. Naturgeschichte XI, 1845, S. 213, anführt, als Gattungsunterschiede gelten können, muss erst die Vergleichung bei weiteren Arten nachweisen; wenigstens zeigt die Abbildung der Weichtheile der indischen Ampullaria celebensis bei Quoy und Gaimard auch die Kiemenreihe längsgerichtet.

Die Gattung ist auf Afrika einschliesslich Madagascar beschränkt.

Zusammenstellung der bekannten Arten bei Troschel a. a. O., v. Martens in Pfeiffer's Novitates II, 1866, S. 285—294, und Bourguignat, Moll. de l'Afr. équat. 1889, p. 109—180; letzterer nennt die Gattung Meladomus Swains., weil der Name Lanistes schon früher, 1797, von Humphrey für Modiolaria gebraucht worden sei, aber der betreffende Verkaufs-Katalog ist ein ganz unwissenschaftliches Machwerk ohne Anschluss an die linnéische Nomenklatur, ohne Kennzeichnung der neuen Namen und ohne Angabe eines Autors, da G. Humphrey nur der Verleger ist, vgl. Férussac, Prodrome, 1821, und Keferstein, Weichthiere, S. 879, 880; die wirkliche Einführung und Kennzeichnung des bis dahin ganz verschollenen Namens Lanistes für Modiolaria datirt von 1840, dreissig Jahre nach Lanistes Montf. Der Name ist übrigens, wie die meisten Montfort'schen, etymologisch unklar: lanista hiess bei den Römern der Lehrer der Gladiatoren.

Namen	Gestalt	Naht	Skulptur	Nabel	Höhe zur Breite	Länge od. Höhe	Breite	Mündung
						mm	mm	mm
purpureus Jonas	eiförmig-gethürmt	seicht	ziemlich glatt, vorn Runzeln	fast oder ganz geschlossen	3 : 2 od. 5 : 3	50 – 60 34 – 37 20 28 87 57¹/₂ 47		
olivaceus Sow.[1]	eiformig-konisch	tief	mässig gestreift	offen	3 : 2	52 38 27¹₂ 71 46 35		
v. procerus Marts.	abgerundet-pyramidal	do.	do.	eng	3 : 2	80 – 61 – 80 46 – 65 105		
— v. ambiguus Marts.	abgerundet-kreiselformig	do.	do.	offen, mässig eng	5 : 3	58 – 67 56 – 62 39 – 43		

Namen	Gestalt	Naht	Skulptur	Nabel	Höhe zur Breite	Länge od. Höhe mm	Breite mm	Mündung mm
jouberti Bgt.	gedrückt-kugelig	do.	faltenstreifig	offen	gleich	60	60	40
ovum Pfrs.	kugelig-kreiselförmig	seicht	glatt	offen, ziemlich eng	5:4	45	30—37	28—29
— var. manyaranus Sturany	do.	do.	do.	do.	5:4	32—35	28	30 22--23
— var. plicosus n.	eiförmig-konoidisch	do.	glatt, vorn gefaltet	do.	7:5	40—49	32 37	23—29
sinistrorsus Lea	konisch-kugelig	tief	zieml. glatt	offen, steil	6:5 od. gleich	34 / 22	$30^1/_2$ / 22	22 / 21
ellipticus Marts.	ellipt., unten verschmälert	seicht	schwach gestreift	eng	4:3 od. 5:4	53 / 42	42 / 34	44 / 34
— var. solidus E. Sm.	kugelig, unten verschmälert	do.	do.	do.	8:7	48 / 39	43 / $35^1/_2$	34 / 30
nyassanus H. Dohrn	verkehrt drei-eckig, oben flach	do.	do.	erwachsen geschlossen	etwas weniger	65 / 19	68 / 20	59 / 18
carinatus Ol.	oben u. unten flach gewölbt	do.	zieml. glatt	weit offen, mit Kante	3:4	24—30 / 43	31 —40 / 55	19—22 / 32
ciliatus Marts.	zieml. kugelig, oben kantig	recht-winklig	mit hautrandigen, schmalen, erhöhten Spirallinien	zieml. eng, mit stumpf. Kante	gleich	$17^1/_2$	17	13
alexandri Bgt.	do.	do.	schwach streifig	do.	8:7	16—17	14 15	11
schweinfurthi Ancey	do.	do.	fein gegittert	do.	?	?	?	?
stuhlmanni n.	kugelig	zieml. tief	nur senkrecht streifig	geschlossen	fast gleich	22--25	$21^1/_2$— 23	17—18
farleri Crvn.	länglich-kugelig, oben stumpfkantig	recht-winklig	mit zahlreichen Spiralleisten	ganz oder fast ganz geschlossen	5:4	25	20	18
var. bourguignati Grandid.	kugelig-stumpf kantig	do.	do.	geschlossen	7:6 od. gleich	22—25	19 —22 16	18
— var. charmetanti Grandid.	etwas länglich	do.	do.	do.	5:4	20	16	10

A) **Meladomus** Sw. 1840

Ohne Spiralkante, meistens höher als breit. Nabel eng oder geschlossen.
Reihe Purpuriana, Olivaceana und Nyassana, Bourguignat 1889.

Lanistes purpureus (Jonas)

Ampullaria purpurea, Jonas in Archiv f. Naturgeschichte V, 1839, S. 342,
Taf. 10, Fig. 1. Philippi in der neuen Ausgabe von Martini, Ampullaria, S. 22,
Taf. 6, Fig. 1. Pfeffer, Jahrb. Hamburg wiss. Anst. VI, S. 25.
Bulimus tristis, Jay, Catalogue of Shells, ed. 3, 1839, p. 121, pl. 7, Fig. 1.
Lanistes purpureus (Jonas), Troschel in Archiv f. Naturgeschichte XI, 1845,
p. 216, und Gebiss d. Schnecken I, S. 90 (Radula). v. Martens in Mal. Blätt. VI,
p. 216; in Sitz.-Ber. d. Ges. nat. Freunde 1891, S. 17, und in Pfeiffer's Nov.
Conch. II, S. 293. Dohrn, Proc. Zool. Soc. 1864, p. 117, und 1865, p. 233.
Meladomus bulimoides, Swainson, Treatise on Malacology, 1840, p. 340.
Meladomus olivaceus (Sow.), H. und A. Adams, Genera of Moll. I, p. 349,
.pl. 37, Fig. 6, 6a und b. Schale und Deckel.
Ampullaria olivacea (Sow.), Morelet, Series Conchyl. II, p. 108.
Meladomus purpureus, Bourguignat, Descript. divers. esp. etc., 1879, p. 34,
und Moll. de l'Afr. équat., p. 170.

Länglich-eiförmig, nach oben verschmälert, aber die obersten Windungen
meist mehr oder weniger zerstört: letzte Windung, von der Mündungsseite gesehen,
merklich länger als hoch; Nabel geschlossen oder eine ganz schmale Ritze bildend.
Schalenhaut schwarz-braun oder gelb-braun, Inneres der Mündung mehr oder
weniger röthlich-braun. Durchschnittliche Grösse 50—60 mm in der Länge,
letzte Windung von der Mündungsseite aus $39-41^1{}_2$ lang, $34-37$ breit,
Mündung $26^1/2-28$ lang, $19-20$ breit. Das grösste Exemplar im Berliner
Museum 87 mm lang, letzte Windung 65 lang, $57^1/2$ breit. Mündung 47 lang
und 34 breit, von M. Hildebrandt auf Sansibar gefunden.

Sansibar, Jonas und Mrs. S. Dunlap bei Jay. Häufig in den stehenden
Gewässern und den Flüssen von Sansibar, M. E. Vesco bei Morelet. Insel
Sansibar, M. Hildebrandt. Sansibar in einem Sumpf südlich der Stadt, ein Stück
82 mm lang, 54 breit, Mündung 42, sowie in Sümpfen hinter dem deutschen
Konsulat und bei Matthews, Stuhlmann, Mai, Juli und Nov. 1888. Sumpf von
Mojoni im Südosten der Insel Sansibar, O. Neumann. Auf dem Festland gegenüber der Insel Sansibar, Rodatz in der Dunker'schen Sammlung. Bei Bagamoyo
zahlreich, G. A. Fischer, 1879, ebenda, in Sümpfen nördlich und südlich der
Stadt, Stuhlmann, Juni 1888. Wahrscheinlich Kingani-Fluss, Speke. Korogwe
am Pangani, Mai 1893 und bei Tanga, O. Neumann, und ebenda in der Niederung
des Sigi-Flusses, Lieder, Febr. 1892. In Usaramo, Stuhlmann 1894. Rufidji-Delta
bei Mohoro, Lieder, November 1893. Weiter im Innern am Mkatta-Bach zwischen
Ugani und Ussagara, Emin Pascha und Stuhlmann, 22. Mai 1890, und ebenda
im Ueberschwemmungsgebiet der Mkatta-Ebene (Usegua), Lieder 1891. Im
Kimagai-Sumpf am Nordrand von Uhehe, 9 Stunden südlich von Mpwapwa,
Lieder, Dezember 1891. Ueberschwemmungsgebiet des Pangani bei Makaramo,
O. Neumann, Ende Mai 1893. Bachbett zwischen Unyangwira und Mbiwe in
Ugogo, Stuhlmann, 9. Juli 1890, nur verbleichte Schalen. Aus dem Ulanga bei
Simanemolo und Madjiruka (Gebiet des oberen Rufidji) Lieder, Dezember 1893.
Zwischen Nyassa-See und der Ostküste, Thomson.

An den grossen Seen scheint sie nicht vorzukommen; nur vom Nyassa-See
wird sie auch bei E. Smith a. a. O. genannt, doch, wie es scheint, in einer
etwas abweichenden Form.

Ausserhalb unseres Gebietes bei Tette am Sambesi und auf den Querimba-
Inseln von Prof. Peters gefunden. Lagune bei Cabaceira grande bei Mossambique,
Kirk. Die frühere Angabe, dass die Art aus Madagascar stamme, erscheint sehr
zweifelhaft.

Nach der Angabe von O. Neumann soll diese Schnecke lebendig-gebärend
sein und wird sie bei Tag meist an der Oberfläche schwimmend gefunden; nur
bei den allerjüngsten ist die Spitze noch unverletzt.

11*

Bourguignat, Moll. de l'Afr. équat., p. 171, unterscheidet noch Meladomus bloyeti, schlanker, olivenbraun, 65 mm hoch und 40 breit, Mündung 34 und 22, von Kondoa in Ussagara, und M. nitidissimus, kleiner und sehr glanzend, 40 mm hoch und 26 breit, Mündung 21 und 14, vom Kingani bei Bagamoyo, dem Wami bei Kondoa und der sumpfigen Ebene von »Ouha« am Ufer des »Roussoughie«. Unter den zahlreichen Exemplaren von L. purpureus im Berliner Museum finde ich einzelne Stücke, welche mit Beschreibung und Maassangabe dieser beiden ganz gut übereinkommen und halte daher bloyeti nur für eine individuelle Variation, nitidissimus für noch nicht ganz ausgewachsene Stücke, von L. purpureus. Auch L. pyramidalis Letourneux bei Bourguignat, Descr. div. esp., 1879, p. 36, dürfte nach der Beschreibung (Maasse sind nicht angegeben) und nach der Stellung in der späteren Schrift eher zu purpureus als zu ovum gehören.

Zur Beurtheilung jüngerer Individuen gebe ich hier die Maasse einiger der zahlreichen von Prof. Peters mit erwachsenen gesammelten Stücke:

	Länge	Breite	Mündung		Länge	Breite	Mündung
a)	44	29	25 . 16½	e)	34	23½	21 . 12
b)	42	28	23 . 15² ³	f)	33¹ ²	21² ³	18¹ ³ . 12
c)	37½	26	22 . 14½	g)	28	20	18¹ ² . 16¹ ²
d)	37	28	23 . 15	h)	23½	17	15 . 10

d und e sind besonders breite Stücke. Es ergiebt sich daraus, dass, wie bei den meisten Schnecken, die Mündung bei jungen verhältnissmässig grösser ist. Der Nabel ist auch bei den jungen sehr eng.

Lanistes olivaceus (Sow.[1])

Paludina olivacea, Sow.[1], Catalogue of the Shells of Earl Tankerville, 1825, appendix p. IX, und Genera of Shells, Lieferung 41 (1833?), pl. 251, Fig. 3, kopirt bei Reeve, Conch. System. 1, Taf. 197, Fig. 3. v. Martens in Pfeiffer's Nov. Conch. II, p. 292.

Wenn die citirte Abbildung zuverlassig ist, so unterscheidet sich diese Art durch eine verhältnissmässig breitere letzte Windung, tiefer eingeschnittene Naht, etwas weiteren Nabel und stärkere Streifung von L. purpureus; eine ganz entsprechende Form habe ich noch nicht gesehen, doch kommt die folgende, abgesehen von ihrer Grösse, ihr recht nahe.

Fundort unbekannt.

Hierher dürfte wohl ein Exemplar gehören, welches G. Lieder in der Amelia-Bai des Nyassa-Sees bei Mbampa, 25. Februar 1894, gefunden hat; es ist 71 mm lang, 46 im grossen Durchmesser, Mündung 35½ hoch und 26 breit, also etwas grösser und schlanker als Sowerby's Abbildung, wobei aber zu bedenken, dass auf derselben Tafel auch Paludina achatina selbst für contecta auffallend breit gezeichnet ist, ebenso P. ponderosa. Sie ist glänzend grünlich-braun, mit zahlreichen, mehr oder weniger deutlichen wenig dunkleren Striemen, das Innere der Mündung blass röthlich. Von dem folgenden procerus neben der schlankeren Form auch durch die kleinere Mündung verschieden.

Var. procerus Marts.

Lanistes olivaceus var. procerus, v. Martens in Pfeiffer's Novitat. Conch. II, 1866, S. 292, Taf. 71, Fig. 1—2.

Meladomus procerus, Bourguignat, Descript. d. divers. esp. etc., 1879, S. 34.

Lanistes magnus, Furtado in Journ. de Conch. XXXV, 1886, p 147, pl. 6, Fig. 5.

Meladomus ovum var. ingens, Ancey in Mém. Soc. Zool. de France VII, 1894, p. 223.

Die grösste, mir bekannte Form von Lanistes, 86—93 mm lang, 61—71 breit, Mündung 46—50 lang, 35—38 breit, das von Furtado beschriebene, etwas verletzte, 105? lang und 80 breit, Mündung 65 und 42. In der Form mit Sowerby's Abbildung gut übereinstimmend, die Mündung, in ihrer schiefen Ebene gemessen, länger als die halbe Länge der ganzen Schale, aber bei senkrechter Stellung der Schale, wobei sie perspektivisch verkurzt wird, doch nicht die halbe Schalenlänge ein-nehmend. Ancey giebt 88 mm als Länge, 65 als Breite und nur 42 für die Mündung an; wenn man annehmen darf, dass er die senkrechte Mündungshöhe parallel der Achse meint, so stimmen diese Angaben vortrefflich zu den mir vorliegenden Exemplaren; wenn er aber die absolute Länge der Mündung in ihrer schiefen Ebene meint, so ist es zu wenig und seine Form würde dann mehr mit meiner ovum var. elatior übereinstimmen. Die mir vorliegenden Exemplare zeichnen sich durch grobe, unregelmässige Faltenstreifen aus, was in Sowerby's Abbildung auch angedeutet scheint. Die Farbe ist einfarbig schwarz-braun, das Innere der Mündung trüb violett-rosa.

Karonga am westlichen Ufer des Nyassa, Mgr. Lechaptois nach Ancey, Luapula-Fluss, Capello u. Ivens 1884—85 (westlich vom Tanganyika, Oberlauf des Kongo). Die Originalexemplare im Berliner Museum aus der Sammlung des Liebhabers Thiermann, der um 1860 starb, leider ohne Fundortsangabe.

Var. ambiguus Marts.

Ampullaria ovum, grosses Exemplar. Philippi, Ampullaria, S. 23, Taf. 7, Fig. 7.
Lanistes olivaceus var. ambiguus, v. Martens in Pfeiffer's Novitat. Conch. II, S. 292, Taf. 71, Fig. 34.

Bedeutend kurzer und daher mehr konoidisch, in dem Verhältniss von Höhe zu Breite mehr an ovum erinnernd, aber doch im Habitus von diesem unter-schieden, die letzte Windung verhaltnissmässig breiter und in der Peripherie stärker gewölbt, die Naht etwas tiefer, das Gewinde rascher sich zuspitzend, die ganze Schale dick, mit stärkeren Anwachsstreifen, kastanienbraun, wenig glänzend, das Innere der Mündung blassroth. Die Dimensionen von drei etwas unter sich abweichenden Stücken, bei allen die oberen Windungen zwar abgerieben, aber doch noch vorhanden, sind:

Länge 67, gross. Durchm. 62, klein. Durchm. 48, Mündung 41½ lang, 33 breit
» 58, 62½, 49, 43 » 32
» 64, 56, » 45, 39 29 »

Meladomus ambiguus, Bourguignat, Descript. d. divers. esp. etc., 1879, p. 34.
Tette am Sambesi, Peters. Dürfte auch noch in unserm Gebiet zu finden sein.

Diese Form könnte fast mit ebenso viel Recht zu ovum gestellt werden, und einige der oben angegebenen Unterschiede, wie Färbung, Skulptur und Dicke der Schale, könnten auch nur als Altersunterschiede gedeutet werden, ambiguus ganz alten, ovum jüngeren Exemplaren entsprechend, doch spricht die Form der letzten Windung dagegen, vgl. die angeführte Abbildung vom ambiguus mit der nur wenig kleineren bei E. Smith 1881 von affinis = ovum.

Lanistes jouberti Bgt. (Meladomus)

in Ann. Sci. Nat. (7) X, p. 76, pl. 6, Fig. 6 ist dieser Form ähnlich, aber noch niedriger gewunden und mit ziemlich regelmässigen schmalen Faltenstreifen ver-schen, 60 mm lang (hoch), ebenso breit, Mundung 40 und 30. Tanganyika an der Mündung des Malagarazi.

Lanistes ovum Ptrs.

Lanistes ovum Peters, Troschel, Archiv. f. Naturgeschichte XI, 1845, S. 215
u. Gebiss d. Schnecken I, S. 90, Taf. 6. Fig. 11 (Radula). Philippi, Ampullaria,
S. 22, Taf. 6, Fig. 2. v. Martens in Malak. Blätt. VI, 1860, S. 216 und in
Pfeiffer's Novitat. Conch. II, S. 220.
Lanistes affinis E. Smith, Proc. Zool. Soc. 1877, p. 716, pl. 74, Fig. 7 und
1881, p. 290, pl. 24, Fig. 23; Proc. Zool. Soc. 1893, p. 635. Ancey in Mém.
Soc. Zool. de France VII, 1894, p. 223.

Konoidisch-eiförmig, mit seichter Naht, die Mündung mehr als die Hälfte der
Gesammtlänge einnehmend, mit nicht ganz engem, halb verdecktem Nabel, glänzend
olivenbraun, glatt, nur nahe der Mündung öfter mehrere stärkere, faltenartige
Wachsthumsabsätze; Columellarrand bläulich-weiss, Inneres der Mündung dunkelbraun. Länge 45 mm, grosser Durchmesser 36—37, kleiner 27—27¹/₂, Mündung 28
bis 29 lang, 20 breit; so nach 2 Originalexemplaren von Peters im Berliner Museum,
welche mit Troschel's Angaben, Länge 1³/₄ (preuss.) Zoll und Breite ⅘ der Länge,
gut übereinstimmen. Die Abbildung bei Philippi zeigt dagegen eine etwas
schlankere Form, Breite nur ³/₄ der Länge; ein ähnlich geformtes Exemplar,
40 mm lang, 29 im grossen Durchmesser, Mündung 22 lang und 16¹/₂ breit, in
der Dunker'schen Sammlung, angeblich auch von Prof. Peters stammend; es
nähert sich in der Form schon sehr meiner var. elatior, hat aber Färbung, Glanz
und den offenen Nabel des echten L. ovum. Die von E. Smith erwähnte schmale
gelbe Linie an der Naht, sowie die feine, nur unter der Lupe sichtbare Spiralstreifung findet sich auch an den Peters'schen Originalexemplaren. E. Smith's
grösstes Exemplar aus dem Nyassa ist 60 mm lang, das 1881 abgebildete 53 lang
und 47 breit.

Tette am Sambesi, Prof. Peters. Nyassa-See, E. A. Simons und Thomson
und bei Karonga, Nordwestseite, Crawshay. Shire-Fluss, V. Giraud. Itchongove
an der Delagoa-Bai, A. Schenck. In wie weit Dohrn's Stücke vom Kingani-Fluss,
von Speke gesammelt (Proc. Zool. Soc. 1864, S. 147 u. 1893, S. 635), sowie
E. Smith's von Bubu in Ugogo (Ann. Mag. Nat. Hist. [6] VI, 1890, p. 149) und
vom See Mweru an der Grenze des Kongostaats und Pelseneer's Stücke, von
E. Storms zwischen Tanganyika und der Ostküste gesammelt (Bull. Mus. Roy.
Belgique IV, 1880, p. 104), hierher oder zu einer der folgenden Formen gehören,
muss ich dahin gestellt sein lassen.

Var. manyaranus Sturany

Lanistes affinis var. manyarana, Sturany in Baumann, Durch Massai-Land zur
Nilquelle, S. 14, Taf. 24, Fig. 32. Klein und etwas breiter konoidisch, die Naht
nicht mehr vertieft als bei dem typischen ovum, Nabel etwas weiter offen, der
oberste Theil des Aussenrandes der Mündung aber doch mehr horizontal umgebogen. Ziemlich glatt, einfarbig dunkelbraun, Inneres der Mündung dunkel-roth-
braun, Länge 32—35, grosser Durchmesser 28—30, kleiner 24—25, Mündung
22—23 lang und 15 breit.

Trockener Sumpf bei Mbare, unweit Gunda Mkali, Reisebeschreibung S. 56,
zwischen Ugogo und Tabora, Emin Pascha und Stuhlmann, 13. Juli 1890. Wembere-
Sumpf, nordöstlich von Tabora, Stuhlmann, 8. Juni 1892. Manyara-See, Baumann.
Nach der Kleinheit und dem scharfen, dünnen Mundrand könnte man die vorliegenden Exemplare für unausgewachsen halten, aber die Zahl der Windungen,
5, ist nicht kleiner als bei normalen ovum; es liegen mir 3 Exemplare vom
erstgenannten und 1 vom zweiten Fundort vor, alle nahezu gleich gross. L. olivaceus
var. ambiguus, dem sie in einigen Formcharakteren ähneln, hat bei viel bedeutender er
Grösse nur eine halbe Windung mehr, soweit es sich an den oben abgeriebenen
Stücken erkennen lässt.

Var. plicosus n.

Etwas mehr länglich, ähnlich Philippi's Abbildung von ovum, glänzend dunkel grün-braun, im Allgemeinen glatt, aber im letzten Viertel oder Fünftel der letzten Windung zahlreiche Falten, dem Mündungsrand entsprechend, stark erhaben, mit abgerundetem Rücken. Seichte Naht mit gelber Linie und engem Nabel wie beim typischen ovum. Mündungsrand bei einem alten Exemplar fleischroth, Inneres der Mündung violett-braun.

Länge 49 mm, gr. Durchm. 37, kl. Durchm. 30¹/₂; Mündung 29 lang, 18 breit
» 40 » » 32¹/₂ » 23¹ 2; ' 23 » 17

Ilindi in Ugogo in einer ausgetrockneten Pfütze, welche vielleicht 1—2 Monate im Jahre Wasser hat, Emin Pascha und Stuhlmann, 4. Juli 1890. Zwischen Tabora und Tanganyika, Böhm und Reichard 1883—84.

Die wiederholten starken Falten an der Mündung stehen vielleicht mit den langen Unterbrechungen des thätigen Lebens und Grössenwachsthums in Verbindung, so dass jede Falte einer Trockenheitsperiode entspricht; darnach würden die Thiere, nachdem sie annähernd erwachsen, noch 9 -12 Jahre leben können.

Es existirt noch ein zweites Lanistes mit ähnlichen Falten auf der letzten Windung, L. grasseti, Morelet, Journ. de Conch. XI, 1863, p. 267, pl. 10, Fig. 2. (L. martensianus, Maltzan, Mscr.) Derselbe ist kürzer, fast kugelig, mit stark gewölbten Windungen und mässig tiefer Naht, blass bräunlich-gelb, glänzend, oberste Windungen abgerieben, dunkelviolett, die letzte Windung verhältnissmässig niedrig, der Nabel weit offen, die Falten weniger stark, aber zahlreicher, zuweilen schon in der Hälfte der letzten Windung beginnend. Aussenrand stark gebogen, Inneres der Mündung hellbraun. Grösstes Stück 48 mm hoch, 39 im grossen, 31 im kleinen Durchmesser, Mündung 22 hoch, 16¹/₂ breit. Durch den Handler Landauer in den Sammlungen verbreitet, angeblich aus Neu-Caledonien, nach Morelet aus Madagascar.

Mein Lanistes ovum var. elatior vom Niebuhr-Fluss in 8° Nordbreite, Pfr., Novitat. II, S. 291, Taf. 70, Fig. 8, womit zahlreiche Exemplare aus dem Gebiet des Gazellenflusses, namentlich dem Djur, von Schweinfurth gesammelt, übereinstimmen, zeichnet sich durch etwas höheres Gewinde und engeren, bei einigen Schweinfurth'schen Stücken ganz geschlossenen Nabel aus; Hauptfarbe heller olivenbraun, Inneres der Mündung roth oder röthlich. Von L. olivaceus unterscheidet er sich durch die seichtere Naht und das von Anfang an breitere Gewinde.

Lanistes sinistrorsus (Lea)

Paludina sinistrorsa Lea in Transact. Americ. philos. Society, new series, VI, oder Observations on the genus Unio II, p. 90, pl. 23, Fig. 78, 1836.

Ampullaria sinistrorsa, Philippi, Ampullaria, S. 64, Taf. 21, Fig. 3, Kopie nach Lea.

Meladomus sinistrorsus, Bourguignat, Descript. div. esp. etc. 1879, p. 39, in Ann. Sci. Nat. (7) X, p. 78.

Diese verschollene Art glaube ich in einem kleinen Lanistes wieder zu erkennen, welcher sich zunächst an ovum anschliesst, aber verhältnissmässig viel kürzer ist, alle Windungen stark gewölbt mit tiefer Naht, die letzte verhältnissmässig niedrig, in der der Mündung entgegengesetzten Ansicht ²/₃ der ganzen Höhe, Nabel offen, mässig weit, steil einfallend, doch ohne förmliche Kante. Trüb grau-braun, ziemlich glatt; Inneres der Mündung röthlich-braun, nach Lea purple brown«. Grösstes Stück 34 mm hoch. 30¹/₂ im grossen Durchmesser, 25 im kleinen, Mündung 22 hoch, 16¹/₂ breit. Kleinere Stücke beziehungsweise 22 hoch und breit, Mündung 12 hoch und 11¹/₂ breit.

Sumpf bei Rubugua in Unyamwesi, Emin Pascha u. Stuhlmann, 23. Juli 1890 (vor Tabora). Wasserläufe in Ussagara und Unyamwesi, sowie im Fluss Malagarazi, der in den Tanganyika fliesst, Bourguignat.

Die grössere stimmt recht gut zu Lea's Abbildung, wenn man annimmt, dass dieselbe in schiefer Stellung, die Achse um 25° nach links übergeneigt, gezeichnet ist; dadurch wird die Mündungswand fast horizontal, der Aussenrand oben fast vertikal, der Columellarrand stark nach rechts verschoben, und erklärt sich das zwischen rechts und links sehr ungleiche Profil der oberen Windungen.

Lanistes ellipticus Marts.

Lanistes ellipticus, v. Martens in Pfeiffer, Novitat. Conch. II, S. 224, Taf. 70, Fig. 9, 10. 1866.

Lanistes solidus, E. Smith in Proc. Zool. Soc. 1877, p. 716 z. Th., Taf. 74, Fig. 11.

Lanistes zambezianus, Furtado in Journ. de Conch. XXXIV, 1886, p. 148, pl. 7, Fig. 1.

Meladomus ellipticus, Bourguignat, Moll. de l'Afr. équat. p. 123.

Durch die oben mehr aufgeblasene, unten stark verschmälerte Gestalt der letzten Windung ausgezeichnet, wodurch er mehr die Verhältnisse der gewöhnlichen Ampullarien zeigt, abgesehen von der Richtung der Windungen. Gewinde konisch zugespitzt. Naht tief, Nabel sehr eng. Einfarbig, trüb grünlich-braun, Inneres der Mündung dunkelbraun. 42—53 mm hoch, 34—42 breit, Mündung 34—44 mm.

Tette am Sambesi, Prof. Peters, sowie Capello und Ivens 1884—85, Fluss Quaqua bei Mopera, unweit Quillimane im Süden der Mossambique-Küste, Dr. Stuhlmann, Febr. 1889. Nyassa, J. A. Simons.

Var. solidus E. Sm.

Lanistes solidus, E. Smith in Proc. Zool. Soc. 1877, p. 716, pl. 74, Fig. 10, und 1893, p. 635.

Nur durch das kurzere Gewinde und die vielleicht durchschnittlich etwas dickere Schale zu unterscheiden. Nabel sehr eng oder ganz geschlossen.

Grösst. Stück v. Lieder 48 mm hoch, 43 im gross. Durchm., Münd. 34 hoch u. 27 breit

| Stück v. Smith | 39 | » | » | $35^1$2 | » | » | » | 30 | » | $18^1$2» |
| Klein. Stück v. Lieder 41 | » | » | 38 | » | » | » | 30 | » | 21 | » |

E. Smith hat im Text nicht den grossen Durchmesser, sondern den Durchmesser der letzten Windung oberhalb der Mündung angegeben, der bedeutend kleiner; ich musste daher den grossen Durchmesser an seinen Figuren abmessen, und diese scheinen nach seinen Angaben ein wenig vergrössert, doch unbedeutend, 44 und 40 statt 42 und 39 mm.

Nyassa-See in der Bai bei Mbampa, nahe dem südwestlichen Ende des Sees, Lieder, Febr. 1894. Nyassa, J. A. Simons. Karonga, N.W.-Seite dieses Sees, Crawshay.

Lanistes nyassanus H. Dohrn

Proc. Zool. Soc. 1865, S. 233, und E. Smith ebenda 1877, S. 715, pl. 24, Fig. 8, 9; 1893, p. 635. Unterscheidet sich durch völlige Abflachung der Oberseite. Der Nabel bei jungen sehr eng, bei erwachsenen ganz geschlossen.

Nyassa-See und Angoni-Land, südlich davon.

B) **Lanistes** Montf. im engeren Sinne.

Eine Spiralkante um den Nabel und wenigstens auf den obersten Windungen auch eine Spiralkante nahe unter der Naht.

Reihe Libyciana und Bolteniana bei Bourguignat 1889.

Lanistes carinatus (Ol.)

Cochlea terrestris umbilicata etc., Gualtieri, Test. Index 1742, Tab. 2, Fig. T.
Helix terrestris bolteniana coutraria, Chemnitz, Conchylien-Cabinet IX, 1786, S. 89 und 22, Taf. 109, Fig. 921, 922.
Ampullaria carinata, Olivier, Voy. emp. Ottoman III, p. 68, 1804, pl. 31, Fig. 2. Savigny, Descript. de l'Egypte, Zool. Coquilles, pl. 2, Fig. 31. Lamarck, Hist. nat. an. s. vert. VI, 2, No. 8; ed. 2, VIII, p. 536.
Lanistes olivieri, Montfort, Conch. Syst. II, p. 122, 1810.
Ampullaria bolteniana (Chemnitz), Roth, Moll. species diss., 1839, p. 26. Philippi, Ampullaria, in d. neuen Ausg. v. Chemnitz, S. 23, Taf. 6, Fig. 4, 5.
Lanistes carinatus, Troschel, Archiv f. Naturgeschichte XI, 1845, S. 214. v. Martens, Mal. Blätt. 1866, S. 3; 1873, S. 42, und in den Sitz.-Ber. d. Akad. d. Wiss., Berlin 1878, S. 296, und in Ann. Mus. Genov. (2) XV, p. 66. E. Smith, Proc. Mal. Soc. I, p. 167.
Lanistes boltenianus, Dohrn, Proc. Zool. Soc. 1864, p. 117.
Meladomus boltenianus, Bourguignat in Ann. Sci. Nat. (6) XV, p. 132, und Moll. de l'Afr. équat., p. 178.
Meladomus duveyrierianus, Revoil in Bull. Soc. Mal. de France II, 1885, p. 99, pl. 6, Fig. 5.

Nil, abwärts bis Alexandrien, aufwärts bis Gazellenfluss und Djur, sowie im Blauen Nil bis in den Dembea-See, nach der etwas unbestimmten Angabe von Speke bei Dohrn, »Nil und Nyanza«, auch im Victoria-Nyansa, aber von keinem der Neueren, die dort gesammelt (Stuhlmann, Neumann) daselbst wiedergefunden.*) Ausserhalb des Nilgebiets im Somali-Land zwischen Bardera und Barava von Kapitän Bottego 1892—93, im Uebi-Doboi zwischen Merka und Mogedushu (Makdischu) von G. Revoil 1883, im Tana-Fluss November 1873 von M. Hildebrandt und bei Witu in den Sümpfen des Kilifi-Flusses, sowie im Sabaki-Thal, östl. und westl. von Makangeni (Engl.-Ostafrika), von Dr. Gregory gefunden.

Die ganz junge Schnecke, bis zu 3 Windungen, zeigt drei deutliche Spiralkanten: die obere, nach aussen von der Naht, verschwindet am frühesten; die mittlere, im grössten Umfang der Schale, ist öfters auch noch bei erwachsenen Stücken in der ersten Hälfte der letzten Windung sehr stumpf vorhanden (M. duveyrierianus), aber verschwindet gegen die Mündung zu völlig; die untere, um den Nabel, ist bei erwachsenen in der Regel noch deutlich, aber verschwindet auch öfters gegen die Mündung zu. Die Farbe ist grünlich-gelb, mit zwei grünlichbraunen, beim Verbleichen violetten Bändern, ein mehr oder weniger breites, aber weniger scharf begrenztes, 1, 2, 3, 2, 3 oder 3 allein bei Helix entsprechend, auf der Oberseite, ein schärfer begrenztes, schmäleres (4) unterhalb des grössten Umfanges. Das grösste Stück des Berliner Museums ist 43 mm hoch und 55 im grossen Durchmesser, Mündung 32 hoch in schiefer Ebene und 28 breit.

---

*) Nach einer neueren Angabe von E. Smith in Ann. Mag. Nat. Hist. 6 X, 1892, p. 21, lautete Speke's Fundortsangabe für diese Art »Kanagwa and Uzandu-Districte, ohne Zweifel Karagwe und Uganda.

Lanistes ciliatus Marts.

Lanistes ciliatus, v. Martens in Monatsberichte d. Akad. d. Wiss. Berlin, 1878,
S. 296, Taf. 2, Fig. 8—10.

Ziemlich kugelig, mit Schulterkante, welche auf den früheren Windungen
scharf ausgeprägt, auf der drittletzten sogar als erhöhter Rand erscheint, auf der
letzten aber schon sehr abgeschwächt ist. Zahlreiche scharfe, schmale, erhabene
Spirallinien in ungleichen Zwischenräumen, mit ungleichmässig fetzenartig vortretendem Hautsaum, 15 auf der letzten Windung. Nabel offen, aber ziemlich
eng, steil einfallend, mit stumpfer Kante. Einfarbig dunkelbraun. Höhe 17½ mm,
grosser Durchmesser 17, Mündung 13 hoch und 7¹⁄₂ breit. Mündungsebene
ziemlich parallel der Achse. Schale ziemlich dünn.

Finboni (zwischen Mombas und Taita), M. Hildebrandt, Januar 1877, nur
ein Exemplar.

Nächstverwandt mit dem westafrikanischen L. libycus Morelet, aber durch
die eigenthümlich gesäumten Spirallinien ausgezeichnet.

Es ist nicht unmöglich, dass die kleine Schnecke, welche G. Schweinfurth
im Nabumbisso-Bach des Gazellenflussgebietes gefunden hat und die ich, Mal.
Blatt. 1873, S. 42, als L. libycus erwähnt habe, doch als unausgewachsenes und
etwas abgeriebenes Stück hierher gehört; es zeigt ähnliche schmale, erhöhte
Spirallinien, doch verhältnissmässig etwas breiter und ohne Hautsaum; Farbe mehr
braun-gelb mit Spuren dunkelbrauner Bänder.

Lanistes alexandri (Bgt.)

Meladomus alexandri, Bourguignat, Moll. de l'Afr. équat., 1889, p. 177.
Ampullaria carinata z. Th. Pfeffer, Jahrb. Hamburg. wiss. Anst. V, S. 125.

Aehnlich dem vorigen, aber ohne die Spirallinien und etwas niedriger.
Oberhalb Sadani in den Zuflüssen des Wami, häufig, Bourguignat. Exemplare,
bei Msere am Ufer des Wami von Dr. Stuhlmann, 3. Sept. 1888, gefunden, zeigen
mehrere braune Bänder in verschiedener Zahl und Breite, wovon Bourguignat
nichts erwähnt, und erinnern dadurch noch mehr an L. libycus Morel. Der Artname alexandri nach dem Missionär Alexander Le Roy.

Lanistes schweinfurthi (Ancey)

Meladomus schweinfurthi, Ancey in Mém. Soc. Zool. de France VII, 1894,
S. 223, Note.

Aehnlich, aber fein gegittert und mit mehreren dunkelbraunen Spiralbändern.
Keine Maasse angegeben.

Victoria-Nyansa, Ancey.

Zu einer dieser Arten gehört vielleicht auch L. libycus (Morelet) von ›Longa‹,
E. Smith, Ann. Mag. Nat. Hist. (6) VI, p. 149.

C) **Leroya** Grandid. 1887.

Schale verhältnissmässig sehr dick und meist mit zahlreichen Spiralleisten;
Columellarrand sehr dick, den Nabel völlig verschliessend.

Grandidier stellt Leroya als eigene Gattung auf, indem er die drei angegebenen Charaktere als Unterschiede von Lanistes auffasst, nun hat aber auch
L. ciliatus Spiralskulptur, obwohl dünnschalig und mit offenem Nabel, und der
folgende ist dickschalig, mit geschlossenem Nabel und doch ohne Spiralskulptur;
diese drei Charaktere treffen also nicht immer zusammen, am meisten Werth

möchte ich auf die Dicke der Schale und den ganz geschlossenen Nabel legen. Auch die Radula stimmt wesentlich mit Lanistes, Mittelzahn mit 2 (bei L. ovum 3) seitlichen Spitzen, Zwischenzahn und Seitenzähne wie bei L. ovum nach Untersuchung von L. stuhlmanni und L. farleri var. bourguignati, bei beiden 5 Spitzen an der Mittelplatte und dieselben unter sich weniger ungleich als bei L. carinatus.

Radula von
Lanistes stuhlmanni n.
Dar-es-Salaam   Stuhlmann S.

Radula von
Lanistes farleri Crvn.
Ukami   Lieder S

Lanistes stuhlmanni n.
Taf. VI, Fig. 37.

Ziemlich kugelig, sehr dickschalig, mit der Mündung parallelen, ungleichmässigen Streifen, welche namentlich unmittelbar vor der Mündung zahlreich werden, ohne Spiralleisten, mit dicker, gleichmässig dunkel grau-brauner Schalenhaut. Wirbel ausgenagt, bleigrau. Wahrscheinlich etwas über vier Windungen, ziemlich gewölbt, mit mässig tiefer Naht, die letzte unter der Naht etwas abgeplattet, mit Spuren einer der Naht parallelen Furche. Mündung ungefähr $^2/_3$ der ganzen Höhe einnehmend, wenig schief, dickwandig; Aussenrand stark gebogen, fast halbkreisförmig, Unterrand mässig gebogen, noch dicker, weisslich; Columellarrand am dicksten, fast 2 mm, fest an die Aussenseite anschliessend, glänzend, bläulich-grau, röthlich marmorirt; Mündungswand dunkelbraun, sehr glänzend. Inneres der Mündung kastanienbraun, nach vorn heller, und verwaschene, ziemlich schmale, dunklere Bänder zeigend, welche von aussen nicht sichtbar sind. Höhe 25 mm, grosser Durchmesser 23, kleiner 16; Mundung 18 hoch, einschliesslich des Columellarrandes 13 breit. Ein zweites Exemplar beziehungsweise 22, 21$^1/_2$, 16, Mündung 17 und 12 mm.

Dar-es-Salaam, auf dem Markt, Marz/Apr. 1894, Stuhlmann.

Von der folgenden durch den Mangel der Spiralskulptur verschieden. Es ist auffallend, dass diese Schnecke, wenn sie häufiger auf den Markt gebracht wird, bis jetzt unbekannt geblieben ist; vielleicht wurde sie gerade deshalb von den Reisenden für längst bekannt gehalten und nicht beachtet. Radula s. oben.

Lanistes farleri Crvn.

Craven, Proc. Zool. Soc. 1880, p. 219, pl. 22, Fig. 7.
Lanistes sculptus, v. Martens in Sitz.-Ber. d. Ges. nat. Freunde 1887, Juli, S. 97.

Die Spiralleisten sind sehr zahlreich, auf der letzten Windung bis 70, auf dem sichtbaren Theil der vorletzten zwischen beiden Nähten 14, hier sind sie aber öfters schon sehr abgerieben; sie sind sehr ungleichmässig, manche doppelt so breit als die Zwischenräume, manche nur ebenso breit und öfters paarweise einander genähert, und bei Zurückverfolgung derselben zeigt sich, dass solche aus einer einzigen, welche sich allmählich spaltet, entstehen. In der Regel eine stärker vorstehende Leiste unmittelbar unter der Naht, und öfters eine besonders breite, nicht getheilte an der Schulterkante. Jüngere Exemplare zeigen nämlich auf den Windungen eine ganz bestimmte Schulterkante, zwischen dieser und der

Naht die Schale abgeflacht, nicht gewölbt; bei erwachsenen ist auf der letzten Windung die Schulterkante und die Abflachung mehr oder weniger abgerundet, zuweilen gar nicht mehr zu erkennen und auch auf den oberen Windungen durch Abreibung derselben weniger deutlich. Bei stark abgeriebenen, todt gefundenen Stücken können die Spiralleisten so sehr abgerieben sein, dass man nur ihre Zwischenräume als Spiralfurchen auf einer gleichmässig gewölbten Fläche sieht; bei frischen Exemplaren dagegen treten die Spiralleisten einzeln als besondere Gebilde deutlich hervor und sind durch zahlreiche, etwas erhöhte Anwachslinien etwas rauh, wie mit flachen Wärzchen besetzt. Farbe der frischen Exemplare gelbbraun mit mehreren, ungleich breiten braun-schwarzen Spiralbändern. Mündung eiförmig, oben sehr zugespitzt; Columellarrand dick und oben fest an die Aussenseite der letzten Windung angelegt, unten aber mit etwas frei vortretendem Rande, so dass eine ganz feine Spalte hinter ihm bleibt; er ist grossentheils glänzend kastanienbraun, aber nach innen, und oft auch ein Fleck nahe seinem unteren Ende, milchweiss, seltener der ganze Columellarrand weiss. Das Innere der Mündung gelblich-weiss, die Bänder daselbst noch dunkler sichtbar als auf der Aussenseite. Verbleichte Exemplare heller braun oder aschgrau, Bänder undeutlich.

Das Verhältniss der Länge zur Breite wechselt an Exemplaren desselben Fundortes etwas, wie folgende Angaben zeigen:

	Länge (Höhe)	Breite	Länge der Mündung	Breite der Mündung
Schmales Stück aus Ussambara	26	19	18	11
Breiteres » » »	24	19	17	12
Mittleres » » »	25	20	18	12
Angabe von Craven	25	21	16	10
Junges Exemplar von Ussambara	16^{1}₂	12	12^{1}₂	6
Ganz junges Exemplar von Ukami	10	8	7	4^{1}₂

Grandidier vergleicht die Form nicht unpassend mit derjenigen von Littorina; allgemeine Gestalt, Grösse und Spiralskulptur erinnern in der That an L. littorea aus der Nordsee, die stumpfe Schulterkante dagegen an die allerdings kleinere L. rudis.

Deckel sehr dünn, etwas gewölbt, blass braun-gelb, der Kern sehr nahe dem Innenrand.

Insel Sansibar, Dr. C. W. Schmidt, 1885. Ussambara, Craven, 1880. Fluss westlich von Seruka in Ussambara, W. Schmidt, 1887. Umbugwe, in einem Graben beim Lager, Ende November 1893, O. Neumann.

Var. bourguignati Grandid.

(Tafel VI, Fig. 34.)

Leroya bourguignati, Grandidier in Bull. Soc. Mal. de France IV, 1887, p. 192; Bourguignat in Ann. Sci. Nat. (7) X, 1890, p. 23, pl. 6, Fig. 2—5, und in Moll. de l'Afr. équat., p. 180.

Etwas mehr kugelig, mit auffallend dicker Schale, der Columellarrand unten recht breit und dicht anliegend, im Uebrigen gleich dem vorigen. In der Regel noch etwas höher als breit, einzelne Stücke aber auch ebenso breit als hoch.

	Länge (Höhe)	Breite	Länge der Mündung	Breite der Mündung
Grösstes Stück aus Uluguru	25	22	17	12^{1}₂
Besonders breites Stück aus Ukami	24	24	18	13
Schmales Stück aus Ukami	24	18^{1}₂	16	11
Exemplar von Grandidier	22	19	16	10

Aus dem Bach Msonge, Zufluss des Rufu, 3 Stunden südlich von Tummguo in Ukami, Lieder 1892. Aus dem Kingani oder Wami, Leroy bei Bourguignat 1887, später von demselben nur der Wami genannt. Kissemo-Bach in Uluguru, östliche Vorberge, Stuhlmann, 14. Oktober 1894, meist mit Schlamm inkrustirt. Fluss Malagarazi an seiner Einmündung in den Tanganyika, Bourguignat. Scheint hauptsächlich in fliessendem Wasser zu leben, daher wohl die dicke Schale. Radula s. oben.

Var. charmetanti Grandid.

Leroya charmetanti, Grandidier in Bull. Soc. Mal. de France IV, 1887, p. 192, Bourguignat, Moll. de l'Afr. équat., p. 180, pl. 7, Fig. 21, 22.

Noch etwas schlanker und höher als die typische Form, aber auch dickschalig, mit dicht angelegtem Columellarrand; 20 mm hoch, 16 breit, Mündung 10 hoch, 9 breit (die Abbildung demnach etwas vergrössert).

Kingani oder Wami, Leroy.

Valvata Müll.

Klein, flach kugelig, mit weitem Nabel oder Planorbis-förmig, mit kreisrunder Mündung, rundem, vielgewundenem Deckel; das lebende Thier streckt eine gefiederte Kieme und einen langen, fadenförmigen Anhang hervor.

Bis jetzt in Deutsch-Ostafrika noch nicht gefunden; da aber mehrere Arten in Aegypten, eine in Schoa und eine im Uebi oberhalb Gelidi unfern Makdischu (Mogadoxa) im Somali-Land leben, s. Bourguignat, Moll. de l'Afr. équat., 1889, p. 187—189, so ist das Vorkommen der Gattung auch in unserem Gebiete nicht unwahrscheinlich.

Nicht zu verwechseln mit der Gattung Valvata sind ähnlich aussehende flach konische, weit genabelte spirale Gehäuse, welche aber deutlich aus Steinchen zusammengeklebt sich zeigen und gar nicht zu den Mollusken gehören, sondern von Insektenlarven angefertigt werden, und zwar von denen der Phryganiden-Gattung Helicopsyche. Sie finden sich in fliessendem Wasser und sind schon aus den verschiedensten Welttheilen bekannt (vgl. v. Martens, Sitzber. Ges. nat. Freunde 1891, S. 82); auch in unserm Gebiet sind sie im Bach Qué, West-Lendu, durch Stuhlmann, 22. Sept. 1891, gefunden, 4 mm im Durchmesser, 2 hoch. Sie sind alle rechtsgewunden, wie die Mehrzahl der Schnecken. Auch auf dem Lande spinnen sich Raupen (Psychiden) schneckenförmige Gehäuse, welche sie an Zweige ankleben und die eher einem Cyclophorus als einer Valvata ähneln, sich aber durch feinfaserige Struktur und ganz stumpfe Spitze unterscheiden; siehe v. d. Decken's Reisen in Ostafrika, Bd. II, S. 83, und Bd. III 2, S. 379, Taf. 16, Fig. 2. Cochlophora valvata Gerstäcker, auch von Dr. Stuhlmann in Ukami gefunden, theils rechts-, theils linksgewunden.

Vivipara Lm.

Vivipara Lm. 1809 (franz.), Sow.[1] 1813, Gray 1821. Viviparus Montf. 1810. Paludina Lm. 1812.

Schale länglich-kegelförmig mit ungefähr 6 mässig an Breite zunehmenden Windungen und bräunlicher oder grünlicher Schalenhaut; eine sehr feine Spiralstreifung bei fast allen Arten vorhanden, aber je nach den Individuen oder auch nach dem Erhaltungszustand mehr oder weniger deutlich zu erkennen; öfters Spiralkanten. Mündung mehr oder weniger schief, eiförmig, oben eckig. Deckel dünn, hornig, mit konzentrischen Anwachsstreifen, der Kern nicht ganz in der Mitte, sondern näher dem inneren als dem äusseren Rande; Innenseite des

Deckels auch im mittleren Theil, wo er an den Fuss angeheftet ist, glänzend und glatt, mit wenigen konzentrischen, ziemlich breiten, nicht scharf begrenzten, etwas erhabenen Ringen, der Kern selbst knopfartig vorspringend. Fühler mässig lang und spitz, das Auge an der äusseren Basis; beim Männchen der rechte Fühler kürzer und dicker, das Begattungsglied enthaltend. Weibchen lebendig-gebärend; die neugeborenen Schalen kurz-kegelförmig, mit 2—3 Windungen; von den europäischen Arten ist dies längst bekannt, an den ostafrikanischen konnte es für V. unicolor, rubicunda und constricta an Spiritus-Exemplaren, welche Dr. Stuhlmann geschickt hat, konstatirt werden.

Lamarck nannte die Gattung zuerst la Vivipare, nach dem Vorgange der Artbezeichnung bei Geoffroy und Linné, später Paludina mit Ausdehnung auf viele, jetzt zu anderen Gattungen gehörige Arten; Gray, 1821, betonte zuerst die Beschaffenheit des Deckels als wesentlichen Unterschied von verwandten Gattungen.

Diese Gattung kommt auch in Europa, Nordamerika bis Westindien, Ostasien und Indien bis in den malayischen Archipel (Celebes) und Australien vor, fehlt aber auf dem Festland von Südamerika und in Westafrika (Morelet's Paludina senegalensis gehört zu Cleopatra). Ihre reiche Entwicklung in Ostafrika ist daher ein nach Indien weisender Zug. Von den ostafrikanischen Inseln sicher nur auf Mauritius und hier vermuthlich aus Indien eingeführt.

Namen	Allg. Gestalt	Letzte Windung zur Schalenlänge in der Rückenansicht	Peripherische Kante	Kante oberhalb der Peripherie	Länge	Breite	Mündung
					mm	mm	mm
unicolor Ol.	konisch-eiförmig, flach gewölbt	4 : 7 oder 3 : 5	schwach, zuletzt schwindend	Schulterkante früh schwindend	26½ 23 19	21 17 15½	15 11½ 10
— var. biangulata Küst.	do.	4 : 7	bis nahe zur Mündung deutlich bleibend		18½	14½	11
— var. conoidea n.	längl.-konoidisch gewölbt	1 : 2	bald schwindend	0	27	20	12½
— var. elatior n.	längl.-konoidisch, flach gewölbt	4—5 : 9	auf der letzten Windung schwindend	meist 0	24 28	17 18	12-13
— var. jeffreysi Frfld.	breit-konoidisch	4 : 7	do.	do.	24	20	14
— var. spekei E. Sm.	hoch-konoidisch, spiral-streifig	?	do.	schwach	34	23	16
cepoides E. Sm.	kugelig-konoid., stark gewölbt		0	0	33	22½	17½
rubicunda Marts.	konoidisch, stark gewölbt	4—5 : 9	0	0	18½—13—17 22		9—10
— var. subturritan.	cylindrisch-konoidisch, stark gewölbt	4 : 9	0	0	25½	16	11
meta n.	kegelförmig, unten abgerundet. Seiten flach	5—9 oder 1 : 2	auf der letzten Windung verschwunden	meist 0	42 27	29 19	21 14

Namen	Allg. Gestalt	Letzte Windung zur Schalenlänge in der Rucken-ansicht	Peripherische Kante	Kante oberhalb der Peripherie	Länge mm	Breite mm	Mündung mm
trochlearis Marts. a) phthinotropis Marts.	kegelförmig, Seiten flach	1 : 2 oder 4 : 9	obensichtbar, nahe der Mündung schwindend	bald schwindend	28 — 34	19 - 21	13¹/₂— 15
b) constricta Marts.	do.	ungefähr 1 : 2	über die Naht vorspringend	vorhanden oder fehlend	22 - 28	15 — 19	10 — 13¹/₂
c) pagodella n.	gestreckt-kegelförmig	1 : 2	stark über die Naht vorspringend	schwach	20— 22¹/₂	14	8
cestulata Marts.	stumpf-konoidisch, rippenstreifig	1 : 2	auf der letzten Windung schwindend	o	19 24	14¹/₂ 15	9 - 10 11
— var. trilirata n.	do.	4 : 7	deutlich	zwei	14	11	8
? brincatiana Bgt. — var. bri-douxiana Bgt.	eiförmig, mit 2 Bändern		o	o	17 18	13 11	10 10

Vivipara unicolor (Ol.)

Cyclostoma unicolor, Olivier, Voy. emp. Ottom. II, 1804, p. 39, Atl. pl. 31, Fig. 9. Savigny, Descr. Eg. Zool., Coquilles, pl. 2, Fig. 30.

Paludina unicolor, Lm., An. s. vert. ed. 1, VI, No. 4, ed. 2 VIII, p. 513. Philippi, Abbild. neuer Conch. I, S. 117, Pal., Taf. 1, zwischen Fig. 6 u. 5. Küster in der neuen Ausgabe von Martini u. Chemnitz, Paludina, S. 21, Taf. 4, Fig. 12, 13. Dohrn, Proc. Zool. Soc. 1864, p. 117. v. Martens, Malak. Blätt. 1865, S. 202, 1866, S. 97, 1867, S. 20, und in Monatsbericht d. Akad. d. Wiss. Berlin, 1878, S. 297.

Vivipara unicolor, Frauenfeld in Verhandl. d. zool.-bot. Gesellsch. Wien 1864, S. 657. Jickeli, Land- u. Süssw.-Moll. Nordostafr., S. 235, Taf. 7, Fig. 30 (Skulptur der Schale vergrössert).

Paludina polita, Frauenfeld in Verhandl. d. zool.-bot. Gesellsch. 1862, S. 1163; Reeve, Conch. Icon. XIV, Fig. 73.

Paludina unicolor var. Sturany in Baumann »Durch Massailand zur Nil-quelle«, 1894, S. 15, Taf. 24, Fig. 7, 12, 22 und 13, 17, 23, 25.

Dunkel grünlich-braun oder grau-grün, mit feiner, in ihrer Ausprägung etwas variirender Spiralskulptur, eine obere Schulterkante nur auf der drittletzten Windung deutlich, auf der vorletzten und letzten mehr oder weniger verschwunden, eine untere Kante in der Fortsetzung der Naht meist auf der ersten Hälfte der letzten Windung noch zu erkennen. Mündungsrand oft schwarz. Grösste Exemplare (aus Karagwe) 26¹/₂ mm hoch, 21 breit, Mündung 15 und 12¹/₂ mm.

Schon lange aus dem Nil bekannt, abwärts bis Alexandrien, im Blauen Nil bis zum Tzana-See (Heuglin), im Weissen Nil bis zum Victoria-Nyansa (Speke).

Kivugu nahe Bagamoyo, in der Küstenregion, 10. Juli 1892, und in einem Bachbett zwischen Unyangwira und Mbiwe in Ugogo, 9. Juli 1890, Stuhlmann. Usaramo, derselbe, 1894. Sumpfartige Erweiterungen des Bubu-Flusses in Irangi, O. Neumann, Juli 1893. Manyara-See, Baumann, grössere und kleinere Formen.

Finboni, zwischen Mombas und Taita, Hildebrandt. Mhugu an der Nordostseite des Victoria-Nyansa, grosse verbleichte Schalen, O. Neumann, 21. Febr. 1894. Insel Sirwa im südwestlichsten Theil des Victoria-Nyansa, Stuhlmann. Kassesse in Karagwe in einem kleinen Wasserlauf, 24. Febr. 1891, und bei Weryanye, ebenfalls in Karagwe, im Uferschilf, 5. März 1891, Stuhlmann. An beiden Orten dunkelbraun, theilweise mit rostfarbiger Inkrustation, doch einzelne Exemplare auch mehr grünlich.

Var. biangulata (Küst.)

Paludina biangulata, Küster, Palud., S. 25, Taf. 5, Fig. 11, 12.
Paludina unicolor (part.) Sturany in Baumann's Reisewerk, S. 8, Taf. 24. Fig. 8, 9.

Die Schulterkante auch noch auf der vorletzten und einem Theil der letzten Windung oder auch auf deren ganzem Verlauf vorhanden; in allem Uebrigen mit der typischen Form übereinstimmend.

Usaramo, Stuhlmann; Rufidji-Niederung bei Marendego in Samanga, Lieder, Nov. 1893. Finboni, zwischen Mombas und Taita, zusammen mit der typischen Form, Hildebrandt. Sansibar, ohne nähere Angabe, ob Insel oder Festland, in Pactel's Sammlung. Victoria-See, Baumann. Auch aus dem Weissen Nil von Schweinfurth und von der ägyptischen Küste des Rothen Meeres durch Ehrenberg im Berliner Museum.

Grösstes Stück mit noch bis zur Mündung erhaltener, scharf gezeichneter Schulterkante $18^1{}_2$ mm hoch, $14^1/_2$ breit, Mündung 11 mm in schiefer Richtung, mit noch ganz dünnem Rand; daher wohl noch nicht ganz ausgewachsen, von Finboni; ein wenig grösseres Stück ebendaher, 22 mm hoch, 16 breit, zeigt die Kante noch bis 7 mm vor dem Mündungsrand vorhanden, aber von hier an nach einem Wachsthumsabsatz völlig verschwunden; der etwas dickere Rand zeigt, dass sie ausgewachsen ist. Da bei der Mehrzahl der Exemplare von V. unicolor diese Kante schon auf der vorletzten Windung schwindet, so kann man biangulata nicht einfach als Jugendzustand derselben erklären, wohl aber als eine Form, welche diesen formellen Jugendcharakter ungewöhnlich lange beibehält; sie hat auch ziemlich dieselbe geographische Verbreitung.

Var. conoidea n.

Schale etwas grösser und mehr konisch, nach oben zugespitzt, unten breit, die letzte Windung, von der Rückenseite gesehen, nur die Hälfte der Länge der ganzen Schale einnehmend (bei der typischen unicolor in der Regel $^4/_7$), daher eine gewisse Aehnlichkeit mit V. rubicunda, aber die oberen Windungen so flach und die Naht so wenig tief wie bei unicolor, die letzte Windung abgerundet, meist ohne Spur von Basalkante, Nabel verhältnissmässig weit. Schulterkante an keiner Windung deutlich zu erkennen, Basalkante noch an der vorletzten Windung. Ziemlich dicht gestreift, parallel dem Mündungsrande, nebst Spuren von Spiralstreifung. Höhe $27—27^1/_2$ mm, grosser Durchmesser 20—21, Mündung $12^1/_2$-13 lang und $10—10^1/_2$ breit.

Nur subfossil am Albert-Edward-See gefunden, im Mergel des alten Seebodens im Distrikt Iwinsa an der Südseite des Sees, Stuhlmann, 9. Mai 1891.

Ich würde diese Form für eine eigene Art halten, wenn nicht aus dem Mahmudie-Kanal bei Alexandrien ein von H. Jickeli gesammeltes Stück im Berliner Museum mir vorläge, welches, in allem sonst eine unzweifelhafte unicolor, doch dasselbe Verhältniss der letzten Windung zur Gesammtlänge zeigt, wie die Stücke von Iwinsa.

Var. elatior n.

Taf. VI, Fig. 25.

Paludina ? rubicunda (Marts.) Sturany in Baumann, Durch Massailand zur Nilquelle, 1896, S. 8, Taf. 24, Fig. 2—4.

In den meisten Beziehungen der typischen unicolor ähnlich, aber höher und verhältnissmässig schlanker; glänzend grau-grün, mit zahlreichen, schwachen Anwachsstreifen und mehr oder weniger deutlicher Spiralskulptur, die einzelnen Windungen ziemlich flach, mit seichter Naht; Schulterkante auch in den oberen Windungen in der Regel nicht vorhanden, bei einzelnen Stücken an der viertletzten (dritten) erkennbar. Die letzte Windung verhältnissmässig hoch, auf der Rückenseite gesehen etwas über oder unter der Hälfte der ganzen Schalenlänge einnehmend, je nach den einzelnen Stücken, auf der Bauchseite bis zu der über der Mündung nächsten Naht $^2/_3$ oder etwas darüber; untere Kante auf der ersten Hälfte der letzten Windung schon sehr schwach, zuweilen kaum noch zu erkennen, auf den früheren Windungen immer vorhanden, aber durch die folgenden Windungen verdeckt; Nabel mässig offen, trichterförmig einfallend, am Columellarrand eine diesem parallele längliche Grube bildend, was an die Gattung Lacuna erinnert und auch bei der typischen unicolor aus dem Nil, doch etwas weniger abgegrenzt, vorkommt. Länge (Höhe) bis 24 mm, grosser Durchmesser 17, Mündung in ihrer schiefen Ebene gemessen 12¹₂ lang, 10 breit; ein besonders schlankes, ausgewachsenes Stück 28 mm lang, 18 im grossen Durchmesser, 16 im kleinen, Mündung 12 lang und 10 breit. Ein ähnliches Stück von Nyemirembe 28 mm lang, 20 breit, Mündung 13 und 11 mm.

Victoria-Nyansa bei Bussisi im Smith-Sund an sandigem Ufer häufig, 28. Sept. 1890 und bei Nyemirembe am Emin Pascha-Golf, Okt. 1890, Stuhlmann.

Unterscheidet sich von V. abyssinica Marts. durch verhältnissmässig grössere Breite der oberen Windungen, grössere Höhe der letzten Windung, minder regelmässig und minder tiefe Wachsthumsstreifen auf der letzten Windung, schwächere untere Kante, welche nicht wie bei dem Originalexemplar von abyssinica auf der vorletzten und drittletzten Windung sichtbar bleibt, und etwas mehr offenem Nabel, - - von V. robertsoni Frfld. durch den fast gänzlichen Mangel der Schulterkante. Jüngere Stücke sind im Umriss der Figur von E. Smith's jucunda, Ann. Mag. N. H. 1892, Taf. 12, Fig. 6, recht ähnlich, aber durch Glanz, Glätte und Vorhandensein des Nabels verschieden. Ganz junge (neugeborene) Stücke gleichen denen der typischen unicolor.

Hierher gehört vermuthlich auch die von Bourguignat, Moll. fluv. de Nyanza Oukerewe 1883, p. 4, als abyssinica Marts. angeführte Art.

Var. jeffreysi Frfld.

Vivipara jeffreysi, v. Frauenfeld, Proc. Zool. Soc. 1865, p. 658, und in Verhandl. d. zool.-bot. Gesellsch. Wien XV, 1865, S. 532, Taf. 22, Fig. 3, 4. E. Smith, Proc. Zool. Soc. 1877, p. 716, pl. 74, Fig. 1, 2.

Vivipara simonsi und smithi, Bourguignat in Ann. Sci. Nat. (7) X, 1890, p. 40.

Verhältnissmässig gross und breit, die Schulterkante auch in der drittletzten, vorletzten und letzten Windung nur als stumpfe Umbiegung vorhanden, unterhalb derselben die Windung mehr senkrecht abfallend. Fettglänzend grau-grün, die oberen Windungen unterhalb der Schulterkante purpurroth angeflogen. Sehr feine Spiralskulptur, schon von Frauenfeld in der zweiten Publikation erwähnt.

Nyassa-See, Dr. Kirk und F. A. Simons.

Es ist kein scharf ausgesprochenes Kennzeichen, welches diese Form von unicolor trennt, da auch bei dieser die Schulterkante öfters schon auf der drittletzten Windung, wo sie zuerst auftritt, nicht scharf gezogen und begrenzt, sondern nur als Umbiegung der Fläche erscheint. Aber der Habitus von jeffreysi hat doch etwas Eigenthümliches, die oberen Windungen erscheinen breiter und weniger abgesetzt, daher das Gewinde weniger schlank, übrigens dieses auch in der Originalabbildung bei Frauenfeld und bei den vom Conchyliologen Sowerby gekauften Exemplaren im Berliner Museum noch deutlicher als in der von E. Smith gegebenen Abbildung.

Dohrn's Paludina polita vom Nyassa-See, Proc. Zool. Soc. 1865, p. 233, ist vermuthlich auch diese Form.

In V. robertsoni, v. Frauenfeld, ebenfalls Proc. Zool. Soc. 1865, p. 659, und Verhandl. zool.-bot. Gesellsch. 1865, S. 1533, Taf. 22, Fig. 13, 14, ebenfalls aus dem Nyassa-See, kann ich nichts anderes als unicolor sehen, während die Abbildung bei E. Smith, Proc. Zool. Soc. 1877, Taf. 74, Fig. 5, 6 im Profil noch etwas geradliniger und gestreckter erscheint, sie scheint auch einen etwas weiteren Nabel zu haben.

V. capillata, v. Frauenfeld, ebenda, Fig. 11, 12, ebenfalls vom Nyassa-See, zeichnet sich durch Spiralreihen von Haargrübchen aus, auf und zwischen den beiden Kanten, sowie noch dichter gestellt an der Unterseite; E. Smith's Abbildung, Proc. Zool. Soc. 1877, Taf. 74, Fig. 3, 4, zeigt dieselben nicht.

Ancey, Mém. Soc. Zool. de France VII, 1894, S. 224, giebt für capillata und ? robertsoni als Fundort den Fluss Shire, 3 km nach seinem Austritt aus dem Nyassa, an, also weit südlich vom deutschen Schutzgebiet; E. Smith, Proc. Zool. Soc. 1881, p. 293, 294, nennt sie auch vom Gebiet zwischen Nyassa und Ostküste, von Jos. Thomson gesammelt.

Grandidier, Bull. Soc. Mal. de France IV, 1887, p. 190, bestimmt Formen aus dem Kingani und Wami, also vom Festland gegenüber Sansibar, als V. capillata und robertsoni; Bourguignat, Moll. de l'Afr. équat. 1889, p. 163, eine Form von Ussagara, speziell Kondoa, als V. jeffreysi. Der von Bourguignat a. a. O. nur nach den Abbildungen erschlossene Unterschied der V. simoni u. smithi von jeffreysi scheint mir insofern weniger wichtig, als die aus London erhaltenen Exemplare von V. jeffreysi die Mitte zwischen denselben halten.

Var. spekei (E. Sm.)

Paludina spekei, E. Smith, Proc. Zool. Soc. 1880, p. 484, pl. 48, Fig. 11.
Eine grosse Form mit stark ausgeprägter Skulptur, etwas körnigen, erhabenen Spirallinien, ungefähr 10 auf dem sichtbaren Theil der vorletzten Windung und gegen 30 auf der letzten; Nabel offen, Färbung bräunlich-grün mit einzelnen dunkleren Wachsthumsabsätzen und schwärzlichem Mündungsrand. 34 mm lang, 23 im grossen Durchmesser, Mündung 16 lang, 12 breit.
Flaches Kustenland vom 6 bis 7° südl. Breite, J. B. Speke (also gerade im deutschen Gebiet).

Vivipara cepoides E. Sm.

Viviparus cepoides, E. Smith, Ann. Mag. Nat. Hist. (6) X, 1892, p. 125, pl. 12, Fig. 4.
Grösser als alle mir bekannten Formen von unicolor, nämlich 33 mm lang und 22½ breit, Mündung 17, und ohne untere Kante auf dem letzten Umgang; von unicolor var. conoidea durch die unverhältnissmässig höhere letzte Windung verschieden.
»Entweder aus dem Victoria-Nyansa oder vom Nil zwischen 3. und 14.° nördl. Breite«, E. Smith.

Vivipara rubicunda (Marts.)

Taf. Moosthiere, Fig. 2 und 3.)

Paludina rubicunda, v. Martens, Sitz.-Ber. d. Ges. nat. Freunde 1879, S. 104.
Paludina unicolor, var. E. Smith, Proc. Zool. Soc. 1888, p. 53.
Viviparus rubicundus (Marts.), E. Smith, Ann. Mag. Nat. Hist. (6) X, 1892,
p. 123, pl. 12, Fig. 3.

Kleiner als unicolor, mit stärker gewölbten Windungen, daher tieferer Naht,
ohne Spiralkante, weder oberer noch unterer. Das Gewinde erscheint der tieferen
Naht wegen schlanker und mehr abgestuft; Nabel sehr eng, halb verdeckt.
Farbe frischer Stücke entweder dunkel röthlich-braun oder heller blass gelblich-
grün; verbleichte Stücke lebhaft rosenroth oder weisslich; beide Färbungen an
Exemplaren desselben Fundortes, Mundungsrand oft schwärzlich, wie bei unicolor,
zuweilen mehrere Wiederholungen desselben nahe der Mündung. Ausgewachsene
Stücke 18½—22 mm lang (hoch), 13—17 im grossen Durchmesser, Mündung
9—10 hoch und 7½—8 breit. Neugeborene Schalen etwas niedriger als diejenigen
von unicolor, glatt, mit einer unteren Kante, die aber schon auf der drittletzten
Windung verschwindet.

Victoria-Nyansa, am südwestlichen Ufer, Emin Pascha, damals noch Emin
Effendi, 1877. Albert-Nyansa, bei Kassenye am südwestlichen Ufer, Emin
Pascha und Stuhlmann, 26. u. 27. Nov. 1891, auch von General Gordon und
Sam. Baker in diesem See gefunden. Nil, zwischen 3. und 14.° nördl. Breite,
Speke, im britischen Museum.

Die röthliche Farbe, so charakteristisch sie erscheint, ist doch dieser Art
nicht ausschliesslich eigen, denn auf der Insel Sirwa im Victoria-Nyansa hat Stuhlmann einige ebenso kleine Stücke gesammelt, wovon eines, 18 mm hoch und
13½ breit,eine ähnliche, nur mehr gelblich-röthliche Färbung zeigt, zwei weisslich,
alle drei aber nach dem Vorhandensein der unteren Kante und der geringeren
Wölbung der Windungen zu unicolor gehören.

Var. subturrita n.

(Taf. VI, Fig. 26.)

Hochgewunden, die letzte Windung niedrig, von der Rückseite gesehen
weniger als die halbe Schalenlänge einnehmend, völlig gerundet und gleichmässig
gewölbt, ohne Spur von Basalkante; vorletzte und drittletzte Windung breit,
gewölbt, mit tiefer Naht; keine Schulterkante. Nabel mehr oder weniger eng.
Farbe blass bräunlich, verbleicht weiss; Höhe 25½, grosser Durchmesser 16,
Mündung 11 hoch, 9 breit.

Ein Stück bei Bussisi an der Südseite des Victoria-Nyansa, von Dr. Stuhlmann gesammelt, mit zahlreichen V. unicolor var. elatior, von welchen allerdings
manche derselben sehr nahe kommen, aber doch durch die weniger gewölbten
Windungen sich noch unterscheiden lassen; so zeigt ein sehr gestrecktes Stück
von V. unicolor var. elatior fast dieselben Ausmessungen: Höhe 25 mm, Durchmesser 16, Mündung 11 hoch, 9 breit, unterscheidet sich aber sofort für den
Blick durch flachere Windungen, seichtere Nähte, Andeutung der unteren Kante
an der letzten Windung; das Gewinde erscheint bei ihr nach oben auffallend
mehr konisch zugespitzt, bei subturrita treppenförmig wegen der tieferen Naht,
die drittletzte Windung, von der Rückseite gezählt, bei subturrita 8, bei elatior
nur 7 mm breit.

Vivipara meta n.

Taf. VI, Fig. 27.

Abgerundet kegelförmig, unten ziemlich breit, nach oben scharf zugespitzt,
die drei letzten Windungen gleich unterhalb der Naht etwas stärker gewölbt,

12*

doch ohne Kante und dann steil abfallend mit nur schwacher Wölbung; in der Naht keine Spur von Kiel sichtbar. Letzte Windung unterhalb des grössten Umfangs (in der Verlängerung der Naht) rasch eingezogen, so dass die Basis verhältnissmässig flach, nicht gewölbt ist; bei grösseren Stücken an dieser Umbiegung zwischen Seitenfläche und Basis der letzten Windung keine Spur von Kante, bei kleineren, aber vermuthlich ausgewachsenen (ebenfalls 6 Windungen) eine äusserst stumpfe, kaum als solche zu bezeichnende Kante. Nabel eng, bei kleineren Exemplaren mit der charakteristischen, ziemlich breiten Vertiefung an der Aussenseite des Columellarrandes, wie bei unicolor. Mündungsebene einen Winkel von etwa 40° mit der Windungsachse bildend. Skulptur: zahlreiche, aber sehr ungleichmässige Streifen parallel den Anwachslinien, stellenweise vertiefte Linien in dieser Richtung in annähernd gleichen Zwischenräumen von etwa $^3/_4$ mm, so dass man hier auch von ganz flachen, $^3/_4$ mm breiten Rippchen sprechen könnte; keine regelmässige Spiralskulptur; an mehreren Stücken stellenweise kurze, scharf erhobene, schief nach vorn herabsteigende Runzeln. Farbung blass grünlich-braun, verbleichte Stucke sehr blass röthlich, die drei obersten Windungen dunkler, trüb röthlich-braun; Mündungsrand schwarz, an grossen Stücken mehrfach wiederholt.

Grösstes Stück 42 mm lang, 29 im gross. Durchm., Mundung 21 lang, 17 breit

Mittleres	35	»	»	24	»	19	16
Kleinstes	27	»	»	19	»	14	» 11 »

Victoria-Nyansa bei der Insel Kassarasi im südwestlichen Theil des Sees, Stuhlmann, 20. Oktober 1890.

Die letzte Windung ist bei dem grössten und einem der kleineren Exemplare, von der Rückseite gesehen, etwas höher als die halbe Schalenlänge, bei dem mittelgrossen und zwei kleineren kaum etwas niedriger als die Hälfte. Trotz dieser und einiger anderen oben erwähnten Differenzen durften doch alle zu derselben Art gehören, welche sich von den gestreckten Varietäten der V. unicolor und rubicunda durch die breitere, flachere Basis und die feinere, geradlinige Zuspitzung nach oben unterscheidet, von der folgenden phthinotropis durch den Mangel eines peripherischen Kiels auch an den oberen Windungen. Hat im allgemeinen Umriss eine gewisse Aehnlichkeit mit Helix (Geotrochus) meta Pfr. und xanthochila Pfr.

Vivipara constricta (Marts.)

Paludina constricta, v. Martens, Conch. Mitth. III 1, 1886, S. 16, Taf. 41, Fig. 7.
Viviparus victoriae, E. Smith in Ann. Mag. Nat. Hist. (6) X, Aug. 1892, S. 124.

Kegelförmig, nach oben scharf zugespitzt, die dritte und die nächstfolgenden Windungen mit einem starken Kiel in ihrem grössten Umfange, welcher nach oben durch eine Spiralfurche begrenzt ist und in der Naht von aussen sichtbar bleibt, öfters eine zweite schwache Spiralkante zwischen diesem peripherischen Kiel und der nächstoberen Naht, im Uebrigen die Windungen oberhalb des Kiels fast eben, steil abfallend, unterhalb desselben rasch eingezogen, eine verhältnissmässig flache, nicht gewölbte Unterseite bildend. Nabel sehr eng, seine grubenförmige Verlängerung am Columellarrand meist wenig ausgeprägt. Die zwei ersten vermuthlich schon vor der Geburt im Mutterleib gebildeten Windungen ohne Kiel, dunkelbraun.

a) phthinotropis Marts.
(Taf. VI, Fig. 28, 29.)

Paludina sp. n., E. Sm. in Ann. Mag. Nat. Hist. (6) VI, 1890, p. 149.
Vivipara phthinotropis, v. Martens, Sitz.-Ber. d. Ges. nat. Freunde, S. 17. Febr. 1892.

Viviparus victoriae typical, E. Smith a. a. O., p. 124, pl. 12, Fig. 9.

Im Umriss, Grösse, Skulptur und Färbung der vorigen, V. meta. ziemlich ähnlich, doch unten weniger breit; hoch konisch, Streifung ziemlich flach, die Windungen mit Ausnahme der letzten wenig voneinander abgesetzt, auf der letzten der peripherische Kiel schwächer und gegen die Mündung zu ganz verschwindend, die obere Kante ganz verschwunden. Einige Stücke dunkel rothbraun, im Innern der Mündung dunkelbraun, die Mehrzahl hell grünlich-braun, im Innern der Mündung blassgrau. Mündung ebenso schief wie bei V. meta.

Grösstes Stück	34,	im gr. Durchm.	21,	Mündung	14 lang,	12 mm breit
Breitestes	»	31,	»	»	21,	»	15	»	13	»
Schlankstes	»	28,		»	19,	»	13^1/$_2$	»	11	»	»
Jungeres	»	22,			15,	»	9^1/$_2$	»	8	»	»
Noch jünger	17,		13^1/$_3$,		9		7	»

Victoria-Nyansa, Ndukali auf der Insel Bumbide, Oktbr. 1890, und bei Towalyo, 3. Dezbr. 1890, beides an der Westküste; Insel Sirwa, Oktbr. 1890 und Nyamagotso, 4. Nov. 1890, beides im südwestlichen Theil des Sees, Stuhlmann. Victoria-Nyansa, ohne nähere Ortsangabe, E. Smith.

b) trochlearis Marts.

(Taf. VI, Fig. 19—21.)

Paludina constricta, v. Martens, Conch. Mitth. III, Taf. 41, Fig. 7.

Vivipara trochlearis, v. Martens, Sitz Ber. d. Ges. nat. Freunde, Febr. 1892, S. 18.

Viviparus victoriae var. a., E. Smith, Ann. Mag. Nat. Hist. (6) VI, p. 124, pl. 12, Fig. 20.

Paludina victoriae Sturany in Baumann, »Durch Massailand zur Nilquelle«, 1894, S. 7, Taf. 24, Fig. 5.

Kürzer und verhältnissmässig breiter, der peripherische Kiel bis zur Mündung sich erhaltend, auf der vorletzten und drittletzten Windung oft über die Naht vorspringend, so dass diese hier eine mehr oder weniger starke Einschnürung bildet, die mittlere Kante sehr verschieden ausgebildet, zuweilen ganz fehlend, oft schwach, aber bis zur Mündung erkennbar, selten (Exemplare von Manyonyo) fast ebenso stark wie der Kiel in der Peripherie (Fig. 20). Nabel sehr eng oder ganz geschlossen. Skulptur wie bei der vorigen oder oft etwas stärker, rippenstreifig (trochlearis); bei einzelnen Stücken von Sirwa mit wohlerhaltener Schalenhaut auch eine feine Spiralstreifung sehr deutlich, bei anderen kaum oder nur stellenweise erkennbar. Farbe durchschnittlich heller, blass grau-grün, bei abgeriebenen Exemplaren oft ein breites, röthliches Band zwischen der mittleren Kante und dem peripherischen Kiel und zuweilen ein zweites an der Unterseite etwas einwärts vom Kiel; ein sehr schmaler, schwärzlicher Mündungsrand, zuweilen wiederholt. Mündungsebene weniger schief, doch etwas wechselnd, 20—30° von der Windungsachse abweichend.

Grösstes Stück v. Sirwa	28 mm lang,	19 gr. Durchm.,	Mündung 13^1/$_2$ lang,	10^1/$_2$ breit
Mittleres	»	25	»	16^1/$_2$		11^1/$_2$	»	8^1/$_2$
Kleineres	» Ikuru	22		15		10		8

Victoria-Nyansa, G. A. Fischer 1885—86; Inseln Sirwa und Ikuru im Südwesten des Sees, Stuhlmann, Okt. 1890. Bukoba-Bucht, Stuhlmann, 28. Nov. 1890. Formen mit stark ausgeprägter oberer Kante bei Manyonyo, Hafenort von Uganda, Januar 1891, Stuhlmann.

Trotz der Verschiedenheit in dem stärkeren oder weniger starken Vorspringen des Kiels, der stärkeren rippenartigen oder schwächeren Streifung, sowie der Ausprägung oder Abwesenheit der zweiten Kante lassen sich diese Formen doch nicht scharf voneinander trennen. Die Exemplare von Sirwa und Ikuru zeigen die Wirbel stark abgenutzt und die Schalenhaut mehr oder weniger abgerieben, obwohl mehrere Exemplare lebend gesammelt zu sein scheinen; wahrscheinlich leben sie dort auf härterem Grund oder in mehr bewegtem Wasser; diejenigen von Bukoba und Manyonyo dagegen haben eine gut erhaltene Schalenhaut und die Wirbel weniger abgerieben.

Fig. 19 stellt eine Uebergangsform zwischen dieser Varietät und der folgenden dar, bei Sirwa gefunden; das Originalexemplar meiner constricta, a. a. O. abgebildet, steht in seiner allgemeinen Gestalt zwischen Fig. 19 und Fig. 20.

Aus dem Mutterleib genommene junge Schalen, $4^1/2$ mm hoch und $5^1/2$ breit, zeigen schon 3 Windungen und auf der dritten schon den starken, deutlich abgesetzten peripherischen Kiel und darüber die schwächere Kante, aber keine Spur von den Haaren, welche die europäische V. contecta in diesem Alter besitzt (s. Fig. 21).

c) pagodella n.
(Taf. VI, Fig. 18.)

Schlank und hoch; die schon vor der Geburt gebildete Embryonalschale verhältnissmässig klein, und unmittelbar nach ihr, auf der viertletzten Windung, tritt der peripherische Kiel unvermittelt stark hervor, die nächstuntere Naht weit überragend, was der Spitze eine eigenthümliche Gestalt giebt; auf den folgenden Windungen nimmt der Kiel langsam an verhältnissmässiger Stärke etwas ab, erhält sich aber bis zur Mündung. Nabel geschlossen. Streifung ziemlich schwach. Färbung blass grau-grün, bei einem Stück dunkler grün-braun, zweite Kante erst auf der vorletzten Windung auftretend und bis zur Mündung schwach, aber doch deutlich bleibend. Mündung der höher gezogenen Form entsprechend nur um wenig höher als breit. Länge (Höhe) $22^1/2$, gross. Durchm. 14, Mündung 8 hoch, $7^1/2$ mm breit.

Victoria-Nyansa, Bukoba-Bucht, O. Neumann, 17. Juni 1894.

Vivipara costulata Marts.
(Taf. VI, Fig. 22.)

Vivipara costulata, v. Martens, Sitz.-Ber. d. Ges. nat. Freunde, Febr. 1892, S. 18.
Viviparus victoriae var. b., E. Smith in Ann. Mag. Nat. Hist. (6) X, Aug. 1892, p. 124, pl. 12, Fig. 8.
Viviparus jucundus, E. Smith ebenda, p. 24, Fig. 6.

Stumpf-konisch, verhältnissmässig kurz und breit, die einzelnen Windungen gleichmässig schwach gewölbt, mit sehr mässig tiefer Naht, in welcher keine Kante zu erkennen; letzte Windung mit einer schwachen, gegen die Mündung zu meist völlig verschwindenden Kante in der Verlängerung der Naht, ihre Unterseite auch noch ziemlich gewölbt. Nabel ganz oder fast ganz geschlossen. Mündung mässig schief, 20—30° zur Achse. Skulptur: flach erhabene, den Anwachslinien parallele, etwas breite, aber schwache Rippen, welche durch ungefähr doppelt so breite Zwischenräume getrennt sind, besonders deutlich auf der vorletzten und drittletzten Windung, wo öfters die Zwischenräume erodirt sind, während die Rippen noch ihre braune Schalenhaut erhalten haben; auf der letzten Windung fehlen diese Rippen in der Regel. Färbung meist gelb-braun; Mündungsrand mit schmalem schwärzlichen Saum, der sich an einzelnen Stücken mehrmals wiederholt.

	Länge (Höhe)		Durchm.		Mündung		
Von Kassarasi:	19, gross,		$14^1/2$ mm,		9	10 lang, $7^1/2$	8 breit,
nach E. Smith:	24,		15			11,	9
von Bumbide:	16,	»	$11^1/2$			$8^1/2$	6

Victoria-Nyansa, bei der Insel Kassarasi im Sudwesten des Sees, 28. Okt.
1890, und bei Ndukali auf der Insel Bumbide, an der Westküste, Okt. 1890, Insel
Ssowe in Uganda, 22. Dez. 1890, Stuhlmann. Auch E. Smith hat sie vom
Victoria-Nyansa.

Var. trilirata n.

(Taf. VI, Fig. 23, 24.)

Eine eigenthümliche Form, im allgemeinen Umriss der costulata ähnlich,
aber mit stärkerer, bleibender Kante im grössten Umfang und zwei schwächeren,
schmalen Spiralkanten zwischen ihr und der nächstoberen Naht. Rippenstreifung
ähnlich, doch etwas schwächer.

Länge 14 mm, grosser Durchmesser 11, Mündung 8 lang, 7 hoch.

Victoria-Nyansa, bei Ndukali, mit der vorigen.

Diese Art ist in ihrer typischen Form auf den ersten Anblick leicht von
der vorigen zu unterscheiden, doch zeigen jüngere Exemplare oft eine schärfere
Kante und treten dadurch der constricta näher.

E. Smith's Unterscheidung des V. jucundus von seinem V. victoriae var. b.
kann ich trotz dem, was er darübersagt, nicht annehmen; ersterer soll sich von
letzterem durch die deutlichere Spiralstreifung, tiefere Naht und ganz geschlossenen
Nabel unterscheiden, aber in all diesen drei Beziehungen zeigen auch meine
costulata Abstufungen nach den Individuen, ohne dass dieselben sich immer in
derselben Weise kombiniren, um zwei Arten auseinander zu halten. So gross wie
Smith's Fig. 8 habe ich übrigens noch kein Exemplar von costulata gesehen. Die
var. trilirata bildet ein Bindeglied nach phthinotropis hinüber, ist aber nicht so
schlank und zeigt zwei, nicht eine Kante zwischen oberer Naht und Kiel.

Vivipara? brincatiana Bgt.

Vivipara brincatiana, Bourguignat, Ann.Sci.Nat. (7) X, 1890, p.41, pl.4, Fig. 1.

Eiförmig, ohne Kante, fein spiral-gestreift, ganz unten mit drei starkeren
Spiralleisten um den mässig engen Nabelritz, bräunlich, mit zwei schwarzen
Spiralbändern, obere Windungen verloren. 17 mm hoch, 13 im Durchmesser,
Mündung 10 hoch, 7 breit.

Tanganyika, am östlichen Ufer bei der Mündung des Malagarazi,
französische Missionäre.

Var. bridouxiana Bgt.

Vivipara bridouxiana, Bourguignat, ebenda, S. 42, Fig. 2.

Unterscheidet sich nur durch den Mangel der stärkeren Spiralleisten und
stärkeres Herabsteigen der letzten Windung, wodurch die ganze Gestalt schlanker
und der Nabelritz enger wird. 18 mm hoch, 11 breit, Mündung 10 hoch und
8 breit (in Bourguignat's Text steht 3 mm breit, wohl Druckfehler).

Tanganyika, mit der vorigen.

Unterscheiden sich durch die Bänder von allen anderen afrikanischen Arten;
da Deckel und Radula nicht beobachtet, bleibt es ungewiss, ob sie nicht zur
Gattung Cleopatra gehören.

Cleopatra Trosch.

Schale länglich, braun, meist mit dunkleren Spiralbändern; Mündung eiförmig, unten mehr oder weniger eckig vorgezogen. Deckel dünn, hornig, konzentrisch, an der Innenseite der Ansatz am Fuss rauh gerunzelt und glanzlos, im
Umfang glänzend. Mittelplatte der Radula schmäler als bei Vivipara, nach unten
verengt; Zwischenplatte nach aussen und unten in einen langen Fortsatz ausgezogen.

Von Vivipara durch die nach unten lappig ausgezogene Mündung, von Melania durch den Deckel verschieden. Ueber die Weichtheile noch wenig bekannt. Früher theils zu Paludina, theils zu Melania gestellt.

Die Gattung ist wesentlich afrikanisch, mit Einschluss von Madagascar, an der Ostseite zahlreicher, südlich an der Küste bis nahe zur Mündung des Sambesi, nördlich durch den Nil bis Unter-Aegypten verbreitet, doch auch an der Westseite vertreten, aber im Cap-Land bis jetzt noch nicht beobachtet.

Namen	Gesammt-form	Skulptur*	Win-dungen	Färbung	Mündung unten	Letzte Windung zur vorletzten auf der Rückenseite	Drittletzte Windung zur vorletzten über der Mündung	Länge mm	Breite mm	Mündung mm
bulimoides Ol.	länglich-eiförmig	zuweilen an d. oberen Windungen eine Spiralkante	etwas gewölbt	hellbraun, meist mit 1—3 Bändern	in schmalem Bogen vorgezogen	2:1	1:1½	13	7	6
pirothi Jick.	do.	zwei Spiralkiele	abgestuft	braun, einfarbig	do.	2:1	1:2	11—11½	6	4¾—5
guillemei Bgt.	breiter eiförmig	mehrere Furchen an der Basis	stark gewölbt	braun, mit 2-4 Bändern	do.	2:1	1.2	14, 19	10—12	8—11
aurocincta Marts.	länglich-kegel-förmig	o	mässig gewölbt	schwarzbraun, Naht u. Nabel gelb	stumpf-lappig	2½:1	1:1½, 1:1¾	24	13	11½
amoena Morel.	do.	zuweilen Spur ein. Basalkante	kaum gewölbt	grün-braun, Ein breites Band	do.	2:1	1:1½	23	10	10
letourneuxi Bgt.	bauchig-kegel-förmig	o	gewölbt	dunkelbraun, unten gelb-weiss,2 Bänder	patu-lescentec			20	13	11
zanguebarensis Petit	lang-kegel-formig	o	mässig gewölbt	roth-braun, einfarbig	deutlich eckig	2.1	1:1½	32—34	16	15
ferruginea Lea	länglich-kegel-förmig	o	stark gewölbt	dunkelbraun, meist einfarbig	bogig ab-gerundet		1:1½ 21½, 42:20½	12, 18³	9½	
africana Marts.	dick-kegel-form., stark abgestutzt	stumpfe Basalkante	fast flach	do.	stumpf-lappig	2½:1	1:1½	27	18	15
exarata Marts.	do.	zahlreiche Spiralfurchen	do.	grau-braun, auss. einfarbig	stark lappig	2:1	1:1½	12	13	12

A Kleinere, Paludina-ähnliche Arten, gemeinsam mit dem Nilgebiet.

Cleopatra bulimoides (Ol.)

Cyclostoma bulimoides, Olivier, Voy. emp. Ottom. III, p. 68, pl. 31, Fig. 6, 1804. Savigny, Descr. Eg., Zool., Coquilles, pl. 2, Fig. 28.

---

* Die immer vorhandene Vertikalstreifung und die meist vorhandene, aber sehr feine Spiral-streifung ist nicht besonders erwähnt.

Paludina bulimoides (Oliv.), Deshayes in d. zweiten Ausg. von Lamarck VIII,
p. 517. Philippi, Abbild. neuer Conch. II, S. 138, Taf. 2, Fig. 13, Küster, Forts.
v. Chemnitz, Paludina, S. 32, Taf. 7, Fig. 11—17. Dohrn, Proc. Zool. Soc. 1864,
p. 117, und 1865, p. 233 - nicht Pal. bulimoidea, Mich. 1831, aus den An-
schwemmungen der Rhone, jetzt Bythinella b.

Cleopatra bulimoides, Troschel, Gebiss d. Schnecken I, S. 100, Taf. 7,
Fig. 6 (Radula), v. Martens in Malak. Blatt. 1865, S. 203, und Nachr. mal.
Gesellsch. I, 1869, S. 154. Jickeli, Land. u. Süssw.-Moll. Nordost-Afrikas, S. 240,
Taf. 7, Fig. 31 (Deckel). Bourguignat in Ann. Sci. Nat. (7) X, 1890, S. 44.
Weitere Synonyme siehe bei Jickeli a. a. O.

Glatt, nur mit zahlreichen feinen Anwachsstreifen, einfarbig hellbraun oder
auch mit drei dunkel roth-braunen Spiralbändern, einem oberen, einem peripherischen
und einem unteren, das obere und untere zuweilen fehlend, das mittlere, im
grössten Umfang gelegene schmal oder breit, zuweilen so breit, dass es dem
unteren, um den Nabel sich schlingend, nahe kommt. Naht oft weisslich. Zuweilen auf den oberen Windungen eine Spiralkante.

Im ganzen Nilgebiet von Unter-Aegypten aufwärts bis in den Weissen Nil
und Abyssinien (?) bekannt. In käuflichem Sesam-Samen, der aus Sansibar kam,
von Brauns 1869 gefunden. ? Rovuma-Fluss an der Südgrenze des deutschen Gebiets, Kirk bei Dohrn, 1865.

Es ist sehr auffällig und fast verdachtig, dass trotz dieser Angaben diese
an ihren Bandern leicht kenntliche Schnecke in neuester Zeit von den zahlreichen, im deutschen und britischen Gebiet Ostafrika's sammelnden Reisenden
nicht mehr mitgebracht worden ist.

Nach Morelet in Welwitsch, Voyage, Mollusq., 1868, p. 96, kommt diese
Art auch in Angola vor, und zwar in einem salzhaltigen Bach bei Dungo im Distrikt
Pungo Andongo (am Cuanza); die Exemplare von da, welche das Berliner
Museum durch Morelet erhalten hat, sind grösser als alle mir aus dem Nilgebiet
bekannten, nämlich 14½ mm lang, 8—9 im grossen Durchmesser, Mündung
7 mm hoch und 4 breit; die oberen Windungen weniger bauchig und mehr
gleichmässig im Durchmesser zunehmend; das grösste mir bekannte aus dem
Nilgebiet beziehungsweise 13, 7, 6. Dieser Unterschied zeigt sich namentlich
an der vorletzten und drittletzten Windung, welche bei den Exemplaren aus
Angola verhältnissmässig merklich kleiner und enger sind, als bei denen aus dem
Nilgebiet, bei welchen in dieser Hinsicht ein gewisser Gegensatz zwischen der
drittletzten, noch bauchigen, und den vorhergehenden schlankeren Windungen
besteht. Der sichtbare Theil der vorletzten Windung zur letzten, auf der Rückseite gemessen, bei den Exemplaren aus dem Nil 1:2, bei denen von Angola 1:3.
Die Bänder verhalten sich bei beiden gleich, und auch sonst sehe ich keinen
wesentlichen Unterschied. Diese Form aus Angola kann daher vorläufig als
bulimoides var. welwitschi bezeichnet werden. Vielleicht gehören auch die
Stücke aus dem Rovuma-Fluss, von denen ich keines gesehen habe, zu ihr, so
dass sie quer durch den südlichen Theil von Afrika verbreitet wäre, wie Lanistes ovum.

Nahe verwandt mit Cl. bulimoides scheint auch Paludina senegalensis,
Morelet, Journ. de Conch. VIII, 1860, p. 190, von Podor am unteren Senegal,
ohne Zweifel zu Cleopatra gehörig, wie auch Bourguignat annimmt; demnach findet
sich diese Gattung sowohl im Norden als Süden des westafrikanischen Küstengebiets.

Cleopatra pirothi Jick.

Jickeli im Jahrb. d. mal. Ges. VIII, 1881, S. 338.
Cleopatra emini, E. Smith, Proc. Zool. Soc. 1888, p. 54, Fig. 2.

Mit zwei scharf ausgepragten Spiralkanten, die zweite etwas oberhalb der
Naht, auf der vorletzten Windung, beide meist auch auf der letzten bis zur
Mündung vorhanden, zuweilen aber hier schwächer oder selbst ganz schwindend.

Kassenye im Südwesten des Albert-Nyansa, Stuhlmann, 27. Nov. 1891.
Albert-Nyansa, Rev. H. Waller bei Smith. Teita-Berge in Britisch-Ostafrika,
von E. Suess in Wien 1891 erhalten. Harasa-Seriba zwischen Atbara und Bahr-
Salam, 14° nördl. Br., an der Nordwestgrenze von Abyssinien, J. Piroth, 1880.
Subfossil in einem Damm des Fayum, Virchow 1888.

Cleopatra johnstoni, E. Smith, Proc. Zool. Soc. 1893, p. 637, pl. 59, Fig. 9,
hat auch zwei Spiralkiele, aber der untere in der Fortsetzung der Naht ist der
schwächere, und die Oberseite ist mehr abgedacht; 17 mm lang, 10 breit, Mündung
8 und 6. Mweru-See, westlich vom Tanganyika.

Cleopatra guillemei Bgt.

Paludina bulimoides (Oliv.), gigantic specimen, Dohrn, Proc. Zool. Soc. 1864,
p. 117.

Cleopatra guillemei, Bourguignat, Esp. nouv. et genr. nouv. Oukerewe et
Tanganika, 1885, p. 6, und in Ann. Sci. Nat. (7) X, 1890, p. 46, pl. 4, Fig. 4.
E. Smith in Ann. Mag. Nat. Hist. (6) VI, 1890, p. 149 und ebenda X, 1892,
p. 122 und 125, pl. 12, Fig. 5

Durch mehrere Furchen an der Basis nahe dem Nabel und andere Anordnung der Bänder von Cl. bulimoides verschieden; nach Bourguignat 3 oder
4 schwarze Bänder, und nach seiner Abbildung liegt das untere in der Verlängerung der Naht, entspricht also dem mittleren von Cl. bulimoides, so dass 3 obere
vorhanden sind, das oberste, dem bei bulimoides entsprechende, auf der Abbildung undeutlich; auf Smith's Abbildung dagegen nur 2, beide oberhalb der Naht.

Bach Sagati in Ukwere, zwischen Bagamoyo und Ussagara, und im Victoria-
Nyansa (Ukerewe), hier von Rev. J. Guilleme gefunden, Bourguignat. Ebenfalls
Victoria-Nyansa, Speke nach E. Smith's Berichtigung. Hadako (?) in Ugogo,
Emin Pascha nach Smith. Auch im Oalla-Bach in Unyanyembe, Stuhlmann,
27. Juli 1890. Tanganyika, an der Mündung des Malagarazi, Bourguignat.

Auch die Umrisszeichnung der Abbildung bei Bourguignat und bei E. Smith
stimmt nicht ganz zusammen. Die mir vorliegenden zwei Stücke vom Oalla-Bach
passen besser zu derjenigen von Smith, sowohl betreffs der Form, als der Bander.

B) Grössere, mehr eigenthümliche Arten.

Cleopatra aurocincta Marts.

v. Martens, Sitz.-Ber. d. Ges. nat. Freunde 1879, S. 103.

Länglich-konoidisch mit nur schwach gewölbten Windungen, ohne Kante.
Glanzend schwarz-braun, ein Band unter der Naht und die Umgebung der sehr
engen Nabelritze lebhaft gummigutt-gelb, zuweilen auch ein breiteres gelbes Band
auf der Unterseite mehr oder weniger deutlich ausgeprägt, so dass zwischen
diesem und der Umgebung der Nabelritze sich ein dunkelbraunes Band abgrenzt,
entsprechend dem unteren von Cl. bulimoides, und man die Schale auch als gelb
beschreiben könnte, mit einem oberen und einem mittleren Band miteinander
vereinigt und das untere getrennt; noch seltener auch in der oberen Hälfte jeder
Windung ein oberes dunkles Band unterhalb der gelben Naht, von einem peripherischen durch helleren Zwischenraum sich trennend, so dass die bei Cl. buli-

moides gewöhnliche Bänderstellung entsteht. Skulptur: schwache, aber ziemlich regelmässige, etwas breite, nach vorn konkave Vertikalstreifen.
Bagamoyo, G. A. Fischer.

Es ist auffallend, dass diese hübsche Schnecke nicht auch von Anderen gesammelt worden ist; allerdings steht sie der amoena nahe.
In Paetel's Katalog von 1888, S. 428, ist »Bayonn.« statt Bagamoyo als Fundort angegeben und ebenda für Cl. pirothi »Alban.« statt Atbara.

Cleopatra amoena (Morel.)

Melania amoena, Morelet in Journ. de Conch. II, 1851, p. 192, pl. 5, Fig. 9; Series Conch. II, p. 117.
Cleopatra amoena, Bourguignat, Div. esp. Moll. Egypte etc., 1879, p. 19, Note. v. Martens, Sitz.-Ber. d. Ges. nat. Freunde 1891, S. 17.
? Cleopatra kinganica und cameroni, Bourguignat, Div. esp. et genr. Moll. Egypte etc., 1879, p. 21.
Cleopatra africana (Marts.) Pfeffer in Jahrb. Hamb. wiss. Anst. VI, S. 26.

Langgestreckt konoidisch, obere Windungen flach, Naht kaum vertieft, Spitze meist erhalten, letzte Windung abgerundet, doch oft noch mit Andeutung einer stumpfen Kante in ihrer ersten Hälfte. Grünlich-gelb oder grün-braun, mit einem breiten, meist sehr auffalligen dunkel roth-braunen Bande im grössten Umfang der letzten Windung; zuweilen auch ein oberes dunkles Band vorhanden und ein unteres angedeutet, Naht- und Nabelgegend beinahe immer gleichfarbig mit der Grundfarbe der Schale. Nabelritz fast oder ganz geschlossen.

Sansibar, Morelet. Insel Sansibar, im Fluss Muere bei der Brücke, Juli 1888 und Mai 1889; Bagamoyo, in Sümpfen nördlich von der Stadt, Juni 1888, in einem etwas salzigen Tümpel des Bachbettes von Tsurutui in Ukwere, 22. Aug. 1888; im Fluss Rukagura bei Mbusina in Usegua, im Schlamm, 27. Aug. 1888, und im Rufu bei Korogwe, 22. Sept. 1888, hier dicht mit Conferven besetzt, aber darunter die Schale glanzend und voll gefärbt, Stuhlmann. Kissemo in Usaramo, zwischen der Kuste und Mpwapwa, 6. Juni; Mkatta-Bach in der Thon-Ebene zwischen Ukami und Ussagara, 22. Mai, und zwischen Unyangwira und Mbiwe in Ugogo, 9. Juli 1890, Stuhlmann. Kisungu am Pangani, W. Schmidt 1887. Im Pangani bei Maurui, dicht mit grünen Algen überzogen, Dr. Volkens, März 1893.

Morelet gab bei seiner ersten Beschreibung Madagascar als Vaterland an, in der zweiten dagegen Sansibar und die Seychellen, ohne Madagascar zu erwähnen. Weder auf den Seychellen noch auf Madagascar ist sie meines Wissens später wiedergefunden worden; dagegen gleichen mehrere der mir in ziemlicher Anzahl vorliegenden Stücke so unverkennbar der Abbildung bei Morelet, dass ich sie für dieselbe Art halten muss.

Wahrscheinlich gehört auch hierher Cl. kinganica Bourguignat aus dem Kingani-Fluss bei Bagamoyo; wenigstens passt, was er von ihr sagt, und ein Exemplar dieses Namens in der Paetel'schen Sammlung gut zu etwas jüngeren Stücken aus dem Mkatta. Seine Cl. cameroni, ebendaher, kenne ich nur durch die Beschreibung a. a. O., aber auch diese passt auf jüngere Stücke dieser Art.

Betreffs der Verbreitung nach Suden ist zu erwähnen, dass Stuhlmann noch im Rio Quaqua südlich von Quilimane, nahe der Mündung des Sambesi, Exemplare fand, welche sich nicht sicher von dieser Art unterscheiden lassen.

Cleopatra zanguebarensis (Petit)

Melania zanguebarensis, Petit, Journ. de Conch. II, Nov. 1851, p. 263, pl. 7, Fig. 1.
Cleopatra zanguebarica, Bourguignat in Ann. Sci. Nat. (7) X, p. 46.

Scheint durch langgestreckte Form mit ziemlich bauchigen Windungen, senkrechten Columellarrand und einfarbig braun-rothe Färbung sich zu unterscheiden; ein Exemplar in der Paetel'schen Sammlung, etwas kleiner als Petit's Figur, stimmt im Wesentlichen gut damit überein, zeigt aber doch bei genauerer Betrachtung ein undeutliches dunkleres Band an den oberen und einem Theile der letzten Windung; von Cl. ferruginea unterscheidet es sich durch die schlankere Form, von amoena durch die tieferen Nähte.

Sansibar, Petit.

Cleopatra ferruginea (Lea)

Melania ferruginea, Lea, Proc. Zool. Soc. 1850, p. 182; Reeve, Conch. Ic. XII, Melania, Fig. 147.

Paludomus ferrugineus (Lea), E. Smith, Proc. Zool. Soc. 1881, p. 294, pl. 34, Fig. 29.

Cleopatra ferruginea (Lea), Bourguignat, Esp. nouv. et genr. nouv. d. Oukerewe et Tanganika, 1885, p. 7, und Ann. Sci. Nat. (7) X, p. 45. E. Smith, Proc. Mal. Soc. I, 1894, p. 167.

Kürzer konoidisch mit stärker gewölbten Windungen und stark gebogenem Columellarrand, der bogenförmig in den Unterrand übergeht, ohne Ecke. Einfarbig dunkelbraun oder mit 1—3 wenig auffälligen, dunkleren Bändern, welche aber in der Mündung deutlicher sichtbar sind.

Sansibar, Lea. Zwischen dem Nyassa und der Ostküste, Thomson. Umba (Fluss an der Grenze von Deutsch- und Britisch-Ostafrika), Craven; und Sumpf am Kihfi-Fluss am Weg zum Kenia, Gregory 1894, nach E. Smith, doch sind nur die zwei erstgenannten Fundorte durch Abbildung eines Exemplars gesichert.

Cleopatra africana (Marts.)

Taf. VI, Fig. 30.

Paludomus africana, v. Martens, Sitz.-Ber. d. Akad. d. Wiss. Berlin 1878, p. 297, Taf. 2, Fig. 11—13.

Cleopatra africana, Bourguignat, Ann. Sci. Nat. (7) X, p. 49.

Breit-konoidisch, meist mit braunem oder schwärzlichem Schlamm-Ueberzug, unter demselben aber glänzend dunkelbraun, meist einfarbig, jüngere Exemplare mehr gelblich-grün mit einem deutlichen, roth-braunen Bande im grössten Umfange und einem zweiten minder deutlichen an der Basis. Letzte Windung bei jüngeren im grössten Umfang deutlich kantig, bei erwachsenen eine sehr stumpfe Kante am Anfang der letzten Windung (neben der Mündung in der Fortsetzung der Naht) noch an den meisten Exemplaren vorhanden, aber bald schwindend, nicht die Mitte der Windung erreichend und daher auch nicht in der Umrisszeichnung bemerklich. Die Skulptur besteht in sehr zahlreichen feinen, dem Mundungsrand parallelen Streifen und noch viel feineren Spirallinien, welche namentlich bei jüngeren Stücken mit einer guten Lupe noch deutlich, bei erwachsenen kaum zu erkennen sind; an manchen Stucken unregelmässig netzartige Runzeln, wie solche öfters auch bei Limnaea palustris und anderen Süsswasserschnecken vorkommen. Die Windungen schwach gewölbt mit mässig tiefer Naht. Nabelritze mehr oder weniger offen, selten ganz geschlossen. Unterrand der Mündung bei erwachsenen dick und nur wenig ausgebreitet (patulescente, nach Bourguignat's Ausdruck), bei jüngeren deutlicher löffelförmig ausgezogen. Inneres der Mündung trüb bläulich-grau, in der Tiefe oft dunkelbraun, bei jungeren mit zwei braunen Bändern.

Das Verhältniss der Breite und der Mündungslänge zur Schalenlänge ist deshalb nicht genau anzugeben, weil die obersten Windungen an erwachsenen

Stücken immer zerstört sind, doch dürfte die Mündungslänge die Hälfte der Schalenlänge bei unversehrten Stücken fast oder ganz erreichen; bei abgestutzten übertrifft sie dieselbe merklich. Der grosse Durchmesser (Schalenbreite) ist immer merklich grösser als die Mündungslänge, bis 3:2. Der Spitzenwinkel oder Winkel, unter welchem die beiden Tangenten des Gewindes sich an der Spitze treffen, ist 39—40 °.

Sansibar, Lea. In Usaramo, Stuhlmann, 1894, Msonge-Bach, südlich von Tumunguo in Ukami, Lieder, 1891. Ueberschwemmungsgebiet des Mkulumesi bei Magila in Ussambara, O. Neumann, Mai 1893. Rufu (Oberlauf des Pangani oder Kingani?) bei Bassigi, Dr. W. Schmidt, 1887. Finboni, zwischen Mombas und Teita, Hildebrandt, 1877 - 78. Sümpfe am Kilifi-Fluss auf dem Wege zum Kenia, Gregory, 1894.

Cleopatra exarata (Marts.)

Paludomus exarata, v. Martens in Monatsberichte d. Akad. d. Wiss. Berlin 1878, S. 297, Taf. 2, Fig. 14—16, (auf der Tafel cingulata).

Cleopatra exarata, Bourg., Esp. nouv. Oukerewe et Tanganika, 1885, p. 7.

Durch die tief eingeschnittenen zahlreichen Spiralfurchen ausgezeichnet; zwischen denselben bleiben etwas breitere, erhabene Spiralgürtel, welche selbst wieder öfters durch eine seichtere Spiralfurche zweigetheilt werden, oder die Gürtel stehen auch paarweise einander näher, indem die Furche tiefer geworden ist; dadurch vermehrt sich beim Weiterwachsen ihre Anzahl; am Ende der vorletzten Windung, dicht über der Mündung, sind zwischen oberer und unterer Naht an dem vorliegenden Exemplar 8 oder 9 vorhanden, je nachdem eine zweigetheilte einfach oder doppelt zählt, am Ende der letzten Windung sind daraus schon mindestens 11 geworden. An der Unterseite werden die Gürtel bald schwächer und undeutlich, so dass man nicht wohl eine Gesammtzahl für die ganze letzte Windung angeben kann. Die Windungen sind kaum gewölbt, doch zeigt die letzte keine Spur einer Kante; der ganze Umriss ist im Ganzen demjenigen von Cl. africana ähnlich, doch etwas schlanker; der Nabelritz eng, aber ziemlich lang; der Columellarrand ist ziemlich senkrecht und bildet eine stark vorgezogene untere Ecke mit dem Unterrand. Farbung aussen gleichmässig dunkel grau-braun, Inneres der Mundung bläulich, mit einem peripherischen, roth-braunen Bande.

Finboni, zwischen Mombas und Teita, J. M. Hildebrandt, 1877. Ein Exemplar unter zahlreicheren Cl. africana; später müssen noch mehr gefunden sein, denn in der Paetel'schen Sammlung finden sich zwei Stücke unter dem falschen Namen Melania inhambanica und eines als Paludomus cingulatus.

Diese Art verhält sich zu den übrigen ähnlich wie Leroya zu Lanistes.

Im Mweru-See an der Grenze des Kongostaats eine kleinere Art mit 5 Spiralkanten auf der letzten Windung und Spiralkanten dazwischen, Cl. mweruensis, E. Smith, Proc. Zool. Soc. 1893, p. 639, pl. 59, Fig. 10.

Bithynia Leach

Deckel kalkig, fest; Kern spiral, von konzentrischen Ansätzen umgeben. Fühler dünn und spitzig, bei beiden Geschlechtern unter sich gleich. Mittelplatte der Radula mit jederseits mehreren und einem mittleren, meist doppelt so grossen spitzigen Zähnchen auf der Schneide; ausserdem jederseits einige (3—5) in schiefer Reihe auf der Fläche selbst.

Der Name Bithynia ist der altgriechischen Geographie entlehnt, wie Thracia, Mysia und andere gleichzeitig von Leach gegebene, daher nicht Bythinia zu schreiben, wie Neuere einer später vermutheten Etymologie von βυθός, Tiefe, zuliebe thun. In der alten Erdhälfte weit verbreitet.

Untergattung: **Gabbia** Tryon

Gabbia Tryon in American Journ. of Conch. I, 1865, p. 220. P. Fischer, Manuel de Conchyliologie, p. 731.

Digyreidum Letourneux bei Locard, Prodrome de Malacolog. Franç., 1882, p. 324.

Klein und ziemlich kugelig; der spirale Anfang des Deckels deutlicher hervortretend.

Tryon und Letourneux wollten ihre Gattung dadurch von Bithynia unterscheiden, dass bei letzterer der Deckel nur konzentrisch gebildet sei; aber auch bei ihr ist der Kern spiral angelegt, vgl. Kobelt, Fauna d. nassauischen Mollusken, S. 207, und Lehmann, Lebende Schnecken und Mollusken Stettins, S. 241.

Bithynia (Gabbia) alberti E. Sm.

(Taf. VI, Fig. 32.)

Bythinia alberti, E. Smith, Proc. Zool. Soc. 1888, p. 54; v. Martens, Sitz.-Ber. d. Ges. nat. Freunde 1892, S. 175.

Kugelig, nur wenig höher als breit (9:8), oben ziemlich stumpf, vorletzte Windung nur massig vorstehend. Mündung etwas über die Hälfte der Höhe einnehmend (^{5} ₉), ziemlich schief stehend, Aussenrand konvex vorgezogen. Nabel eng. $4—4^1$ ₂ mm lang, 4 breit, Mündung $2^1/_2$ hoch.

Albert-Nyansa, Emin Pascha nach E. Smith; ebenda bei Kassenye, Emin Pascha und Stuhlmann, 27. Nov. 1891. Albert-Edward-See bei Kirima an der Nordwestseite, dieselben, 27. Nov. 1891.

Radula eines Exemplars von Kirima: Mittelplatte mit 9 Zähnchen an der Schneide, das mittelste doppelt so gross als die anderen; jederseits auf der Fläche 4 Zähnchen in einer nahezu quer verlaufenden Reihe. Schneide der Zwischenplatte mit einer sehr starken mittleren Spitze und jederseits davon drei kleinere; beide Seitenplatten mit sehr vielen und sehr kleinen Zähnchen.

Bithynia (Gabbia) humerosa Marts.

(Taf. VI, Fig. 31.)

Bithynia stanleyi (E. Smith) var. humerosa, v. Martens, Sitz.-Ber. d. Ges. nat. Freunde 1879, S. 104.

Mit tiefer Naht und deutlicher, wenn auch abgerundeter Schulterkante, daher auch die vorletzte Windung stärker von der letzten sich abhebend und verhältnissmässig höher. Weniger breit als die vorhergehende Art, Breite zur Höhe wie 7 : 9. Mündung nur die Hälfte der Höhe einnehmend, recht schief stehend, Aussenrand etwas mehr geradlinig. Nabel eng, gerundet, halbverdeckt. $4^1/_2—5$ mm hoch, $3^1/_2$ bis beinahe 4 breit, Mündung 2^1 ₄—$2^1/_2$.

Radula von Bithynia humerosa Marts.
Mittelplatte Zwischenplatte Seitenplatten
Nach Zeichnung von Dr. Meissner.

Victoria-Nyansa, Emin Pascha 1877; Ndukali auf der Insel Bumbide, Okt. 1890, und bei Bukome im Papyrus-Dickicht, 31. Okt. 1890, Stuhlmann.

Hierher gehören wohl auch zahlreiche subfossile Exemplare vom Albert-Edward-See bei Vitschumbi, 10. Mai 1891, Stuhlmann, und ein Stück vom Nyassa, Lieder.

An der Radula die Mittelplatte mit 9 Spitzen an der Schneide, die mittelste entschieden die grösste, und 4 jederseits in einer Querreihe auf der Platte selbst; an der Zwischenplatte 7 Spitzen, die mittlere bei weitem die grösste.

Bithynia (Gabbia) neumanni n.

(Taf. VI, Fig. 33.)

Der vorigen sehr ähnlich und schwer an der Schale durch einen scharfen Charakter zu unterscheiden, aber in der Radula deutlich verschieden: Mittelplatte mit 7 stumpf abgerundeten, unter sich nicht sehr ungleichen Zähnchen, und jederseits auf der Platte selbst nur 3; Zwischenplatte mit 5 Spitzen, wovon die mittlere nur wenig grösser als ihre Nachbarn. Schale dunkel grün-braun, mit abgeflachter Nahtgegend, an welcher meist ein gelblicher Schmutzüberzug haftet. Fünf Windungen, die erste sehr klein, doch etwas

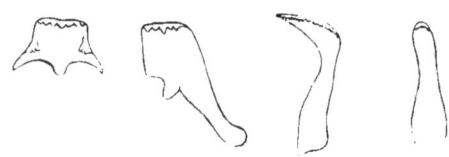

Radula von Bithynia neumanni n.
Mittelplatte   Zwischenplatte   Seitenplatten
Nach Zeichnung von Dr. Meissner.

vorstehend, glatt und glänzend. Höhe 6, Breite 4 mm; Mündung massig schief, 3 hoch, 2 breit. Nabel sehr eng, halb verdeckt.

Massai-Nyika (Massai-Steppe) im Teich Monlo-Sakissagan, O. Neumann, 9. Juni 1896.

Bithynia (Gabbia) stanleyi E. Sm.

Bythinia stanleyi, E. Smith, Proc. Zool. Soc. 1877, p. 717, pl. 75, Fig. 21. Amnicola stanleyi und nyassana, Bourguignat, Bull. Soc. Mal. de France 1889, p. 35, 36, und Ann. Sci. Nat. (7) X, p. 50.

Aehnlich den vorigen, nach E. Smith, dem ich meine humerosa schickte, ebenso dickschalig, aber weniger konisch und mit grösserem Nabel, fast so hoch wie breit, Mündung fast kreisförmig, 5 mm lang, 3¹/₂ breit.

Nyassa-See.

Bithynia (Gabbia) walleri E. Sm.

Bythinia walleri, E. Smith, Proc. Zool. Soc. 1888, p. 54 u. 55, Fig. 3. Noch etwas höher und schlanker, Windungen stärker gerundet. 5 mm lang, 3 breit, Mündung 2¹4 mm.

Albert-Nyansa, von Emin Pascha auf seiner Rückreise mit Stanley gesammelt und durch Rev. Horace Waller an das britische Museum gekommen.

Die drei erstgenannten Arten scheinen etwas im Verhältniss der Breite zur Höhe zu variiren, wie an den von E. Smith und den hier gegebenen Abbildungen von Stücken desselben Fundortes zu sehen ist; dieses erschwert die Unterscheidung der Arten beträchtlich.

Bithynia (Gabbia) puteana n.

Dünn, durchsichtig bräunlich-gelb mit stark gewölbten Windungen und stumpfer Spitze; 4¹2 Windungen, die letzte kugelig, Mündung über die Hälfte der Länge der ganzen Schale, mit stark gebogenem Aussenrand. Grösstes Exemplar 3,8 mm hoch, 3 breit; Mündung 2,5 hoch, 1,5 breit. Mittelplatte der Radula mit Zähnchen an der Schneide, 9, der mittlere etwas grösser, und auf der Fläche, je 3.

Insel Sansibar, in einem Brunnen, dessen Wasser 18 °/o Salzgehalt hat, Stuhlmann.

Von den vorhergehenden Arten durch die viel dünnere Schale und die starke Wölbung der letzten Windung verschieden, von B. sennariensis Küst. durch die viel breitere Gestalt.

Melania Lm.

Schale mehr oder weniger gethurmt, meist mit ausgeprägter Skulptur; Mündung länglich-oval, oben verengert, unten zu einer Art Ausguss ausgebuchtet (effusa). Deckel dunn, spiral gewunden. Fühler dünn und spitz, Augen aussen an ihrer Basis. Abbildungen lebender Thiere bei Quoy und Gaimard, Voy. de l'Astrolabe, Zool., pl. 56, (nebst Deckeln); Eydoux und Souleyet, Voy. de la Bonite, Zool., pl. 31; und Adams, Genera Moll., pl. 31; Kopien davon bei Gray, Figures of molluscous animals I, pl. 55, und II, pl. 122a (vgl. auch Taf. I, Fig. 20 u. 21). Radula taeniogloss. Troschel, Gebiss der Schnecken I, S. 117–124, Taf. 9 und 10. Meist in fliessendem Wasser. Auf dem Festland von Afrika spielen die Melanien — abgesehen von der weit verbreiteten M. tuberculata — eine viel geringere Rolle als im tropischen und subtropischen Asien, wo sie hauptsächlich in Hinterindien und dem malayischen Archipel reich entwickelt sind.

Uebersicht der Arten
(ausgenommen diejenigen vom Nyassa-See).

Namen	Gesammt-gestalt	Skulptur	Farbe	Columellar-rand	Länge	Breite	Mün-dung
					mm	mm	mm
tuberculata Müll.	bauchig-gethürmt	Spiralleisten u. meist bogige Vertikalfalten	bräunlich, etwas gefleckt	mässig gebogen	28 / 37	8–9 / 13	8 / 10½
zengana Morel.	do.	Spiralleisten u. Vertikalfalten schwächer	do.	sehr stark gebogen	20	7¼ / 9¼	7¼ / 9
liricincta E. Sm.	gethürmt	4 obere und 4 untere Spiralleisten, in der Mitte glatt	schwarz-braun	mässig gebogen	26	9½	9½
tornata Marts.	do.	4 sehr starke Spiral-leisten	braun-schwarz	fast gerade	35	15	14
admirabilis E. Sm.	do.	oben gefaltet, unten Spiralleisten	gelb-braun	ziemlich gerade	47	14	14
scabra Müll.	konisch-eiförmig	Spiralstreifen u. eckig vorstehende Vertikal-rippen	braun, undeut-lich gefleckt	schwach gebogen, dick	15–18 / 7	8	6–7
tanganyicensis E. Sm.	länglich	stumpfe Kanten an der Naht und unten Spiralgürtel	dunkelbraun, mit hellem Band	mässig gebogen	7½	2¾	3½
coacta Menschen	länglich-eiförmig	kurze Dornen auf der Schulterkante, keine Spiralleisten	grau-grün, meist schwarz überzogen	wenig gebogen, sehr dick	30	14–16	15

A) Melanoides Ol.

Melanoides Olivier 1807. Striatella Brot.

Gethürmt, mässig schlank, mit Spiral- und Vertikal-Skulptur, Naht meist ziemlich tief, Mündung unten gerundet, Deckel oval, mit wenig Windungen.

Melania tuberculata (Müll.)

a) Allgemeine Litteratur:

Nerita tuberculata, O. Fr. Müller, Hist. Verm. II, 1774, p. 191 (von Koromandel). Schröter, Geschichte d. Flussconchylien, 1779, S. 373, Taf. 8, Fig. 14. Chemnitz, Conch. Cab. IX, S. 189, Taf. 136, Fig. 1261, 1262. Melanoides fasciolata, Olivier, Voy. emp. Ottoman II, p. 40, pl. 31, Fig. 7 (von Aegypten). Melania fasciolata, Lm., Hist. an. s. vert. ed 1, VI 2, No. 16; ed. 2, VIII, p. 434. Raymond in Journ. de Conch. III, 1852, p. 326 (vivipar.). Melania virgulata, Quoy et Gaimard, Voy. de l'Astrolabe, Zool. III, p. 141, pl. 56, Fig. 1—4, lebendes Thier und Deckel, von Mauritius. Melania tuberculata (Müll.), Philippi, Abbildung neuer Conch. I, Taf. 1, Fig. 19. Mousson, Moll. v. Java, p. 73, Taf. 11, Fig. 6, 7. Bourguignat, Mal. de l'Algérie II, p. 251, pl. 15, Fig. 1—11. Jickeli, Land- und Süssw. Moll., Nordostafrikas, S. 251 (Kiefer, Zähne, Embryonalschale und Verbreitung). Brot, Melania in d. neuen Ausg. v. Chemnitz, S. 247, Taf. 26, Fig. 11, 11a—f. Nevill, Handlist Moll. Indian Museum II, p. 239—246.

b) Speziell ostafrikanische Litteratur:

v. Martens in Mal. Blätt. XI, 1865, S. 205, Nachrichtsbl. d. mal. Ges. I, 1869, S. 154, v. d. Decken's Reise III, S. 60 und 153, Sitz.-Ber. d. Ges. nat. Freunde Berlin 1879, S. 104, und 1892, S. 175. — H. Dohrn, Proc. Zool. Soc. 1865, p. 234. — A. Adams, Proc. Zool. Soc. 1866, p. 376. — E. Smith, Proc. Zool. Soc. 1877, p. 712, 1881, p. 291, 1888, p. 52, und Ann. Mag. Nat. Hist. (6) VI, 1890, p. 149. — Bourguignat, Moll. de l'Afr. équat. 1889, p. 182; in Bull. Soc. Mal. de France VI, 1889, p. 5, Ann. Sci. Nat. (7) X. 1890, p. 163, und Moll. fluv. Nyanza-Oukerewe, 1893, p. 4. Ancey in Mém. de la Soc. Zool. de France VII, 1894, p. 224. — Sturany in Baumann, Durch Massailand z. Nilquelle, S. 10. — Pfeiffer in Jahrb. Hamb. wiss. Anst. VI, S. 27.

Schlank gethürmt, erwachsen mit etwa 8—9 Windungen, alle mit zahlreichen erhöhten Spirallinien versehen; bogenförmige Vertikalstreifen meistens vorhanden, aber oft auf den späteren Windungen schwächer werdend, zuweilen ganz fehlend (Var. virgulata). Färbung hellbraun mit roth-braunen Flammen oder Punkten, diese namentlich auf den Kreuzungspunkten von Spirallinien und Falten, bei verbleichten Stücken stärker hervortretend; zuweilen von einer Schlammdecke ganz überzogen. Mittlere Grösse etwa 28 mm lang, 8· 9 breit, Mündung 8 mm, zuweilen aber auch merklich grösser.

Weitverbreitet in unserem Gebiet. Die bekannt gewordenen Fundorte vertheilen sich folgendermaassen:

1. Küstengebiet a) in Deutsch-Ostafrika: unter käuflichem, aus Sansibar bezogenem Sesam-Samen, W. Brauns, 1869. Insel Sansibar in der Wasserleitung nördlich der Stadt und im Fluss Muere bei der Brücke, Mai und Juli 1888, sowie bei Tschueni-Bassin, 2. Dez. 1888, Stuhlmann. Bagamoyo, G. A. Fischer, 1879. Kivugu bei Ukwere, Stuhlmann, 10. Juli 1892. Mengwa-Teich in Usaramo, Stuhlmann, 1. Nov. 1894. Im unteren Kingani, Bourguignat. Im Pangani bei Maurui, Volkens, 1894. Im Fluss Rukagura bei Mbusina, Ussegua, 27. Aug. 1888 und im Rufu bei Korogwe, 22. Sept. 1888, Stuhlmann. Kisemo in Usegua, W. Schmidt. b) Im englischen Gebiet: Voi-Fluss zwischen Mombas und Malindi, Bourguignat. Kibwezi, zwischen Kenia und Mombas, Gregory.
2. Im Binnenland von Ukami und Ussagara: Mssumbisi-Bach im östl. Uluguru, Stuhlmann, 16. Okt. 1894. Msonge-Bach, südlich von Tununguo in Ukami, Lieder, 1891. »Hualla«-Fluss (Mlali?) bei Kondoa, Emin Pascha bei E. Smith.

Flusse Uebi und Wami, Bourguignat. Bach Dalalam zwischen Kondoa und
Manyara-See, auf schlammigem Grund, O. Neumann, 15. Okt. 1893.

3. Kilima-Ndjaro-Gebiet: Im Jipe-See, v. d. Decken, Volkens, Juni 1894, und
Kompagnie-Führer v. Elpons, 1895, alle Exemplare mehr oder weniger verbleicht. Marungustation am Kilima-Ndjaro, Lent 1894. Teita-Berge, von E. Suess
in Wien erhalten. Bach Ndalalani am südlichen Ende des Natron Sees, östl.
vom Kilima-Ndjaro, in fliessendem Wasser, grosse Stücke bis 37 mm lang
und 12 breit, Dez. 1893, O. Neumann.

4. Im Victoria-Nyansa schon von Emin Pascha 1877 gefunden und durch
Junker dem Berliner Museum mitgetheilt, später von Père Dupont (Bourguignat
1883) und Baumann; von Stuhlmann daselbst von den folgenden Orten mitgebracht: Bussisi am Smyth-Sound, Inseln Ikuru und Kassarasi im Südwesten
des Sees, Insel Bumbide bei Ndukali, Bukoba-Bucht, Towalio, an der Buddu-
Küste, Insel Ssesse, Manyonyo und Soweh in Uganda, Sept. 1890—Jan. 1891;
von O. Neumann junge Exemplare bei Lupka am Ausfluss des Nils.

5. Binnenland zwischen Victoria-Nyansa und Albert-Edward-See: Kassesse in
Karagwe, Stuhlmann, 24. Febr. 1891.

6. Am und im Albert-Edward-See: Kiruve und Katarenge in Vitshumbi am
südwestlichen Ufer des Sees, hier auch subfossil auf ausgetrocknetem Salzthonboden, 1 m über der Oberfläche des Sees, und bei Kishakka am nordwestlichen Ufer, Stuhlmann, Mai 1891.

7. Im Albert-Nyansa von Emin Pascha schon früher gefunden (E. Smith 1888),
von Stuhlmann bei Kassenye am südwestl. Ufer, 26. Nov. 1891.

8. Im Tanganyika: Thomson bei E. Smith 1881 und französische Sammler
bei Bourguignat 1890.

9. Im Nyassa: südlicher Theil: Kirk bei Dohrn 1865, F. A. Simons bei
E. Smith 1877 und Missionär Lechaptois bei Ancey. Karonga, im nördlichen
Theil, Vict. Giraud 1885.

Nördlich von unserem Gebiet findet sich diese Art nicht nur im grössten
Theil des Nilgebiets bis Unter-Aegypten herab einschliesslich Abyssiniens, worüber
meine Zusammenstellung in den Malak. Blatt. XII, 1865, S. 205, und Jickeli's
Arbeit nähere Angaben enthält, sondern auch im nördlichen Somali-Land, wo
J. M. Hildebrandt dieselbe bei Ras Elaid unweit Meid in stehendem, etwas
brackischem Wasser in Mehrzahl gesammelt hat, März 1875, und an der
abyssinisch-italienischen Grenze bei Ailet. Südlich im Schire-Fluss, 3 km südlich
von seinem Austritt aus dem Nyassa, von Lechaptois und im Angoni-Land von
A. Whyte, bei Tette am Sambesi und an der Küste des südlicheren portugiesischen
Gebiets bei Inhambane von W. Peters, im Flusse Quaqua bei Mopera, südlich
von Quilimane, Stuhlmann Febr. 1889, im westlichen Transvaal 4 miles westlich
des Komati auf der Route Barberton—Delagoa-Bai von A. Schenck, 5. Okt. 1886,
(an den beiden letztgenannten Fundorten die grosse Form inhambanica Marts.).
Von tief landeinwärts gelegenen Fundorten besitzt das Berliner Museum diese
Art noch aus dem Ngami-See in etwas über 20° Südbreite und 24° Ostlänge
von Greenw. ohne Angabe des Finders, sowie von Kuka am Tschad-See durch
Rohlfs. Aus Westafrika sind mir keine sicheren Fundortsangaben bekannt, abgesehen von Marokko; in Natal hat sie F. Krauss nicht gefunden.

Da diese Art zugleich in Vorderasien und in Indien bis Timor weit verbreitet und nicht selten ist, und im malayischen Archipel zahlreiche Verwandte
findet, so ist es trotz ihrer weiten Verbreitung in Afrika doch wahrscheinlich,
dass sie aus Indien stammt; sie scheint sich hauptsächlich mit dem Reisbau, der
ja auch aus Indien kommt, verbreitet zu haben, und ihr Gebiet deckt sich jetzt
beinahe mit dem der Ausbreitung des Muhammedanismus; dies deutet darauf
hin, dass sie durch menschlichen Verkehr sich verbreitet hat.

Dem entsprechend ist diese Art auch ziemlich variabel und ihre Umgrenzung nicht immer leicht; am meisten ändert sie allerdings darin ab, ob die etwas gebogenen Vertikalrippen sich in zunehmender Stärke bis auf die letzte Windung erhalten oder ob sie mehr und mehr auf den späteren Windungen gegen die Spiralskulptur zurücktreten oder ganz verschwinden.

Die grössten Stücke, 30—37 mm lang, 11—13 breit, Mündung 10—10^1/$_2$, befinden sich unter denen aus Usaramo, Uluguru, dem Jipe-See und dem Bach Ndalalani, bei allen die Spiralskulptur auf den unteren Windungen entschieden vorherrschend. Unter denen aus dem Mengwa-Teich in Uluguru sind einige, bei denen die letzte oder auch die 2—3 letzten Windungen unter der Naht eine schmale, horizontale Abflachung und darauf eine deutliche Schulterkante zeigen, wodurch sie ein ganz eigenthümliches Ansehen bekommen, an die madagassische Gattung Melanatria (Pirena Lam. z. Theil) erinnernd; es scheint dieses aber nur durch eine frühere Verletzung bedingt, deren Vernarbung an der Stelle, wo Abflachung und Kante beginnen, noch zu erkennen ist. Von denjenigen, welche Dr. Stuhlmann auf der Insel Sansibar in der Wasserleitung sammelte, sind einige sehr gross, 33 mm lang und 18 breit, und manche zeigen auch noch auf der letzten Windung die Vertikalfalten gut ausgebildet, andere nicht. Seine Exemplare aus dem Rufu bei Korogwe sind auffallend glatt.

Die Stücke aus dem Victoria-Nyansa und den beiden Albert-Seen sind alle klein, nicht über 19 mm lang und 7 breit, Mündung 5 und 3^1/$_2$, und dem entsprechend beiderlei Skulptur gut ausgebildet, an den Kreuzungspunkten oft zu Knötchen anschwellend, oft auch durch rothe Punkte bezeichnet; es möchte das eine kleinere Seeform mit mehr jugendlich bleibendem Habitus bilden. Das einzige Stück aus Karagwe ist oben stark abgestutzt, noch 19 mm lang, dabei 8^1/$_2$ breit, Mündung 7^1/$_2$ lang und 4^1/$_2$ breit, beide Skulpturen gut ausgeprägt. Die Stücke von Kuka am Tschad-See bis 21 mm lang und 7^1/$_2$ breit, mit nur wenig verletzter Spitze und starker beiderseitiger Skulptur, auch mit Knötchen an den Kreuzungspunkten. Das einzige Stück vom Ngami-See mit etwas verletzter Spitze 27 mm lang und 9^1/$_2$ breit, Mündung 8^1/$_2$ lang und 5^1/$_2$ breit, roth getüpfelt, Vertikalskulptur auf der letzten Windung sehr zurücktretend.

Melania zengana Morel.

Morelet, Series Conchyliologiques II, 1860, p. 115, pl. 6, Fig. 9. Brot, Melania in d. neuen Ausg. v. Chemnitz, S. 261, Taf. 27, Fig. 2, 2a, b.

Scheint sich durch die viel schwächere Skulptur und den sehr stark gekrümmten Columellarrand von tuberculata zu unterscheiden, steht derselben übrigens immerhin nahe. Ich kenne nur Ein Exemplar aus der Paetel'schen Sammlung, und dieses zeigt die Schiefheit der Naht allerdings an verschiedenen Stellen verschieden, sonst aber keine Verkrümmung oder Missbildung, deren häufiges Vorkommen Brot a. a. O. bei dieser Art hervorhebt.

Sansibar, in süssen Gewässern zahlreich, Verco, 1848—49, bei Morelet.

Melania liricincta E. Sm.

E. Smith, Proc. Zool. Soc. 1888, p. 53, Fig. 1.

2—3 Spiralleisten auf dem sichtbaren Theil der oberen Windungen, 4 auf dem oberen und 4 auf dem unteren Theil der letzten Windung, durch einen breiteren Zwischenraum getrennt. 26 mm lang, 9^1/$_2$ breit, Mündung 9^1/$_2$ und 5^1/$_2$. 5 Windungen erhalten.

Albert-Nyansa, Emin Pascha bei Smith.

Unter den von Emin und Stuhlmann an dem genannten See gesammelten Melanien kann ich diese Art nicht finden.

Nahe verwandt der M. victoriae, Dohrn, Proc. Zool. Soc. 1865, p. 234, Brot, Taf. 26, Fig. 2, von den Victoria-Fällen des Sambesi.

13

Melania tornata Marts.

(Taf. I, Fig. 20, 21. Taf. VI, Fig. 35.)

v. Martens, Sitz.-Ber. d. Ges. nat. Freunde 1892, S. 181; Stuhlmann, Reise I, S. 349.

Je zwei sehr stark vorstehende Spiralkiele auf dem sichtbaren Theil der früheren Windungen, ein dritter noch in der Naht selbst, mehr oder weniger deutlich, auf der letzten Windung diese drei sich fortsetzend, und darunter noch ein vierter; zwischen dem ersten und zweiten, welche die stärksten sind, schaltet sich oft noch eine schwache Spiralleiste ein. Im Ganzen etwa 8 Windungen, meist nur die vier untersten gut erhalten. Länge 35, grosser Durchmesser 15 mm; Mündung 14 mm lang, 9 breit.

Fluss Duki im Distrikt Buessa, 950 m hoch, 1° 30′ Breite und 4° Länge, 12. Aug., ausserhalb der Waldzone, und Ituri-Fluss bei der Fähre im Waldgebiet, 25. Aug. 1891, beides westlich vom Albert-Nyansa, Stuhlmann.

Diese Melanie erinnert in ihrer Skulptur einigermaassen an den westafrikanischen Vibex (Claviger) fuscus Gm., welcher übrigens im Brackwasser lebt.

Melania admirabilis E. Sm.

Melania (Sermyla) admirabilis, E. Smith, Ann. Mag. Nat. Hist. VI, 1880, p. 427; Proc. Zool. Soc. 1881, p. 291, pl. 34, Fig. 24.

Gethürmt, mit starken, etwas schiefen, glatten Vertikalfalten und an der Unterseite mehreren (6) Spiralleisten; obere Windungen mehr gewölbt als die unteren. Einfarbig braun, 47 mm lang, 14 breit; Mündung 14 lang und 8 breit. Tanganyika, Hore.

E. Smith stellt sie, entsprechend der örtlichen Trennung von Vertikal- und Spiralskulptur, zur Untergattung Sermyla, aber sie hat mit den typischen Arten derselben im malayischen Archipel doch wenig Aehnlichkeit im Habitus.

B) Plotia H. u. A. Adams

Klein und blass-gefärbt, mit Spiralskulptur und einer Dornenreihe wenigstens auf den oberen Windungen. Deckel ziemlich schmal mit kleiner Spirale.

Melania scabra (Müll.)

a) Allgemeine Litteratur.

Buccinum scabrum, O. Fr. Müller, Hist. verm. II, 1774, p. 136. Schröter, Geschichte d. Flussconchylien, S. 299, Taf. 6, Fig. 13. Chemnitz, Conch. Cab. IX, S. 188, Taf. 136, Fig. 1259, 1259 (alle von Vorderindien).

Melania scabra, Férussac, Essai d'une méthode conch. 1807, p. 73. Theobald und Hanley, Conchologia Indica, pl. 73, Fig. 1—4. Brot, Melaniaceen, S. 266, Taf. 27, Fig. 117. v. Martens in M. Weber, Zool. Ergebnisse seiner Reise in Niederlandisch-Ostindien IV, S. 62, Taf. 4, Fig. 6—12.

Melania spinulosa, Lamarck, An. s. vert., VI 2, 1822, Nr. 12, p. 423. Delessert, Recueil de coquilles de Lamarck, pl. 30, Fig. 15. Quoy et Gaimard, Voy. de l'Astrolabe, Zool. III, p. 147, pl. 56, Fig. 12—14 (lebendes Thier und Deckel), kopirt bei Gray, Figures of molluscous animals I, pl. 55, Fig. 7. Philippi, Abbildungen neuer Conchyl. I, S. 6, Taf. 1, Fig. 20. Mousson, Land- und Süssw.-Moll. v. Java, S. 76, Taf. 11, Fig. 11, 12.

b) Ostafrikanische Litteratur.

Melania subspinulosa, Brot, Materiaux fam. Melaniens III, 1872, p. 48, pl. 2, Fig. 7, 8; Melaniaceen in der Fortsetzung von Chemnitz, S. 272, Taf. 28, Fig. 3.

Plotia leroyi und bloyeti, Bourguignat, Moll. de l'Afr. équat. 1889, p. 185, 186.
Sansibar, Morelet bei Brot. Insel Sansibar im Tschueni-Bassin, zahlreich,
zusammen mit M. tuberculata, 2. Dezbr. 1888, Stuhlmann. Unteres Thal des
Flusses Wami und Kingani, Bourguignat.

Diese Art ist ähnlich wie M. tuberculata, mit welcher sie auch sonst zusammen vorkommt, in Vorderindien und dem indischen Archipel bis Timor häufig,
kommt auch auf Mauritius und den Seychellen vor und ist daher wahrscheinlich
auch wie M. tuberculata aus Indien durch menschlichen Verkehr eingeschleppt.
Bis Vorder-Asien und Nord-Afrika aber ist sie noch nicht gekommen.

? Melania tanganyicensis E. Sm.

E. Smith, Ann. Mag. Nat. Hist. (5) VI, 1880, p. 427, und Proc. Zool. Soc.
1881, p. 291, pl. 34, Fig. 23 (Skulptur nicht ausgedrückt).

Horea tanganikana, Bourguignat, Ann. Sci. Nat. (7) X, 1890, p. 161, Anmerkung, pl. 11, Fig. 28, 29.

Ziemlich glatt, nur unten mit Spiralgürteln, glanzend dunkelbraun, mit einem
helleren Band, eine Reihe stumpfer Kanten an der Naht. Columellarrand dick.
Tanganyika, Jos. Thomson.

Zweifelhaft, ob hierher gehörig.

C) Melania s. str.

Typus von Melania bei Lamarck.

Tiara (Bolten) Agassiz, Brot, non Swainson.

Ziemlich gross, aber weniger schlank, mit Dornenreihe an der Schulterkante;
Aussenrand der Mündung nicht ausgebuchtet. Schalenhaut dick und oft dunkel
gefarbt. Deckel schmal.

Melania coacta (Meuschen)
(Taf. VI, Fig. 36.)

Fausse tiare de rivière Argenville, Conchyliologie ed. 1, 1742, p. 373, pl. 31
(ed. 2, pl. 27), Fig. 6, No. 6.

Helix amarula (L.), Born, Test. Mus. Caes. 1780, p. 391, tab. 16, Fig. 21.

Strombus coactus, Meuschen, Mus. Gevers. 1787. p. 294. Melania coacta,
Mörch in Journ. de Conch. XX, 1872, p. 320.

Melania tiarella (Lam.) var. β, Brot, Melania in d. neuen Ausg. v. Chemnitz,
S. 291, Taf. 29, Fig. 3 und 3 b.

Tiara crenularis var. vouamica, Bourguignat, Moll. de l'Afr. équat., p. 183.

Im Bach Jetenge auf der Insel Sansibar, nordöstlich von Kokotoni, meist
mit starkem Schlamm-Ueberzug, 9. Sept. 1889, Stuhlmann. Im Sigi-Fluss,
9—10 km oberhalb der Mündung, an seichten Stellen auf dem Sande liegend,
mit Neritinen-Eiern bedeckt, und 13 -15 km oberhalb an ähnlichen Stellen, rein
schwarz. Auch im Mkulummai bei der Siga-Höhle, circa 7 km oberhalb der
Mündung, O. Neumann, 1893. Im Fluss Wami, Bourguignat.

Gehört einer Gruppe eng unter sich verwandter Arten an, welche von den
Maskarenen über die Nikobaren, Sumatra und die Molukken bis zu den Viti-
Inseln verbreitet ist. Die betreffenden Exemplare sind bis 30 mm lang und
14—16 breit, Mündung 15 lang, 8—9 mm breit, meist von einer dicken schwarzen
Kruste überzogen, unter derselben blassgrau, ein einziges nicht inkrustirt, trüb
grau-grün. An der Basis einige grobe Spiralfurchen, welche meist auch durch
die Kruste hindurch zu erkennen. Die Dornen der Schulterkante setzen sich
auch unterhalb derselben noch etwas fort als kurze Vertikalrippen, nicht ganz so
nur an der Kante aufsitzend, wie bei den von Brot gegebenen Figuren, welche

im Umrisse sehr gut stimmen; sie sind ziemlich dick und stumpf, meist 10 auf der letzten Windung, doch von 8—12 wechselnd, ihre Stellung nahe der Mündung oft etwas unregelmässig werdend. Inneres der Mündung blau-grau, der Columellarrand bei alten Stücken öfters trüb orangegelb, bei jungen auch bläulich. Schon bedeutend kleinere Stücke als die der angegebenen Grösse entsprechenden sind öfters oben vollständig abgeschliffen, so dass nur zwei Umgänge übrig bleiben. Das von W. Peters aus Mossambique mitgebrachte Exemplar dieser Gruppe, das ich früher, Mal. Blatt. VI, 1860, p. 216, als M. crenularis Desh. aufgeführt habe, ist bedeutend grösser, mit mehr verlängertem Gewinde, so dass die Mundung weniger als die halbe Länge einnimmt, und die Zacken werden auf der letzten Windung sehr zahlreich und verschwinden nahe der Mündung beinahe ganz; Länge 41 mm, Durchmesser 19, Mündung 19 lang und 11 breit. Sie entspricht von allen bei Brot abgebildeten Formen am besten dessen M. amarula var. γ, S. 290, Taf. 29, Fig. 1 f, welche von Madagascar stammen soll.

D) Nyassia Bgt.

Eine Reihe dem Nyassa-See eigenthümlicher Melanien zeichnet sich durch warzenförmige, ziemlich gleichmässige Knoten aus, welche auf erhöhten Spiralleisten stehen, und schliesst sich dadurch an die Untergattung Tarebia im malayischen Archipel und Polynesien an, unterscheidet sich aber von derselben durchschnittlich durch schlankere, mehr gethürmte Gestalt und kleinere Mündung, sowie durch Hervortreten einer stärkeren, stufenartig vortretenden Leiste unter der tief eingeschnittenen Naht. Wenn die Knoten klein werden, regelmässig und dicht übereinander stehen, können sie manchen Formen der Melania tuberculata ähnlich werden, aber unterscheiden sich doch noch durch das eckig-stufenartige Hervortreten jeder folgenden Windung unterhalb der Naht. Schale dick, Mündung unten gerundet, nicht deutlich vorgezogen. E. Smith hat die Zusammengehörigkeit der betreffenden Arten erkannt und 1891 (Proc. Zool. Soc., S. 310) die Vermuthung ausgesprochen, ob nicht die meisten derselben nur Modifikationen Einer Art seien; da das Berliner Museum gegenwärtig nur erst spärliches Material davon, verbleichte und abgeriebene Stücke, besitzt, so muss ich mich mehr auf Referiren der Smith'schen Angaben beschränken, kann aber doch eine weitere Form hinzufügen, welche so viel Recht wie die anderen auf Unterscheidung hat.

Melania simonsi E. Sm.

E. Smith, Proc. Zool. Soc. 1877, p. 713, pl. 75, Fig. 3; 1891, p. 310.
Nyassia simonsi, Bourguignat, Bull. Soc. Mal. de France VI, 1889, p. 7.

Konisch-gethurmt, 4—5 Knotenreihen auf der vorletzten Windung sichtbar, 6—8 auf der letzten, abgesehen von der Unterseite, die zweite und öfters auch eine der tieferen, z. B. die fünfte, schmaler, die Knoten von oben nach unten zusammengedrückt, 18 mm lang, 6½ breit, Mündung 7 mm; weisslich, roth gefleckt.

Nyassa, Südende, F. A. Simons, Ostseite, Lieder.
N. callista, Bgt. a. a. O., S. 12, Taf. 2, Fig. 1, 2, von Karonga könnte Jugendzustand dieser Art sein.

Melania nodicincta H. Dohrn

H. Dohrn, Proc. Zool. Soc. 1865, p. 234. Brot, Melaniaceen, S. 259, Taf. 27, Fig. 6. E. Smith, Proc. Zool. Soc. 1877, p. 715, pl. 75, Fig. 11, 12; 1891 p. 310 und 1893 p. 638. Ancey in Mém. Soc. Zool. de France VII, 1894, p. 224. Nyassia nodocincta, Bourguignat, Bull Soc. Mal. France VI, 1889, p. 6.

Gethürmt, die Windungen bis zur letzten langsam an Breite zunehmend, die letzte unten etwas stärker abgeflacht; vier Knotenreihen auf der vorletzten, und ebenso viele, ziemlich gleichmässige auf der letzten Windung von der Naht bis zum grössten Umfang, einige (4) schwächere an der Unterseite. Bis 42 mm lang, 12½ breit, Mündung 12 mm.

Nyassa, Südende, Kirk; häufig beim Ausfluss des Schire-Flusses, an Rohr (Bgt.). Angoni-Land, südlich vom Nyassa, A. Whyte.

Melania pupiformis E. Sm.

E. Smith, Proc. Zool. Soc. 1877, p. 713, pl. 75, Fig. 13; 1891 p. 310. Nyassia pupaeformis und magnifica, Bourguignat, Bull. Soc. Mal. de France VI, 1889, p. 12 und 16, letztere pl. 2. Fig. 5, 6.

Cylindrisch-gethürmt, die drei letzten Windungen ziemlich gleich breit, die einzelnen Windungen flach, so dass die stärkere oberste Knotenreihe denselben Umfang hat, wie die folgenden 5 Knotenreihen auf der vorletzten Windung und ebenso auf der letzten, abgesehen von der Unterseite, die Knoten in schiefen oder Bogenlinien übereinander stehend. Mündung länglich oval. 11 mm lang, 3½ breit, Mündung 3½ hoch, nach E. Smith. Ich möchte dazu auch von Lieder gesammelte grössere Stücke rechnen, 19½ mm lang, 6 breit, Mündung 5½. Grau.

Nyassa, Südende, Simons: Ostküste, Lieder; Nordende bei Karonga, Giraud.

Melania pergracilis n.

Taf. VI, Fig. 48.

Sehr schlank und ziemlich cylindrisch, an den Nähten deutlich eingezogen und hier mit einer stärkeren, fast glatten Spiralleiste versehen, welche an den vorhergehenden Windungen gerade noch über der Naht sichtbar ist. Vier knotige Spiralleisten auf der vorletzten Windung sichtbar und ebenso viel auf dem oberen Theil der letzten, worauf dann nach einem grösseren Zwischenraume als fünfte die oben erwähnte folgt, welche entweder nur schwache, von oben nach unten zusammengedrückte (a) oder gar keine (b) Knoten trägt. Mündung klein, nur ¼ oder ²⁄₇ der ganzen Länge einnehmend, Färbung blassbraun oder grau, Knoten schwärzlich oder bräunlich.

a) Länge 21 mm, Breite 5½. Mündung 5 hoch, 3 breit
b) 28 , 8, 7½ , 4½ ,

Nyassa, Ostseite, Lieder.

Melania woodwardi. E. Smith, Proc. Zool. Soc. 1893, p. 638, pl. 59, Fig. 11, aus dem Nyassa. 19 mm lang, 8 breit, Mündung 6½, macht den Eindruck eines noch nicht ausgewachsenen Stückes einer der erwähnten Arten.

Die folgenden zwei Arten weichen stärker in der Skulptur ab:

Melania polymorpha E. Sm.

E. Smith, Proc. Zool. Soc. 1877, p. 714, pl. 75, Fig. 4 –10; 1891 p. 310. Nyassia polymorpha, hermosa, rivularis, lacunosa, nodulosa, lacustris und acutalis, Bourguignat, Bull. Soc. Mal. de France VI, 1889, p. 8—11.

Konisch-gethürmt, nur die obere starke Knotenreihe immer erhalten, die folgenden mehr oder weniger abgeschwächt, oft ganz verschwunden, nur durch die dazwischen verlaufenden vertieften Spirallinien markirt. 14—16 mm lang, 4½—5½ breit, Mündung 2—2½. Blassbraun mit rothen Punkten.

Nyassa, Südende, Simons.

Bourguignat macht aus jeder der Smith'schen Figuren eine eigene Art.

Melania nyassana E. Sm.

E. Smith, Proc. Zool. Soc. 1877, p. 713, pl. 75, Fig. 1, 2; 1891, p. 310.
Nyassia edgari und elegans, Bourguignat, Bull. Soc. Mal. de France VI,
1889, p. 13 und 15, letztere pl. 2, Fig. 7, 8.

Gethürmt oder konisch-gethürmt, alle Knoten verschwunden, so dass nur
glatte Spiralleisten, durch vertiefte Linien getrennt, noch vorhanden, aber doch
die oberste Leiste noch breiter und stärker vorspringend. 14—20 mm lang,
$4^1{}_2$—$5^1{}_2$ breit, Mündung 5—6 mm. Glänzend dunkelbraun.
Nyassa, Südende, Kirk, Nordende bei Karonga, Giraud.

(Var. idia Bgt.)

Nyassia idia, nyassana, paradoxa und thaumasia, Bourguignat a. a. O.,
S. 11, 13, 14, 16, Taf. 2, Fig. 11—16 und 3—4.
Mit schwachen Vertikalfalten, 13—14 mm lang, 4—5 breit, Mündung
$4^1/_2$—$4^1/_2$ mm.
Nyassa bei Karonga im nördlichen Theil, Giraud.
Nyassia giraudi, Bourguignat a. a. O., S. 15, Taf. 2, Fig. 10, ebendaher,
hat die letzte Windung unten mehr schlank abgerundet.
Noch einige abweichende Formen aus dem Mweru-See an der Grenze des
Kongostaats bei E. Smith, Proc. Zool. Soc. 1893, p. 639, pl. 59, Fig. 12—14,
wovon eine, imitatrix, an M. tuberculata erinnert.

E) Nyassella und Micronyassia Bgt.

Klein, spitz-eiförmig, mit verhältnissmässig grosser letzter Windung und vor-
springender Spiralkante unter der Naht; Skulptur verschieden: Knotenreihen,
Vertikalfalten oder ganz glatt. Windungen nicht zahlreich (6—7). Mündung
eiförmig, unten abgerundet, beinahe die halbe Länge der Schale einnehmend.
Oefters mit kleinen roth-braunen Flecken verziert. Die mir vorliegenden Stücke
nicht über 6 mm lang.
Nur im Nyassa.
Auch hiervon sind im Berliner Museum nur mehr oder weniger abgeriebene
und verbleichte, am Strand aufgelesene Exemplare vorhanden, in der Muia- und
Mbampa-Bai des Nyassa von Lieder gesammelt, so dass ich über die von
Bourguignat unterschiedenen Formen nicht naher zu urtheilen vermag.

a) Mit Knotenreihen. (Micronyassia Bgt.)

Melania turritispira E. Sm.

E. Smith, Proc. Zool. Soc. 1877, p. 713, pl. 75, Fig. 14, 15; 1891 p. 310;
1893 p. 638.
Micronyassia turritospira, eximia und singularis, Bourguignat, Bull. Soc. Mal.
de France VI, 1889, p. 25, 27 und 29, pl. 1, Fig. 1, 2 und 7, 8.

Bauchig konisch, nach oben sehr spitz zulaufend: 4 starkere Knotenreihen
auf der letzten, 2—3 auf der vorletzten Windung. Obere Mundungsecke sehr
spitz. 8 mm lang, $3^1/_2$ breit, Mündung 3.
Nyassa, Südende, F. A. Simons; Nordende bei Karonga, Giraud; Ostseite, Lieder.
Bourguignat's eximia könnte ein jüngeres, singularis ein oben starker abgeriebenes Exemplar sein.

Bei Micronyassia giraudi, Bourguignat a. a. O., S. 28, Fig. 5, 6, ist die Skulptur bis auf einzelne Höcker in der Mitte der letzten Windung geschwunden (abgerieben ?); bei M. smithi, Bgt., S. 26, Fig. 3, 4, tritt die obere Leiste noch etwas weniger hervor als in Smith's Fig. 14. Im Hervortreten dieser Leiste zeigt sich die folgende, doch wohl nur individuelle Abstufung:

smithi Bgt.	Fig.	3
turritispira E. Sm.	»	14
» »	»	15
exinia Bgt.		1
singularis Bgt.	»	7
giraudi Bgt.	»	5

Eine ähnliche Variationsbreite in der Ausbildung einer oberen Spiralleiste finden wir unter den Süsswasserschnecken, z. B. auch bei Melanopsis dufouri Fér., Rossmässler, Iconographie, Bd. III, Taf. 68, Fig. 835—844. Nyassella smithi, Bourguignat, ebenda, S. 18, Taf. 1, Fig. 15, 16, würde der deutlichen Knotenreihen wegen auch noch hier aufzufuhren sein, schliesst sich aber im Uebrigen nahe an die folgende formosa an.

b) Mit Vertikalfalten. (Nyassella z. Th. Bgt.)

Melania formosa (Bgt.)

Nyassella pulchra und formosa, Bourguignat, Bull. Soc. Mal. de France VI, 1889, p. 19 und 21, pl. 1, Fig. 17, 18 und 23, 24.

Gerade Vertikalfalten, welche kaum über den grössten Umfang der letzten Windung nach unten herabreichen; die vorspringende Spiralleiste unter der Naht deutlich knotig, die Falten selbst kaum oder gar nicht. Nach Bourguignat 8—11 mm lang, 3—4 breit, Mündung 4—5, die mir vorliegenden, von Lieder gesammelten Stücke nur bis 6 mm lang, 3 breit. Weisslich, mit braun-rothen kleinen Flecken, welche sich ungleichmässig in Spiralreihen ordnen.

Nyassa, nördliches Ende bei Karonga, Giraud. Amelia- und Muia-Bai, Ostküste, 4. 5. Febr. 1894, und Mbampa-Bai, Süden, G. Lieder.

Melania arcuatula n.

(Taf. VI, Fig. 39.)

Bogenförmige Vertikalfalten mit der Konkavität gegen die Mundung zu, mit sehr schwachen Knoten, welche man nur bei günstiger Beleuchtung sieht, während sie sonst glatt erscheinen; die Spiralleiste unter der Naht schwach ausgebildet, schmal, kaum knotig. Gewinde sehr spitz ausgehend, die obersten Windungen glatt, blassgelb. Aussenrand stark S-förmig gebogen, den Falten entsprechend. Länge 8½, Breite 4, Mündung 3½ lang und 2½ mm breit. Frische Exemplare glänzend hornbraun mit roth-braunen Flecken.

Nyassa, Amelia-Bai an der östlichen Seite des Sees, G. Lieder.

Erinnert durch die gebogenen Falten an die indische Melanien-Gruppe Sermyla, hat aber nicht die starken unteren Spiralleisten derselben. Wegen ihrer Form, Kleinheit und der glanzenden Oberfläche könnte man sie auf den ersten Anblick für eine Rissoa aus der Gruppe der R. ventricosa halten, aber der Aussenrand ist nicht verdickt.

c) Glatt.

Melania episema (Bgt.)

Nyassella episema, Bourguignat, Bull. Soc. Mal. de France VI, 1889, p. 22.

Treppenförmig abgestuft, ähnlich Eburna, blassgelb mit roth-braunen Wellen- oder Zickzacklinien von oben nach unten. 9 mm lang, 3 breit, Mündung ebenfalls 3.

Nyassa bei Karonga, Giraud; Muia-Bai an der Ostküste, Lieder.

Nyassella tayloriana, Bgt., ebenda, Fig. 25, 26, schwächer abgestuft und schwächer gezeichnet.

Nyassella acuminata, Bgt., ebenda, Fig. 21, 22, mit einfach anschliessenden Nähten und mit schieferem Columellarrand, weiss, mit kleinen roth-braunen Flecken, hat einen etwas anderen Habitus. Wenn die Form der Mündung bei diesen beiden letzteren nach wohlerhaltenen Exemplaren in Bourguignat's Figuren richtig gezeichnet ist, so sind beide als Arten gut unterschieden. Wenn die Figuren aber nach am Strande aufgelesenen, abgeriebenen, stellenweise zerbrochenen Stücken gezeichnet und vom Künstler gewissermaassen ergänzt sein sollten, so beweist die verschiedene Form der Mündung nicht viel, wie die von Lieder erhaltenen Stücke zeigen. Wenn man nämlich nur verbleichte und abgeriebene, am Strande aufgelesene Exemplare vor sich hat, kann man sich leicht in der Beurtheilung der Form der Mündung, der Stärke und Art der Skulptur und des Verhältnisses der Spitze zur Gesammtform irren; die Spitze kann bei einem gewissen Betrag der Abreibung auffallig schlank und etwas unregelmässig, an diejenige von Stylifer erinnernd erscheinen, so bei Bourguignat's Figur von formosa (1, 23), bei stärkerer Abreibung aber auch plump abgestumpft, wie bei Bourguignat's singularis (1, 8) und smithi (1, 3). Einzelne Exemplare mit Spuren von Falten lassen sogar zweifelhaft erscheinen, ob der Artunterschied zwischen gefalteten und glatten Arten aufrecht zu erhalten ist.

Endlich hat Bourguignat noch drei kleine (11—16 mm) ganz oder beinahe glatte, gethürmte Melanienformen unter dem neuen Gattungsnamen Nyassomelania beschrieben, Bull. Soc. Mal. de France VI, 1889, p. 30—32, pl. 1, Fig. 9—14; dieselben sind aber im sonstigen Habitus unter sich sehr verschieden, N. leia (Fig. 9, 10) mit sehr schiefer Naht und rasch zunehmenden gewölbten (6) Windungen, N. truncatellaeformis (Fig. 11, 12) cylindrisch, mit stumpfer Spitze und nur fünf flachen Windungen, N. laevigata (Fig. 13, 14) mehr eine typische Melanienform mit 8 langsam zunehmenden Windungen, so dass ich es nicht für eine natürliche Gattung halten kann.

Ausser diesen mehr oder weniger über einen grossen Theil von Ostafrika verbreiteten Susswassergattungen finden sich im Tanganyika noch eine Anzahl eigenthümlicher Formen, welche namentlich von englischen und französischen Reisenden, Capt. Speke 1858, J. Thomson 1880, Edw. Coode Hore 1881 und 1889, Kapit. Em. Storms 1882—85, und einer Anzahl französischer Missionare seit 1885 gesammelt und vor Kurzem von Bourguignat (Annales des sciences naturelles, série 7, vol. X, p. 1-267, pl. 1—17, 1890 und 1891) ausführlich behandelt worden sind. Eine übersichtliche Zusammenstellung der Hauptformen hat G. B. Sowerby, List of the Shells of lake Tanganyika, auf einem Blatte Text und einer Tafel 1890 gegeben. Da mir hiervon nur sehr wenig neu gesammeltes Material vorliegt und ich somit über die wahrscheinlich allzu zahlreich von Bourguignat unterschiedenen Arten kein näheres Urtheil habe, dürfte es hier genügen, die einzelnen Gattungen kurz zu charakterisiren und auf die vorhandene Litteratur hinzuweisen.

Neothauma E. Sm.

Konoidisch, ziemlich dickschalig, mit stumpfer Basalkante und mehr oder weniger ausgebildeter Schulterkante, glatt, blass grau-grün oder gelblich. Mündung einem verschobenen Viereck ähnlich, Columellarrand fast senkrecht, unten durch eine deutliche Ecke oder selbst ein vorspringendes, ausgehöhltes Läppchen vom Unterrand abgesetzt; Nabel eng, mehr oder weniger ritzförmig. Deckel, Weichtheile und Radula ganz wie bei Vivipara.

Neothauma tanganyicense E. Sm.

E. Smith, Proc. Zool. Soc. 1880. p. 349, pl. 31, Fig. 7: 1881, p. 293 (Deckel).
Ann Mag. Nat. Hist. 1891, p. 323 (Weichtheile). Crosse, Journ. de Conch. XXIX,
1881, p. 112 und 281, pl. 4, Fig. 1. Sowerby, Shells of Tanganyika, Fig. 2.
Grandidier in Bull. Soc. Mal. de France II, 1885, p. 163 (N. tanganikanum).
Bourguignat in Ann. Sci. Nat. (7) X, p. 26, pl. 2, Fig. 1, 2 (ebenso). Paludina
tanganyicensis, Pelseneer in Bull. Mus. Roy. d'Hist. Nat. de Belgique IV, 1886,
p. 105, Fig. 1.

46—60 mm lang und 35—46 breit, Mündung 20—32 lang und beinahe
ebenso breit.

Tanganyika, sowohl an dem zum deutschen Gebiet gehörigen östlichen Ufer
bei Udjiji und Karema, als am entgegengesetzten westlichen und südlichen, stellenweise so häufig ausgeworfen, dass man sie mit Schaufeln sammeln kann (Em. Storms
bei Pelseneer). Auch am Nordende des Sees, Baumann.

Sehr variabel in Grösse und allgemeiner Form; Bourguignat hat daher a. a. O.
nicht weniger als acht Arten unterschieden, welche grösstentheils nur individuelle
Variationen sein dürften; am auffalligsten verschieden ist sein N. euryomphalos,
pl. 2, Fig. 7, 8, mit abgerundeter letzter Windung ohne Kanten, 53 mm hoch und
46 breit.

Diese Gattung schliesst sich offenbar noch ganz nahe an Vivipara an, wie
auch E. Smith selbst 1891 und Pelseneer a. a. O. anerkennen, und ist eigentlich
nur durch die Beschaffenheit des Columellarrandes davon verschieden: 1893 (Proc.
Zool. Soc. p. 635) stellt E. Smith sie geradezu zu Viviparus und beschreibt zwei
ähnliche Formen aus dem Mweru-See an der Grenze des Kongostaats, V. mweruensis und var. pagodiformis.

Tiphobia E. Sm.

Tiphobia E. Smith 1880, von τὸ τῖφος. Teich, verschieden von Typhobia Pascoe
1869 (Insekten), von ὁ τῦφος. Dampf, Qualm, aber doch deshalb von Bourguignat
1890 in Hylacantha umgetauft.

Breit aufgeblasen, mit einer ausgeprägten, starke Dornen tragenden Schulterkante, dünn, blass grünlich-braun, einfarbig. Mündung gross, dünnrandig, unten
in einen rinnenartigen Kanal verlängert. Deckel anfangs spiral, dann durch
konzentrische Ansatze vergrössert.

Tiphobia horei E. Sm.
(Taf. VI, Fig. 45.)

E. Smith, Proc. Zool. Soc. 1880, pl. 31, Fig. 6 (Schale) und 1881, p. 293,
pl. 34, Fig. 28 (Deckel). Crosse, Journ. de Conch. XXIX, 1881, p. 117 u. 283,
pl. 4, Fig. 2. Bourguignat, Ann. Sci. Nat. (7) X, p. 128 (Hylacantha), pl. 9,
Fig. 1—4. Sowerby, Shells of Tanganyika, Fig. 1.

Bis 45 mm hoch, ohne Dornen 34 breit, Mündung mit Einschluss des Kanals
35 mm lang, 16 breit, ohne den Canal 29 lang.

Tanganyika, ebenfalls bei Udjiji und anderwärts.

Bourguignat unterscheidet a. a. O. noch 3 andere Formen, welche wohl nur
individuelle Abänderungen sind.

Diese Gattung erinnert durch die Dornenreihe und den Kanal an die nord-
amerikanische, auch im Süsswasser lebende Gattung Io, hat aber doch eine andere
Gesammtform und scheint mir im Ganzen sich am besten an Neothauma anzuschliessen.

Tanganyicia Crosse

Zu Lithoglyphus E. Smith 1880. Tanganyicia Crosse 1881. Tanganikia und Cambieria Bourguignat 1890.

Eiförmig oder kugelig-eiförmig, mit kurzem Gewinde und länglicher Mündung, glatt, bräunlich, oft mit Spiralbändern, Nabel eine mehr oder weniger breite bogenförmige Rinne nach aussen vom Columellarrand bildend. Deckel gleichfalls anfangs spiral, dann konzentrisch weiter wachsend. Erinnert in Form und Färbung an kleine Ampullarien.

Tanganyicia rufofilosa (E. Sm.)

Lithoglyphus rufofilosus, E. Smith, Ann. Mag. Nat. Hist. (5) VI, 1860, p. 426, und Proc. Zool. Soc. 1881, p. 288, pl. 23, Fig. 20. Pelseneer, Bull. Mus. Hist. Nat. Belg. IV, 1886, p. 105. Tanganyicia rufofilosa, Crosse, Journ. de Conch. XXIX, 1881, p. 125, pl. 4, Fig. 5 und p. 287. Sowerby, Shells of Tanganyika, Fig. 14. Cambieria rufofilosa, Bourguignat, Ann. Sci. Nat. (7) X, p. 86, pl. 6, Fig. 9, 10.

13—14 mm hoch, $11^1\!/_2$—13 breit, Mündung 9—$10^1\!/_2$ mm; 4—12 Spiralbänder, welche an abgeriebenen Exemplaren deutlicher zu sehen sind.

Tanganyika bei Ujiji, Kigoma und Karema, am östlichen Ufer des Sees, auch am westlichen beim Ausfluss des Lukuga. Von den Eingeborenen zu Halsbändern benützt (Storms).

Bourguignat a. a. O. trennt die von Crosse, Journ. de Conch. 1881, pl. 4, Fig. 5, abgebildete T. rufofilosa als T. fagotiana und unterscheidet überhaupt drei Arten von Tanganikia und vier von Cambieria, a. a. O., Taf. 5, Fig. 16—21 und Taf. 6, Fig. 8—16, die meisten betrachtlich kleiner; den Unterschied, welchen er zwischen beiden Gattungen angiebt, eine durch einen Kamm (arète) begrenzte Nabelfurche bei Tanganikia und keine solche bei Cambieria, kann ich an seinen Abbildungen nicht erkennen, seine T. fagotiana, Taf. 5, Fig. 21, gleicht in der Nabelpartie ganz seinen Cambierien, während bei seiner T. giraudi und opalina der Columellarrand nach aussen zu wie verdoppelt erscheint; die Gesammtform der letzteren gleicht sehr einer ganz jungen Ampullaria. Als Unterschied von Ampullaria bleibt eigentlich nur der spirale Anfang des Deckels, da schon ganz junge echte Ampullarien nur eine konzentrische Bildung des Deckels erkennen lassen.

Hauttecoeuria Bgt.

Sehr ähnlich der vorigen, aber dickschalig, mit dicker, schwieliger Auflagerung auf der Mündungswand; die obere Mündungsecke spitzwinklig, öfters sich etwas von der vorhergehenden Windung ablösend, das untere Ende der Mündung mehr oder weniger eckig. Deckel unbekannt.

Bourguignat unterscheidet 24 Arten aus dem Tanganyika, Ann. Sci. Nat. (7) X, p. 10, pl. 7 und 8. die grössten 17 mm lang und 14 breit, Mündung 13 hoch, in der Ausbildung der oberen und unteren Mündungsecke sehr verschiedene Stufen darbietend. Im Hinblick auf die individuellen Verschiedenheiten, welche die Seeformen der mitteleuropäischen Limnaeen im Bodensee und im Neuchateler See gerade in Beziehung auf den Umriss der Mündung zeigen, möchte ich auch in manchen dieser Arten individuelle Verschiedenheiten, beziehungsweise Folgen von Verletzungen vermuthen, so z. B. bei H. brincatiana und singularis, Taf. 7, Fig. 20 und 22.

Spekea Bgt.

Gedrückt-kugelig, dickschalig, mit kurzem, stumpfem Gewinde und rundlicher Mündung, nach aussen vom Columellarrand eine breite Abflachung, durch eine halbkreisförmige Linie vom gewölbten Theil der letzten Windung abgegrenzt; bei jungen Exemplaren ein enger Nabel im oberen Theil dieser Fläche, bei alten durch Auflagerung geschlossen. Nach Bourguignat zeigt die Schalenhaut eine Streifung, welche die der eigentlichen Schale kreuzt. Deckel auch in der Mitte mit einigen Windungen und weiterhin konzentrisch, an der Unterseite mit glänzender Randzone.

Spekea zonata (Woodw.)

Taf. VI, Fig. 41.

Lithoglyphus zonatus, Woodward, Proc. Zool. Soc. 1859, p. 349, pl. 47, Fig. 3; E. Smith, Proc. Zool. Soc. 1880, p. 350, und 1881, p. 287.
Spekia zonata, Bourguignat, Moll. d'Egypte etc., 1879, p. 28 und Ann. Sci. Nat. (7) X, 1890, p. 63, pl. 4, Fig. 20--24. E. Smith, Ann. Mag. Nat. Hist. 1889, p. 173 (Deckel). Sowerby, Shells of Tanganyika, Fig. 3.
Lacunopsis zonata, Crosse, Journ. de Conch. XXIX, 1881, p. 122 und 287, pl. 4, Fig. 4. — Pelseneer, Bull. Mus. Hist. Nat. Belg. IV, 1886, p. 106.

Halbkugelig, blass bräunlich mit zwei breiten, dunkleren Spiralbändern, 12 bis 13 mm hoch und breit.

Tanganyika, auch bei Udjiji und Karema und Mpala.

Bourguignat unterscheidet a. a. O., Taf. 3, Fig. 20--27, und Taf. 5, Fig. 15, sieben unter sich sehr ähnliche Formen, welche hauptsächlich in dem Verhältniss der Breite zur Höhe und in der Ausdehnung der Columellar-Abflachung sich voneinander unterscheiden.

Crosse vereinigt diese Gattung mit der in den süssen Gewässern Hinterindiens einheimischen Lacunopsis Desh., deren Deckel aber rein spiral mit sehr excentrischem Anfang ist (Poirier, Journ. de Conch. XXIX, 1881, pl. 1, Fig. 2b und 3b).

Aehnlich, aber minder differenzirt ist Baizea giraudi, Bourguignat, ebenda, S. 58, Taf. 4. Fig. 17—19, Sowerby, Shells of Tanganyika, Fig. 12; eiförmig, oben fein zugespitzt, die Columellarfläche viel schmäler, nur 5 mm hoch und 4 breit, in der äusseren Form mehr Tanganyicia gleichend, auch aus dem Tanganyika.

Bridouxia Bgt.

Länglich-eiförmig, mit mässig kurzem, spitzem Gewinde und grün-brauner Schalenhaut, vertikal gestreift; Mündung eiförmig, nach oben spitz, dickrandig, mehr als die Hälfte der Schalenlänge einnehmend, Columellarrand gebogen in den Unterrand übergehend, durch eine schmale Furche von der Aussenseite ab getrennt. Deckel unbekannt.

Bourguignat, Ann. Sci. Nat. (7) X, p. 53—58, pl. 4, Fig. 5—16, unterscheidet vier Arten, die am südwestlichen Ufer des Tanganyika bei Kapampa gefunden wurden, keine über 11 mm lang und 8 breit, Mündung $6^3/_4$ mm.

Reymondia und Giraudia Bgt.

Ebenfalls länglich-eiförmig, mit längerem, spitzem Gewinde, glänzend glatt, bräunlich oder röthlich, mehr oder weniger gebändert, ohne deutlich markirte

Schalenhaut; Mündung eiförmig, oben spitz, unten abgerundet, Columellarrand dick, kein Nabel. Deckel konkav, konzentrisch mit nahezu mittelständigem Kern. (Raymondia, mit a geschrieben, ist schon zweimal, 1855 und 1861 bei Insekten vergeben.)

a) Reymondia Bgt.

Mündung ungefahr die halbe Länge einnehmend; Schale vorherrschend roth-braun mit blasser Färbung unter der Naht. Deckel wie oben.

Hierher Melania? horei E. Sm.

E. Smith, Ann. Mag. Nat. Hist. (5) VI, 1881, p. 427, und Proc. Zool. Soc. 1881, p. 292, pl. 34, Fig. 27. R. horei, Bourguignat, Ann. Sci. Nat. (7) X, p. 153, pl. 11, Fig. 1, 2. Sowerby, Shells of Tanganyika, Fig. 9. Dunkel roth-braun mit schmaler weisser Nahtbinde, 14—16 mm lang und 6—8 breit, Mündung 6—8 lang und $4^1{}_2$—$5^1{}_2$ breit, vom östlichen Ufer des Tanganyika bei Udjiji und Karema und 5 andere von Bourguignat ebenda unterschiedene und abgebildete Arten. Deckel ebenda Fig. 9—11. Ferner R. minor, E. Smith, Ann. Mag. Nat. Hist. 1889, p. 114, Sowerby, Fig. 11.

b) Giraudia Bgt.

Mündung mehr als die Hälfte der Schalenlänge einnehmend; Schale mit mehreren breiten Spiralbändern; Aussenrand verdickt. Deckel nicht bekannt. 3 Arten, keine über 5 mm, von Bourguignat a. a. O., S. 148—152, beschrieben und Taf. 11, Fig. 16—24, abgebildet. Ferner Reym. tanganyicensis, E. Sm., Ann. Mag. Nat. Hist. (6) IV, 1889, p. 175. Sowerby, l. c. Fig. 10.

Bourguignat bildet für beide Gruppen eine eigene kleine Familie Giraudidae, weist aber selbst auf die Aehnlichkeit des Deckels mit demjenigen von Cleopatra hin. Ich möchte in der That sie für nächstverwandt mit Cleopatra halten; Cl. aurocincta ist ebenso glänzend und ähnlich gebändert. E. Smith a. a. O. glaubt, dass Reymondia und Giraudia in die Gattung Hydrobia (welche im weiteren Sinne Süss- und Brackwasser-Arten umfasst) untergebracht werden könnte.

Paramelania E. Sm.

Eiförmig bis gestreckt-eiförmig oder fast kugelig, dickschalig, mit ausgeprägter Vertikal- und Spiral-Skulptur, daher meist gegittert oder warzig, hellfarbig, grau oder bräunlich, zuweilen mit wenig ausgeprägten breiten Spiralbändern; Naht meist tief, daher die Windungen etwas treppenförmig abgesetzt. Columellarrand annähernd senkrecht, verdickt, unten mehr oder weniger deutlich durch eine Ecke oder Ausguss vom Unterrand abgetrennt; Aussenrand etwas gezähnelt. Deckel in der Mitte aus einigen rasch zunehmenden Windungen gebildet, dann durch konzentrische Ansätze vergrössert. Radula erst von einer Art bekannt (s. Nassopsis).

C. A. White, Proc. Un. St. National Mus. 1883, p. 98, und L. Tausch, Sitz.-Ber. d. Wiener Akad., Juli 1881, S. 56 ff. betonen die grosse Aehnlichkeit dieser bis jetzt nur im Tanganyika gefundenen Gattung mit der fossil in der Kreideformation Nordamerikas (Laramie-Schichten) und Südost-Europas (Ajka in Ungarn) vorkommenden Gattung Pyrgulifera. In der That ist eine gewisse Uebereinstimmung nicht zu verkennen, doch zeigen die fossilen Arten einen starker gebogenen Columellarrand und tiefere Stellung der unteren Mündungsecke, wodurch sich namentlich die typischen Formen, wie P. humerosa und pichleri, von den ihnen sonst im Habitus ähnlichen Untergattungen Lavigeria und Bourguignatia des Tanganyika unterscheiden; bei den Paramelanien im engeren Sinne Bourguignat's dagegen, bei denen die Mündungsform grössere Achnlichkeit zeigt, ist wieder Gesammtform und Skulptur verschieden. Wenn die fossilen und lebenden in Eine Gattung vereinigt werden sollen, so muss diese den Namen Pyrgulifera Meek als den älteren (1872, Paramelania, E. Smith 1881) erhalten, aber aus dem angeführten Grunde kann ich mich noch nicht dazu entschliessen.

a) Untergattung **Bourguignatia** Giraud 1885

Doppelt konisch-eiförmig, mit verhältnissmässig grosser letzter Windung, starker Schulterkante und vorherrschenden Vertikalfalten; Aussenrand oben eine Ecke bildend, Columellarrand vertikal absteigend, am unteren Ende etwas nach aussen gebogen und schief abgestutzt, eine Art Ausschnitt bildend. Deckel unbekannt.

B. imperialis, Giraud, Bull. Soc. Mal. de France 1885, p. 193, pl. 7, Fig. 5—7; diese und zwei andere Arten bei Bourguignat, Ann. Sci. Nat. (7) X, 1890, p. 165—169, pl. 12, die grösste, B. bridouxi, 40 mm hoch, 25 breit, Mündung 23 und 13, alle bis jetzt nur vom westlichen Ufer des Tanganyika bekannt.

b) **Lavigeria** Bgt. 1890

Aufgeblasen, fast kugelig, mit kürzerem Gewinde, starker Schulterkante und starken Vertikalfalten. Columellarrand sehr dick, senkrecht, mit zahnartiger Anschwellung in der halben Länge oder dem unteren Drittel derselben, unten nur durch eine schwache Ecke von dem gerundeten Unterrand abgesetzt. Deckel unbekannt.

L. diademata Bgt., 35 mm hoch, 28 breit, Mündung 26 und 14, und L. coronata a. a. O., p. 178, pl. 13, Fig. 13—17. Wegen der übrigen von Bourguignat angeführten Arten siehe Nassopsis.

c) **Randabelia** Bgt. 1890

Elliptisch-eiförmig, mit schwächeren, zahlreicheren Falten, daher mehr gegittert; Mündung über die Hälfte der Schalenlänge, Columellarrand in der Mitte schwach zahnförmig anschwellend, unten scharf von dem kurz umgebogenen Unterrand sich absetzend. Deckel unbekannt.

P. hamyana, Bourguignat, Moll. terr. et fluv. rec. p. Giraud au Tanganika, 1885, p. 71, dieselbe und eine zweite Form, 32 mm hoch, 22 breit, Mündung 22 und 13, in Ann. Sci. Nat. (7) X, 1890, p. 170—173, pl. 13, Fig. 1—4, aus dem Süden des Sees.

d) **Joubertia** Bgt. 1890

Der vorigen ähnlich, kleiner, etwas schlanker und mit längerem Gewinde, die Mündung nur die halbe Schalenlänge oder wenig mehr einnehmend, Columellarrand ohne mittlere Anschwellung, unten noch mehr nach aussen gebogen und noch schärfer durch eine enge Bucht vom Unterrand getrennt. Deckel unbekannt.

P. spinulosa, Bourguignat, Moll. terr. fluv. Giraud Tang., 1885, p. 75, stärker knotig, 25 mm hoch, 8 breit, Mündung $7^{1}\!/_{2}$ und 3, nebst zwei anderen Formen, Ann. Sci. Nat. (7) X, p. 174—177, pl. 13, Fig. 5—14, aus dem südwestlichen Theil des Tanganyika.

e) **Nassopsis** E. Sm. 1890

Kurz und stumpf-eiförmig mit knotig-gegitterter Skulptur und abgerundeter letzter Windung, nur nahe unter der Naht öfters etwas kantig angeschwollen. Mundung etwas über die halbe Schalenlänge, Columellarrand annähernd senkrecht, mit schwacher Anschwellung und durch eine deutliche Ecke vom Unterrand abgesetzt. Meist weisslich oder grau gefärbt. Deckel anfangs spiral, dann konzentrisch, an der Unterseite mit breiter, glänzender Randzone.

Paramelania nassa Woodw. (Melania)

Proc. Zool. Soc. 1859, p. 349, pl. 17, Fig. 4; E. Smith ebenda, 1886, p. 292, pl. 34, Fig. 26 (nicht a und b) und p. 561. Crosse, Journ. de Conch. XXIX, 1881, p. 113. pl. 4. Fig. 3, 3a; 20 mm hoch, 11 breit, Mündung 11 hoch. Bei Karema und Udjiji, auch an der Westküste. — P. grandis, E. Smith (nassa var.), Proc. Zool. Soc. 1881, p. 561 = nassa var. E. Smith ebenda, p. 292, pl. 34, Fig. 26a, kopirt bei Tausch a. a. O., Taf. 1, Fig. 5. Nassopsis nassa var. grandis, E. Smith, Ann. Mag. Nat. Hist. (6) VI, 1890, p. 94. Sowerby, Shells of Tang., Fig. 7. 29—30 mm hoch und 22—24 breit, Mündung 17—18 hoch und 11—12 breit, am nordöstlichen Ufer des Sees. Hierher die fünf letzten Arten von Lavigeria bei Bourguignat, Ann. Sci. Nat. (7) X, 1890, p. 179-191, pl. 14, Fig. 1—7, und seine Paramelania singularis und nassa, ebenda, p. 211 und 227, pl. 15, Fig. 7, 8 und 16, 17.

Radula von N. grandis: Mittelplatte mit breitem, stumpfem Mittelzahn, Zwischenplatte mit drei Zahnspitzen, innere Seitenplatte mit 3, äussere 3—6, Gwatkin, Ann. Mag. Nat. Hist. (6) VI, 1890, p. 94.

f) **Nassopsidia** n.

(Taf. VI, Fig. 38.)

Eiförmig oder gestreckt-eiförmig mit knotig-gegitterter Skulptur, letzte Windung abgerundet, Mündung eiförmig, Columellarrand gebogen, ohne zahnartige Anschwellung und gerundet in den Unterrand übergehend. Färbung grau oder röthlich-braun, Inneres der Mündung zuweilen röthlich.

Hierher die meisten der von Bourguignat unter Paramelania aufgeführten 32 Formen, ausgenommen seine P. nassa und singularis, Ann. Sci. Nat. (7) X, 1890, p. 198—244, pl. 15, 16 und 17, Fig. 1—12, meist vom westlichen und südlichen Ufer des Tanganyika; charakteristisch ist P. milne-edwardsiana Bgt., 26 mm lang und 15 breit, Mündung 12 mm lang, und P. crassilabris Bgt., röthlich mit weissen Knoten, 18 mm lang, 12 breit, Mündung 10 lang, innen dunkelgrau, von Böhm und Reichard auch am deutschen Ufer des Tanganyika gefunden (Taf. VI, Fig. 38). Die Abbildung von P. nassa bei Sowerby, Shells of Tang., Fig. 5, gehört auch in diese Artengruppe.

g) **Edgaria** Bgt. 1890

Eiförmig, mehr oder weniger ins Doppelt-konische übergehend, mit etwas weiter auseinander stehenden knotigen Vertikalfalten, meist weisslich gefärbt, kleiner; Mündung immer etwas über die halbe Schalenlänge einnehmend. Columellarrand weniger gebogen, unten mehr eckig vorgezogen, Aussenrand dünn. Nach Edgar Smith, dem Conchyliologen des britischen Museums, benannt.

Paramelania paucicostata E. Sm.

Proc. Zool. Soc. 1861, p. 561. Crosse, Journ. de Conchyl. 1881, p. 285, = Mel. nassa var. E. Smith ebenda. p. 292, pl. 34, Fig. 26b, kopirt bei Tausch, Sitz.-Ber. Akad. Wien 1881, Taf. 1, Fig. 6. Sowerby, Shells of Tang., Fig. 6. Udjidji am östlichen und Kibango am westlichen Ufer des Tanganyika.

Paramelania (E.) flexicosta Marts.

Taf. VI, Fig. 42.

Nachrichtsbl. d. mal. Ges. 1895, S. 188, 189; diese Art ist durch ihre nach vorn konkav gebogenen Vertikalfalten ausgezeichnet, 19 mm hoch, 15 breit. Mündung $11^1/_2$ und 7^1 4, am östlichen (deutschen) Ufer von Reichard und Dr. Böhm gefunden.

Paramelania (E.) tiarella Marts.

Taf. VI, Fig. 43.

Nachrichtsbl. d. malak. Ges. 1895, S. 189. Entschiedener doppelt-konisch, 10—13 mm hoch, 10 breit, Mündung 8 und 6 mm. Tanganyika, von H. Rolle erhalten.

h) **Paramelania** s. str. E. Sm. s. str. 1890

Deutlich doppelt-konisch, mit kurzen, geradlinigen, nicht zahlreichen Vertikalfalten und ausgesprochener Schulterkante, bräunlich oder weisslich, ziemlich gross. Mündung schief elliptisch, oben und unten gerundet; Columellarrand schief, schwach gebogen, unten bogenförmig in den Unterrand übergehend, aber hinter dem Rand nach aussen und unten wulstig verdickt. Deckel wie bei Nassopsis, tief eingesenkt.

Paramelania damoni E. Sm.

Proc. Zool. Soc. 1881, p. 559, Fig. 1, kopirt bei Tausch, Sitz.-Ber. Akad. Wien 1881, Taf. 1, Fig. 4, und Bourguignat, Ann. Sci. Nat. (7) X, p. 200, pl. 14, Fig. 17; 35 mm hoch, 22 breit, Mündung 15 und 9 ohne, 19 und 12 mit dem Rand, Tanganyika, und P. crassigranulata, E. Smith, ebenda, p. 560, Fig. 2, und Bourguignat, Fig. 18, vom Ostufer des Tanganyika.

Diese Gruppe, von Bourguignat an den Anfang der Paramelanien gestellt, kommt der fossilen Pyrgulifera am nächsten, namentlich der ungarischen P. pilcheri Hörnes, welche Sandberger zu Paludomus gestellt hat (Land- u. Süssw.-Conch. d. Vorwelt, S. 76, Taf. 3, Fig. 7—9). Eine nähere Aehnlichkeit mit M. winteri aus Java, wie Pelseneer meint, kann ich nicht finden.

Limnotrochus E. Sm.

Streng kreiselförmig, mit Basalkante und flacher Basis wie die marine Gattung Trochus, aber ohne Perlmutter im Innern; körnige Spiralskulptur. Mündung sehr schief, Columellarrand in weitem Bogen in den Unterrand übergehend. Deckel aus wenigen Spiralwindungen gebildet.

a) Breiter als hoch:

Limnotrochus kirki E. Sm.

Taf. VI, Fig. 40.)

E. Smith in Ann. Mag. Nat. Hist. (5) VI, 1880, p. 426, und Proc. Zool. Soc. 1881, p. 286, pl. 33, Fig. 18. Bourguignat, Ann. Sci. Nat. (7) X, p. 135,

pl. 10, Fig. 1—3. Sowerby, Shells of Tang., Fig. 4. Crosse, Journ. de Conch. XXIX,
1881, p. 289, 290. 15 mm hoch, 17--22 breit. Mündung 6 hoch und 11 breit.
Tanganyika am östlichen Ufer bei Udjidji und Karema.

b) Höher als breit:

Limnotrochus thomsoni E. Sm.

E. Smith, Proc. Zool. Soc. 1881, pl. ebenda, Fig. 17. Crosse, Journ. de
Conch. XXIX, 1881, p. 289. Bourguignat, Ann. Sci. Nat. (7) X, p. 136, pl. 10,
Fig. 4—7. Pelseneer in Bull. Mus. d'Hist. Nat. Belg. IV, 1886, p. 105. Viel höher
als breit, mit 3—4 knotigen, erhöhten Leisten oberhalb und 5 schwächeren unterhalb des Kiels, 17—18 mm hoch, 11—12 breit, Mündung $6^1{}_2$—$7^1/2$ hoch und
fast ebenso breit.

Tanganyika bei Udjidji und bei Mpala, Storms. Bourguignat unterscheidet
noch zwei sehr ähnliche Formen aus dem Süden des Sees bei Pambete (britisch),
S. 137, 138, Fig. 6—13.

An eine wirkliche nähere Verwandtschaft mit der marinen Gattung Trochus
ist schon wegen des Mangels von Perlmutter an der Schale nicht zu denken.
Die Form der Schale der erstgenannten Art und der Bau des Deckels weist eher
auf Risella hin, eine den Littorinen nahe stehende marine australische Gattung,
aber die Skulptur passt weniger zu derselben. In der Gattung Vivipara ist
V. trochoides, v. Martens, Proc. Zool. Soc. 1860 (umbilicata Reeve, non Lea),
aus Siam auch eine ausgezeichnet Trochus-förmige Art, ohne sonst eine nahe
Uebereinstimmung mit Limnotrochus zu zeigen.

Syrnolopsis E. Sm.

Gethürmt, glanzend glatt, mit einer Falte auf dem Columellarrand, welche
sich im Innern durch alle Windungen hindurch fortsetzt, wie bei den marinen
Pyramidelliden (Syrnola ist Gattungsname einer solchen), und 2—4 Falten an der
Innenseite der Aussenwand (Gaumenfalten). Bis jetzt kein Deckel bekannt.

a) Mit zwei Gaumenfalten:

Syrnolopsis lacustris E. Sm.

Taf. VI. Fig. 46.

E. Smith, Ann. Mag. Nat. Hist (5) VI. 1880, p. 426 und Proc. Zool. Soc. 1881,
p. 288, pl. 33, Fig. 21. Pelseneer, Bull. Mus. Hist. Nat. Belg. IV, 1886, p. 107.
Kopirt bei Tausch, Sitz-Ber. Akad. Wien 1881, p. 68, Taf. 2, Fig. 10. — 12 mm
lang, $3^1/2$ breit, Mündung 3—4 lang und 2 breit, gelblich mit weissem Band unter
der Naht und braunem darunter.
Tanganyika bei Udjidji.

Hierzu noch S. carinifera, E. Smith, Ann. Mag. Nat. Hist. 1889, p. 174,
Sowerby, Shells of Tang., Fig. 15, mit zwei starken Kielen, wie Pyrgula, 7 mm
hoch, 2 breit. Ebenfalls im Tanganyika.

b) Mit vier Gaumenfalten.

Syrnolopsis grandidieriana Bgt.

S. lacustris, Crosse, Journ. de Conch. XXIX, 1881, p. 149, pl. 4, Fig. 6.
Syrnolopsis grandidieriana, Bourguignat 1885 in Moll. Giraud Tang., p. 18
und 1890 Ann. Sci. Nat. (7) X, p. 144, pl. X, Fig. 22—24.
Karema am Ostufer des Sees.

Bourguignat unterscheidet noch eine zweite Form von der ersten und drei von der zweiten Abtheilung aus dem Süden des Sees bei Pambete, ebenda, S. 142 und 145, Fig. 18—21 und 25 -33.

Tausch macht auf die Aehnlichkeit dieser Gattung mit der fossilen Fascinella Stache aus dem Unter-Eocän von Istrien aufmerksam (Sitz.-Ber. d. Wien. Akad. 1881, S. 67). Auch hier ist eine gewisse Aehnlichkeit nicht zu verkennen und der für die fossile geschaffene Name der ältere (Sandberger, Land- u. Süsswasser-Conchylien der Vorwelt. 4. und 5. Lieferung, S. 136, 1871), aber auch hier ist die Identität noch nicht sicher, da an der fossilen die genaue Form der Mündung und die An- oder Abwesenheit von Gaumenfalten noch nicht bekannt ist.

Gegen eine wirkliche Verwandtschaft mit Pyramidella, woran die glatte, porzellanartige Schale und die Columellarfalten können denken lassen, spricht entschieden der Umstand, dass die Spitze der Schale bei Syrnolopsis ganz regelmässig gerade, bei allen Pyramidelliden aber eigenthümlich umgebogen ist.

Horea E. Sm. (Lechaptoisia Ancey)

Eiförmig, undurchbohrt, klein, matt grau-braun mit zahlreichen Spiralfurchen und durch die Anwachsstreifen etwas gegittert; Mündung etwas ohrförmig, ungefähr die Hälfte der Schalenlange einnehmend, Aussenrand dick, ganz schwach ausgebogen, Columellarrand dick, wulstig, weiss. Deckel unbekannt.

Horea ponsonbyi E. Sm.

E. Smith, Ann. Mag. Nat. Hist. (6) IV, 1889, p. 175. Sowerby, Shells of Tang., Fig. 13. 6¹₂ mm lang, 3³/₄ breit, Mündung 3¹/₂ und 1²'₂.

Tanganyika.

E. Smith betrachtet sie als Untergattung der marinen Gattung Rissoa und vergleicht sie in Betreff der Skulptur mit der submarinen Gattung Plecotrema. Verschieden von Horea, Bourguignat 1890; da Bourguignat diesen Namen schon in einer nicht in den Handel gekommenen Arbeit über die Mollusken des Tanganyika, 1888, angewandt, ändert Ancey den von Smith gegebenen in Lechaptoisia um (Bull. Soc. Zool. de France 1894, p. 29).

Anceya Bgt.

Diese neue Gattung, angeblich den Clausilien ähnlich, aber rechtsgewunden, mit nur einer Columellarfalte, einer Gaumenfalte (an der Innenseite der Aussenwand der Mündung), einem Basalkiel und starken, etwas schiefen Rippenfalten auf der Oberfläche, ist bis jetzt nur durch Bourguignat, nach Giraud's Sammlung, aus der Umgebung des Tanganyika, nämlich bei Mlilo und Mpala an der Westküste des Sees, bekannt, und zwar in zwei Arten, A. giraudi und A. admirabilis, 8 mm lang, Bourguignat, Moll. de l'Afr. équat., p. 118, 119, pl. 7, Fig. 10—13. Er glaubt, dass die Gattung neben Streptostele zu stellen sei.

Ich habe zwar bis jetzt kein Exemplar dieser Gattung gesehen und kann daher nicht darüber urtheilen, doch machen mir die Abbildungen mehr den Eindruck einer Melanien-artigen Süsswasserschnecke als einer Landschnecke, und dann dürfte sie neben Syrnolopsis ihre Stelle finden. Auch diese letztere wurde von Bourguignat zuerst (1885) für eine Landschnecke, mit Cylindrella verwandt, gehalten, 1890 aber wieder zu den Süsswasserbewohnern gestellt. Aehnlich urtheilt E. Smith, Ann Mag. Nat. Hist. (6) VI, 1890, p. 94, welcher sie sogar nur als Unterabtheilung von Syrnolopsis betrachtet; aber der Habitus ist doch ein anderer.

14·

Endlich beschreibt E. Sm., ebenda, p. 95, noch eine kleine Schnecke aus dem Tanganyika unter dem Namen Turbonilla? terebriformis, hochgethürmt, mit 18 Windungen, deren etwas knotige Rippenfalten, sowie die Schalenoberfläche und violett-graue Farbe an die marine Gattung Terebra erinnern soll; 12 mm lang, 2½ : hoch. Die Mündung war zerbrochen und auch die Spitze verletzt, so dass die systematische Stellung vorerst ganz zweifelhaft bleibt.

Rhipidoglossen.

Sehr zahlreiche Seitenzähne auf der Radula, die Mittelzähne denen der Taenioglossen ähnlich. Geschlechter getrennt, aber nur mikroskopisch zu unterscheiden.

Neritina Lm.

Schale halbkugelförmig, mit ganz kurzem stumpfen Gewinde, mit gelb-grünlicher, zuweilen schwarz-inkrustirter Schalenhaut, öfters hübsch gezeichnet; Mündung halbkreisförmig, mit geradlinigem, meist feingezähntem Columellarrand, an welchen sich nach aussen eine besonders gefärbte Abflachung (Columellarfläche) anschliesst. Deckel halbkreisförmig, dickschalig, am unteren Ende mit kleiner Spirale, mit hautigem Saum am konvexen Rande und an der Innenseite mit 1 2 Fortsätzen, welche im Fleische des Fusses stecken. Zwei lange Fühler, Augen auf Höckern nach aussen von deren Wurzel. Radula rhipidogloss. Eier in kleinen konvexen Kapseln auf andere Schalen abgesetzt.

Diese Gattung ist auf den Inseln des indischen Oceans und eines Theils von Polynesien reich vertreten in mehreren Artengruppen, welche das Festland von Ostafrika gerade noch erreichen; in Westafrika einige Arten anderer Gruppen.

Namen	Gestalt	Aeussere Färbung	Columellar-fläche	Gewinde	Grösser Durchm.	Kleiner Durchm. Wölbung	Höhe
					mm	mm	mm
knorri Recl.	gedrückt, halbkugelig	schwarz	etwas gewölbt, violett	nicht vor-stehend	21	28 12 17	18—22
bruguiereana Recl.	gedrückt, halb-eiförmig	schwarz	eben, roth	do.	20	20 9—13½	14½ — 17½
natalensis Rv.	zugespitzt kugelig	grün-gelb mit schwarzen Strahlen oder Netzwerk	etwas gewölbt, weiss	vorstehend spitz	17	23 14 - 16½	17—23

A) Neritinae hemisphaericae:

Menke, Synops. Moll. 1830. Martens, Neritina in der Fortsetzung von Chemnitz 1879, S. 16.
Clypeolum Recluz 1850.
Bauchseite der Schale platt, Rückenseite mässig gewölbt, mit sehr kleinem Gewinde; oberer Rand der Mündung lang. Beide Deckelfortsätze gut ausgebildet.

Neritina knorri Recl.

Neritina knorri, Recluz in Revue Zool. 1841, p. 274; Journ. de Conch. I, p. 241. Morelet, Series Conch. II, p. 120. v. Martens, Neritina a. a. O., S. 55. Taf. 8, Fig. 4—6, und im Nachrichtsbl. d. mal. Ges. I, 1869, S. 154. Neritina beckii (nicht Recluz), Sowerby, Thes. Conch. II, pl. 109, Fig. 13. Reeve, Conch. Icon. IX, Fig. 11.

Columellarflache etwas gewölbt, blassviolett, Aussenrand der Mundung nach innen mit lebhaft orangerothem Saum; Oberfläche der Schale mit feinen Spiral-streifen. 21—28 mm im grossen, 12—17 im kleinen Durchmesser, Höhe (vom Wirbel zum unteren Ende des Columellarrandes) 18—22, Länge der Mündung ebenso, Breite (ohne Columellarfläche) 9—10 mm. Deckel trüb fleischroth mit röthlich-schwärzlichem Randsaum.

Insel Sansibar im Bach Jetenge bei Kokotoni, in Gesellschaft von Melania coacta, Stuhlmann 1889. Zwischen Sesam-Samen, der aus Sansibar in den Handel kam, von W. Brauns gefunden. Sigi-Fluss, etwa 13—15 km oberhalb der Mündung, wo auch bei Fluth kein Salzgehalt mehr zu spüren, auf dem Sand und an Algen, O. Neumann 1893. Weiter südlich bei Inhambane im südlichen Theile von Mossambique, W. Peters. Auch in Madagascar.

Neritina bruguierei Recl.

Nerito pulligera, Lamarck in Encyclop. méthod., pl. 455, Fig. 1a. Neritina bruguierei, Recluz in Revue Zool. 1841, p. 272, nicht Sowerby und Reeve.

Halbeiförmig gewölbt, Gewinde vom Nahtrande der letzten Windung ver-deckt, dieser sich zur Mündung herabsenkend und vor der Mündung in eine nach vorn und unten sichelförmige Auflagerung auf den oberen Theil der Mündungs-wand fortgesetzt. Mündungswand eben, roth, mit stumpfen Höckerchen am Columellarrand; Innenseite des Aussenrandes mit einem undeutlichen, röthlichen Band. Grosser Durchmesser 20—26, kleiner 9—13½ mm. Höhe der Mündung bei senkrecht gestellter Windungsachse 14½—17½, Breite der Mündung ein-schliesslich der abgeflachten Mündungswand 15—20, ohne dieselbe 9—10½ mm. Deckel halboval, schwärzlich, am unteren Ende röthlich, mit 2 Fortsätzen.

Ostküste Afrikas, Puttbus, August 1844 in der Dunker'schen Sammlung. Sonst von Madagascar und den Seychellen bekannt, auf den letzteren neuer-dings von Dr. Brauer gefunden.

Obwohl keine neuere Fundortsangabe für diese Art auf unserem Gebiet vor-liegt, wollte ich doch auf diese Art aufmerksam machen, da auch andere Süss-wasserschnecken von ähnlicher Grösse zugleich auf dem Festland von Ostafrika und auf Madagascar vorkommen, so N. knorri und M. coacta. Möglich ist allerdings, dass Dunker's Gewährsmann sie auf Madagascar oder den Seychellen gesammelt habe.

B) Neritinae pictae:

Menke, Synops. 1830. Martens, Neritina bei Chemnitz, S. 17. Neritina s. str., Sw., Mörch, Ad.

Mehr kugelig, mit spitz vortretendem Gewinde und bestimmter dunkler Zeichnung. Columellarrand deutlich gezähnelt. Beide Deckelfortsätze gut aus-gebildet.

Neritina natalensis Rv.

Neritina zebra (Lam.), Krauss, südafr. Moll., S. 89, nicht N. zebra Brug., Lm. Neritina natalensis, Reeve, Conch. Icon. IX, Fig. 75. v. Martens in v. d. Decken's Reise III, S. 154, und Neritina, S. 96, Taf. 11, Fig. 10, 11 und 13.

Grünlich-gelb mit schwarzer Zeichnung, welche theils breite, schief von oben und hinten nach unten und vorn verlaufende Strahlen, theils durch Verbindung derselben ein dickes Netzwerk mit runden Maschen darstellt; Mündung und Columellarfläche blass bläulich, Durchmesser und Höhe ungefähr gleich, 17—23 mm, Mündung 14 hoch, 7 breit (ohne Columellarfläche), Deckel schmal, aussen schwärzlich, mit blutrothem Randsaum.

Sigi-Fluss, ungefähr 10 Kilometer oberhalb der Mündung, wo der Salzgehalt bereits minimal, an Felsen und alten Baumstämmen im Wasser sitzend, O. Neumann 1893. Bagamoyo, Fischer. Pangani, in einem Sumpfe nördlich Stadt und bei Ras Muhesa, Stuhlmann, Dezbr. 1889. Weiter südlich im Sambesi bei Tette und an der Küste des südlichen Mossambique bei Inhambane von W. Peters, bei Quilimane im Fluss bei der Stadt von Stuhlmann gefunden.

Nahe verwandt der N. variegata Less. aus dem indischen Archipel und der N. zebra aus Venezuela, Guyana und dem nördlichen Brasilien.

Auch hier schliessen sich einige dem Tanganyika eigenthümliche Gattungen an, welche der Schale nach an Neritina erinnern, deren Weichtheile aber noch ganz unbekannt, so dass eine sichere systematische Stellung noch nicht möglich ist.

Stanleya Bgt. 1885

Kugelig mit weiter Oeffnung und porzellanartigem Wulst auf der (oberen) Mundungswand, glasartig weiss, mit gelblicher Schalenhaut und zahlreichen feinen, vertieften, braunen Spirallinien. Von Bourguignat zu den Neritiden gestellt, aber weder Deckel noch Radula bekannt. Eine Art, Lithoglyphus neritinoides, E. Smith, Ann. Mag. (5) VI, 1880, p. 426; Proc. Zool. Soc. 1881, p. 287, pl. 33, Fig. 19; Tanganyicia n., Crosse, Journ. de Conch. 1881, XXIX, p. 126 und 288. St. n. Bourguignat 1885, Ann. Sci. Nat. (7) X, 1890, p. 246, pl. 17, Fig. 13—15. 6—7 mm hoch, 5 breit, Mündung 5 3.

Ostufer des Tanganyika bei Udjidji und an der Mundung des Mlagarasi.

Coulboisia Bgt. 1891

Länglich-eiförmig, glänzend glatt, mit feinen, kaum vertieften Spirallinien, elfenbeinweisser Wulst auf der Mundungswand und einer kleinen, stark glänzenden, scharf umgrenzten Fläche nach aussen vom Columellarrand. Deckel nicht bekannt. Nur 5 mm gross. 2 Arten, C. giraudi und smithiana, Bourguignat 1885 (als Stanleya), Ann. Sci. Nat. (7) X, p. 247 und 248, pl. 17, Fig. 16—19, 5 mm lang, 4 und 2½ breit, Mündung 3 und 2 lang.

Südliches Ufer des Tanganyika.
Vom Habitus einer Phasianella.

Rumella Bgt. 1885

Taf. VI, Fig. 47.

Kugelig oder schief oval, glänzend glatt, gelblich-weiss oder blass-grünlich, mit schmalen, dunkleren Spiralbandern, mit kurzem Gewinde und glanzend glattem Wulst auf der Mundungswand; eine grosse nabelartige Vertiefung von diesem Wulste bedeckt und nur durch Aufbrechen der Schale nachzuweisen. Deckel und Radula unbekannt.

6 Arten, nicht über 6 mm gross, weisslich oder blassgrün mit feinen, dunkleren Spiralbändchen, Bourguignat, Moll. terr. fluv. Giraud Tang., p. 90, 91 und Ann. Sci. Nat. (7) X, 1890, p. 250—258, pl. 17, Fig. 20—37.

Westliches Ufer des Tanganyika. Baumann fand eine Art auch am Nord-ende des Sees.

Bourguignat will diese Gattung zu den Naticiden stellen, sie gleicht aber vielleicht noch mehr der Smaragdia Issel, welche den Neritinen zunächst steht, aber im Meere lebt.

Mehrere Autoren, namentlich auch Bourguignat, betonen in hohem Grade die Aehnlichkeit vieler dieser dem Tanganyika eigenthümlichen Conchylien mit marinen Gattungen und möchten in diesen thalassoiden« Conchylien eine so-genannte Reliktenfauna sehen, Reste einer einst wirklich marinen Thierwelt. Limnotrochus wird mit Trochus, Paramelania mit Nassa, Tiphobia mit Pirula oder Murex, Rumella mit Natica in Verbindung gebracht. Das ist entschieden zu viel gesagt. So lange wir von den Weichtheilen und der Radula dieser Gattungen nichts wissen, bei vielen auch nichts vom Deckel, ist es sehr unsicher, etwas Näheres über die wirkliche natürliche Verwandtschaft dieser Gattungen zu sagen; die Aehnlichkeit in der Schalenform allein kann täuschen, wie diejenige zwischen Ancylus und Patella, Limnaea und Velutina, Planorbis und Skenea; bei jedem dieser der Schale nach ähnlichen Paare ist der innere Bau, die Athmungs- und Geschlechtsorgane, sowie die Radula unter sich ganz verschieden, die Glieder jedes Paares gehören verschiedenen Hauptabtheilungen (Ordnungen) der Schnecken an. Es sind allerdings manche sehr eigenthümliche Schalenformen darunter, welche sich in der Süsswasserfauna anderer Länder nicht wiederholen, aber die Aehnlichkeit mit marinen Conchylien nimmt doch sehr ab, wenn man nicht nur die Form, sondern auch die Struktur der Schale und andere Eigenthümlichkeiten mit bestimmten marinen Gattungen vergleicht, so hat Limnotrochus sicher keine nahe Verwandtschaft mit Trochus, wegen des Mangels an Perlmutter, die Schalen-masse von Tiphobia ist eine ganz andere als die von Pirula oder Murex, bei Syrnolopsis fehlt die den Pyramidelliden eigenthümliche Umbeugung der Spitze u. s. w. Auch ist hervorzuheben, dass da, wo eine auffallige Aehnlichkeit mit vorher nur fossil bekannten Conchylienformen sich zeigt, wie zwischen Para-melania und Pyrgulifera, Syrnolopsis und Fascinella, die betreffenden fossilen aus Süsswasser-, nicht aus Meeresschichten stammen und daher dafür sprechen, dass solche Formen schon in der Zeit der unteren und mittleren Kreide und des oberen Eocän im süssen Wasser Europas und Nordamerikas existirten, also nicht spezielle Relikten des indischen Oceans in einem afrikanischen Binnensee sind.

Endlich sind gerade aus den benachbarten Meeren, weder an der Ostküste, noch an der Westküste Afrikas marine Conchylien-Arten bekannt, welche jenen im Tanganyika lebenden recht ähnlich waren, während die Muster einer Relikten-Fauna, Cottus quadricornis, Mysis relicta, Gammarus loricatus und Pontoporeia affinis aus den grösseren Seen Schwedens und Finnlands theils identische, theils sehr nahe verwandte Arten in der Ostsee oder im Eismeer haben.

Bivalven (Muscheln).

Aetheriiden.

Aetheria Lm.

Die eine Schale an feste Gegenstande (Steine oder andere Muscheln) angewachsen, daher die zwei Schalen unter sich ungleich geformt, die freie meist stärker gewölbt, und auch die Individuen unter sich sehr ungleich, da sie sich im Wachsen nach ihrer Umgebung richten müssen. Aussenseite mit brauner Schalenhaut, Innenseite matt perlmutterartig; vorderer Muskeleindruck langgezogen, bandförmig, hinterer breiter und kürzer. Wirbel der freien Schale mehr oder weniger über den der angehefteten Schale übergebogen, derjenige der letzteren dem entsprechend schief zurückgelehnt. Ligament breit und kräftig, von den Wirbeln schief nach unten und hinten laufend und an beiden Schalen eine Rinne zwischen dem Wirbel und dem oberen Rand der Innenfläche bildend, nach vorn davon eine mehr oder weniger ausgeprägte dreieckige Zwischenwirbelfläche mit auslaufenden Wachsthumsschichten, an beiden Schalen sich wenigstens theilweise gegenseitig berührend.

Fuss gut ausgebildet, Mantelränder hinten zwischen Anal- und Branchialöffnung verbunden, von letzterer nach unten zu aber frei wie bei Unio und Anodonta. Anatomie von Rang und Cailliaud in Mémoires du Museum d'Hist. Nat. (3) III, p. 128, pl. 6.

Von Reisenden öfters als Süsswasser-Austern betrachtet, aber durch Vorhandensein zweier Schliessmuskeleindrücke und den (schwachen) Perlmutterglanz der Innenseite von richtigen Austern leicht zu unterscheiden.

Lamarck schrieb Etheria, aber sagt bei Aufstellung der Gattung in den Annales du Mus. X, 1807, p. 400: »j'ai donné à ce genre le nom d'étherie, nom d'une des Océanides : nun giebt es aber in der griechischen Mythologie keine Etheria, sondern nur eine Aetheria, wahrscheinlich von Aether abzuleiten, und Plinius, lib. VI, cap. 30, nennt Aetheria als älteren (mythologischen ?) Namen für Aethiopien.

Aetheria elliptica Lm.

Vgl. die Tafel der Moosthiere, Fig. 1.

Etheria elliptica, trigonula, semilunata und transversa, Lamarck in Annales du Museum d'Hist. Nat. X, 1807, p. 401—408, pl. 29 -32 und Hist. Nat. d. an. s. vert. ed. 1, VI, 1; ed. 2, VI, p. 594, 595 (unsicheren Fundorts).

Etheria, Cailliaud, Voyage à Meroé et au Fleuve Blanc II, 1826, p. 222, und IV, p. 261, Atlas pl. 61, Fig. 1 3.

Etheria lamarcki, plumbea und cailliaudi, Férussac in Memoires de la Soc.
d'Hist. Nat. de Paris I, 1823, p. 9 (vom blauen Nil in 14" n. Br.). Cailliaud und
Rang in Mém. Ann. Mus. (3) III, p. 142, 143. Deshayes bei Lamarck ed. 2,
a. a. O.
　　Etheria semilunata, Sowerby, Genera of Shells part. I, pl. 1, = Reeve, Conch.
Syst. I, pl. 95 (unsicheren Fundorts).
　　Aetheria cailliaudi (Fér.), v. Martens in Mal. Blatt. XIII, 1866, p. 9. Jickeli,
Land- u. Süssw. Moll. v. Nordost-Afr., S. 281 (Nilgebiet).
　　Aetheria plumbea (Fér), Morelet, Voy. Welwitsch, Moll., p. 100, 1868.
　　Etheria elliptica (Lam.), Reeve, Conch. Ic. XVIII, Fig. 1, 1b, 1872.
E. Smith in Proc. Zool. Soc., 1880, p. 352 (Tanganyika), und in Ann. Mag.
Nat. Hist. (6) X, 1892, p. 381, (Vict.-Ny.). Sturany in Baumann's Reisewerk, S. 13.
　　Aetheria nilotica, Letourneux bei Bourguignat, Ann. Sci. Nat. (6) XV, p. 138.

Var. cailliaudi Fér.

Etheria cailliaudi (Fér.), Férussac a. a. O., S. 9. Reeve, Conch. Ic., Fig. 2.
Bourguignat in Ann. Sci. Nat. (6) XV, p. 137. — Cailliaud, Atlas, Fig. 1—3.

Var. tubifera Sow[1].

Etheria tubifera, Sowerby[1] in Zoological Journal I, 1825, p. 523, pl. 19 (un-
bekannten Fundorts). Bourguignat in Ann. Sci. Nat. (6) XV, p. 137.
　　Etheria carteroni, Michelin in Mag. de Zool. I, 1830, p. 1, pl. 1, (Senegal).
　　Etheria cailhaudi var., Reeve, Conch. Ic., Fig. 2a.

Fluss Rukagura bei Mbusine in Usegua und Wami-Fluss bei Msere in schnell
fliessendem Wasser, an Steinen, Stuhlmann, Aug. und Sept. 1888.
　　Victoria-Nyansa: Bussissi am Smyth-Sund, an Felsen unter Wasser,
1. Okt. 1890 (Bd. I, S. 682), Massansa am Speke-Golf, 5. Okt., und bei Towalio
an der Buddu-Küste, 8. Dez. 1890, Stuhlmann. Fluss Ngaro-Dobash, östlicher
Zufluss des Sees, und Ausfluss des Nils aus dem See bei Lubwas, O. Neumann.
In diesem See auch von Bischof Hannington 1883 (an der Südküste), von
Dr. G. A. Fischer 1885/86 und von Baumann 1892 93 gefunden. Kommt sowohl
im weissen als im blauen Nil vor, in letzterem nach Bourguignat's Angabe, der
sich auf Cailliaud und Verreaux beruft, aufwärts bis zum Dembea-(Tana-)See,
nilabwärts bis zu den ersten Katarakten bei Assuan.
　　Nach E. Smith auch im Tanganyika, aber nur Ein todt gefundenes Exemplar
in der Sammlung von Missionär Hore; ebenso ein abgerolltes Stück am östlichen
Ufer nach E. Storms. Bourguignat, Bull. Soc. Mal. de France VI, 1889, p. 65,
nennt sie Aetheria tanganikana, ohne etwas Näheres über sie anzugeben.
　　Lamarck unterschied 4 Arten, welche er in 2 Gruppen (Arten nach Férussac)
vertheilt:

　　a) mit dickem Rückenrand und deutlicher Zwischenwirbelfläche, an welcher un-
　　mittelbar vor der Ligamentrinne eine ziemlich breite Kalkmasse, scheinbar
　　der Ligamentgrube einer Auster ähnlich, sich gegen die übrige Schale ab-
　　setzt (»une callosité oblongue dans la base de la coquille« Lm. Aetheria
　　lamarcki Fér. und auch nilotica Bgt.).

　　　　1. elliptica Lm. a. a. O., Taf. 29 und Taf. 31, Fig. 1. Zwischenwirbel-
　　　　flächen aneinander anliegend, Umriss länglich elliptisch in schiefer Richtung
　　　　nach hinten, so dass, wenn man die grösste Längenausdehnung horizontal
　　　　stellt, der vordere Muskeleindruck vorn und unten, der hintere nach
　　　　hinten und oben liegt. Hierher Reeve's Figur 1a, Stuhlmann's Stücke
　　　　von Bussissi und Massansa, letzteres 99 mm lang und 84 hoch, sowie
　　　　eines von Towalio und die Mehrzahl derjenigen von Lubwas, ferner zahl-
　　　　reiche Stücke aus dem oberen Nil. Bei Lamarck 200 mm lang, 14 hoch.

2. **trigonula** Lm. a. a. O., Taf. 30 und Taf. 31, Fig. 1. Wirbel der angehefteten linken Schale weit langer als derjenige der rechten, daher ein
grosser Theil der linken Zwischenwirbelfläche frei. Umriss unregelmässig
abgerundet dreieckig. Bei Lamarck etwa 170 mm lang und 145 hoch.
Ein Exemplar von Towalio entspricht dieser Form betreffs der grossen
Ungleichheit der Wirbel, ist aber viel kleiner, 61 mm hoch und 50 lang,
und mehr abgerundet. Hierher das bei der Bearbeitung der Moosthiere
von Dr. Meissner abgebildete Stück. Im Umriss entspricht der trigonula
eine einzelne Schale aus dem Ngaro-Dobasch, 91 mm hoch und 95 lang.

b) Ruckenrand verhältnissmässig dünn, mit schwach oder gar nicht ausgebildeter
Zwischenwirbelfläche (point de callosité incrustée dans la base de la
coquille Lm.), überhaupt dünnschalig und vielleicht nur jüngere Exemplare.
E. plumbea Fér.

   3. **semilunata** Lm. a. a. O., Taf. 32, Fig. 1, 2. Bedeutend höher als lang,
   d. h. der Durchmesser von einem Muskeleindruck zum andern bedeutend
   kleiner, als der vom Schloss zum Unterrand. Lamarck's Figur 85 mm
   hoch und 65 von vorn nach hinten. Eine entsprechend beinahe so grosse
   Schale von Lubwas durch O. Neumann, zusammen mit elliptica, und ein
   Stück mit der etwas unbestimmten Angabe »Nil« im Berliner Museum.
   Sowerby's und Reeve's semilunata ist davon verschieden und nähert sich
   mehr der folgenden.

   4. **transversa** Lm. a. a. O., Taf. 32, Fig. 3, 4. Im Umriss ähnlich der
   elliptica, von einem Muskeleindruck zum andern langer als in der Richtung
   vom Schloss zum Bauchrand. Hierher einzelne Stücke aus dem Rukagura sowie welche aus dem Nil im Berliner Museum.

Als weitere Form-Varietät könnte man noch hervorheben:

   5. **globosa**. Freie Schale stark kugelartig gewölbt, mit schnabelförmig über-
   greifendem Wirbel, an welchem die erwähnte Schlosspartie gut ausgebildet
   ist und täuschend wie ein inneres Ligament aussieht, der übrige Ruckenrand dünn, überhaupt die ganze Schale nicht dick. Umriss rundlich oder
   etwas dreieckig, beide Dimensionen ziemlich gleich. Einzelne Stucke
   aus dem Rukagura. Zwei Stück, das eine mit der linken, das andere
   mit der rechten Schale aufgewachsen auf einem und demselben Stück
   der Form elliptica, von Towalio. Länge und Höhe circa 58 mm. Ein
   ganz ähnliches Bild bietet Reeve's Figur 1 b.

Alle diese Formen gehen mehrfach ineinander über und scheinen zum Theil
nur davon abzuhangen, wie das heranwachsende Thier an seinem Standpunkte
Raum zum Weiterwachsen fand. Mehr unterschieden scheinen die beiden folgenden:

   6. **tubifera** Sow.[1]. Mit halbröhrenförmigen, stumpfen Stacheln auf der Aussenseite zerstreut; Schalenhaut meist gut erhalten, Umriss rundlich, seltener
   von vorn nach hinten elliptisch oder auch höher als lang (Reeve Fig. 2a).
   Keines der Exemplare aus dem Victoria-Nyansa gehört hierher, wohl aber
   mehrere aus dem weissen Nil, von Russegger, Werne und Lepsius gesammelt, grösstes Stück 85 mm lang und 73 hoch, alle ziemlich dünnschalig, mit dünnem Ruckenrand, also wohl noch jung. Nach Bourguignat
   auch im blauen Nil.

   7. **cailliaudi** Fér. a. a. O., Cailliaud, Voy. pl. 61, Fig. 1—3. Reeve,
   Fig. 21 b. Sehr lang. hoch und schmal, d. h. Entfernung von dem einen
   Muskeleindruck zum andern vielmals kleiner, als die vom Schloss zum
   Unterrand, der lange Vorder- und Hinterrand beide geradlinig und
   parallel unter sich. Zwischenwirbelfläche der angehefteten Schale sehr

lang (hoch) und ebenfalls schmal, mit fast parallelen Rändern, an manchen
Stücken der Hälfte der ganzen Schalenlänge nahe kommend. Blauer
Nil und seine Zuflüsse, Cailliand bei Ferussac und Bourguignat.

Aus Westafrika sind im Berliner Museum Aetherien vorhanden aus dem
Senegal durch Naturalienhändler, von Abetifi an der Goldküste (engl. Gebiet)
durch Missionär Dilger, vom Niger durch G. Schneider in Basel und vom Kogi-n-
Assarawa, Zufluss des Benue durch Harteret, vom Fluss Tschiloango bei Landana
durch Herrn v. Mechow und von mehreren südlichen Zuflüssen des Kongo, wie dem
Kuango durch Dr. Büttner und dessen Mündung in den Kassai durch Lieutenant
Müller I, vom Lualaba bei Nyangwe und aus dem Gebiet zwischen Luhua und
Lualaba durch Wissmann; all' diese ähneln denen aus dem Nilgebiet so sehr,
dass man sie ohne Fundortsangabe nicht davon unterscheiden würde, und zwar
vertheilen sich die einzelnen Formen folgendermaassen:

Var. elliptica im engeren Sinne: Senegal, Niger, Benue und Kuango.
Var. trigonula Lm. vom Gebiet zwischen Luhua und Lualaba.
Var. semilunata und transversa von Abetifi.
Var. tubifera vom Niger, Benue, Kuango und Lualaba. Hierher auch
E. carteroni Michelin aus dem Senegal und wohl auch Rochebrune's
Aetheria bourguignati, Bull. Soc. Mal. de France III, p. 14, aus dem Kongo.
Var. cailliaudi Fér. aus dem Tschiloango, bis über 34 cm lang, am Ende
abgebrochen, Wirbelfläche allein 20½ cm.

Simroth hat zwei Formen mit eigenem Namen beschrieben, welche Pechuel-
Loesche an den Kongofällen gesammelt hat (Zool. Anzeiger 1890, S. 662, Berichte
d. naturf. Ges. zu Leipzig, 1890—91, S. 23, und Abhandl. d. Senckenbergischen
naturf. Ges. XVIII, 1894, S. 273, mit einer Tafel in Farbendruck); von diesen
ist Aetheria heteromorpha var. tubulifera, nur durch zahlreichere dichter gedrangte
Röhrenstacheln von tubifera Sow. zu unterscheiden; Var. nidus-hirundinis ist
eine stachellose, stark gewölbte kleine Form (circa 44 mm in beiden Durch-
messern), welche seitlich an senkrechten Steinwänden anzusitzen scheint und mir
bis jetzt von anderswo nicht bekannt geworden ist. Die oben erwähnten Aetherien
aus den Zuflüssen des Kongo gleichen vielmehr denen aus dem Nilgebiet.

Unioniden.

Schale länger als hoch, mit markirter ausserer Schalenhaut (braun, grün
oder gelblich) und perlmutterartiger Innenseite. Jede Schalenhälfte ein Spiegel-
bild der anderen, abgesehen von den Zähnen.

Unio Retz.

Kürzere, stärkere Zähne zwischen Wirbel und vorderem Muskeleindruck,
meist jederseits zwei, rechts ein oberer und unterer, links ein vorderer und hinterer,
oft gefurcht und gekerbt, und hinter den Wirbeln langere, schwach gebogene,
dem Rückenrand parallele, lamellenförmige Zähne (Lamellen), bis zum hinteren
Muskeleindruck, rechts in der Regel nur einer, links regelmässig zwei, den rechten
umfassend. Wirbel mehr oder weniger weit nach vorn gerückt; Vorderende
meist gerundet, hinteres gerundet oder zugespitzt (schnabelförmig). Mantelränder
des lebenden Thieres an der ganzen Unterseite sich nur berührend, aber nicht
verwachsen; hinten zwei mit Fransen umgebene Löcher, das obere ringsum geschlossen, das untere nur eine Erweiterung der mit ihm ununterbrochen zusammen-
hangenden Mantelspalte.

Weit verbreitet, fast kosmopolitisch, nur im hohen Norden und auf vielen Inseln fehlend, so von Celebes an bis Polynesien, aber in Australien wieder vorhanden. Die Arten schwer zu unterscheiden und zu charakterisiren; eine höckerige oder zickzackförmige Skulptur auf den Wirbeln bei den meisten oder allen, aber meist nur bei jungen Exemplaren zu sehen, da bei erwachsenen die ganze Wirbelgegend mechanisch abgerieben oder auch chemisch erodirt zu sein pflegt; bei einigen erstreckt sich diese Skulptur auf einen grösseren Theil der Schale. Die Grenze des hinteren Rückenrandes mit dem oberen Theil des Hinterrandes, da, wo innen das Ende der Lamelle und der hintere Muskeleindruck liegt, bildet öfters eine deutliche Ecke (hintere Ecke). Die Färbung der Aussenseite ist einerseits bei jüngeren Exemplaren, andererseits in klarem Wasser mit reinem Grund heller, grün oder gelb, bei älteren und auf sumpfigem Grund dunkler, braun oder fast schwarz. Die Perlmutter der Innenseite variirt öfters bei derselben Art zwischen bläulich-weiss und rosenroth.

Ob die Entwicklung der ostafrikanischen Unionen in derselben Weise wie bei den europäischen vor sich geht, zuerst in den Fächern der Kiemen und dann, von da ausgestossen, an die Bauchflossen und Unterseite von Süsswasserfischen sich anheftend, das zu beobachten dürfte künftigen Forschern zu empfehlen sein. Bei südamerikanischen Anodonten ist es die innere, nicht die äussere Kieme, welche die Jungen beherbergt (H. v. Ihering).

Exemplare von Unio lourdeli und hauttecocuri Bgt. vom Victoria-Nyansa bei Bukoba, in Spiritus durch Stuhlmann mitgebracht, zeigen in den Weichtheilen keine wesentlichen Unterschiede von unseren europäischen Unionen; Junge sind in den Kiemen bei denselben nicht zu sehen.

Namen	Gestalt	Skulptur	Zweiter vorderer Schlosszahn der rechten Seite	Länge mm	Höhe mm	Quer-durchm. mm	Wirbel in
böhmi n.	längs-elliptisch, unten fast gerade	nur konzentr. gestreift	dick, dreiseitig gefurcht u. gekerbt	62	37½	27	2 ₃
gerrardi n.	längs-oval, unten gebogen	do.	blattförmig, fast glatt	54	30½	26	1 ₄
calathus Bgt.	fast kugelig, unten stark gebogen	do.	dick, viereckig	58	41½	30	1 ₃
emini n.	längs-oval	Skulptur nur an den Wirbeln	blattförmig, etwas eingeschnitten	38—43	22	25	16—18 ₃
mossambicensis Pfr.	längs-elliptisch, unten vorn mehr aufgebogen	do.	zusammengedrückt-konisch, schwach gekerbt	{ 42 { 49	25 26	17 20	1½ ₃ 1½—2 ₇
ratidotus Charmes	längs-elliptisch, unten mehr gerade	do.	do.	41	26	16	1 ₃
ambotarius n.	längs-elliptisch, unten fast gerade	schief aus-strahlende Runzeln in 2 Richtungen	dick blattförmig, fast glatt	24½	14½	9	2 ₃
liederi n.	langgestreckt, unten fast gerade, vorn und hinten gleich auf-gebogen	nur konzentr. gestreift, jung 2 Höckerreihen auf d. Wirbeln	dick blattf., gefurcht, fein gekerbt	33	17	10	unter 1 ₃

Namen	Gestalt	Skulptur	Zweiter vorderer Schlosszahn der rechten Seite	Länge mm	Höhe mm	Quer-durchm. mm	Wirbel in
leehaptoisi Ancey	längs-elliptisch, unten hinten stärker auf- gebogen	nur konzentr. gestreift	dick blattförmig, stark gekerbt	{ 38 { 33	21 16	17 11	$1\frac{1}{2}$ $1\frac{1}{2}$
borellii Ancey	längs-oval, unten in der Mitte mässig gebogen	do.	zusammengedrückt- konisch, schwach gekerbt	{ 29 { 37	19 23	16^1 16	$2\frac{1}{2}$ $1\frac{1}{2}$
acuminatus A. Ad.	längs-elliptisch. unten fast gerade	konzentrische Streifen, vorn zu Runzeln erhoben	blattförmig, gekerbt	28 – 37	14 – 21	10 – 13	$1\frac{1}{3}$
lourdeli Bgt.	längs-elliptisch, unten etwas konkav, Schna- bel etwas herabgebog.	konzentrische Streifen, am Wirbel konver- girende Falten	dick, stark vorstehend, tief gefurcht u. gekerbt	32	33	15 – 16	11 – $12^1\frac{1}{4}$ $1\frac{1}{4}$
monceti Bgt.	längs-elliptisch, unten gerade, hinten etwas aufsteigend	do.	zieml. dick, stark vor- stehend, stark gekerbt	22 – 31	10 – 15	8 – 11	$1\frac{1}{4}$ – $\frac{2}{2,5}$
ledoulxianus Charmes	längs-gestreckt	grobe kon- zentr. Furchen	dick blattförmig, gekerbt	37	21	16	$1\frac{1}{2}$
teretiusculus Phil.	langgezogen. hinten nach oben und unten gleich zugespitzt	do.	do.	40 – 50	15 – 22	19	$1\frac{1}{4}$
kirki Lea	dreieckig, vorn steil, unten eingebuchtet	ziemlich glatt	dick und kurz, oben körnig-runzlig und eingeschnitten	31	28	$17\frac{1}{2}$	$1\frac{1}{4}$
nyassaënsis Lea	trapezoid., vorn steil, unten eingebuchtet	gerunzelt	sehr dick, mehrfach eingeschnitten	27 – 30	20 – 23	12 – 15	$1\frac{1}{4}$
hypsiprymnus n.	trapezoidisch, vorn gerundet, unten nicht eingebuchtet	stark gerunzelt	dick blattförmig, schwach gekerbt	33	23	$16^1\frac{1}{2}$	$1\frac{1}{5}$
bakeri H. Ad.	längs-oval, gewölbt, hinten schief abfallend	Runzeln in der oberen Hälfte, vorn zickzack- förmig, hinten tropfenförmig	zusammengedrückt- konisch, schwach gekerbt	30 – 43	21 – 30	14 – 23	$2\frac{1}{2}$
stuhlmanni n.	längs-elliptisch	nur an den Wirbeln Zick- zackskulptur	dick blattförmig, schwach gerunzelt und gekerbt	43	20	11	$1\frac{1}{3}$
hauttecoeuri Bgt.	längs-oval, vorn ge- rundet, hinten mit stumpfem Schnabel	Zickzackskulp- tur bis nahe z. Unterrand	ziemlich dick, stark gekerbt	23 – 30	15 – 22	10 – 16	$2\frac{1}{2}$
var. edward- sianus Bgt.	gestreckt-rundlich	Zickzackskulp- tur bis $\frac{2}{3}$ zum Unterrand	dick blattförmig, tief eingeschnitten	25 $37\frac{1}{2}$	14 – 23	11 – 15	$1\frac{1}{2}$
dumesnilianus Charmes.	längs-oval, nach unten geschnabelt	Hockrige Run- zeln bis nahe zum Unterrand	dick vorstehend, gekerbt	38	25	17	$1\frac{1}{6}$

Namen	Gestalt	Skulptur	Zweiter vorderer Schlosszahn der rechten Seite	Länge mm	Höhe mm	Quer-durchm. mm	Wirbel in
grandidieri Bgt.	ringsum gerundet	Zickzackskulptur bis ²/₃ zum Unterrand	dick blattförmig, tief eingeschnitten	25 –38 18	24	12 — 13½	¹₃
ngesianus n.	abgerundet dreiseitig	do. mit 2 Spitzenreihen	dick blattförmig, schwach gefurcht und gekerbt. der Fläche nach eingeschnitten	33 35¹ ₂	24 24¹ ₂	16 —17	²₃
euphyinus Charmes	ringsum gerundet	höckrige, konzentr. Runzeln	blattförmig, schwach gekerbt	37	23	15	¹/₁₂
ruellani Bgt.	do.	glatt, nur an d. Wirbeln Zickzackskulptur	dick blattförmig, grob gekerbt	20 40	14 —29 18	8¹/₂ — 18	¹₃ — ²ₜ
horei E. Sm.	do. vorn mehr gestreckt	do.	do.	25	16¹ ₂	9¹/₂	²/₃
multicolor n.	längs-oval, vorn stark gewölbt, hinten stumpf	obere u. vord. Hälfte mit Zickzackskulptur	dick blattförmig, oben längsgefurcht, hinten öfters eingeschnitten	16¹ ₂ 25	11 18¹ ₂	8 —14	¹/₃ ²ₜ
billottianus Charmes	längs-oval, stark gewölbt	nur an den Wirbeln Zickzackskulptur	blattförmig, schwach gekerbt	41	28	17	²₅
burtoni Woodw.	ringsum gerundet	an den Wirbeln u. hinten Zickzackskulptur	dick blattförmig, stark gekerbt, hinten mehrfach eingeschnitten	25 28 18	21	14	¹¹₃
var. servainianus Bgt.	fast kreisförmig	in grösserer Ausdehnung und Stärke	do.	20	20		¹₃
var. insignis Ancey	annähernd gleichseitig dreieckig	nur an den Wirbeln Zickzackskulptur		25 — 33 10	25	14	¹/₂ ²₃
—var. sturanyi n.		do.	ziemlich dick, unten und hinten gekerbt	28 –30 19 — 20		16	¹₃
var. smithi Bgt.	gerundet, hinten etwas gestreckt und eckig	an d. Wirbeln dick blattförmig, stark gekerbt, hinten mehrfach eingeschnitten		20	20 — 22	15	
rostralis n. rostratus Bgt.)	vorn gerundet, hinten geschnabelt	Zickzackskulptur u. körnige Radialfalten b. z. halben Höhe	ziemlich dick, tief eingeschnitten	36 37 25	27 18 — 20		¹¹₃
var. brevior n.	do.	do.	do.	20 34 17	20 13 —19		⁷/₂
tanganyicensis E. Sm.	dreiseitig längs-ellipt., unten gerundet	nur konzentr. gestreift	dick blattförmig, stumpf und unregelmässig gekerbt, unten konvex	21 25 14	19 10	12	¹₃
thomsoni E. Sm.	gerundet, hinten steil abfallend, unten stark gerundet und zuletzt konkav	do.	dick blattförmig, unten bauchig und runzlig	19 21 14	15	10	²ₜ ¹₃

A) **Gruppe von Unio aegyptiacus** Fer. (**Pharaonia** Bgt.)

Mässig gross, länglich, gleichmassig gewölbt, konzentrisch gestreift. Vorderzähne verhältnissmässig dick, kurz und runzlig.

Unio böhmi n.

(Taf. VII, Fig. 9.)

Schale langs-elliptisch, dick, stark gewölbt, mit groben Anwachsstreifen, braun-gelb (wohl etwas verbleicht). Wirbel weit nach vorn, in etwa ²/₉ der Länge, vor denselben der Oberrand erst schief abfallend und dann mit einer kaum merklichen Ecke in den schwach gebogenen, fast senkrechten Vorderrand übergehend, hinter den Wirbeln fast horizontal bis zur oberen Ecke, welche wenig deutlich ist und etwa in ⁴/₅ der Länge steht; Hinterrand von da in ²/₃ seiner Höhe schief abfallend und im letzten Drittel senkrecht, so einen schwachen Schnabel bildend; Unterrand grossentheils gerade, vorn stärker als hinten aufgebogen. Wirbel mässig vorstehend, mit Spuren von isolirten dreieckigen Höckern, an der Hinterseite der Wirbelbuckel ein bis zwei radial laufende Rippchen; von den Buckeln steigen nach hinten zwei schwache Kanten herab, eine seichte Furche zwischen sich lassend, sind aber schon in der Hälfte der Entfernung bis zum hinteren Ende der Schale ganz verschwunden: im vordersten Theil der durch sie begrenzten hinteren Area einige schwache Fältchen, von der Hinterseite der Wirbel zum Rückenrande verlaufend. Areola schmal, dicht vor den Wirbeln kantig begrenzt, bald sich verlierend. Oberrand beim Uebergang in den Vorderrand bei dem einzigen vollständigen Exemplar etwas unsymmetrisch gebogen, Konkavität nach links, hier ein wenig klaffend, wie auch die vordere Hälfte des Bauchrandes. Innenseite blass-gelblich, mässig perlmutterglänzend. Im Schloss rechts ein zusammengedrückter, gerunzelter und gekerbter kurzer Lunularzahn und dahinter ein stark vorspringender, unregelmässig dreiseitiger, stark gerunzelter und gekerbter Vorderzahn, endlich, schon etwas hinter dem Wirbel, ein kleiner, doch deutlicher Mittelzahn, gerunzelt, ziemlich zusammengedrückt, mit stumpfer Spitze; links zwei dreiseitige Vorderzahne, gerunzelt und gekerbt, der vordere kleiner, der hintere länger und in seinem hinteren Theil eine stark vorspringende, nach unten etwas ausgehöhlte Spitze bildend. Hintere Lamellen rechts 1, links 2, etwas gebogen, alle drei deutlich, wenn auch schwach gekerbt, am schwächsten die linke obere in ihrer hinteren Hälfte. Vorderer Schliessmuskeleindruck senkrecht oval, der Fussmuskeleindruck hinter demselben schmal und so lang wie dessen halbe Höhe; hinterer Schliessmuskeleindruck kreisförmig. Länge 62 mm, Höhe 37¹/₂, Durchmesser von einer Schale zur andern 27, Entfernung der Wirbel von der hinteren Ecke (Ende der Lamellen) 37. Wirbel in ²/₉ der Länge.

Tanganyika bei Karema, Böhm und Reichard.

Unio gerrardi n.

(Taf. VII, Fig. 5.)

? Unio niloticus (Caill.), E. Smith, Proc. Zool. Soc. 1880, p. 351, und 1881, p. 296.

Zwei halbe Schalen, von dem Handler Gerrard mit anderen Tanganyika-Conchylien erhalten, unterscheiden sich von der vorigen Art dadurch, dass sie stärker gewölbt sind, der Unterrand in der hinteren Hälfte mehr gerundet ist und sich stärker aufbiegt, sowie dass die Vorderzähne schwächer und mehr zusammengedrückt sind, der zweite Vorderzahn rechts 5 mm lang und 2 dick, der zweite links 6 mm lang und 1¹/₂ dick, bei böhmi 9 lang und nach vorn 3 mm dick (Schalenlänge der beiden Stücke wie 5 : 6), endlich durch die Wirbelskulptur.

welche einige V-förmige Runzeln, nicht isolirte Höcker darstellt. Aussen dunkelbraun, innen isabellfarben, mässig perlmutterglänzend. Länge 51 mm, Höhe 30^1 2. Querdurchmesser 26, Entfernung vom Wirbel zum hinteren Ende der Lamellen 26^1 2 mm. Wirbel in ^{1} 4 der ganzen Länge.

Ich vermuthe, dass es dieselbe Art sei, welche E. Smith als niloticus, im Tanganyika von Hore und Thompson gesammelt, bezeichnet. Die mir vorliegende Art hat allerdings von aussen sehr viel Aehnlichkeit mit U. niloticus Caill. (mehr dickschaligen Formen von aegyptiacus mit weniger gebogenem Unterrand), doch stehen bei diesem die Wirbel in mindestens $^3/_7$ der Länge, also etwas weiter zurück, die Innenseite ist rosenroth oder bläulich-weiss, nicht gelblich, und die Vorderzähne sind noch schwächer und mehr lamellenförmig; namentlich reicht der zweite Vorderzahn der linken Schale nach vorn nur bis an das erste Drittel des ersten und nur in einem niederen Ausläufer, bei gerrardi dagegen mit einem vorderen dicken Stück bis reichlich zur Mitte des ersten.

Unio aegyptiacus Fér., noch dünner und runder, soll von S. Baker nicht nur in verschiedenen Theilen des Nils, sondern auch im Albert-Nyansa gesammelt sein. H. Adams, Proc. Zool. Soc. 1866, p. 376, und E. Smith, ebenda, 1888, p. 52 und 56.

Unio calathus Bgt.

Bourguignat, Esp. nouv. et genr. nouv. Oukerewe et Tanganika, 1885, p. 23.

Unterscheidet sich nach der Beschreibung durch stärkere Wölbung und mehr gebogenen Unterrand (subsphaerica inflato-tumida, infra valde arcuata). Länge 58, Höhe 41^1 2, Durchmesser 30, Entfernung von den Wirbeln zur hinteren Ecke 29 mm, Wirbel in $^1/_3$ der Länge. Die Innenseite scheint dieselbe gelbliche Färbung zu haben (intus subaurantiaco-albescente), der zweite Vorderzahn (links) wird auch als sehr gross und viereckig beschrieben. Die Wirbel sollen fein gerunzelt sein und vor denselben sich auch noch schwache Runzeln zeigen.

Tanganyika.

Unio emini n.

Taf. VII. Fig. 14.

Schale langs-oval, vorn abgerundet, hinten sehr stumpf schnabelförmig, ziemlich stark gewölbt; Wirbel in ^{1} 2 der Länge, Ruckenrand vor den Wirbeln konkav, hinter denselben ziemlich horizontal bis zur Ecke am Ende der Lamellen und von da in stumpfem Winkel in den schief abfallenden Hinterrand übergehend; die Anschwellung von den Wirbeln nach hinten und unten ausstrahlend, ohne eine Kante zu bilden. Unterrand in der Mitte fast gerade, vorn stark gebogen, hinten etwas schwächer aufsteigend und in sehr stumpfem Winkel in den Hinterrand übergehend. Junge Exemplare mit Skulptur in der Wirbelgegend: vorn körnige Bogenrunzeln, dem Vorderrand parallel, unter den Wirbeln schiefe und Zickzackrunzeln, hinten schief nach unten und hinten ausstrahlende Rippenstreifen; an den erwachsenen Stücken die Wirbel stark abgerieben, von der Skulptur nur noch vorn und hinten einzelne Spuren oder auch gar nichts mehr zu sehen. Konzentrische Streifung des übrigen Theils der Schale ziemlich ungleichmässig. Schalenhaut gelb-braun, einfarbig; die abgeriebene Wirbelgegend weiss mit orangeröthlichem Anflug. Innenseite weiss, gegen die Wirbel zu schwach röthlich. Vordere Schlosszähne plattenförmig, schwach gefurcht, der zweite (untere) der rechten Schale in der Mitte etwas eingeschnitten. Lamellen lang, schwach gebogen.

a) Länge 43, Höhe 25, Querdurchm. 18, v. d. Wirbeln z. Ende d. Lamelle 20 mm
b)   »   38   22$^1/_2$ »   16^1 2 » »   »   »   »   »   »   18   »
c)   »   26   »   17   »   10   »   »   12
d)   »   18   10^1 2   7   »   »   7^1 2 »

Simin-Fluss bei Massansa am Speke-Golf im Südosten des Victoria-Nyansa, Emin Pascha und Stuhlmann, 5. Oktober 1890. Auch ein Exemplar von Bussissi dürfte dazu gehören.

Unterscheidet sich von U. mossambicensis Peters durch verhältnissmässig grössere Höhe, schwächer ausgebildeten Schnabel, mehr gleichmässige Wölbung und stärkere Aufbiegung des hinteren Unterrandes.

Unio mossambicensis Ptrs.
(Taf. VII, Fig. 2.)

Peters mscr. bei Martens, Mal. Blatt. VI, 1860, p. 218, Taf. 3, Fig. 3—5. H. Dohrn, Proc. Zool. Soc. 1864, p. 117. Charmes in Bull. Soc. Mal. de France II, p. 166.

Schon merklich kleiner, stark gewölbt, vorn abgerundet, hintere Ecke sehr undeutlich, Unterrand mässig gebogen, vorn mehr als hinten aufsteigend. Wirbelskulptur zwei ausstrahlende Reihen isolirter Höcker, zwischen denen eine seichte, abgerundete Radialfurche, die hinteren Höcker sich nach oben linear verlängernd, vor den vorderen schwächere von vorn und oben nach unten und etwas nach hinten verlaufende gekörnte Leistchen. Vor den Wirbeln schief nach vorn und etwas nach oben in den Oberrand auslaufende gekörnte Leistchen, hinter den Wirbeln auf der ganzen, durch eine sehr stumpfe Anschwellung abgegrenzten Area bis zum Hinterrande mehr oder weniger zahlreiche schmale, scharfe Runzeln, etwas schief nach hinten und oben aufsteigend und zuweilen sich gabelnd. Inneres der Schale bläulich-weiss, zuweilen auch ein wenig gelblich oder röthlich. Vorderzähne so stark wie bei U. gerrardi. Grösstes Stück von Tette 42 mm lang, 25 hoch, 17 im Querdurchmesser, von den Wirbeln zur hinteren Ecke (Ende der Lamellen) 22 mm, Wirbel in 1/3 der Länge. Ein kleineres, runderes Stück bez. 38, 24, 15 1/2, 19. Sehr junge Schalen hellgrün mit zahlreichen schmalen dunkelgrünen, ausstrahlenden Linien in der hinteren Hälfte der Schale (Taf. VII, Fig. 2).

Sambesi, bei Tette, W. Peters. Etwas grösser, 49 lang, 26 hoch, 20 im Querdurchmesser, Wirbel in 1/3—2/7, im Nyassa-See, Amelia- und Mbampa-Bai, 4. und 5. Februar 1894, und bei Ulanga im oberen Rufidschi-Gebiet, Dezember 1893, Lieder. Nach Dohrn a. a. O. auch von Speke auf seiner zweiten Reise gesammelt, aber Fundort zweifelhaft. Nach Charmes auch zahlreich im Fluss Kingani in Deutsch-Ostafrika.

Unio ratidotus Charmes

Charmes in Bull. Soc. Mal. de France II, p. 166, Bourguignat, Moll. de l'Afr. équat., p. 193.

Nahe verwandt mit mossambicensis, nach dem Autor durch geringere Höhe, durch stärkeres Herabtreten des vorderen und hinteren Endes und stärkere Wölbung nach oben, Abflachung nach unten und vorn verschieden. Maasse s. oben.

Kingani-Fluss, bei Bagamoyo, französischer Missionär.

Bedeutung des Artnamens unklar, vielleicht entstellt aus griech. rhytidotus, gerunzelt.

Unio ambifarius n.
(Taf. VII, Fig. 20.)

Schale länglich-elliptisch, mit ziemlich geradem Unterrande, braun-grun, mit zahlreichen schmalen grünen Strahlen in der hinteren Hälfte. Skulptur der Wirbel mehr oder weniger V-förmige Runzeln, welche sich ziemlich weit abwärts, bis 9 mm unterhalb der Wirbel erstrecken (bei mossambicensis nur bis 3 mm unterhalb derselben); am Rückenrand sowohl vor als hinter den Wirbeln bogig aufwärtslaufende, ziemlich starke, etwas höckerige Rippen, vorn auf den grössten Theil des Vorderrandes sich erstreckend, hinten noch etwas über die hintere Ecke hinausgehend. Innenseite schwach gelblich. Zähne ähnlich denen von mossambicensis. Länge 24½ mm, Höhe 14½, Querdurchmesser 9, Entfernung der Wirbel von der hinteren Ecke 13 mm. Wirbel in ² ₆ der Länge.

Dar-es-Ssalàm, Dr. Stuhlmann, 1895. Ein Stück, vielleicht noch jung, die Wirbel nur in geringem Umfang abgerieben.

Ich kann darin keine der von Charmes beschriebenen Arten erkennen.

Unio liederi n.

(Taf. VII, Fig. 19.)

Schale klein, langgestreckt, schwach gewölbt, mit massigen Anwachsstreifen, trüb grünlich-braun, erwachsen einfarbig, jung heller mit zahlreichen schmalen grünen Strahlen. Wirbel in etwas weniger als ⅓ der Länge, kaum vorstehend, Rückenrand vor denselben erst eine Strecke weit fast horizontal und dann ziemlich rasch in den abgerundeten Vorderrand umbiegend, hinter den Wirbeln lang horizontal bis zur hinteren Ecke, Hinterrand von da konvex bis zu dem tief liegenden stumpfen Schnabelende, Unterrand vorn und hinten massig aufsteigend, in der Mitte fast horizontal. Bei dem jungen Stücke auf den Wirbeln zwei divergirend ausstrahlende Reihen kleiner Höcker und davor, im vorderen Theile der Wirbelbuckel feine, geradlinig von oben nach unten und etwas nach hinten verlaufende Runzeln, vor und hinter den Wirbeln stärkere gegen den Rückenrand auslaufende höckerige Runzeln, die vorderen etwas aufgebogen, die hinteren in schiefer, gerader Linie. Diese ganze Skulptur erstreckt sich auf 3¹₂ mm vor, 5 hinter und 3 mm unter den Wirbeln; an erwachsenen Stücken, bei welchen die Wirbel in massiger Ausdehnung erodirt sind, ist keine Skulptur mehr zu sehen. Wirbel etwas vor ⅓ der Länge. Innenseite bläulich, nach den Wirbeln zu schwach röthlich. Am Schloss links der erste Vorderzahn (Lunularzahn) stark, dreieckig vorspringend, etwas gerunzelt, der zweite unterhalb des ersten, ihm ziemlich parallel und beinahe so weit nach vorn reichend, aber weniger vorspringend und gröber gekerbt; der Zahn direkt unter den Wirbeln ziemlich stark, dreieckig vorspringend; rechts die beiden Vorderzähne ähnlich gelagert, der obere schwächer und niedriger, und kein Zahn unter dem Wirbel; hintere Lamellen an beiden Schalen ziemlich gerade. Länge 33, Höhe 17, Querdurchmesser 10, Entfernung zwischen Wirbel und hinterer Ecke 15 mm.

Nyassa-See in der Mbampa-Bai, Febr. 1894, und bei Ulanga im oberen Rufidschi-Gebiet, Dez. 1893, G. Lieder.

Nähert sich in der Anordnung der Vorderzähne schon einigermaassen der Gruppe Grandidieria.

Unio lechaptoisi Ancey

Ancey in Mém. Soc. Zool. de France VII, 1894, p. 228 mit Figur.

Sehr ähnlich dem U. mossambicensis, Falten vor den Wirbeln etwas stärker und weiter ausgedehnt, Rückenrand hinter den Wirbeln ansteigend, mit schief aufsteigenden, geradlinigen Runzeln, Unterrand stärker gebogen, daher das Hinterende mehr gleichmässig von oben und unten her abnehmend, bei mossambicensis viel stärker von oben. Aussen dunkelbraun, innen blass lachsfleischfarbig. Zähne, ähnlich denen von mossambicensis. 38 mm lang. 21 an den Wirbeln hoch, 22½ am Ende des Schlossbandes (nach der Figur), 17 im Querdurchmesser. Entfernung der Wirbel von der hinteren Ecke 17 mm. Wirbel in ½ der Länge.

Fluss Schire, 3 km südlich vom Nyassa-See, Missionär Msgr. Lechaptois.

Var. minor

Hierher gehören wohl auch einige kleinere Schalen, welche Lieder in der Mbampa- und Amelia-Bai desselben Sees gefunden hat, von ähnlichem Umriss, aber schwächerer Skulptur, 33 mm lang, 16 an den Wirbeln hoch, 18 am Ende des Schlossbandes, 11 im Querdurchmesser, Wirbel bis hintere Ecke 14 mm, Wirbel in ¹⁄₂ der Länge; innen bläulich, Zähne wie bei U. mossambicensis. Das betreffende Stuck scheint ein reifes Weibchen zu sein, da der hintere Theil der Schale merklich angeschwollen ist und namentlich am Unterrande eine starkere Konvexität bildet.

Unio borellii Ancey

Ancey in Mém. Soc. Zool. de France VII, 1894, p. 226, 227 mit Figur.

Höher und mehr gerundet, vor und hinter den Wirbeln ziemlich schwache, breite, höckerige, in den Rand auslaufende Runzeln, Rückenrand von den Wirbeln bis zur hinteren Ecke ziemlich horizontal, die Ecke sehr stumpf, Unterrand in der Mitte mässig, vorn und hinten stark gebogen, Hinterende abgerundet, innen stark perlmutterglänzend. 29 mm lang, 19 hoch, 16¹⁄₂ im Querdurchmesser, Entfernung von den Wirbeln zur hinteren Ecke 16 mm. Wirbel in ²⁄₅ der Länge.

Fluss Schire, 3 km südlich vom Nyassa-See.

Var.

Auch hierzu hat Lieder ein Seitenstuck aus der Mbampa-Bai des Nyassa-Sees selbst mitgebracht, mit etwas schwächerer Skulptur, etwas grösser: 37 mm lang, 23 hoch, 16 im Querdurchmesser und ebenso viel von den Wirbeln bis zur hinteren Ecke; Hinterende ein wenig mehr geschnabelt, daher Wirbel in ¹⁄₂ der Länge. Aussen grünlich-braun, in der Wirbelgegend mit schmalen grünen Strahlen, innen lachsfleischfarbig.

B) Gruppe des Unio teretiusculus

Länglich oder langgestreckt, mit geradem Unterrand und wulstiger, von den Wirbeln nach hinten und unten zum Schnabel auslaufender Anschwellung, dagegen in der Mitte der Seiten kaum gewölbt. Anwachsstreifen stark und etwas unregelmässig, mit einzelnen stärkeren Absätzen; Schalenhaut dick, öfters etwas seidenglänzend. Vorderzähne flachgedrückt, fast lamellenartig, aber doch etwas runzlig.

Unio acuminatus H. Ad.
(Taf. VII, Fig. 11, 12.)

H. Adams, Proc. Zool. Soc. 1866, p. 376. E. Smith ebenda, 1888, p. 56.

Ich glaube diese Art in einigen Stücken wiederzuerkennen, welche Emin Pascha und Dr. Stuhlmann von Kassenge am Albert-Nyansa mitgebracht haben; dieselben sind unter sich allerdings etwas verschieden und unverkennbar mit U. teretiusculus verwandt, aber kürzer und hinten etwas mehr abgerundet, die Wirbel sind in ziemlich weitem Umfange mit höckerigen, nach unten konvergirenden Runzeln versehen, welche gegen den Vorderrand zu mehr und mehr in kurze, etwas höckerige, den Anwachsstreifen entsprechende Falten übergehen, nach hinten aber nicht über die Buckel der Wirbel hinausgehen. Eine rinnenartige Bildung der vom Wirbel nach dem Schnabelende auslaufenden Wulstung, also zwei parallele Wülste, ist nur schwach und nicht an allen Stücken deutlich. Der Unterrand ist geradlinig horizontal. Die Schalenhaut sehr dick, glanzlos, trüb grün-braun. Innenseite bläulich-weiss. Im Schloss links zwei flachgedrückte, etwas runzlige Vorderzähne direkt hintereinander und etwas ineinander übergehend, der zweite (hintere) mit seinem hinteren Theil schon unter dem Wirbel stehend; rechts zwei ebenfalls flachgedrückte und unter sich parallele, aber der eine (vordere) über dem anderen stehend, der obere schwächer, der untere stärker und etwas dreieckig vorspringend. Die Maasse der vorliegenden Exemplare sind folgende:

Länge	Höhe	Querdurchm.	Entf. d. Wirbel v. d. hint. Ecke	Wirbel in der Länge
37	21	13	18	$^1/_2$
$34^1/_2$	18	$12^1/_2$	17	$^2/_7$
37	19	14	$18^1/_2$	ca. $^1/_4$
32	16	11	15	$^1/_3$
$38^1/_4$	14	10	15	$^1/_3$

Die Maassangabe bei H. Adams lautet 29, 15, 10, kommt also unseren kleinsten am nächsten. Das Verhältniss der Höhe zur Länge wechselt von 4 : 7 bis 4 : 8 (1 : 2). Das Stück, dessen Maasse an dritter Stelle angeführt sind, kommt dem ägyptischen U. cailliaudi am nächsten, bleibt aber dadurch unterschieden, dass der Unterrand hinten am Schnabel nicht aufsteigt.

Albert-Nyansa, Baker; ebenda bei Kassenge, Stuhlmann.

Unio lourdeli Bgt.

Unio acuminatus (H. Ad.), v. Martens, Sitz.-Ber. d. Ges. nat. Freunde 1879, S. 105.
Unio lourdeli, Bourguignat in Bull. Soc. Mal. de France IV, 1887, p. 271.
E. Smith in Ann. Mag. Nat. Hist. (6) X, 1892, p. 128, pl. 12, Fig. 13—15.

Kleiner und verhältnissmässig niedriger als der vorhergehende, die Wirbel weiter nach vorn, der grösste Querdurchmesser ganz nahe unter dem Rückenrand und von da die Seiten flach zum Unterrand abfallend, die stumpfe Kante, welche von den Wirbeln schief rückwärts nach dem Schnabel ausläuft, stärker ausgeprägt. Unterrand nach hinten meist etwas eingebogen, hinten gar nicht oder kaum aufsteigend. Schalenhaut trüb grünlich-braun, dick, ähnlich derjenigen von U. teretiusculus. Innenseite röthlich oder bläulich-weiss. Vorderer Schlosszahn der rechten Seite stark und fast horizontal vorspringend, runzlig, links der erste breiter und mehr abgerundet, gerunzelt, der zweite kleiner, konisch, ziemlich glatt. In der Jugend auf der Wirbelgegend vor und unter den Wirbeln schmälere, schief von vorn und oben nach hinten und unten laufende Falten, hinter denselben breitere, mit den ersten konvergirend, aber steiler nach unten gerichtet; bei erwachsenen Stücken ist diese Skulptur meist ganz abgerieben. 32—35 mm lang, 15—18 hoch, 11—12¹/₂ im Querdurchmesser, Entfernung der Hinterecke von den Wirbeln 18—20 mm, Wirbel in ¹/₄ der Länge oder etwas weniger.

Victoria-Nyansa, Südwestseite, von Emin Pascha gesammelt und durch Dr. Junker dem Berliner Museum 1879 gegeben, das grösste der mir vorliegenden Exemplare; Westseite, französische Missionäre bei Bourguignat und S. J. da Costa bei E. Smith. Bussissi und Niemirembe am südlichen, Bukoba und Towalio am westlichen Ufer des Sees, Stuhlmann, 20. Sept. — 8. Dez. 1890. Mhugu am nord-östlichen Ufer, Neumann, Febr. 1894. Auch durch G. A. Fischer aus dem See erhalten.

Benannt nach Pater Lourdel, Superior der Station St. Marie de Rubaga (Mengo) in Uganda.

Unio monceti Bgt.

Bourguignat, Moll. fluv. du Nyanza-Oukerewe 1883, p. 15, Fig. 13—15.
Dem vorigen sehr ähnlich, aber kleiner, etwas geringerer Querdurchmesser und der Unterrand nicht konkav, sondern gerade und am hinteren Ende etwas

aufsteigend. Die stumpfe, von den Wirbeln nach hinten auslaufende Kante nach oben von einer Furche begleitet. Schalenhaut grau-braun, dick; einige grüne Strahlen am hinteren Ende. Innenseite röthlich (Bourguignat) oder weisslich (Exemplare von Dr. Stuhlmann).

a) Länge 22, Höhe 10, Querdurchm. 8, von d. Wirbeln z. hint. Ende 12, Wirbel in ²/₉ d. Länge,
b) » 26, 14, » 9¹/₂, » » » » 15, : ¹, »
c) » 31, 15, » 11, » » » » » 18, » ²·₉ »

a) nach Bourguignat, b) Exemplar von Ssoweh, c) Exemplar von Bussissi. Zahne und Wirbel-Skulptur wie bei U. lourdeli.

Victoria-Nyansa, Südseite, Missionär Hauttecoeur bei Bourguignat; im Creek des Victoria-Nyansa bei Bussissi, 20. Sept. 1890, und bei der Insel Ssoweh an der Küste von Uganda, Dr. Stuhlmann.

Unio ledoulxianus Charmes

Charmes in Bull. Soc. Mal. de France II, 1885, p. 173. Bourguignat, Moll. de l'Afr. équat., p. 194.

Scheint sich durch langgestreckte Form und dicke Schale hier anzuschliessen, gelblich-grün mit zahlreichen grünen Strahlen, Maasse s. oben.

Kingani-Fluss bei Bagamoyo und Wami, französische Missionäre.

? Unio teretiusculus Phil.

Philippi, Abbildungen neuer Conchyl., Bd. III, S. 45, Taf. 3, Fig. 3, 1847. Jickeli, Land- u. Süssw.-Moll. von Nordostafrika, S. 276, Taf. 11, Fig. 1—3, Reeve XVI, Fig. 389 (Küster S. 133, Taf. 35, Fig. 5 nicht gut).

Unio cailliaudi »Férussac«, Lea, observ. Unionidae V, 1852, p. 38 und VI, 1857, p. 18, vergleichsweise erwähnt. v. Martens in Malak. Blätt. 1866 p. 13, 1870 p. 36, 1873 p. 43.

Grösser und mehr langgezogen, 40—50 mm lang und 15—22 hoch, Hinterende von oben und unten zugespitzt.

Im mittleren Nil aufwärts bis zum weissen und Gazellenfluss bekannt, soll von S. Baker auch im Albert-Nyansa gefunden worden sein, vgl. E. Smith, Proc. Zool. Soc., 1888, p. 52 und 56, A. Adams ebenda, 1866, p. 376. Da er seitdem nicht mehr daselbst, namentlich auch nicht von Dr. Stuhlmann gefunden wurde, auch nicht im Victoria-Nyansa, so ist mir doch zweifelhaft, ob die Fundortangabe richtig oder ob vielleicht U. acuminatus gemeint sei.

C) Gruppe von Unio nyassaënsis:

Kurzer, drei- oder vierseitig, ziemlich dick, mit hinterer unterer Ecke, Unterrand öfters eingebogen oder doch ziemlich gerade. Oberfläche mehr oder weniger gerunzelt. Vordere Schlosszähne stark und gerunzelt.

Unio kirki Lea

Lea, Proc. Acad. Nat. Sci. Philad. 1864, p. 108; Observ. Unionid. XI, p. 36, pl. 12, Fig. 30. Ancey in Mém. Soc. Zool. de France VII, 1894, p. 225.
Unio nyassae, Sowerby², Reeve, Conch. Icon. XVI, Fig. 224a.
Unio nyassaënsis, E. Smith, Proc. Zool. Soc. 1893, p. 640, pl. 59, Fig. 17.

Abgerundet dreieckig, indem der Rückenrand steil nach hinten abfällt; fast so hoch wie lang, ziemlich glatt, die hintere Kante mindestens in der unteren Hälfte gut ausgebildet, eine rechtwinklige Ecke bildend. Unterrand hinten eingebogen. Schalenhaut grünlich, mit schmalen dunkelgrünen Strahlen am hinteren Ende. Innenseite silberweiss. Vorderer Schlosszahn sehr stark, an der linken Schale annähernd so lang wie die hintere Lamelle. Länge 31, Höhe 28, Querdurchmesser 17½ mm (nach Lea's Abbildung), Wirbel in ¼ der Länge.

Nyassa-See, Dr. J. Kirk. Auch im Fluss Schire, Lechaptois, und im Angoni-Land, am Südende des Nyassa, H. Johnston.

Unio nyassaënsis Lea

Unio nyassaënsis, Lea, Proc. Acad. Nat. Sci. Philad. 1864, p. 108; Observ. Unionid. XI, p. 37, pl. 12, Fig. 32. E. Smith, Proc. Zool. Soc. 1877, p. 719; 1881, p. 298, pl. 34, Fig. 34 und 34a, und 1893, p. 640, pl. 59, Fig. 16. Bourguignat in Bull. Soc. Mal. de France VI, p. 38 (zu nyassanus korrigirt). Ancey in Mém. Soc. Zool. de France VII, 1894, p. 223.

Unio aferulus, Lea, ebenda, p. 109 und 38, pl. 13, Fig. 34. Bourguignat und Ancey a. a. O.

Unio nyassae, Sowerby² in Reeve's Conch. Icon. XVI, Fig. 224 b.

Unio hermosus, Bourguignat, Bull. Soc. Mal. de France VI, p. 38 (auf Smith's Fig. 34a gegründet).

Trapezoidisch, vorn kurz abfallend, Rückenrand, soweit die Lamellen reichen, nur wenig nach hinten abfallend und dadurch einen ausgesprochenen stumpfen Winkel mit dem Hinterrand bildend, dagegen die untere hintere Ecke zwischen Hinterrand und Unterrand stark abgerundet, eine von den Wirbeln zu dieser Ecke herablaufende Kante kaum angedeutet. Unterrand hinten eingebogen. Der grössere Theil der Oberfläche mit winkligen oder wellenförmigen Runzeln bedeckt, nur nahe dem Rande glatt. Schalenhaut gelblich-bräunlich, nur mit Spuren von Strahlen. Innenseite röthlich, sehr glänzend. Vorderer Schlosszahn der linken Seite viel kürzer als die hintere Lamelle. Länge 27—30 mm, Höhe 20--23. Querdurchmesser 12—15½ mm. Wirbel in ¼ der Länge.

Nyassa-See, Dr. Kirk und Thomson. Angoni-Land am Südende des Nyassa, H. Johnston.

E. Smith glaubt auch U. kirki noch zu den individuellen Variationen dieser Art rechnen zu dürfen, Bourguignat und Ancey dagegen halten auch Aferulus und hermosus für eigene Arten. Es fehlt mir an Material, um darüber zu urtheilen, doch scheint mir U. kirki durch die oben angegebenen Punkte besser unterschieden als die beiden anderen.

Nach E. Smith würde eine Varietät dieser Art, var. tanganyicensis, Proc. Zool. Soc. 1881, p. 298, Fig. 34a (ujijensis Crosse) auch im Tanganyika vorkommen; Bourguignat macht auch hieraus eine eigene Art, Grandidieria ujijensis, Bull. Soc. Mal. de France II, p. 7, ohne sie gesehen zu haben.

Unio hypsiprymnus n.

(Taf. VII, Fig. 1.)

Schale trapezoidisch, vorn abgerundet, Rückenrand, soweit die Lamellen reichen, hoch und ziemlich horizontal, flügelartig zusammengedrückt, mit dem steil abfallenden Hinterrand einen beinahe rechten Winkel (100—110°) bildend, die von den Wirbeln nach der hinteren unteren Ecke verlaufende Erhebung mehr eine Anschwellung als eine Kante bildend. Unterrand vorn und hinten nur schwach aufgebogen, nirgends eingebuchtet. Oberfläche grösstentheils von starken Runzeln eingenommen, welche im vorderen und mittleren Theile mehr wellenförmig, da und dort abgebrochen, auf der genannten Anschwellung und dahinter mehr spitzwinklig, zickzackförmig und körnig werden. Schalenhaut schmutzig erdbraun. Innenseite weisslich. Vordere Schlosszähne mässig dick und viel kürzer als die Lamelle. 33 mm lang, an den Wirbeln 20, nahe dem hinteren Ende des Flügels 23 hoch. Querdurchmesser 16½, Entfernung zwischen den Wirbeln und der hinteren oberen Ecke (Ende der Lamellen) 17 mm. Wirbel in ½ der Länge. Nyassa-See, in der Mbampa-Bai, G. Lieder, Febr. 1894.

Unterscheidet sich durch den hohen Flügel, den steiler abfallenden Hinterrand und den Mangel einer Einbuchtung des Unterrandes vom vorhergehenden.

D) Gruppe von Unio bakeri und hauttecoeuri:

Meist mit ausgesprochener Skulptur, die einen grösseren Theil der Schalen oberfläche einnimmt; in der Regel ziemlich klein und oft dünnschalig, hinten etwas schnabelförmig, aber nicht langgestreckt.

Unio bakeri H. Ad.

Taf. VII. Fig. 6.

H. Adams in Proc. Zool. Soc. 1866, p. 376. E. Smith, Proc. Zool. Soc. 1888, p. 56.

Schale langs-oval, verhältnissmässig dünn und stark gewölbt, vorn kurz abgerundet, hinten gestreckt und schief abfallend, obere Ecke zwischen Rückenrand und Hinterrand kaum merklich, Unterrand ziemlich stark konvex, vorn etwas stärker als hinten aufgebogen. Starke Runzeln in der oberen Hälfte, nach vorn mehr zickzackförmig, nach hinten mehr zu einzelnen spitzen Tropfen isolirt, auf den Wirbeln dichter gestellt und zwei ausstrahlende Reihen stärkerer Höcker bildend. Wirbel stark gewölbt, mit dem Rücken der Wölbung sich berührend; eine schmale, ebene, scharf umgrenzte Fläche (Areola oder Lunula) vor denselben. Schalenhaut dunkel gelb-braun, etwas glänzend. Innenseite bläulich-weiss. Vordere Schlosszähne flach, doch nicht dünn, gefurcht und mit etwas lappigen Rändern. Wirbel in ²⁄₇ der Länge.

a) Länge 43, Höhe 30, Querdurchm. 22½, von d. Wirbeln z. Ende d. Lamellen 19 mm,
b) 41, 26, » 23, » 18 »
c) 37, 24, » 17, » 19
d) 30, 21, 14, » —

Albert Nyansa, S. Baker (d) und Emin Pascha 1887. In demselben See, bei Kassenye am Südwestufer, 26. Nov. 1891, Stuhlmann (a, b, c).

Obgleich die von Dr. Stuhlmann erhaltenen Stücke bedeutend grösser sind als das Baker'sche Original-Exemplar der Art, habe ich doch keinen Zweifel an der Artübereinstimmung. Das Exemplar, dessen Maasse unter c angegeben sind, weicht durch stärkeres Hervortreten der hinteren oberen Ecke und stärkere Aufbiegung des hinteren Theiles des Unterrandes, sowie hellere, mehr grünliche Farbe merklich von den zwei anderen, a und b, ab.

Unio stuhlmanni n.

(Taf. VII. Fig. 13.)

Längs-elliptisch, 1² ½mal so lang als hoch, mässig gewölbt, hellbraun, frisch glänzend, gegen den Unterrand zu dunkler, Zickzack-Skulptur nur die Wirbelgegend einnehmend, nicht bis zur halben Höhe der Schale herabreichend. Wirbel in ¹⁄₃ oder ³⁄₅ der Länge; Vordertheil abgerundet, Rückenrand vor den Wirbeln über den vorderen Schlosszähnen nahezu horizontal und dann ohne bestimmte Grenze zum Vorderrand herabbiegend, hinter den Wirbeln bis zum hinteren Ende der Lamellen schwach abfallend, von da an nur wenig steiler, ohne eine deutliche

Ecke zu bilden; hinteres Ende stumpf schnabelförmig. Unterrand mässig gebogen, vorn etwas mehr als hinten aufsteigend. Innenseite glänzend weiss, mit
etwas röthlichem Anflug. Vordere Schlosszähne dick plattenförmig, grob gefurcht und etwas gekerbt.

Typisches Exemplar 43 mm lang, 26 hoch, 14 im Querdurchmesser, 19^1 2
von den Wirbeln zum hinteren Ende der Lamellen.

Albert-Edward-See bei Vitschumbi, 10. Mai 1891, bei Kiruwe, 15. Mai 1891
und bei Katerenge, 22. Januar 1891, Dr. Stuhlmann; alles im südwestlichen Theile
des Sees, nur einzelne Schalen am Strand von etwas verschiedenen Dimensionen.

Bei mehreren Exemplaren, aber nicht bei allen, ziehen im vorderen Theile
der Schale eine oder einige erhabene Linien von den Wirbeln ziemlich senkrecht
zum Unterrand.

Unio hauttecocuri Bgt.

(Taf. I, Fig. 23; Taf. VII, Fig. 3.)

Bourguignat, Moll. fluv. du Nyanza-Oukerewe 1883, p. 5, Fig. 1—3.

Längs-eiförmig, ungefähr $^3/_5$ so hoch als lang, nur mässig gewölbt, vorn
regelmässig abgerundet, hinten in einen mässigen stumpfen Schnabel auslaufend.
Unterrand gebogen, vorn sich etwas stärker aufbiegend als hinten. Hintere obere
Ecke fast unmerklich. Zickzackskulptur bei erwachsenen Stücken bis nahe zum
Unterrande sich erstreckend, von da bis zum Rande selbst mit dichten, dem Rande
parallelen Falten. Aussenseite glanzlos, grün-braun, ohne Farbenstrahlen. Innenseite bläulich-weiss. Zähne wie bei U. grandidieri. Vorderer Muskeleindruck
kleiner. Wirbel in $^2/_7$ der Länge.

	Länge		Höhe		Querdurchm.		v. d. Wirbeln z. hint. Ecke	
a)	36,	Höhe	22,	Querdurchm.	16,	v. d.	Wirbeln z. hint. Ecke	15 mm,
b)		$32^1/_2$,	»	20,		12^1 2,	»	15
c)	»	30,	»	$18^1/_2$,		12,	»	14
d)		23,	»	15,		10,		11^1 2 »
e)	»	16,	»	11^1 2,		8,	»	7^1 2 »
f)	»	$8^1/_2$,	»	6,	»	$4^1/_2$,	»	4^1 2 »

Victoria-Nyansa, Südseite nahe der Mündung des Liwumba, Missionar
Hauttecocur (a), Westseite bei Bukoba, 16. Nov. 1890, Stuhlmann, und an der
Buddu-Küste, Juni 1891 (b—f).

Die Exemplare, deren Maasse unter e und f angegeben, sind sehr jung,
e noch so dünnschalig, dass die Skulptur auch auf der Innenseite sichtbar, und
doch die Wirbel schon abgerieben; selbst bei f ist die Spitze der Wirbel schon
etwas abgerieben und weiss, gleich darunter treten einige stärkere Höcker hervor
in zwei nach unten ausstrahlenden Reihen, den unteren Spitzen des Zickzacks
entsprechend; die Färbung ist grünlich-gelb, mit einzelnen etwas unterbrochenen
grünen Strahlen (Taf. VII, Fig. 3); das Exemplar e dagegen ist schon einfarbig
bräunlich. Bei beiden ist die Schnabelform des hinteren Endes noch nicht so
ausgebildet wie bei erwachsenen.

Die Exemplare von der Buddu-Küste sind verhältnissmässig stärker gewölbt,
als diejenigen von Bukoba, das grösste 32 mm lang, 22 hoch, 15 im Querdurchmesser.

Var. edwardsianus Bgt.

Unio edwardsianus, Bourguignat, Moll. fluv. du Nyanza-Oukerewe, p. 12,
Fig. 7—9.

Unterscheidet sich nur durch noch mehr gestreckte Form, Höhe ungefähr
$^4/_7$ der Länge, vorderes und hinteres Ende demgemäss etwas mehr vortretend,

Unterrand weniger gebogen, Wirbel in ¹⁄₃ der Länge, während die übrigen Eigenschaften im Wesentlichen übereinstimmen. Innenseite nach Bourguignat rosenroth, an den Stuhlmann'schen Stücken gelblich oder bläulich-weiss.

a) Länge 37¹⁄₂, Höhe 23, Querdurchm. 15, v. d. Wirbeln z. hint. Ecke 17¹⁄₂ mm,
b)   32¹⁄₂, » 20, 13, » » 14¹⁄₂
c) » 28, 16, 11, » 13
d)   25, 14, 12, » 11

Victoria-Nyansa, Südseite nahe der Mundung des Liwumba, Missionar Hauttecoeur (d), ebenda bei Bussissi im Smyth-Sund, 29. Sept. 1890, Stuhlmann.

Auch hier hat Bourguignat nur jüngere Exemplare gehabt; schon bei Stuhlmann's Exemplar von 28 mm Länge (c) reicht die Zickzackskulptur noch bis zum Unterrande und ist auf der Innenseite auch sichtbar, wegen der Dünnheit der Schale.

E. Smith, Ann. Mag. Nat. Hist. (6) X, 1892, S. 127, glaubt, dass U. hauttecoeuri, grandidieri, edwardsianus, duponti und grantianus alle in Eine Art zu vereinigen seien, geht also in der Vereinigung noch weiter, scheint aber kein neues Material zur Beurtheilung gehabt zu haben. Nach Vergleichung der im Berliner Museum vorhandenen, von Dr. Stuhlmann u. A. gesammelten Stucke mit Bourguignat's Beschreibungen und Abbildungen glaube ich grandidieri noch einigermaassen von hauttecoeuri unterscheiden zu können, obwohl die Unterschiede auch nur gering und stufenartig sind. Ueber U. grantianus, von Bourguignat a. a. O., S. 14, nur nach einer mangelhaften halben Schale beschrieben, aber nicht abgebildet, kann ich nicht urtheilen.

Unio dumesnilianus Charmes

Charmes in Bull. Soc. Mal. de France II, 1885, p. 168. Bourguignat, Moll. de l'Afr. équat., p. 192.

Soweit aus der Beschreibung ohne Abbildung zu urtheilen, an U. hauttecoeuri und grandidieri sich anschliessend, aber durch die Stellung der Wirbel beinahe erst in der Hälfte der Länge (13 : 15) verschieden.

Kingani-Fluss bei Bagamoyo und dessen Zufluss »Guéringuère«, französische Missionare.

Unio grandidieri Bgt.

Unio bakeri (A. Ad.), Martens in Sitz.-Ber. d. Ges. nat. Freunde 1879, S. 104.

Unio grandidieri, Bourguignat, Moll. fluv. du Nyanza-Oukerewe, p. 7, Fig. 4 6.

Ringsum abgerundet, anderthalbmal so lang als hoch, mässig gewölbt, Wirbel in ¹⁄₃ der Länge; Zickzackskulptur in der Ausdehnung etwas wechselnd, durchschnittlich bei Erwachsenen bis ²⁄₃ der Höhe von den Wirbeln zum Unterrande, bei jungen Stücken die ganze Schale einnehmend; das untere Stück mit dichten, dem Unterrand parallelen Falten. Rückenrand von den Wirbeln bis zum hinteren Ende der Lamellen fast horizontal, dann in stumpfem Winkel in den zuletzt steil abfallenden Hinterrand übergehend. Unterrand gebogen, vorn noch stärker als hinten aufsteigend. Aussen glanzlos, grünlich-braun, ältere Stücke dunkelbraun, meist einfarbig, ganz junge grünlich-gelb; selten schmale grüne Strahlen wie bei U. ruellani. Innenseite etwas gelblich oder röthlich, seltener bläulich-weiss. Vordere Schlosszähne ziemlich stark. Lamellen gebogen. Vorderer Schliessmuskeleindruck verhältnissmässig gross, ziemlich ¹/₂ der Schalenhöhe.

a) Länge 38, Höhe 24, Querdurchm. 13, v. d. Wirbeln z. hinteren Ecke 18 mm
b) » 28 » 19 » 13^1 ₂ » » ꙑ » » 15^1 ₂ »
c) 25^1/₂ » 18^1 ₂ » 12 » » ꙑ ꙑ » 11
d) 12 » 9 5 » » ꙑ » » 6
e) 11 » 8 5 ꙑ » » ꙑ » 4^1 ₂ »

Victoria-Nyansa, im südwestlichen Theil, von Emin Pascha durch
Dr. Junker 1877 erhalten (a); südlicher Theil, nahe am der Einmündung des
Liwumbu, franz. Missionär Hauttecoeur (d); Westküste bei Bukoba, 16. November
1890 (b) und Insel Ssoweh in Uganda, 22. Dezember 1890 (c), Stuhlmann. Auch
von G. A. Fischer 1885—86 in diesem See gefunden.

Von U. ruellani durch die grössere Ausdehnung der Zickzackskulptur verschieden, durchschnittlich auch stärker gewölbt und vorn kürzer; von U. hauttecoeuri und edwardsianus durch weniger gestreckte Form, diesen zwei sonst im Habitus ähnlich; die unter e gegebenen Maasse sind von einem scheinbar erwachsenen, an den Wirbeln schon stark abgeriebenen Exemplar von Ssoweh, bei welchem die Zickzackskulptur nicht mehr bis zum Unterrand reicht, entnommen; d und e nach ganz jungen Stücken desselben Fundortes. Bei den erwachsenen biegt sich durchschnittlich der hintere Theil des Unterrandes weniger auf als bei den jungeren.

Unio ngesianus n.

Taf. VII, Fig. 7.

Abgerundet dreiseitig, anderthalbmal so lang als hoch, nur mässig gewölbt, helibraun, die Zickzackskulptur reichlich zwei Drittel der Schalenoberfläche einnehmend, scharf ausgeprägt, aber nicht breit und wulstig, zwei Reihen nach unten gerichteter Spitzen treten innerhalb derselben besonders hervor, die eine von den Wirbeln direkt nach unten, die andere nach unten und hinten sich erstreckend; Wirbel in ²₃ der Länge; Rückenrand vor denselben kurz, nahezu geradlinig, dann in stumpfem Winkel in den stark abfallenden Vorderrand übergehend; hinter den Wirbeln bis zum Hinterende der Lamellen mässig abfallend und von da ohne ganz bestimmte Grenze in den steiler abfallenden Hinterrand übergehend; hinteres Ende abgerundet. Unterrand in der Mitte lappig vorstehend, vorn und hinten ziemlich stark aufgebogen. Innenseite sehr glänzend, silbern, mit bläulichem oder rosenröthlichem Anflug. Vordere Schlosszähne plattenförmig, doch etwas dick, gefurcht und etwas gekerbt. Lamellen mässig gebogen, stark nach hinten abfallend. 33 -35^1 ₂ mm lang, 24—24^1/₂ hoch, 16—17 im Querdurchmesser. Von den Wirbeln bis zum hinteren Ende der Lamellen 14—17 mm.

Albert-Edward-See (Ngesi) bei Kissakka an der Nordwestküste, 21. Mai 1891, Stuhlmann. Auch subfossil bei Kaha-ekjo (vgl. Planorbis sudanicus S. 146).
Wirbelgegend viel weniger aufgeblasen als bei U. bakeri.

Unio euphymus Charmes

Charmes in Bull. Soc. Mal. de France II, 1885, p. 171, Bourguignat. Moll. de l'Afr. équat., p. 194.

Nach Beschreibung ohne Abbildung in der gerundeten Form an Unio ngesianus und ruellani sich anschliessend, aber durch stärkere, gekörnte, konzentrische Anwachsstreifen (valide concentrice sulcata, sulci producti, lirati ac undique tuberculosi) verschieden. Zickzackskulptur auf die Wirbelgegend beschränkt. Wirbel wenig vorstehend, ziemlich flach (comme écrasés). Maasse s. oben.
Kingani-Fluss bei Bagamoyo, französische Missionare.

Unio ruellani Bgt.

Bourguignat, Moll. fluv. du Nyanza-Oukerewe, 1883, p. 10, Fig. 16—18.

Schale ziemlich glatt, bei Erwachsenen nur in der Wirbelgegend Zickzack-runzeln, anderthalbmal so lang als hoch, Unterrand stark konvex, namentlich vorn stark in schiefer Richtung aufsteigend, das hintere Ende abgerundet, nicht schnabelförmig; von den Wirbeln läuft allerdings eine deutliche Anschwellung nach hinten und unten, verflacht sich aber völlig vor dem Rande. Rückenrand hinter den Wirbeln ziemlich horizontal bis zum Ende der Lamellen und dann in einem sehr stumpfen Winkel (etwa 160°) zum Hinterrand umbiegend. Aeltere Exemplare (von Bare und Mhugu, a, c) mit dunkelbrauner einfarbiger Schalen-haut, innen etwas röthlich, jüngere (von Nyemiremba und Mhugu, b, d, e) grünlich-gelb mit zahlreichen schmalen grünen Strahlen, innen bläulich-weiss. Vordere Schlosszähne etwas dick und gezähnelt. Wirbel in $^1/_3$—$^2/_7$ der Länge.

a	Länge 40,	Höhe 29,	Querdurchm.	17,	Entf. d. Wirbel v. d. hint. Ecke	17	mm
b	35½	20		18	» » »	15¼	»
c	31—35	22-25		13—17		16—19½	
d	29—30	20—21		13½-14		17	
e	20	14		8½	» »	10	jung

Bourguignat's Maassangaben beziehungsweise 35, 23, 16½ und 15 mm.

Victoria-Nyansa, Südseite nahe der Mündung des Liwumba, Missionär Hauttecoeur; Nyembiremba, im Südwesten am Emin-Pascha-Golf, 3. November 1890 (d, e) und Bare, im Osten an der Buddu-Kuste, 9. Dezember 1891 (c), Stuhlmann. Mhugu an der Nordseite des Sees, O. Neumann, 26. Februar 1894 (a, b).

Die Exemplare von Nyemiremba (d, e), sieben an der Zahl, sind alle kleiner, oben nur mässig abgerieben und grün gestrahlt, diejenigen von Bare (c), drei, grösser, einfarbig dunkelbraun und oben in weitem Umfang abgerieben, Zickzack kaum noch zu erkennen, der Bourguignat'schen Abbildung mehr entsprechend, doch nicht ganz so stark im Querdurchmesser. Das Aufsteigen des hinteren Theils des Unterrandes ist bald mehr, bald weniger ausgesprochen, bei einem Stück von Nyembiremba kaum vorhanden, was die diagnostische Unterscheidung dieser Art sehr erschwert.

In U. duponti, Bourguignat a. a. O., p. 8, Fig. 10—12, kann ich nur junge Exemplare dieser Art erkennen.

Ruellan, französischer Missionar, in Ostafrika gestorben.

Bei einem Stück von Mhugu ist die Seitenlamelle der rechten Schale in ihrer hinteren Hälfte verdoppelt; dasselbe zeichnet sich trotz bedeutender Grösse (36 mm lang, 18 hoch, 17½ im Querdurchmesser) durch Beibehaltung der jugendlichen grüngelben Färbung mit grasgrünen Strahlen aus; die Innenseite ist trüb gelb-röthlich. Bei einem jüngeren Stück von Nyembiremba ist die Ver-doppelung der rechten Lamelle auch, doch in schwächerem Grade, vorhanden, während sie an anderen Stücken desselben Fundortes fehlte.

Unio horei E. Sm.

E. Smith, Proc. Zool. Soc. 1881, p. 299, pl. 34, Fig. 37.

Unterscheidet sich von dem vorhergehenden namentlich dadurch, dass der Theil vor den Wirbeln voller und runder ausgebildet ist, daher die Wirbel in $^2/_5$ der Länge stehen, der Rückenrand vor denselben weniger abfällt und der Unterrand vorn mehr gerundet, nicht steil und schief aufsteigt.

Tanganyika, Thomson.

Eine linke Schale mit etwas stärker ausgebildeter Vorderseite, Wirbel in $^2/_5$ der Länge. Schale 39 mm lang, 26 hoch, von den Wirbeln zur hinteren

Ecke $17^1/_2$ mm, in der Wirbelgegend mit einem runden kunstlichen Loch, wurde von Lieutenant Werther dem Berliner Museum gegeben, mit der Angabe, dass sie im Sultanat Nassa, östlich vom Victoria-See, als Schmuck getragen werde.

Unio multicolor n.

Taf. VII, Fig. 4.)

Längs-eiförmig, dünnschalig, vorn stark gewölbt, nach hinten etwas zusammengedrückt, ungefähr anderthalbmal so lang als hoch oder etwas weniger, Wirbel in 1_3—$2/_7$ der Länge, aussen glänzend, mit Zickzackskulptur auf der oberen und vorderen Hälfte oder Drittel, unten und hinten nur fein gestreift, lebhaft grün-gelb oder braun-grün mit zahlreichen schmalen grasgrünen Strahlen, innen lebhaft violettlich-rosenroth. Rückenrand vor den Wirbeln mässig abfallend bis zu einer vorderen, sehr stumpfen Ecke, hinter den Wirbeln horizontal bis zum hinteren Ende der Lamellen, dann in stumpfem Winkel in den steil abfallenden Hinterrand übergehend. Unterrand etwas lappig, vorn steil aufsteigend, hinten weniger, hier einen kurzen, stumpfen Schnabel bildend. Eine stumpfe, von den Wirbeln nach hinten und unten ausstrahlende Anschwellung verliert sich gegen die untere stumpfe Ecke des Hinterrandes. Vordere Schlosszähne dick plattenförmig, mit wenigen, aber starken Furchen und Kerben, der zweite der linken Schale kleiner als der erste; Lamellen wenig gebogen. Zähne und Lamellen nehmen an der rosenrothen Färbung der Innenseite Theil. Vorderer Schliessmuskeleindruck drei-eitig, fast 1_3 der Höhe der Schale.

a) Länge 25,   Höhe $18^1/_2$,   Querdurchm. 14,   von den Wirbeln zur hinteren oberen Ecke 11^1_2 mm
b)   »   22   17   11   »   »   12   »
c)   » $16^1/_2$ 11   8   »   »   8   »

Victoria-Nyansa, im Südwesten bei der Insel Sirwa, Oktober 1890 (a), und an der Westseite bei Bukoba, 28. November 1890 (c), Stuhlmann; bei Bukoba auch von O. Neumann, 17. Juni 1894.

Die Unterseite der hinteren Seitenlamelle der rechten Schale zeigt bei einem Exemplar ungewöhnlich starke Längsfurchen und dazwischen Längs-Erhabenheiten, von denen die äusserste (unterste) besonders hervortritt; bei einem anderen Exemplar ist diese letztere so stark, dass sie als zweite Seitenlamelle erscheint, parallel der ersteren, aber nur halb so lang und zwar deren hinterer Hälfte entsprechend.

Bei Nyemiremba am Südwestufer des Victoria-Nyansa fand Stuhlmann am 3. November 1890 einige Stücke, welche etwas länger gezogen (bis 28 mm lang, 17 hoch, 12 im Querdurchmesser) und innen bläulich-weiss, nicht roth sind, im Uebrigen aber gut übereinstimmen.

Unio billottianus Charmes

Charmes in Bull. Soc. Mal. de France II, 1885, p. 170. Bourguignat, Moll. de l'Afr. équat. p. 194.

Nach Beschreibung ohne Abbildung in allgemeiner Form und Färbung (glänzend röthlich-kastanienfarbig, mit dunkleren konzentrischen Bändern und zahlreichen grünen Strahlen, innen blass rosenfarbig) und der Dunnheit der Schale dem U. multicolor ähnlich, aber beträchtlich grösser, 41 mm lang, 28 hoch, 17 dick, von den Wirbeln zur Ecke 20 mm, mit einer von den Wirbeln (nach hinten) herabziehenden, von zwei schwarzen Strahlen eingesäumten Furche.

Kingani-Fluss bei Bagamoyo, französische Missionäre.

E) Gruppe von Unio burtoni (Gattung Grandidieria Bgt.):

Klein, aber verhältnissmässig dickschalig, nur wenig länger als hoch. Innenseite sehr glänzend, oft eigenthümlich violett oder orangegelblich. Unter den Wirbeln 1—3 kleine stumpfe Zähnchen hinter den grossen Schlosszähnen, welche auch als losgetrennte hintere Partie derselben angesehen werden können. Hintere Lamelle der rechten Seite oft nach unten löffelförmig ausgehöhlt, mit stärkeren Längsrunzeln; der diese Aushöhlung nach innen begrenzende Rand kann sich zuweilen zu einer zweiten Lamelle erheben, was aber an Exemplaren derselben Art von demselben Fundort wechselt. Zickzackskulptur schwach oder fehlend.

Bourguignat hat aus dieser Gruppe nicht nur eine eigene Gattung gemacht, sondern will dieselbe auch nicht zu den Unioniden, sondern zu den Cyreniden stellen, indem er die genannten kleinen stumpfen Zähnchen als die eigentlichen Kardinalzähne ansieht und die vorderen Schlosszähne den vorderen Seitenzähnen von Cyrena gleichstellt. Dagegen spricht aber erstens der Perlmutterglanz der Innenseite, der bei Cyreniden nie vorkommt, aber immer bei Unio, und in dieser Gruppe gerade sehr stark ist; zweitens die ganze Habitusähnlichkeit mit Unio, so dass man über einige Arten, z. B. Unio kirki und multicolor, zweifelhaft sein kann, ob sie nicht auch in diese Gruppe zu stellen seien.

Unio burtoni Woodw.

Woodward, Proc. Zool. Soc. 1859, p. 349, pl. 47, Fig. 1. E. Smith, Proc. Zool. Soc. 1881, p. 297, pl. 34, Fig. 33 und 33b. Pelsencer, Bull. Mus. Roy. Hist. Nat. de Belg. IV, 1886, p. 109.

Grandidieria burtoni und cyrenopsis, Bourguignat in Bull. Soc. Mal. de France II, p. 6 und 9, pl. 1, Fig. 7—9.

Ringsum abgerundet, mässig gewölbt, Höhe zur Länge ungefähr wie 4 : 5; zickzackförmige Runzeln auf den Wirbeln und namentlich in der hinteren Hälfte der Schale mehr oder weniger weit gegen den Unterrand herabsteigend, dagegen körnige, erhabene Bogenlinien mit der Konkavität nach oben, von den Wirbeln nach vorn in den vorderen Rückenrand und den oberen Theil des Vorderrandes auslaufend; ähnliche, aber viel kürzere, hinter der Anschwellung der Wirbelgegend beginnend und in den hinteren Rückenrand (bis zum Hinterrande der Lamellen) auslaufend; vordere Hälfte der Wirbelanschwellung in einiger Entfernung von den Wirbelspitzen nur mit konzentrischen Runzelstreifen, wie der grössere Theil der Schalenoberfläche. Vorderer Rückenrand etwas konkav, abgerundet in den Vorderrand übergehend; hinterer Rückenrand schwach konvex, sehr stumpfwinklig in den Hinterrand übergehend, dieser nach unten eine abgerundete Ecke mit dem stark gebogenen Unterrand bildend. Wirbel nach vorn gerichtet, in ungefähr $^1/_3$ oder etwas mehr der Schalenlänge. Aussenseite blassgelblich, zuweilen mit schmalen, grünen Farbenstreifen, abgerieben und verbleicht weisslich oder auch ockergelb. Innenseite sehr glänzend weisslich oder orangegelblich oder trüb röthlich. Hinter den vorderen Schlosszähnen gerade unter der Wirbelspitze noch 1—3 ganz kleine stumpfe Zähnchen, welche aber auch nur als eingeschnürte Stückchen des Vorderzahnes betrachtet werden können. Hintere Lamelle der rechten Schale nach unten eine runzlige, etwas löffelförmig ausgehöhlte Fläche bildend. Länge $25^1/_2$—$28^1/_2$ mm, Höhe 18—$21^1/_2$, Querdurchmesser 14—$14^1/_2$, von den Wirbeln bis zum hinteren Ende der Lamelle 13—14 mm.

Tanganyika, bei Ujiji, schon von Speke mitgebracht, dann wieder von Hore, von Karema durch Gerrard für das Berliner Museum erhalten; am südlichen Ende des Sees von Thomson gefunden, an beiden Seiten des Sees von E. Storms.

Die Stellung der Wirbel und die Ausprägung einer Furche zwischen Wirbelanschwellung und hinterem Rückenrand variirt an den mir vorliegenden Exemplaren wohl etwas, doch keineswegs so sehr, dass man darnach Arten unterscheiden könnte. Wenn Bourguignat Smith's Fig. 33, seine Gr. servainiana, in die Reihe mit fast mittelstandigen Wirbeln stellt, so ist das ein blosser Irrthum, die Wirbel stehen auf Fig. 33 in ¹/₃ der Länge, ebenso wie bei 33b, seiner cyrenopsis.

Var. servainianus Bgt.

Unio burtoni (var.), E. Smith, Proc. Zool. Soc. 1881, p. 297, pl. 34, Fig. 33. Grandidieria servainiana, Bourguignat, Bull. Soc. Mal. de France II, 1885, p. 6.

Mehr kreisförmig abgerundet, fast so hoch wie lang, mit starkerer Skulptur, 26 mm lang, 20 hoch.

Tanganyika, am südlichen Ende, Thomson; ebenda, bei Kala, von H. Rolle erhalten.

Var. insignis Ancey

Grandidieria insignis Ancey bei Bourguignat, Esp. nouv. et genr. nouv. de l'Oukerewe et Tanganika, 1885, p. 16. Sturany bei Baumann. Durch Massailand zur Nilquelle, S. 6, Taf. 24, Fig. 18 und 28.

Annähernd gleichseitig dreieckig, in der Form an Maectra solida erinnernd, Unterrand mässig gerundet. 25 mm lang, 19 hoch, 14 im Querdurchmesser, Wirbel in ⁴/₉ nach Bourguignat; 33 mm lang, 25 hoch; Wirbel in ²/₆ nach Sturany's Figur.

Tanganyika, bei Ujiji, Giraud, und am nördlichen Ende östlich von der Mündung des Bussissi, Baumann.

Var. sturanyi n.

Grandidieria n. sp.? Sturany bei Baumann. Durch Massailand zur Nilquelle, 1894, S. 6, Taf. 24, Fig. 31, und Taf. 25, Fig. 35.

Noch niedriger und starker konvex, Länge 28–30, Höhe 18¹/₂—20, Querdurchmesser 16—18 mm, Wirbel in ¹/₃ der Länge. Innen lebhaft gelblich-grauröthlich irisirend.

Tanganyika, am Nordende, östlich von der Russissi-Mündung, Dr. Baumann, und bei Karema, Reichard.

Var. smithi Bgt.

Unio burtoni var., E. Smith, Proc. Zool. Soc. 1881, p. 297, pl. 34, Fig. 33a. Grandidieria smithi, Bourguignat in Bull. Soc. Mal. de France II, 1885, p. 7. Sturany bei Baumann, p. 6.

Stärker gewölbt, nach hinten mehr zugespitzt und verhältnissmässig niedriger, Höhe zur Länge etwa wie 3:4; Skulptur schwächer und nur auf den obersten Theil der Schale beschränkt, der grösste Theil der Wirbelanschwellung nur mit konzentrischen Runzelstreifen und sehr schwacher Spur von geraden Radiallinien. Aussenseite blass braunlich-gelb, Innenseite eigenthumlich bräunlich-röthlich, sehr glänzend. Wirbel in ¹/₃—²/₆ der Länge. Länge 29, Höhe 20—22, Querdurchmesser 15, von den Wirbeln zum hinteren Ende der Lamelle 13 mm.

Tanganyika, am südlichen Ende, Thomson; Nordende, östlich von der Bussissi-Mündung, Baumann.

Die Abbildung von Unio burtoni bei Sowerby, List of Shells of lake Tanganyika, Fig. 20, stimmt mit keiner dieser Formen zusammen.

Unio rostralis n.

Unio tanganyicensis (var.) E. Smith, Proc. Zool. Soc. 1881, p. 298, pl. 34, Fig. 35.

Grandidieria rostrata, Bourguignat in Bull. Soc. Mal. de France II, 1884, p. 10, pl. 1, Fig. 10 12.

Aehnlich dem vorigen, aber hinten schnabelförmig verlängert, der Schnabel mit 2 Ecken, vorn und hinten von einer sehr stumpfen Kante begrenzt, welche beide, die hintere viel schwacher, von den Wirbeln schief nach hinten herablaufen und ein schmales erhabenes Feld begrenzen, während davor die Zickzackskulptur, dahinter die körnigen Strahlen bis zur halben Höhe der Schale herabreichen; bei besser erhaltenen Stücken ist auf diesem Felde noch die Zickzackskulptur kenntlich, bei etwas abgeriebenen nicht mehr. Wirbel in $^1/_3$ der Länge oder etwas mehr. Unterrand vorn stark gerundet, hinten unter dem Schnabel etwas konkav. Färbung aussen intensiv ockergelb, nicht glänzend, innen lebhaft gelblich-violett (weinfarbig), stark glänzend. Rechte Lamelle an einer unter drei mir vorliegenden rechten Schalen oben doppelt, aber die zweite bald nur in eine Kante der löffelförmigen Aushöhlung übergehend.

a) Länge 37$^1/_2$, Höhe 27$^1/_2$, Querdurchm. 18, v. d. Wirbeln z. hint. Ende der Lamelle 18$^1/_2$ mm,
b) 30, » 25, 20, » » 15$^1/_2$
c) 24, 17, 13. » » 10 »

Tanganyika, Thomson und französische Missionare bei Bourguignat (Maassangabe c); ebenda bei Kala, durch H. Rolle für das Berliner Museum erhalten (Maasse a, b).

Der Artname rostratus ist innerhalb der Gattung schon zweimal vorhanden, für U. pictorum L. und U. nasutus Conr., und für erstere in neuester Zeit wieder von Westerlund vorangestellt.

Var. brevior n.

Grandidieria gravida, Bourguignat, Bull. Soc. Mal. de France II, 1885, p. 7, pl. 1, Fig. 1—6.

Kürzer, daher Höhe zur Länge wie 3 : 4 bis 6 : 7 und Wirbel in ^{2} s der Länge; Schnabel ähnlich ausgebildet, aber die beiden Ecken desselben einander etwas näher und die hintere herablaufende Kante ganz verschwunden. Vorderer Theil des Rückenrandes etwas mehr abfallend. Innenseite nicht immer röthlich, sondern auch grünlich-weiss oder gelblich-weiss. Im Uebrigen mit U. rostralis übereinstimmend.

d) Länge 34$^1/_2$, Höhe 26, Querdurchm. 19, v. d. Wirbeln z. Ende der Lamelle 16$^1/_2$ mm,
e) 32, 25, 15, 14 »
f) 20, 17, 13, 11 »

Tanganyika, französische Missionäre (f); ebenda bei Kala, von H. Rolle erhalten (d, e).

Auch der Name gravidus ist bei Unio schon vergeben.

Die Skulptur ist an den verschiedenen Stücken dieser Art, welche mir vor liegen, etwas verschieden, was aber wenigstens zum Theil von stärkerer oder geringerer Abreibung der einzeln gefundenen Schalenhälften herrühren kann. Bei zwei Exemplaren, b und d, geht die Zickzackskulptur vor der Schnabelanschwellung bis etwa zur halben Höhe herab, bei den anderen, auch jungeren, bleibt sie auf die Wirbelgegend beschränkt; bei var. e zeigt das Schnabelfeld allein Zickzackskulptur viel tiefer herab als die ubrige Schale; bei d und e zeigt es mehr ausstrahlende, körnige Rippen, ähnlich denen dicht am Hinterrande; bei den ubrigen Exemplaren ist es glatt, wie abgerieben. Bei a wird das Schnabelfeld auch durch eine deutliche Furche durchsetzt, wovon an den anderen Stücken nur schwache Spuren oder gar nichts zu sehen, und doch ist dieses Stück im Uebrigen b sehr ahnlich: es ist also weder das Auftreten dieser Furche, noch die Ausdehnung der Skulptur als Artunterschied zu empfehlen.

Eine Verdoppelung der hinteren Lamelle der rechten Schale ist in Bourguignat's Figur 4 deutlich gezeichnet, von unseren Exemplaren nur bei der typischen Form a am oberen vorderen Ende der Lamelle deutlich, während weiterhin das untere Stück nur zum Rande der löffelförmigen Aushöhlung an der Unterseite der Lamelle wird und so auch bei beiden Stücken der Varietät, c und f, erscheint.

Unio tanganyicensis E. Sm.

Proc. Zool. Soc. 1880, p. 351, pl. 31, Fig. 9, 9a; ebenda 1881, p. 298 z. Th. Pelseneer in Bull. Mus. Roy. Hist. Nat. de Belgique IV, 1886, p. 109.
Grandidieria tanganikana, Bourguignat, Bull. Soc. Mal. de France II, p. 7. Sturany bei Baumann, S. 6.

Dreiseitig-längselliptisch, vorn abgerundet, hinten geschnabelt, mit einer vom Wirbel herablaufenden stumpfen Kante, die in den Nabel ausläuft. Rückenrand vor den Wirbeln konkav, hinter denselben schwach konvex, ohne deutliche Ecke in den Hinterrand übergehend; Unterrand stark gebogen, hinten voll aufsteigend (oder kaum konkav, Smith Fig. 9). Aussenseite glatt, grünlich-gelb oder bläulich-grün, oft mit zahlreichen schmalen grasgrünen Strahlen, Innenseite sehr glänzend, bläulich-weiss oder violett-rosenroth. Wirbel in $^1/_3$ der Länge. Das Zähnchen unter dem Wirbel ziemlich deutlich gefurcht. Lamelle der rechten Schale unten löffelartig ausgehöhlt und gefurcht, der Rand der Aushöhlung bei einzelnen Exemplaren sich als zweite Lamelle erhebend. Lange 21—25 mm, Höhe 14—19, Querdurchmesser 10—12, von den Wirbeln zum hinteren Ende der Lamelle 8—11 mm.

Tanganyika, Hore, Thomson und Böhm; an beiden Seiten des Sees sehr häufig. E. Storms.

Unio thomsoni E. Sm.

E. Smith in Ann. Mag. Nat. Hist. (5) VI, 1880, p. 430; Proc. Zool. Soc. 1881, p. 299, pl. 34, Fig. 36.
Grandidieria thomsoni, Bourguignat, Bull. Soc. Mal. de France II, p. 7.

Aehnlich dem vorigen, aber verhältnissmässig kürzer und steiler nach hinten abfallend, Unterrand sehr stark gebogen, hinten unter dem Schnabel deutlich eingebuchtet. Länge 21, Höhe 15, Querdurchmesser 10 mm nach Smith; 19, 14$^1/_2$ und 10, von den Wirbeln zum Ende der Lamellen 9 mm an einem Exemplar der Paetel'schen Sammlung.

Tanganyika, Thomson.

Auch hier stimmt die Abbildung bei Sowerby, List of Shells of Tang., Fig. 21, nicht befriedigend zu der von E. Smith gegebenen.

Bourguignat a. a. O., S. 17, 18, beschreibt noch zwei weitere Arten, G. hauttecoeuri und locardiana, vom Tanganyika, über welche ich in Ermanglung eigener Anschauung nicht urtheilen mag.

Erwähnung verdient hier noch als eine ganz eigenthümliche Form Unio johnstoni, E. Smith, Proc. Zool. Soc. 1893, p. 640, pl. 59, Fig. 18—20. Durch zwei flügelartige Fortsätze, einen kleineren am vorderen Ende und einen hohen, stark aufsteigenden, auf dem hinteren Rückenrand, sowie durch die ganze Schalenform an die südamerikanische Hyria, namentlich avicularis Lm. erinnernd, aber im Schloss nicht übereinstimmend. Aus dem Mwero- oder Mero-See, westlich vom Südende des Tanganyika, an der Grenze zwischen Kongostaat und Englisch-Südafrika.

Spatha Lea

Schale im Allgemeinen einem Unio ähnlich, längs-elliptisch, zusammengedruckt, vorn gerundet, hinten auch gerundet oder geschnabelt, vorn und hinten sehr wenig klaffend, unten geschlossen. Wirbel nicht vorstehend; keine Schloss- und keine Seitenzähne, aber der Schlossrand selbst dick, in der linken Schale oft in der Wirbelgegend mehr vorragend und etwas von der linken Schale überdeckt, daher eine kleine Unsymmetrie zwischen beiden Schalen öfter sich bemerklich macht. Ein grosser Eindruck des vorderen Fussmuskels (unterer Haftmuskel bei Clessin und P. Fischer. Vorzieher des Fusses bei Pelseneer) hinter und etwas tiefer als der vordere Schliessmuskeleindruck, mindestens halb so gross, oft zwei Drittel so gross als dieser, länger als hoch. Ein kleiner Muskeleindruck für den Wirbelhaftmuskel (Clessin, oberer Haftmuskel P. Fischer, Fussheber Pelseneer) unter den Wirbeln oder zwischen ihnen und dem vorderen Schliessmuskel. Rechter und linker Mantelrand längs des ganzen Unterrandes frei, aber hinten zwei besondere Oeffnungen, beide mit ringsum geschlossenem, glattem Rand, nicht die untere, wie bei Unio, in die allgemeine Mantelspalte übergehend; der Raum, in welchen die obere (Analöffnung) fuhrt, durch Verwachsung der Kiemenblätter ganz getrennt von demjenigen, in welchen die untere fuhrt. Mundlappen (Palpen) mit ihrem längeren oberen Rande angeheftet.

Beschreibung der Weichtheile von Rang, Nouv. Annales d. Mus. d'Hist. Nat. de Paris IV, 1835, p. 315 (rubens) und von Clessin in Malak. Blätt. XXII, 1785, S. 22, Taf. 1, Fig. 2, Sp. cailliaudi vom Nil.

Die ganz jungen Schalen zeigen flache, etwas wellenförmige oder unterbrochene Runzeln, ähnlich wie diejenigen der europäischen Anodonten im Gegensatz zu Unio.

Die Arten dieser Gattung leben oft in kleineren, zeitweise austrocknenden Gewässern, sich alsdann in den feuchten Schlamm vergrabend; dementsprechend in ihrem Wachsthum aufgehalten, zeigen sie oft sehr stark markirte Jahresabsätze.

Diese Gattung ist charakteristisch das tropische Afrika, im Westen vom Senegal bis Angola bekannt, im Osten vom Victoria-See bis zum Limpopo, aber durch den Nil auch bis Unter-Aegypten (Kairo) verbreitet.

Anodonta chaiziana, Rang a. a. O., vom Senegal, welche Clessin in seiner Monographie S. 187 so bestimmt zu Spatha stellt, ist nach der Beschreibung der hinteren Mantelöffnungen und der Mantellappen bei Rang selbst doch eine Anodonta und beweist also das Vorkommen echter Anodonten auch im tropischen Afrika.

Bourguignat unterscheidet die kleineren schlankeren Arten als eigene Gattung Spathella, aber es ist oft keine bestimmte Grenze zwischen ihnen und den runderen grösseren zu ziehen.

Namen	Unterrand	Hinterer Rückenrand	Höhe zur Länge	Stellung der Wirbel	Länge mm	Wirbel-höhe mm	Grösse Höhe mm
rotundata n.	konvex gerundet	horizontal	2 : 3	$\frac{3}{9}$	91	58	58
trapezia n.	schwach konvex	etwas ansteigend	4 : 7	$\frac{2}{7}$	70	39	40 $\frac{1}{2}$
— var. senilis n.	in der Mitte gerade	kaum ansteigend	4 : 7	$\frac{2}{7}$	58	33	34
martensi Sturany	kaum eingebogen	konvex gebogen	4 : 7	$\frac{2}{7}$	137	68	77
kirki Ancey	geradlinig	stark ansteigend	3 : 5	$\frac{1}{4}\,\frac{1}{5}$	90	44	55
— var. liederi n.	do.	mässig ansteigend	1 : 2	$\frac{2}{7}$	110	54	61

Namen	Unterrand	Hinterer Rückenrand	Höhe zur Länge	Stellung der Wirbel	Länge	Wirbel-höhe mm	Grösste Höhe mm
nyassaensis Lea	in der Mitte geradlinig	schwach konvex	4 : 7	$1/_4$	$51^1/_2$	$27^1/_2$	31
subaequilatera Marts.	do.	do.	4 : 7	$3/_8$	105	56	56
anceyi Bgt.	kaum eingebuchtet	etwas flügelartig sich erhebend	4 : 7	$2/_7$	98	50	56
wahlbergi Krauss	in der Mitte gerade	schwach konvex	1 : 2	$2/_{10}$	118	56	60
— var. dorsalis n.	do.	do.	1 : 2	$2/_7 — 1/_4$	136	63	67
-- var. spatuliformis Bgt.	do. hinten stark aufsteigend	do.	nahezu 1 : 2	$1/_3$	97	47	52
bloyeti Bgt.	geradlinig	horizontal	1 : 2	$2/_7$	83	41	43
divaricata n.	gerade	horizontal	1 : 2	$2/_5$	35	18	18
stuhlmanni n.	zieml. geradlinig	schwach konvex	1 : 2	$2/_7$	71	33	35
petersi Marts.	do.	horizontal	3 : 7	$1/_3$	79	33	33

In der vierten Kolumne ist stets die grösste Höhe gerechnet, ob an den Wirbeln oder weiter hinten, und es sind in den letzten Kolumnen die Maasse der grössten mir bekannt gewordenen Stücke angegeben.

Spatha rotundata n.

Schale ziemlich zusammengedrückt, Unterrand konvex gerundet; Wirbel in $3/_8$ der Länge, Höhe zur Länge bei erwachsenen wie 2 : 3, bei jüngeren wie 4 : 7. Vorderrand gleichmässig abgerundet, Hinterrand schwach schnabelartig, oben mit der horizontalen hinteren Rückenwand einen stumpfen Winkel von etwa 130° bildend, in halber Höhe der Schale oder wenig tiefer am weitesten nach hinten ausgedehnt, und von da in den hinten wie vorn stark aufsteigenden Unterrand übergehend. Schalenhaut grünlich-gelb mit dunkleren braunen, konzentrischen Wachsthumsringen in der unteren Hälfte. Innenseite weiss, gegen die Wirbel zu sehr schwach röthlich. Eindruck des Wirbelhaftmuskels vorn und unten verlängert und spitz ausgezogen.

a) Länge 91, Höhe 58, Querdurchm. 30, v. d. Wirbeln z. Ende d. Schlossbandes 37 mm
b » 78, » $45^1/_2$, » 24, » » » » » » » » $30^1/_2$ »
c » 65, » $36^1/_2$, » 19, » » » » » » » » $21^1/_2$ »

Wembere-Steppe bei Nyana in einem Bachbett, das zur Zeit nur einzelne offene Tümpel zeigte, während das Wasser unter dem Sande weiter fliesst, 5. Juni 1892, Stuhlmann.

Erinnert durch den gerundeten Unterrand an die westafrikanische Sp. rubens Lm., deren Original-Exemplar wohl in der Abbildung der Encyclopédie meth. Vers. pl. 201, Fig. 1 dargestellt ist; im Vergleich zu dieser ist unsere Art etwas mehr gestreckt, mehr zusammengedrückt und deutlicher geschnabelt. Die Maasse einer mit jener Abbildung gut übereinstimmenden Sp. rubens aus dem Benue, von Hartert gesammelt und dem Berliner Museum gegeben, sind vergleichsweise 96, 65, 37 und 40; Winkel des Hinterrandes mit dem hinteren Rückenrand 120°; Wirbel in $1/_3$ der Länge. Sp. cailliaudi Marts. im Nilgebiet, Cailliaud,

Voy. à Meroë, Atlas II, pl. 60, Fig. 12. Jickeli. Moll. Nordost-Afrikas, Taf. 8, Fig. 1, hat einen geraden, selbst etwas eingebuchteten Unterrand, einen schwächer ausgebildeten Schnabel, stärkere Wölbung und die Wirbel auch weiter vorn, in ¹/₃ ²/₇ der Länge; Maasse eines annähernd gleich grossen Exemplars aus Aegypten 87, 57, 32¹/₂ und 40¹/₂. Spatha lepsii, Jickeli a. a. O., Taf. 9, Fig 1, hat hinten eine deutliche obere und selbst eine untere Ecke und einen in der Mitte geradlinigen Unterrand.

Spatha rotundata n.
Wembere-Steppe. Stuhlmann S.

Spatha trapezia n.

Verhältnissmässig klein, gut gewölbt, dickschalig, Unterrand konvex gerundet, Wirbel in ²/₇ der Länge, Wirbelhöhe zur Länge wie 4 : 7, Vorderrand gleichmässig abgerundet, Hinterrand schwach schnabelförmig, oben mit dem etwas nach hinten ansteigenden Rückenrand einen stumpfen Winkel von etwa 120° bildend, im unteren Drittel der Höhe am meisten nach hinten ausgedehnt, Unterrand hinten weniger als vorn aufsteigend, Schalenhaut grünlich-gelb, am hinteren Ende dunkler braun, bei alten Stücken überall, wo sie erhalten, dunkelbraun. Innenseite bläulich-weiss. Eindruck des vorderen Fussmuskels verhältnissmässig schmal. Eindruck des Wirbelhaftmuskels schief länglich.

Spatha trapezia n.
Bare. Stuhlmann S.

	Länge	Wirbelhöhe	Querdurchm.	v. d. Wirbeln z. Ende d. Bandes
a	70,	39,	22,	30 mm
b	60,	30¹/₂,	23,	29 "
c	60,	35¹/₂,	26,	34
d	48,	27¹/₂,	16,	19

Victoria-Nyansa, im Süden bei Bussisi (d), 29. Sept., im Südwesten bei Nyemirembe und Nyamagotso, 4. Nov.; im Westen bei Bare an der Buddu-Kuste (b), 9. Dez. 1890 von Emin und Stuhlmann; bei Bukoba (c) auch von

O. Neumann, 17. Juni 1894, gesammelt; Mhugu an der Ostseite des Sees, von demselben, Febr. 1894 (a).

Ein ganz junges Exemplar, ungefähr 27 mm lang (Hinterrand beschädigt) und 15 hoch, zeigt ganz wie die europäischen Anodonten eine kleine kugelförmig vorstehende Embryonalschale und flache, etwas wellenförmige, konzentrische Runzeln in der Wirbelgegend; diese ist auch auffallend flach, grösster Querdurchmesser 6 mm, also nur $^2/_5$ der Höhe, bei den erwachsenen dagegen $^4/_7$—$^2/_3$ derselben.

Var. senilis n.

Spatha trapezia n. Var. senilis n.
Towalio.   Stuhlmann S.

Aehnlich der vorigen, aber noch kleiner bleibend und doch die Wirbelgegend in weitem Umfange abgenutzt; Hinterrand steiler herabsteigend, in einem Winkel von 110°, und im unteren Drittel der Höhe nahezu senkrecht, Unterrand im mittleren Theile ziemlich geradlinig, hinten nur sehr wenig aufgebogen.

a) Länge 58, Wirbelhöhe 33, Querdurchm. 20, v. d. Wirbel z. Ende d. Bandes 26 mm, Wirbel in $^1/_2$ d. Länge
b)   »   42,   »   24$^1/_2$,   »   13, »   »   »   »   »   18   »   »   » $^4/_7$ »   »

Victoria-Nyansa, Nordwestseite, bei Towalio, Buddu-Küste, 8. Dez. (a) und Insel Soweh in Uganda, 22. Dez. 1890, Emin und Stuhlmann.

Spatha martensi Sturany

Sturany in Baumann, Durch Massai zur Nilquelle, 1894. S. 12, Taf. 25, Fig. 39.

Gross, Unterrand schwach eingebuchtet, Hinterrand schief herabsteigend, einen Schnabel bildend, dessen Spitze nahezu in der Höhe des Unterrandes liegt. Dunkelbraun, innen schwach rosenroth angehaucht. 137 mm lang, 77 hoch, 21 im Querdurchmesser, Wirbel in ungefähr $^2/_7$ der Länge.

Bach bei Ngoroine, östlicher Zufluss des Victoria-Nyansa, Baumann.

Scheint nur durch die tiefe Stellung des Schnabels von Sp. cailliaudi verschieden. Eine von Dr. Jickeli als Sp. cailliaudi bestimmte Muschel von Harasa in Abyssinien mit weisser Innenseite stimmt in der Form recht gut damit überein.

Spatha kirki (Ancey)

Spathella kirki, Ancey in Mém. de la Soc. Zool. de France VII, 1894, p. 229, Fig. p. 230.

Ziemlich zusammengedrückt, grösster Querdurchmesser beträchtlich hinter den Wirbeln. Rückenrand hinter den Wirbeln noch beträchtlich ansteigend und dann in abgerundetem Winkel von etwa 140° in den schiefen Hinterrand übergehend, welcher in ungefähr halber Höhe noch einmal einen abgerundeten, sehr stumpfen Winkel macht und von da an fast senkrecht zum Unterrand herabsteigt, mit dem er eine deutliche Ecke macht; Unterrand in der Mitte geradlinig, vorn stärker, hinten sehr wenig aufsteigend. Rückenrand vor den Wirbeln sanft absteigend, mit dem Vorderrand einen Winkel von etwa 105° bildend, Vorderrand oben fast senkrecht, nach unten sich abrundend. Schalenhaut ziemlich hell grünlich-braun, bei alten Exemplaren schwarz-braun, innen blass röthlich oder weisslich. Wirbel in ¹₁–¹₅ der Länge. Eindruck des Wirbelhaftmuskels nur wenig länglich.

 a) Länge 90, Wirbelhöhe 44, grösste Höhe 55 (in ²₃ der Länge), grösster Querdurchmesser 29¹₂, von den Wirbeln zum Ende des Bandes (hintere obere Ecke) 42 mm, Wirbel in ¹₄ der Länge.

 b) Länge 77, Wirbelhöhe 34¹₂, grösste Höhe 44, Querdurchmesser 24 von den Wirbeln zum Ende des Bandes 31 mm, Wirbel in ein wenig mehr als ¹/₄ der Länge.

Nyassa-See in der Mbampa Bai, am Südende des Sees, Lieder, Febr. 1894. Fluss Shire, drei Kilometer südlich vom See, Missionär Lechaptois.

Die zwei von Herrn Lieder dem Berliner Museum gegebenen Stücke, deren Maasse oben angegeben, unterscheiden sich beide von den zwei bei Ancey abgebildeten Stücken ähnlicher Grösse dadurch, dass der Unterrand hinten noch weniger aufsteigt und das Hinterende des Schnabels daher fast im Niveau des Unterrandes liegt, ein Unterschied, der vielleicht darin begründet ist, dass die

Spatha kirki Ancey
Mbampa   Lieder S.

einen im See, die anderen in fliessendem Wasser lebten. Beim grösseren derselben ist dieses Hinterende fast rechtwinklig, und der Umriss der Schale erinnert dadurch an den von Unio trapezoides Lea, bei dem kleineren und den Ancey'schen Abbildungen ist die Ecke mehr abgerundet. Das kleinere Stück von Lieder ist übrigens, nach der dicken Schale, der starken und ausgedehnten Abreibung der Wirbelgegend und der dunkeln Farbe der Schalenhaut zu schliessen, auch erwachsen, sogar recht alt. Von Sp. martensi unterscheidet sich diese Art durch das stärkere Aufsteigen des Rückenrandes nach hinten und das viel steilere Abfallen des Hinterrandes, so dass die Höhe zur Länge bei den grossen Stücken von Sp. kirki wie 1 : 1²/₃, bei den kleineren wie 1 : 1¹/₆ ist, dagegen bei der noch grösseren Sp. martensi auch nur wie 1 : 1⁴/₆.

Var. liederi n.

Etwas länger gestreckt, Höhe zur Länge wie 1 : 2, vorderer Rückenrand etwas weniger abfallend und hinterer etwas weniger ansteigend, Wirbel in ²/₇ der Länge. Innenseite rosenroth. Länge 110 mm, Wirbelhöhe 54, grösste Höhe 61, Querdurchmesser 32, von den Wirbeln zum Ende des Bandes 50 mm.

Nyassa, Mbampa-Bai, Lieder, Ein Stück.

Die Artunterschiede, welche Sp. kirki auszeichnen, sind hier abgeschwacht: die Gestalt ist gewissermaassen in der Mitte zwischen Sp. kirki und Sp. wahlbergi.

Spatha nyassaënsis Lea

Spatha nyassaënsis, Lea, Proc. Ac. Nat. Sci. Philadelph. 1864, p. 109, und Observ. Unionidae XI. p. 40. pl. 13, Fig. 33.
Spathella nyassana, Bourguignat, Moll. de l'Afr. équat., p. 197. Sp. nyassaënsis, Ancey in Mém. Soc. Zool. de France VII, 1894, p. 228. Mutela (Spatha) nyassaënsis, E. Smith, Proc. Zool. Soc. 1893, p. 641.

Gleicht in Grösse und allgemeiner Gestalt auffallig der Sp. trapezia, ist aber doch mehr zusammengedrückt, vorn und oben gerundet, ohne sichtbare Vorderecke, dagegen mit zwei von den Wirbeln nach hinten ziehenden Anschwellungen (nach der Abbildung, oder vielleicht nur Farbenlinien?), in der Mitte geradlinigem Unterrand und rother (purplish) Innenseite.
Nyassa, Dr. Kirk und neuerdings A. Whyte.

Spatha subaequilatera Marts.

(Taf. VII. Fig. 16.)

Spatha subaequilatera, v. Martens, Conchologische Mittheilungen III, Heft 1. S. 18, Taf. 41, Fig. 8, 9. 1887.
Spatha baumanni Sturany in Baumann, Durch Massai z. Nilquelle, 1894, S. 12, Taf. 25, Fig. 38.

Mässig gestreckt und mässig zusammengedrückt, Höhe zur Länge wie $4 : 7$. grösster Querdurchmesser unter den Wirbeln, diese in $^3/_8$ der Länge. Vorn gerundet, mit sehr stumpfer, kaum merklicher oberer Ecke, hinten schwach schnabelförmig, Hinterrand mit dem Rückenrand einen abgeschwächten Winkel von etwa 150 bildend, am Ende des Schnabels im zweiten Drittel der Höhe fast senkrecht, Unterrand hinten und vorn beträchtlich aufsteigend, in der Mitte geradlinig oder sehr schwach eingebogen. Schalenhaut ziemlich hell grünlich braun, gegen die Ränder zu dunkler, bei alten Exemplaren ganz schwarz-braun; Innenseite bläulich-weiss oder rosenroth. Eindruck des Wirbelhaftmuskels spitz nach vorn verlangert.

a) Länge 99, Höhe 53, Querdurchm. 28, v. d. Wirbeln z. Ende d. Bandes 38 mm
b) » 83, » 47½, » 22, » » » » » 31 »

Grumeti-Bach, welcher in den Speke-Golf des Victoria-Nyansa an dessen Ostseite mündet, Baumann; Simiyu-Fluss bei Massansa an der Südseite desselben Golfes, Stuhlmann, 5. Oktober 1890. Aus diesem See selbst (?) von G. A. Fischer, im Berliner Museum (b, Typus v. subaequilatera); Mto (Bach) Manyonga in der Wembere-Steppe (Ussukuma), 3^0 54' s.Br., im trockenen Bachbett und in Tümpeln, Stuhlmann, 13. September 1890 (a).

Ein besonders grosses Exemplar unbekannter Herkunft im Berliner Museum, 116 mm lang, 62 hoch, 31 im Querdurchmesser.

Die Stuhlmann'schen und das Fischer'sche Exemplar innen weiss, das Baumann'sche schön rosenroth. Sehr nahe der Sp. hartmanni Marts. aus Sennaar, Jickeli nordostafr. Moll., S. 263, Taf. 8, Fig. 2, aber die Wirbel etwas weiter zuruck, bei Sp. hartmanni in $^1/_2$ ($^3/_9$) oder selbst $^3/_{10}$ der Länge, und das Hinterende des Schnabels in halber Höhe, doch auch etwas variabel.

Der Fundort der Stuhlmann'schen Stücke liegt nahe demjenigen von Sp. rotundata, welcher diese Art auch im Habitus sehr ähnlich ist, nur ist sie unten nicht so gerundet und der Hinterrand fällt weniger steil ab als bei rotundata.

Junge Exemplare, 35 mm lang, $19^{1}/_{2}$ hoch, $10^{1}/_{2}$ im Querdurchmesser, Wirbel in $^{4}/_{9}$ der Länge, von Massansa, zeigen eine kleine, kugelig vorragende Embryonalschale und gleich darunter einige starke konzentrische, in ihrem Verlauf auf- und abschwellende Runzeln, welche bald, feiner, regelmässiger und gedrängter werdend, in die allgemeine konzentrische Streifung übergehen; siehe Fig. 16 der Taf. VII.

Spatha anceyi Bgt.

Spatha anceyi Bourguignat bei Ancey in Mém. Soc. Zool. de France VII. 1894, p. 231, Figur p. 232.

Im Ganzen der vorhergehenden ähnlich, aber die Wirbel etwas weiter vorn und der hintere Rückenrand bei gleich grossen Exemplaren mehr flügelartig sich erhebend. Aussen kastanienbraun, ölig glänzend, in der Wirbelgegend heller, innen blass rosenroth. Länge 98, Wirbelhöhe 50, grösste Höhe im Flügel 56, Querdurchmesser 32, von den Wirbeln zum Ende des Bandes 45 mm. Wirbel in $^{2}/_{7}$ der Länge.

Nyassa, bei Karonga, Missionär Lechaptois.

Spatha wahlbergi (Krauss)

Iridina wahlbergi, Krauss, Südafr. Moll. 1848, S. 19, Taf. 2, Fig. 1.
Spatha wahlbergi, Clessin, Anodonta, S. 187, Taf. 63, Fig. 1.
Mutela wahlbergi, E. Smith, Ann. Mag. Nat. Hist. (6) VI, 1891, p. 319.

Gestreckt, Rückenrand hinter den Wirbeln kaum oder gar nicht aufsteigend, grösste Höhe und grösster Querdurchmesser ein wenig hinter den Wirbeln, diese in $^{3}/_{10}$ der Länge. Unterrand in der Mitte gerade, hinten weniger als vorn aufsteigend; obere Hälfte des Hinterrandes einen abgerundeten Winkel von etwa 140° mit dem Rückenrand bildend, untere Halfte desselben nahezu senkrecht, der vorspringendste Theil des Schnabels in etwa $^{1}/_{5}$ der Höhe der ganzen Schale, von unten an gerechnet. Schalenhaut grün-braun. Innenseite röthlich-weiss, an den Rändern grünlich oder röthlich irisirend. Eindruck des Wirbelhaftmuskels nach vorn verlängert. Länge 118, Höhe 59, Querdurchmesser $33^{1}/_{2}$, von den Wirbeln zum hinteren Ende des Bandes 48 mm.

Originalfundort: Affenfluss, ein Zweig des Limpopo, vom schwedischen Reisenden J. A. Wahlberg mitgebracht.

Sehr gut stimmt damit in jeder Beziehung, auch in der Grösse, ein Exemplar von Unsimbo in Ussukuma, 4° 4′ südl. Br., in einem Tümpel eines austrocknenden Bachbettes 12. Sept. 1890 von Dr. Stuhlmann gefunden. Ein etwas kleineres, 109 mm lang, 54 hoch, innen roth wie Lachsfleisch, aus dem Ludjende-Fluss (südlicher Zufluss des Rovuma), 3 Tagemärsche oberhalb Ngomano, von Lieder 1891 erhalten.

Var. dorsalis n.

Spatha wahlbergi (Krauss), v. Martens in Malak. Blätt. VI, 1860, S. 217.

Die Wirbel weiter vorn, in $^{2}/_{7}$—$^{1}/_{4}$ der Länge, daher der hintere Rückenrand länger, die Entfernung von den Wirbeln zum hinteren Ende des Bandes nahezu oder in einzelnen Stücken völlig der halben Länge der ganzen Schale gleichkommend. Eindruck des Wirbelhaftmuskels nur wenig verlängert.

	Länge		Höhe		Querdurchm.		v. d. Wirbeln z. Ende des Bandes			Wirbel in
a)	136,	»	67,	»	41,	v. d. Wirbeln z. Ende des Bandes 64 mm,	Wirbel in	$^{2}/_{7}$
b)	»	127,	»	$63^{1}/_{2}$,	33.	» » »	»	65	»	»	$^{1}/_{4}$
c)	»	85,	»	42,	21,	» : » »	»	36	»	»	$^{7}/_{24}$

Hindi (Hirindi), 4. Juli 1890 (b) und Myesse oder Mssesse, beide in Ugogo, in einer eingetrockneten Pfütze, 29. Juni 1890, Emin Pascha und Dr. Stuhlmann. Sambesi-Fluss, bei Tette und Sena, W. Peters (a).

Var. spatuliformis (Bgt.)

(Taf. VII, Fig. 18.)

Spathella spatuliformis, Bourguignat, Moll. de l'Afr. equat. 1889, p. 199, pl. 8, Fig. 4.

Spatha wahlbergi, v. Martens, Sitz.-Ber. d. Ges. nat. Freunde 1891, p. 17.

Grösste Höhe nahezu oder völlig die Hälfte der Länge, Wirbel in ½ oder ⁹⁄₁₀ der Länge; Rückenrand hinter den Wirbeln schwach aufsteigend, in einem Bogen ohne eigentliche Ecke in den Hinterrand übergehend, dieser abgerundet schnabelförmig, das Ende des Schnabels im zweiten Drittel der Höhe. Unterrand in der Mitte, fast geradlinig, sehr schwach eingebogen, vorn im Bogen und hinten in schiefer Linie beträchtlich aufsteigend. Vorderrand gerundet, ohne eigentliche Ecke. Oben ziemlich hell grün-braun, nach den Rändern zu nur wenig dunkler; nicht selten ein grüner Farbenstrahl von den Wirbeln zum Schnabel. Innenseite weisslich, gegen die Wirbel zu öfters sehr blass röthlich.

	Länge	grösste Höhe	Querdurchm.		v. d. Wirbeln z. Ende d. Bandes				
a)	97,	52,	31,		38 mm				
b)	97½,	48,	29,		41				
c	93,	48,	26½,		42				
d	83,	41½,	20,		32 »				
e)	77,	40,	21,		32				
f	60,	31,	15,		23½				
g)	58,	28,	15,		23				
h	32 »	17,	8½,		11				

Ugogo, im Wasserlauf Magogo bei Unyangwira, Bourguignat (a); ebenda in einem Bach zwischen Unyangwira und Mtiwe, 9. Juli 1890, Emin und Dr. Stuhlmann (b — h). Fluss Rukagura bei Mbusine in Usegua, Stuhlmann, Aug. 1889. Flussbett des Pangani bei Kisungu (Küstengebiet), W. Schmidt 1887. Wahrscheinlich gehören hierher auch abgeriebene, verletzte Schalen von Matangisi und Myesse in Ugogo und von Tabora aus ausgetrockneten Teichen. Ein Exemplar von Mbugu an der Ostküste des Victoria-Nyansa von O. Neumann, Febr. 1894. Die 7 Exemplare von Unyangwira, b—h, zeigen eine Altersreihe, aber doch auch gewisse individuelle Variationen, namentlich im Verhältniss der Höhe, vgl. b mit a und c, f mit g. Das kleinste, h, zeigt dieselben Runzeln wie die jungen Stücke von Sp. subaequilatera (Fig. 18 der Taf. VII). Das Stück c ist eigenthümlich unsymmetrisch, die rechte Schale vor den Wirbeln stärker gewölbt, hinter den Wirbeln mehr abgeflacht als die linke und der Unterrand dementsprechend etwas hin und her gebogen, die ganze Form an Area semitorta erinnernd.

Unterscheidet sich von der typischen wahlbergi nur durch geringere Grösse, hellere Färbung der Schalenhaut und stärkere Aufbiegung des hinteren Viertels oder Fünftels des Unterrandes, so dass das hinterste Ende der Schale in etwa ²⁄₅ der Höhe von unten an gerechnet liegt. Aber auch bei normalen Exemplaren der eigentlichen Sp. wahlbergi und der Var. dorsalis steigen die Linien der früheren Wachsthumsabsätze unten und hinten stärker auf, so dass sie in ihrer Jugend dieselbe Form hatten wie spatuliformis und die Herabsenkung des Hinterrandes mit dem Alter der Muschel zugenommen hat. Es sind also nur Jugendcharaktere, welche spatuliformis von wahlbergi unterscheiden, dennoch möchte ich sie nicht einfach als junge wahlbergi bezeichnen, da die grösseren Stücke von Unyangwira durch die verhältnissmässig dicke Schale und gedrängten Wachsthumsabsätze nahe dem Unterrande sich als erwachsen kennzeichnen; sie scheinen also eine die jugendlichen Charaktere beibehaltende Varietät zu bilden. In ähnlicher Weise findet sich unter den von W. Peters im Sambesi gesammelten Sp. wahlbergi var. dorsalis ein Exemplar, welches, obwohl 123 mm lang und

61 hoch, mit braun-schwarzer Schalenhaut, doch durch den hinten starker aufsteigenden, in der Mitte etwas eingebuchteten Unterrand, die Lage des Hinterendes in ^{2}₅ der Höhe und der Wirbel in ^{1}₃ der Länge streng genommen zu spatuliformis gehört.

Spatha bloyeti (Bgt.)

Spatha (Spathella) bourguignati, Ancey in litt. Bourguignat, Especes nouv. et genr. nouv. d'Oukerewe et Tanganika, 1885, p. 12 u. 14. E. Smith, Ann. Mag. Nat. Hist. (6) X, 1892, p. 128.

Spathella bourguignati, Bourguignat, Moll. de l'Afr. equat., 1889, p. 197, pl. 8, Fig. 1, 2.

Spathella bloyeti, Bourguignat, ebenda, p. 198, Fig. 3.

Sehr ähnlich der spatuliformis, aber noch kleiner bleibend und etwas deutlicher geschnabelt, Höhe zur Länge beinahe oder völlig wie 1 : 2, Wirbel in ^{2}₇ der Länge, hinterer Rückenrand gerade, am Ende des Bandes einen ganz abgerundeten Winkel von etwa 150° mit dem Hinterrand bildend, Unterrand in der Mitte gerade, hinten nur sehr wenig aufsteigend; hinteres Ende des Schnabels in ^{1}₃ der Höhe von unten an. Vordertheil breit abgerundet; Schalenhaut gelblich-grün; Innenseite blaulich-weiss.

	Länge	Wirbelhöhe	Querdurchm.	v. d. Wirbeln z.	Ende d. Bandes
a)	83,	40,	22,		35 mm
b)	» 70,	» 33,	18,	^	28^{1}₂
c)	» 77,	38.	» 24,		33
d)	» 68,	34^{1}₂,	» 17,		27
e)	» 60.	29,	14,		25
f)	» 59,	30,	15^{1}₂,		25
g)	51,	23^{1}₂,	12,		20
h	38^{1}₂,	18,	10.	z	17

Sumpfebene Hahe zwischen Ugogo und Tabora, französische Missionare bei Bourguignat(a). Bach Bubu bei Mbahi in Ugogo, Emin Pascha und Dr. Stuhlmann, 7. Juli 1890 (c—h). Mkatta-Bach, Zufluss des Wami in Ussagara, Bourguignat (bloyeti). Südliches Ufer des Victoria-Nyansa, nahe der französischen Mission, Bourguignat (b) und Emin Pascha, im britischen Museum. Südöstliches Ufer bei Nyemirembe, Emin Pascha und Dr. Stuhlmann, 3. Nov. 1890.

Auch hier liegt eine Altersreihe und zwar von 9 Individuen desselben Fundortes vor, welche einerseits zeigt, dass die jungen verhaltnissmassig langer und niedriger sind (g, h), andererseits merkliche individuelle Variationen darin stattfinden (e, f). No. c ist, nach der starken Wölbung der Schale und der grossen Ausdehnung der Zerstörung der Schalenhaut zu schliessen, schon ein recht altes Exemplar, und dieses stimmt sehr gut mit Bourguignat's Abbildung von bloyeti (a) überein. Bei den jungen Stücken (g, h) tritt der hintere Rückenrand etwas mehr flügelförmig vor, so dass die Höhe an der hinteren Ecke bei g um 1, bei h gar um 2 mm mehr beträgt als die Wirbelhöhe. Wirbelskulptur ahnlich derjenigen von Sp. wahlbergi var. spatuliformis.

Ich ziehe den Artnamen bloyeti, obwohl etwas jünger, vor, weil er der erwachsenen Schale entspricht und weil der gleichlautende bourguignati mit demselben Autor, Ancey, auch bei Mutela vorkommt, was zu Verwechslungen Anlass geben kann, so lange die Grenzen zwischen beiden Gattungen noch nicht feststehen.

Spatha natalensis, Lea, Proc. Acad. N. Sc. Philad. 1864; Observ. Unionidae XI, p. 68, pl. 20, Fig. 58 = Clessin, Anod., Taf. 62, Fig. 7, 8, vom Umpingave-Fluss in Natal, scheint von dieser Art nur wenig verschieden, vorn etwas niedriger und hinten etwas höher, innen roth.

Spatha divaricata n.

Taf. VII. Fig. 15.

Längs-elliptisch, massig gewölbt, vorn und hinten abgerundet, hinterer Rückenrand horizontal, mit dem Hinterrand einen Winkel von etwa 135° bildend, Unterrand grösstentheils geradlinig, vorn und hinten annähernd gleich stark aufsteigend. Wirbelgegend mit sieben nach vorn und ebenso vielen nach hinten ausstrahlenden, nahe aneinander liegenden Falten, die vorderen in nach oben konkavem Bogen, die hinteren gerade nach hinten und unten, an diejenigen von Circe divaricata erinnernd. Schalenhaut grasgrün, nahe den Rändern erdbraun. Innenseite violett-bläulich, gegen die Wirbel zu gelblich-röthlich. Eindruck des vorderen Fussmuskels doppelt so lang als hoch, ungefähr halb so gross als der Eindruck des vorderen Schliessmuskels und in der Höhe von dessen unterem Ende, also wie bei typischer Spatha. Länge 35, Höhe 18, Querdurchmesser 10, Entfernung des Wirbel von der hinteren Ecke (Ende des Ligaments) 13^1 $_2$ mm. Wirbel in ^{2} $_5$ der Länge.

Simin-Fluss bei Massansa am Speke-Golf des Victoria-Nyansa, 5. Okt. 1890, Emin Pascha und Dr. Stuhlmann.

Obwohl die Wirbelgegend schon ganz von der Schalenhaut entblösst ist, tritt die angegebene Skulptur noch sehr deutlich hervor. Das Exemplar mag noch jung sein, aber ich kenne keine andere Art, an der eine ähnliche Wirbelskulptur auch nur spurenweise zu sehen ist. Es wurde zusammen mit etwas kleineren jungen Stücken von Sp. subaequilatera gefunden, welche eine andere Wirbelskulptur zeigen.

Spatha stuhlmanni n.

Gestreckt, verhältnissmässig stark gewölbt, dickschalig, Höhe zur Länge wie 1 : 2, Wirbel in ^{2} $_7$ der Länge, hinterer Rückenrand kaum oder gar nicht aufsteigend, am Ende des Bandes einen völlig abgerundeten Winkel von 150—145° bildend; zwei erhabene Linien nahe bei einander von der Hinterseite der Wirbel nach dem oberen Ende des Schnabels herablaufend. Schnabelspitze abgerundet, in halber Schalenhöhe. Unterrand in etwa ^{2} $_3$ der Schalenlänge geradlinig, vorn kurz und mässig aufgebogen, hinten ziemlich ansteigend. Entfernung vom Wirbel zum hinteren Ende des Bandes reichlich gleich der halben Schalenlänge. Schalenhaut schwärzlich, Innenseite weisslich-grau mit gelblichen Oelflecken.

a) Länge 71, Wirbelhöhe 33, grösste Höhe 35, Querdurchm. 24, v. d. Wirbel z. Ende des Bandes $35^1/_2$ mm
b » 60, » 28, » » 30, » 24, » » » » 32 »

Spatha stuhlmanni n.

Duki. Stuhlmann S.

Undussuma, Gebiet des Ituri-Flusses im Westen des Albert-Nyansa, vermuthlich aus dem Flusse selbst und seinen Zuflüssen, namentlich im Fluss Duki bei Buessa, 1° 30′ N. Br., 12. Aug. 1891; die einzelnen Schalen bei den Wandelu-Wawira als Esslöffel gebraucht, 2. und 4. November 1891, Emin Pascha und Stuhlmann.

Das kleinere Stück (b) zeigt in der hinteren Hälfte eine starke Anschwellung, welche nach vorn durch eine deutliche von den Wirbeln schief zur Mitte des Unterrandes herabsteigende Vertiefung begrenzt wird; vermuthlich ein weibliches Exemplar.

Obwohl in den Dimensionen nahe an Sp. bloyeti herankommend, ist sie doch im Habitus durch die stärkere Wölbung und den langen hinteren Rückenrand verschieden. Erinnert einigermaassen an Sp. wahlbergi var. dorsalis, aber auch an Mutela.

Spatha petersi Marts.

Spatha petersi, v. Martens in Malak. Blätt. VI, 1860, p. 218, Taf. 3, Fig. 1, 2. Dohrn in Proc. Zool. Soc. 1864, p. 117.
Spatha modesta, Lea, Proc. Acad. Nat. Sci. Philadelphia 1864, p. 109; Observ. Unionidae XI, p. 41, pl. 13, Fig. 35.
Spathella petersi, Bourguignat, Moll. de l'Afr. équat., p. 197.
Mutela petersi (Marts.), E. Smith, Proc. Mal. Soc. London 1894, p. 167.

Noch mehr gestreckt, Höhe weniger als die halbe Länge, etwa $^3/_7$. Wirbel in $^1/_3$ der Länge; hinterer Rückenrand horizontal, am Ende des Bandes in einem stumpfen Winkel von etwa 140° in den Hinterrand übergehend, Schnabelende stumpf, in $^2/_5$—$^1/_3$ der Höhe von unten. Unterrand in der Mitte geradlinig oder ganz schwach eingebogen, hinten mehr oder weniger aufsteigend. Einzelne Wachsthumsabsätze stärker, dunkelfarbig, am hinteren Ende öfters stark runzelförmig. Schalenhaut bräunlich-grasgrün, Innenseite bläulich-weiss, stark glänzend, oft mit Oelflecken in der Wirbelgegend; seltener blass röthlich. Schale verhältnissmässig dünn.

		Länge 79,	Höhe 35,	Querdurchm. 19,	v. d. Wirbel z. Ende des Bandes 35 mm
b)	»	77,	32,	19,	» » » 31 »
c)	»	70,	30,	17,	30 »
d)		68,	31$^1/_2$,	17$^1_2$,	» » 25 »
e)	»	65,	27,	15$^1_2$, »	» » 26
f)		62,	26$^1_2$,	16,	25

Von Capt. Speke auf seiner zweiten Reise, vermuthlich zwischen Sansibar und Uganda gefunden. Kondokua und Makata (Mkatta), Zuflüsse des oberen Wami in der Gegend von Kondoa, Bourguignat. Im Flussbett des Pangani bei Kisungu, W. Schmidt 1887 (a), zusammen mit sputuliformis. Im Sambesi bei Tette, W. Peters (b—f). Süsswasser bei Mossambique, Dr. Kirk.

Auch hier liegt mir eine Reihe von Exemplaren desselben Fundortes, Tette (b—e), vor, welche eine gewisse Variationsbreite im Verhältniss von der Höhe zur Länge zeigen, vgl. c und d, und auch hier sind die kleinsten (e, f) die verhältnissmässig niedrigsten; c ist das in den Malakozoologischen Blättern abgebildete Stück, es ist zugleich dasjenige, an welchem das Hinterende am meisten stumpf ist. Mit dieser Abbildung stimmen nach Bourguignat die Stücke von Kondoa gut überein.

Dasjenige vom Pangani (Maassangabe a) weicht durch etwas geringere Wölbung, hell grünlich-gelbe Farbung aussen und röthliche innen, namentlich in der Wirbelgegend, sowie durch vier tiefere schwarz gefärbte Wachsthumsabsätze in halber Höhe der Schale ab; letzteres kann aber wohl nui individuell sein.

Mutela Scop.

Scopoli 1777, Mörch 1853. Iridina Lm. 1819. Calliscapha Sw. 1840.

Schale längsgestreckt, vorn etwas niedriger, mit einer oberen Ecke, hinten ansteigend, mehr oder weniger geflügelt und geschnabelt, vorn und am Unterrand in der vorderen Hälfte, sowie am Schnabel klaffend; keine Schloss und keine Seitenzähne, aber der Schlossrand öfters mit zahlreichen höcker- oder leistenförmigen Erhebungen. Eindruck des vorderen Fussmuskels klein und nicht tiefer als der des vorderen Schliessmuskels; Eindruck des Wirbelhaftmuskels unter den Wirbeln. Rechter und linker Mantelrand im hinteren Drittel bis zur hinteren Hälfte des Unterrandes unter sich verwachsen; hinten zwei kurze, rings umschlossene Athemröhren (Siphonen); Mantellinie daher ziemlich senkrecht zum unteren Rande des hinteren Schliessmuskels aufsteigend, doch ohne eine Einbuchtung zu bilden. Verwachsung der Kiemenblätter und Mundlappen wie bei Spatha.

Beschreibung und Abbildung der Weichtheile von Deshayes in Mem. de la Société d'Hist. Nat. de Paris III, 1826, p. 1, pl. 1, und Rang in Nouv. Ann. du Mus. d'Hist. Nat. de Paris IV, 1834, p. 19, 1835 S. 315, beide M. nilotica Fér.; Troschel in seinem Archiv für Naturgeschichte 1847 und Clessin in Malak. Blätt. XXII, 1875, S. 24, Taf. 1, Fig. 1, beide M. rostrata Rang 1834 (coelestis Lea 1836), und Pelseneer in Bull. du Mus. Roy. d'Hist. Nat. de Belgique IV, 1880, p. 121 M. (Iridina) spekei Woodw.

Wirbel durchschnittlich etwas mehr gewölbt als bei Spatha; bei einigen jungen Exemplaren von M. nilotica und rostrata sehe ich die Embryonalschale stark konvex, von 1 bis 2 starken Bogenwülsten umschlossen, dann beginnt aber sofort die gleichmässige konzentrische Streifung. Spuren schwacher Radialstreifung an manchen Schalen; selten so auffallende Jahresabsätze wie bei Spatha; Innenseite meist lebhaft perlmutterglänzend und irisirend.

Geographische Verbreitung wie bei Spatha.

So gut verschieden die Typen beider Gattungen voneinander sind im Habitus sowohl als in der Ausdehnung des Verwachsens der Mantelränder, so ist für manche der Schale nach vermittelnde Formen doch noch die Untersuchung der Weichtheile für die definitive Einreihung wünschenswerth, und fragt es sich, ob nicht auch in der Ausdehnung der Verwachsung es Mittelstufen giebt; Spatha stuhlmanni, petersi einerseits und Mutela alata kommen hierfür in Betracht.

Namen	Unterrand	Stellung der Wirbel	Stellung der Flügelecke	Höhe zur Länge	Länge mm	Wirbel- höhe mm	Flügel- höhe mm
A) Schlossrand dünn und glatt.							
alata Lea	grösstentheils gerade	$\frac{1}{4}$	$\frac{3}{4}$	4 : 7	98	36	52
- var. simpsoni Ancey	do.	$\frac{1}{4}$	$\frac{4}{5}$	1 : 2	72	29	35
nilotica Fér.	in der Mitte gerade	$\frac{3}{10}$	$\frac{3}{11}$	3 : 8	154	55	59
var. emini n.	gerade	$\frac{2}{17}$ $\frac{1}{4}$	$\frac{4}{5}$ $\frac{2}{11}$	2 : 5	114	$30\frac{1}{2}$	45
soleniformis Bgt	etwas gebogen	$\frac{3}{10}$	$\frac{10}{17}$	1 : $2\frac{1}{2}$	112	45	45
rostrata Rang subdiaphana Bgt	in der Mitte gerade	$\frac{1}{4}$	$\frac{1}{5}$	1 : 3	88	26	28
B. Mit einfachen Knoten am dünnen Schlossrand.							
bourguignati Ancey	schwach konvex	$\frac{2}{7}$	$\frac{3}{4}$	1 : $2\frac{1}{2}$	{ 94 / 81 / 53	34 / 27 / 19	36 / 30 / 21
— var. smithi n.	stark konvex	$\frac{2}{7}$—$\frac{1}{3}$	$\frac{7}{9}$	1 : $2\frac{1}{4}$	{ 80 / 75	32 / 30	$34\frac{1}{2}$ / $32\frac{1}{2}$
var. truncata n.	schwach konvex	$\frac{1}{3}$	$\frac{4}{5}$—$\frac{5}{6}$	1 : $2\frac{1}{3}$	85	33	37
C. Mit breitem, körnig-gezähneltem Schlossrand.							
spekei Woodw.	etwas eingebogen	$\frac{1}{4}$—$\frac{2}{9}$	$\frac{4}{5}$—$\frac{3}{4}$	1 : $2\frac{1}{2}$ —$2\frac{1}{4}$	152—154	62—71	58—65

A) Schlossrand dünn und glatt. **Calliscapha** Sw. 1840

Mutela alata (Lea)

Spatha alata, Lea, Proc. Acad. Nat. Sci. Philadelphia 1864, p. 109; Observ. Unionidae XI, p. 39, pl. 12, Fig. 32.

Mutela alata (Lea) Ancey in Mém. Soc. Zool. de France VI, 1894, p. 232.

Durch einen gut ausgebildeten Flügel am hinteren Rückenrand, welcher sich konkav von der kantenartigen Anschwellung hinter den Wirbeln absetzt, ausgezeichnet. Vorderende kurz abgerundet, Hinterende ziemlich abgerundet; hintere obere Ecke (höchster Punkt des Flügels) einen Winkel von 100—120 ^{0} bildend. Unterrand grösstentheils gerade, vorn und hinten mässig aufsteigend. Wirbel in ^{1} $_4$ der Länge oder bei grossen Stücken noch etwas weiter nach vorn, von vorn bis zur Hälfte der Länge etwas klaffend. Schalenhaut gelb grün. Innenseite hell rosenroth, grünlich irisirend. Vorderer Fussmuskeleindruck verhältnissmässig klein und oberhalb des unteren Endes des vorderen Schliessmuskeleindrucks.

a) Länge 78, Wirbelhöhe 38, Flügelhöhe 46, Querdurchm. 19$^1/_2$, v. d. Wirbeln z. Flügelhöhe 38 mm
b) 98 » 36 52 24 » 51

Nyassa, Dr. Kirk. Mbampa-Bai in der südwestlichen Ecke des Sees, Lieder, Februar 1894 (b).

Var. simpsoni Ancey

Mutela simpsoni, Ancey, Mém. Soc. Zool. de France VI, 1894, p. 233, Fig. 234.

Flügel etwas niedriger, Vordertheil etwas eckig abgestumpft; vordere Hälfte mehr glänzend, mit grünen Strahlen, hintere matt. Länge 72, Wirbelhöhe 29, Flügelhöhe 35, Querdurchmesser 22, von den Wirbeln zur Flügelhöhe 40, wird noch grösser.

Karongu im nordöstlichen Theil des Nyassa und im Fluss Shire, 3 km nach seinem Ausfluss aus dem See.

Das Exemplar von M. alata in Pactel's Sammlung steht in der Mitte zwischen Lea's Abbildung und derjenigen von simpsoni bei Ancey; schwache Farbenstrahlen werden auch bei Lea erwähnt.

Mutela nilotica (Fér.)

Iridina nilotica, Férussac in Cailliaud, Voy. à Meroë IV, p. 262; Atlas II, pl. 60, Fig. 11 (1823).

Var. emini n.

Gestreckt, Höhe zur Länge wie 2—5, vorn niedriger und schmaler, nach hinten ansteigend und gleichmässig gewölbt, so dass die Vertiefung zwischen dem hinteren Rückenrand und der von den Wirbeln nach dem Hinterende laufenden Anschwellung nur sehr unbedeutend ist. Wirbel in ^{2} $_7$—^{1} $_4$ der Länge. Unterrand gerade, nicht eingebogen, nach vorn allmählich aufsteigend und klaffend, hinten erst ganz zuletzt, aber dann rasch aufsteigend. Grösste Höhe in ^{3} $_{6--4}/_5$ der Länge. Vorderer Fussmuskeleindruck etwas variirend, klein, hoch und kurz oder mässig, etwas länger als hoch, immer höher gelegen als das untere Ende des Schliessmuskels. Hinterrand steil abfallend, am Ende des Bandes einen Winkel von etwa 130—140 ^{0} bildend. Schlossränder einfach. Innenseite trüb rosenroth, bei verbleichten weisslich.

a' Länge 114, Wirbelhöhe 39$^1/_2$, grösste Höhe 45, Querdurchm. 34, v. d. Wirb. z. Ende d. Band. 68 mm
b 113 36 45 » 36 · " 63
c' 98 39 42 » 34 » 48
d 98 37 41 » 31 52
e' 82 29 33 » 24 » 40

Albert-Nyansa bei Kassenye, 26. und 27. November 1891, Emin Pascha und Stuhlmann (a, c, e). In Undussuma und bei den Wandelu-Wawira als Esslöffel gebraucht, wahrscheinlich aus dem Ituri-Fluss, 4. und 11. November 1891, dieselben.

Die letzteren, vermuthlich aus fliessendem Wasser, sind etwas dickschaliger, die Wirbel weiter nach vorn, in und selbst etwas vor $1/4$ der Länge, die graurosenrothe Färbung der Innenseite intensiver; die Gestalt des Hinterendes lässt sich nicht genau beurtheilen, da sie hier abgeschliffen sind; dieselben gleichen im Umriss mehr der Var. angustata Sow.[2] (Descript. de l'Egypte, pl. 7, Fig. 2, Reeve, Conch. Icon. XVI, Iridina, Fig. 5), als der typischen nilotica (Cailliaud, Voy. à Meroë, Atlas II, pl. 60, Fig. 11, Reeve, Fig. 4), doch unterscheiden sie sich auch von angustata durch den Mangel einer Einbuchtung des Unterrandes und den Mangel einer Vertiefung zwischen der grössten Anschwellung und dem hinteren Rückenrand.

Ein Exemplar von Kassenye zeigt allerdings eine Einbuchtung des Unterrandes, aber diese steht weiter hinten, in $2/3$ der Schalenlänge, und gleicht, wie die ganze Form des Hinterendes an diesem Stück, mehr dem Herabbiegen bei Unio decurvatus Rossm., vermuthlich eine individuelle Anomalie.

Aus dem Bahr-el-Jussuf in Aegypten hat das Berliner Museum ein Exemplar von nilotica erhalten, bei welchem der Hinterrand ebenso steil abfällt, wie bei der Varietät aus dem Albert-Nyansa, aber der hintere Rückenrand steigt bei demselben, wie bei anderen aus demselben Gewässer, fast gar nicht nach hinten auf, ähnlich wie in Cailliaud's Abbildung, und jenes steile Herabsteigen ist bei dem ägyptischen Exemplar die Folge früherer Verletzung, wie ein Blick auf die Innenseite zeigt.

Mutela soleniformis Bgt.

? Mutela exotica (Lam.), E. Smith, Proc. Zool. Soc. 1880, p. 350, und 1881, p. 296.

Mutela soleniformis, Bourguignat, Esp. nouv. et genr. nouv. d. Oukerewe et Tanganika, 1883, p. 25. — Pelseneer, Bull. Mus. Roy. Hist. Nat. Belg. IV, 1886, p. 109.

Ziemlich gestreckt, Höhe zur Länge wie $1:2^{1}/_{2}$, Ruckenrand nach hinten nicht ansteigend, aber doch ein Flügel sich durch deutliche Einsenkung von der Wölbung der Schale absetzend; hintere obere Ecke in $^{16}/_{17}$ der Länge; vorn oben eine Ecke und darunter abgerundet; Unterrand etwas gebogen [konkav?]. Wirbel in $^{3}/_{10}$ der Länge. Aussenseite scharf konzentrisch gestreift, grünlich, mit zahlreichen dunkleren Farbenstrahlen; Innenseite blass röthlich. Länge 112 mm, Wirbel- und Flügelhöhe gleich, 45 mm, Querdurchmesser 26, von den Wirbeln zur hinteren oberen Ecke 56 mm.

Tanganyika, französische Missionäre bei Bourguignat; wahrscheinlich auch Hore und Thomson; bei Karema, E. Storms.

Ich habe bis jetzt kein Exemplar gesehen; sie scheint die M. nilotica im Tanganyika zu vertreten.

Mutela subdiaphana Bgt.

Bourguignat, Moll. fluv. du Nyansa Oukerewe, 1883, p. 5 und 17; E. Smith, Ann. Mag. Nat. Hist. (6) X, 1892, p. 128. Mutelina subd. Bourguignat, Esp. nouv. et genr. nouv. d. Oukerewe et Tanganika, 1883, p. 12.

Nirgends beschrieben, nach Bourguignat nächstverwandt mit M. rostrata Rang (siehe über diese Jickeli, Moll. Nordostafrikas, S. 269), und demnach eine kleine schlanke, geschnabelte Form, vielleicht nicht einmal von rostrata als Art zu unterscheiden, da sie auch im ganzen Lauf des Nils vorkommen soll.

Victoria-Nyansa, Bourguignat.

B) Schlossrand dünn, theilweise mit Knötchen in einer Reihe besetzt.

Mutela Scop.

Calliscapha (Sw.), Bourguignat, Esp. nouv. et genr. nouv. 1885, p. 11.
Scopoli, Introductio ad historiam naturalem, 1777, p. 393, giebt ausdrücklich
als Gattungscharakter an: Cardo prominentiis exiguis scaber.

Mutela bourguignati Ancey

Ancey in litt. Bourguignat, Esp. nouv. et genr. nouv. d. Oukerewe et
Tanganika 1885, p. 8.

Gestreckt, Höhe zur Breite wie $1 : 2^1/2$, Wirbel in $2/7$ der Länge, hintere
obere Ecke schwach ausgeprägt, etwa einen Winkel von 160° bildend, Hinterende abgerundet schnabelförmig, Unterrand schwach gerundet; Seiten gleichmässig gewölbt, ihre Wölbung durch eine deutliche Einsenkung vom hintern
Rückenrand abgesetzt. Schalenhaut grünlich-gelb oder bräunlich (nach Bourguignat mit wenig deutlichen, dunkleren Strahlen); Innenseite sehr glänzend,
gelblich-röthlich oder trüb rosenroth. Schlossrand vor und hinter den Wirbeln
mit einer Reihe kleiner, in schiefer Richtung zusammengedrückter Knötchen,
welche bald mehr, bald weniger deutlich sind und nach hinten bis etwa zur Hälfte
der Entfernung der hinteren Ecke (Ende des Bandes) von den Wirbeln reichen.

a) Länge 53, Wirbelhöhe 19, Flügelhöhe 21, Querdurchm 12, v. d. Wirbeln z Ende d. Bandes 29 mm
b) » 81, » 27, » 30, » 22, » » » » » » » 36 »
c) „ 94, » 34, » 36, » 22, » » » » » » » 42 »

Victoria-Nyansa an der Einmündung des Chimayou, franz. Missionäre
bei Bourguignat (a); bei Towalio an der Buddu-Kuste, 8. Dez. 1890, Stuhlmann.
Bei Mhugu, in der Nordostecke des Sees, O. Neumann, Febr. 1893 (b). Aus dem
Ulanga bei Simanemolo und Madjiruka, (Stromgebiet des Rufidji), Lieder,
Dez. 1893 (c).

Var. smithi n.

Mutela bourguignati (Ancey), E. Smith in Ann. Mag. Nat. Hist. (6) X,
1892, p. 128, pl. 12, Fig. 16.

Verhältnissmässig höher und kürzer, Höhe zur Länge wie $1 : 2^1/4$, hintere
obere Ecke einen stärkeren Winkel, etwa 140° bildend, Unterrand in der Mitte
stark konvex gebogen. Wirbel in $2/7—1/3$ der Länge.

a) Länge 75, Wirbelhöhe 30, Flügelhöhe $32^1/2$, Querdurchm. ?, v. d. Wirb. z. Ende d. Bandes 35 mm
b) » 86, » 32, » $34^1/2$, » 24, » » » » » » 40 »
c) » 84, » 33, » 35, » 71, » » » » » » 41 »
d) » 77, » $30^1/2$, » $32^1/2$, » 20, » » » » » 40 »

Victoria-Nyansa, Emin Pascha 1889 (a). Bussisi am Smyth-Sund,
29. Sept. 1890 (d), Insel Maissome im südwestlichen Theil des Sees, 19. Mai 1892 (b),
und an der Buddu-Kuste, Januar 1891 (c), Stuhlmann. Mhugu, im Nordosten
des Sees, Neumann, Febr. 1893.

Var. truncata n.

(Taf. VII, Fig. 17.)

Hinten verkürzt, unten stärker aufsteigend, oben steil abfallend, hintere
obere Ecke einen Winkel von etwa 130° bildend. Höhe zur Länge wie $1 : 2^1/3$.
Unterrand nur schwach gebogen. Wirbel in $1/3$ der Länge; hintere Ecke in
$4/6—5/6$ der Länge, bei den beiden vorigen in $3/4—4/6$.

Länge 85, Wirbelhöhe 33, Flügelhöhe 37, Querdurchm. 22, von den Wirbeln zum Ende des Bandes 40 mm.

Victoria-Nyansa: Mbugu, in der nordöstlichen Bucht des Sees, O. Neumann, Febr. 1893. Auch ein Stück von der Buddu-Küste, Stuhlmann, Jan. 1891.

Der vordere Fussmuskeleindruck variirt etwas: bei der typischen Form von Mbugu finde ich ihn ziemlich gross und anderthalbmal so lang als breit, ähnlich wie bei Spatha, doch etwas höher gestellt; bei var. smithi von Buddu, Mbugu und einem Stück von Bussisi ebenso, bei zwei anderen von Bussisi dagegen zwei kleine kreisrunde nebeneinander an dessen Stelle; bei truncata ebenso bald einen einfachen, etwas länglichen, bald 3—4 kleinere runde nebeneinander an dessen Stelle, bei dem Exemplar von Buddu sogar an der rechten Schale einfach, an der linken zwei nebeneinander.

C) Schlossrand stärker, in seiner ganzen Ausdehnung höckerig-gekerbt.

(**Iridina** Lm. 1819. Cameronia Bgt. 1879.)

Mutela (Iridina) spekei Woodw.

Iridina (Pleiodon) spekei, Woodward, Proc. Zool. Soc. 1859, p. 348, pl. 47, Fig. 2. Iridina »speckii«, Clessin, Anodonta in der Fortsetzung von Martini und Chemnitz, S. 232, Taf. 70, Fig. 1 (Copie nach Reeve).

Pleiodon spekii, Reeve, Conch. Icon. XVI, Fig. 2. E. Smith, Proc. Zool. Soc. 1880, p. 350 und 1881, p. 296, pl. 34. Fig. 31, 31a (jung), 1893, p. 641. Crosse in Journ. de Conch. XXIX, 1881, p. 291. Pelseneer in Bull. Mus. Roy. Hist. Nat. de Belgique IV, 1886, p. 109, 110, Fig. 2 (Schale) und 121, Fig. 3 (Weichtheile). Sowerby, List of Shells of lake Tanganyika, Fig. 22.

Cameronia spekii, Bourguignat, Descript. d. divers. esp. de Moll. de l'Egypte etc. 1879, p. 43, und Moll. fluv. d. Nyanza Oukerewe 1883, p. 19.

Gestreckt, dickschalig, stark gewölbt, Wirbel in $\frac{1}{1}$—$\frac{2}{9}$ der Länge, vorderer Rückenrand in gerader Linie etwas absteigend, Vorderrand von da rasch nach rückwärts zurückweichend, Unterrand etwas eingebuchtet, hinterer Ruckenrand erst horizontal, aber schon vor dem Ende des Bandes sich herabsenkend, hintere obere Ecke daher sehr stumpf, kaum merklich, Hinterrand von da erst wenig, dann stärker und zuletzt sehr steil abfallend, einen abgestutzten Schnabel bildend. Schalenhaut roth-braun, gegen die Ränder hin schwarz-braun. Innenseite glänzend weiss mit röthlichem Anflug, Schlossrand röthlich glänzend, dick, mit starken, schief herablaufenden, selbst wieder runzlig-schuppigen, knotenförmigen Hervorragungen, am stärksten von den Wirbeln an bis zur halben Entfernung von dem Ende des Bandes, dann weiterhin schwächer und feiner werdend, öfters auch zu Gruppen runder Körnchen sich umwandelnd; vor den Wirbeln sind diese Unebenheiten schwächer und meist durch das noch etwas nach vorn sich ausdehnende Band bedeckt, zuweilen nur knotenförmig, zuweilen aber auch zu schmalen, nach vorn und unten schiefen Zähnchen ausgebildet; der vordere Schlossrand dick, aber nicht einen besonderen lamellenartigen Zahn tragend. Vorderer Fussmuskeleindruck ziemlich gross, breiter als hoch, wie bei Spatha.

	Länge	Wirbelhöhe	Querdurchm.		von den Wirbeln zum Ende des Bandes		
a	152	71	58		77		mm
b	143	60	46	x		"	$71^1$₂
c	145	50	56	"		»	76
d	113	46	39			»	60 »
e	55	20	$18^1$₂			»	28

Tanganyika, östliches Ufer bei Ujiji, von Speke 1858, Hore und Thomson mitgebracht; bei Karema von Dr. Böhm und Reichard (a—d), sowie von E. Storms (154 mm); Sumbu an der Südostseite, R. Crawshay; Nordende, östlich vom Russisi, Baumann.

Speke Entdecker des Tanganyika 1858. Lieut. Levett Cameron besuchte den See 1874.

Die Wachsthumsabsätze zeigen, dass in der Jugend die Schale hinten verhältnissmässig höher und mehr abgerundet ist, und das wird durch ein junges Stück (Maassangabe c) bestätigt; bei diesem jungen Stück ist der Flügel entschieden höher (25^1, 2 mm) als die Wirbel, die äussere Färbung ist saftgrün, die innere bläulich ohne Roth.

Bourguignat, Espèc. nouv. et genr. nouv. d'Oukerewe et Tanganika, 1885, p. 26—31, Nouveautés Malac. I, 1886, unterscheidet noch mehrere Arten: Cameronia bourguignati und marioniana Ancey in litt., anceyi Bgt., keine von diesen grösser als das oben angegebene Maass; und später, Nouveautés Malac. I, 1886, noch mehrere. Bei der Variabilität, welche sich schon in den vier Stücken von Karema in den Verhältnissen der Höhe zur Länge ($1 : 2^1/_2—2^1/_3$) und der Höhe zum Durchmesser ($4 : 5$ bis fast gleich), sowie im Schloss zeigt, ist mir die Artberechtigung derselben zweifelhaft.

Abgesehen von Aetheria ist diese die grösste Muschel nicht nur des Tanganyika, sondern auch unter den ostafrikanischen Süsswassermuscheln überhaupt. Noch etwas grösser wird Iridina exotica, Lamarck, Encycl. meth., Vers. pl. 204, Reeve XVI, Fig. 2; Clessin, Anod., S. 231, Taf. 71, Fig. 1; Iridina elongata J. Sow., Gen. of Shells VII, Taf. 41, deren Fundort noch unbekannt ist. Nach einem Exemplar in der Paetel'schen Sammlung, das mit der Abbildung in der Encyclopédie sehr gut übereinstimmt, wird diese 162 mm lang, 63 hoch, 43 im Querdurchmesser, 84 von den Wirbeln zum Ende des Bandes; sie unterscheidet sich von spekei durch verhältnissmässig dünnere Schale, vollere Rundung des vorderen Endes, etwas stärkere Einbucht des Unterrandes, weiter zurückstehende Wirbel (in $^2/_7$ der Länge), stärkeres Vorstehen der hinteren oberen Ecke am Ende des Bandes und entschiedener trüb rosenrother Färbung der Innenseite; das Schloss stimmt im Wesentlichen bei beiden überein, der vordere Fussmuskeleindruck ist bei dem Paetel'schen Exemplar von exotica auch verhältnissmässig gross und länglich, aber schief gestellt, von vorn und unten nach hinten und oben.

Iridina ovata Sw. (Pleiodon Conr. 1835 aus Westafrika) hat die ganze Schlosslinie ähnlich, aber relativ noch stärker und regelmässiger gekerbt, dagegen die allgemeine Schalenform mehr von Spatha, den Eindruck des vorderen Fussmuskels übrigens nicht so gross. Eine analoge Art aus Ostafrika bis jetzt noch nicht bekannt.

Burtonia Bgt.

Dünnschalig und stark zusammengedrückt, Schlossrand einfach, hinter den Wirbeln ein schwach ausgebildeter, langer, lamellenförmiger Zahn in beiden Schalen, vor den Wirbeln eine gebogene Leiste, den vorderen Muskeleindruck von oben und vorn umgrenzend. Vorderer Fussmuskeleindruck klein, undeutlich. Capt. R. Burton, Mit-Entdecker des Tanganyika 1858.

Burtonia tanganyicensis (E. Sm.)

Spatha tanganyicensis, E. Smith, Proc. Zool. Soc. 1880, p. 350, pl. 31. Fig. 8, 8a. Crosse, Journ. de Conch. XXIX, 1881, p. 292 z. Theil.

Burtonia tanganikana, Bourguignat, Moll. fluv. du Nyansa-Oukerewe 1883, p. 20.

Vorn fast rechtwinklig abgeschnitten, Rückenrand nach hinten wenig aufsteigend, Unterrand sehr stark konvex gebogen, grösste Konvexität in der halben Länge oder bald dahinter. Wirbel in $^1/_4$—^{1} 5 der Länge. Schalenhaut graubraun, nach den Rändern zu dunkler; Innenseite violett; bei jüngeren weisslich.

a) Länge 114, Wirbelhöhe 39, grösste Höhe 46, Querdurchm. 15, v. d. Wirbeln z. Ende d. Bandes 49 mm,
b)   »   90,   32,   43,   15,   » 46 »
c)   »   67,   20,   24$^1/_2$,   10,   »   »   33 »
d)   »   45,   15,   17^1,-.   8,   20^1,

Tanganyika, bei Udjiji, Hore (b); ebenfalls an der Ostküste, Böhm und
Reichard (a, d).

Var. livingstoniana Bgt.

Spatha tanganyicensis, E. Smith, Proc. Zool. Soc. 1881, p. 296, pl. 34,
Fig. 32. Crosse, Journ. de Conch. XXIX, 1881, p. 292 z. Theil. Pelseneer,
Bull. Mus. Roy. Hist. Nat. de Belgique IV, 1886, p. 111.
Burtonia livingstoniana, Bourguignat, Moll. fluv. du Nyansa-Oukerewe, p. 23.
Verhältnissmässig niedriger, vorn spitzwinklig, Unterrand weniger stark
konvex, die grösste Konvexität etwas weiter hinten (in $^2/_3$ der Länge). Wirbel
in $^1/_5$ der Länge. Schalenhaut gelblich, Innenseite weisslich.

a) Länge 88, Wirbelhöhe 27, grösste Höhe 36, Querdurchm. ?, v. d. Wirbeln z. Ende d. Bandes 46 mm,
b)   »   43^1,   »   13,   »   »   16,   5, » »   .   »   »   .   » 18^1,»

Tanganyika, Thomson (a); Westseite bei Mpala und Onondo, Storms;
Nordende, östlich von der Bussisi-Mündung, Baumann.
Sowerby, List of the Shells of lake Tanganyika, Fig. 19, stellt eine Form
dar, welche zwischen beiden in der Mitte steht und so die Zusammengehörigkeit
beider bestätigt, 90 mm lang, 39 hoch, Wirbel in $^2/_7$ der Länge, zahlreiche
Farbenstrahlen.

Brazzaea Bgt.

Brazzaea anceyi Bgt.

Bourguignat, Espèc. nouv. et genres nouv. d'Oukerewe et Tanganika 1885,
p. 32, 33.
Ebenfalls dünnschalig, oben fast geradlinig, unten stark konvex, mit dünnem
einfachen Schlossrand, aber stark bauchig und der Unterrand der rechten Schale
über den der linken übergreifend [wie bei Corbula]. 66 mm lang, 41 hoch, 36 im
Querdurchmesser, 28 von den Wirbeln bis zur hinteren oberen Ecke. Wirbel
in $^2/_5$ der Länge. Aussen und innen glänzend violett.
Tanganyika, bei der französischen Missionsstation in schlammigem Grund.
Nach dem Afrika-Reisenden Pierre de Brazza genannt.

Moncetia Bgt.

Moncetia anceyi Bgt.

Bourguignat, ebenda, p. 34, 35.
»Schotenförmig«, zusammengedrückt, vorn und hinten stumpf gerundet, unten
etwas eingebogen, glanzlos mit groben Anwachsstreifen; ein höckerförmiger
Vorsprung im Schlossrand der rechten Schale und eine flache Seitenlamelle
wie bei Margaritana. Wirbel in $^2/_7$ der Länge; die ganze Schale 52 mm lang,
24—25 hoch, 13 im Querdurchmesser, 22 mm von den Wirbeln zur hinteren
oberen Ecke und ebenso viel von da zum Hinterende. Erdbraun, innen bläulich-
weiss, ein wenig irisirend.
Tanganyika, in Höhlungen des felsigen Ufers in der Brandungszone,
Moncet, französischer Missionär am Tanganyika.
Die zwei letztgenannten Gattungen kenne ich nicht aus eigener Anschauung
und sie sind auch bis jetzt noch nicht abgebildet.

Cyreniden.

Kleinere Süsswassermuscheln mit 1—3 kleinen Schlosszähnen unter den Wirbeln und grösseren vorderen und hinteren, unter sich ähnlichen Seitenzähnen. Auch Vorder- und Hinterseite der ganzen Muschel meist wenig unter sich verschieden. Zwei getrennte hintere Mantelöffnungen, zu kurzen Siphonen verlängert.

Corbicula Meg.

Mit ausgeprägten konzentrischen Leisten. Drei kleine Schlosszähne, vor und hinter den Wirbeln je ein langer Seitenzahn mit feinen Querstreifen. Zwei kurze Siphonen (Athemröhren), der untere etwas länger, beide am Ende mit Papillen besetzt.

Corbicula radiata (Phil.)

Cyrena radiata, Philippi, Abb. und Beschr. neuer Conch. II, p. 78, Taf. 1, Fig. 8, 1846.
Corbicula radiata (Phil.), H. Adams, Proc. Zool. Soc. 1866, p. 376. Jickeli, Land- und Süssw.-Moll. Nordost-Afr., S. 287, Taf. 11, Fig. 10. E. Smith, Proc. Zool. Soc. 1877, p. 718, 1881 p. 295 und 1888 p. 95; Ann. Mag. Nat. Hist. (6) VI, 1890, p. 149 und (6) X, 1892, p. 126. v. Martens, Sitz.-Ber. d. Ges. nat. Freunde 1879, S. 105.
Corbicula pusilla und radiata (Phil.), Sturany in Baumann, »Durch Massai-Land zur Nilquelle«, 1894, S. 10, 11.

Abgerundet dreieckig, gegen die Wirbel hin stark gewölbt, gegen den Unterrand zu flacher, Wirbel in oder etwas vor der halben Länge, Hinterrand steiler abfallend als der Vorderrand. Unterrand gerundet; konzentrische Leisten breit, aber nicht sehr erhaben, sowohl am vorderen als hinteren Ende sehr schwach werdend. Glänzend grünlich oder gelblich, auf den Wirbeln sehr oft ein dunkel violetter, rasch breiter werdender Farbenstrahl in hellem Feld; am Vorderende meist ein helleres, stärker glänzendes Feld von den Wirbeln bis zum vordersten Ende reichend, scheinbar durch eine Kante, in der That aber nur durch die Färbung scharf abgegrenzt, nicht selten ein ähnliches an der Hinterseite. Selten einige braune Farbenstrahlen bis zum Unterrande. Innenseite oft dunkel violett.

	Länge		Höhe		Querdurchmesser		mm
a)	17$\frac{1}{2}$,		14$\frac{1}{2}$,		9$\frac{1}{2}$		mm
b)	16,		13,		10		»
c)	14$\frac{1}{2}$,	»	12$\frac{1}{2}$.		7		
d)	16$\frac{1}{2}$.		12$\frac{1}{2}$.		8		
e)	11.	»	9$\frac{1}{2}$.		6		
f)	11,	»	10.		7		
g)	10,		9,		7	»	
h)	5$\frac{1}{2}$.	»	4$\frac{1}{2}$		4		

Victoria-Nyansa, schon von Emin Pascha 1877 und später 1889 gesammelt; Bussisi am Smyth-Sund im Ufersand, 29. Sept.; Ndukali auf der Insel Bumbide, Oktbr. (das grösste Stück a); Bukoba, 16. und 23. Nov. (d); Tavalyo oder Towalio, 8. Dezbr. (c, g); Insel Ssowe, 22. Dezbr. 1890 (h) und Manyonyo, Januar 1891; Süd- und Westküste des Sees, Emin Pascha und Stuhlmann. Mhugu, Nordostseite, O. Neumann, 21. Febr. 1894. Ebenfalls am Victoria-See von Dr. Baumann gesammelt.

17*

Albert-Edward-See bei Kishakka, Nordwestseite, 21. Mai 1891 am See-
strand, und subfossil bei Katarenge, Südwestseite, 23. Januar 1891, Emin Pascha
und Stuhlmann.

Albert-Nyansa, S. Baker 1866; bei Kassenye, 27. Nov. 1891, Emin
Pascha und Stuhlmann.

Tanganyika, Thomson, zweifelhaft, ob dieselbe Art (E. Smith 1881).

Nyassa, Simons (nach E. Smith 1877).

Im Nil vom Bahr-el-abiad und von Sennaar an bis Alexandrien (Jickeli)
bekannt. Ziemlich variabel in ihren Verhältnissen, wie obige Maassangaben
zeigen. Die Exemplare ohne violetten Wirbelstrahl (pusilla bei Sturany) lassen
sich von den anderen nicht scharf trennen, entsprechen aber doch nicht der
pusilla Phil. des oberen Nils, welche flacher, schwächer gestreift und innen ganz
weiss ist. Die südafrikanische C. africana var. olivacea Krauss aus dem Gauritz-
Fluss scheint sich dadurch zu unterscheiden, dass die konzentrischen Leisten
bis zum Vorder- und Hinterrand gehen, ohne viel schwacher zu werden.

Aus dem Kingani-Fluss nennt Bourguignat, Moll. de l'Afr. équat.. p. 190.
noch 3 Corbicula-Formen, welche identisch mit solchen aus dem Nil seien, mit
den neuen Namen C. aegyptiaca, degousei und subtruncatula, ohne Beschreibung
oder Abbildung zu geben. Das beweist wenigstens das Vorkommen der Gattung
in Ostafrika auch ausserhalb der grossen Seen.

Corbicula astartina (Marts.)

Cyrena astartina, v. Martens in Malak. Blätt. VI, 1860. p. 219, pl. 3,
Fig. 6, 7. Dohrn in Proc. Zool. Soc. 1865, p. 234.

Ringsum gerundet, zusammengedrückt, mit starken, um das Doppelte ihrer
Breite voneinander abstehenden konzentrischen Rippen, wenig glänzend, ein-
farbig braun, innen weiss. 16 mm lang, 11 hoch, $6^1/2$ im Querdurchmesser.
Wirbel in $^6/_{12}$ der Länge. Spitzenwinkel 115^0.

Nyassa, J. Kirk. Schire-Fluss derselbe. Sambesi bei Tette. W. Peters.

Die Zähnelung der Seitenzähne ist so schwach, dass ich dieselbe a. a. O.
übersehen habe, aber bei mässiger Vergrösserung doch deutlich zu erkennen.

Sphaerium Scop. 1777

Cyclas (Brug. 1792, Lm.), C. Pfr., 1822.

Dünnschalig, annähernd kugelig, konzentrisch gestreift. 1—2 kleine Schlosszähne, Seitenzähne lang, glatt, rechts doppelt. Wirbel nahezu mittelständig.
Zwei getrennte, ziemlich lange Siphonen, doch keine Mantelbucht. Lebendig
gebärend.

Sphaerium nyanzae E. Sm.

(Taf. VII, Fig. 10.)

E. Smith in Ann. Mag. Nat. Hist. (6) X, 1892, 383.

Ziemlich fest, längs-elliptisch, vorn und hinten ziemlich gleich gerundet,
schwach gestreift, strohgelb, innen weiss. 7—9 mm lang, 6—7 hoch, $4^1/2$—5 im
Querdurchmesser. Wirbel in $^4/_9$ der Länge stumpf, glänzend, etwas abgesetzt,
an Calyculina erinnernd.

Victoria-Nyansa, am nördlichen Ende, Rev. E. Cyril Gordon. Tavalyo
oder Towalio an der Buddu-Küste, Stuhlmann, 8. Dezbr. 1890.

Sphaerium stuhlmanni n.

(Taf. VII, Fig. 8.)

Ziemlich kugelig, vorn niedriger und stärker abfallend als hinten, die vorderen Seitenzähne daher auch beträchtlich tiefer und schiefer stehend als die hinteren; vorderer Ruckenrand etwas konkav, hinterer gewölbt; fein und dicht gestreift, hell bräunlich-gelb, innen weisslich mit braunem Randsaum. Wirbel stumpf, stark gewölbt, nicht glänzend und nicht abgesetzt, in $^8/_{16}$ der Länge. Schlosszähne sehr schwach; Seitenzähne stumpfeckig vorstehend. $7^1{}_2$—8 mm lang, $6^1{}_2$—7 hoch, 5 im Querdurchmesser.

Victoria-Nyansa bei Bussisi im Smyth-Sund, Stuhlmann.

Erinnert im Umriss an Sph. hartmanni Jickeli, ist aber stärker gewölbt, feiner und dichter gestreift und der Wirbel (Embryonalschale) nicht abgesetzt.

Einzelne unvollständig erhaltene Schalenstücke bekunden das Vorkommen sehr ähnlicher Formen auch im Albert-Nyansa und im Albert-Edward-See, sowie im Kustenland bei Kivugu unweit Bagamoyo.

Eupera Bgt. 1854

Limosina, Clessin, 1871.

Klein, längs-oval, vorn kürzer und etwas niedriger als hinten, jederseits nur 1 Zahn unter den Wirbeln, Seitenzähne mässig lang, glatt, rechts doppelt. Färbung dunkelbraun, oft gefleckt. Zwei anfangs verwachsene Siphonen.

Nur in Südamerika und Afrika vorkommend.

Eupera parasitica (Dh.)

Pisidium parasiticum Parreyss in Deshayes, Catal. Conchif. Brit. Mus. II, 1854, p. 280.

Limosina ferruginea (Krauss), Jickeli, Fauna d. Land- und Süssw.-Moll. Nordost-Afr., p. 293, Taf. 11, Fig. 16, 17.

Eupera parasitica und jickelii, Bourguignat, Ann. d. Sci. Nat. (6) XV, 1883, p. 134.

Limosina parasitica Parr., E. Smith, Ann. Mag. Nat. Hist. (6) X, 1892, p. 126.

Mit feinen konzentrischen, häutigen Anwachsstreifen, blass bräunlich, öfters schwarz gefleckt. 4—7 mm lang, $3^1{}_2$—$5^1/_2$ hoch, $1^1/_2$—$3^1/_2$ im Querdurchmesser. Wirbel in $^1/_3$ der Länge.

Victoria-Nyansa, Bischof Hannington. Vom Bahr-el-ghasal bis Assuan und aus Abyssinien (Harasa) bekannt, soll jung an Aetherien festsitzen. Jickeli hielt sie identisch mit der sudafrikanischen E. ferruginea Krauss 1848, E. Smith für verschieden davon.

Submarine oder Brackwassser-Schnecken.

Eine Anzahl von Mollusken lebt mehr oder weniger ausschliesslich auf dem Gebiete, das zwischen Land, Süsswasser und Meer gewissermaassen strittig ist, dem Schlammgrund an den Mündungen der Flüsse, namentlich wo solcher von den sogenannten Mangle- oder Mangrove-Büschen (Gattungen Rhizophora. Sonneratia, Avicennia u. a.) besetzt ist und je nach Fluth und Ebbe oder auch nach der Jahreszeit das Wasser mehr oder weniger salzig ist; viele der dort lebenden Mollusken sind während der Fluth unter Wasser, während der Ebbe über Wasser. Andere leben an Steinen oder Felsen, ebenfalls bei Fluth unter, bei Ebbe über Wasser, zuweilen auch noch etwas über der gewöhnlichen Fluthgrenze. Alle diese gehören eigentlich schon zu den Meeres-Conchylien, da sie nie weit vom Meere entfernt vorkommen und sich theilweise nicht scharf gegen die eigentlichen Meeresbewohner abgrenzen lassen; sie mögen aber doch noch hier anhangsweise behandelt werden, da sie bei Exkursionen im Kustengebiet leicht zu finden sind und eben durch ihr Vorkommen ein gewisses Interesse haben.

Auriculiden.

Luftathmende Schnecken ohne Deckel; nur 2 Fühler, Augen hinter der Basis derselben. Dickschalig, mit mindestens einer Falte am Columellarrand.

Melampus Montf.

Schale verkehrt konisch (wie die Gattung Conus), Gewinde kurz, mit scharf vorragender Spitze, aus vielen Windungen bestehend, die letzte Windung den grössten Theil der Schale ausmachend, länglich und nach unten enger werdend. Mündung lang und schmal; Aussenrand gerade, an seiner Innenseite mit horizontalen kurzen Falten oder Zähnchen besetzt, Columellarrand mit einer oder mehreren stärkeren Falten. Fusssohle öfters am hinteren Ende zweispitzig.

Die einzelnen Arten leben theils auf Schlammgrund an der Mündung von Flüssen oder Bächen, theils auf Felsengrund zwischen Fluth- und Ebbe-Grenze.

Namen	Skulptur	Farbe	Falten			Höhe mm	Breite mm	Mündung mm
			auf der Mündungs-wand	unten an der Columelle	an der Innenseite desAussen-randes			
fasciatus Dh.	glatt, etwas glänzend	hell, mit dunkeln Bändern	3	1, mässig	4—6	13 15	8	9 / 10¹₂
hypoleucus n.	glatt, glänzend	Naht weisslich, Basis weiss	5	1, stark	6	8	5	5½
semiplicatus Pease	Vertikalfalten unter der Naht und an der Basis	einfarbig dunkelbraun	1, mässig	2. die untere schief und schwächer	3, die zwei oberen schwach	10	5	8
lividus Dh.	glatt	grau oder bräunlich, Mündung rothbraun	3	1, rothbraun	7	15 25	9¹₂ 11	11½

Melampus fasciatus (Dh.)

Auricula fasciata, Deshayes in Encycl. Meth., Vers II, p. 90, und zweite Ausgabe von Lamarck's Hist. nat. d. an. sans vertèbres VIII, p. 337. Küster, Auriculaceen, S. 33, Taf. 5, Fig. 9—11.

Auricula monile (non Lm.), Quoy et Gaimard, Voy. Astrol., Zool. II, p. 166, pl. 13, Fig. 28—33, lebendes Thier, kopirt bei Küster, Taf. A, Fig. 2, 3, und bei Gray, Fig. Moll. An. III, pl. 306, Fig. 10, 11.

Melampus fasciatus, Pfeiffer, Monogr. Auriculaceorum, p. 38.

Tralia (Pira) fasciata, Adams, Genera Moll. II, p. 244.

Blass röthlich oder gelblich mit mehreren dunkleren Spiralbändern; 3 Falten auf der Mundungswand oberhalb der Columellarfalte, 4—6 Zähnchen an der Innenseite des Aussenrandes. 13—15 mm lang, 8 breit, Mündung 9—10¹₂ lang.

Unter käuflichem Sesamsamen aus Sansibar von W. Brauns gefunden. Weit verbreitet an den Küsten des Indischen Oceans, von den ostafrikanischen Inseln bis Polynesien bekannt.

Melampus hypoleucus n.

(Taf. VI, Fig. 44.)

Melampus caffer (Küst.), Pfeffer, Jahrbuch d. Hamburg. wiss. Anst VI, 1889, S. 25.

Schale umgekehrt konisch, ohne Kante, nur schwach gestreift, glänzend braun-schwarz, an der Naht trüb gelblich und am unteren Ende rein weiss; 7 Windungen, mit sehr seichter Naht, ein konisches Gewinde bildend mit fein ausgezogener Spitze; kein Nabel. 5 weissliche Falten auf der Mündungswand, meist schwach und etwas tief im Innern befindlich, nur die vierte von oben stärker, dagegen die fünfte, welche an der Grenze der schwarzen und weissen Farbung liegt, sehr stumpf, kaum merklich. Columellarfalte stark, weiss. Aussenrand dünn, hinter demselben sechs weisse Falten, stärker als diejenigen der Mündungswand, die oberste am wenigsten stark, die unterste die stärkste, die dazwischen befindlichen unter sich gleich. 8 mm lang, 5 im Durchmesser; Mündung 5¹₂ lang, 1¹/₂ breit.

Pangani, Conradt. Insel Sansibar, in einem Wasserloch zwischen Ngambo und Nasimoja, Stuhlmann.

Nur je Ein Exemplar, möglicherweise jung, die ich mit keiner der bekannten Arten identifiziren kann. Am ähnlichsten ist noch M. castaneus Meg. von den polynesischen Inseln, aber dieser ist bedeutend grösser, glanzlos dunkel roth-braun ohne Weiss unten, mit nur 2 Falten an der Mündungswand. Es ist möglich, dass das angebliche Vorkommen von M. castaneus in Ostafrika, Aden nach Nevill, Mauritius und Bourbon nach Deshayes und Lienard, auf Exemplaren beruht, welche zu M. hypoleucus gehören.

Melampus semiplicatus Pease

Pease in Proc. Zool. Soc. 1860, p. 141 und 1869 p. 60 (lebendes Thier). Pfeiffer, Monogr. Pneumop. Suppl. III, p. 304.

Einfarbig dunkelbraun; scharfe Vertikalfalten, ungefähr um das Doppelte ihrer Breite voneinander abstehend, auf dem sichtbaren Theil der früheren Windungen und auf der letzten sowohl unter der Naht ein Stück weit herab gehend, als im untersten verschmälerten Theile, der zwischenliegende grössere Theil der Oberfläche der letzten Windung aber glatt; keine Spiralskulptur.

Ein nicht ganz erwachsenes Exemplar unter den von Dr. Stuhlmann 1888—89 gesammelten Conchylien neben einem der vorigen Art mit der Etikette »in einem Wasserloch zwischen Ngambo und Nasimoja« (auf der Insel Sansibar). Sonst bis jetzt nur von den Sandwich-Inseln bekannt.

Melampus lividus (Dh.)

Auricula livida, Deshayes in Encycl. Meth., Vers II, p. 91 und in der zweiten Ausgabe v. Lamarck, Hist. Nat. d. an. sans vert. VIII, p. 338. Küster, Auriculaceen, S. 44, Taf. 6, Fig. 21, 25. Krauss, Sudafrikanische Mollusken, S. 81.

Melampus lividus, Beck, Ind. Moll., p. 106. Pfeiffer, Monogr. Auriculaceorum, p. 41. Morelet, Series Conch. II, p. 94.

Grau-gelb bis dunkelbraun, glatt, mit kastanienbrauner Mundung; ebenfalls 3 Falten auf der Mündungswand oberhalb der Columellarfalte, 7 Falten an der Innenseite des Aussenrandes. 15—28 mm lang, $9^1/_2$—11 breit, Mündung $11^1$₂ mm. Natal, an Felsen, die vom Meere bespült werden, in der Nähe einer Flussmündung, F. Krauss; auch auf Mayotte, Reunion Mauritius und den Seychellen gefunden. Mit Wahrscheinlichkeit daher auch an der Küste von Deutsch-Ostafrika zu vermuthen.

Auriculastra Marts.

Schale schmal länglich, glänzend glatt; Mündung lang und schmal, Aussenrand verdickt, ohne Zähne; Columellarseite mit zwei Falten.

Auriculastra radiolata (Morel.)

Melampus radiolatus, Morelet, Series Conch. II, p. 93, pl. 6, Fig. 11. Auriculus? radiolatus, Pfeiffer, Monogr. Pneumonop., Suppl. III, et Monogr. Auricul. II, 1876, p. 359.

Hellbraun mit blasseren Vertikalstriemen, 11 mm lang, 5 breit, Mündung $7^1/_2$ mm. Sansibar, Vesco.

Die systematische Stellung wegen des Mangels der Zähnchen am Aussenrande fraglich; vielleicht gehört sie zur Gattung Auriculastra.

Die Gattung Plecotrema, kleine kugelförmige oder eiförmige, spiral-
gefurchte, hellbraune Schnecken mit starken Zahnen am Aussenrand und am
Columellarrand, dürfte auch noch an der Küste von Deutsch-Ostafrika zu finden
sein, da sie sowohl am Rothen Meer in mehreren Arten, als auch auf Mauritius
und sonst am Indischen Ocean vorkommt.

Taenioglossen s. Seite 151.

Potamides Defr.

Schale gethurmt, braun oder bräunlich-violett, mit mehr oder weniger ausgebildeter Skulptur, nicht glänzend; Mündung rundlich, meist mit flach aus-
gebreitetem Rand und immer mit ausgesprochenem Einschnitt im unteren Theil.
Deckel rund, dünn, braun, aus vielen Spiralwindungen bestehend. Wesentlich
in den Mangledickichten zu Hause, die grösseren, schwereren im Grunde, die
kleineren, leichteren auch an den Zweigen mittelst Schleimfaden angehängt
(Adams und Reeve, Zool. Voy. Samarang, p. 44, pl. 13, Fig. 3).

A) **Pyrazus** Montf.

Vertiefte Spirallinien und oberflächliche Längsfalten; Naht vor der Mündung
merklich aufsteigend. Färbung der äusseren Weichtheile einfarbig schwärzlich.

Potamides palustris (L.)

Strombus palustris, Rumph, Amboinische Raritätenkammer, deutsch, S. 71,
Taf. 30, Fig. Q. — Linné, Syst. Nat. ed. XII, p. 1213, Chemnitz, Conch.-
Cabinet IV, Fig. 1472.
Cerithium palustre, Bruguière, Encycl. Meth. Vers I, p. 467. Lamarck, Hist.
nat. d. an. s. vert. ed. 2 IX, p. 284. Quoy et Gaimard, Voy., Astrolabe, Moll. III,
p. 121, pl. 55, Fig. 14—16, lebendes Thier und Deckel. Kiener, Iconogr. Cerith.,
pl. 1, ebenfalls lebendes Thier.
Pyrazus palustris, Adams, Gen. Moll., p. 291, pl. 30, Fig. 8. Reeve, Conch.
Icon. XV, Fig. 1.
Aussenrand oben eingebuchtet, unten vom Columellarrand getrennt. Die
grösste Art dieser Gattung 46—107 mm lang, 34—46 breit, Mündung 28 bis
37 mm.
Aus Ostafrika durch von der Decken mitgebracht, ohne nähere Fundortsangabe. Insel Sansibar, an einer Bachmündung bei Kokotoni im Mangle-Gebiet,
Stuhlmann, Sept. 1889. Bagamoyo, von Stabsarzt Steudel gefunden.
Vom Rothen Meer und Mossambique uber die ostafrikanischen Inseln und
den malayischen Archipel bis Neu-Guinea und Nordaustralien verbreitet.

B) **Cerithidea** Sw.

Oberste Windungen während des Lebens regelmässig abgestossen und die
Bruchstelle vernarbt. Etwas gebogene Vertikalfalten auf den Windungen.
Aeussere Weichtheile, namentlich die Schnauze oft lebhaft gefärbt. Der dünnere
obere Theil der Fuhler oberhalb der Augen über Wasser zuruckgeschlagen und
dicht an den unteren angelegt, so dass es auf den ersten Anblick scheint, als
ob dieser Theil ganz fehle und die Augen endständig wären (Aphanistylus
P. Fischer).

Potamides decollatus (Brug.)

Cerithium decollatum, Bruguière, Encycl. Meth. Vers I, Nro. 45. Lamarck, Hist. nat. d. an s. vert. ed. 2 IX, p. 294. Kiener, Iconogr. Cerith., pl. 28, Fig. 2 (nicht Murex decollatus Linné).
Cerithidea decollata, Reeve, Conch. Icon. XV, Fig. 14. Adams, Gen. Moll., pl. 31, Fig. 2a, Deckel. Troschel, Gebiss d. Schnecken I, S. 147, Taf. 12, Fig. 4, Radula.

Falten ziemlich senkrecht, zahlreich, auch auf der letzten Windung nur wenig schmäler als ihre Zwischenräume. Untere Seite der letzten Windung gewölbt, nicht durch eine Kante von der Seitenfläche abgesetzt. Farbung violettbraun, unter der Naht weisslich. Abgestutzt 31 mm lang, 15 1/2 einschliesslich der Mündung breit, Mündung 10 hoch.

Sansibar, v. d. Decken; ebenda im Mangrovegebüsch, W. Schmidt 1887. Kingani, an der Mündung des Rufu, in einem Sumpf nördlich von der Stadt, Stuhlmann, Dez. 1889.

Auch an der Küste von Mossambique, Madagascar, Bengalen, Singapore, Borneo und (wenn richtig bestimmt) Nordost-Australien.

Potamides obtusus (Lm.)

Cerithium obtusum, Lam., Hist. nat. d. an. s. vert. ed. 1 VII, 1822, No. 17; ed. 2 IX, p. 294. Kiener, Iconogr. Cerith., pl. 29, Fig. 1, 2. Hombron et Jacquinot, Voy. au pole sud, Moll., pl. 23, Fig. 3, lebendes Thier.
Cerithium decollatum, Sowb. Genera of Shells, part. 42, pl. 260, Fig. 2. Strombus obtusus, Wood, Gen. Conchol., suppl. pl. 4, Fig. 8.
Cerithidea obtusa, Reeve, Conch. Icon. XV, Fig. 4. Chenu, Manuel de Conchyliologie I, p. 286, Fig. 1927.

Aehnlich der vorigen, breiter und unten etwas kantig und abgeflacht. Falten etwas schief, bogenförmig, durch 2—3 mal breitere Zwischenräume getrennt. Braun, unter der Naht meist blasser, weisslich. Abgestutzt auf 6 Windungen, 40—46 mm hoch, 25—27 breit, Mündung 17—18 mm, ohne den breiten Rand 10—11 mm.

Zanzibar, G. Fischer. Ebenfalls auf Madagascar und an den Küsten des indischen Oceans bis Australien weit verbreitet.

Littorina Fér.

Schale konisch-eiförmig, nach oben zugespitzt, mit mehr oder weniger ausgebildeter Skulptur; Mündung eiförmig, oben eckig, unten abgerundet, ohne Ausschnitt. Columellarseite der Mündung flächenartig ausgedehnt, wodurch sie sich dicht an Felsen oder sonstige senkrechte Flächen anschmiegen können. Deckel dünn, hornig, spiralgewunden. Radula sehr lang, mehrfach länger als die Schale.

A) Littorinopsis Mörch

Dünnschalig und spiralgestreift, etwas bunt gefärbt, Columellarfläche öfters violett. Wesentlich im Manglegebüsch zu Hause, auf den Zweigen und selbst Blättern sitzend.

Littorina scabra (L.)

Buccinum foliorum, Rumph, Amboinische Raritätenkammer, deutsch, S. 66, Taf. 29, Fig. V.
Helix scabra, Linné, Syst. Nat. ed. X, p. 770.

Littorina angulifera (nicht Lamarck), Quoy et Gaimard, Voy. Astrolabe, Zool. II, p. 770, pl. 33, Fig. 2, 3 lebendes Thier, kopirt bei Gray, Fig. Moll. An. I, pl. 51, Fig. 1, 1a.

Littorina scabra, Philippi, Abbildungen neuer Conchylien I, S. 38, Taf. 4, Fig. 3. v. Martens in Malak. Blätt. X, 1863, S. 80. Reeve, Conch. Ic. X, Fig. 21. Weinkauff in der neuen Ausgabe von Martini-Chemnitz, Littorina, S. 37, Taf. 4, Fig. 7—10. Troschel, Gebiss d. Schnecken I, S. 133, Taf. 10, Fig. 18, Radula.

Länglich-konisch, mässig bauchig, mit mehr oder weniger stark vorspringender Basalkante, welche an den oberen Windungen in der Naht, an der vorletzten öfters schon etwas darüber steht; etwa 11 vertiefte Spirallinien zwischen Naht und dieser Kante, aber öfters zweigetheilt, so dass die Zahl bis 22 steigen kann. Strohgelb oder hellbraun, mit unregelmässigen, öfters unterbrochenen oder zu Flecken aufgelösten dunkleren Striemen. 20—30 mm lang, 15—20 breit, Mündung 11—17 mm.

Bagamoyo, G. A. Fischer. Insel Kondoa bei Dar-es-Salaam und Mündung des Osi-Flusses in Britisch-Ostafrika, südlich von Witu, v. d. Decken.

An den Küsten des Indischen Oceans so weit verbreitet, als die Manglegebüsche reichen, in Afrika nach Süden bis Mossambique, in Ostasien bis Formosa, an der Ostküste von Australien bis Port Jackson, in Polynesien noch von den Kingsmill-Inseln und Jaluit (Marshalls Archipel) bekannt.

Littorina intermedia Phil.

Philippi, Proc. Zool. Soc. 1845, p. 141 und Abbild. neuer Conch. II, S. 223, Taf. 5, Fig. 7—9.

Littorina scabra var. Weinkauff, in der neuen Ausgabe von Martini-Chemnitz, Littorina, S. 38, Taf. 4, Fig. 16—18.

Sehr nahe der vorigen, aber die letzte Windung ohne Kante, mit nur 8 vertieften Spirallinien auf dem sichtbaren Theil der vorletzten Windung. 14—22 mm lang, 9—10 breit, Mündung $7^1/_2$—8.

Bagamoyo, Stabsarzt Steudel.

Vom Rothen Meer und Natal bis Ost-Australien und Polynesien verbreitet.

B) **Tectus** Montf.

Stark knotig, ziemlich dickschalig, meist einfarbig, hell; ein meist sehr schwacher, zahnartiger Vorsprung am Columellarrand. Deckel mehr rund, mit zahlreicheren, aber undeutlichen Windungen. An Felsen, bei Ebbe über Wasser.

Littorina pagodus (L.)

Trochus tertius s. papuanus, longaevus, Rumph, Amb. Rar., deutsch S. 28, Taf. 21, Fig. D.

Turbo pagodus, Linné, Syst. Nat. ed. X, p. 762. Chemnitz, Conch. Cab. V, Fig. 1541, 42.

Monodonta pagodus, Lamarck, Hist. nat. d. an. s. vert. ed. 2 IX, p. 172. Monodonta bicolor, Lamarck, ebenda, p. 171. Delessert, Recueil d. Coquilles, pl. 36, Fig. 12.

Trochus pagodus, Quoy et Gaimard, Voy. Astrolabe, Zool. III, p. 269, pl. 62, Fig. 1-4.

Littorina pagodus, Philippi, Abbild. neuer Conch. II, S. 139, 1842 Taf. 2, Fig. 1. Weinkauff in der neuen Ausgabe von Martini-Chemnitz, Littorina, S. 41, Taf. 5, Fig. 1, 2.

Blass röthlich-gelb mit zwei Spiralreihen starker Knoten, 7—17 in einer Reihe auf der letzten Windung. Die grösste Art der Gattung. 4½—6½ cm lang und 4—5½ breit.

Sansibar, in Cuming's Sammlung.

Sonst mir nur aus dem östlicheren Theile des Indischen Oceans bekannt, von den Philippinen, Molukken und Timor bis zur Torresstrasse und Neu-Irland.

Littorina bullata (Martyn)

Trochus bullatus, Martyn, Univ. Conch., pl. 38, ed. Chenu, pl. 10, Fig. 6.
Trochus grandinatus, Chemnitz, Conch.-Cab. 10, Fig. 1639 (Copie nach Martyn).
Monodonta papillosa, Lamarck, Hist. nat. d. an. s. vert. VII, Nro. 4; ed. 2t X, p. 173. Delessert, Recueil d. Coquilles, pl. 36, Fig. 10.
Trochus rugosus Gray bei Wood, Ind. Moll., Suppl., pl. 5, Fig. 7.
Litorina papillosa, Philippi, Abbild. neuer Conch. I, p. 140, Taf. 2, Fig. 2.
Littorina bullata (Martyn), Reeve, Conch. Ic. X, Fig. 1 b.

Kreiselförmig, mit drei bis vier Spiralreihen kleinerer Knoten auf der Oberseite jeder Windung und mehreren schwächeren auf der Unterseite der letzten. 42—33 mm hoch, 28—33 breit. Mündung 15 hoch in senkrechter Richtung.

Sansibar, Cuming nach Philippi und Reeve, die von Philippi als var. quadriseriata bezeichnete Abart mit 4 Knotenreihen.

Sonst vom malayischen Archipel, Nord-Australien und Polynesien bekannt.

Das Vorkommen dieser zwei Arten an der Ostküste von Afrika bedarf noch weiterer Bestätigung.

Excludenda.

Folgende Arten sind absichtlich hier nicht aufgenommen:

Cyclostoma castaneum Pfr.

Chemn., Ed. nov. Cyclost., Taf. 42, Fig. 25, 26. Reeve, Conch. Icon. XIII, Fig. 93.

Von Morelet, Series Conchyl. II, 1860, p. 125, aus Sansibar genannt, aber nach Pfeiffer selbst von Madagascar und seitdem auch nicht mehr vom ostafrikanischen Festland angegeben. Vielleicht hat Morelet das daselbst verbreitete C. letourneuxi Bgt. dafür gehalten.

Ennea (Uniplicaria) cerea Dkr.

Küster, Pupa, Taf. 15, Fig. 11, 12.

Sansibar, Rodatz bei Pfeiffer, Mon. Hel. III, p. 541, und darnach auch bei Morelet Ser. Conchyl. II, p. 124, und in der zweiten Ausgabe von Albers' Heliceen, S. 302, aus Sansibar angegeben, aber in der Originalbeschreibung von Dunker, Zeitschrift f. Malakozool. 1848, S. 177, steht nur, dass Rodatz sie von seiner afrikanischen Reise mitgebracht habe, und in Dunker's Sammlung finden sich Exemplare mit der Fundortsangabe Seychellen, aber keine von Sansibar, ebenso in der Albers'schen Sammlung. Nach Cuming soll sie von Madagascar sein, nach Morelet a. a. O., S. 82, von den Komoren.

Buliminus vesconis Morel.

Series Conchyl. II, p. 65, pl. 5, Fig. 1, von Madagascar. Ein Exemplar unter den kleinen Conchylien, welches Herr W. Brauns zwischen Sesamsamen gefunden hat, das ich aber gegenwärtig nicht mehr kontroliren kann.

„Bulimus" contiguus Rv. (teres Pfr.)

»Zanzibar, orae Arabicae« nach Largilliert, Pfeiffer in Zeitschr. f. Malak. 1849, S. 90, und Monogr. Heliccor. III, p. 403, sonst Sokotora und Abdel Gury. Ich habe sie nie von Sansibar oder Deutsch-Ostafrika erhalten. Wohl nächst verwandt mit Stenogyra (Zootocus) insularis Ehrbg.

Navicella porcellana L.

»From Johanna Island, Zanzibar«, Dohrn, Proc. Zool Soc. 1864, p. 117. Offenbar Anjuana, Komoren.

Litteratur.

Datum	Bearbeiter und Titel	Sammler

1850 Febr.   Petit de la Saussaye, Notice sur le genre Cyclostoma in Journal de Conchyliologie, vol. I, livr. 1, 1850, p. 36 ff.   Guillain.

1850   J. Chr. Albers, Die Heliceen nach natürlicher Verwandtschaft geordnet, Berlin 1850, 8° (Achatina reticulata, Häfen der Ostseite von Afrika, S. 192).   Alb. Rodatz.

1852 Aug.   W. Dunker, Diagnoses Molluscorum novorum in Menke's Zeitschrift f. Malakozoologie 1852, Nr. 8, S. 125, 128 (Achatina rodatzi und reticulata von Sansibar).   Alb. Rodatz.

1859 Juni   S. P. Woodward, On some New Freshwater Shells from Central Africa. Proceedings of the Zoological Society of London, June 1859, 8°, p. 348, 350, pl. 47 (Tanganyika).   Capt. Speke 1858.

1860 Nov.   Arth. Morelet, Series Conchyliogiques, livr. II, Iles orientales d'Afrique, Paris 1860, gr. 8°, pp. 37—122, pl. 4—6 (Sansibar).   E. Vesco 1843—49.

1864 März   Heinr. Dohrn, List of the Shells collected by Capt. Speke during his second journey trough Central Africa. Proc. Zool. Soc. 1864, p. 116—118, 8° (Uganda, Karagwe, Victoria-Nyansa).   Capt. Speke 1861, 62.

1864 Apr.   Isaac Lea, Descriptions of Six New Species of Unionidae from Lake Nyassa. Proceedings of the Academy of natural sciences at Philadelphia XVI, April 1864, 8°, p. 108, 109 (Nyassa). Dieselben abgebildet in Lea's Observations on the genus Unio, vol. XI, pl. 12, 13.   J. Kirk 1859.

1865 Febr.   Heinr. Dohrn, List of the Land and Freshwater Shells of the Zambezi and Lake Nyassa, Tropical Africa, collected by J. Kirk. Proc. Zool. Soc., Febr. 1865, 8°, p. 231—234.   J. Kirk 1859.

Datum	Bearbeiter und Titel	Sammler
1865	G. v. Frauenfeld, Zoologische Miscellen V, Beschreibung von 7 neuen Arten der Gatt. Vivipara Lam. Verhandlungen der zoologisch-botanischen Gesellschaft in Wien, Band XV, S. 525, 531—533, Taf. 22 (Vivipara-Arten vom Nyassa).	J. Kirk 1859.
1865 Nov.	Georg Ritter von Frauenfeld, Description of Seven New Species of the Genus Vivipara Lam. Proc. Zool. Soc., Nov. 1865, 8°, p. 658, 659 (zwei vom Nyassa, eine von »Central Africa«).	J. Kirk 1859.
1866 Juni	Henry Adams, List of the Shells collected by Samuel White Baker, Esq., during his recent Explorations in Central Africa. Proc. Zool. Soc. 1866, 8°, p. 275, 276 (Albert-Nyansa, vgl. darüber E. Smith, Proc. Zool. Soc. 1888, p. 52).	Sam. Wh. Baker 1864.
1869 Aug.	Ed. v. Martens, Mollusken in Baron Carl Claus von der Decken's Reisen in Ost-Afrika, dritter Band, Leipzig u. Heidelberg 1869, gr. 8°, S. 53—66, Taf. 1—3 und S. 148—160 (Mombas, See Jipe, Sansibar).	v. d. Decken u. Otto Kersten 1859—61.
1869 Aug.	Ed. v. Martens, Conchylien aus Zanzibar zwischen Sesamsamen. Nachrichtsblatt der Deutschen Malakozoologischen Gesellschaft, erster Jahrgang, 1869, S. 142—156.	(W. Brauns.)
1877	John W. Taylor, Descriptions of new species of Land Shells from the East coast of Africa. The Quarterly Journal of Conchology, vol. I, part. 3, pp. 251—255, pl. 2 and pp. 280—283, pl. 3.	J. S. Gibbons.
1877 Nov.	Edgar Arthur Smith, On the Shells of Lake Nyassa and on a few marine Species from Mozambique. Proc. Zool. Soc., November 1877, p. 712—722, pl. 74, 75, 8°.	F. A. Simons.
1878 Apr.	Ed. v. Martens, Uebersicht der von Herrn J. M. Hildebrandt während seiner letzten mit Unterstützung der Akademie in Ostafrika ausgeführten Reise gesammelten Land- und Süsswasser-Conchylien. Monatsberichte der Kgl. Akademie der Wissenschaften zu Berlin, Apr. 1878, 8°, S 288—298, mit 2 Tafeln (Ukamba).	J. M. Hildebrandt 1875 und 1877, 78.
1878 Aug.	W. Nelson, Description of a new species of Planorbis. The Quarterly Journal of Conchology, vol. I, No. 16, p. 379 (Sansibar).	J. S. Gibbons.
1879 Mai	J. S. Gibbons, Descriptions of two new species of Land Shells, and remarks on others collected on the East African coast. The Journal of Conchology, vol. II, 1879, pp. 138—145 (Sansibar).	J. S. Gibbons.

Datum	Bearbeiter und Titel	Sammler
1879 Juli	Ed. v. Martens, Recente Conchylien von Bagamoyo. Sitzungsberichte der Gesellschaft naturforschender Freunde in Berlin, Juli 1879. S. 102, 103.	G. A. Fischer 1879.
1879 Juli	Ed. v. Martens, Recente Conchylien aus dem Victoria-Nyanza (Ukerewe). Sitzungsberichte der Gesellschaft naturforschender Freunde in Berlin, Juli 1879. S. 103—105.	Emin Effendi 1877 (später Emin Pascha).
1879	Jules René Bourguignat, Description de diverses espèces terrestres et fluviatiles et de différents genres de Mollusques de l'Egypte, de l'Abyssinie, de Zanzibar, du Sénégal et du centre de l'Afrique. Paris 1879, 8°, 54 pp.	?
1880 März	Alfr. E. Craven, On a Collection of Land and Freshwater Shells made during a short Expedition to the Usambara Country in Eastern Africa, with Descriptions of seven new Species. Proc. Zool. Soc., March 1880, 8°, pp. 216—219, pl. 22 (z. Theil).	Alfr. Craven.
1880 April	Edg. A. Smith, On the Shells of Tanganyika and of the Neighbourhood of Ujiji, Central Africa. Proc. Zool. Soc., April 1880, 8°, pp. 344—352, pl. 31.	Edw. Coode Hore, Missionär.
1880 Dez.	Edg. A. Smith, Diagnoses of new Shells from Lake Tanganyika and East Africa. Annals and Magazine of Natural History, series 5, vol. VI, Dez. 1880, pp. 425—430.	Jos. Thomson.
1881 Febr.	Edg. A. Smith, On a Collection of Shells from Lakes Tanganyika and Nyassa and other localities in East Africa. Proc. Zool. Soc., Febr. 1881, 8°, pp. 276—300, pl. 32—34.	Rev. Edw. Coode Hore. Dr. John Kirk. Jos. Thomson.
1881 Mai	Edg. A. Smith, Descriptions of two new Species of Shells from Lake Tanganyika. Proc. Zool. Soc., May 1881, 8°, pp. 558—561 mit 2 eingedruckten Figuren.	?
1881 Okt.	H. Crosse, Faune Malacologique du Lac Tanganyika. Journal de Conchyliogie par H. Crosse et P. Fischer, vol. XXIX, Avril et Octobre 1881, 8°, pp. 105—139 und pp. 277—309, pl. 4 (wesentlich nach E. Smith, Proc. Zool. Soc. 1880 und 1881).	
1881	Edg. A. Smith, Remarks on the Shells from Lakes Tanganyika and Nyassa and other localities between the latter and Dar-es-Salaam in: Joseph Thomson, Travels in Central Africa, 1881.	Jos. Thomson.

Datum	Bearbeiter und Titel	Sammler
1883 Mai	Ed. v. Martens, Einige centralafrikanische Conchylien. Sitzungsberichte der Gesellschaft naturforschender Freunde in Berlin, Mai 1883, S. 71 bis 74 (Tanganyika).	R. Böhm und H. v. Wissmann.
1883 Aug.	J. R. Bourguignat, Mollusques fluviatiles du Nyanza Oukéréwe (Victoria-Nyansa) suivis d'une note sur les genres Cameronia et Burtonia du Tanganika. Paris, Août 1883, 8°, 23 pp., 1 Tafel.	Missionär Hauttecoeur.
1884 Juli	Leop. Tausch, Ueber einige Conchylien aus dem Tanganyika-See und deren fossile Verwandte. Sitzungsberichte der kais. Akademie der Wissenschaften in Wien, 1. Abtheilung, Juli-Heft, Jahrgang 1884, 8°, S. 56—70, Taf. 1.	
1885	J. R. Bourguignat, Helixarionidées des régions orientales (Abyssinie, Gallas, Çomalis, Zanguébar et Mozambique) de l'Afrique, Paris 1885, gr. 8°, 22 pp.	
1885 Juli	J. R. Bourguignat, Monographie d'un nouveau genre d'Acéphale du Lac Tanganika. Bulletins de la Société Malacologique de France, tome II, pp. 1—12, pl. 1, 8° (Grandidieria).	Französische Missionäre.
1885 Juli	Victor Giraud, Description du nouveau genre Bourguignatia. Bulletins de la Société Malacologique de France, tome II, pp. 193, 194, pl. 7 z. Theil, 8° (Tanganyika).	V. Giraud.
1885 Juli	Alfred Grandidier, Descriptions de quelques espèces nouvelles et observations critiques sur divers Mollusques du centre de l'Afrique. Bulletins de la Société Malacologique de France, tome II, p. 157—164, pl. 7 z. Theil (Tanganyika und Victoria-Nyansa).	Französische Missionäre.
1885 Juli	Xavier Charmes, Unionidae des environs de Bagamoyo. Bulletins de la Société Malacologique de France, tome II, pp. 165—174.	Ein Missionär.
1885 Sept.	J. R. Bourguignat, Notice prodromique sur les Mollusques terrestres et fluviatiles recueillis dans la région méridionale du Lac Tanganika. Paris 1885, 8°, mit 2 Tafeln.	Vict. Giraud.
1885 Dez.	J. R. Bourguignat, Espèces nouvelles et Genres nouveaux découverts par les Rev. Pères Missionaires dans les grands Lacs Oukéréwé et Tanganika. Paris, Dec. 1885, 39 Seiten, 8°.	Missionäre Guillemé, Le Roy und Hauttecoeur.
1886	J. R. Bourguignat, Nouveautés Malacologiques. I. Unionidae et Iridinidae du Lac Tanganika. Paris 1886, gr. 8°, 93 pp. (habe ich nicht gesehen).	Capit. Leop. Joubert und Missionäre.

Datum	Bearbeiter und Titel	Sammler
1886 Juli	J. R. Bourguignat, Des Tiphobies du Lac Tanganika. Bulletins de la Société Malacologique de France, tome III, p. 141—150, pl. 6.	L. Joubert und Missionare.
1886	Paul Pelseneer, Notice sur les Mollusques recueillies par M. le Capitaine E. Storms dans la région du Tanganyka. Bulletin du Musée royal d'histoire naturelle de Belgique, tome IV, 1886, gr. 8°, pp. 103—128, mit 3 eingedruckten Figuren.	Emile Storms 1882—85.
1887 Juni	Ed. v. Martens, Neue Art der Gattung Lanistes. Sitzungsberichte der Gesellschaft naturforschender Freunde in Berlin, Juni 1887, 8°, S. 97. (Ussambara.)	W. Schmidt 1887.
1887 Juli	Alfr. Grandidier, Mollusques de l'Ousaghara et de l'Oukame, Afrique équatoriale, in Bulletins de la Société Malacologique de France tome IV, 1887, pp. 185—194, gr. 8°.	
1887 Juli	J. R. Bourguignat, Mollusques nouveaux de la région du Nyanza Oukéréwé (Victoria Nyanza). Bulletins de la Société Malacologique de France, tome IV, pp. 267—272.	Französische Missionäre.
1888 Jan.	Edg. A. Smith, On the Shells of the Albert Nyanza, Central Africa, obtained by Dr. Emin Pasha. Proc. Zool. Soc., January 1888, 8°, pp. 52—56, mit 3 eingedruckten Figuren.	Emin Pascha.
1889 März	J. R. Bourguignat, Mollusques de l'Afrique équatoriale de Moguedouchou à Bagamoyo et de Bagamoyo au Tanganika. Paris 1889, gr. 8°, 229 pp., 8 pl.	Französische Missionare.
1889 Juni	J. R. Bourguignat, Melanidées du Lac Nyassa suivie d'un Aperçu comparatif de la Faune Malacologique de ce Lac avec celle du grand Lac Tanganika. Bulletins de la Société Malacologique de France, tome VI, 1889, pp. 1—66, pl. 1, 2.	Vict. Giraud 1885.
1889 Aug.	Edg. A. Smith, Diagnoses of new Shells from Lake Tanganyika. Annals and Magazine of Nat. Hist., series 6, vol. IV, Aug. 1889, pp. 173—175 (nicht von Bourguignat's Hist. Malac. du Lac Tanganyika, 1890, berücksichtigt).	Edw. Coode Hoore.
1889	Georg Pfeffer, Uebersicht der von Dr. Stuhlmann in Aegypten, auf Sansibar und dem gegenüberliegenden Festlande gesammelten Reptilien, Amphibien, Fische, Mollusken und Krebse. Jahrbuch der Hamburgischen wissenschaftlichen Anstalten VI, gr. 8°; Mollusken, S. 23, 27.	Stuhlmann 1888.
1890 März oder April	G. B. Sowerby³, List of the Shells of Lake Tanganyika. Ohne Jahreszahl, ein Blatt Text und eine Tafel, gr. 8°.	

Datum	Bearbeiter und Titel	Sammler
1890 Juni	C. F. Ancey, Mollusques nouveaux d'Hawai, de Madagascar et de l'Afrique équatoriale. Bulletin de la Société malacologique VII, p. 339—347. (Neue Gattung Ponsonbya).	Edw. Coode Hoore.
1890 Juni	Edg. A. Smith, Descriptions of twelve new Species of Shells. Proc. Zool. Soc., June 1890, 8°, pp. 478—485, pl. 48 (Paludina spekei, Ostküste von Afrika, 6—7° S.).	Capt. J. B. Speke.
1890 Juli	Edg. A. Smith, On a new Genus and some new Species of Shells from Lake Tanganyika. Annals and Magazine of Nat. Hist., series 6, vol. VI, Jahrg. 1860, 8°, pp. 93—96.	Edw. Coode Hore.
1890 Juli	Ed. v. Martens, Eine von Herrn Hans Meyer am Kilimandscharo gesammelte Landschnecke. Sitzungsberichte der Gesellschaft naturforschender Freunde in Berlin, Juli 1890, S. 132 (Limicolaria dimidiata).	Hans Meyer 1890.
1890 Aug.	Edg. A. Smith, List of Land and Freshwater Shells collected by Dr. Emin Pasha in Central Africa with Descriptions of new Species. Proc. Zool. Soc., Aug. 1890, 8°, pp. 146—168, pl. 5 und 6. (Von Emin Paschas Rückreise mit Stanley 1889 und von den Geistlichen J. L. Last und Bischof Hannington in Ussagara; die Ortsnamen öfters schwer zu deuten.)	Emin Pascha 1889. Rev. J. L. Last. Bischof Hannington.
1890	J. R. Bourguignat († Apr. 1892), Histoire Malacologique du Lac de Tanganika. Annales des Sciences Naturelles, série 7, vol. X, nro. 1 et 2, pp. 1—267, pl. 1 bis 17, gr. 8°. Auszug daraus von E. v. Martens in Nachrichtsblatt der Deutschen Malakozoologischen Gesellschaft, 1891, nro. 1, p. 7—10 und 126—128.	Französische Missionäre seit 1878. Vict. Giraud. Leop. Joubert.
1890 Dez.	K. Möbius, Aus einem Briefe des Herrn Dr. F. Stuhlmann aus Tabora über die Fauna von Ost-Afrika. Sitzungsberichte der Gesellschaft naturforschender Freunde in Berlin, Dez. 1890, S. 181—184, Landmollusken, S. 183.	Emin Pascha und F. Stuhlmann 1890.
1891 Jan.	Ed. v. Martens, Einige der von Dr. F. Stuhlmann auf der Expedition Emin Pascha's in den Landschaften Ukwere, Ukami, Usagara und Ugogo gesammelten Land- und Süsswasser-Conchylien. Sitzungsberichte der Gesellschaft naturforschender Freunde in Berlin, Januar 1891, 8°, S. 13—18.	Emin Pascha und F. Stuhlmann 1890.
1891 Mai	Edg. A. Smith, On the Molluscan Fauna of British Central Africa. Proc. Zool. Soc., May 1891, p. 309, 310, 8° (Nyassa).	

18*

Datum	Bearbeiter und Titel	Sammler
1891 Okt.	Edg. A. Smith, Notes on African Mollusca, III, Neothauma. Annals and Magazine of Nat. Hist., series 6, vol. VIII, Oct. 1891, p. 323, 324.	E. Coode Hore.
1892 Febr.	Ed. v. Martens, Einige neue Arten von Land- und Süsswasser-Mollusken aus Uganda und dem Victoria-Nyanza. Sitzungsberichte der Gesellschaft naturforschender Freunde in Berlin, Febr. 1892, 8°, S. 15—19.	Emin Pascha und F. Stuhlmann 1890, 91.
1892 Aug.	Edg. A. Smith, On the Shells of the Victoria Nyanza or Lake Oukeréwé. Annals and Magazine of Natural History, series 6, vol. X, pp. 121 bis 128, pl. 12, part. 8.	Bischof Hannington.
1892 Nov.	Edg. A. Smith, Additions to the Shell Fauna of the Victoria Nyanza or Lake Oukeréwé. Annals and Magazine of Nat. Hist., series 6, vol. X, Nov. 1892, pp. 380—383.	Rev. E. Cyril Gordon.
1892 Nov.	E. v. Martens, Ueber die von Dr. Stuhlmann in Nordostafrika gesammelten Land- und Süsswasser-Mollusken. Sitzungsberichte der Gesellschaft naturforschender Freunde in Berlin, Nov. 1892, S. 174—181.	Stuhlmann. 1890—92.
1892 Nov.	E. v. Martens, Neue ostafrikanische Conchylien-Art. Ebenda, S. 181, 182.	Conradt 1892.
1893 Nov.	Edg. A. Smith, On a Collection of Land and Freshwater Shells transmitted by Mr. H. H. Johnston from British Central Africa. Proc. Zool. Soc., Nov. 1893, pp. 632—641, pl. 59, 8° (Nyassa und See Mweru).	R. Crawshay. u. A. Whyte.
1894 Jan.	C. F. Ancey, Sur quelques espèces de Mollusques et sur un nouveau genre du Lac Tanganika. Bulletins de la Société Zoologique de France, tome XIX, 1894, p. 28, 29 (Lechaptoisia).	
1894	C. F. Ancey, Résultats des Recherches Malacologiques de Mgr. Lechaptois sur les bords du Lac Nyassa et de la Rivière Shire. Mémoires de la Société Zoologique de la France, vol. VII, 1894, pp. 217—234 mit 8 eingedruckten Figuren.	Mgr. Lechaptois.
1894	Rud. Sturany, Ueber die Molluskenfauna Centralafrikas. In: Osc. Baumann, Durch Massai-Land zur Nilquelle, Reisen und Forschungen der Massai-Expedition des deutschen Antisklaverei-Comité's in den Jahren 1891—1893, gr. 8°, 1894, 26 Seiten, Taf. 24 und 25 (Tanganyika, Victoria, Manyara).	O. Baumann, 1891—93.

Datum	Bearbeiter und Titel	Sammler
1894 Okt.	Edg. A. Smith, A List of the Land and Freshwater Mollusca collected by Dr. J. W. Gregory in East Africa during his expedition to Mount Kenia, with descriptions of a few New Species. Proc. Zool. Soc., vol. I, no. 4, Oct. 1894, pp. 163 bis 168, 8°, mit 5 Figuren.	J. W. Gregory.
1895 Juni	Ed. v. Martens, Neue Arten von Landschnecken aus den Gebirgen Ostafrikas. Sitzungsberichte der Gesellschaft naturforschender Freunde in Berlin, Juni 1895, 8°, S. 120—129.	Emin, Stuhlmann 1890, 91 u. Volkens 1894.
1895 Juli	Ed. v. Martens, Ueber einige ostafrikanische Achatinen. Sitzungsberichte der Gesellschaft naturforschender Freunde in Berlin, Juli 1895, 8°, S. 145, 146 (Kilima-Ndjaro, Tanganyika).	G. Volkens 1894. Böhm und Reichard, 1883, 84.
1895 Juni	H. Rolle, Eine neue Achatina. Nachrichtsblatt der Deutschen Malakozoologischen Gesellschaft 1895, S. 100 (Ussambara).	
1895 Juli	H. H. Godwin-Austen, Note on Trochonanina and other genera of Land Mollusca with reference to the generic position of Martensia Mozambicensis and other species. Proceedings of the Malacological Society of London vol. I, no. 6, July 1895, pp. 281—286, pl. 19.	J. W. Gregory.
1895 Okt.	Edg. A. Smith, On a small Collection of Land Shells from Central Africa. Proc. Malacol. Soc. Lond., vol. I, no. 7, Oct. 1895, p. 323—325, mit 3 Figuren.	G. F. Scott Elliot.
1895 Dez.	Ed. v. Martens, Neue Land- und Süsswasser-Schnecken aus Ostafrika. Nachrichtsblatt der Deutschen Malakozoologischen Gesellschaft, No. 11, 12, 1895, S. 175—187 (Albert-Nyansa, Albert-Edward-See, Runssoro, Tanganyika).	Emin Pascha u. F. Stuhlmann 1890, 91. P. Reichard 1883, 84. O. Neumann. 1893.

Rückblick.

Die hier behandelte afrikanische Molluskenfauna ist wesentlich die tropisch-afrikanische, wie die Gattungen Ennea, Streptaxis, Streptostele, Helicarion, Thapsia, Trochonanina, Buliminus (Rhachis), Achatina, Limicolaria, Pseudoglessula, Subulina, Hapalus, Isidora, Ampullaria, Lanistes, Cleopatra, Aetheria, Spatha und Mutela zeigen, die alle auch in Westafrika zu Hause sind. Eine Identität der Arten zwischen Ost- und Westafrika konnte ich nur bei Helicarion sowerbyanus, bei Limicolaria rohlfsi und bei Aetheria annehmen; einige andere Arten von Limicolaria, einzelne von Ennea (Edentulina), Spatha und Mutela sind auch westafrikanischen sehr ähnlich. Eigenthümlich für den Osten und theilweise den Süden innerhalb Afrikas ist Cyclostoma, Physopsis, die reiche Vertretung von Vivipara, die Untergattungen Martensia, Ledoulxia und Bloyetia innerhalb Trochonanina, ferner Livinhacia, Leroya, Grandidieria und Cameronia. Von westafrikanischen Gattungen oder Untergattungen fehlen in Ostafrika Pseudachatina, Perideris, Columna, Megadesma (Galatea), Pleiodon im engeren Sinne und Chelidonopsis (schwalbenschwanzartige Mutela), letztere nur im Kongo-Gebiet, endlich die Brackwasser-Gattungen Vibex auct. (= Claviger[*]) auritus Müll., fuscus Gm. und tuberculosus Rang) und Iphigenia (Capsa), letztere Westafrika mit Amerika gemeinsam. Von kleineren, leicht zu übersehenden Gattungen ist für Westafrika allein noch Greef's Thyrophorella, für Ostafrika allein noch Zingis, Colpanostoma und Tayloria, falls diese sich als gute Gattungen bewähren, anzuführen. Dabei ist von der eigenthümlichen Süsswasserfauna des Tanganyika abgesehen. Einzelne der Unterschiede, aber nicht alle, mögen mit der starkeren Regenmenge im Golf von Guinea zusammenhängen. Eine Uebereinstimmung der ostafrikanischen Süsswasserfauna mit der indischen, welche am Madagascar und Mauritius (hier vielleicht durch Einschleppung) so auffallend ist, zeigt sich nur bei Melania und Neritina und auch hier hauptsächlich nur im Küstengebiet, entschiedener noch in Betreff der Brackwasser- und Litoralbewohner. Die charakteristischen grossen Helix-Arten Madagascars, wie Ampelita und Heliophanta, fehlen dem Festlande von Ostafrika gänzlich, Achatina ist auf Madagascar vielleicht nur eingeführt, aber die Cyclostomen (Tropidophora und Ligatella) bilden einen gemeinschaftlichen Zug der Landschneckenfauna Madagascars und des ostafrikanischen Festlandes, sind aber auf letzterem weniger reich an Zahl und Grösse der Arten und setzen sich nach Norden auch noch durch etwas abweichende Formen (Otopoma) ins Somali-Land und nach Südarabien einschliesslich Sokotra fort.

---

[*]) Da der Name Claviger längst an einen Käfer vergeben ist, kehre ich zu Vibex im Sinne von Gray, 1840 und 1847, nicht Oken 1815, zurück. V. fuscus Gm. (als Murex, p. 3561, auf Lister pl. 120, Fig. 15 beruhend) = Claviger matoni bei Brot, Melaniaceen S. 366.

Mit Südafrika verglichen, fehlen in unserem Gebiet hauptsächlich nur die weissen, trockenem, dürrem Boden angehörigen Landschnecken Südostafrikas (Helix-Gruppe Dorcasia mit H. globulus, alexandrae, ferner H. retisculpta, Buliminus damarensis), welche dem Klima entsprechend an der Westseite einen so deutlichen Abschnitt zwischen der tropischen Westküste und dem Cap bilden, während an der Ostseite die tropische Fauna mehr allmählich und mehr durch Verarmung als durch Auftreten neuer Gattungen oder Untergattungen (doch z. B. Aërope caffra) in die speziell südafrikanische übergeht. Nach Norden erstreckt sich die ostafrikanische Landschneckenfauna bis zur Grenze der tropischen Regenzeit (Limicolaria noch in Sennaar), aber viele charakteristische Süsswassermollusken, die eigentlich dem tropischen Afrika angehören, hat der Nil bis Unter-Aegypten verbreitet.

Betreffs der Vertheilung innerhalb unseres Gebietes liegt für die Landschnecken nahe, das Küstenland im Osten, ein ansteigendes Stufenland mit massigen Bergzügen (Ukami, Ussagara, Kondoa, Nguu und Ussambara, soweit dieses nicht zum Küstensaume gehörig) und das Steppengebiet des Binnenlandes (Ugogo, Unyamwesi und bis zu den grossen Seen) zu unterscheiden; dazu kommen noch als besondere natürliche Gebiete der Kilima-Ndjaro und Kenia, die Ufer des Victoria-Nyansa (vielleicht noch zum Steppengebiet zu rechnen), dann die Umgebung des Albert-Edward-Sees und des Albert-Nyansa, innerhalb deren sich das Runssoro-Gebirge und die westliche Waldzone wieder besonders hervorheben, endlich, mehr geographisch als physikalisch abgegrenzt, die Ufer des Nyassa. Ich habe in der beigegebenen Tabelle versucht, danach die Arten der Landschnecken zu vertheilen, doch bin ich mit dem Resultat weniger zufrieden als ich erwartet: die wichtigen und artenreichen Gattungen verbreiten sich fast alle über die meisten oder alle diese Gebiete. Vielleicht würde nähere Kenntniss von Bodenbeschaffenheit und Klima noch natürlichere Abtheilungen ergeben haben, aber es ist ja auch innerhalb Europas nicht möglich, kleinere Faunengebiete, wie z. B. das nord- und südeuropäische, mit oder ohne Einschiebung eines mitteleuropäischen, ebenso wenig Nord-, Mittel- und Süddeutschland scharf gegeneinander abzugrenzen; man kann wohl sagen, die und die Gattung oder Artengruppe ist charakteristisch für das und das Gebiet, aber sie schiebt ihre Ausläufer und Vorposten auch in die Nachbargebiete vor.

Reich vertreten im Küstenland (zunächst Korallenkalk und dann auch Jura, Gebiet der indischen Monsune) sind die Cyclostomen, was mit ihrer Fortsetzung nach Madagascar und Sudarabien zusammenstimmt, die Trochonaninen, Conulinus und Rhachis, dann die Achatinen, worunter namentlich die schöne Achatina reticulata zu nennen ist, während die nahe verwandten Limicolarien hier noch ganz zu fehlen scheinen. Im Allgemeinen kennen wir aber noch verhältnissmässig wenige Arten aus dem Küstenlande, sei es, dass es wirklich ärmer ist, sei es, dass nur weniger dort gesammelt wurde, indem die Reisenden erst bei dem Vordringen in weniger besuchte Gegenden es für der Mühe werth hielten, auch Schnecken zu sammeln. Am artenreichsten erscheint das Stufenland (Parklandschaft mit Laterit, Granit und krystallinischen Schiefern), theilweise vielleicht nur deshalb, weil daselbst von französischen und englischen Geistlichen bei ständigem Aufenthalt in den Missionsstationen erfolgreicher gesammelt wurde, namentlich die kleineren Arten, wie Ennea und Streptaxis, Thapsia, Pseudoglessula und Hapalus, die von Durchreisenden leichter übersehen werden. Doch mag hier auch ein ähnliches Verhältniss obwalten, wie zwischen dem norddeutschen Küstenland und Mitteldeutschland: dieselben Schneckenarten sind im Bergland überall vorhanden und zahlreich, im Küstenland lokal und wenig zahlreich, so dass sie längere Zeit übersehen werden können; daher je genauer wir die Schneckenfauna von Norddeutschland kennen gelernt haben, desto geringer wird der Unterschied in den überhaupt vorhandenen Arten, aber der

Unterschied in der Häufigkeit, dem leichteren Finden, bleibt. Die eigentlichen Limicolarien scheinen auch hier noch zu fehlen; diese treten aber sofort im Steppengebiet auf und pflegen dem Durchreisenden ihrer Grösse wegen meist aufzufallen; auch mehrere Achatinen sind vorhanden, dagegen sind hier die Cyclostomen, Enneen, Helicarion, Pseudoglessula und Subulina, die Schnecken feuchter, schattiger Stellen, schwach vertreten, Thapsia, Pseudoglessula und Hapalus scheinen ganz zu fehlen. Von den Landschnecken des Kilima-Ndjaro und Kenia ist unsere Kenntniss noch dürftig, sie sind grösseren Theils Arten aus Gattungen, die auch sonst in Ostafrika verbreitet sind und keinen besonderen Habitus zeigen, wesentlich dem unteren Kulturland bis 1300 oder 1700 m angehörig (Volkens). Bei 1600 m sind schon einige kleinere, bis jetzt dem Kilima-Ndjaro eigenthümliche Arten (Cyclophorus volkensi, Ennea tudes) in den frischen Rodungen gefunden: im Gürtelwald (1900—2700 m) werden die feuchterer Umgebung bedürfenden Helicarion häufiger und tritt eine echte Vitrina (V. nigrocincta) hinzu. Unter den Trochonaninen treten als sehr eigenthümliche Formen T. simulans und rufofusca in Höhen von 1200—2700 m auf, in der Färbung an die Helix arbustorum der europäischen Alpen erinnernd; die höchsten Schnecken, welche Dr. Volkens am Kilima-Ndjaro fand, sind eine Helicarion und eine kleine, den europäischen kleineren Fruticicolen ähnliche und bis jetzt diesem Berg eigenthümliche, Helix kilimae, glänzend braun und wahrscheinlich behaart, in einer Höhe von 3800 m; aber von wirklichen Vertretern europäischer Gebirgsschnecken ist nur eine Vitrina zu nennen, Clausilien und Pupen, die doch noch in Abyssinien vorkommen, sind bis jetzt nicht gefunden worden. Auf dem Runssoro (Ruwenzori) tritt auch wieder eine Vitrina und die ihr in der Lebensweise ähnliche Helicarion in verhältnissmässig reicher Artenzahl auf, eigenthümliche Buliminus mit dickem Mundungsrand (B. trapezoideus und retirugis), die ich nur, wenn auch etwas entfernt, mit abyssinischen und vorderindischen vergleichen kann, und endlich Glessula runssorina, ebenfalls an abyssinische (montana Marts.) und vorderindische Bergschnecken erinnernd; auch findet sich hier die grösste Subulina, S. castanea, mit eigenthümlich glänzender, saftiger Schalenhaut, alle diese in Höhen von 2500— 3800 m. Die glänzende, gut ausgeprägte Schalenhaut, welche den meisten dieser Schnecken des Runssoro zukommt, deutet auf bedeutende und beständige Feuchtigkeit ihrer Fundorte. Vom Urwaldgebiet westlich vom Ituri und dem Albert-Nyansa hat Dr. Stuhlmann auch mehrere neue und eigenthümliche Arten von Landschnecken mitgebracht, Trochonanina mesogaea, Achatina stuhlmanni, Limicolaria acuminata; auch Achatina schweinfurthi aus dem Lande Njam-Njam, nahe der Wasserscheide der östlichen Nilzuflüsse und des nach Westen strömenden Uelle, sowie Limicolaria rohlfsi aus dem oberen Nigergebiet fand Dr. Stuhlmann in diesem Waldgebiet wieder, aber es sind doch nur besondere Arten aus Gattungen, die dem Westen und Osten Afrikas gemeinsam sind. Landschnecken von entschiedenem westafrikanischen Habitus, welche in unserem Gebiet nur an wenigen Orten und nicht bis zur Küste bis jetzt gefunden wurden, sind Trochonanina (Moaria) bellula in Uganda und Tr. (Trochozonites) leroyi in Ussagara und Ussambara.

Betreffs der Süsswasser-Mollusken sind viele Gattungen sowohl in den kleineren Flüssen und Tümpeln des Binnenlandes als in den grossen Seen vorhanden, öfters sogar dieselben Arten. In der Küstengegend ist Cleopatra und Physopsis reichlich vertreten, schwach Planorbis und Bithynia und fehlt bis jetzt noch der allerdings leicht übersehene Ancylus; eigen ist dem Küstensaum dagegen die mit der indisch-malayischen Fauna gemeinsame Melania im engeren Sinne, Plotia und Neritina; die höchst wahrscheinlich durch menschlichen Verkehr verbreitete Melania tuberculata ist in allen Theilen unseres Gebietes vorhanden. Das Stufenland scheint auffällig arm an Süsswasserschnecken. In den kleineren Seen und den theilweise austrocknenden Wasserläufen des

Steppenlandes gedeiht dagegen Spatha vortrefflich und fehlt es auch sonst nicht an Süsswassermollusken. Der Ituri im Westen liefert die eigenthümliche Form der Melania tornata. In den grossen Seen sind sowohl die luftathmenden Limnaeaceen, als auch Ampullaria, Lanistes und Vivipara gut vertreten, ebenso Unio, Spatha und Mutela; in der Regel hat jeder See seine besonderen Arten; allerdings ist man auch von vornherein geneigt, in kleineren Verschiedenheiten artliche Unterschiede zu sehen, wenn die Exemplare aus einem anderen See stammen. Wenn die kleineren beiden Albert-Seen bis jetzt etwas weniger Gattungen und Arten aufweisen, so mag das wohl daran liegen, dass an denselben bis jetzt noch weniger gesammelt wurde. Die Meladomus-Gruppe von Lanistes fehlt bis jetzt in den nördlicheren Seen, Leroya auffallender Weise in allen. Sogenannte Seeformen, dickschalig, mit kurzem Gewinde, an diejenigen der Seen am Fusse der europäischen Alpen erinnernd, finden sich hauptsächlich im Victoria-Nyansa, so Limnaea nyansae, Isidora trigona und transversalis. Ganz eigenthümliche Untergattungen und Gattungen, oft mit eigenthümlich ausgebildeter Skulptur sind bis jetzt noch nicht aus den nördlicheren Seen (Victoria-Nyansa, Albert-Nyansa und Albert Edward-See) bekannt, wohl aber unter den Melanien im Nyassa, am zahlreichsten und sonderbarsten im Tanganyika; über letztere vergleiche S. 215.

Die Brackwasser-Mollusken sind meistens Arten, die auch sonst an den Küsten des Indischen Oceans weit verbreitet sind, und wenn nicht (Melampus hypoleucus), doch solchen ähnlich.

Uebersicht.

Land-Schnecken.

Namen	Küstengegend (S Insel Sansibar)	Stufenland	Steppengebiet	Kilima-Ndjaro und Kenia	Victoria-Nyansa	Alb.-Edw. und Alb.-Nyansa (R. Runssoro, W Urwald)	Nyassa
Cyclostomiden.							
Cyclostoma calcareum Sow¹. . . .		+					+
creplini Dkr.	S	—			—	—	..
anceps Marts.	—	+	+	+			
var. liederi n.	+	—	—	—			—
letourneuxi Bgt.	+	+	+	+	+		..
— var. leroyi Bgt. . . .	+S	+	—		-	—	
- var. stuhlmanni n. . . .		+	—	—	—	—	—
zanguebaricum Petit	S	—	—		—		
delmaresi Ancey	+	+	-	+	⊦	—	
aequatorium Morel.	—	—	+	.	..	-	
Cyclophorus elatior Marts.		—	—			+	..
intermedius n.		—	—		⊦	⊦W	
hildebrandti Marts.		—	--	⊦			
wahlbergi Krauss	—	+		+	-		—
magilensis Crvn.	—	+	-	--	—		+
olivaceus Bgt.	—	⊦	—	-	—	—	
volkensi n.	—	--		⊦		—	
papillaris Marts.	—		—			+	
Stylommatophoren.							
a) **Agnathen.**							
Ennea (A. Edentulina)							
ovoidea Brug.	—	+		—			+
grandidieri Bgt. . . .	—	⊦		—		-	
obesa J. Gibb.	+S	—	+	—		—	+
var. bulimiformis Grandid.	--	+	—	—		—	—
lata E. Sm.	~	—	+	-		-	—
gibbosa Bgt. .	..	⊥	—				—
recta Bgt.		+	+:	—	—	—	—
var. latula Marts·		-				⊦	

Namen	Küstengegend (S Insel Sansibar)	Stufenland	Steppengebiet	Kilima-Ndjaro und Kenia	Victoria-Nyansa	Alb.-Edw. und Alb.-Nyansa (R Runssoro, W Urwald)	Nyassa
Ennea amicta E. Sm.	—	+	—	—	—	—	—
— var. brevior n.	—	—	—	—	—	+ W	—
gibbonsi Taylor	S	—	—	—	—	—	—
? brevicula E. Sm.	—	+	—	—	—	—	—
(B. Uniplicaria.)							
lendix E. Sm.	—	+	—	—	—	—	—
exogonia Marts.	—	—	—	—	—	R	—
(C. Paucidentina.)							
curvilamella E. Sm.	—	+	—	—	—	R	—
galactochila Crosse	—	+	—	—	—	—	—
taylori J. Gibb.	S	+	—	—	—	—	—
(D. Gulella.)							
excavata Marts.	—	—	—	—	—	+	—
soror E. Sm.	—	+	—	—	—	—	—
tudes Marts.	—	—	—	+	—	—	—
peculiaris E. Sm.	—	+	—	—	+	—	—
newtoni E. Sm.	—	+	—	—	—	—	—
aequidentata E. Sm.	—	+	—	—	—	—	—
consociata E. Sm.	—	+	—	—	—	—	—
karongana E. Sm.	—	—	—	—	—	—	+
fortidentata E. Sm.	—	+	—	—	—	+	—
planidens Marts.	—	—	—	—	—	+ W	—
laevigata H. Dohrn	—	+	—	—	—	—	+
sexdentata Marts.	+	+	—	—	—	—	—
— var. liederi n.	—	+	—	—	—	—	—
nsambarica Crvn.	—	+	—	—	—	—	—
consanguinea E. Sm.	—	+	—	—	—	—	—
aenigmatica E. Sm.	—	+	—	—	—	—	—
triplicina Marts.	—	—	—	—	—	+	—
subringens Crosse	—	+	—	—	—	—	—
grossa Marts.	+	+	—	—	—	—	—
usagarica Crosse	—	+	—	—	—	—	—
linguifera Marts.	—	—	—	—	—	W	—
foliifera Marts.	+	—	—	—	—	—	—
microstoma E. Sm.	—	+	—	—	—	—	—
conradti Marts.	—	+	—	—	—	—	—
subhyalina E. Sm.	—	+	—	—	—	—	—
— var. addita n.	—	+	—	—	—	—	—
subflavescens E. Sm.	—	+	—	—	—	—	—
(E. Ptychotrema.)							
limbata Marts.	—	—	—	—	—	R	—
geminata Marts.	—	—	—	—	+	+ R	—
quadrinodata Marts.	—	—	—	—	—	+	—
njijensis E. Sm.	—	+	—	—	—	—	—

Namen	Küstengegend (S Insel Sansibar)	Stufenland	Steppengebiet	KilimaNdjaro und Kenia	Victoria Nyansa	Alb.-Edw. und Alb.-Nyansa (R Runssoro, W Urwald)	Nyassa
Ennea runssorana Marts.					·	R	—
stuhlmanni Marts.	—	—	—		+		—
paradoxula Marts.					—	R	—
Streptaxis gigas E. Sm.	~				·		+
bloyeti Bgt.		+					
craveni E. Sm.	+	+		-		-	
mamboiensis E. Sm.		+	—				
enneoides Marts.		+		+			
kibweziensis E. Sm.			—	+			—
mossambicensis E. Sm.	—		—		-	-	+
ordinarius E. Sm.	S	+	—				
pusillus Marts.			—			+	
denticulatus H. Dohrn	—	+	—				
Colpanostoma leroyi Bgt.	—	+	—	—	—		
Tayloria iterata n.	—	+	—			-	—
ventrosa Taylor	S	—			—		—
jouberti Bgt.	—		+	--			
Streptostele costulata Marts.	—	—	—		—	+	
— var. minor n.	—	—			—	R	-
horei E. Sm.	—		+	—	—	—	—
simplex E. Sm.	—	—	+	—	—	—	—

b) Oxygnathen.

Namen	Küstengegend (S Insel Sansibar)	Stufenland	Steppengebiet	KilimaNdjaro und Kenia	Victoria Nyansa	Alb.-Edw. und Alb.-Nyansa (R Runssoro, W Urwald)	Nyassa
Helicarion sowerbyanus Pfr.	—			-		+	
tanganyicae Marts.	-		+	—		—	—
baringoënsis E. Sm.			—	+	-		-
stuhlmanni Marts.	-		—	—	-	+ R	
cailliandi Morel.	—		—	—		+ R	
succulentus Marts.	—		—	—		R	—
lymphascens Morel.	—		—	—		R	
aureofuscus Marts.	+		—	-	—	—	-
subangulatus Marts.	—		—	—	—	+	—
Vitrina nigrocincta n.	—		—	+	—	—	
obesa Marts.	—		—	—	—	R	—
Thapsia Iasti E. Sm.	—	+	—	—	—	—	
leroyi Grandid.	—	+	—	—	—	-	—
eminiana E. Sm.	—	+	—	—	—	R?	—
curvatula n.	—	+	--	—	—	-	—
hanningtoni E. Sm.	—	+	-	-	—	R	—
— var. stuhlmanni n.			—	—	+	+ R	-
— var. fasciata n.			—	-	+	W?	--
depressior E. Sm.	—	+	—	—	—	+	

Trochonanina Mouss.

A. Trochozonites.

Namen	Küstengegend (S Insel Sansibar)	Stufenland	Steppengebiet	KilimaNdjaro und Kenia	Victoria Nyansa	Alb.-Edw. und Alb.-Nyansa (R Runssoro, W Urwald)	Nyassa
leroyi Bgt.	—	+	—	—	—	--	—
chaperiana Bgt.	+	+	—	—	—	-	—

Namen	Küstengegend (S Insel Sansibar)	Stufenland	Steppengebiet	Kilima-Ndjaro und Kenia	Victoria-Nyansa	Alb.-Edw. und Alb.-Nyansa (R Runssoro, W Urwald)	Nyassa
B. Moaria.							
bellula Marts.					+		
C. Martensia.)							
mossambicensis Pfr.	+	+	+	+	+	+	
— var. elatior Marts.	+	+	+	−	−	+	
— var. albopicta Marts.	?	+	+	+	−	+	
smithi Bgt.	−	−	−	−			+
bloyeti Bgt.	−	..	+	-	−		−
plicatula Marts.	?		.	−	−	−	−
jenynsi Pfr.	+S	+	+	−	−	−	+
— var. subjenynsi Ancey	?	−		−			+
obtusaugula Marts.	--	−	−	+			−
mesogaea Marts.	—	−	−	−		W	−
— var. böhmi n.	—	−	+	−		--	−
nyassana E. Sm.		−	−	−	−		+
D. Ledoulxia.							
pyramidea Marts.	+	−	−	+	−		--
episcopalis E. Sm.	-	+	-	−	−		−
(E. Bloyetia.)							
liederi Marts.	−	+	−	−	-		
simulans Marts.	—		−	+			
rufofusca Marts.	-	−	−	+	−		−
Zingis radiolata Marts.	−	−	−	+	−		−
gregorii E. Sm.	−	−	−	+	−		−
c) **Aulacognathen.**							
Helix karevia Marts.	−	-	−	−	−	R	
kilimae Marts.	−	-	−	+	−	.	−
conradti Marts.	−	+	−	−		−	
runssorina Marts.	—	−	−	−	−	R	−
bukobae Marts.	--	−	-	−	+	−	−
butumbiana Marts.	−	−	−	−	-	+	−
Buliminus (A. Cerastus?)							
trapezoideus Marts.	−	−	−	−	−	R	−
retirugis Marts.	−	-	-	−	−	R	−
(B. Abyssinicus.)							
liederi Marts.	—	-	−	−		−	+
boivini Morel.	+	+	+	−	−	—	-
kirki H. Dohrn	+	+	−	−	−	−	+
mamboiensis E. Sm.	S	+	−	−	−		−
emini E. Sm.	−	+	−	−	-		-
bridouxi Bgt.	-	+	−	-		-	
lasti E. Sm.	−	+	−	-		...	-
gibbonsi Taylor	—	−	+	−	-	−	−
kidetensis E. Sm.	—	+	−	−	−	−	−

Namen	Küstengegend (S Insel Sansibar)	Stufenland	Steppengebiet	Kilima-Ndjaro und Kenia	Victoria-Nyansa	Alb.-Edw. und Alb.-Nyansa (R Runssoro, W Urwald)	Nyassa
Buliminus uniplicatus E. Sm.	—	+	—	—	—	—	—
stuhlmanni Marts.	—	—	—	—	+	R W	—
(C. Conulinus)							
ugandae Marts.	—	—	—	—	+	—	—
sordidulus n.	—	—	—	+·	—	—	—
tumidus J. Gibb.	S	—	—	—	—	—	—
lourdeli Bgt.	—	—	+	—	—	—	—
metula Marts.	—	—	—	—	—	—	+
subolivaceus E. Sm.	S	—	—	—	—	—	—
hanningtoni Sow³.	—	+	—	—	—	—	—
conulinus Marts.	+	—	—	—	—	—	—
? costatus J. Gibb.	+	—	—	—	—	—	—
(D. Mabiliella)							
notabilis E. Sm.	—	—	—	—	—	—	+
(E. Rhachis)							
böhmi Marts.	—	—	+	—	—	—	—
trichrous Marts.	+	—	—	—	—	—	—
rhodotaenia Marts.	—	—	—	+	+	—	—
gomezi Sow³.	—	+	—	—	—	—	—
braunsi Marts.	+	+	+	—	—	—	+
— var. lunulatus n.	+	—	—	—	—	—	+
— var. quadricingulatus E. Sm.	+?	+	—	—	—	—	—
— var. hypostictus n.	+	—	—	—	—	—	+
hildebrandti Marts.	+	—	—	—	—	—	—
succinctus Marts.	+	—	—	—	—	—	—
... var. cameroni Bgt.	+	—	—	—	—	—	—
— var. jouberti Bgt.	—	—	+	—	—	—	—
mossambicensis Pfr.	—	—	—	—	—	—	—
— var. spekei Bgt.	+	+	—	—	—	—	—
melanacme Pfr.	+	—	—	—	—	—	—
— var. leroyi Bgt.	—	+	—	—	—	—	—
— var. usagaricus E. Sm.	—	+	—	—	—	—	—
— var. neumanni n.	—	+	—	—	—	—	—
burtoi Bgt.	+	—	—	—	—	—	—
punctatus Ant.	+S	—	—	—	—	—	—
— var. ledoulxi Bgt.	+	—	—	—	—	—	—

d) Stenogyrinen.

Namen	Küstengegend	Stufenland	Steppengebiet	Kilima-Ndjaro und Kenia	Victoria-Nyansa	Alb.-Edw.	Nyassa
Achatina reticulata Pfr.	+S	—	—	—	—	—	—
lactea Rv.	+	—	—	—	—	—	—
bloyeti Bgt.	—	—	+	—	—	—	—
— var. fatalis Marts.	—	—	+	—	—	—	—
mariei Ancey	+	—	—	—	—	—	—
milne-edwardsiana Rév.	—	+	+	—	—	—	—
panthera Fér.	+S	—	—?	—	—	—	—
— var. neumanni n.	S	—	+	+?	—	—	—

Namen	Küstengegend (S Insel Sansibar)	Stufenland	Steppengebiet	Kilima-Ndjaro und Kenia	Victoria-Nyansa	Alb.-Edw. und Alb.-Nyansa (R Runssoro, W Urwald)	Nyassa
Achatina letourneuxi Bgt.	S	—	—	—	—	—	—
layardi Pfr.	+ S	—	—	—	—	—	—
rodatzi Dkr.	+	—	—	—	—	—	—
schweinfurthi Marts.	—	—	—	—	—	R W	—
zanzibarica Bgt.	+ S	+	+	—	—	—	+
hamillei Petit	+ S	+	+	—	—	—	..
castanea Lm.	—	—	—	+	—	—	—
fulica Fér.	S	—	—	—	—	—	—
craveni E. Sm.	S	—	+	—	—	—	+
fulminatrix Marts.	—	—	+	—	—	—	—
arctespirata Bgt.	—	—	+	—	—	—	—
stuhlmanni Marts.	—	—	—	—	—	W	—
randabeli Bgt.	+ ?	—	+	—	—	—	—
allisa Pfr.	S ?	—	—	—	—	—	—
thomsoni E. Sm.	—	+	—	—	—	—	+
grandidieriana Bgt.	—	+	—	—	—	—	—
ellioti E. Sm.	—	—	—	—	—	+	—
Limicolaria nilotica Pfr.	—	—	—	—	+	—	—
— var. emini Marts.	—	—	+	—	+	—	—
— var. crassa Marts.	—	—	+	—	+	—	—
— var. oblonga Marts.	—	—	—	—	+	—	—
— var. obliqua Marts.	—	+	+	—	—	—	—
— var. jouberti Bgt.	—	—	+	—	—	—	—
— var. sebasmia Bgt.	—	—	+	—	—	—	—
— var. girandi Bgt.	—	—	—	—	—	—	+
— var. bridouxiana Bgt.	—	—	+	—	—	—	—
— var. lavigeriana Bgt.	—	+	+	—	—	—	—
turriformis Marts.	—	—	—	—	+	—	—
— var. neumanni Marts.	—	—	—	—	+	—	—
— var. solida Marts.	—	—	—	—	+	—	—
cailliaudi Pfr.	—	—	—	—	—	—	—
— var. stuhlmanni Marts.	—	—	+	+	—	—	—
— var. spekeana Bgt.	—	—	+	—	—	—	—
— var. gracilis Marts.	—	—	+	—	—	—	—
colorata E. Sm.	—	—	—	+	—	—	—
— var. fuscescens n.	—	—	—	—	+	—
— var. saturata E. Sm.	—	—	—	—	+ R
— var. infrafusca n.	—	—	—	+	—	—
dimidiata Marts.	—	—	+	—	—
— var. volkensi n.	—	—	+	—	—
rohlfsi Marts.	—	—	—	+	+ W	—
mediomaculata Marts.	—	—	—	+	—
martensiana E. Sm.	—	+	+	+	—	—
— var. pallidistriga Marts.	—	+	—	—	—
— var. multifida Marts.	—	+	—	+	+ K W
— var. eximia Marts.	—	—	+	+	—
rectistrigata E. Sm.	—	+	—	—	—
connectens Marts.	—	—	—	+	+ R	—

Namen	Küstengegend (S. Insel Sansibar)	Stufenland	Steppengebiet	Kilima-Ndjaro und Kenia	Victoria-Nyansa	Alb.-Edw. und Alb.-Nyansa (R. Runssoro, W. Urwald)	Nyassa
Limicolaria charbonnieri Bgt.	—	—	+	—	—	+	
— var. sepulcralis Bgt.	—	—	+	—	- -	...	—
acuminata Marts.	—	—	—	—	—	W	—
Glessula runssorina Marts.	—	—	—	—	—	R	-
Pseudoglessula leroyi Bgt.	+	+	—	—	—	—	—
kirki Crvn.	—	+	—	—	—	—	—
subcarinifera E. Sm.	—	+	—	—	—	—	—
introversa E. Sm.	—	+	—	—	—	—	—
conradti Marts.	—	+	—	—	—	—	—
Subulina (A. Subulona.)							
castanea Marts.	—	—	+	—	—	R	—
mamboiensis E. Sm.	—	+	—	—	—	—	—
— var. nitida n.	—	—	—	—	-	+	—
— var. circumstriata n.	—	—	—	—	-	R	—
silvicola Marts.	—	—	—	—	+	+ W	—
usagarica E. Sm.	—	+	—	—	-	—	—
solidiuscula E. Sm.	—	-	+	—	—	—	—
lenta E. Sm.	—	—	+	—	—	- -	?
sowerbyana Morel.	—	—	+				
B. Subulina s. str.)							
lasti E. Sm.	—	—	+	—	—	+	
elegans Marts.	—	—	—	—	—	+ W	
pinguis Marts.	—	—	—	—	—	+	—
emini E. Sm.	—	—	+	—	—	—	—
perstriata Marts.	—	—	—	—	—	+	—
bicolumellaris Marts.	—	—	-	—	—	R	—
subcrenata Marts.	—	—	—	—	—	+	—
octona Chemn.	S	—	—	—	—	—	—
pergracilis n.	—	—	—	—	—	+	—
intermedia Taylor	+ S	+	—	—	—	—	—
conradti n.	—	—	+	—	- -	—	—
(C. Nothapalus.)							
paucispira Marts.	—	—	—	+	—	+	—
Opeas magilense Crvn.	+	+	—	—	—	—	—
subvaricosum n.	—	—	—	—	—	R	—
stenostomum E. Sm.	—	+	—	—	—	—	—
lucidum J. Gibb.	S	—	—	—	—	—	—
limpidum n.	—	—	—	—	—	+	—
streptosteloides n.	—	—	—	—	+	—	—
Hapalus subvirescens E. Sm.	—	+	—	—	—	-	—
disparilis E. Sm.	—	+	—	—	—	+ W	—
conoideus Marts.	—	—	—	—	-	+	—
associatus E. Sm.	—	+	—	—	—	-	—
kretschmeri n.	—	—	—	+	—	—	—

Namen	Küstengegend (S Insel Sansibar)	Stufenland	Steppengebiet	Kilima-Ndjaro und Kenia	Victoria-Nyansa	Alb.-Edw. und Alb.-Nyansa (R Runssoro, W Urwald)	Nyassa
Hapalus suturalis n.		—		--	—		┼
delicatus J. Gibb. . . .	S	+			+		
— var. gracilior n. . .		—				W	--
simulabris Marts. . . .				+			
Geostilbia stuhlmanni n. .		—	—	—		—	R

c) Elasmognathen.

Namen	Küstengegend	Stufenland	Steppengebiet	Kilima-Ndjaro und Kenia	Victoria-Nyansa	Alb.-Edw. und Alb.-Nyansa	Nyassa
Succinea baumanni Sturany . . .	—		+		—	-	
corticalis Marts.			+	--	—		-
sp.	S		-				

Süsswasser-Schnecken.

Namen	Küstenland (S Insel Sansibar)	Stufenland	Steppengebiet	Gebirge und Wald	Victoria-Nyansa	Alb.-Edw. und Alb.-Nyansa (E Alb.-Edw., N Alb-Ny)	Tanganyika	Nyassa
Limnaeiden.								
Limnaea nyansae Marts. .					+			
humerosa n.			+·	-┼	—			
elmeteitensis E. Sm. . .				-┼	--			
undussumae n.				+ W				
cameroni Bgt. .	-┼			--				
kynganica Bgt. .	+			—				
exserta Marts.	+?	-		+				
debaizei Bgt.	+			—	-┼		+	
jouberti Bgt.	-						+	
laurenti Bgt. . .							+·	
alexandrina Bgt. .							-┼	
lavigeriana Bgt. .							+	
africana Bgt. . . .					—		+	
natalensis Krauss . . .					-		+	+
sp. aff. truncatulae Müll.	|?							
Isidora trigona Marts. . . .					+			
coulboisi Bgt. .						, +		
nyassana E. Sm. . . .								+
strigosa n.			-┼		+·			—
transversalis n. .					+			
randabeli Bgt. . .							+	
succineoides E. Sm. .	-		—		-		-	+
zanzibarica Cless. .	S?		-					
tropica Krauss .	—		+·					
forskali Ehrbg.	+ S		+	+	—	-		
Physopsis africana Krauss .	S		—	+ W	-	—	—	+
ovoidea Bgt.	+	+	+	+	+	—	—	—

Namen	Küstenland (S Insel Sansibar)	Stufenland	Steppengebiet	Gebirge und Wald	Victoria-Nyansa	Alb.-Edw. und Alb.-Nyansa (F. Alb.-Edw., N Alb.-Ny.)	Tanganyika	Nyassa
Physopsis stanleyana Bgt.	+							—
praeclara Bgt.	+		-					
nasuta Marts.	+S	--	+			—		
tanganyicae n.	-				-	-	+	
Planorbis sudanicus Marts.			+	+	+	E N	+	
tanganicanus Bgt.	—						+	
adowensis Bgt.		.-	-	+W	-	?N	+	
monceti Bgt.	—						+	
lavigerianus Bgt.	—					-	+	
choanomphalus Marts.					+			—
— var. victoriae E. Sm.		—			+			
- var. basisulcatus n.	—		—		+			
bridouxianus Bgt.	-						+	
apertus n.	—				-	E		—
gibbonsi Nels.	S				—			
alexandrinus Ehrbg.		-	-			-		
— var. tanganicensis E.Sm.							+	
Ancylus caffer Krauss				W				
stuhlmanni n.					+			
Taenioglossen.								
Ampullaria speciosa Phil.	+				—			
erythrostoma Rv.	+		—		-			
— var. stuhlmanni n.	--			+		E N?		
— var. nyanzae E. Sm.					+			
bridouxi Bgt.			—				+	
gordoni F. Sm.				-	+		-	-
— var. bukobae n.			-		+	—		-
— var. volkensi n.				+	-		-	
gradata E. Sm.					-			+
letourneuxi Bgt.	+S	+	+		+-			
ovata Ol.	—		—	+	+		—	+
- var. deckeni n.	+S	-	+				—	
var. emini n.	--			+	+	E	—	
Lanistes (A. Meladomus.)								
purpureus Jon.	+S	+	+		-			
olivaceus Sow[1].	-	--	-		-			+
— var. procerus Marts.					—			+
jouberti Bgt.			—		—		+	+
ovum Ptrs.			--		—		-	+
— var. manyaricus Stur.			+		—			
— var. plicosus n.			+		-			
sinistrorsus Lea			+		—	—	—	
ellipticus Marts.							-	+
— var. solidus E. Sm.								+
nyassanus H. Dohrn			-					+
B. Lanistes s. str.)								
carinatus Ol.	(Nordl.)							

Namen	Küstenland (S Insel Sansibar)	Stufenland	Steppengebiet	Gebirge und Wald	Victoria-Nyansa	Alb.-Edw. und Alb.-Nyansa (E Alb.-Edw., N Alb.-Ny.)	Tanganyika	Nyassa
Lanistes (B. Lanistes s. str.)								
ciliatus Marts.				+		-		-
alexandri Bgt.	+	+						
schweinfurthi Ancey						+		
C. Leroya.)								
stuhlmanni n.	+							
tarleri Crvn.	S	+	+			-		
—var. bourguignatiGrandid.		+	+					—
var. charmetanti Grandid.	—	+			--			—
Vivipara unicolor Ol.	+		+	+	+			
— var. biangulata Küst.	+	—		+	+			
— var. conoidea n.					—	E		
var. elatior n.				-		+		
— var. jeffreysi Frfld.								+
cepoides E. Sm.					?			
rubicunda Marts.					+	N		
— var. subturrita n.					+			
meta n.					+			
trochlearis Marts.								
a) phthinotropis Marts.					+			
b) constricta Marts.					+			
c) pagodella n.					+			
costulata Marts.					+			
— var. trilirata n.								
? brincatiana Bgt.							+	
? var. bridouxiana Bgt.							+	—
Neothauma						-	+	
Cleopatra bulimoides Ol.		—						
pirothi Jick.				+		N		-
guillemei Bgt	+		+	-	+			+
aurocincta Marts.	+				-			
amoena Morel.	+ S	+	!					
letourneuxi Bgt.	+	--					—	
zanguebarensis Petit	+				—			
ferruginea Lea	+			+				
africana Marts.	+	+		+	-			
exarata Marts.	..			+				
Bithynia (Gabbia) alberti E. Sm.					—	E N		—
humerosa Marts.			-		+	E		+
neumanni n.			+		-			
stanleyi E. Sm.						—	—	+
walleri E. Sm.	—		!		N			
puteana n.	S							
Melania (A. Melanoides.)								
tuberculata Müll.	+ S	+	+	+	+	E + N	+	+
zengana Morel.	S	-	-	-	+			
liricincta E. Sm.			—			N		
tornata Marts.				+ W				
admirabilis E. Sm.								+

195

Namen	Küstenland (S. Insel Sansibar)	Stufenland	Steppengebiet	Gebirge und Wald	Victoria-Nyansa	Alb.-Edw. und Alb.-Nyansa (E Alb.-Edw., N Alb.-Ny.)	Tanganyika	Nyassa
Melania (B. Plotia.)								
scabra Müll.	+ S							--
(C. Melania.)								
coacta Meuschen	+ S							
(D. Nyassia.)								
simonsi E. Sm.								+
nodicincta H. Dohrn								+
pupiformis E. Sm.								+
pergracilis n.								+
polymorpha E. Sm.						−		+
nyassana E. Sm.						−		+
E. Nyassella.								
turritispira E. Sm.								+
smithi Bgt.		−	--					+
formosa Bgt.								+
arcuatula n.								+
episema Bgt.								+
(F. Nyassomelania.)								
leia Bgt.								+
truncatellaeformis Bgt.								+
laevigata Bgt.								+
Tiphobia E. Sm.							+	
Tanganyicia Crosse							+	
Hauttecoeuria Bgt.					−		+	
Spekea Bgt.							+	
Bridouxia Bgt.						−	+	
Giraudia Bgt.							+	
Reymondia Bgt.							+	
Paramelania E. Sm.	−						+	
Bourgnignatia Giraud.							+	
Lavigieria Bgt.					−	−	+	
Randabelia Bgt.					−	−	+	
Joubertia Bgt.							+	
Nassopsis E. Sm.							+	
Nassopsidia n.		−	--			−	+	
Edgaria Bgt.						−	+	
Paramelania s. str	−			−			+	
Limnotrochus E. Sm.							+	−
Syrnolopsis E. Sm.	--						+	−
Horea E. Sm.	−			−			+	
Anceya Bgt.	−						+	
Rhipidoglossen.								
Neritina knorri Recl.	+ S							
bruguierei Recl.	+ ?							
natalensis Rv.	+	−	-	-		−		
Stanleya Bgt.					--		+	
Coulboisia Bgt.					−		+	
Rumella Bgt.	--		−	--	−	−	+	--

Süsswasser-Muscheln.

Namen	Küstenland (S Insel Sansibar)	Stufenland	Steppengebiet	Gebirge und Wald	Victoria-Nyansa	Alb.-Edw, und Alb.-Nyansa (E Alb.-Edw., N Alb.-Ny.)	Tanganyika	Nyassa
Aetheria elliptica Lm.	+			+				–
Unio (A. Pharaonia)								
böhmi n.							+	
gerrardi n.							+	
calathus Bgt.							+	
emini n.		–	+					
mossambicensis Prs.	+'	– –						+
ratidotus Charmes	+							
ambifarius n.	+							
liederi n.								+
lechaptoisi Ancey								+
borellii Ancey								+
(B								
acuminatus H. Ad.						\		–
lourdeli Bgt.					+			
monceti Bgt.					+			
ledoulxianus Charmes	+							
(C)								
kirki Lea								+
nyassaensis Lea								+
hypsiprymnus n.								+
D								
bakeri H. Ad.				–		N		
stuhlmanni n.						E		
hauttecoeuri Bgt.					+			
— var. edwardsianus Bgt.	–				+			
dumesnilianus Charmes	+							
grandidieri Bgt.					+			
ngesianus n.						E		
euphymus Charmes	+				–			
raellani Bgt.					+			
horei E. Sm.							|	
multicolor n.			–		+			
billottianus Charmes	+							
E. Grandidieria.								
burtoni Woodw.							+	
— var. servainianus Bgt.							+	
— var. insignis Ancey						–	+	
var. sturanyi n.							+	
var. smithi Bgt.							+	
rostralis n.							+	
— var. brevior n							+	
tanganyicensis E. Sm.							+	
thomsoni E. Sm.							+	

Namen	Küstenland (S Insel Sansibar)	Stufen-land	Steppen-gebiet	Gebirge und Wald	Victoria-Nyansa	Alb.-Edw. und Alb.-Nyansa (E Alb-Edw., N Alb.-Ny.)	Tanga-nyika	Nyassa
Spatha rotundata n.	-		+		–			
trapezia n.						+	-	
— var. senilis n.						+		
martensi Sturany			+?					
kirki Ancey								+
— var. liederi n.								+
nyassaënsis Lea								+
subaequilatera Marts.			+					
anceyi Bgt.								+
wahlbergi Krauss				+			–	
— var. dorsalis n.			+	--				
— var. spatuliformis Bgt.	+	+	+			?		
divaricata n.			+	—				
stuhlmanni n.				+				
petersi Marts.	+							
Mutela (A. Callisca pha.								
alata Lea							+	
— var. simpsoni Ancey							+	
nilotica Fér.			–	+.		N		
soleniformis Bgt.							+	
subdiaphana Bgt.	-					+		
B. Mutela s. str.								
bourguignati Ancey						+		
— var. smithi n.						+		
— var. truncata n.						+		
C. Iridina								
spekei Woodw.							+	
Burtonia tanganyicensis E. Sm.							+	
— var. livingstoniana Bgt.	-						+	
Brazzaea anceyi Bgt.							+	
Moncetia anceyi Bgt.							+	
Corbicula radiata Phil.						L. N	+	
sp. sp.			+					
astartina Marts.								+
Sphaerium nyanzae E. Sm.					+	-		
stuhlmanni n.					+			
sp. sp.	+					E N		
Eupera parasitica Parr.					+			–

Für die Brackwassermollusken ist eine derartige Uebersicht nicht nöthig, da dieselben selbstverständlich alle dem Küstenland angehören.

Nachträge und Berichtigungen.

Zum Vorwort. Während des Druckes sind mir durch die Güte von Dr. Pfeffer in Hamburg auch noch die Conchylien zur Vergleichung zugeschickt worden, welche Dr. Stuhlmann 1888 und 1889 auf der Insel Sansibar und dem gegenüberliegenden Festlande, sowie an der Küste von Mossambique gesammelt hat, wodurch namentlich die Anzahl der auf jener Insel gefundenen Arten erheblich vermehrt wurde. Von anderen Sammlern ist noch zu erwähnen:

Dr. Joh. Buchwald 1896 im Handei-Gebirge, Ussambara.
Missionär Päsler 1894, Kilima-Ndjaro.

Seite 1 und 3. Cyclostoma calcareum, etwas kleinere Stücke, 25 mm hoch, 24 breit, Mündung einschliesslich des Randes $15^1/_2$, ausschliesslich desselben $10^1/_2$ mm, unter den von Dr. Stuhlmann 1888 und 1889 gesammelten Conchylien, leider ohne nähere Fundortsangabe.

Seite 5. Var. leroyi. Auch auf der Insel Sansibar bei Kokotoni von Dr. Stuhlmann gesammelt. Durfte doch wohl als eigene Art gelten.

Seite 8. Cyclophorus, Unterabtheilung Aferulus n.

Mit einfachem, dünnem Mündungsrand und ohne Spiralskulptur; Nabel offen. Meist niedrig kreiselförmig und einfarbig. Hierher die Arten C. elatior bis volkensi. Die Schalen derselben gleichen so auffallig den südamerikanischen Cyclotus (Neocyclotus P. Fisch.), dass sogar noch F. Krauss den südafrikanischen Cyclophorus wahlbergi für identisch mit Cyclotus translucidus von Venezula hielt, aber die Substanz des Deckels, kalkig bei Cyclotus, hornig bei Cyclophorus, unterscheidet beide sofort.

Nicht mit diesen Cyclophorus oder auch mit Cyclostoma zu verwechseln sind ähnlich geformte, ebenfalls einfarbig hellbraune Gebilde, 9—12 mm hoch und 10—11 breit, Mündung nur 4 mm, welche sich in der Kustengegend auf Gesträuch finden und von Raupen aus der Familie der Psychiden (Gattung Cochlophora?) gesponnen werden, vgl. S. 173.

Seite 19. 1) a, aa, nach aequidentata newtoni hinzuzufügen.
bb, nach planidens tudes hinzuzufügen.

2) Statt triplicina, ringens, bourguignatiana lies: subringens.

4) Nach »Mündungswand« füge hinzu: Columellarfalte einfach, Gesammtform kurz, meist gewölbt.

5) Gestreckt-cylindrisch, 2 — 3 Columellarfalten dicht aneinander: triplicina, subhyalina, subflavescens. Diese Gruppe nähert sich der folgenden Untergattung Ptychotrema im Habitus.

Seite 20. Zeile 10 von unten subflavescens und »beidene zu streichen.

Seite 31. Streptaxis enneoides. Das Synonym Marc. recta zu streichen, vgl. S. 14.

Seite 32. Streptaxis ordinarius auch bei Kokotoni auf der Insel Sansibar von Stuhlmann gefunden.

Seite 33. Zeile 17 von oben lies Kokotoni auf der Insel Sansibar statt in Unguu.

Seite 34. Streptostele costulata. Die Abbildung Taf. II, Fig. 33, zu var. minor.

Seite 44. Nro. 5 lies peliostoma statt peliomphala.

Seite 46. Trochonanina mossambicensis. Pangani subfossil, Stuhlmann, dagegen Sansibar, Gibbons, zu streichen.

Seite 48. Trochonanina jenynsi. Hierher gehört sehr wahrscheinlich auch das Citat Nanina mossambicensis var. Gibbons, Journ. of Conch. II, p. 142, von der Insel Sansibar, lebendes Thier beschrieben.

Seite 67. Buliminus notabilis. Ann. etc. S. 427, nicht 426.

Seite 68. Rhachis. Die Radula im Wesentlichen mit derjenigen der anderen Buliminus übereinstimmend, vgl. Schacko in Möbius, Beiträge z. Meeresfauna von Mauritius u. d. Seychellen, S. 340.

Seite 71. Zeile 6 von unten lies Sabaki statt Gabaki. Diese Art auch von Missionär Paesler bei Madschame am Kilima-Ndjaro gefunden.

Seite 76. Buliminus punctatus. Radula von Schacko in dem eben erwähnten Werk beschrieben.

Seite 77. Das Citat R. ledoulxi zu streichen, vgl. S. 78.

Seite 105. Var. fuscescens oft beinahe einfarbig blassbraun, vgl. die Abbildung, seltener mit zahlreicheren schmalen, rothbraunen Striemen.

Seite 126. Opeas subvaricosum. Die Untersuchung der Radula an einem Spiritus-Exemplar durch Dr. Meissner hat ergeben, dass diese Schnecke zu den Agnathen neben Ennea gehört; sie durfte in die Gattung Obeliscella Jouss. zu stellen sein, die bis jetzt nur aus Süd-Arabien bebekannt war.

Seite 150. Planorbis. Auch die Untergattung Segmentina, glänzend glatt, kantig, mit stellenweise wiederholten weissen Verdickungen im Innern der Windungen, durfte in Deutsch-Ostafrika noch zu finden sein, da Dr. Stuhlmann 1889 eine dazu gehörige Art bei Quilimane an der Küste von Mossambique gefunden hat. Diese Untergattung ist von Europa bis China und in dem malayischen Archipel verbreitet.

Seite 158. Zeile 17 von oben lies im Tschueni-Bassin statt bei Tschueni-bani.

Seite 164. Lanistes olivaceus, vierte Zeile, lies S. 291 statt S. 292.

Seite 187. Nach Cleopatra amoena ist noch Cl. letourneuxi, Bourguignat, Div. esp. et genr. Moll. Egypte etc. 1879, p. 25, aus dem Kingani bei Bagamoyo zu erwähnen; Charaktere s. S. 184.

Seite 205. Baizea. Hier ist noch anzuschliessen Ponsonbya leucoraphe, Ancey, Bull. Soc. Mal. de France VII, 1890, p. 347, dünnschalig, ungenabelt, dunkelroth, $4^1/_2$ mm hoch, 3 breit, Mündung 212 mm. Tanganyika.

Seite 212. In der Tabelle lies bruguierei statt bruguiereana.

Seite 247. Spatha wahlbergi, dritte Zeile, lies Ann. Mag. (2) VIII statt VI.

—

Namenregister.

Die Namen der Gattungen und Untergattungen sind mit grossen, die der Arten und Varietäten mit kleinen Anfangsbuchstaben gedruckt. Wenn derselbe Artname in verschiedenen Gattungen vorkommt, ist der Gattungsname in Abkürzung beigefügt.

Tafelerklärung.

Alle Figuren, wenn nicht anders angegeben, in natürlicher Grösse.

.

Tafel I.

(Lebende Thiere nach Zeichnungen, welche Dr. Stuhlmann während seiner Reise gemacht hat.)

Fig. 1. Cyclophorus elatior Marts. Bundeko, 4. Juli 1891.
» 2. Trichotoxon maculatum Simr. Insel Ssesse, 13. Dez. 1890.
» 3. Helicarion subangulatus Marts. Bundeko, 4. Juli 1891.
» 4. Helicarion cailliaudi Morel. Karevia, 6. Juni 1891.
5. Helicarion subangulatus Marts. Bundeko, 4. Juli 1891.
» 6. Helicarion sowerbyanus (Pfr.?) Badjua, 2. Okt. 1891. 6a hinteres Fussende von oben.
7. Thapsia hanningtoni E. Sm. var. stuhlmanni n. Dreifach vergrössert. Migere in Butumbi, 5. Mai 1891.
» 8. Trochonanina mossambicensis Pfr. Kimoani, Westseite des Victoria-Nyansa, 6. Nov. 1890. 8a hinteres Fussende von der Seite, vergrössert. 8b dasselbe von oben.
9. Trochonanina mesogaea Marts. Buginda, 9. Juli 1891. 9a hinteres Fussende von oben.
» 10. Limicolaria martensiana E. Sm. Insel Ssesse, 12. Dez. 1890.
11. Succinea sp.? (nur diese Zeichnung vorhanden). Bussisi, 1. Okt. 1890. 11a dieselbe von oben.
» 12. Hapalus disparilis E. Sm. Ongenya, 10. Dez. 1891.
» 13. Limicolaria martensiana E. Sm. var. multifida Marts. Buginda, 8. Juli 1891.
14. Subulina (Nothapalus) paucispira Marts. Dreifach vergrössert. Bundeko, 4. Juli 1891.
15. Isidora forskali Ehrbg. Bussisi, 1. Okt. 1890.
» 16. Subulina elegans Marts. Ongenya, 10. Dez. 1891.
» 17. Planorbis sudanicus Marts. Bussisi, 1. Okt. 1890.
18. Limnaea undussumae n. Undussuma, 27. Juli 1891. 18a dieselbe von oben.
» 19 u. 19b. Ancylus stuhlmanni n. Fünffach vergrössert. Bussisi am Victoria-Nyansa, 29. Sept. 1890. b von der Seite.
» 19a, c, d. Ancylus caffer Krauss. Dreifach vergrössert. Undussuma, 27. Juli 1891. a von oben, c von der Seite, d von unten, vergrössert.

Fig. 20.⎫
  "   21.⎭ Melania tornata Marts. Fluss Duki. 11. Aug. 1891.
   22. Ampullaria gordoni E. Sm. var. bukobae n. Bukoba, 2. April 1892.
   23. Unio hauttecoeuri Bgt. Bukoba.

Tafel II.

Fig. 1. Cyclostoma letourneuxi Bgt. var. stuhlmanni n., nebst Deckel. Mkatta.
   2. Cyclostoma delmaresi Ancey. Jipe.
   3. Cyclophorus intermedius n. Uganda.
 "   4. Cyclophorus elatior Marts., erwachsen. 4a jung, 4b Deckel. Bundeko.
   5 u. 5a. Cyclostoma letourneuxi Bgt., zwei Farbenabänderungen. 5b von
        unten.
   6. Cyclophorus volkensi Marts., vergrössert. Kilima-Ndjaro.
   7. Cyclophorus (Ditropis) papillaris Marts., vergrössert, in drei Stellungen.
        Butumbi.
   8. Ennea latula Marts. 8a und 8b jung. Butumbi.
   9. Ennea curvilamella E. Sm., doppelt vergrössert. Butumbi.
   10. Ennea exogonia Marts. Runssoro.
   11. Ennea ovoidea Brug., kleinere Varietät. Derema.
 »   12. Ennea ovoidea Brug., sehr grosses Exemplar. Kitohani.
   13. Ennea ovoidea Brug., besonders schlankes Stück. Derema.
 »   14. Ennea excavata Marts. 14a Mündung, vergrössert. Butumbi.
   15. Ennea tudes Marts. 15a Mündung, vergrössert, 15b, c, d junge
        Exemplare. Kilima-Ndjaro.
   16. Ennea planidens Marts. 16a Mündung, vergrössert. Bukende.
   17. Ennea grossa Marts. 17a, b, c Mündung, vergrössert, in drei Ansichten.
        Derema.
 "   18. Ennea grossa Marts., Jugendzustand. 18a von unten.
   19. Ennea linguifera Marts. 19a Mündung, vergrössert. Bukende.
   20. Ennea foliifera Marts. 20a Mündung, vergrössert. Buloa.
   21. Ennea conradti Marts., dreimal vergrössert. 21a Mündung, sechsmal
        vergrössert. Ussambara.
 »   22. Ennea triplicina Marts., doppelt vergrössert. 22a Mündung, vergrössert.
        Bugundi.
   23. Ennea limbata Marts. 23a, b, c Mündung, vergrössert, in drei An-
        sichten. Runssoro.
   24. Ennea quadrinodata Marts. 24a dieselbe jung, 24b, c Mündung, ver-
        grössert in zwei Ansichten. Bukende.
   25. Ennea runssorana Marts., doppelt vergrössert 25a Ruckenseite,
        25b Mündung, vergrössert. Runssoro.
 »   26. Ennea geminata Marts, anderthalbfach vergrössert. 26a Ruckenseite,
        26b Mündung, vergrössert. Manyonyo.
 "   27. Ennea stuhlmanni Marts., dreimal vergrössert. 27a dieselbe jung, eben-
        falls dreimal vergrössert, 27b Mündung, vergrössert. Buddu.
 »   28. Streptaxis bottegoi Marts. Somali-Land.
   29. Streptaxis enneoides Marts. 29a von der Seite. Kilima-Ndjaro.
   30. Ennea subhyalina E. Sm., Seitenansicht der Mündung, nach einer Hand-
        zeichnung von Edg. Smith, vergrössert.
   31. Streptaxis pusillus Marts., doppelt vergrössert. 31a von oben, 31b von
        unten. Bukende.
   32. Colpanostoma sp. (wahrscheinlich junger Streptaxis). 32a von oben.
        Sudwesten des deutschen Gebietes.
   33. Streptostele costulata Marts. var. minor, doppelt vergrössert. Karevia.

Fig. 34. Ennea paradoxula Marts., dreifach vergrössert. Karevia.
» 35. Streptaxis craveni E. Sm. 35a und 35b individuelle Abänderungen,
35c von unten. Derema.
36. Streptaxis craveni E. Sm. jung. 36a von unten. Derema.

Tafel III.

Fig. 1. Helicarion stuhlmanni Marts., von der Seite, von oben und von unten.
Runssoro.
2. Helicarion cailliaudi Morel., von der Seite, von oben und von unten.
Issango.
» 3. Helicarion succulentus Marts., von der Seite, von oben und von unten.
Runssoro.
4. Vitrina oleosa Marts., von der Seite, von oben und von unten.
Runssoro.
5. Helicarion tanganyicae Marts., von der Seite, von oben und von unten.
Tanganyika.
» 6. Helicarion subangulatus Marts., von der Seite, von oben und von unten.
Bundeko.
7. Vitrina nigrocincta Marts., von der Seite, von oben und von unten.
Kilima-Ndjaro.
8. Thapsia depressior E. Sm., von der Seite, von oben und von unten.
Butumbi.
» 9. Trochonanina mossambicensis Pfr. var. elatior Marts. Undussuma.
» 10. Trochonanina bellula Marts., von der Seite, von oben und von unten.
Buddu.
» 11. Trochonanina obtusangula Marts., Marungu.
12. Thapsia curvatula n., von der Seite, von oben und von unten. Derema.
13. Trochonanina simulans Marts., von der Seite und von unten. Darunter
der Kiefer derselben, vergrössert.
14. Trochonanina simulans Marts. var. kretschmeri n., von der Seite, nebst
einem jüngeren Exemplar von der Seite und von unten. Kilima-
Ndjaro.
15. Trochonanina mesogaea Marts., von der Seite und von unten. Bukende.
16. Trochonanina liederi Marts., von der Seite und von unten. Kitohaui.
17. Trochonanina rufofusca Marts., von der Seite und von unten. Kilima-
Ndjaro.
» 18. Helix karevia Marts., von der Seite, von unten und von oben.
» 19. Helix kilimae Marts., von oben, von unten und von der Seite.
» 20. Helix conradti Marts., von der Seite, von unten und von oben.
Derema.
» 21. Helix runssorina Marts., von der Seite, von unten und von oben.
» 22. Helix butumbiana Marts., von der Seite, von unten und von oben.
» 23. Helix bukobae Marts., von unten, von oben und von der Seite.
Bukoba.
24. Buliminus trapezoides Marts. Runssoro.
25. Buliminus retirugis Marts. 25a Skulptur, stark vergrössert. Runssoro.
» 26. Buliminus stuhlmanni Marts., (vgl. 29), jung. Bukende.
27. Buliminus metula Marts. Kitohaui.
» 28. Buliminus conulinus Marts. Sansibar.
» 29. Buliminus stuhlmanni Marts., erwachsen. Manyonyo.
» 30. Buliminus sordidulus n. Kitui.
» 31. Buliminus (Rhachis) trichrous Marts. Kissemo.
» 32. Buliminus liederi Marts. Mgao.

Fig. 33. Buliminus (Conulinus) ugandae Marts. Manyonyo.
"   34. Buliminus (Rhachis) braunsi Marts. var. lunulatus n. Mbessa bei Tanga.
35. }Buliminus (Rhachis) succinctus Marts. Bagamoyo.
36. }
37. Buliminus (Rhachis) burtoi Bgt. Sansibar.
38. Buliminus (Rhachis) rhodotaenia Marts. Kilima-Ndjaro.
39. Buliminus (Rhachis) böhmi Marts. Tanganyika.

Tafel IV.

Fig. 1. Limicolaria cailliaudi Pfr. var. stuhlmanni Marts. Matangisi.
"   2. Limicolaria colorata E. Sm. var. fuscescens n., ungewöhnlich stark aus-
         gezogen. Bukoba.
     3, 4, 5. Limicolaria mediomaculata Marts., ganz jung.
     6. Limicolaria colorata E. Sm. var. fuscescens n., einfarbig. Bukoba.
"   7. Limicolaria mediomaculata Marts., erwachsen. Kawirondo.
»   8. Limicolaria colorata E. Sm var. saturata E. Sm. Runssoro.
     9. Achatina stuhlmanni Marts. Ituri.
    10. Limicolaria colorata E. Sm. var. infrafusca n. Kawirondo.
»   11. Limicolaria turriformis Marts. Kawirondo.
»   12. Limicolaria colorata E. Sm. var. saturata E. Sm., abnorm verkurztes
         Exemplar.
»   13. Limicolaria turriformis var. solida Marts. Am Victoria-Nyansa.
    14. Limicolaria colorata E. Sm. var. saturata E. Sm., Uebergang zu medio-
         maculata. Bukoba.
    15. Limicolaria turriformis Marts. var. neumanni Marts. Ntebbi.

Tafel V.

Fig. 1. Limicolaria martensiana E. Sm. var. pallidistriga Marts. Mutambuka.
"   2. Limicolaria charbonnieri Bgt. Kiruwe.
     3. Pseudoglessula leroyi Bgt. Buloa bei Tanga.
     4. Limicolaria acuminata Marts. Boa-Flüsschen, N.W. Lendu.
     5. Limicolaria connectens Marts. Bundeko.
     6. Limicolaria connectens Marts. Mhugu.
"   7. Subulina castanea Marts. Runssoro, 2600 m.
»   8. Subulina castanea Marts., ganz jung, ebendaher.
     9. Subulina castanea, b) clavata, ebendaher.
    10. Subulina mamboiensis var. circumstriata Marts. Runssoro, 2600 m.
    11. Glessula runssorina Marts. Runssoro, 3100 m.
"   12. Glessula runssorina Marts., kleineres Stück. Runssoro.
    13. Pseudoglessula conradti Marts. 13a Spitze, vergrössert. Ussambara.
    14. Hapalus conoideus Marts. 14a von unten. Butumbi.
"   15. Hapalus suturalis n. Kitohaui.
"   16. Hapalus delicatus J. Gibb., vergrössert. Sansibar.
    17. Subulina elegans Marts., vergrössert. Bukende.
»   18. Subulina pinguis Marts. Butumbi.
    19. Subulina silvicola Marts., kleinere Form. Manyonyo.
"   20. Subulina silvicola Marts., typisch. Issango-Fähre.
    21. Opeas subvaricosum n. var. Runssoro. Vgl. Fig. 29.
    22. Hapalus kretschmeri n. Am Dschala-See.
    23. Subulina (Nothapalus) paucispira Marts. 23a jung. Karevia.
"   24. Subulina perstriata Marts. 24a Spitze, doppelt vergrössert. Butumbi.
    25. Subulina bicolumellaris Marts., vergrössert. Karevia.

Fig. 26. Subulina subcrenata Marts., vergrössert. 26a Spitze, vergrössert.
Butumbi.
27. Subulina pergracilis Marts., vergrössert. Bukende.
» 28. Subulina conradti Marts., vergrössert. Derema.
29. Opeas subvaricosum Marts. Runssoro, Lager III.
30. Opeas streptostyloides Marts., vergrössert. Buddu.
31. Opeas limpidum Marts., vergrössert. Bukende.
32. Achatina fulminatrix Marts. Am Tanganyika.
33. Geostilbia stuhlmanni n. Runssoro.
34. Limicolaria martensiana E. Sm. var. eximia Marts. 34a Ei derselben.
Kawirondo.
35. Succinea baumanni Sturany. Ufiomi.
36. Limicolaria rohlfsi Marts. Mhugu.
37. Succinea corticalis Marts. Wembere-Steppe.
38. Achatina fulminatrix Marts. Am Tanganyika.

Tafel VI.

Fig. 1. Limnaea humerosa Marts. Mengo in Uganda.
2. Limnaea undussumae n., jung, etwas vergrössert. Undussuma.
3. Limnaea nyansae Marts., normal. Bukoba.
4. Limnaea nyansae Marts., Exemplar mit stärkerer Abflachung des oberen
Theiles der letzten Windung. Bukoba.
5. Limnaea undussumae n., erwachsen. Undussuma.
6. Limnaea nyansae Marts., jung, vergrössert. Bukoba.
7. Limnaea exserta Marts. Karagwe.
» 8. Isidora trigona Marts. Bukoba. 8b dieselbe von oben.
9. Isidora transversalis n. Bumbide.
10. Physopsis nasuta Marts. Bagamoyo.
11. Isidora strigosa n. Bukoba.
» 12. Physopsis tanganyicae n. Tanganyika.
13. Physopsis ovoidea Bgt. Bukome.
14. Planorbis choanomphalus Marts., doppelt vergrössert, in 3 Stellungen.
Bumbide.
» 15. Planorbis choanomphalus Marts., grösseres subfossiles Exemplar von
Vitschumbi.
16. Planorbis choanomphalus var. basisulcatus n., in 3 Stellungen. Bukoba.
17. Planorbis apertus n., in 3 Stellungen. Kirima, Albert-Edward-See.
18. Vivipara constricta var. pagodella n. Bukoba.
19. Vivipara constricta var. trochlearis Marts., normal. Sirwa.
20. Vivipara constricta var. trochlearis, mit ausgebildeter mittlerer Kante.
Manyonyo.
21. Vivipara constricta var. trochlearis, jung, doppelt vergrössert. Bukoba.
22. Vivipara costulata Marts., normal. Kassarasi.
23. Vivipara costulata Marts. var. trilirata n. Ndukali.
24. Vivipara costulata Marts. var. trilirata n., Exemplar mit starker ausgebildetem Kiel. Ebendaher.
25. Vivipara unicolor var. elatior n. Bussisi.
26. Vivipara rubicunda Marts. var. subturrita n. Bussisi.
27. Vivipara meta n. Kassarasi.
28. Vivipara constricta var. phthinotropis Marts. Sirwa.
» 29. Vivipara constricta var. phthinotropis, mit schwächer ausgebildetem
Kiel. Ebendaher.
» 30. Cleopatra africana Marts. Derema. 30a Deckel von aussen, 30b von innen.

20*

Fig. 31. Bithynia (Gabbia) humerosa Marts., vergrössert, breitere und schlankere
Form, von jeder ein erwachsenes und ein junges Stück Victoria-
Nyansa.
  32. Bithynia (Gabbia) alberti, doppelt vergrössert. Albert-Edward-See.
      32a schlankere Form. Ebendaher.
» 33. Bithynia (Gabbia) neumanni n., doppelt vergrössert. Massai-Nyika.
» 34. Lanistes farleri Crvn. (spiral-liniirt). 34b Deckel von aussen, 34c junge
      Schale. Kissemo-Bach in Uluguru, die junge aus Ukami.
» 35. Melania tornata Marts. Fluss Duki.
» 36. Melania coacta Meuschen. Sigi-Fluss.
» 37. Lanistes stuhlmanni n. Dar-es-Salaam.
  38. Paramelania (Nassopsidia) crassilabris Bgt. Tanganyika.
» 39. Melania arcuatula n. Amelia-Bai, Tanganyika.
» 40. Limnotrochus kirki E. Sm. Tanganyika.
» 41. Spekea zonata Woodw. Tanganyika.
  42. Paramelania (Edgaria) flexicosta Marts. Tanganyika.
» 43. Paramelania (Edgaria) tiarella Marts. Tanganyika.
» 44. Melampus hypoleucus n. Pangani.
» 45. Tiphobia lacustris E. Sm. Tanganyika.
» 46. Syrnolopsis lacustris E. Sm. 46a erwachsen (1 Falte), 46b jung
      (2 Falten), 46c noch jünger (1 Falte).
» 47. Rumella callifera Bgt., vergrössert. Tanganyika. Kopie nach Bourguignat.
  48. Melania (Nyassia) pergracilis n. Nyassa.

Tafel VII.

Fig. 1. Unio hypsiprymnus n. Nyassa.
  2. Unio mossambicensis Ptrs., ganz jung. Tette.
» 3. Unio hauttecoeuri Bgt., ganz jung. Victoria-Nyansa.
» 4. Unio multicolor n. Sirwa.
» 5. Unio gerrardi n. Tanganyika.
  6. Unio bakeri H. Ad. Albert-Nyansa.
» 7. Unio ngesianus n. Albert-Edward-Nyansa.
  8. Sphaerium stuhlmanni n., von drei Seiten. Victoria-Nyansa.
  9. Unio böhmi n. Tanganyika.
  10. Sphaerium nyanzae E. Sm. Victoria-Nyansa.
  11. Unio acuminatus H. Ad., langeres Exemplar. Kassenye am Albert-
      Nyansa.
» 12. Unio acuminatus H. Ad., kürzeres Exemplar. Kassenye am Albert-
      Nyansa.
» 13. Unio stuhlmanni n. Albert-Edward-Nyansa.
» 14. Unio emini n. Massansa am Victoria-Nyansa.
» 15. Spatha divaricata n. Massansa.
  16. Spatha subaequilatera n., Wirbelgegend mit Skulptur. Massansa.
  17. Mutela bourguignati Ancey var. truncata n. Mhugu, Victoria-Nyansa.
» 18. Spatha wahlbergi Krauss var. spatuliformis Bgt., Wirbelgegend mit
      Skulptur. Unyangwira.
» 19. Unio liederi n. Ulungu am Rufidji.
» 20. Unio ambifarius n. Dar-es-Salaam.

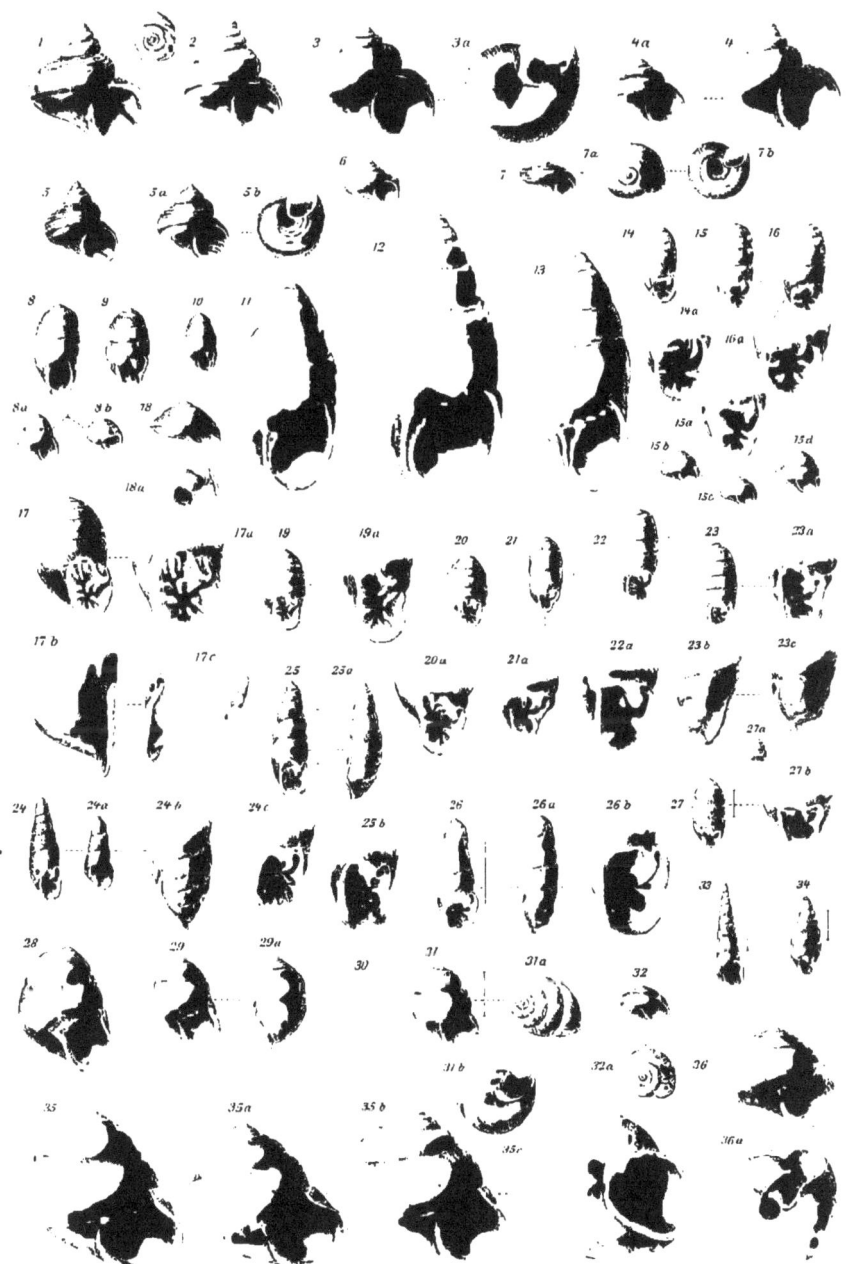

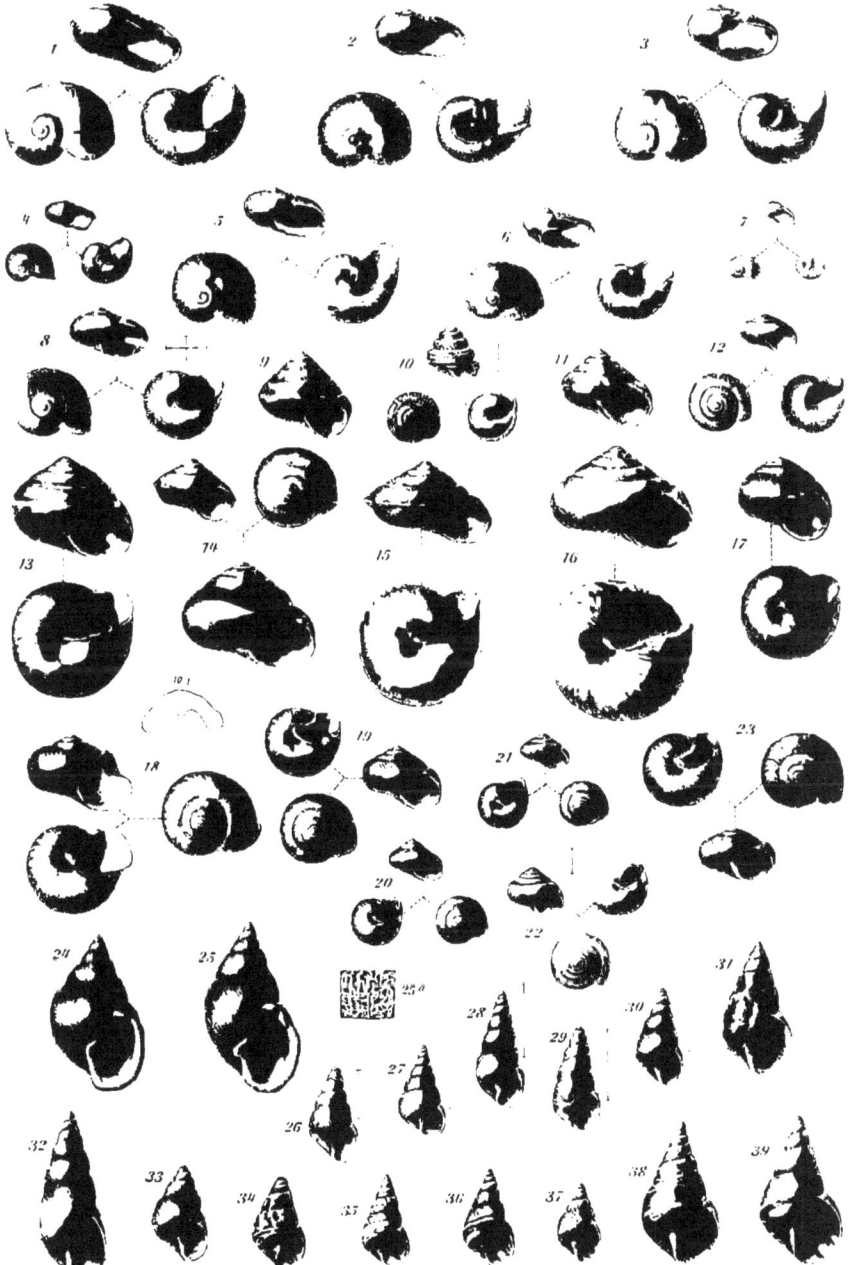

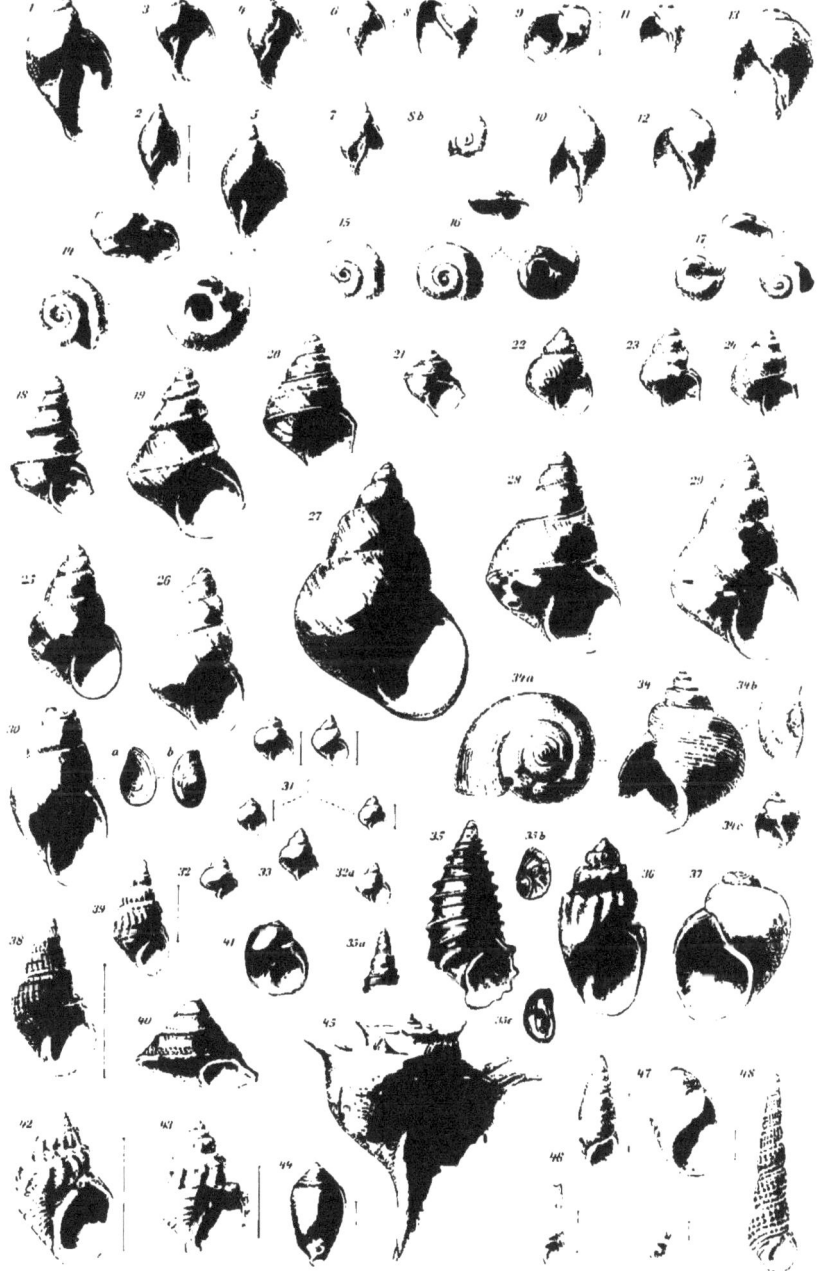